深圳证券交易所
SHENZHEN STOCK EXCHANGE

中小企业之家
HOME FOR SMEs

深圳证券交易所中小企业之家系列读物

上市公司监管法规汇编

（2018）

深圳证券交易所法律部
深圳证券交易所创业企业培训中心 编

中国财经出版传媒集团
中国财政经济出版社

图书在版编目（CIP）数据

上市公司监管法规汇编．2018／深圳证券交易所法律部，深圳证券交易所创业企业培训中心编．—北京：中国财政经济出版社，2018.11

（深圳证券交易所中小企业之家系列读物）

ISBN 978－7－5095－8632－7

Ⅰ．①上…　Ⅱ．①深…　②深…　Ⅲ．①上市公司－监管制度－法规－汇编－中国　Ⅳ．①D922.291.919

中国版本图书馆 CIP 数据核字（2018）第 251598 号

责任编辑：贾延平　　　　　　　　　　　　责任校对：胡永立

封面设计：田　晗

中国财政经济出版社出版

URL：http：//www.cfeph.cn

E－mail：cfeph@cfeph.cn

社址：北京市海淀区阜成路甲 28 号　邮政编码：100142

营销中心电话：010－88191537　北京财经书店电话：64033436　84041336

北京富生印刷厂印刷　各地新华书店经销

787×1092 毫米　16 开　41 印张　921 000 字

2018 年 12 月第 1 版　2020 年 8 月北京第 3 次印刷

定价：100.00 元

ISBN 978－7－5095－8632－7

（图书出现印装问题，本社负责调换）

本社质量投诉电话：010－88190744

打击盗版举报热线：010－88191661　QQ：2242791300

目　录

1. 法律

2. 行政法规和规范性文件

3. 司法解释

4. 中国证监会规章及规范性文件

4.1 中国证监会一般规定

5. 其他部委规章及规范性文件

5.1　国有资产管理

1. 法 律

1.1

中华人民共和国公司法

（2018年10月26日　中华人民共和国主席令第8号）

第一章　总　　则

第一条　为了规范公司的组织和行为，保护公司、股东和债权人的合法权益，维护社会经济秩序，促进社会主义市场经济的发展，制定本法。

第二条　本法所称公司是指依照本法在中国境内设立的有限责任公司和股份有限公司。

第三条　公司是企业法人，有独立的法人财产，享有法人财产权。公司以其全部财产对公司的债务承担责任。

有限责任公司的股东以其认缴的出资额为限对公司承担责任；股份有限公司的股东以其认购的股份为限对公司承担责任。

第四条　公司股东依法享有资产收益、参与重大决策和选择管理者等权利。

第五条　公司从事经营活动，必须遵守法律、行政法规，遵守社会公德、商业道德，诚实守信，接受政府和社会公众的监督，承担社会责任。

公司的合法权益受法律保护，不受侵犯。

第六条　设立公司，应当依法向公司登记机关申请设立登记。符合本法规定的设立条件的，由公司登记机关分别登记为有限责任公司或者股份有限公司；不符合本法规定的设立条件的，不得登记为有限责任公司或者股份有限公司。

法律、行政法规规定设立公司必须报经批准的，应当在公司登记前依法办理批准手续。

公众可以向公司登记机关申请查询公司登记事项，公司登记机关应当提供查询服务。

第七条　依法设立的公司，由公司登记机关发给公司营业执照。公司营业执照签发日期为公司成立日期。

公司营业执照应当载明公司的名称、住所、注册资本、经营范围、法定代表人姓名等事项。

公司营业执照记载的事项发生变更的，公司应当依法办理变更登记，由公司登记机关换发营业执照。

第八条 依照本法设立的有限责任公司，必须在公司名称中标明有限责任公司或者有限公司字样。

依照本法设立的股份有限公司，必须在公司名称中标明股份有限公司或者股份公司字样。

第九条 有限责任公司变更为股份有限公司，应当符合本法规定的股份有限公司的条件。股份有限公司变更为有限责任公司，应当符合本法规定的有限责任公司的条件。

有限责任公司变更为股份有限公司的，或者股份有限公司变更为有限责任公司的，公司变更前的债权、债务由变更后的公司承继。

第十条 公司以其主要办事机构所在地为住所。

第十一条 设立公司必须依法制定公司章程。公司章程对公司、股东、董事、监事、高级管理人员具有约束力。

第十二条 公司的经营范围由公司章程规定，并依法登记。公司可以修改公司章程，改变经营范围，但是应当办理变更登记。

公司的经营范围中属于法律、行政法规规定须经批准的项目，应当依法经过批准。

第十三条 公司法定代表人依照公司章程的规定，由董事长、执行董事或者经理担任，并依法登记。公司法定代表人变更，应当办理变更登记。

第十四条 公司可以设立分公司。设立分公司，应当向公司登记机关申请登记，领取营业执照。分公司不具有法人资格，其民事责任由公司承担。

公司可以设立子公司，子公司具有法人资格，依法独立承担民事责任。

第十五条 公司可以向其他企业投资；但是，除法律另有规定外，不得成为对所投资企业的债务承担连带责任的出资人。

第十六条 公司向其他企业投资或者为他人提供担保，依照公司章程的规定，由董事会或者股东会、股东大会决议；公司章程对投资或者担保的总额及单项投资或者担保的数额有限额规定的，不得超过规定的限额。

公司为公司股东或者实际控制人提供担保的，必须经股东会或者股东大会决议。

前款规定的股东或者受前款规定的实际控制人支配的股东，不得参加前款规定事项的表决。该项表决由出席会议的其他股东所持表决权的过半数通过。

第十七条 公司必须保护职工的合法权益，依法与职工签订劳动合同，参加社会保险，加强劳动保护，实现安全生产。

公司应当采用多种形式，加强公司职工的职业教育和岗位培训，提高职工素质。

第十八条 公司职工依照《中华人民共和国工会法》组织工会，开展工会活动，维护职工合法权益。公司应当为本公司工会提供必要的活动条件。公司工会代表职工就职工的劳动报酬、工作时间、福利、保险和劳动安全卫生等事项依法与公司签订集体合同。

公司依照宪法和有关法律的规定，通过职工代表大会或者其他形式，实行民主管理。

公司研究决定改制以及经营方面的重大问题、制定重要的规章制度时，应当听取公司工会的意见，并通过职工代表大会或者其他形式听取职工的意见和建议。

第十九条 在公司中，根据中国共产党章程的规定，设立中国共产党的组织，开展党的活动。公司应当为党组织的活动提供必要条件。

第二十条　公司股东应当遵守法律、行政法规和公司章程，依法行使股东权利，不得滥用股东权利损害公司或者其他股东的利益；不得滥用公司法人独立地位和股东有限责任损害公司债权人的利益。

公司股东滥用股东权利给公司或者其他股东造成损失的，应当依法承担赔偿责任。

公司股东滥用公司法人独立地位和股东有限责任，逃避债务，严重损害公司债权人利益的，应当对公司债务承担连带责任。

第二十一条　公司的控股股东、实际控制人、董事、监事、高级管理人员不得利用其关联关系损害公司利益。

违反前款规定，给公司造成损失的，应当承担赔偿责任。

第二十二条　公司股东会或者股东大会、董事会的决议内容违反法律、行政法规的无效。

股东会或者股东大会、董事会的会议召集程序、表决方式违反法律、行政法规或者公司章程，或者决议内容违反公司章程的，股东可以自决议作出之日起六十日内，请求人民法院撤销。

股东依照前款规定提起诉讼的，人民法院可以应公司的请求，要求股东提供相应担保。

公司根据股东会或者股东大会、董事会决议已办理变更登记的，人民法院宣告该决议无效或者撤销该决议后，公司应当向公司登记机关申请撤销变更登记。

第二章　有限责任公司的设立和组织机构

第一节　设　　立

第二十三条　设立有限责任公司，应当具备下列条件：

（一）股东符合法定人数；

（二）有符合公司章程规定的全体股东认缴的出资额；

（三）股东共同制定公司章程；

（四）有公司名称，建立符合有限责任公司要求的组织机构；

（五）有公司住所。

第二十四条　有限责任公司由五十个以下股东出资设立。

第二十五条　有限责任公司章程应当载明下列事项：

（一）公司名称和住所；

（二）公司经营范围；

（三）公司注册资本；

（四）股东的姓名或者名称；

（五）股东的出资方式、出资额和出资时间；

（六）公司的机构及其产生办法、职权、议事规则；

（七）公司法定代表人；

（八）股东会会议认为需要规定的其他事项。

股东应当在公司章程上签名、盖章。

第二十六条 有限责任公司的注册资本为在公司登记机关登记的全体股东认缴的出资额。

法律、行政法规以及国务院决定对有限责任公司注册资本实缴、注册资本最低限额另有规定的，从其规定。

第二十七条 股东可以用货币出资，也可以用实物、知识产权、土地使用权等可以用货币估价并可以依法转让的非货币财产作价出资；但是，法律、行政法规规定不得作为出资的财产除外。

对作为出资的非货币财产应当评估作价，核实财产，不得高估或者低估作价。法律、行政法规对评估作价有规定的，从其规定。

第二十八条 股东应当按期足额缴纳公司章程中规定的各自所认缴的出资额。股东以货币出资的，应当将货币出资足额存入有限责任公司在银行开设的账户；以非货币财产出资的，应当依法办理其财产权的转移手续。

股东不按照前款规定缴纳出资的，除应当向公司足额缴纳外，还应当向已按期足额缴纳出资的股东承担违约责任。

第二十九条 股东认足公司章程规定的出资后，由全体股东指定的代表或者共同委托的代理人向公司登记机关报送公司登记申请书、公司章程等文件，申请设立登记。

第三十条 有限责任公司成立后，发现作为设立公司出资的非货币财产的实际价额显著低于公司章程所定价额的，应当由交付该出资的股东补足其差额；公司设立时的其他股东承担连带责任。

第三十一条 有限责任公司成立后，应当向股东签发出资证明书。

出资证明书应当载明下列事项：

（一）公司名称；

（二）公司成立日期；

（三）公司注册资本；

（四）股东的姓名或者名称、缴纳的出资额和出资日期；

（五）出资证明书的编号和核发日期。

出资证明书由公司盖章。

第三十二条 有限责任公司应当置备股东名册，记载下列事项：

（一）股东的姓名或者名称及住所；

（二）股东的出资额；

（三）出资证明书编号。

记载于股东名册的股东，可以依股东名册主张行使股东权利。

公司应当将股东的姓名或者名称向公司登记机关登记；登记事项发生变更的，应当办理变更登记。未经登记或者变更登记的，不得对抗第三人。

第三十三条　股东有权查阅、复制公司章程、股东会会议记录、董事会会议决议、监事会会议决议和财务会计报告。

股东可以要求查阅公司会计账簿。股东要求查阅公司会计账簿的，应当向公司提出书面请求，说明目的。公司有合理根据认为股东查阅会计账簿有不正当目的，可能损害公司合法利益的，可以拒绝提供查阅，并应当自股东提出书面请求之日起十五日内书面答复股东并说明理由。公司拒绝提供查阅的，股东可以请求人民法院要求公司提供查阅。

第三十四条　股东按照实缴的出资比例分取红利；公司新增资本时，股东有权优先按照实缴的出资比例认缴出资。但是，全体股东约定不按照出资比例分取红利或者不按照出资比例优先认缴出资的除外。

第三十五条　公司成立后，股东不得抽逃出资。

第二节　组织机构

第三十六条　有限责任公司股东会由全体股东组成。股东会是公司的权力机构，依照本法行使职权。

第三十七条　股东会行使下列职权：

（一）决定公司的经营方针和投资计划；

（二）选举和更换非由职工代表担任的董事、监事，决定有关董事、监事的报酬事项；

（三）审议批准董事会的报告；

（四）审议批准监事会或者监事的报告；

（五）审议批准公司的年度财务预算方案、决算方案；

（六）审议批准公司的利润分配方案和弥补亏损方案；

（七）对公司增加或者减少注册资本作出决议；

（八）对发行公司债券作出决议；

（九）对公司合并、分立、解散、清算或者变更公司形式作出决议；

（十）修改公司章程；

（十一）公司章程规定的其他职权。

对前款所列事项股东以书面形式一致表示同意的，可以不召开股东会会议，直接作出决定，并由全体股东在决定文件上签名、盖章。

第三十八条　首次股东会会议由出资最多的股东召集和主持，依照本法规定行使职权。

第三十九条　股东会会议分为定期会议和临时会议。

定期会议应当依照公司章程的规定按时召开。代表十分之一以上表决权的股东，三分之一以上的董事，监事会或者不设监事会的公司的监事提议召开临时会议的，应当召开临时会议。

第四十条　有限责任公司设立董事会的，股东会会议由董事会召集，董事长主持；董事长不能履行职务或者不履行职务的，由副董事长主持；副董事长不能履行职务或者不履行职务的，由半数以上董事共同推举一名董事主持。

有限责任公司不设董事会的，股东会会议由执行董事召集和主持。

董事会或者执行董事不能履行或者不履行召集股东会会议职责的，由监事会或者不设监事会的公司的监事召集和主持；监事会或者监事不召集和主持的，代表十分之一以上表决权的股东可以自行召集和主持。

第四十一条 召开股东会会议，应当于会议召开十五日前通知全体股东；但是，公司章程另有规定或者全体股东另有约定的除外。

股东会应当对所议事项的决定作成会议记录，出席会议的股东应当在会议记录上签名。

第四十二条 股东会会议由股东按照出资比例行使表决权；但是，公司章程另有规定的除外。

第四十三条 股东会的议事方式和表决程序，除本法有规定的外，由公司章程规定。

股东会会议作出修改公司章程、增加或者减少注册资本的决议，以及公司合并、分立、解散或者变更公司形式的决议，必须经代表三分之二以上表决权的股东通过。

第四十四条 有限责任公司设董事会，其成员为三人至十三人；但是，本法第五十条另有规定的除外。

两个以上的国有企业或者两个以上的其他国有投资主体投资设立的有限责任公司，其董事会成员中应当有公司职工代表；其他有限责任公司董事会成员中可以有公司职工代表。董事会中的职工代表由公司职工通过职工代表大会、职工大会或者其他形式民主选举产生。

董事会设董事长一人，可以设副董事长。董事长、副董事长的产生办法由公司章程规定。

第四十五条 董事任期由公司章程规定，但每届任期不得超过三年。董事任期届满，连选可以连任。

董事任期届满未及时改选，或者董事在任期内辞职导致董事会成员低于法定人数的，在改选出的董事就任前，原董事仍应当依照法律、行政法规和公司章程的规定，履行董事职务。

第四十六条 董事会对股东会负责，行使下列职权：

（一）召集股东会会议，并向股东会报告工作；

（二）执行股东会的决议；

（三）决定公司的经营计划和投资方案；

（四）制订公司的年度财务预算方案、决算方案；

（五）制订公司的利润分配方案和弥补亏损方案；

（六）制订公司增加或者减少注册资本以及发行公司债券的方案；

（七）制订公司合并、分立、解散或者变更公司形式的方案；

（八）决定公司内部管理机构的设置；

（九）决定聘任或者解聘公司经理及其报酬事项，并根据经理的提名决定聘任或者解聘公司副经理、财务负责人及其报酬事项；

（十）制定公司的基本管理制度；

（十一）公司章程规定的其他职权。

第四十七条　董事会会议由董事长召集和主持；董事长不能履行职务或者不履行职务的，由副董事长召集和主持；副董事长不能履行职务或者不履行职务的，由半数以上董事共同推举一名董事召集和主持。

第四十八条　董事会的议事方式和表决程序，除本法有规定的外，由公司章程规定。

董事会应当对所议事项的决定作成会议记录，出席会议的董事应当在会议记录上签名。

董事会决议的表决，实行一人一票。

第四十九条　有限责任公司可以设经理，由董事会决定聘任或者解聘。经理对董事会负责，行使下列职权：

（一）主持公司的生产经营管理工作，组织实施董事会决议；

（二）组织实施公司年度经营计划和投资方案；

（三）拟订公司内部管理机构设置方案；

（四）拟订公司的基本管理制度；

（五）制定公司的具体规章；

（六）提请聘任或者解聘公司副经理、财务负责人；

（七）决定聘任或者解聘除应由董事会决定聘任或者解聘以外的负责管理人员；

（八）董事会授予的其他职权。

公司章程对经理职权另有规定的，从其规定。

经理列席董事会会议。

第五十条　股东人数较少或者规模较小的有限责任公司，可以设一名执行董事，不设董事会。执行董事可以兼任公司经理。

执行董事的职权由公司章程规定。

第五十一条　有限责任公司设监事会，其成员不得少于三人。股东人数较少或者规模较小的有限责任公司，可以设一至二名监事，不设监事会。

监事会应当包括股东代表和适当比例的公司职工代表，其中职工代表的比例不得低于三分之一，具体比例由公司章程规定。监事会中的职工代表由公司职工通过职工代表大会、职工大会或者其他形式民主选举产生。

监事会设主席一人，由全体监事过半数选举产生。监事会主席召集和主持监事会会议；监事会主席不能履行职务或者不履行职务的，由半数以上监事共同推举一名监事召集和主持监事会会议。

董事、高级管理人员不得兼任监事。

第五十二条　监事的任期每届为三年。监事任期届满，连选可以连任。

监事任期届满未及时改选，或者监事在任期内辞职导致监事会成员低于法定人数的，在改选出的监事就任前，原监事仍应当依照法律、行政法规和公司章程的规定，履行监事职务。

第五十三条 监事会、不设监事会的公司的监事行使下列职权：

（一）检查公司财务；

（二）对董事、高级管理人员执行公司职务的行为进行监督，对违反法律、行政法规、公司章程或者股东会决议的董事、高级管理人员提出罢免的建议；

（三）当董事、高级管理人员的行为损害公司的利益时，要求董事、高级管理人员予以纠正；

（四）提议召开临时股东会会议，在董事会不履行本法规定的召集和主持股东会会议职责时召集和主持股东会会议；

（五）向股东会会议提出提案；

（六）依照本法第一百五十一条的规定，对董事、高级管理人员提起诉讼；

（七）公司章程规定的其他职权。

第五十四条 监事可以列席董事会会议，并对董事会决议事项提出质询或者建议。

监事会、不设监事会的公司的监事发现公司经营情况异常，可以进行调查；必要时，可以聘请会计师事务所等协助其工作，费用由公司承担。

第五十五条 监事会每年度至少召开一次会议，监事可以提议召开临时监事会会议。

监事会的议事方式和表决程序，除本法有规定的外，由公司章程规定。

监事会决议应当经半数以上监事通过。

监事会应当对所议事项的决定作成会议记录，出席会议的监事应当在会议记录上签名。

第五十六条 监事会、不设监事会的公司的监事行使职权所必需的费用，由公司承担。

第三节　一人有限责任公司的特别规定

第五十七条 一人有限责任公司的设立和组织机构，适用本节规定；本节没有规定的，适用本章第一节、第二节的规定。

本法所称一人有限责任公司，是指只有一个自然人股东或者一个法人股东的有限责任公司。

第五十八条 一个自然人只能投资设立一个一人有限责任公司。该一人有限责任公司不能投资设立新的一人有限责任公司。

第五十九条 一人有限责任公司应当在公司登记中注明自然人独资或者法人独资，并在公司营业执照中载明。

第六十条 一人有限责任公司章程由股东制定。

第六十一条 一人有限责任公司不设股东会。股东作出本法第三十七条第一款所列决定时，应当采用书面形式，并由股东签名后置备于公司。

第六十二条 一人有限责任公司应当在每一会计年度终了时编制财务会计报告，并经会计师事务所审计。

第六十三条　一人有限责任公司的股东不能证明公司财产独立于股东自己的财产的，应当对公司债务承担连带责任。

第四节　国有独资公司的特别规定

第六十四条　国有独资公司的设立和组织机构，适用本节规定；本节没有规定的，适用本章第一节、第二节的规定。

本法所称国有独资公司，是指国家单独出资、由国务院或者地方人民政府授权本级人民政府国有资产监督管理机构履行出资人职责的有限责任公司。

第六十五条　国有独资公司章程由国有资产监督管理机构制定，或者由董事会制订报国有资产监督管理机构批准。

第六十六条　国有独资公司不设股东会，由国有资产监督管理机构行使股东会职权。国有资产监督管理机构可以授权公司董事会行使股东会的部分职权，决定公司的重大事项，但公司的合并、分立、解散、增加或者减少注册资本和发行公司债券，必须由国有资产监督管理机构决定；其中，重要的国有独资公司合并、分立、解散、申请破产的，应当由国有资产监督管理机构审核后，报本级人民政府批准。

前款所称重要的国有独资公司，按照国务院的规定确定。

第六十七条　国有独资公司设董事会，依照本法第四十六条、第六十六条的规定行使职权。董事每届任期不得超过三年。董事会成员中应当有公司职工代表。

董事会成员由国有资产监督管理机构委派；但是，董事会成员中的职工代表由公司职工代表大会选举产生。

董事会设董事长一人，可以设副董事长。董事长、副董事长由国有资产监督管理机构从董事会成员中指定。

第六十八条　国有独资公司设经理，由董事会聘任或者解聘。经理依照本法第四十九条规定行使职权。

经国有资产监督管理机构同意，董事会成员可以兼任经理。

第六十九条　国有独资公司的董事长、副董事长、董事、高级管理人员，未经国有资产监督管理机构同意，不得在其他有限责任公司、股份有限公司或者其他经济组织兼职。

第七十条　国有独资公司监事会成员不得少于五人，其中职工代表的比例不得低于三分之一，具体比例由公司章程规定。

监事会成员由国有资产监督管理机构委派；但是，监事会成员中的职工代表由公司职工代表大会选举产生。监事会主席由国有资产监督管理机构从监事会成员中指定。

监事会行使本法第五十三条第（一）项至第（三）项规定的职权和国务院规定的其他职权。

第三章　有限责任公司的股权转让

第七十一条　有限责任公司的股东之间可以相互转让其全部或者部分股权。

股东向股东以外的人转让股权，应当经其他股东过半数同意。股东应就其股权转让事项书面通知其他股东征求同意，其他股东自接到书面通知之日起满三十日未答复的，视为同意转让。其他股东半数以上不同意转让的，不同意的股东应当购买该转让的股权；不购买的，视为同意转让。

经股东同意转让的股权，在同等条件下，其他股东有优先购买权。两个以上股东主张行使优先购买权的，协商确定各自的购买比例；协商不成的，按照转让时各自的出资比例行使优先购买权。

公司章程对股权转让另有规定的，从其规定。

第七十二条 人民法院依照法律规定的强制执行程序转让股东的股权时，应当通知公司及全体股东，其他股东在同等条件下有优先购买权。其他股东自人民法院通知之日起满二十日不行使优先购买权的，视为放弃优先购买权。

第七十三条 依照本法第七十一条、第七十二条转让股权后，公司应当注销原股东的出资证明书，向新股东签发出资证明书，并相应修改公司章程和股东名册中有关股东及其出资额的记载。对公司章程的该项修改不需再由股东会表决。

第七十四条 有下列情形之一的，对股东会该项决议投反对票的股东可以请求公司按照合理的价格收购其股权：

（一）公司连续五年不向股东分配利润，而公司该五年连续盈利，并且符合本法规定的分配利润条件的；

（二）公司合并、分立、转让主要财产的；

（三）公司章程规定的营业期限届满或者章程规定的其他解散事由出现，股东会会议通过决议修改章程使公司存续的。

自股东会会议决议通过之日起六十日内，股东与公司不能达成股权收购协议的，股东可以自股东会会议决议通过之日起九十日内向人民法院提起诉讼。

第七十五条 自然人股东死亡后，其合法继承人可以继承股东资格；但是，公司章程另有规定的除外。

第四章　股份有限公司的设立和组织机构

第一节　设　　立

第七十六条 设立股份有限公司，应当具备下列条件：

（一）发起人符合法定人数；

（二）有符合公司章程规定的全体发起人认购的股本总额或者募集的实收股本总额；

（三）股份发行、筹办事项符合法律规定；

（四）发起人制订公司章程，采用募集方式设立的经创立大会通过；

（五）有公司名称，建立符合股份有限公司要求的组织机构；

（六）有公司住所。

第七十七条　股份有限公司的设立，可以采取发起设立或者募集设立的方式。

发起设立，是指由发起人认购公司应发行的全部股份而设立公司。

募集设立，是指由发起人认购公司应发行股份的一部分，其余股份向社会公开募集或者向特定对象募集而设立公司。

第七十八条　设立股份有限公司，应当有二人以上二百人以下为发起人，其中须有半数以上的发起人在中国境内有住所。

第七十九条　股份有限公司发起人承担公司筹办事务。

发起人应当签订发起人协议，明确各自在公司设立过程中的权利和义务。

第八十条　股份有限公司采取发起设立方式设立的，注册资本为在公司登记机关登记的全体发起人认购的股本总额。在发起人认购的股份缴足前，不得向他人募集股份。

股份有限公司采取募集方式设立的，注册资本为在公司登记机关登记的实收股本总额。

法律、行政法规以及国务院决定对股份有限公司注册资本实缴、注册资本最低限额另有规定的，从其规定。

第八十一条　股份有限公司章程应当载明下列事项：

（一）公司名称和住所；

（二）公司经营范围；

（三）公司设立方式；

（四）公司股份总数、每股金额和注册资本；

（五）发起人的姓名或者名称、认购的股份数、出资方式和出资时间；

（六）董事会的组成、职权和议事规则；

（七）公司法定代表人；

（八）监事会的组成、职权和议事规则；

（九）公司利润分配办法；

（十）公司的解散事由与清算办法；

（十一）公司的通知和公告办法；

（十二）股东大会会议认为需要规定的其他事项。

第八十二条　发起人的出资方式，适用本法第二十七条的规定。

第八十三条　以发起设立方式设立股份有限公司的，发起人应当书面认足公司章程规定其认购的股份，并按照公司章程规定缴纳出资。以非货币财产出资的，应当依法办理其财产权的转移手续。

发起人不依照前款规定缴纳出资的，应当按照发起人协议承担违约责任。

发起人认足公司章程规定的出资后，应当选举董事会和监事会，由董事会向公司登记机关报送公司章程以及法律、行政法规规定的其他文件，申请设立登记。

第八十四条　以募集设立方式设立股份有限公司的，发起人认购的股份不得少于公司股份总数的百分之三十五；但是，法律、行政法规另有规定的，从其规定。

第八十五条　发起人向社会公开募集股份，必须公告招股说明书，并制作认股书。认股书应当载明本法第八十六条所列事项，由认股人填写认购股数、金额、住所，并签名、盖章。认股人按照所认购股数缴纳股款。

第八十六条 招股说明书应当附有发起人制订的公司章程，并载明下列事项：

（一）发起人认购的股份数；

（二）每股的票面金额和发行价格；

（三）无记名股票的发行总数；

（四）募集资金的用途；

（五）认股人的权利、义务；

（六）本次募股的起止期限及逾期未募足时认股人可以撤回所认股份的说明。

第八十七条 发起人向社会公开募集股份，应当由依法设立的证券公司承销，签订承销协议。

第八十八条 发起人向社会公开募集股份，应当同银行签订代收股款协议。

代收股款的银行应当按照协议代收和保存股款，向缴纳股款的认股人出具收款单据，并负有向有关部门出具收款证明的义务。

第八十九条 发行股份的股款缴足后，必须经依法设立的验资机构验资并出具证明。发起人应当自股款缴足之日起三十日内主持召开公司创立大会。创立大会由发起人、认股人组成。

发行的股份超过招股说明书规定的截止期限尚未募足的，或者发行股份的股款缴足后，发起人在三十日内未召开创立大会的，认股人可以按照所缴股款并加算银行同期存款利息，要求发起人返还。

第九十条 发起人应当在创立大会召开十五日前将会议日期通知各认股人或者予以公告。创立大会应有代表股份总数过半数的发起人、认股人出席，方可举行。

创立大会行使下列职权：

（一）审议发起人关于公司筹办情况的报告；

（二）通过公司章程；

（三）选举董事会成员；

（四）选举监事会成员；

（五）对公司的设立费用进行审核；

（六）对发起人用于抵作股款的财产的作价进行审核；

（七）发生不可抗力或者经营条件发生重大变化直接影响公司设立的，可以作出不设立公司的决议。

创立大会对前款所列事项作出决议，必须经出席会议的认股人所持表决权过半数通过。

第九十一条 发起人、认股人缴纳股款或者交付抵作股款的出资后，除未按期募足股份、发起人未按期召开创立大会或者创立大会决议不设立公司的情形外，不得抽回其股本。

第九十二条 董事会应于创立大会结束后三十日内，向公司登记机关报送下列文件，申请设立登记：

（一）公司登记申请书；

（二）创立大会的会议记录；

（三）公司章程；

（四）验资证明；

（五）法定代表人、董事、监事的任职文件及其身份证明；

（六）发起人的法人资格证明或者自然人身份证明；

（七）公司住所证明。

以募集方式设立股份有限公司公开发行股票的，还应当向公司登记机关报送国务院证券监督管理机构的核准文件。

第九十三条 股份有限公司成立后，发起人未按照公司章程的规定缴足出资的，应当补缴；其他发起人承担连带责任。

股份有限公司成立后，发现作为设立公司出资的非货币财产的实际价额显著低于公司章程所定价额的，应当由交付该出资的发起人补足其差额；其他发起人承担连带责任。

第九十四条 股份有限公司的发起人应当承担下列责任：

（一）公司不能成立时，对设立行为所产生的债务和费用负连带责任；

（二）公司不能成立时，对认股人已缴纳的股款，负返还股款并加算银行同期存款利息的连带责任；

（三）在公司设立过程中，由于发起人的过失致使公司利益受到损害的，应当对公司承担赔偿责任。

第九十五条 有限责任公司变更为股份有限公司时，折合的实收股本总额不得高于公司净资产额。有限责任公司变更为股份有限公司，为增加资本公开发行股份时，应当依法办理。

第九十六条 股份有限公司应当将公司章程、股东名册、公司债券存根、股东大会会议记录、董事会会议记录、监事会会议记录、财务会计报告置备于本公司。

第九十七条 股东有权查阅公司章程、股东名册、公司债券存根、股东大会会议记录、董事会会议决议、监事会会议决议、财务会计报告，对公司的经营提出建议或者质询。

第二节 股东大会

第九十八条 股份有限公司股东大会由全体股东组成。股东大会是公司的权力机构，依照本法行使职权。

第九十九条 本法第三十七条第一款关于有限责任公司股东会职权的规定，适用于股份有限公司股东大会。

第一百条 股东大会应当每年召开一次年会。有下列情形之一的，应当在两个月内召开临时股东大会：

（一）董事人数不足本法规定人数或者公司章程所定人数的三分之二时；

（二）公司未弥补的亏损达实收股本总额三分之一时；

（三）单独或者合计持有公司百分之十以上股份的股东请求时；

（四）董事会认为必要时；

（五）监事会提议召开时；

（六）公司章程规定的其他情形。

第一百零一条 股东大会会议由董事会召集，董事长主持；董事长不能履行职务或者不履行职务的，由副董事长主持；副董事长不能履行职务或者不履行职务的，由半数以上董事共同推举一名董事主持。

董事会不能履行或者不履行召集股东大会会议职责的，监事会应当及时召集和主持；监事会不召集和主持的，连续九十日以上单独或者合计持有公司百分之十以上股份的股东可以自行召集和主持。

第一百零二条 召开股东大会会议，应当将会议召开的时间、地点和审议的事项于会议召开二十日前通知各股东；临时股东大会应当于会议召开十五日前通知各股东；发行无记名股票的，应当于会议召开三十日前公告会议召开的时间、地点和审议事项。

单独或者合计持有公司百分之三以上股份的股东，可以在股东大会召开十日前提出临时提案并书面提交董事会；董事会应当在收到提案后二日内通知其他股东，并将该临时提案提交股东大会审议。临时提案的内容应当属于股东大会职权范围，并有明确议题和具体决议事项。

股东大会不得对前两款通知中未列明的事项作出决议。

无记名股票持有人出席股东大会会议的，应当于会议召开五日前至股东大会闭会时将股票交存于公司。

第一百零三条 股东出席股东大会会议，所持每一股份有一表决权。但是，公司持有的本公司股份没有表决权。

股东大会作出决议，必须经出席会议的股东所持表决权过半数通过。但是，股东大会作出修改公司章程、增加或者减少注册资本的决议，以及公司合并、分立、解散或者变更公司形式的决议，必须经出席会议的股东所持表决权的三分之二以上通过。

第一百零四条 本法和公司章程规定公司转让、受让重大资产或者对外提供担保等事项必须经股东大会作出决议的，董事会应当及时召集股东大会会议，由股东大会就上述事项进行表决。

第一百零五条 股东大会选举董事、监事，可以依照公司章程的规定或者股东大会的决议，实行累积投票制。

本法所称累积投票制，是指股东大会选举董事或者监事时，每一股份拥有与应选董事或者监事人数相同的表决权，股东拥有的表决权可以集中使用。

第一百零六条 股东可以委托代理人出席股东大会会议，代理人应当向公司提交股东授权委托书，并在授权范围内行使表决权。

第一百零七条 股东大会应当对所议事项的决定作成会议记录，主持人、出席会议的董事应当在会议记录上签名。会议记录应当与出席股东的签名册及代理出席的委托书一并保存。

第三节 董事会、经理

第一百零八条 股份有限公司设董事会，其成员为五人至十九人。

董事会成员中可以有公司职工代表。董事会中的职工代表由公司职工通过职工代表大会、职工大会或者其他形式民主选举产生。

本法第四十五条关于有限责任公司董事任期的规定，适用于股份有限公司董事。

本法第四十六条关于有限责任公司董事会职权的规定，适用于股份有限公司董事会。

第一百零九条 董事会设董事长一人，可以设副董事长。董事长和副董事长由董事会以全体董事的过半数选举产生。

董事长召集和主持董事会会议，检查董事会决议的实施情况。副董事长协助董事长工作，董事长不能履行职务或者不履行职务的，由副董事长履行职务；副董事长不能履行职务或者不履行职务的，由半数以上董事共同推举一名董事履行职务。

第一百一十条 董事会每年度至少召开两次会议，每次会议应当于会议召开十日前通知全体董事和监事。

代表十分之一以上表决权的股东、三分之一以上董事或者监事会，可以提议召开董事会临时会议。董事长应当自接到提议后十日内，召集和主持董事会会议。

董事会召开临时会议，可以另定召集董事会的通知方式和通知时限。

第一百一十一条 董事会会议应有过半数的董事出席方可举行。董事会作出决议，必须经全体董事的过半数通过。

董事会决议的表决，实行一人一票。

第一百一十二条 董事会会议，应由董事本人出席；董事因故不能出席，可以书面委托其他董事代为出席，委托书中应载明授权范围。

董事会应当对会议所议事项的决定作成会议记录，出席会议的董事应当在会议记录上签名。

董事应当对董事会的决议承担责任。董事会的决议违反法律、行政法规或者公司章程、股东大会决议，致使公司遭受严重损失的，参与决议的董事对公司负赔偿责任。但经证明在表决时曾表明异议并记载于会议记录的，该董事可以免除责任。

第一百一十三条 股份有限公司设经理，由董事会决定聘任或者解聘。

本法第四十九条关于有限责任公司经理职权的规定，适用于股份有限公司经理。

第一百一十四条 公司董事会可以决定由董事会成员兼任经理。

第一百一十五条 公司不得直接或者通过子公司向董事、监事、高级管理人员提供借款。

第一百一十六条 公司应当定期向股东披露董事、监事、高级管理人员从公司获得报酬的情况。

第四节 监 事 会

第一百一十七条 股份有限公司设监事会，其成员不得少于三人。

监事会应当包括股东代表和适当比例的公司职工代表，其中职工代表的比例不得低于三分之一，具体比例由公司章程规定。监事会中的职工代表由公司职工通过职工代表大会、职工大会或者其他形式民主选举产生。

监事会设主席一人，可以设副主席。监事会主席和副主席由全体监事过半数选举产生。监事会主席召集和主持监事会会议；监事会主席不能履行职务或者不履行职务的，由监事会副主席召集和主持监事会会议；监事会副主席不能履行职务或者不履行职务的，由半数以上监事共同推举一名监事召集和主持监事会会议。

董事、高级管理人员不得兼任监事。

本法第五十二条关于有限责任公司监事任期的规定，适用于股份有限公司监事。

第一百一十八条 本法第五十三条、第五十四条关于有限责任公司监事会职权的规定，适用于股份有限公司监事会。

监事会行使职权所必需的费用，由公司承担。

第一百一十九条 监事会每六个月至少召开一次会议。监事可以提议召开临时监事会会议。

监事会的议事方式和表决程序，除本法有规定的外，由公司章程规定。

监事会决议应当经半数以上监事通过。

监事会应当对所议事项的决定作成会议记录，出席会议的监事应当在会议记录上签名。

第五节 上市公司组织机构的特别规定

第一百二十条 本法所称上市公司，是指其股票在证券交易所上市交易的股份有限公司。

第一百二十一条 上市公司在一年内购买、出售重大资产或者担保金额超过公司资产总额百分之三十的，应当由股东大会作出决议，并经出席会议的股东所持表决权的三分之二以上通过。

第一百二十二条 上市公司设独立董事，具体办法由国务院规定。

第一百二十三条 上市公司设董事会秘书，负责公司股东大会和董事会会议的筹备、文件保管以及公司股东资料的管理，办理信息披露事务等事宜。

第一百二十四条 上市公司董事与董事会会议决议事项所涉及的企业有关联关系的，不得对该项决议行使表决权，也不得代理其他董事行使表决权。该董事会会议由过半数的无关联关系董事出席即可举行，董事会会议所作决议须经无关联关系董事过半数通过。出席董事会的无关联关系董事人数不足三人的，应将该事项提交上市公司股东大会审议。

第五章 股份有限公司的股份发行和转让

第一节 股份发行

第一百二十五条 股份有限公司的资本划分为股份，每一股的金额相等。

公司的股份采取股票的形式。股票是公司签发的证明股东所持股份的凭证。

第一百二十六条 股份的发行，实行公平、公正的原则，同种类的每一股份应当具有同等权利。

同次发行的同种类股票，每股的发行条件和价格应当相同；任何单位或者个人所认购的股份，每股应当支付相同价额。

第一百二十七条 股票发行价格可以按票面金额，也可以超过票面金额，但不得低于票面金额。

第一百二十八条 股票采用纸面形式或者国务院证券监督管理机构规定的其他形式。

股票应当载明下列主要事项：

（一）公司名称；

（二）公司成立日期；

（三）股票种类、票面金额及代表的股份数；

（四）股票的编号。

股票由法定代表人签名，公司盖章。

发起人的股票，应当标明发起人股票字样。

第一百二十九条 公司发行的股票，可以为记名股票，也可以为无记名股票。

公司向发起人、法人发行的股票，应当为记名股票，并应当记载该发起人、法人的名称或者姓名，不得另立户名或者以代表人姓名记名。

第一百三十条 公司发行记名股票的，应当置备股东名册，记载下列事项：

（一）股东的姓名或者名称及住所；

（二）各股东所持股份数；

（三）各股东所持股票的编号；

（四）各股东取得股份的日期。

发行无记名股票的，公司应当记载其股票数量、编号及发行日期。

第一百三十一条 国务院可以对公司发行本法规定以外的其他种类的股份，另行作出规定。

第一百三十二条 股份有限公司成立后，即向股东正式交付股票。公司成立前不得向股东交付股票。

第一百三十三条 公司发行新股，股东大会应当对下列事项作出决议：

（一）新股种类及数额；

（二）新股发行价格；

（三）新股发行的起止日期；

（四）向原有股东发行新股的种类及数额。

第一百三十四条 公司经国务院证券监督管理机构核准公开发行新股时，必须公告新股招股说明书和财务会计报告，并制作认股书。

本法第八十七条、第八十八条的规定适用于公司公开发行新股。

第一百三十五条 公司发行新股，可以根据公司经营情况和财务状况，确定其作价方案。

第一百三十六条 公司发行新股募足股款后，必须向公司登记机关办理变更登记，并公告。

第二节 股份转让

第一百三十七条 股东持有的股份可以依法转让。

第一百三十八条 股东转让其股份，应当在依法设立的证券交易场所进行或者按照国务院规定的其他方式进行。

第一百三十九条 记名股票，由股东以背书方式或者法律、行政法规规定的其他方式转让；转让后由公司将受让人的姓名或者名称及住所记载于股东名册。

股东大会召开前二十日内或者公司决定分配股利的基准日前五日内，不得进行前款规定的股东名册的变更登记。但是，法律对上市公司股东名册变更登记另有规定的，从其规定。

第一百四十条 无记名股票的转让，由股东将该股票交付给受让人后即发生转让的效力。

第一百四十一条 发起人持有的本公司股份，自公司成立之日起一年内不得转让。公司公开发行股份前已发行的股份，自公司股票在证券交易所上市交易之日起一年内不得转让。

公司董事、监事、高级管理人员应当向公司申报所持有的本公司的股份及其变动情况，在任职期间每年转让的股份不得超过其所持有本公司股份总数的百分之二十五；所持本公司股份自公司股票上市交易之日起一年内不得转让。上述人员离职后半年内，不得转让其所持有的本公司股份。公司章程可以对公司董事、监事、高级管理人员转让其所持有的本公司股份作出其他限制性规定。

第一百四十二条 公司不得收购本公司股份。但是，有下列情形之一的除外：

（一）减少公司注册资本；

（二）与持有本公司股份的其他公司合并；

（三）将股份用于员工持股计划或者股权激励；

（四）股东因对股东大会作出的公司合并、分立决议持异议，要求公司收购其股份；

（五）将股份用于转换上市公司发行的可转换为股票的公司债券；

（六）上市公司为维护公司价值及股东权益所必需。

公司因前款第（一）项、第（二）项规定的情形收购本公司股份的，应当经股东大会决议；公司因前款第（三）项、第（五）项、第（六）项规定的情形收购本公司股份的，可以依照公司章程的规定或者股东大会的授权，经三分之二以上董事出席的董事会会议决议。

公司依照本条第一款规定收购本公司股份后，属于第（一）项情形的，应当自收购之日起十日内注销；属于第（二）项、第（四）项情形的，应当在六个月内转让或者注销；属于第（三）项、第（五）项、第（六）项情形的，公司合计持有的本公司股份数不得超过本公司已发行股份总额的百分之十，并应当在三年内转让或者注销。

上市公司收购本公司股份的，应当依照《中华人民共和国证券法》的规定履行信息披露义务。上市公司因本条第一款第（三）项、第（五）项、第（六）项规定的情形收购本公司股份的，应当通过公开的集中交易方式进行。

公司不得接受本公司的股票作为质押权的标的。

第一百四十三条　记名股票被盗、遗失或者灭失，股东可以依照《中华人民共和国民事诉讼法》规定的公示催告程序，请求人民法院宣告该股票失效。人民法院宣告该股票失效后，股东可以向公司申请补发股票。

第一百四十四条　上市公司的股票，依照有关法律、行政法规及证券交易所交易规则上市交易。

第一百四十五条　上市公司必须依照法律、行政法规的规定，公开其财务状况、经营情况及重大诉讼，在每会计年度内半年公布一次财务会计报告。

第六章　公司董事、监事、高级管理人员的资格和义务

第一百四十六条　有下列情形之一的，不得担任公司的董事、监事、高级管理人员：

（一）无民事行为能力或者限制民事行为能力；

（二）因贪污、贿赂、侵占财产、挪用财产或者破坏社会主义市场经济秩序，被判处刑罚，执行期满未逾五年，或者因犯罪被剥夺政治权利，执行期满未逾五年；

（三）担任破产清算的公司、企业的董事或者厂长、经理，对该公司、企业的破产负有个人责任的，自该公司、企业破产清算完结之日起未逾三年；

（四）担任因违法被吊销营业执照、责令关闭的公司、企业的法定代表人，并负有个人责任的，自该公司、企业被吊销营业执照之日起未逾三年；

（五）个人所负数额较大的债务到期未清偿。

公司违反前款规定选举、委派董事、监事或者聘任高级管理人员的，该选举、委派或者聘任无效。

董事、监事、高级管理人员在任职期间出现本条第一款所列情形的，公司应当解除其职务。

第一百四十七条　董事、监事、高级管理人员应当遵守法律、行政法规和公司章程，对公司负有忠实义务和勤勉义务。

董事、监事、高级管理人员不得利用职权收受贿赂或者其他非法收入，不得侵占公司的财产。

第一百四十八条　董事、高级管理人员不得有下列行为：

（一）挪用公司资金；

（二）将公司资金以其个人名义或者以其他个人名义开立账户存储；

（三）违反公司章程的规定，未经股东会、股东大会或者董事会同意，将公司资金借贷给他人或者以公司财产为他人提供担保；

（四）违反公司章程的规定或者未经股东会、股东大会同意，与本公司订立合同或者进行交易；

（五）未经股东会或者股东大会同意，利用职务便利为自己或者他人谋取属于公司的商业机会，自营或者为他人经营与所任职公司同类的业务；

（六）接受他人与公司交易的佣金归为己有；

（七）擅自披露公司秘密；

（八）违反对公司忠实义务的其他行为。

董事、高级管理人员违反前款规定所得的收入应当归公司所有。

第一百四十九条 董事、监事、高级管理人员执行公司职务时违反法律、行政法规或者公司章程的规定，给公司造成损失的，应当承担赔偿责任。

第一百五十条 股东会或者股东大会要求董事、监事、高级管理人员列席会议的，董事、监事、高级管理人员应当列席并接受股东的质询。

董事、高级管理人员应当如实向监事会或者不设监事会的有限责任公司的监事提供有关情况和资料，不得妨碍监事会或者监事行使职权。

第一百五十一条 董事、高级管理人员有本法第一百四十九条规定的情形的，有限责任公司的股东、股份有限公司连续一百八十日以上单独或者合计持有公司百分之一以上股份的股东，可以书面请求监事会或者不设监事会的有限责任公司的监事向人民法院提起诉讼；监事有本法第一百四十九条规定的情形的，前述股东可以书面请求董事会或者不设董事会的有限责任公司的执行董事向人民法院提起诉讼。

监事会、不设监事会的有限责任公司的监事，或者董事会、执行董事收到前款规定的股东书面请求后拒绝提起诉讼，或者自收到请求之日起三十日内未提起诉讼，或者情况紧急、不立即提起诉讼将会使公司利益受到难以弥补的损害的，前款规定的股东有权为了公司的利益以自己的名义直接向人民法院提起诉讼。

他人侵犯公司合法权益，给公司造成损失的，本条第一款规定的股东可以依照前两款的规定向人民法院提起诉讼。

第一百五十二条 董事、高级管理人员违反法律、行政法规或者公司章程的规定，损害股东利益的，股东可以向人民法院提起诉讼。

第七章 公司债券

第一百五十三条 本法所称公司债券，是指公司依照法定程序发行、约定在一定期限还本付息的有价证券。

公司发行公司债券应当符合《中华人民共和国证券法》规定的发行条件。

第一百五十四条 发行公司债券的申请经国务院授权的部门核准后，应当公告公司债券募集办法。

公司债券募集办法中应当载明下列主要事项：

（一）公司名称；

（二）债券募集资金的用途；

（三）债券总额和债券的票面金额；

（四）债券利率的确定方式；

（五）还本付息的期限和方式；

（六）债券担保情况；

（七）债券的发行价格、发行的起止日期；

（八）公司净资产额；

（九）已发行的尚未到期的公司债券总额；

（十）公司债券的承销机构。

第一百五十五条　公司以实物券方式发行公司债券的，必须在债券上载明公司名称、债券票面金额、利率、偿还期限等事项，并由法定代表人签名，公司盖章。

第一百五十六条　公司债券，可以为记名债券，也可以为无记名债券。

第一百五十七条　公司发行公司债券应当置备公司债券存根簿。

发行记名公司债券的，应当在公司债券存根簿上载明下列事项：

（一）债券持有人的姓名或者名称及住所；

（二）债券持有人取得债券的日期及债券的编号；

（三）债券总额，债券的票面金额、利率、还本付息的期限和方式；

（四）债券的发行日期。

发行无记名公司债券的，应当在公司债券存根簿上载明债券总额、利率、偿还期限和方式、发行日期及债券的编号。

第一百五十八条　记名公司债券的登记结算机构应当建立债券登记、存管、付息、兑付等相关制度。

第一百五十九条　公司债券可以转让，转让价格由转让人与受让人约定。

公司债券在证券交易所上市交易的，按照证券交易所的交易规则转让。

第一百六十条　记名公司债券，由债券持有人以背书方式或者法律、行政法规规定的其他方式转让；转让后由公司将受让人的姓名或者名称及住所记载于公司债券存根簿。

无记名公司债券的转让，由债券持有人将该债券交付给受让人后即发生转让的效力。

第一百六十一条　上市公司经股东大会决议可以发行可转换为股票的公司债券，并在公司债券募集办法中规定具体的转换办法。上市公司发行可转换为股票的公司债券，应当报国务院证券监督管理机构核准。

发行可转换为股票的公司债券，应当在债券上标明可转换公司债券字样，并在公司债券存根簿上载明可转换公司债券的数额。

第一百六十二条　发行可转换为股票的公司债券的，公司应当按照其转换办法向债券持有人换发股票，但债券持有人对转换股票或者不转换股票有选择权。

第八章　公司财务、会计

第一百六十三条　公司应当依照法律、行政法规和国务院财政部门的规定建立本公司的财务、会计制度。

第一百六十四条 公司应当在每一会计年度终了时编制财务会计报告，并依法经会计师事务所审计。

财务会计报告应当依照法律、行政法规和国务院财政部门的规定制作。

第一百六十五条 有限责任公司应当依照公司章程规定的期限将财务会计报告送交各股东。

股份有限公司的财务会计报告应当在召开股东大会年会的二十日前置备于本公司，供股东查阅；公开发行股票的股份有限公司必须公告其财务会计报告。

第一百六十六条 公司分配当年税后利润时，应当提取利润的百分之十列入公司法定公积金。公司法定公积金累计额为公司注册资本的百分之五十以上的，可以不再提取。

公司的法定公积金不足以弥补以前年度亏损的，在依照前款规定提取法定公积金之前，应当先用当年利润弥补亏损。

公司从税后利润中提取法定公积金后，经股东会或者股东大会决议，还可以从税后利润中提取任意公积金。

公司弥补亏损和提取公积金后所余税后利润，有限责任公司依照本法第三十四条的规定分配；股份有限公司按照股东持有的股份比例分配，但股份有限公司章程规定不按持股比例分配的除外。

股东会、股东大会或者董事会违反前款规定，在公司弥补亏损和提取法定公积金之前向股东分配利润的，股东必须将违反规定分配的利润退还公司。

公司持有的本公司股份不得分配利润。

第一百六十七条 股份有限公司以超过股票票面金额的发行价格发行股份所得的溢价款以及国务院财政部门规定列入资本公积金的其他收入，应当列为公司资本公积金。

第一百六十八条 公司的公积金用于弥补公司的亏损、扩大公司生产经营或者转为增加公司资本。但是，资本公积金不得用于弥补公司的亏损。

法定公积金转为资本时，所留存的该项公积金不得少于转增前公司注册资本的百分之二十五。

第一百六十九条 公司聘用、解聘承办公司审计业务的会计师事务所，依照公司章程的规定，由股东会、股东大会或者董事会决定。

公司股东会、股东大会或者董事会就解聘会计师事务所进行表决时，应当允许会计师事务所陈述意见。

第一百七十条 公司应当向聘用的会计师事务所提供真实、完整的会计凭证、会计账簿、财务会计报告及其他会计资料，不得拒绝、隐匿、谎报。

第一百七十一条 公司除法定的会计账簿外，不得另立会计账簿。

对公司资产，不得以任何个人名义开立账户存储。

第九章 公司合并、分立、增资、减资

第一百七十二条 公司合并可以采取吸收合并或者新设合并。

一个公司吸收其他公司为吸收合并，被吸收的公司解散。两个以上公司合并设立一个新的公司为新设合并，合并各方解散。

第一百七十三条　公司合并，应当由合并各方签订合并协议，并编制资产负债表及财产清单。公司应当自作出合并决议之日起十日内通知债权人，并于三十日内在报纸上公告。债权人自接到通知书之日起三十日内，未接到通知书的自公告之日起四十五日内，可以要求公司清偿债务或者提供相应的担保。

第一百七十四条　公司合并时，合并各方的债权、债务，应当由合并后存续的公司或者新设的公司承继。

第一百七十五条　公司分立，其财产作相应的分割。

公司分立，应当编制资产负债表及财产清单。公司应当自作出分立决议之日起十日内通知债权人，并于三十日内在报纸上公告。

第一百七十六条　公司分立前的债务由分立后的公司承担连带责任。但是，公司在分立前与债权人就债务清偿达成的书面协议另有约定的除外。

第一百七十七条　公司需要减少注册资本时，必须编制资产负债表及财产清单。

公司应当自作出减少注册资本决议之日起十日内通知债权人，并于三十日内在报纸上公告。债权人自接到通知书之日起三十日内，未接到通知书的自公告之日起四十五日内，有权要求公司清偿债务或者提供相应的担保。

第一百七十八条　有限责任公司增加注册资本时，股东认缴新增资本的出资，依照本法设立有限责任公司缴纳出资的有关规定执行。

股份有限公司为增加注册资本发行新股时，股东认购新股，依照本法设立股份有限公司缴纳股款的有关规定执行。

第一百七十九条　公司合并或者分立，登记事项发生变更的，应当依法向公司登记机关办理变更登记；公司解散的，应当依法办理公司注销登记；设立新公司的，应当依法办理公司设立登记。

公司增加或者减少注册资本，应当依法向公司登记机关办理变更登记。

第十章　公司解散和清算

第一百八十条　公司因下列原因解散：

（一）公司章程规定的营业期限届满或者公司章程规定的其他解散事由出现；

（二）股东会或者股东大会决议解散；

（三）因公司合并或者分立需要解散；

（四）依法被吊销营业执照、责令关闭或者被撤销；

（五）人民法院依照本法第一百八十二条的规定予以解散。

第一百八十一条　公司有本法第一百八十条第（一）项情形的，可以通过修改公司章程而存续。

依照前款规定修改公司章程，有限责任公司须经持有三分之二以上表决权的股东通过，股份有限公司须经出席股东大会会议的股东所持表决权的三分之二以上通过。

第一百八十二条 公司经营管理发生严重困难，继续存续会使股东利益受到重大损失，通过其他途径不能解决的，持有公司全部股东表决权百分之十以上的股东，可以请求人民法院解散公司。

第一百八十三条 公司因本法第一百八十条第（一）项、第（二）项、第（四）项、第（五）项规定而解散的，应当在解散事由出现之日起十五日内成立清算组，开始清算。有限责任公司的清算组由股东组成，股份有限公司的清算组由董事或者股东大会确定的人员组成。逾期不成立清算组进行清算的，债权人可以申请人民法院指定有关人员组成清算组进行清算。人民法院应当受理该申请，并及时组织清算组进行清算。

第一百八十四条 清算组在清算期间行使下列职权：

（一）清理公司财产，分别编制资产负债表和财产清单；

（二）通知、公告债权人；

（三）处理与清算有关的公司未了结的业务；

（四）清缴所欠税款以及清算过程中产生的税款；

（五）清理债权、债务；

（六）处理公司清偿债务后的剩余财产；

（七）代表公司参与民事诉讼活动。

第一百八十五条 清算组应当自成立之日起十日内通知债权人，并于六十日内在报纸上公告。债权人应当自接到通知书之日起三十日内，未接到通知书的自公告之日起四十五日内，向清算组申报其债权。

债权人申报债权，应当说明债权的有关事项，并提供证明材料。清算组应当对债权进行登记。

在申报债权期间，清算组不得对债权人进行清偿。

第一百八十六条 清算组在清理公司财产、编制资产负债表和财产清单后，应当制定清算方案，并报股东会、股东大会或者人民法院确认。

公司财产在分别支付清算费用、职工的工资、社会保险费用和法定补偿金，缴纳所欠税款，清偿公司债务后的剩余财产，有限责任公司按照股东的出资比例分配，股份有限公司按照股东持有的股份比例分配。

清算期间，公司存续，但不得开展与清算无关的经营活动。公司财产在未依照前款规定清偿前，不得分配给股东。

第一百八十七条 清算组在清理公司财产、编制资产负债表和财产清单后，发现公司财产不足清偿债务的，应当依法向人民法院申请宣告破产。

公司经人民法院裁定宣告破产后，清算组应当将清算事务移交给人民法院。

第一百八十八条 公司清算结束后，清算组应当制作清算报告，报股东会、股东大会或者人民法院确认，并报送公司登记机关，申请注销公司登记，公告公司终止。

第一百八十九条 清算组成员应当忠于职守，依法履行清算义务。

清算组成员不得利用职权收受贿赂或者其他非法收入，不得侵占公司财产。

清算组成员因故意或者重大过失给公司或者债权人造成损失的，应当承担赔偿责任。

第一百九十条　公司被依法宣告破产的，依照有关企业破产的法律实施破产清算。

第十一章　外国公司的分支机构

第一百九十一条　本法所称外国公司是指依照外国法律在中国境外设立的公司。

第一百九十二条　外国公司在中国境内设立分支机构，必须向中国主管机关提出申请，并提交其公司章程、所属国的公司登记证书等有关文件，经批准后，向公司登记机关依法办理登记，领取营业执照。

外国公司分支机构的审批办法由国务院另行规定。

第一百九十三条　外国公司在中国境内设立分支机构，必须在中国境内指定负责该分支机构的代表人或者代理人，并向该分支机构拨付与其所从事的经营活动相适应的资金。

对外国公司分支机构的经营资金需要规定最低限额的，由国务院另行规定。

第一百九十四条　外国公司的分支机构应当在其名称中标明该外国公司的国籍及责任形式。

外国公司的分支机构应当在本机构中置备该外国公司章程。

第一百九十五条　外国公司在中国境内设立的分支机构不具有中国法人资格。

外国公司对其分支机构在中国境内进行经营活动承担民事责任。

第一百九十六条　经批准设立的外国公司分支机构，在中国境内从事业务活动，必须遵守中国的法律，不得损害中国的社会公共利益，其合法权益受中国法律保护。

第一百九十七条　外国公司撤销其在中国境内的分支机构时，必须依法清偿债务，依照本法有关公司清算程序的规定进行清算。未清偿债务之前，不得将其分支机构的财产移至中国境外。

第十二章　法 律 责 任

第一百九十八条　违反本法规定，虚报注册资本、提交虚假材料或者采取其他欺诈手段隐瞒重要事实取得公司登记的，由公司登记机关责令改正，对虚报注册资本的公司，处以虚报注册资本金额百分之五以上百分之十五以下的罚款；对提交虚假材料或者采取其他欺诈手段隐瞒重要事实的公司，处以五万元以上五十万元以下的罚款；情节严重的，撤销公司登记或者吊销营业执照。

第一百九十九条　公司的发起人、股东虚假出资，未交付或者未按期交付作为出资的货币或者非货币财产的，由公司登记机关责令改正，处以虚假出资金额百分之五以上百分之十五以下的罚款。

第二百条　公司的发起人、股东在公司成立后，抽逃其出资的，由公司登记机关责令改正，处以所抽逃出资金额百分之五以上百分之十五以下的罚款。

第二百零一条　公司违反本法规定，在法定的会计账簿以外另立会计账簿的，由县级以上人民政府财政部门责令改正，处以五万元以上五十万元以下的罚款。

第二百零二条 公司在依法向有关主管部门提供的财务会计报告等材料上作虚假记载或者隐瞒重要事实的，由有关主管部门对直接负责的主管人员和其他直接责任人员处以三万元以上三十万元以下的罚款。

第二百零三条 公司不依照本法规定提取法定公积金的，由县级以上人民政府财政部门责令如数补足应当提取的金额，可以对公司处以二十万元以下的罚款。

第二百零四条 公司在合并、分立、减少注册资本或者进行清算时，不依照本法规定通知或者公告债权人的，由公司登记机关责令改正，对公司处以一万元以上十万元以下的罚款。

公司在进行清算时，隐匿财产，对资产负债表或者财产清单作虚假记载或者在未清偿债务前分配公司财产的，由公司登记机关责令改正，对公司处以隐匿财产或者未清偿债务前分配公司财产金额百分之五以上百分之十以下的罚款；对直接负责的主管人员和其他直接责任人员处以一万元以上十万元以下的罚款。

第二百零五条 公司在清算期间开展与清算无关的经营活动的，由公司登记机关予以警告，没收违法所得。

第二百零六条 清算组不依照本法规定向公司登记机关报送清算报告，或者报送清算报告隐瞒重要事实或者有重大遗漏的，由公司登记机关责令改正。

清算组成员利用职权徇私舞弊、谋取非法收入或者侵占公司财产的，由公司登记机关责令退还公司财产，没收违法所得，并可以处以违法所得一倍以上五倍以下的罚款。

第二百零七条 承担资产评估、验资或者验证的机构提供虚假材料的，由公司登记机关没收违法所得，处以违法所得一倍以上五倍以下的罚款，并可以由有关主管部门依法责令该机构停业、吊销直接责任人员的资格证书，吊销营业执照。

承担资产评估、验资或者验证的机构因过失提供有重大遗漏的报告的，由公司登记机关责令改正，情节较重的，处以所得收入一倍以上五倍以下的罚款，并可以由有关主管部门依法责令该机构停业、吊销直接责任人员的资格证书，吊销营业执照。

承担资产评估、验资或者验证的机构因其出具的评估结果、验资或者验证证明不实，给公司债权人造成损失的，除能够证明自己没有过错的外，在其评估或者证明不实的金额范围内承担赔偿责任。

第二百零八条 公司登记机关对不符合本法规定条件的登记申请予以登记，或者对符合本法规定条件的登记申请不予登记的，对直接负责的主管人员和其他直接责任人员，依法给予行政处分。

第二百零九条 公司登记机关的上级部门强令公司登记机关对不符合本法规定条件的登记申请予以登记，或者对符合本法规定条件的登记申请不予登记的，或者对违法登记进行包庇的，对直接负责的主管人员和其他直接责任人员依法给予行政处分。

第二百一十条 未依法登记为有限责任公司或者股份有限公司，而冒用有限责任公司或者股份有限公司名义的，或者未依法登记为有限责任公司或者股份有限公司的分公司，而冒用有限责任公司或者股份有限公司的分公司名义的，由公司登记机关责令改正或者予以取缔，可以并处十万元以下的罚款。

第二百一十一条　公司成立后无正当理由超过六个月未开业的，或者开业后自行停业连续六个月以上的，可以由公司登记机关吊销营业执照。

公司登记事项发生变更时，未依照本法规定办理有关变更登记的，由公司登记机关责令限期登记；逾期不登记的，处以一万元以上十万元以下的罚款。

第二百一十二条　外国公司违反本法规定，擅自在中国境内设立分支机构的，由公司登记机关责令改正或者关闭，可以并处五万元以上二十万元以下的罚款。

第二百一十三条　利用公司名义从事危害国家安全、社会公共利益的严重违法行为的，吊销营业执照。

第二百一十四条　公司违反本法规定，应当承担民事赔偿责任和缴纳罚款、罚金的，其财产不足以支付时，先承担民事赔偿责任。

第二百一十五条　违反本法规定，构成犯罪的，依法追究刑事责任。

第十三章　附　　则

第二百一十六条　本法下列用语的含义：

（一）高级管理人员，是指公司的经理、副经理、财务负责人，上市公司董事会秘书和公司章程规定的其他人员。

（二）控股股东，是指其出资额占有限责任公司资本总额百分之五十以上或者其持有的股份占股份有限公司股本总额百分之五十以上的股东；出资额或者持有股份的比例虽然不足百分之五十，但依其出资额或者持有的股份所享有的表决权已足以对股东会、股东大会的决议产生重大影响的股东。

（三）实际控制人，是指虽不是公司的股东，但通过投资关系、协议或者其他安排，能够实际支配公司行为的人。

（四）关联关系，是指公司控股股东、实际控制人、董事、监事、高级管理人员与其直接或者间接控制的企业之间的关系，以及可能导致公司利益转移的其他关系。但是，国家控股的企业之间不仅因为同受国家控股而具有关联关系。

第二百一十七条　外商投资的有限责任公司和股份有限公司适用本法；有关外商投资的法律另有规定的，适用其规定。

第二百一十八条　本法自 2006 年 1 月 1 日起施行。

1.2

中华人民共和国证券法

（2019 年 12 月 28 日　中华人民共和国主席令第 37 号）

（1998 年 12 月 29 日第九届全国人民代表大会常务委员会第六次会议通过　根据 2004 年 8 月 28 日第十届全国人民代表大会常务委员会第十一次会议《关于修改〈中华人民共和国证券法〉的决定》第一次修正　2005 年 10 月 27 日第十届全国人民代表大会常务委员会第十八次会议第一次修订　根据 2013 年 6 月 29 日第十二届全国人民代表大会常务委员会第三次会议《关于修改〈中华人民共和国文物保护法〉等十二部法律的决定》第二次修正　根据 2014 年 8 月 31 日第十二届全国人民代表大会常务委员会第十次会议《关于修改〈中华人民共和国保险法〉等五部法律的决定》第三次修正　2019 年 12 月 28 日第十三届全国人民代表大会常务委员会第十五次会议第二次修订）

第一章　总　　则

第一条　为了规范证券发行和交易行为，保护投资者的合法权益，维护社会经济秩序和社会公共利益，促进社会主义市场经济的发展，制定本法。

第二条　在中华人民共和国境内，股票、公司债券、存托凭证和国务院依法认定的其他证券的发行和交易，适用本法；本法未规定的，适用《中华人民共和国公司法》和其他法律、行政法规的规定。

政府债券、证券投资基金份额的上市交易，适用本法；其他法律、行政法规另有规定的，适用其规定。

资产支持证券、资产管理产品发行、交易的管理办法，由国务院依照本法的原则规定。

在中华人民共和国境外的证券发行和交易活动，扰乱中华人民共和国境内市场秩序，损害境内投资者合法权益的，依照本法有关规定处理并追究法律责任。

第三条　证券的发行、交易活动，必须遵循公开、公平、公正的原则。

第四条　证券发行、交易活动的当事人具有平等的法律地位，应当遵守自愿、有偿、诚实信用的原则。

第五条　证券的发行、交易活动，必须遵守法律、行政法规；禁止欺诈、内幕交易和操纵证券市场的行为。

第六条　证券业和银行业、信托业、保险业实行分业经营、分业管理，证券公司与银行、信托、保险业务机构分别设立。国家另有规定的除外。

第七条　国务院证券监督管理机构依法对全国证券市场实行集中统一监督管理。

国务院证券监督管理机构根据需要可以设立派出机构，按照授权履行监督管理职责。

第八条　国家审计机关依法对证券交易场所、证券公司、证券登记结算机构、证券监督管理机构进行审计监督。

第二章　证券发行

第九条　公开发行证券，必须符合法律、行政法规规定的条件，并依法报经国务院证券监督管理机构或者国务院授权的部门注册。未经依法注册，任何单位和个人不得公开发行证券。证券发行注册制的具体范围、实施步骤，由国务院规定。

有下列情形之一的，为公开发行：

（一）向不特定对象发行证券；

（二）向特定对象发行证券累计超过二百人，但依法实施员工持股计划的员工人数不计算在内；

（三）法律、行政法规规定的其他发行行为。

非公开发行证券，不得采用广告、公开劝诱和变相公开方式。

第十条　发行人申请公开发行股票、可转换为股票的公司债券，依法采取承销方式的，或者公开发行法律、行政法规规定实行保荐制度的其他证券的，应当聘请证券公司担任保荐人。

保荐人应当遵守业务规则和行业规范，诚实守信，勤勉尽责，对发行人的申请文件和信息披露资料进行审慎核查，督导发行人规范运作。

保荐人的管理办法由国务院证券监督管理机构规定。

第十一条　设立股份有限公司公开发行股票，应当符合《中华人民共和国公司法》规定的条件和经国务院批准的国务院证券监督管理机构规定的其他条件，向国务院证券监督管理机构报送募股申请和下列文件：

（一）公司章程；

（二）发起人协议；

（三）发起人姓名或者名称，发起人认购的股份数、出资种类及验资证明；

（四）招股说明书；

（五）代收股款银行的名称及地址；

（六）承销机构名称及有关的协议。

依照本法规定聘请保荐人的，还应当报送保荐人出具的发行保荐书。

法律、行政法规规定设立公司必须报经批准的，还应当提交相应的批准文件。

第十二条　公司首次公开发行新股，应当符合下列条件：

（一）具备健全且运行良好的组织机构；

（二）具有持续经营能力；

（三）最近三年财务会计报告被出具无保留意见审计报告；

（四）发行人及其控股股东、实际控制人最近三年不存在贪污、贿赂、侵占财产、挪用财产或者破坏社会主义市场经济秩序的刑事犯罪；

（五）经国务院批准的国务院证券监督管理机构规定的其他条件。

上市公司发行新股，应当符合经国务院批准的国务院证券监督管理机构规定的条件，具体管理办法由国务院证券监督管理机构规定。

公开发行存托凭证的，应当符合首次公开发行新股的条件以及国务院证券监督管理机构规定的其他条件。

第十三条 公司公开发行新股，应当报送募股申请和下列文件：

（一）公司营业执照；

（二）公司章程；

（三）股东大会决议；

（四）招股说明书或者其他公开发行募集文件；

（五）财务会计报告；

（六）代收股款银行的名称及地址。

依照本法规定聘请保荐人的，还应当报送保荐人出具的发行保荐书。依照本法规定实行承销的，还应当报送承销机构名称及有关的协议。

第十四条 公司对公开发行股票所募集资金，必须按照招股说明书或者其他公开发行募集文件所列资金用途使用；改变资金用途，必须经股东大会作出决议。擅自改变用途，未作纠正的，或者未经股东大会认可的，不得公开发行新股。

第十五条 公开发行公司债券，应当符合下列条件：

（一）具备健全且运行良好的组织机构；

（二）最近三年平均可分配利润足以支付公司债券一年的利息；

（三）国务院规定的其他条件。

公开发行公司债券筹集的资金，必须按照公司债券募集办法所列资金用途使用；改变资金用途，必须经债券持有人会议作出决议。公开发行公司债券筹集的资金，不得用于弥补亏损和非生产性支出。

上市公司发行可转换为股票的公司债券，除应当符合第一款规定的条件外，还应当遵守本法第十二条第二款的规定。但是，按照公司债券募集办法，上市公司通过收购本公司股份的方式进行公司债券转换的除外。

第十六条 申请公开发行公司债券，应当向国务院授权的部门或者国务院证券监督管理机构报送下列文件：

（一）公司营业执照；

（二）公司章程；

（三）公司债券募集办法；

（四）国务院授权的部门或者国务院证券监督管理机构规定的其他文件。

依照本法规定聘请保荐人的，还应当报送保荐人出具的发行保荐书。

第十七条　有下列情形之一的，不得再次公开发行公司债券：

（一）对已公开发行的公司债券或者其他债务有违约或者延迟支付本息的事实，仍处于继续状态；

（二）违反本法规定，改变公开发行公司债券所募资金的用途。

第十八条　发行人依法申请公开发行证券所报送的申请文件的格式、报送方式，由依法负责注册的机构或者部门规定。

第十九条　发行人报送的证券发行申请文件，应当充分披露投资者作出价值判断和投资决策所必需的信息，内容应当真实、准确、完整。

为证券发行出具有关文件的证券服务机构和人员，必须严格履行法定职责，保证所出具文件的真实性、准确性和完整性。

第二十条　发行人申请首次公开发行股票的，在提交申请文件后，应当按照国务院证券监督管理机构的规定预先披露有关申请文件。

第二十一条　国务院证券监督管理机构或者国务院授权的部门依照法定条件负责证券发行申请的注册。证券公开发行注册的具体办法由国务院规定。

按照国务院的规定，证券交易所等可以审核公开发行证券申请，判断发行人是否符合发行条件、信息披露要求，督促发行人完善信息披露内容。

依照前两款规定参与证券发行申请注册的人员，不得与发行申请人有利害关系，不得直接或者间接接受发行申请人的馈赠，不得持有所注册的发行申请的证券，不得私下与发行申请人进行接触。

第二十二条　国务院证券监督管理机构或者国务院授权的部门应当自受理证券发行申请文件之日起三个月内，依照法定条件和法定程序作出予以注册或者不予注册的决定，发行人根据要求补充、修改发行申请文件的时间不计算在内。不予注册的，应当说明理由。

第二十三条　证券发行申请经注册后，发行人应当依照法律、行政法规的规定，在证券公开发行前公告公开发行募集文件，并将该文件置备于指定场所供公众查阅。

发行证券的信息依法公开前，任何知情人不得公开或者泄露该信息。

发行人不得在公告公开发行募集文件前发行证券。

第二十四条　国务院证券监督管理机构或者国务院授权的部门对已作出的证券发行注册的决定，发现不符合法定条件或者法定程序，尚未发行证券的，应当予以撤销，停止发行。已经发行尚未上市的，撤销发行注册决定，发行人应当按照发行价并加算银行同期存款利息返还证券持有人；发行人的控股股东、实际控制人以及保荐人，应当与发行人承担连带责任，但是能够证明自己没有过错的除外。

股票的发行人在招股说明书等证券发行文件中隐瞒重要事实或者编造重大虚假内容，已经发行并上市的，国务院证券监督管理机构可以责令发行人回购证券，或者责令负有责任的控股股东、实际控制人买回证券。

第二十五条　股票依法发行后，发行人经营与收益的变化，由发行人自行负责；由此变化引致的投资风险，由投资者自行负责。

第二十六条 发行人向不特定对象发行的证券，法律、行政法规规定应当由证券公司承销的，发行人应当同证券公司签订承销协议。证券承销业务采取代销或者包销方式。

证券代销是指证券公司代发行人发售证券，在承销期结束时，将未售出的证券全部退还给发行人的承销方式。

证券包销是指证券公司将发行人的证券按照协议全部购入或者在承销期结束时将售后剩余证券全部自行购入的承销方式。

第二十七条 公开发行证券的发行人有权依法自主选择承销的证券公司。

第二十八条 证券公司承销证券，应当同发行人签订代销或者包销协议，载明下列事项：

（一）当事人的名称、住所及法定代表人姓名；

（二）代销、包销证券的种类、数量、金额及发行价格；

（三）代销、包销的期限及起止日期；

（四）代销、包销的付款方式及日期；

（五）代销、包销的费用和结算办法；

（六）违约责任；

（七）国务院证券监督管理机构规定的其他事项。

第二十九条 证券公司承销证券，应当对公开发行募集文件的真实性、准确性、完整性进行核查。发现有虚假记载、误导性陈述或者重大遗漏的，不得进行销售活动；已经销售的，必须立即停止销售活动，并采取纠正措施。

证券公司承销证券，不得有下列行为：

（一）进行虚假的或者误导投资者的广告宣传或者其他宣传推介活动；

（二）以不正当竞争手段招揽承销业务；

（三）其他违反证券承销业务规定的行为。

证券公司有前款所列行为，给其他证券承销机构或者投资者造成损失的，应当依法承担赔偿责任。

第三十条 向不特定对象发行证券聘请承销团承销的，承销团应当由主承销和参与承销的证券公司组成。

第三十一条 证券的代销、包销期限最长不得超过九十日。

证券公司在代销、包销期内，对所代销、包销的证券应当保证先行出售给认购人，证券公司不得为本公司预留所代销的证券和预先购入并留存所包销的证券。

第三十二条 股票发行采取溢价发行的，其发行价格由发行人与承销的证券公司协商确定。

第三十三条 股票发行采用代销方式，代销期限届满，向投资者出售的股票数量未达到拟公开发行股票数量百分之七十的，为发行失败。发行人应当按照发行价并加算银行同期存款利息返还股票认购人。

第三十四条 公开发行股票，代销、包销期限届满，发行人应当在规定的期限内将股票发行情况报国务院证券监督管理机构备案。

第三章　证券交易

第一节　一般规定

第三十五条　证券交易当事人依法买卖的证券，必须是依法发行并交付的证券。

非依法发行的证券，不得买卖。

第三十六条　依法发行的证券，《中华人民共和国公司法》和其他法律对其转让期限有限制性规定的，在限定的期限内不得转让。

上市公司持有百分之五以上股份的股东、实际控制人、董事、监事、高级管理人员，以及其他持有发行人首次公开发行前发行的股份或者上市公司向特定对象发行的股份的股东，转让其持有的本公司股份的，不得违反法律、行政法规和国务院证券监督管理机构关于持有期限、卖出时间、卖出数量、卖出方式、信息披露等规定，并应当遵守证券交易所的业务规则。

第三十七条　公开发行的证券，应当在依法设立的证券交易所上市交易或者在国务院批准的其他全国性证券交易场所交易。

非公开发行的证券，可以在证券交易所、国务院批准的其他全国性证券交易场所、按照国务院规定设立的区域性股权市场转让。

第三十八条　证券在证券交易所上市交易，应当采用公开的集中交易方式或者国务院证券监督管理机构批准的其他方式。

第三十九条　证券交易当事人买卖的证券可以采用纸面形式或者国务院证券监督管理机构规定的其他形式。

第四十条　证券交易场所、证券公司和证券登记结算机构的从业人员，证券监督管理机构的工作人员以及法律、行政法规规定禁止参与股票交易的其他人员，在任期或者法定限期内，不得直接或者以化名、借他人名义持有、买卖股票或者其他具有股权性质的证券，也不得收受他人赠送的股票或者其他具有股权性质的证券。

任何人在成为前款所列人员时，其原已持有的股票或者其他具有股权性质的证券，必须依法转让。

实施股权激励计划或者员工持股计划的证券公司的从业人员，可以按照国务院证券监督管理机构的规定持有、卖出本公司股票或者其他具有股权性质的证券。

第四十一条　证券交易场所、证券公司、证券登记结算机构、证券服务机构及其工作人员应当依法为投资者的信息保密，不得非法买卖、提供或者公开投资者的信息。

证券交易场所、证券公司、证券登记结算机构、证券服务机构及其工作人员不得泄露所知悉的商业秘密。

第四十二条　为证券发行出具审计报告或者法律意见书等文件的证券服务机构和人员，在该证券承销期内和期满后六个月内，不得买卖该证券。

除前款规定外，为发行人及其控股股东、实际控制人，或者收购人、重大资产交易方出具审计报告或者法律意见书等文件的证券服务机构和人员，自接受委托之日起至上述文件公开后五日内，不得买卖该证券。实际开展上述有关工作之日早于接受委托之日的，自实际开展上述有关工作之日起至上述文件公开后五日内，不得买卖该证券。

第四十三条　证券交易的收费必须合理，并公开收费项目、收费标准和管理办法。

第四十四条　上市公司、股票在国务院批准的其他全国性证券交易场所交易的公司持有百分之五以上股份的股东、董事、监事、高级管理人员，将其持有的该公司的股票或者其他具有股权性质的证券在买入后六个月内卖出，或者在卖出后六个月内又买入，由此所得收益归该公司所有，公司董事会应当收回其所得收益。但是，证券公司因购入包销售后剩余股票而持有百分之五以上股份，以及有国务院证券监督管理机构规定的其他情形的除外。

前款所称董事、监事、高级管理人员、自然人股东持有的股票或者其他具有股权性质的证券，包括其配偶、父母、子女持有的及利用他人账户持有的股票或者其他具有股权性质的证券。

公司董事会不按照第一款规定执行的，股东有权要求董事会在三十日内执行。公司董事会未在上述期限内执行的，股东有权为了公司的利益以自己的名义直接向人民法院提起诉讼。

公司董事会不按照第一款的规定执行的，负有责任的董事依法承担连带责任。

第四十五条　通过计算机程序自动生成或者下达交易指令进行程序化交易的，应当符合国务院证券监督管理机构的规定，并向证券交易所报告，不得影响证券交易所系统安全或者正常交易秩序。

第二节　证券上市

第四十六条　申请证券上市交易，应当向证券交易所提出申请，由证券交易所依法审核同意，并由双方签订上市协议。

证券交易所根据国务院授权的部门的决定安排政府债券上市交易。

第四十七条　申请证券上市交易，应当符合证券交易所上市规则规定的上市条件。

证券交易所上市规则规定的上市条件，应当对发行人的经营年限、财务状况、最低公开发行比例和公司治理、诚信记录等提出要求。

第四十八条　上市交易的证券，有证券交易所规定的终止上市情形的，由证券交易所按照业务规则终止其上市交易。

证券交易所决定终止证券上市交易的，应当及时公告，并报国务院证券监督管理机构备案。

第四十九条　对证券交易所作出的不予上市交易、终止上市交易决定不服的，可以向证券交易所设立的复核机构申请复核。

第三节　禁止的交易行为

第五十条　禁止证券交易内幕信息的知情人和非法获取内幕信息的人利用内幕信息从

事证券交易活动。

第五十一条　证券交易内幕信息的知情人包括：

（一）发行人及其董事、监事、高级管理人员；

（二）持有公司百分之五以上股份的股东及其董事、监事、高级管理人员，公司的实际控制人及其董事、监事、高级管理人员；

（三）发行人控股或者实际控制的公司及其董事、监事、高级管理人员；

（四）由于所任公司职务或者因与公司业务往来可以获取公司有关内幕信息的人员；

（五）上市公司收购人或者重大资产交易方及其控股股东、实际控制人、董事、监事和高级管理人员；

（六）因职务、工作可以获取内幕信息的证券交易场所、证券公司、证券登记结算机构、证券服务机构的有关人员；

（七）因职责、工作可以获取内幕信息的证券监督管理机构工作人员；

（八）因法定职责对证券的发行、交易或者对上市公司及其收购、重大资产交易进行管理可以获取内幕信息的有关主管部门、监管机构的工作人员；

（九）国务院证券监督管理机构规定的可以获取内幕信息的其他人员。

第五十二条　证券交易活动中，涉及发行人的经营、财务或者对该发行人证券的市场价格有重大影响的尚未公开的信息，为内幕信息。

本法第八十条第二款、第八十一条第二款所列重大事件属于内幕信息。

第五十三条　证券交易内幕信息的知情人和非法获取内幕信息的人，在内幕信息公开前，不得买卖该公司的证券，或者泄露该信息，或者建议他人买卖该证券。

持有或者通过协议、其他安排与他人共同持有公司百分之五以上股份的自然人、法人、非法人组织收购上市公司的股份，本法另有规定的，适用其规定。

内幕交易行为给投资者造成损失的，应当依法承担赔偿责任。

第五十四条　禁止证券交易场所、证券公司、证券登记结算机构、证券服务机构和其他金融机构的从业人员、有关监管部门或者行业协会的工作人员，利用因职务便利获取的内幕信息以外的其他未公开的信息，违反规定，从事与该信息相关的证券交易活动，或者明示、暗示他人从事相关交易活动。

利用未公开信息进行交易给投资者造成损失的，应当依法承担赔偿责任。

第五十五条　禁止任何人以下列手段操纵证券市场，影响或者意图影响证券交易价格或者证券交易量：

（一）单独或者通过合谋，集中资金优势、持股优势或者利用信息优势联合或者连续买卖；

（二）与他人串通，以事先约定的时间、价格和方式相互进行证券交易；

（三）在自己实际控制的账户之间进行证券交易；

（四）不以成交为目的，频繁或者大量申报并撤销申报；

（五）利用虚假或者不确定的重大信息，诱导投资者进行证券交易；

（六）对证券、发行人公开作出评价、预测或者投资建议，并进行反向证券交易；

（七）利用在其他相关市场的活动操纵证券市场；

（八）操纵证券市场的其他手段。

操纵证券市场行为给投资者造成损失的，应当依法承担赔偿责任。

第五十六条 禁止任何单位和个人编造、传播虚假信息或者误导性信息，扰乱证券市场。

禁止证券交易场所、证券公司、证券登记结算机构、证券服务机构及其从业人员，证券业协会、证券监督管理机构及其工作人员，在证券交易活动中作出虚假陈述或者信息误导。

各种传播媒介传播证券市场信息必须真实、客观，禁止误导。传播媒介及其从事证券市场信息报道的工作人员不得从事与其工作职责发生利益冲突的证券买卖。

编造、传播虚假信息或者误导性信息，扰乱证券市场，给投资者造成损失的，应当依法承担赔偿责任。

第五十七条 禁止证券公司及其从业人员从事下列损害客户利益的行为：

（一）违背客户的委托为其买卖证券；

（二）不在规定时间内向客户提供交易的确认文件；

（三）未经客户的委托，擅自为客户买卖证券，或者假借客户的名义买卖证券；

（四）为牟取佣金收入，诱使客户进行不必要的证券买卖；

（五）其他违背客户真实意思表示，损害客户利益的行为。

违反前款规定给客户造成损失的，应当依法承担赔偿责任。

第五十八条 任何单位和个人不得违反规定，出借自己的证券账户或者借用他人的证券账户从事证券交易。

第五十九条 依法拓宽资金入市渠道，禁止资金违规流入股市。

禁止投资者违规利用财政资金、银行信贷资金买卖证券。

第六十条 国有独资企业、国有独资公司、国有资本控股公司买卖上市交易的股票，必须遵守国家有关规定。

第六十一条 证券交易场所、证券公司、证券登记结算机构、证券服务机构及其从业人员对证券交易中发现的禁止的交易行为，应当及时向证券监督管理机构报告。

第四章 上市公司的收购

第六十二条 投资者可以采取要约收购、协议收购及其他合法方式收购上市公司。

第六十三条 通过证券交易所的证券交易，投资者持有或者通过协议、其他安排与他人共同持有一个上市公司已发行的有表决权股份达到百分之五时，应当在该事实发生之日起三日内，向国务院证券监督管理机构、证券交易所作出书面报告，通知该上市公司，并予公告，在上述期限内不得再行买卖该上市公司的股票，但国务院证券监督管理机构规定的情形除外。

投资者持有或者通过协议、其他安排与他人共同持有一个上市公司已发行的有表决权股份达到百分之五后，其所持该上市公司已发行的有表决权股份比例每增加或者减少百分之五，应当依照前款规定进行报告和公告，在该事实发生之日起至公告后三日内，不得再行买卖该上市公司的股票，但国务院证券监督管理机构规定的情形除外。

投资者持有或者通过协议、其他安排与他人共同持有一个上市公司已发行的有表决权股份达到百分之五后，其所持该上市公司已发行的有表决权股份比例每增加或者减少百分之一，应当在该事实发生的次日通知该上市公司，并予公告。

违反第一款、第二款规定买入上市公司有表决权的股份的，在买入后的三十六个月内，对该超过规定比例部分的股份不得行使表决权。

第六十四条　依照前条规定所作的公告，应当包括下列内容：

（一）持股人的名称、住所；

（二）持有的股票的名称、数额；

（三）持股达到法定比例或者持股增减变化达到法定比例的日期、增持股份的资金来源；

（四）在上市公司中拥有有表决权的股份变动的时间及方式。

第六十五条　通过证券交易所的证券交易，投资者持有或者通过协议、其他安排与他人共同持有一个上市公司已发行的有表决权股份达到百分之三十时，继续进行收购的，应当依法向该上市公司所有股东发出收购上市公司全部或者部分股份的要约。

收购上市公司部分股份的要约应当约定，被收购公司股东承诺出售的股份数额超过预定收购的股份数额的，收购人按比例进行收购。

第六十六条　依照前条规定发出收购要约，收购人必须公告上市公司收购报告书，并载明下列事项：

（一）收购人的名称、住所；

（二）收购人关于收购的决定；

（三）被收购的上市公司名称；

（四）收购目的；

（五）收购股份的详细名称和预定收购的股份数额；

（六）收购期限、收购价格；

（七）收购所需资金额及资金保证；

（八）公告上市公司收购报告书时持有被收购公司股份数占该公司已发行的股份总数的比例。

第六十七条　收购要约约定的收购期限不得少于三十日，并不得超过六十日。

第六十八条　在收购要约确定的承诺期限内，收购人不得撤销其收购要约。收购人需要变更收购要约的，应当及时公告，载明具体变更事项，且不得存在下列情形：

（一）降低收购价格；

（二）减少预定收购股份数额；

（三）缩短收购期限；

（四）国务院证券监督管理机构规定的其他情形。

第六十九条 收购要约提出的各项收购条件，适用于被收购公司的所有股东。

上市公司发行不同种类股份的，收购人可以针对不同种类股份提出不同的收购条件。

第七十条 采取要约收购方式的，收购人在收购期限内，不得卖出被收购公司的股票，也不得采取要约规定以外的形式和超出要约的条件买入被收购公司的股票。

第七十一条 采取协议收购方式的，收购人可以依照法律、行政法规的规定同被收购公司的股东以协议方式进行股份转让。

以协议方式收购上市公司时，达成协议后，收购人必须在三日内将该收购协议向国务院证券监督管理机构及证券交易所作出书面报告，并予公告。

在公告前不得履行收购协议。

第七十二条 采取协议收购方式的，协议双方可以临时委托证券登记结算机构保管协议转让的股票，并将资金存放于指定的银行。

第七十三条 采取协议收购方式的，收购人收购或者通过协议、其他安排与他人共同收购一个上市公司已发行的有表决权股份达到百分之三十时，继续进行收购的，应当依法向该上市公司所有股东发出收购上市公司全部或者部分股份的要约。但是，按照国务院证券监督管理机构的规定免除发出要约的除外。

收购人依照前款规定以要约方式收购上市公司股份，应当遵守本法第六十五条第二款、第六十六条至第七十条的规定。

第七十四条 收购期限届满，被收购公司股权分布不符合证券交易所规定的上市交易要求的，该上市公司的股票应当由证券交易所依法终止上市交易；其余仍持有被收购公司股票的股东，有权向收购人以收购要约的同等条件出售其股票，收购人应当收购。

收购行为完成后，被收购公司不再具备股份有限公司条件的，应当依法变更企业形式。

第七十五条 在上市公司收购中，收购人持有的被收购的上市公司的股票，在收购行为完成后的十八个月内不得转让。

第七十六条 收购行为完成后，收购人与被收购公司合并，并将该公司解散的，被解散公司的原有股票由收购人依法更换。

收购行为完成后，收购人应当在十五日内将收购情况报告国务院证券监督管理机构和证券交易所，并予公告。

第七十七条 国务院证券监督管理机构依照本法制定上市公司收购的具体办法。

上市公司分立或者被其他公司合并，应当向国务院证券监督管理机构报告，并予公告。

第五章 信息披露

第七十八条 发行人及法律、行政法规和国务院证券监督管理机构规定的其他信息披露义务人，应当及时依法履行信息披露义务。

信息披露义务人披露的信息，应当真实、准确、完整，简明清晰，通俗易懂，不得有虚假记载、误导性陈述或者重大遗漏。

证券同时在境内境外公开发行、交易的，其信息披露义务人在境外披露的信息，应当在境内同时披露。

第七十九条　上市公司、公司债券上市交易的公司、股票在国务院批准的其他全国性证券交易场所交易的公司，应当按照国务院证券监督管理机构和证券交易场所规定的内容和格式编制定期报告，并按照以下规定报送和公告：

（一）在每一会计年度结束之日起四个月内，报送并公告年度报告，其中的年度财务会计报告应当经符合本法规定的会计师事务所审计；

（二）在每一会计年度的上半年结束之日起二个月内，报送并公告中期报告。

第八十条　发生可能对上市公司、股票在国务院批准的其他全国性证券交易场所交易的公司的股票交易价格产生较大影响的重大事件，投资者尚未得知时，公司应当立即将有关该重大事件的情况向国务院证券监督管理机构和证券交易场所报送临时报告，并予公告，说明事件的起因、目前的状态和可能产生的法律后果。

前款所称重大事件包括：

（一）公司的经营方针和经营范围的重大变化；

（二）公司的重大投资行为，公司在一年内购买、出售重大资产超过公司资产总额百分之三十，或者公司营业用主要资产的抵押、质押、出售或者报废一次超过该资产的百分之三十；

（三）公司订立重要合同、提供重大担保或者从事关联交易，可能对公司的资产、负债、权益和经营成果产生重要影响；

（四）公司发生重大债务和未能清偿到期重大债务的违约情况；

（五）公司发生重大亏损或者重大损失；

（六）公司生产经营的外部条件发生的重大变化；

（七）公司的董事、三分之一以上监事或者经理发生变动，董事长或者经理无法履行职责；

（八）持有公司百分之五以上股份的股东或者实际控制人持有股份或者控制公司的情况发生较大变化，公司的实际控制人及其控制的其他企业从事与公司相同或者相似业务的情况发生较大变化；

（九）公司分配股利、增资的计划，公司股权结构的重要变化，公司减资、合并、分立、解散及申请破产的决定，或者依法进入破产程序、被责令关闭；

（十）涉及公司的重大诉讼、仲裁，股东大会、董事会决议被依法撤销或者宣告无效；

（十一）公司涉嫌犯罪被依法立案调查，公司的控股股东、实际控制人、董事、监事、高级管理人员涉嫌犯罪被依法采取强制措施；

（十二）国务院证券监督管理机构规定的其他事项。

公司的控股股东或者实际控制人对重大事件的发生、进展产生较大影响的，应当及时将其知悉的有关情况书面告知公司，并配合公司履行信息披露义务。

第八十一条　发生可能对上市交易公司债券的交易价格产生较大影响的重大事件，投资者尚未得知时，公司应当立即将有关该重大事件的情况向国务院证券监督管理机构和证券交易场所报送临时报告，并予公告，说明事件的起因、目前的状态和可能产生的法律后果。

前款所称重大事件包括：

（一）公司股权结构或者生产经营状况发生重大变化；

（二）公司债券信用评级发生变化；

（三）公司重大资产抵押、质押、出售、转让、报废；

（四）公司发生未能清偿到期债务的情况；

（五）公司新增借款或者对外提供担保超过上年末净资产的百分之二十；

（六）公司放弃债权或者财产超过上年末净资产的百分之十；

（七）公司发生超过上年末净资产百分之十的重大损失；

（八）公司分配股利，作出减资、合并、分立、解散及申请破产的决定，或者依法进入破产程序、被责令关闭；

（九）涉及公司的重大诉讼、仲裁；

（十）公司涉嫌犯罪被依法立案调查，公司的控股股东、实际控制人、董事、监事、高级管理人员涉嫌犯罪被依法采取强制措施；

（十一）国务院证券监督管理机构规定的其他事项。

第八十二条 发行人的董事、高级管理人员应当对证券发行文件和定期报告签署书面确认意见。

发行人的监事会应当对董事会编制的证券发行文件和定期报告进行审核并提出书面审核意见。监事应当签署书面确认意见。

发行人的董事、监事和高级管理人员应当保证发行人及时、公平地披露信息，所披露的信息真实、准确、完整。

董事、监事和高级管理人员无法保证证券发行文件和定期报告内容的真实性、准确性、完整性或者有异议的，应当在书面确认意见中发表意见并陈述理由，发行人应当披露。发行人不予披露的，董事、监事和高级管理人员可以直接申请披露。

第八十三条 信息披露义务人披露的信息应当同时向所有投资者披露，不得提前向任何单位和个人泄露。但是，法律、行政法规另有规定的除外。

任何单位和个人不得非法要求信息披露义务人提供依法需要披露但尚未披露的信息。任何单位和个人提前获知的前述信息，在依法披露前应当保密。

第八十四条 除依法需要披露的信息之外，信息披露义务人可以自愿披露与投资者作出价值判断和投资决策有关的信息，但不得与依法披露的信息相冲突，不得误导投资者。

发行人及其控股股东、实际控制人、董事、监事、高级管理人员等作出公开承诺的，应当披露。不履行承诺给投资者造成损失的，应当依法承担赔偿责任。

第八十五条 信息披露义务人未按照规定披露信息，或者公告的证券发行文件、定期报告、临时报告及其他信息披露资料存在虚假记载、误导性陈述或者重大遗漏，致使投资者在证券交易中遭受损失的，信息披露义务人应当承担赔偿责任；发行人的控股股东、实际控制人、董事、监事、高级管理人员和其他直接责任人员以及保荐人、承销的证券公司及其直接责任人员，应当与发行人承担连带赔偿责任，但是能够证明自己没有过错的除外。

第八十六条　依法披露的信息，应当在证券交易场所的网站和符合国务院证券监督管理机构规定条件的媒体发布，同时将其置备于公司住所、证券交易场所，供社会公众查阅。

第八十七条　国务院证券监督管理机构对信息披露义务人的信息披露行为进行监督管理。

证券交易场所应当对其组织交易的证券的信息披露义务人的信息披露行为进行监督，督促其依法及时、准确地披露信息。

第六章　投资者保护

第八十八条　证券公司向投资者销售证券、提供服务时，应当按照规定充分了解投资者的基本情况、财产状况、金融资产状况、投资知识和经验、专业能力等相关信息；如实说明证券、服务的重要内容，充分揭示投资风险；销售、提供与投资者上述状况相匹配的证券、服务。

投资者在购买证券或者接受服务时，应当按照证券公司明示的要求提供前款所列真实信息。拒绝提供或者未按照要求提供信息的，证券公司应当告知其后果，并按照规定拒绝向其销售证券、提供服务。

证券公司违反第一款规定导致投资者损失的，应当承担相应的赔偿责任。

第八十九条　根据财产状况、金融资产状况、投资知识和经验、专业能力等因素，投资者可以分为普通投资者和专业投资者。专业投资者的标准由国务院证券监督管理机构规定。

普通投资者与证券公司发生纠纷的，证券公司应当证明其行为符合法律、行政法规以及国务院证券监督管理机构的规定，不存在误导、欺诈等情形。证券公司不能证明的，应当承担相应的赔偿责任。

第九十条　上市公司董事会、独立董事、持有百分之一以上有表决权股份的股东或者依照法律、行政法规或者国务院证券监督管理机构的规定设立的投资者保护机构（以下简称投资者保护机构），可以作为征集人，自行或者委托证券公司、证券服务机构，公开请求上市公司股东委托其代为出席股东大会，并代为行使提案权、表决权等股东权利。

依照前款规定征集股东权利的，征集人应当披露征集文件，上市公司应当予以配合。

禁止以有偿或者变相有偿的方式公开征集股东权利。

公开征集股东权利违反法律、行政法规或者国务院证券监督管理机构有关规定，导致上市公司或者其股东遭受损失的，应当依法承担赔偿责任。

第九十一条　上市公司应当在章程中明确分配现金股利的具体安排和决策程序，依法保障股东的资产收益权。

上市公司当年税后利润，在弥补亏损及提取法定公积金后有盈余的，应当按照公司章程的规定分配现金股利。

第九十二条 公开发行公司债券的，应当设立债券持有人会议，并应当在募集说明书中说明债券持有人会议的召集程序、会议规则和其他重要事项。

公开发行公司债券的，发行人应当为债券持有人聘请债券受托管理人，并订立债券受托管理协议。受托管理人应当由本次发行的承销机构或者其他经国务院证券监督管理机构认可的机构担任，债券持有人会议可以决议变更债券受托管理人。债券受托管理人应当勤勉尽责，公正履行受托管理职责，不得损害债券持有人利益。

债券发行人未能按期兑付债券本息的，债券受托管理人可以接受全部或者部分债券持有人的委托，以自己名义代表债券持有人提起、参加民事诉讼或者清算程序。

第九十三条 发行人因欺诈发行、虚假陈述或者其他重大违法行为给投资者造成损失的，发行人的控股股东、实际控制人、相关的证券公司可以委托投资者保护机构，就赔偿事宜与受到损失的投资者达成协议，予以先行赔付。先行赔付后，可以依法向发行人以及其他连带责任人追偿。

第九十四条 投资者与发行人、证券公司等发生纠纷的，双方可以向投资者保护机构申请调解。普通投资者与证券公司发生证券业务纠纷，普通投资者提出调解请求的，证券公司不得拒绝。

投资者保护机构对损害投资者利益的行为，可以依法支持投资者向人民法院提起诉讼。

发行人的董事、监事、高级管理人员执行公司职务时违反法律、行政法规或者公司章程的规定给公司造成损失，发行人的控股股东、实际控制人等侵犯公司合法权益给公司造成损失，投资者保护机构持有该公司股份的，可以为公司的利益以自己的名义向人民法院提起诉讼，持股比例和持股期限不受《中华人民共和国公司法》规定的限制。

第九十五条 投资者提起虚假陈述等证券民事赔偿诉讼时，诉讼标的是同一种类，且当事人一方人数众多的，可以依法推选代表人进行诉讼。

对按照前款规定提起的诉讼，可能存在有相同诉讼请求的其他众多投资者的，人民法院可以发出公告，说明该诉讼请求的案件情况，通知投资者在一定期间向人民法院登记。人民法院作出的判决、裁定，对参加登记的投资者发生效力。

投资者保护机构受五十名以上投资者委托，可以作为代表人参加诉讼，并为经证券登记结算机构确认的权利人依照前款规定向人民法院登记，但投资者明确表示不愿意参加该诉讼的除外。

第七章　证券交易场所

第九十六条 证券交易所、国务院批准的其他全国性证券交易场所为证券集中交易提供场所和设施，组织和监督证券交易，实行自律管理，依法登记，取得法人资格。

证券交易所、国务院批准的其他全国性证券交易场所的设立、变更和解散由国务院决定。

国务院批准的其他全国性证券交易场所的组织机构、管理办法等，由国务院规定。

第九十七条　证券交易所、国务院批准的其他全国性证券交易场所可以根据证券品种、行业特点、公司规模等因素设立不同的市场层次。

第九十八条　按照国务院规定设立的区域性股权市场为非公开发行证券的发行、转让提供场所和设施，具体管理办法由国务院规定。

第九十九条　证券交易所履行自律管理职能，应当遵守社会公共利益优先原则，维护市场的公平、有序、透明。

设立证券交易所必须制定章程。证券交易所章程的制定和修改，必须经国务院证券监督管理机构批准。

第一百条　证券交易所必须在其名称中标明证券交易所字样。其他任何单位或者个人不得使用证券交易所或者近似的名称。

第一百零一条　证券交易所可以自行支配的各项费用收入，应当首先用于保证其证券交易场所和设施的正常运行并逐步改善。

实行会员制的证券交易所的财产积累归会员所有，其权益由会员共同享有，在其存续期间，不得将其财产积累分配给会员。

第一百零二条　实行会员制的证券交易所设理事会、监事会。

证券交易所设总经理一人，由国务院证券监督管理机构任免。

第一百零三条　有《中华人民共和国公司法》第一百四十六条规定的情形或者下列情形之一的，不得担任证券交易所的负责人：

（一）因违法行为或者违纪行为被解除职务的证券交易场所、证券登记结算机构的负责人或者证券公司的董事、监事、高级管理人员，自被解除职务之日起未逾五年；

（二）因违法行为或者违纪行为被吊销执业证书或者被取消资格的律师、注册会计师或者其他证券服务机构的专业人员，自被吊销执业证书或者被取消资格之日起未逾五年。

第一百零四条　因违法行为或者违纪行为被开除的证券交易场所、证券公司、证券登记结算机构、证券服务机构的从业人员和被开除的国家机关工作人员，不得招聘为证券交易所的从业人员。

第一百零五条　进入实行会员制的证券交易所参与集中交易的，必须是证券交易所的会员。证券交易所不得允许非会员直接参与股票的集中交易。

第一百零六条　投资者应当与证券公司签订证券交易委托协议，并在证券公司实名开立账户，以书面、电话、自助终端、网络等方式，委托该证券公司代其买卖证券。

第一百零七条　证券公司为投资者开立账户，应当按照规定对投资者提供的身份信息进行核对。

证券公司不得将投资者的账户提供给他人使用。

投资者应当使用实名开立的账户进行交易。

第一百零八条　证券公司根据投资者的委托，按照证券交易规则提出交易申报，参与证券交易所场内的集中交易，并根据成交结果承担相应的清算交收责任。证券登记结算机构根据成交结果，按照清算交收规则，与证券公司进行证券和资金的清算交收，并为证券公司客户办理证券的登记过户手续。

第一百零九条 证券交易所应当为组织公平的集中交易提供保障，实时公布证券交易即时行情，并按交易日制作证券市场行情表，予以公布。

证券交易即时行情的权益由证券交易所依法享有。未经证券交易所许可，任何单位和个人不得发布证券交易即时行情。

第一百一十条 上市公司可以向证券交易所申请其上市交易股票的停牌或者复牌，但不得滥用停牌或者复牌损害投资者的合法权益。

证券交易所可以按照业务规则的规定，决定上市交易股票的停牌或者复牌。

第一百一十一条 因不可抗力、意外事件、重大技术故障、重大人为差错等突发性事件而影响证券交易正常进行时，为维护证券交易正常秩序和市场公平，证券交易所可以按照业务规则采取技术性停牌、临时停市等处置措施，并应当及时向国务院证券监督管理机构报告。

因前款规定的突发性事件导致证券交易结果出现重大异常，按交易结果进行交收将对证券交易正常秩序和市场公平造成重大影响的，证券交易所按照业务规则可以采取取消交易、通知证券登记结算机构暂缓交收等措施，并应当及时向国务院证券监督管理机构报告并公告。

证券交易所对其依照本条规定采取措施造成的损失，不承担民事赔偿责任，但存在重大过错的除外。

第一百一十二条 证券交易所对证券交易实行实时监控，并按照国务院证券监督管理机构的要求，对异常的交易情况提出报告。

证券交易所根据需要，可以按照业务规则对出现重大异常交易情况的证券账户的投资者限制交易，并及时报告国务院证券监督管理机构。

第一百一十三条 证券交易所应当加强对证券交易的风险监测，出现重大异常波动的，证券交易所可以按照业务规则采取限制交易、强制停牌等处置措施，并向国务院证券监督管理机构报告；严重影响证券市场稳定的，证券交易所可以按照业务规则采取临时停市等处置措施并公告。

证券交易所对其依照本条规定采取措施造成的损失，不承担民事赔偿责任，但存在重大过错的除外。

第一百一十四条 证券交易所应当从其收取的交易费用和会员费、席位费中提取一定比例的金额设立风险基金。风险基金由证券交易所理事会管理。

风险基金提取的具体比例和使用办法，由国务院证券监督管理机构会同国务院财政部门规定。

证券交易所应当将收存的风险基金存入开户银行专门账户，不得擅自使用。

第一百一十五条 证券交易所依照法律、行政法规和国务院证券监督管理机构的规定，制定上市规则、交易规则、会员管理规则和其他有关业务规则，并报国务院证券监督管理机构批准。

在证券交易所从事证券交易，应当遵守证券交易所依法制定的业务规则。违反业务规则的，由证券交易所给予纪律处分或者采取其他自律管理措施。

第一百一十六条　证券交易所的负责人和其他从业人员执行与证券交易有关的职务时，与其本人或者其亲属有利害关系的，应当回避。

第一百一十七条　按照依法制定的交易规则进行的交易，不得改变其交易结果，但本法第一百一十一条第二款规定的除外。对交易中违规交易者应负的民事责任不得免除；在违规交易中所获利益，依照有关规定处理。

第八章　证 券 公 司

第一百一十八条　设立证券公司，应当具备下列条件，并经国务院证券监督管理机构批准：

（一）有符合法律、行政法规规定的公司章程；

（二）主要股东及公司的实际控制人具有良好的财务状况和诚信记录，最近三年无重大违法违规记录；

（三）有符合本法规定的公司注册资本；

（四）董事、监事、高级管理人员、从业人员符合本法规定的条件；

（五）有完善的风险管理与内部控制制度；

（六）有合格的经营场所、业务设施和信息技术系统；

（七）法律、行政法规和经国务院批准的国务院证券监督管理机构规定的其他条件。

未经国务院证券监督管理机构批准，任何单位和个人不得以证券公司名义开展证券业务活动。

第一百一十九条　国务院证券监督管理机构应当自受理证券公司设立申请之日起六个月内，依照法定条件和法定程序并根据审慎监管原则进行审查，作出批准或者不予批准的决定，并通知申请人；不予批准的，应当说明理由。

证券公司设立申请获得批准的，申请人应当在规定的期限内向公司登记机关申请设立登记，领取营业执照。

证券公司应当自领取营业执照之日起十五日内，向国务院证券监督管理机构申请经营证券业务许可证。未取得经营证券业务许可证，证券公司不得经营证券业务。

第一百二十条　经国务院证券监督管理机构核准，取得经营证券业务许可证，证券公司可以经营下列部分或者全部证券业务：

（一）证券经纪；

（二）证券投资咨询；

（三）与证券交易、证券投资活动有关的财务顾问；

（四）证券承销与保荐；

（五）证券融资融券；

（六）证券做市交易；

（七）证券自营；

（八）其他证券业务。

国务院证券监督管理机构应当自受理前款规定事项申请之日起三个月内，依照法定条件和程序进行审查，作出核准或者不予核准的决定，并通知申请人；不予核准的，应当说明理由。

证券公司经营证券资产管理业务的，应当符合《中华人民共和国证券投资基金法》等法律、行政法规的规定。

除证券公司外，任何单位和个人不得从事证券承销、证券保荐、证券经纪和证券融资融券业务。

证券公司从事证券融资融券业务，应当采取措施，严格防范和控制风险，不得违反规定向客户出借资金或者证券。

第一百二十一条 证券公司经营本法第一百二十条第一款第（一）项至第（三）项业务的，注册资本最低限额为人民币五千万元；经营第（四）项至第（八）项业务之一的，注册资本最低限额为人民币一亿元；经营第（四）项至第（八）项业务中两项以上的，注册资本最低限额为人民币五亿元。证券公司的注册资本应当是实缴资本。

国务院证券监督管理机构根据审慎监管原则和各项业务的风险程度，可以调整注册资本最低限额，但不得少于前款规定的限额。

第一百二十二条 证券公司变更证券业务范围，变更主要股东或者公司的实际控制人，合并、分立、停业、解散、破产，应当经国务院证券监督管理机构核准。

第一百二十三条 国务院证券监督管理机构应当对证券公司净资本和其他风险控制指标作出规定。

证券公司除依照规定为其客户提供融资融券外，不得为其股东或者股东的关联人提供融资或者担保。

第一百二十四条 证券公司的董事、监事、高级管理人员，应当正直诚实、品行良好，熟悉证券法律、行政法规，具有履行职责所需的经营管理能力。证券公司任免董事、监事、高级管理人员，应当报国务院证券监督管理机构备案。

有《中华人民共和国公司法》第一百四十六条规定的情形或者下列情形之一的，不得担任证券公司的董事、监事、高级管理人员：

（一）因违法行为或者违纪行为被解除职务的证券交易场所、证券登记结算机构的负责人或者证券公司的董事、监事、高级管理人员，自被解除职务之日起未逾五年；

（二）因违法行为或者违纪行为被吊销执业证书或者被取消资格的律师、注册会计师或者其他证券服务机构的专业人员，自被吊销执业证书或者被取消资格之日起未逾五年。

第一百二十五条 证券公司从事证券业务的人员应当品行良好，具备从事证券业务所需的专业能力。

因违法行为或者违纪行为被开除的证券交易场所、证券公司、证券登记结算机构、证券服务机构的从业人员和被开除的国家机关工作人员，不得招聘为证券公司的从业人员。

国家机关工作人员和法律、行政法规规定的禁止在公司中兼职的其他人员，不得在证券公司中兼任职务。

第一百二十六条　国家设立证券投资者保护基金。证券投资者保护基金由证券公司缴纳的资金及其他依法筹集的资金组成，其规模以及筹集、管理和使用的具体办法由国务院规定。

第一百二十七条　证券公司从每年的业务收入中提取交易风险准备金，用于弥补证券经营的损失，其提取的具体比例由国务院证券监督管理机构会同国务院财政部门规定。

第一百二十八条　证券公司应当建立健全内部控制制度，采取有效隔离措施，防范公司与客户之间、不同客户之间的利益冲突。

证券公司必须将其证券经纪业务、证券承销业务、证券自营业务、证券做市业务和证券资产管理业务分开办理，不得混合操作。

第一百二十九条　证券公司的自营业务必须以自己的名义进行，不得假借他人名义或者以个人名义进行。

证券公司的自营业务必须使用自有资金和依法筹集的资金。

证券公司不得将其自营账户借给他人使用。

第一百三十条　证券公司应当依法审慎经营，勤勉尽责，诚实守信。

证券公司的业务活动，应当与其治理结构、内部控制、合规管理、风险管理以及风险控制指标、从业人员构成等情况相适应，符合审慎监管和保护投资者合法权益的要求。

证券公司依法享有自主经营的权利，其合法经营不受干涉。

第一百三十一条　证券公司客户的交易结算资金应当存放在商业银行，以每个客户的名义单独立户管理。

证券公司不得将客户的交易结算资金和证券归入其自有财产。禁止任何单位或者个人以任何形式挪用客户的交易结算资金和证券。证券公司破产或者清算时，客户的交易结算资金和证券不属于其破产财产或者清算财产。非因客户本身的债务或者法律规定的其他情形，不得查封、冻结、扣划或者强制执行客户的交易结算资金和证券。

第一百三十二条　证券公司办理经纪业务，应当置备统一制定的证券买卖委托书，供委托人使用。采取其他委托方式的，必须作出委托记录。

客户的证券买卖委托，不论是否成交，其委托记录应当按照规定的期限，保存于证券公司。

第一百三十三条　证券公司接受证券买卖的委托，应当根据委托书载明的证券名称、买卖数量、出价方式、价格幅度等，按照交易规则代理买卖证券，如实进行交易记录；买卖成交后，应当按照规定制作买卖成交报告单交付客户。

证券交易中确认交易行为及其交易结果的对账单必须真实，保证账面证券余额与实际持有的证券相一致。

第一百三十四条　证券公司办理经纪业务，不得接受客户的全权委托而决定证券买卖、选择证券种类、决定买卖数量或者买卖价格。

证券公司不得允许他人以证券公司的名义直接参与证券的集中交易。

第一百三十五条　证券公司不得对客户证券买卖的收益或者赔偿证券买卖的损失作出

承诺。

第一百三十六条 证券公司的从业人员在证券交易活动中，执行所属的证券公司的指令或者利用职务违反交易规则的，由所属的证券公司承担全部责任。

证券公司的从业人员不得私下接受客户委托买卖证券。

第一百三十七条 证券公司应当建立客户信息查询制度，确保客户能够查询其账户信息、委托记录、交易记录以及其他与接受服务或者购买产品有关的重要信息。

证券公司应当妥善保存客户开户资料、委托记录、交易记录和与内部管理、业务经营有关的各项信息，任何人不得隐匿、伪造、篡改或者毁损。上述信息的保存期限不得少于二十年。

第一百三十八条 证券公司应当按照规定向国务院证券监督管理机构报送业务、财务等经营管理信息和资料。国务院证券监督管理机构有权要求证券公司及其主要股东、实际控制人在指定的期限内提供有关信息、资料。

证券公司及其主要股东、实际控制人向国务院证券监督管理机构报送或者提供的信息、资料，必须真实、准确、完整。

第一百三十九条 国务院证券监督管理机构认为有必要时，可以委托会计师事务所、资产评估机构对证券公司的财务状况、内部控制状况、资产价值进行审计或者评估。具体办法由国务院证券监督管理机构会同有关主管部门制定。

第一百四十条 证券公司的治理结构、合规管理、风险控制指标不符合规定的，国务院证券监督管理机构应当责令其限期改正；逾期未改正，或者其行为严重危及该证券公司的稳健运行、损害客户合法权益的，国务院证券监督管理机构可以区别情形，对其采取下列措施：

（一）限制业务活动，责令暂停部分业务，停止核准新业务；

（二）限制分配红利，限制向董事、监事、高级管理人员支付报酬、提供福利；

（三）限制转让财产或者在财产上设定其他权利；

（四）责令更换董事、监事、高级管理人员或者限制其权利；

（五）撤销有关业务许可；

（六）认定负有责任的董事、监事、高级管理人员为不适当人选；

（七）责令负有责任的股东转让股权，限制负有责任的股东行使股东权利。

证券公司整改后，应当向国务院证券监督管理机构提交报告。国务院证券监督管理机构经验收，治理结构、合规管理、风险控制指标符合规定的，应当自验收完毕之日起三日内解除对其采取的前款规定的有关限制措施。

第一百四十一条 证券公司的股东有虚假出资、抽逃出资行为的，国务院证券监督管理机构应当责令其限期改正，并可责令其转让所持证券公司的股权。

在前款规定的股东按照要求改正违法行为、转让所持证券公司的股权前，国务院证券监督管理机构可以限制其股东权利。

第一百四十二条 证券公司的董事、监事、高级管理人员未能勤勉尽责，致使证券公司存在重大违法违规行为或者重大风险的，国务院证券监督管理机构可以责令证券公司予以更换。

第一百四十三条　证券公司违法经营或者出现重大风险，严重危害证券市场秩序、损害投资者利益的，国务院证券监督管理机构可以对该证券公司采取责令停业整顿、指定其他机构托管、接管或者撤销等监管措施。

第一百四十四条　在证券公司被责令停业整顿、被依法指定托管、接管或者清算期间，或者出现重大风险时，经国务院证券监督管理机构批准，可以对该证券公司直接负责的董事、监事、高级管理人员和其他直接责任人员采取以下措施：

（一）通知出境入境管理机关依法阻止其出境；

（二）申请司法机关禁止其转移、转让或者以其他方式处分财产，或者在财产上设定其他权利。

第九章　证券登记结算机构

第一百四十五条　证券登记结算机构为证券交易提供集中登记、存管与结算服务，不以营利为目的，依法登记，取得法人资格。

设立证券登记结算机构必须经国务院证券监督管理机构批准。

第一百四十六条　设立证券登记结算机构，应当具备下列条件：

（一）自有资金不少于人民币二亿元；

（二）具有证券登记、存管和结算服务所必须的场所和设施；

（三）国务院证券监督管理机构规定的其他条件。

证券登记结算机构的名称中应当标明证券登记结算字样。

第一百四十七条　证券登记结算机构履行下列职能：

（一）证券账户、结算账户的设立；

（二）证券的存管和过户；

（三）证券持有人名册登记；

（四）证券交易的清算和交收；

（五）受发行人的委托派发证券权益；

（六）办理与上述业务有关的查询、信息服务；

（七）国务院证券监督管理机构批准的其他业务。

第一百四十八条　在证券交易所和国务院批准的其他全国性证券交易场所交易的证券的登记结算，应当采取全国集中统一的运营方式。

前款规定以外的证券，其登记、结算可以委托证券登记结算机构或者其他依法从事证券登记、结算业务的机构办理。

第一百四十九条　证券登记结算机构应当依法制定章程和业务规则，并经国务院证券监督管理机构批准。证券登记结算业务参与人应当遵守证券登记结算机构制定的业务规则。

第一百五十条　在证券交易所或者国务院批准的其他全国性证券交易场所交易的证

券，应当全部存管在证券登记结算机构。

证券登记结算机构不得挪用客户的证券。

第一百五十一条 证券登记结算机构应当向证券发行人提供证券持有人名册及有关资料。

证券登记结算机构应当根据证券登记结算的结果，确认证券持有人持有证券的事实，提供证券持有人登记资料。

证券登记结算机构应当保证证券持有人名册和登记过户记录真实、准确、完整，不得隐匿、伪造、篡改或者毁损。

第一百五十二条 证券登记结算机构应当采取下列措施保证业务的正常进行：

（一）具有必备的服务设备和完善的数据安全保护措施；

（二）建立完善的业务、财务和安全防范等管理制度；

（三）建立完善的风险管理系统。

第一百五十三条 证券登记结算机构应当妥善保存登记、存管和结算的原始凭证及有关文件和资料。其保存期限不得少于二十年。

第一百五十四条 证券登记结算机构应当设立证券结算风险基金，用于垫付或者弥补因违约交收、技术故障、操作失误、不可抗力造成的证券登记结算机构的损失。

证券结算风险基金从证券登记结算机构的业务收入和收益中提取，并可以由结算参与人按照证券交易业务量的一定比例缴纳。

证券结算风险基金的筹集、管理办法，由国务院证券监督管理机构会同国务院财政部门规定。

第一百五十五条 证券结算风险基金应当存入指定银行的专门账户，实行专项管理。

证券登记结算机构以证券结算风险基金赔偿后，应当向有关责任人追偿。

第一百五十六条 证券登记结算机构申请解散，应当经国务院证券监督管理机构批准。

第一百五十七条 投资者委托证券公司进行证券交易，应当通过证券公司申请在证券登记结算机构开立证券账户。证券登记结算机构应当按照规定为投资者开立证券账户。

投资者申请开立账户，应当持有证明中华人民共和国公民、法人、合伙企业身份的合法证件。国家另有规定的除外。

第一百五十八条 证券登记结算机构作为中央对手方提供证券结算服务的，是结算参与人共同的清算交收对手，进行净额结算，为证券交易提供集中履约保障。

证券登记结算机构为证券交易提供净额结算服务时，应当要求结算参与人按照货银对付的原则，足额交付证券和资金，并提供交收担保。

在交收完成之前，任何人不得动用用于交收的证券、资金和担保物。

结算参与人未按时履行交收义务的，证券登记结算机构有权按照业务规则处理前款所述财产。

第一百五十九条 证券登记结算机构按照业务规则收取的各类结算资金和证券，必须存放于专门的清算交收账户，只能按业务规则用于已成交的证券交易的清算交收，不得被强制执行。

第十章　证券服务机构

第一百六十条　会计师事务所、律师事务所以及从事证券投资咨询、资产评估、资信评级、财务顾问、信息技术系统服务的证券服务机构，应当勤勉尽责、恪尽职守，按照相关业务规则为证券的交易及相关活动提供服务。

从事证券投资咨询服务业务，应当经国务院证券监督管理机构核准；未经核准，不得为证券的交易及相关活动提供服务。从事其他证券服务业务，应当报国务院证券监督管理机构和国务院有关主管部门备案。

第一百六十一条　证券投资咨询机构及其从业人员从事证券服务业务不得有下列行为：

（一）代理委托人从事证券投资；

（二）与委托人约定分享证券投资收益或者分担证券投资损失；

（三）买卖本证券投资咨询机构提供服务的证券；

（四）法律、行政法规禁止的其他行为。

有前款所列行为之一，给投资者造成损失的，应当依法承担赔偿责任。

第一百六十二条　证券服务机构应当妥善保存客户委托文件、核查和验证资料、工作底稿以及与质量控制、内部管理、业务经营有关的信息和资料，任何人不得泄露、隐匿、伪造、篡改或者毁损。上述信息和资料的保存期限不得少于十年，自业务委托结束之日起算。

第一百六十三条　证券服务机构为证券的发行、上市、交易等证券业务活动制作、出具审计报告及其他鉴证报告、资产评估报告、财务顾问报告、资信评级报告或者法律意见书等文件，应当勤勉尽责，对所依据的文件资料内容的真实性、准确性、完整性进行核查和验证。其制作、出具的文件有虚假记载、误导性陈述或者重大遗漏，给他人造成损失的，应当与委托人承担连带赔偿责任，但是能够证明自己没有过错的除外。

第十一章　证券业协会

第一百六十四条　证券业协会是证券业的自律性组织，是社会团体法人。

证券公司应当加入证券业协会。

证券业协会的权力机构为全体会员组成的会员大会。

第一百六十五条　证券业协会章程由会员大会制定，并报国务院证券监督管理机构备案。

第一百六十六条　证券业协会履行下列职责：

（一）教育和组织会员及其从业人员遵守证券法律、行政法规，组织开展证券行业诚信建设，督促证券行业履行社会责任；

（二）依法维护会员的合法权益，向证券监督管理机构反映会员的建议和要求；

（三）督促会员开展投资者教育和保护活动，维护投资者合法权益；

（四）制定和实施证券行业自律规则，监督、检查会员及其从业人员行为，对违反法律、行政法规、自律规则或者协会章程的，按照规定给予纪律处分或者实施其他自律管理措施；

（五）制定证券行业业务规范，组织从业人员的业务培训；

（六）组织会员就证券行业的发展、运作及有关内容进行研究，收集整理、发布证券相关信息，提供会员服务，组织行业交流，引导行业创新发展；

（七）对会员之间、会员与客户之间发生的证券业务纠纷进行调解；

（八）证券业协会章程规定的其他职责。

第一百六十七条 证券业协会设理事会。理事会成员依章程的规定由选举产生。

第十二章 证券监督管理机构

第一百六十八条 国务院证券监督管理机构依法对证券市场实行监督管理，维护证券市场公开、公平、公正，防范系统性风险，维护投资者合法权益，促进证券市场健康发展。

第一百六十九条 国务院证券监督管理机构在对证券市场实施监督管理中履行下列职责：

（一）依法制定有关证券市场监督管理的规章、规则，并依法进行审批、核准、注册，办理备案；

（二）依法对证券的发行、上市、交易、登记、存管、结算等行为，进行监督管理；

（三）依法对证券发行人、证券公司、证券服务机构、证券交易场所、证券登记结算机构的证券业务活动，进行监督管理；

（四）依法制定从事证券业务人员的行为准则，并监督实施；

（五）依法监督检查证券发行、上市、交易的信息披露；

（六）依法对证券业协会的自律管理活动进行指导和监督；

（七）依法监测并防范、处置证券市场风险；

（八）依法开展投资者教育；

（九）依法对证券违法行为进行查处；

（十）法律、行政法规规定的其他职责。

第一百七十条 国务院证券监督管理机构依法履行职责，有权采取下列措施：

（一）对证券发行人、证券公司、证券服务机构、证券交易场所、证券登记结算机构进行现场检查；

（二）进入涉嫌违法行为发生场所调查取证；

（三）询问当事人和与被调查事件有关的单位和个人，要求其对与被调查事件有关的事项作出说明；或者要求其按照指定的方式报送与被调查事件有关的文件和资料；

（四）查阅、复制与被调查事件有关的财产权登记、通讯记录等文件和资料；

（五）查阅、复制当事人和与被调查事件有关的单位和个人的证券交易记录、登记过户记录、财务会计资料及其他相关文件和资料；对可能被转移、隐匿或者毁损的文件和资料，可以予以封存、扣押；

（六）查询当事人和与被调查事件有关的单位和个人的资金账户、证券账户、银行账户以及其他具有支付、托管、结算等功能的账户信息，可以对有关文件和资料进行复制；对有证据证明已经或者可能转移或者隐匿违法资金、证券等涉案财产或者隐匿、伪造、毁损重要证据的，经国务院证券监督管理机构主要负责人或者其授权的其他负责人批准，可以冻结或者查封，期限为六个月；因特殊原因需要延长的，每次延长期限不得超过三个月，冻结、查封期限最长不得超过二年；

（七）在调查操纵证券市场、内幕交易等重大证券违法行为时，经国务院证券监督管理机构主要负责人或者其授权的其他负责人批准，可以限制被调查的当事人的证券买卖，但限制的期限不得超过三个月；案情复杂的，可以延长三个月；

（八）通知出境入境管理机关依法阻止涉嫌违法人员、涉嫌违法单位的主管人员和其他直接责任人员出境。

为防范证券市场风险，维护市场秩序，国务院证券监督管理机构可以采取责令改正、监管谈话、出具警示函等措施。

第一百七十一条　国务院证券监督管理机构对涉嫌证券违法的单位或者个人进行调查期间，被调查的当事人书面申请，承诺在国务院证券监督管理机构认可的期限内纠正涉嫌违法行为，赔偿有关投资者损失，消除损害或者不良影响的，国务院证券监督管理机构可以决定中止调查。被调查的当事人履行承诺的，国务院证券监督管理机构可以决定终止调查；被调查的当事人未履行承诺或者有国务院规定的其他情形的，应当恢复调查。具体办法由国务院规定。

国务院证券监督管理机构决定中止或者终止调查的，应当按照规定公开相关信息。

第一百七十二条　国务院证券监督管理机构依法履行职责，进行监督检查或者调查，其监督检查、调查的人员不得少于二人，并应当出示合法证件和监督检查、调查通知书或者其他执法文书。监督检查、调查的人员少于二人或者未出示合法证件和监督检查、调查通知书或者其他执法文书的，被检查、调查的单位和个人有权拒绝。

第一百七十三条　国务院证券监督管理机构依法履行职责，被检查、调查的单位和个人应当配合，如实提供有关文件和资料，不得拒绝、阻碍和隐瞒。

第一百七十四条　国务院证券监督管理机构制定的规章、规则和监督管理工作制度应当依法公开。

国务院证券监督管理机构依据调查结果，对证券违法行为作出的处罚决定，应当公开。

第一百七十五条　国务院证券监督管理机构应当与国务院其他金融监督管理机构建立监督管理信息共享机制。

国务院证券监督管理机构依法履行职责，进行监督检查或者调查时，有关部门应当予以配合。

第一百七十六条 对涉嫌证券违法、违规行为，任何单位和个人有权向国务院证券监督管理机构举报。

对涉嫌重大违法、违规行为的实名举报线索经查证属实的，国务院证券监督管理机构按照规定给予举报人奖励。

国务院证券监督管理机构应当对举报人的身份信息保密。

第一百七十七条 国务院证券监督管理机构可以和其他国家或者地区的证券监督管理机构建立监督管理合作机制，实施跨境监督管理。

境外证券监督管理机构不得在中华人民共和国境内直接进行调查取证等活动。未经国务院证券监督管理机构和国务院有关主管部门同意，任何单位和个人不得擅自向境外提供与证券业务活动有关的文件和资料。

第一百七十八条 国务院证券监督管理机构依法履行职责，发现证券违法行为涉嫌犯罪的，应当依法将案件移送司法机关处理；发现公职人员涉嫌职务违法或者职务犯罪的，应当依法移送监察机关处理。

第一百七十九条 国务院证券监督管理机构工作人员必须忠于职守、依法办事、公正廉洁，不得利用职务便利牟取不正当利益，不得泄露所知悉的有关单位和个人的商业秘密。

国务院证券监督管理机构工作人员在任职期间，或者离职后在《中华人民共和国公务员法》规定的期限内，不得到与原工作业务直接相关的企业或者其他营利性组织任职，不得从事与原工作业务直接相关的营利性活动。

第十三章 法律责任

第一百八十条 违反本法第九条的规定，擅自公开或者变相公开发行证券的，责令停止发行，退还所募资金并加算银行同期存款利息，处以非法所募资金金额百分之五以上百分之五十以下的罚款；对擅自公开或者变相公开发行证券设立的公司，由依法履行监督管理职责的机构或者部门会同县级以上地方人民政府予以取缔。对直接负责的主管人员和其他直接责任人员给予警告，并处以五十万元以上五百万元以下的罚款。

第一百八十一条 发行人在其公告的证券发行文件中隐瞒重要事实或者编造重大虚假内容，尚未发行证券的，处以二百万元以上二千万元以下的罚款；已经发行证券的，处以非法所募资金金额百分之十以上一倍以下的罚款。对直接负责的主管人员和其他直接责任人员，处以一百万元以上一千万元以下的罚款。

发行人的控股股东、实际控制人组织、指使从事前款违法行为的，没收违法所得，并处以违法所得百分之十以上一倍以下的罚款；没有违法所得或者违法所得不足二千万元的，处以二百万元以上二千万元以下的罚款。对直接负责的主管人员和其他直接责任人员，处以一百万元以上一千万元以下的罚款。

第一百八十二条 保荐人出具有虚假记载、误导性陈述或者重大遗漏的保荐书，或者不履行其他法定职责的，责令改正，给予警告，没收业务收入，并处以业务收入一倍以上十倍以下的罚款；没有业务收入或者业务收入不足一百万元的，处以一百万元以上一千万元以下的罚款；情节严重的，并处暂停或者撤销保荐业务许可。对直接负责的主管人员和其他直接责任人员给予警告，并处以五十万元以上五百万元以下的罚款。

第一百八十三条　证券公司承销或者销售擅自公开发行或者变相公开发行的证券的，责令停止承销或者销售，没收违法所得，并处以违法所得一倍以上十倍以下的罚款；没有违法所得或者违法所得不足一百万元的，处以一百万元以上一千万元以下的罚款；情节严重的，并处暂停或者撤销相关业务许可。给投资者造成损失的，应当与发行人承担连带赔偿责任。对直接负责的主管人员和其他直接责任人员给予警告，并处以五十万元以上五百万元以下的罚款。

第一百八十四条　证券公司承销证券违反本法第二十九条规定的，责令改正，给予警告，没收违法所得，可以并处五十万元以上五百万元以下的罚款；情节严重的，暂停或者撤销相关业务许可。对直接负责的主管人员和其他直接责任人员给予警告，可以并处二十万元以上二百万元以下的罚款；情节严重的，并处以五十万元以上五百万元以下的罚款。

第一百八十五条　发行人违反本法第十四条、第十五条的规定擅自改变公开发行证券所募集资金的用途的，责令改正，处以五十万元以上五百万元以下的罚款；对直接负责的主管人员和其他直接责任人员给予警告，并处以十万元以上一百万元以下的罚款。

发行人的控股股东、实际控制人从事或者组织、指使从事前款违法行为的，给予警告，并处以五十万元以上五百万元以下的罚款；对直接负责的主管人员和其他直接责任人员，处以十万元以上一百万元以下的罚款。

第一百八十六条　违反本法第三十六条的规定，在限制转让期内转让证券，或者转让股票不符合法律、行政法规和国务院证券监督管理机构规定的，责令改正，给予警告，没收违法所得，并处以买卖证券等值以下的罚款。

第一百八十七条　法律、行政法规规定禁止参与股票交易的人员，违反本法第四十条的规定，直接或者以化名、借他人名义持有、买卖股票或者其他具有股权性质的证券的，责令依法处理非法持有的股票、其他具有股权性质的证券，没收违法所得，并处以买卖证券等值以下的罚款；属于国家工作人员的，还应当依法给予处分。

第一百八十八条　证券服务机构及其从业人员，违反本法第四十二条的规定买卖证券的，责令依法处理非法持有的证券，没收违法所得，并处以买卖证券等值以下的罚款。

第一百八十九条　上市公司、股票在国务院批准的其他全国性证券交易场所交易的公司的董事、监事、高级管理人员、持有该公司百分之五以上股份的股东，违反本法第四十四条的规定，买卖该公司股票或者其他具有股权性质的证券的，给予警告，并处以十万元以上一百万元以下的罚款。

第一百九十条　违反本法第四十五条的规定，采取程序化交易影响证券交易所系统安全或者正常交易秩序的，责令改正，并处以五十万元以上五百万元以下的罚款。对直接负责的主管人员和其他直接责任人员给予警告，并处以十万元以上一百万元以下的罚款。

第一百九十一条　证券交易内幕信息的知情人或者非法获取内幕信息的人违反本法第

五十三条的规定从事内幕交易的，责令依法处理非法持有的证券，没收违法所得，并处以违法所得一倍以上十倍以下的罚款；没有违法所得或者违法所得不足五十万元的，处以五十万元以上五百万元以下的罚款。单位从事内幕交易的，还应当对直接负责的主管人员和其他直接责任人员给予警告，并处以二十万元以上二百万元以下的罚款。国务院证券监督管理机构工作人员从事内幕交易的，从重处罚。

违反本法第五十四条的规定，利用未公开信息进行交易的，依照前款的规定处罚。

第一百九十二条 违反本法第五十五条的规定，操纵证券市场的，责令依法处理其非法持有的证券，没收违法所得，并处以违法所得一倍以上十倍以下的罚款；没有违法所得或者违法所得不足一百万元的，处以一百万元以上一千万元以下的罚款。单位操纵证券市场的，还应当对直接负责的主管人员和其他直接责任人员给予警告，并处以五十万元以上五百万元以下的罚款。

第一百九十三条 违反本法第五十六条第一款、第三款的规定，编造、传播虚假信息或者误导性信息，扰乱证券市场的，没收违法所得，并处以违法所得一倍以上十倍以下的罚款；没有违法所得或者违法所得不足二十万元的，处以二十万元以上二百万元以下的罚款。

违反本法第五十六条第二款的规定，在证券交易活动中作出虚假陈述或者信息误导的，责令改正，处以二十万元以上二百万元以下的罚款；属于国家工作人员的，还应当依法给予处分。

传播媒介及其从事证券市场信息报道的工作人员违反本法第五十六条第三款的规定，从事与其工作职责发生利益冲突的证券买卖的，没收违法所得，并处以买卖证券等值以下的罚款。

第一百九十四条 证券公司及其从业人员违反本法第五十七条的规定，有损害客户利益的行为的，给予警告，没收违法所得，并处以违法所得一倍以上十倍以下的罚款；没有违法所得或者违法所得不足十万元的，处以十万元以上一百万元以下的罚款；情节严重的，暂停或者撤销相关业务许可。

第一百九十五条 违反本法第五十八条的规定，出借自己的证券账户或者借用他人的证券账户从事证券交易的，责令改正，给予警告，可以处五十万元以下的罚款。

第一百九十六条 收购人未按照本法规定履行上市公司收购的公告、发出收购要约义务的，责令改正，给予警告，并处以五十万元以上五百万元以下的罚款。对直接负责的主管人员和其他直接责任人员给予警告，并处以二十万元以上二百万元以下的罚款。

收购人及其控股股东、实际控制人利用上市公司收购，给被收购公司及其股东造成损失的，应当依法承担赔偿责任。

第一百九十七条 信息披露义务人未按照本法规定报送有关报告或者履行信息披露义务的，责令改正，给予警告，并处以五十万元以上五百万元以下的罚款；对直接负责的主管人员和其他直接责任人员给予警告，并处以二十万元以上二百万元以下的罚款。发行人的控股股东、实际控制人组织、指使从事上述违法行为，或者隐瞒相关事项导致发生上述情形的，处以五十万元以上五百万元以下的罚款；对直接负责的主管人员和其他直接责任人员，处以二十万元以上二百万元以下的罚款。

信息披露义务人报送的报告或者披露的信息有虚假记载、误导性陈述或者重大遗漏的，责令改正，给予警告，并处以一百万元以上一千万元以下的罚款；对直接负责的主管人员和其他直接责任人员给予警告，并处以五十万元以上五百万元以下的罚款。发行人的控股股东、实际控制人组织、指使从事上述违法行为，或者隐瞒相关事项导致发生上述情形的，处以一百万元以上一千万元以下的罚款；对直接负责的主管人员和其他直接责任人员，处以五十万元以上五百万元以下的罚款。

第一百九十八条　证券公司违反本法第八十八条的规定未履行或者未按照规定履行投资者适当性管理义务的，责令改正，给予警告，并处以十万元以上一百万元以下的罚款。对直接负责的主管人员和其他直接责任人员给予警告，并处以二十万元以下的罚款。

第一百九十九条　违反本法第九十条的规定征集股东权利的，责令改正，给予警告，可以处五十万元以下的罚款。

第二百条　非法开设证券交易场所的，由县级以上人民政府予以取缔，没收违法所得，并处以违法所得一倍以上十倍以下的罚款；没有违法所得或者违法所得不足一百万元的，处以一百万元以上一千万元以下的罚款。对直接负责的主管人员和其他直接责任人员给予警告，并处以二十万元以上二百万元以下的罚款。

证券交易所违反本法第一百零五条的规定，允许非会员直接参与股票的集中交易的，责令改正，可以并处五十万元以下的罚款。

第二百零一条　证券公司违反本法第一百零七条第一款的规定，未对投资者开立账户提供的身份信息进行核对的，责令改正，给予警告，并处以五万元以上五十万元以下的罚款。对直接负责的主管人员和其他直接责任人员给予警告，并处以十万元以下的罚款。

证券公司违反本法第一百零七条第二款的规定，将投资者的账户提供给他人使用的，责令改正，给予警告，并处以十万元以上一百万元以下的罚款。对直接负责的主管人员和其他直接责任人员给予警告，并处以二十万元以下的罚款。

第二百零二条　违反本法第一百一十八条、第一百二十条第一款、第四款的规定，擅自设立证券公司、非法经营证券业务或者未经批准以证券公司名义开展证券业务活动的，责令改正，没收违法所得，并处以违法所得一倍以上十倍以下的罚款；没有违法所得或者违法所得不足一百万元的，处以一百万元以上一千万元以下的罚款。对直接负责的主管人员和其他直接责任人员给予警告，并处以二十万元以上二百万元以下的罚款。对擅自设立的证券公司，由国务院证券监督管理机构予以取缔。

证券公司违反本法第一百二十条第五款规定提供证券融资融券服务的，没收违法所得，并处以融资融券等值以下的罚款；情节严重的，禁止其在一定期限内从事证券融资融券业务。对直接负责的主管人员和其他直接责任人员给予警告，并处以二十万元以上二百万元以下的罚款。

第二百零三条　提交虚假证明文件或者采取其他欺诈手段骗取证券公司设立许可、业务许可或者重大事项变更核准的，撤销相关许可，并处以一百万元以上一千万元以下的罚款。对直接负责的主管人员和其他直接责任人员给予警告，并处以二十万元以上二百万元以下的罚款。

第二百零四条 证券公司违反本法第一百二十二条的规定，未经核准变更证券业务范围，变更主要股东或者公司的实际控制人，合并、分立、停业、解散、破产的，责令改正，给予警告，没收违法所得，并处以违法所得一倍以上十倍以下的罚款；没有违法所得或者违法所得不足五十万元的，处以五十万元以上五百万元以下的罚款；情节严重的，并处撤销相关业务许可。对直接负责的主管人员和其他直接责任人员给予警告，并处以二十万元以上二百万元以下的罚款。

第二百零五条 证券公司违反本法第一百二十三条第二款的规定，为其股东或者股东的关联人提供融资或者担保的，责令改正，给予警告，并处以五十万元以上五百万元以下的罚款。对直接负责的主管人员和其他直接责任人员给予警告，并处以十万元以上一百万元以下的罚款。股东有过错的，在按照要求改正前，国务院证券监督管理机构可以限制其股东权利；拒不改正的，可以责令其转让所持证券公司股权。

第二百零六条 证券公司违反本法第一百二十八条的规定，未采取有效隔离措施防范利益冲突，或者未分开办理相关业务、混合操作的，责令改正，给予警告，没收违法所得，并处以违法所得一倍以上十倍以下的罚款；没有违法所得或者违法所得不足五十万元的，处以五十万元以上五百万元以下的罚款；情节严重的，并处撤销相关业务许可。对直接负责的主管人员和其他直接责任人员给予警告，并处以二十万元以上二百万元以下的罚款。

第二百零七条 证券公司违反本法第一百二十九条的规定从事证券自营业务的，责令改正，给予警告，没收违法所得，并处以违法所得一倍以上十倍以下的罚款；没有违法所得或者违法所得不足五十万元的，处以五十万元以上五百万元以下的罚款；情节严重的，并处撤销相关业务许可或者责令关闭。对直接负责的主管人员和其他直接责任人员给予警告，并处以二十万元以上二百万元以下的罚款。

第二百零八条 违反本法第一百三十一条的规定，将客户的资金和证券归入自有财产，或者挪用客户的资金和证券的，责令改正，给予警告，没收违法所得，并处以违法所得一倍以上十倍以下的罚款；没有违法所得或者违法所得不足一百万元的，处以一百万元以上一千万元以下的罚款；情节严重的，并处撤销相关业务许可或者责令关闭。对直接负责的主管人员和其他直接责任人员给予警告，并处以五十万元以上五百万元以下的罚款。

第二百零九条 证券公司违反本法第一百三十四条第一款的规定接受客户的全权委托买卖证券的，或者违反本法第一百三十五条的规定对客户的收益或者赔偿客户的损失作出承诺的，责令改正，给予警告，没收违法所得，并处以违法所得一倍以上十倍以下的罚款；没有违法所得或者违法所得不足五十万元的，处以五十万元以上五百万元以下的罚款；情节严重的，并处撤销相关业务许可。对直接负责的主管人员和其他直接责任人员给予警告，并处以二十万元以上二百万元以下的罚款。

证券公司违反本法第一百三十四条第二款的规定，允许他人以证券公司的名义直接参与证券的集中交易的，责令改正，可以并处五十万元以下的罚款。

第二百一十条 证券公司的从业人员违反本法第一百三十六条的规定，私下接受客户委托买卖证券的，责令改正，给予警告，没收违法所得，并处以违法所得一倍以上十倍以下的罚款；没有违法所得的，处以五十万元以下的罚款。

第二百一十一条　证券公司及其主要股东、实际控制人违反本法第一百三十八条的规定，未报送、提供信息和资料，或者报送、提供的信息和资料有虚假记载、误导性陈述或者重大遗漏的，责令改正，给予警告，并处以一百万元以下的罚款；情节严重的，并处撤销相关业务许可。对直接负责的主管人员和其他直接责任人员，给予警告，并处以五十万元以下的罚款。

第二百一十二条　违反本法第一百四十五条的规定，擅自设立证券登记结算机构的，由国务院证券监督管理机构予以取缔，没收违法所得，并处以违法所得一倍以上十倍以下的罚款；没有违法所得或者违法所得不足五十万元的，处以五十万元以上五百万元以下的罚款。对直接负责的主管人员和其他直接责任人员给予警告，并处以二十万元以上二百万元以下的罚款。

第二百一十三条　证券投资咨询机构违反本法第一百六十条第二款的规定擅自从事证券服务业务，或者从事证券服务业务有本法第一百六十一条规定行为的，责令改正，没收违法所得，并处以违法所得一倍以上十倍以下的罚款；没有违法所得或者违法所得不足五十万元的，处以五十万元以上五百万元以下的罚款。对直接负责的主管人员和其他直接责任人员，给予警告，并处以二十万元以上二百万元以下的罚款。

会计师事务所、律师事务所以及从事资产评估、资信评级、财务顾问、信息技术系统服务的机构违反本法第一百六十条第二款的规定，从事证券服务业务未报备案的，责令改正，可以处二十万元以下的罚款。

证券服务机构违反本法第一百六十三条的规定，未勤勉尽责，所制作、出具的文件有虚假记载、误导性陈述或者重大遗漏的，责令改正，没收业务收入，并处以业务收入一倍以上十倍以下的罚款，没有业务收入或者业务收入不足五十万元的，处以五十万元以上五百万元以下的罚款；情节严重的，并处暂停或者禁止从事证券服务业务。对直接负责的主管人员和其他直接责任人员给予警告，并处以二十万元以上二百万元以下的罚款。

第二百一十四条　发行人、证券登记结算机构、证券公司、证券服务机构未按照规定保存有关文件和资料的，责令改正，给予警告，并处以十万元以上一百万元以下的罚款；泄露、隐匿、伪造、篡改或者毁损有关文件和资料的，给予警告，并处以二十万元以上二百万元以下的罚款；情节严重的，处以五十万元以上五百万元以下的罚款，并处暂停、撤销相关业务许可或者禁止从事相关业务。对直接负责的主管人员和其他直接责任人员给予警告，并处以十万元以上一百万元以下的罚款。

第二百一十五条　国务院证券监督管理机构依法将有关市场主体遵守本法的情况纳入证券市场诚信档案。

第二百一十六条　国务院证券监督管理机构或者国务院授权的部门有下列情形之一的，对直接负责的主管人员和其他直接责任人员，依法给予处分：

（一）对不符合本法规定的发行证券、设立证券公司等申请予以核准、注册、批准的；

（二）违反本法规定采取现场检查、调查取证、查询、冻结或者查封等措施的；

（三）违反本法规定对有关机构和人员采取监督管理措施的；

（四）违反本法规定对有关机构和人员实施行政处罚的；

（五）其他不依法履行职责的行为。

第二百一十七条 国务院证券监督管理机构或者国务院授权的部门的工作人员，不履行本法规定的职责，滥用职权、玩忽职守，利用职务便利牟取不正当利益，或者泄露所知悉的有关单位和个人的商业秘密的，依法追究法律责任。

第二百一十八条 拒绝、阻碍证券监督管理机构及其工作人员依法行使监督检查、调查职权，由证券监督管理机构责令改正，处以十万元以上一百万元以下的罚款，并由公安机关依法给予治安管理处罚。

第二百一十九条 违反本法规定，构成犯罪的，依法追究刑事责任。

第二百二十条 违反本法规定，应当承担民事赔偿责任和缴纳罚款、罚金、违法所得，违法行为人的财产不足以支付的，优先用于承担民事赔偿责任。

第二百二十一条 违反法律、行政法规或者国务院证券监督管理机构的有关规定，情节严重的，国务院证券监督管理机构可以对有关责任人员采取证券市场禁入的措施。

前款所称证券市场禁入，是指在一定期限内直至终身不得从事证券业务、证券服务业务，不得担任证券发行人的董事、监事、高级管理人员，或者一定期限内不得在证券交易所、国务院批准的其他全国性证券交易场所交易证券的制度。

第二百二十二条 依照本法收缴的罚款和没收的违法所得，全部上缴国库。

第二百二十三条 当事人对证券监督管理机构或者国务院授权的部门的处罚决定不服的，可以依法申请行政复议，或者依法直接向人民法院提起诉讼。

第十四章　附　　则

第二百二十四条 境内企业直接或者间接到境外发行证券或者将其证券在境外上市交易，应当符合国务院的有关规定。

第二百二十五条 境内公司股票以外币认购和交易的，具体办法由国务院另行规定。

第二百二十六条 本法自2020年3月1日起施行。

1.3

中华人民共和国企业破产法

（2006年8月27日　中华人民共和国主席令第54号）

第一章　总　则

第一条　为规范企业破产程序，公平清理债权债务，保护债权人和债务人的合法权益，维护社会主义市场经济秩序，制定本法。

第二条　企业法人不能清偿到期债务，并且资产不足以清偿全部债务或者明显缺乏清偿能力的，依照本法规定清理债务。

企业法人有前款规定情形，或者有明显丧失清偿能力可能的，可以依照本法规定进行重整。

第三条　破产案件由债务人住所地人民法院管辖。

第四条　破产案件审理程序，本法没有规定的，适用民事诉讼法的有关规定。

第五条　依照本法开始的破产程序，对债务人在中华人民共和国领域外的财产发生效力。

对外国法院作出的发生法律效力的破产案件的判决、裁定，涉及债务人在中华人民共和国领域内的财产，申请或者请求人民法院承认和执行的，人民法院依照中华人民共和国缔结或者参加的国际条约，或者按照互惠原则进行审查，认为不违反中华人民共和国法律的基本原则，不损害国家主权、安全和社会公共利益，不损害中华人民共和国领域内债权人的合法权益的，裁定承认和执行。

第六条　人民法院审理破产案件，应当依法保障企业职工的合法权益，依法追究破产企业经营管理人员的法律责任。

第二章　申请和受理

第一节　申　请

第七条　债务人有本法第二条规定的情形，可以向人民法院提出重整、和解或者破产清算申请。

债务人不能清偿到期债务，债权人可以向人民法院提出对债务人进行重整或者破产清算的申请。

企业法人已解散但未清算或者未清算完毕，资产不足以清偿债务的，依法负有清算责任的人应当向人民法院申请破产清算。

第八条 向人民法院提出破产申请，应当提交破产申请书和有关证据。

破产申请书应当载明下列事项：

（一）申请人、被申请人的基本情况；

（二）申请目的；

（三）申请的事实和理由；

（四）人民法院认为应当载明的其他事项。

债务人提出申请的，还应当向人民法院提交财产状况说明、债务清册、债权清册、有关财务会计报告、职工安置预案以及职工工资的支付和社会保险费用的缴纳情况。

第九条 人民法院受理破产申请前，申请人可以请求撤回申请。

第二节 受 理

第十条 债权人提出破产申请的，人民法院应当自收到申请之日起五日内通知债务人。债务人对申请有异议的，应当自收到人民法院的通知之日起七日内向人民法院提出。人民法院应当自异议期满之日起十日内裁定是否受理。

除前款规定的情形外，人民法院应当自收到破产申请之日起十五日内裁定是否受理。

有特殊情况需要延长前两款规定的裁定受理期限的，经上一级人民法院批准，可以延长十五日。

第十一条 人民法院受理破产申请的，应当自裁定作出之日起五日内送达申请人。

债权人提出申请的，人民法院应当自裁定作出之日起五日内送达债务人。债务人应当自裁定送达之日起十五日内，向人民法院提交财产状况说明、债务清册、债权清册、有关财务会计报告以及职工工资的支付和社会保险费用的缴纳情况。

第十二条 人民法院裁定不受理破产申请的，应当自裁定作出之日起五日内送达申请人并说明理由。申请人对裁定不服的，可以自裁定送达之日起十日内向上一级人民法院提起上诉。

人民法院受理破产申请后至破产宣告前，经审查发现债务人不符合本法第二条规定情形的，可以裁定驳回申请。申请人对裁定不服的，可以自裁定送达之日起十日内向上一级人民法院提起上诉。

第十三条 人民法院裁定受理破产申请的，应当同时指定管理人。

第十四条 人民法院应当自裁定受理破产申请之日起二十五日内通知已知债权人，并予以公告。

通知和公告应当载明下列事项：

（一）申请人、被申请人的名称或者姓名；

（二）人民法院受理破产申请的时间；

（三）申报债权的期限、地点和注意事项；

（四）管理人的名称或者姓名及其处理事务的地址；

（五）债务人的债务人或者财产持有人应当向管理人清偿债务或者交付财产的要求；

（六）第一次债权人会议召开的时间和地点；

（七）人民法院认为应当通知和公告的其他事项。

第十五条　自人民法院受理破产申请的裁定送达债务人之日起至破产程序终结之日，债务人的有关人员承担下列义务：

（一）妥善保管其占有和管理的财产、印章和账簿、文书等资料；

（二）根据人民法院、管理人的要求进行工作，并如实回答询问；

（三）列席债权人会议并如实回答债权人的询问；

（四）未经人民法院许可，不得离开住所地；

（五）不得新任其他企业的董事、监事、高级管理人员。

前款所称有关人员，是指企业的法定代表人；经人民法院决定，可以包括企业的财务管理人员和其他经营管理人员。

第十六条　人民法院受理破产申请后，债务人对个别债权人的债务清偿无效。

第十七条　人民法院受理破产申请后，债务人的债务人或者财产持有人应当向管理人清偿债务或者交付财产。

债务人的债务人或者财产持有人故意违反前款规定向债务人清偿债务或者交付财产，使债权人受到损失的，不免除其清偿债务或者交付财产的义务。

第十八条　人民法院受理破产申请后，管理人对破产申请受理前成立而债务人和对方当事人均未履行完毕的合同有权决定解除或者继续履行，并通知对方当事人。管理人自破产申请受理之日起二个月内未通知对方当事人，或者自收到对方当事人催告之日起三十日内未答复的，视为解除合同。

管理人决定继续履行合同的，对方当事人应当履行；但是，对方当事人有权要求管理人提供担保。管理人不提供担保的，视为解除合同。

第十九条　人民法院受理破产申请后，有关债务人财产的保全措施应当解除，执行程序应当中止。

第二十条　人民法院受理破产申请后，已经开始而尚未终结的有关债务人的民事诉讼或者仲裁应当中止；在管理人接管债务人的财产后，该诉讼或者仲裁继续进行。

第二十一条　人民法院受理破产申请后，有关债务人的民事诉讼，只能向受理破产申请的人民法院提起。

第三章　管　理　人

第二十二条　管理人由人民法院指定。

债权人会议认为管理人不能依法、公正执行职务或者有其他不能胜任职务情形的，可以申请人民法院予以更换。

指定管理人和确定管理人报酬的办法，由最高人民法院规定。

第二十三条 管理人依照本法规定执行职务，向人民法院报告工作，并接受债权人会议和债权人委员会的监督。

管理人应当列席债权人会议，向债权人会议报告职务执行情况，并回答询问。

第二十四条 管理人可以由有关部门、机构的人员组成的清算组或者依法设立的律师事务所、会计师事务所、破产清算事务所等社会中介机构担任。

人民法院根据债务人的实际情况，可以在征询有关社会中介机构的意见后，指定该机构具备相关专业知识并取得执业资格的人员担任管理人。

有下列情形之一的，不得担任管理人：

（一）因故意犯罪受过刑事处罚；

（二）曾被吊销相关专业执业证书；

（三）与本案有利害关系；

（四）人民法院认为不宜担任管理人的其他情形。

个人担任管理人的，应当参加执业责任保险。

第二十五条 管理人履行下列职责：

（一）接管债务人的财产、印章和账簿、文书等资料；

（二）调查债务人财产状况，制作财产状况报告；

（三）决定债务人的内部管理事务；

（四）决定债务人的日常开支和其他必要开支；

（五）在第一次债权人会议召开之前，决定继续或者停止债务人的营业；

（六）管理和处分债务人的财产；

（七）代表债务人参加诉讼、仲裁或者其他法律程序；

（八）提议召开债权人会议；

（九）人民法院认为管理人应当履行的其他职责。

本法对管理人的职责另有规定的，适用其规定。

第二十六条 在第一次债权人会议召开之前，管理人决定继续或者停止债务人的营业或者有本法第六十九条规定行为之一的，应当经人民法院许可。

第二十七条 管理人应当勤勉尽责，忠实执行职务。

第二十八条 管理人经人民法院许可，可以聘用必要的工作人员。

管理人的报酬由人民法院确定。债权人会议对管理人的报酬有异议的，有权向人民法院提出。

第二十九条 管理人没有正当理由不得辞去职务。管理人辞去职务应当经人民法院许可。

第四章 债务人财产

第三十条 破产申请受理时属于债务人的全部财产，以及破产申请受理后至破产程序终结前债务人取得的财产，为债务人财产。

第三十一条　人民法院受理破产申请前一年内，涉及债务人财产的下列行为，管理人有权请求人民法院予以撤销：

（一）无偿转让财产的；

（二）以明显不合理的价格进行交易的；

（三）对没有财产担保的债务提供财产担保的；

（四）对未到期的债务提前清偿的；

（五）放弃债权的。

第三十二条　人民法院受理破产申请前六个月内，债务人有本法第二条第一款规定的情形，仍对个别债权人进行清偿的，管理人有权请求人民法院予以撤销。但是，个别清偿使债务人财产受益的除外。

第三十三条　涉及债务人财产的下列行为无效：

（一）为逃避债务而隐匿、转移财产的；

（二）虚构债务或者承认不真实的债务的。

第三十四条　因本法第三十一条、第三十二条或者第三十三条规定的行为而取得的债务人的财产，管理人有权追回。

第三十五条　人民法院受理破产申请后，债务人的出资人尚未完全履行出资义务的，管理人应当要求该出资人缴纳所认缴的出资，而不受出资期限的限制。

第三十六条　债务人的董事、监事和高级管理人员利用职权从企业获取的非正常收入和侵占的企业财产，管理人应当追回。

第三十七条　人民法院受理破产申请后，管理人可以通过清偿债务或者提供为债权人接受的担保，取回质物、留置物。

前款规定的债务清偿或者替代担保，在质物或者留置物的价值低于被担保的债权额时，以该质物或者留置物当时的市场价值为限。

第三十八条　人民法院受理破产申请后，债务人占有的不属于债务人的财产，该财产的权利人可以通过管理人取回。但是，本法另有规定的除外。

第三十九条　人民法院受理破产申请时，出卖人已将买卖标的物向作为买受人的债务人发运，债务人尚未收到且未付清全部价款的，出卖人可以取回在运途中的标的物。但是，管理人可以支付全部价款，请求出卖人交付标的物。

第四十条　债权人在破产申请受理前对债务人负有债务的，可以向管理人主张抵销。但是，有下列情形之一的，不得抵销：

（一）债务人的债务人在破产申请受理后取得他人对债务人的债权的；

（二）债权人已知债务人有不能清偿到期债务或者破产申请的事实，对债务人负担债务的；但是，债权人因为法律规定或者有破产申请一年前所发生的原因而负担债务的除外；

（三）债务人的债务人已知债务人有不能清偿到期债务或者破产申请的事实，对债务人取得债权的；但是，债务人的债务人因为法律规定或者有破产申请一年前所发生的原因而取得债权的除外。

第五章　破产费用和共益债务

第四十一条　人民法院受理破产申请后发生的下列费用，为破产费用：

（一）破产案件的诉讼费用；

（二）管理、变价和分配债务人财产的费用；

（三）管理人执行职务的费用、报酬和聘用工作人员的费用。

第四十二条　人民法院受理破产申请后发生的下列债务，为共益债务：

（一）因管理人或者债务人请求对方当事人履行双方均未履行完毕的合同所产生的债务；

（二）债务人财产受无因管理所产生的债务；

（三）因债务人不当得利所产生的债务；

（四）为债务人继续营业而应支付的劳动报酬和社会保险费用以及由此产生的其他债务；

（五）管理人或者相关人员执行职务致人损害所产生的债务；

（六）债务人财产致人损害所产生的债务。

第四十三条　破产费用和共益债务由债务人财产随时清偿。

债务人财产不足以清偿所有破产费用和共益债务的，先行清偿破产费用。

债务人财产不足以清偿所有破产费用或者共益债务的，按照比例清偿。

债务人财产不足以清偿破产费用的，管理人应当提请人民法院终结破产程序。人民法院应当自收到请求之日起十五日内裁定终结破产程序，并予以公告。

第六章　债权申报

第四十四条　人民法院受理破产申请时对债务人享有债权的债权人，依照本法规定的程序行使权利。

第四十五条　人民法院受理破产申请后，应当确定债权人申报债权的期限。债权申报期限自人民法院发布受理破产申请公告之日起计算，最短不得少于三十日，最长不得超过三个月。

第四十六条　未到期的债权，在破产申请受理时视为到期。

附利息的债权自破产申请受理时起停止计息。

第四十七条　附条件、附期限的债权和诉讼、仲裁未决的债权，债权人可以申报。

第四十八条　债权人应当在人民法院确定的债权申报期限内向管理人申报债权。

债务人所欠职工的工资和医疗、伤残补助、抚恤费用，所欠的应当划入职工个人账户的基本养老保险、基本医疗保险费用，以及法律、行政法规规定应当支付给职工的补偿金，不必申报，由管理人调查后列出清单并予以公示。职工对清单记载有异议的，可以要求管理人更正；管理人不予更正的，职工可以向人民法院提起诉讼。

第四十九条　债权人申报债权时，应当书面说明债权的数额和有无财产担保，并提交有关证据。申报的债权是连带债权的，应当说明。

第五十条　连带债权人可以由其中一人代表全体连带债权人申报债权，也可以共同申报债权。

第五十一条　债务人的保证人或者其他连带债务人已经代替债务人清偿债务的，以其对债务人的求偿权申报债权。

债务人的保证人或者其他连带债务人尚未代替债务人清偿债务的，以其对债务人的将来求偿权申报债权。但是，债权人已经向管理人申报全部债权的除外。

第五十二条　连带债务人数人被裁定适用本法规定的程序的，其债权人有权就全部债权分别在各破产案件中申报债权。

第五十三条　管理人或者债务人依照本法规定解除合同的，对方当事人以因合同解除所产生的损害赔偿请求权申报债权。

第五十四条　债务人是委托合同的委托人，被裁定适用本法规定的程序，受托人不知该事实，继续处理委托事务的，受托人以由此产生的请求权申报债权。

第五十五条　债务人是票据的出票人，被裁定适用本法规定的程序，该票据的付款人继续付款或者承兑的，付款人以由此产生的请求权申报债权。

第五十六条　在人民法院确定的债权申报期限内，债权人未申报债权的，可以在破产财产最后分配前补充申报；但是，此前已进行的分配，不再对其补充分配。为审查和确认补充申报债权的费用，由补充申报人承担。

债权人未依照本法规定申报债权的，不得依照本法规定的程序行使权利。

第五十七条　管理人收到债权申报材料后，应当登记造册，对申报的债权进行审查，并编制债权表。

债权表和债权申报材料由管理人保存，供利害关系人查阅。

第五十八条　依照本法第五十七条规定编制的债权表，应当提交第一次债权人会议核查。

债务人、债权人对债权表记载的债权无异议的，由人民法院裁定确认。

债务人、债权人对债权表记载的债权有异议的，可以向受理破产申请的人民法院提起诉讼。

第七章　债权人会议

第一节　一般规定

第五十九条　依法申报债权的债权人为债权人会议的成员，有权参加债权人会议，享有表决权。

债权尚未确定的债权人，除人民法院能够为其行使表决权而临时确定债权额的外，不得行使表决权。

对债务人的特定财产享有担保权的债权人，未放弃优先受偿权利的，对于本法第六十一条第一款第七项、第十项规定的事项不享有表决权。

债权人可以委托代理人出席债权人会议，行使表决权。代理人出席债权人会议，应当向人民法院或者债权人会议主席提交债权人的授权委托书。

债权人会议应当有债务人的职工和工会的代表参加，对有关事项发表意见。

第六十条 债权人会议设主席一人，由人民法院从有表决权的债权人中指定。

债权人会议主席主持债权人会议。

第六十一条 债权人会议行使下列职权：

（一）核查债权；

（二）申请人民法院更换管理人，审查管理人的费用和报酬；

（三）监督管理人；

（四）选任和更换债权人委员会成员；

（五）决定继续或者停止债务人的营业；

（六）通过重整计划；

（七）通过和解协议；

（八）通过债务人财产的管理方案；

（九）通过破产财产的变价方案；

（十）通过破产财产的分配方案；

（十一）人民法院认为应当由债权人会议行使的其他职权。

债权人会议应当对所议事项的决议作成会议记录。

第六十二条 第一次债权人会议由人民法院召集，自债权申报期限届满之日起十五日内召开。

以后的债权人会议，在人民法院认为必要时，或者管理人、债权人委员会、占债权总额四分之一以上的债权人向债权人会议主席提议时召开。

第六十三条 召开债权人会议，管理人应当提前十五日通知已知的债权人。

第六十四条 债权人会议的决议，由出席会议的有表决权的债权人过半数通过，并且其所代表的债权额占无财产担保债权总额的二分之一以上。但是，本法另有规定的除外。

债权人认为债权人会议的决议违反法律规定，损害其利益的，可以自债权人会议作出决议之日起十五日内，请求人民法院裁定撤销该决议，责令债权人会议依法重新作出决议。

债权人会议的决议，对于全体债权人均有约束力。

第六十五条 本法第六十一条第一款第八项、第九项所列事项，经债权人会议表决未通过的，由人民法院裁定。

本法第六十一条第一款第十项所列事项，经债权人会议二次表决仍未通过的，由人民法院裁定。

对前两款规定的裁定，人民法院可以在债权人会议上宣布或者另行通知债权人。

第六十六条　债权人对人民法院依照本法第六十五条第一款作出的裁定不服的，债权额占无财产担保债权总额二分之一以上的债权人对人民法院依照本法第六十五条第二款作出的裁定不服的，可以自裁定宣布之日或者收到通知之日起十五日内向该人民法院申请复议。复议期间不停止裁定的执行。

第二节　债权人委员会

第六十七条　债权人会议可以决定设立债权人委员会。债权人委员会由债权人会议选任的债权人代表和一名债务人的职工代表或者工会代表组成。债权人委员会成员不得超过九人。

债权人委员会成员应当经人民法院书面决定认可。

第六十八条　债权人委员会行使下列职权：

（一）监督债务人财产的管理和处分；

（二）监督破产财产分配；

（三）提议召开债权人会议；

（四）债权人会议委托的其他职权。

债权人委员会执行职务时，有权要求管理人、债务人的有关人员对其职权范围内的事务作出说明或者提供有关文件。

管理人、债务人的有关人员违反本法规定拒绝接受监督的，债权人委员会有权就监督事项请求人民法院作出决定；人民法院应当在五日内作出决定。

第六十九条　管理人实施下列行为，应当及时报告债权人委员会：

（一）涉及土地、房屋等不动产权益的转让；

（二）探矿权、采矿权、知识产权等财产权的转让；

（三）全部库存或者营业的转让；

（四）借款；

（五）设定财产担保；

（六）债权和有价证券的转让；

（七）履行债务人和对方当事人均未履行完毕的合同；

（八）放弃权利；

（九）担保物的取回；

（十）对债权人利益有重大影响的其他财产处分行为。

未设立债权人委员会的，管理人实施前款规定的行为应当及时报告人民法院。

第八章　重　　整

第一节　重整申请和重整期间

第七十条　债务人或者债权人可以依照本法规定，直接向人民法院申请对债务人进行重整。

债权人申请对债务人进行破产清算的，在人民法院受理破产申请后、宣告债务人破产前，债务人或者出资额占债务人注册资本十分之一以上的出资人，可以向人民法院申请重整。

第七十一条 人民法院经审查认为重整申请符合本法规定的，应当裁定债务人重整，并予以公告。

第七十二条 自人民法院裁定债务人重整之日起至重整程序终止，为重整期间。

第七十三条 在重整期间，经债务人申请，人民法院批准，债务人可以在管理人的监督下自行管理财产和营业事务。

有前款规定情形的，依照本法规定已接管债务人财产和营业事务的管理人应当向债务人移交财产和营业事务，本法规定的管理人的职权由债务人行使。

第七十四条 管理人负责管理财产和营业事务的，可以聘任债务人的经营管理人员负责营业事务。

第七十五条 在重整期间，对债务人的特定财产享有的担保权暂停行使。但是，担保物有损坏或者价值明显减少的可能，足以危害担保权人权利的，担保权人可以向人民法院请求恢复行使担保权。

在重整期间，债务人或者管理人为继续营业而借款的，可以为该借款设定担保。

第七十六条 债务人合法占有的他人财产，该财产的权利人在重整期间要求取回的，应当符合事先约定的条件。

第七十七条 在重整期间，债务人的出资人不得请求投资收益分配。

在重整期间，债务人的董事、监事、高级管理人员不得向第三人转让其持有的债务人的股权。但是，经人民法院同意的除外。

第七十八条 在重整期间，有下列情形之一的，经管理人或者利害关系人请求，人民法院应当裁定终止重整程序，并宣告债务人破产：

（一）债务人的经营状况和财产状况继续恶化，缺乏挽救的可能性；

（二）债务人有欺诈、恶意减少债务人财产或者其他显著不利于债权人的行为；

（三）由于债务人的行为致使管理人无法执行职务。

第二节 重整计划的制定和批准

第七十九条 债务人或者管理人应当自人民法院裁定债务人重整之日起六个月内，同时向人民法院和债权人会议提交重整计划草案。

前款规定的期限届满，经债务人或者管理人请求，有正当理由的，人民法院可以裁定延期三个月。

债务人或者管理人未按期提出重整计划草案的，人民法院应当裁定终止重整程序，并宣告债务人破产。

第八十条 债务人自行管理财产和营业事务的，由债务人制作重整计划草案。

管理人负责管理财产和营业事务的，由管理人制作重整计划草案。

第八十一条　重整计划草案应当包括下列内容：

（一）债务人的经营方案；

（二）债权分类；

（三）债权调整方案；

（四）债权受偿方案；

（五）重整计划的执行期限；

（六）重整计划执行的监督期限；

（七）有利于债务人重整的其他方案。

第八十二条　下列各类债权的债权人参加讨论重整计划草案的债权人会议，依照下列债权分类，分组对重整计划草案进行表决：

（一）对债务人的特定财产享有担保权的债权；

（二）债务人所欠职工的工资和医疗、伤残补助、抚恤费用，所欠的应当划入职工个人账户的基本养老保险、基本医疗保险费用，以及法律、行政法规规定应当支付给职工的补偿金；

（三）债务人所欠税款；

（四）普通债权。

人民法院在必要时可以决定在普通债权组中设小额债权组对重整计划草案进行表决。

第八十三条　重整计划不得规定减免债务人欠缴的本法第八十二条第一款第二项规定以外的社会保险费用；该项费用的债权人不参加重整计划草案的表决。

第八十四条　人民法院应当自收到重整计划草案之日起三十日内召开债权人会议，对重整计划草案进行表决。

出席会议的同一表决组的债权人过半数同意重整计划草案，并且其所代表的债权额占该组债权总额的三分之二以上的，即为该组通过重整计划草案。

债务人或者管理人应当向债权人会议就重整计划草案作出说明，并回答询问。

第八十五条　债务人的出资人代表可以列席讨论重整计划草案的债权人会议。

重整计划草案涉及出资人权益调整事项的，应当设出资人组，对该事项进行表决。

第八十六条　各表决组均通过重整计划草案时，重整计划即为通过。

自重整计划通过之日起十日内，债务人或者管理人应当向人民法院提出批准重整计划的申请。人民法院经审查认为符合本法规定的，应当自收到申请之日起三十日内裁定批准，终止重整程序，并予以公告。

第八十七条　部分表决组未通过重整计划草案的，债务人或者管理人可以同未通过重整计划草案的表决组协商。该表决组可以在协商后再表决一次。双方协商的结果不得损害其他表决组的利益。

未通过重整计划草案的表决组拒绝再次表决或者再次表决仍未通过重整计划草案，但重整计划草案符合下列条件的，债务人或者管理人可以申请人民法院批准重整计划草案：

（一）按照重整计划草案，本法第八十二条第一款第一项所列债权就该特定财产将获得全额清偿，其因延期清偿所受的损失将得到公平补偿，并且其担保权未受到实质性损害，或者该表决组已经通过重整计划草案；

（二）按照重整计划草案，本法第八十二条第一款第二项、第三项所列债权将获得全额清偿，或者相应表决组已经通过重整计划草案；

（三）按照重整计划草案，普通债权所获得的清偿比例，不低于其在重整计划草案被提请批准时依照破产清算程序所能获得的清偿比例，或者该表决组已经通过重整计划草案；

（四）重整计划草案对出资人权益的调整公平、公正，或者出资人组已经通过重整计划草案；

（五）重整计划草案公平对待同一表决组的成员，并且所规定的债权清偿顺序不违反本法第一百一十三条的规定；

（六）债务人的经营方案具有可行性。

人民法院经审查认为重整计划草案符合前款规定的，应当自收到申请之日起三十日内裁定批准，终止重整程序，并予以公告。

第八十八条 重整计划草案未获得通过且未依照本法第八十七条的规定获得批准，或者已通过的重整计划未获得批准的，人民法院应当裁定终止重整程序，并宣告债务人破产。

第三节 重整计划的执行

第八十九条 重整计划由债务人负责执行。

人民法院裁定批准重整计划后，已接管财产和营业事务的管理人应当向债务人移交财产和营业事务。

第九十条 自人民法院裁定批准重整计划之日起，在重整计划规定的监督期内，由管理人监督重整计划的执行。

在监督期内，债务人应当向管理人报告重整计划执行情况和债务人财务状况。

第九十一条 监督期届满时，管理人应当向人民法院提交监督报告。自监督报告提交之日起，管理人的监督职责终止。

管理人向人民法院提交的监督报告，重整计划的利害关系人有权查阅。

经管理人申请，人民法院可以裁定延长重整计划执行的监督期限。

第九十二条 经人民法院裁定批准的重整计划，对债务人和全体债权人均有约束力。

债权人未依照本法规定申报债权的，在重整计划执行期间不得行使权利；在重整计划执行完毕后，可以按照重整计划规定的同类债权的清偿条件行使权利。

债权人对债务人的保证人和其他连带债务人所享有的权利，不受重整计划的影响。

第九十三条 债务人不能执行或者不执行重整计划的，人民法院经管理人或者利害关系人请求，应当裁定终止重整计划的执行，并宣告债务人破产。

人民法院裁定终止重整计划执行的，债权人在重整计划中作出的债权调整的承诺失去效力。债权人因执行重整计划所受的清偿仍然有效，债权未受清偿的部分作为破产债权。

前款规定的债权人，只有在其他同顺位债权人同自己所受的清偿达到同一比例时，才能继续接受分配。

有本条第一款规定情形的，为重整计划的执行提供的担保继续有效。

第九十四条　按照重整计划减免的债务，自重整计划执行完毕时起，债务人不再承担清偿责任。

第九章　和　　解

第九十五条　债务人可以依照本法规定，直接向人民法院申请和解；也可以在人民法院受理破产申请后、宣告债务人破产前，向人民法院申请和解。

债务人申请和解，应当提出和解协议草案。

第九十六条　人民法院经审查认为和解申请符合本法规定的，应当裁定和解，予以公告，并召集债权人会议讨论和解协议草案。

对债务人的特定财产享有担保权的权利人，自人民法院裁定和解之日起可以行使权利。

第九十七条　债权人会议通过和解协议的决议，由出席会议的有表决权的债权人过半数同意，并且其所代表的债权额占无财产担保债权总额的三分之二以上。

第九十八条　债权人会议通过和解协议的，由人民法院裁定认可，终止和解程序，并予以公告。管理人应当向债务人移交财产和营业事务，并向人民法院提交执行职务的报告。

第九十九条　和解协议草案经债权人会议表决未获得通过，或者已经债权人会议通过的和解协议未获得人民法院认可的，人民法院应当裁定终止和解程序，并宣告债务人破产。

第一百条　经人民法院裁定认可的和解协议，对债务人和全体和解债权人均有约束力。

和解债权人是指人民法院受理破产申请时对债务人享有无财产担保债权的人。

和解债权人未依照本法规定申报债权的，在和解协议执行期间不得行使权利；在和解协议执行完毕后，可以按照和解协议规定的清偿条件行使权利。

第一百零一条　和解债权人对债务人的保证人和其他连带债务人所享有的权利，不受和解协议的影响。

第一百零二条　债务人应当按照和解协议规定的条件清偿债务。

第一百零三条　因债务人的欺诈或者其他违法行为而成立的和解协议，人民法院应当裁定无效，并宣告债务人破产。

有前款规定情形的，和解债权人因执行和解协议所受的清偿，在其他债权人所受清偿同等比例的范围内，不予返还。

第一百零四条　债务人不能执行或者不执行和解协议的，人民法院经和解债权人请求，应当裁定终止和解协议的执行，并宣告债务人破产。

人民法院裁定终止和解协议执行的，和解债权人在和解协议中作出的债权调整的承诺失去效力。和解债权人因执行和解协议所受的清偿仍然有效，和解债权未受清偿的部分作为破产债权。

前款规定的债权人，只有在其他债权人同自己所受的清偿达到同一比例时，才能继续接受分配。

有本条第一款规定情形的，为和解协议的执行提供的担保继续有效。

第一百零五条 人民法院受理破产申请后，债务人与全体债权人就债权债务的处理自行达成协议的，可以请求人民法院裁定认可，并终结破产程序。

第一百零六条 按照和解协议减免的债务，自和解协议执行完毕时起，债务人不再承担清偿责任。

第十章 破产清算

第一节 破产宣告

第一百零七条 人民法院依照本法规定宣告债务人破产的，应当自裁定作出之日起五日内送达债务人和管理人，自裁定作出之日起十日内通知已知债权人，并予以公告。

债务人被宣告破产后，债务人称为破产人，债务人财产称为破产财产，人民法院受理破产申请时对债务人享有的债权称为破产债权。

第一百零八条 破产宣告前，有下列情形之一的，人民法院应当裁定终结破产程序，并予以公告：

（一）第三人为债务人提供足额担保或者为债务人清偿全部到期债务的；

（二）债务人已清偿全部到期债务的。

第一百零九条 对破产人的特定财产享有担保权的权利人，对该特定财产享有优先受偿的权利。

第一百一十条 享有本法第一百零九条规定权利的债权人行使优先受偿权利未能完全受偿的，其未受偿的债权作为普通债权；放弃优先受偿权利的，其债权作为普通债权。

第二节 变价和分配

第一百一十一条 管理人应当及时拟订破产财产变价方案，提交债权人会议讨论。

管理人应当按照债权人会议通过的或者人民法院依照本法第六十五条第一款规定裁定的破产财产变价方案，适时变价出售破产财产。

第一百一十二条 变价出售破产财产应当通过拍卖进行。但是，债权人会议另有决议的除外。

破产企业可以全部或者部分变价出售。企业变价出售时，可以将其中的无形资产和其他财产单独变价出售。

按照国家规定不能拍卖或者限制转让的财产，应当按照国家规定的方式处理。

第一百一十三条 破产财产在优先清偿破产费用和共益债务后，依照下列顺序清偿：

（一）破产人所欠职工的工资和医疗、伤残补助、抚恤费用，所欠的应当划入职工个人账户的基本养老保险、基本医疗保险费用，以及法律、行政法规规定应当支付给职工的补偿金；

（二）破产人欠缴的除前项规定以外的社会保险费用和破产人所欠税款；

（三）普通破产债权。

破产财产不足以清偿同一顺序的清偿要求的，按照比例分配。

破产企业的董事、监事和高级管理人员的工资按照该企业职工的平均工资计算。

第一百一十四条　破产财产的分配应当以货币分配方式进行。但是，债权人会议另有决议的除外。

第一百一十五条　管理人应当及时拟订破产财产分配方案，提交债权人会议讨论。

破产财产分配方案应当载明下列事项：

（一）参加破产财产分配的债权人名称或者姓名、住所；

（二）参加破产财产分配的债权额；

（三）可供分配的破产财产数额；

（四）破产财产分配的顺序、比例及数额；

（五）实施破产财产分配的方法。

债权人会议通过破产财产分配方案后，由管理人将该方案提请人民法院裁定认可。

第一百一十六条　破产财产分配方案经人民法院裁定认可后，由管理人执行。

管理人按照破产财产分配方案实施多次分配的，应当公告本次分配的财产额和债权额。管理人实施最后分配的，应当在公告中指明，并载明本法第一百一十七条第二款规定的事项。

第一百一十七条　对于附生效条件或者解除条件的债权，管理人应当将其分配额提存。

管理人依照前款规定提存的分配额，在最后分配公告日，生效条件未成就或者解除条件成就的，应当分配给其他债权人；在最后分配公告日，生效条件成就或者解除条件未成就的，应当交付给债权人。

第一百一十八条　债权人未受领的破产财产分配额，管理人应当提存。债权人自最后分配公告之日起满二个月仍不领取的，视为放弃受领分配的权利，管理人或者人民法院应当将提存的分配额分配给其他债权人。

第一百一十九条　破产财产分配时，对于诉讼或者仲裁未决的债权，管理人应当将其分配额提存。自破产程序终结之日起满二年仍不能受领分配的，人民法院应当将提存的分配额分配给其他债权人。

第三节　破产程序的终结

第一百二十条　破产人无财产可供分配的，管理人应当请求人民法院裁定终结破产程序。

管理人在最后分配完结后，应当及时向人民法院提交破产财产分配报告，并提请人民法院裁定终结破产程序。

人民法院应当自收到管理人终结破产程序的请求之日起十五日内作出是否终结破产程序的裁定。裁定终结的，应当予以公告。

第一百二十一条 管理人应当自破产程序终结之日起十日内，持人民法院终结破产程序的裁定，向破产人的原登记机关办理注销登记。

第一百二十二条 管理人于办理注销登记完毕的次日终止执行职务。但是，存在诉讼或者仲裁未决情况的除外。

第一百二十三条 自破产程序依照本法第四十三条第四款或者第一百二十条的规定终结之日起二年内，有下列情形之一的，债权人可以请求人民法院按照破产财产分配方案进行追加分配：

（一）发现有依照本法第三十一条、第三十二条、第三十三条、第三十六条规定应当追回的财产的；

（二）发现破产人有应当供分配的其他财产的。

有前款规定情形，但财产数量不足以支付分配费用的，不再进行追加分配，由人民法院将其上交国库。

第一百二十四条 破产人的保证人和其他连带债务人，在破产程序终结后，对债权人依照破产清算程序未受清偿的债权，依法继续承担清偿责任。

第十一章　法律责任

第一百二十五条 企业董事、监事或者高级管理人员违反忠实义务、勤勉义务，致使所在企业破产的，依法承担民事责任。

有前款规定情形的人员，自破产程序终结之日起三年内不得担任任何企业的董事、监事、高级管理人员。

第一百二十六条 有义务列席债权人会议的债务人的有关人员，经人民法院传唤，无正当理由拒不列席债权人会议的，人民法院可以拘传，并依法处以罚款。债务人的有关人员违反本法规定，拒不陈述、回答，或者作虚假陈述、回答的，人民法院可以依法处以罚款。

第一百二十七条 债务人违反本法规定，拒不向人民法院提交或者提交不真实的财产状况说明、债务清册、债权清册、有关财务会计报告以及职工工资的支付情况和社会保险费用的缴纳情况的，人民法院可以对直接责任人员依法处以罚款。

债务人违反本法规定，拒不向管理人移交财产、印章和账簿、文书等资料的，或者伪造、销毁有关财产证据材料而使财产状况不明的，人民法院可以对直接责任人员依法处以罚款。

第一百二十八条 债务人有本法第三十一条、第三十二条、第三十三条规定的行为，损害债权人利益的，债务人的法定代表人和其他直接责任人员依法承担赔偿责任。

第一百二十九条 债务人的有关人员违反本法规定，擅自离开住所地的，人民法院可以予以训诫、拘留，可以依法并处罚款。

第一百三十条　管理人未依照本法规定勤勉尽责，忠实执行职务的，人民法院可以依法处以罚款；给债权人、债务人或者第三人造成损失的，依法承担赔偿责任。

第一百三十一条　违反本法规定，构成犯罪的，依法追究刑事责任。

第十二章　附　则

第一百三十二条　本法施行后，破产人在本法公布之日前所欠职工的工资和医疗、伤残补助、抚恤费用，所欠的应当划入职工个人账户的基本养老保险、基本医疗保险费用，以及法律、行政法规规定应当支付给职工的补偿金，依照本法第一百一十三条的规定清偿后不足以清偿的部分，以本法第一百零九条规定的特定财产优先于对该特定财产享有担保权的权利人受偿。

第一百三十三条　在本法施行前国务院规定的期限和范围内的国有企业实施破产的特殊事宜，按照国务院有关规定办理。

第一百三十四条　商业银行、证券公司、保险公司等金融机构有本法第二条规定情形的，国务院金融监督管理机构可以向人民法院提出对该金融机构进行重整或者破产清算的申请。国务院金融监督管理机构依法对出现重大经营风险的金融机构采取接管、托管等措施的，可以向人民法院申请中止以该金融机构为被告或者被执行人的民事诉讼程序或者执行程序。

金融机构实施破产的，国务院可以依据本法和其他有关法律的规定制定实施办法。

第一百三十五条　其他法律规定企业法人以外的组织的清算，属于破产清算的，参照适用本法规定的程序。

第一百三十六条　本法自2007年6月1日起施行，《中华人民共和国企业破产法（试行）》同时废止。

1.4

中华人民共和国刑法修正案（六）（节选）

（2006年6月29日 中华人民共和国主席令第51号）

五、将刑法第一百六十一条修改为："依法负有信息披露义务的公司、企业向股东和社会公众提供虚假的或者隐瞒重要事实的财务会计报告，或者对依法应当披露的其他重要信息不按照规定披露，严重损害股东或者其他人利益，或者有其他严重情节的，对其直接负责的主管人员和其他直接责任人员，处三年以下有期徒刑或者拘役，并处或者单处二万元以上二十万元以下罚金。"

九、在刑法第一百六十九条后增加一条，作为第一百六十九条之一："上市公司的董事、监事、高级管理人员违背对公司的忠实义务，利用职务便利，操纵上市公司从事下列行为之一，致使上市公司利益遭受重大损失的，处三年以下有期徒刑或者拘役，并处或者单处罚金；致使上市公司利益遭受特别重大损失的，处三年以上七年以下有期徒刑，并处罚金：

"（一）无偿向其他单位或者个人提供资金、商品、服务或者其他资产的；

"（二）以明显不公平的条件，提供或者接受资金、商品、服务或者其他资产的；

"（三）向明显不具有清偿能力的单位或者个人提供资金、商品、服务或者其他资产的；

"（四）为明显不具有清偿能力的单位或者个人提供担保，或者无正当理由为其他单位或者个人提供担保的；

"（五）无正当理由放弃债权、承担债务的；

"（六）采用其他方式损害上市公司利益的。

"上市公司的控股股东或者实际控制人，指使上市公司董事、监事、高级管理人员实施前款行为的，依照前款的规定处罚。

"犯前款罪的上市公司的控股股东或者实际控制人是单位的，对单位判处罚金，并对其直接负责的主管人员和其他直接责任人员，依照第一款的规定处罚。"

十一、将刑法第一百八十二条修改为："有下列情形之一，操纵证券、期货市场，情节严重的，处五年以下有期徒刑或者拘役，并处或者单处罚金；情节特别严重的，处五年以上十年以下有期徒刑，并处罚金：

"（一）单独或者合谋，集中资金优势、持股或者持仓优势或者利用信息优势联合或者连续买卖，操纵证券、期货交易价格或者证券、期货交易量的；

“（二）与他人串通，以事先约定的时间、价格和方式相互进行证券、期货交易，影响证券、期货交易价格或者证券、期货交易量的；

“（三）在自己实际控制的账户之间进行证券交易，或者以自己为交易对象，自买自卖期货合约，影响证券、期货交易价格或者证券、期货交易量的；

“（四）以其他方法操纵证券、期货市场的。

“单位犯前款罪的，对单位判处罚金，并对其直接负责的主管人员和其他直接责任人员，依照前款的规定处罚。”

1.5

中华人民共和国刑法修正案（七）（节选）

（2009年2月28日　中华人民共和国主席令第10号）

二、将刑法第一百八十条第一款修改为：“证券、期货交易内幕信息的知情人员或者非法获取证券、期货交易内幕信息的人员，在涉及证券的发行，证券、期货交易或者其他对证券、期货交易价格有重大影响的信息尚未公开前，买入或者卖出该证券，或者从事与该内幕信息有关的期货交易，或者泄露该信息，或者明示、暗示他人从事上述交易活动，情节严重的，处五年以下有期徒刑或者拘役，并处或者单处违法所得一倍以上五倍以下罚金；情节特别严重的，处五年以上十年以下有期徒刑，并处违法所得一倍以上五倍以下罚金。”

增加一款作为第四款：“证券交易所、期货交易所、证券公司、期货经纪公司、基金管理公司、商业银行、保险公司等金融机构的从业人员以及有关监管部门或者行业协会的工作人员，利用因职务便利获取的内幕信息以外的其他未公开的信息，违反规定，从事与该信息相关的证券、期货交易活动，或者明示、暗示他人从事相关交易活动，情节严重的，依照第一款的规定处罚。”

五、将刑法第二百二十五条第三项修改为：“未经国家有关主管部门批准非法经营证券、期货、保险业务的，或者非法从事资金支付结算业务的；”

2. 行政法规和规范性文件

2.1

国务院批转证监会关于提高上市公司质量意见的通知

（2005 年 10 月 19 日　国发〔2005〕34 号）

各省、自治区、直辖市人民政府，国务院各部委、各直属机构：

国务院同意证监会《关于提高上市公司质量的意见》，现转发给你们，请认真贯彻执行。

上市公司是资本市场发展的基石。提高上市公司质量是提高资本市场投资价值的源泉，对于增强资本市场的吸引力和活力，充分发挥资本市场优化资源配置功能，保护投资者特别是中小投资者的合法权益，促进我国资本市场健康稳定发展，具有十分重要的意义。十多年来，我国上市公司不断发展壮大，已成为推动企业改革和带动行业成长的中坚力量。但由于受体制、机制、环境等因素影响，相当一批上市公司法人治理结构不完善、运作不规范、质量不高，严重影响了投资者的信心，制约了资本市场健康稳定发展。贯彻落实《国务院关于推进资本市场改革开放和稳定发展的若干意见》（国发〔2004〕3 号），提高上市公司质量，是摆在我们面前的一项十分重要而紧迫的任务。

地方各级人民政府要承担起处置本地区上市公司风险的责任，有效防范和化解上市公司风险，必要时可对陷入危机、可能对社会稳定造成重大影响的上市公司组织实施托管。证券监管部门要强化对上市公司的监管，及时查处违法违规行为，对负有责任的人员，视情节轻重，责成上市公司予以撤换或实行市场禁入，涉嫌犯罪的，及时移交公安、司法机关。各有关部门要统一思想，提高认识，密切配合，建立高效、灵活的协作机制和信息共享机制，加大工作力度，综合运用经济、法律和必要的行政手段，营造有利于上市公司规范发展的环境，支持和督促上市公司全面提高质量，为资本市场的健康稳定发展奠定良好的基础。

国务院

2005 年 10 月 19 日

中国证券监督管理委员会关于提高上市公司质量的意见

（证监会）

为全面深入贯彻落实《国务院关于推进资本市场改革开放和稳定发展的若干意见》（国发〔2004〕3号），切实保护投资者的合法权益，促进资本市场持续健康发展，现就提高上市公司质量有关问题提出以下意见：

一、提高认识，高度重视提高上市公司质量工作

（一）充分认识提高上市公司质量的重要意义。上市公司是我国经济运行中最具发展优势的群体，是资本市场投资价值的源泉。提高上市公司质量，是强化上市公司竞争优势，实现可持续发展的内在要求；是夯实资本市场基础，促进资本市场健康稳定发展的根本；是增强资本市场吸引力和活力，充分发挥资本市场优化资源配置功能的关键。提高上市公司质量，就是要立足于全体股东利益的最大化，不断提高公司治理和经营管理水平，不断提高诚信度和透明度，不断提高公司盈利能力和持续发展能力。

（二）提高上市公司质量是推进资本市场改革发展的一项重要任务。经过十多年的培育，上市公司不断发展壮大、运作日趋规范、质量逐步提高，已经成为推动企业改革和带动行业成长的中坚力量。但是，由于受体制、机制、环境等多种因素的影响，相当一批上市公司在法人治理结构、规范运作等方面还存在一些问题，盈利能力不强，对投资者回报不高，严重影响了投资者的信心，制约了资本市场的健康稳定发展。随着社会主义市场经济体制的不断完善和资本市场改革的不断深入，提高上市公司质量已经成为当前和今后一个时期推进资本市场健康发展的一项重要任务。提高上市公司质量，关键在于公司董事会、监事会和经理层要诚实守信、勤勉尽责，努力提高公司竞争能力、盈利能力和规范运作水平；同时，各有关方面要营造有利于上市公司规范发展的环境，支持和督促上市公司全面提高质量。通过切实的努力，使上市公司法人治理结构更加完善，内部控制制度合理健全，激励约束机制规范有效，公司透明度、竞争力和盈利能力显著提高。

二、完善公司治理，提高上市公司经营管理和规范运作水平

（三）完善法人治理结构。上市公司要严格按照《公司法》、外商投资相关法律法规和现代企业制度的要求，完善股东大会、董事会、监事会制度，形成权力机构、决策机构、监督机构与经理层之间权责分明、各司其职、有效制衡、科学决策、协调运作的法人治理结构。股东大会要认真行使法定职权，严格遵守表决事项和表决程序的有关规定，科学民主决策，维护上市公司和股东的合法权益。董事会要对全体股东负责，严格按照法律和公司章程的规定履行职责，把好决策关，加强对公司经理层的激励、监督和约束。要设

立以独立董事为主的审计委员会、薪酬与考核委员会并充分发挥其作用。公司全体董事必须勤勉尽责，依法行使职权。监事会要认真发挥好对董事会和经理层的监督作用。经理层要严格执行股东大会和董事会的决定，不断提高公司管理水平和经营业绩。

（四）建立健全公司内部控制制度。上市公司要加强内部控制制度建设，强化内部管理，对内部控制制度的完整性、合理性及其实施的有效性进行定期检查和评估，同时要通过外部审计对公司的内部控制制度以及公司的自我评估报告进行核实评价，并披露相关信息。通过自查和外部审计，及时发现内部控制制度的薄弱环节，认真整改，堵塞漏洞，有效提高风险防范能力。

（五）提高公司运营的透明度。上市公司要切实履行作为公众公司的信息披露义务，严格遵守信息披露规则，保证信息披露内容的真实性、准确性、完整性和及时性，增强信息披露的有效性。要制定并严格执行信息披露管理制度和重要信息的内部报告制度，明确公司及相关人员的信息披露职责和保密责任，保障投资者平等获取信息的权利。公司股东及其他信息披露义务人，要积极配合和协助上市公司履行相应的信息披露义务。上市公司要积极做好投资者关系管理工作，拓宽与投资者的沟通渠道，培育有利于上市公司健康发展的股权文化。

（六）加强对高级管理人员及员工的激励和约束。上市公司要探索并规范激励机制，通过股权激励等多种方式，充分调动上市公司高级管理人员及员工的积极性。要强化上市公司高级管理人员、公司股东之间的共同利益基础，提高上市公司经营业绩。要健全上市公司高级管理人员的工作绩效考核和优胜劣汰机制，强化责任目标约束，不断提高上市公司高级管理人员的进取精神和责任意识。

（七）增强上市公司核心竞争力和盈利能力。上市公司要优化产品结构，努力提高创新能力，提升技术优势和人才优势，不断提高企业竞争力。要大力提高管理效率和管理水平，努力开拓市场，不断增强盈利能力。上市公司要高度重视对股东的现金分红，努力为股东提供良好的投资回报。

三、注重标本兼治，着力解决影响上市公司质量的突出问题

（八）切实维护上市公司的独立性。上市公司必须做到机构独立、业务独立，与股东特别是控股股东在人员、资产、财务方面全面分开。控股股东要依法行使出资人权利，不得侵犯上市公司享有的由全体股东出资形成的法人财产权。控股股东或实际控制人不得利用控制权，违反上市公司规范运作程序，插手上市公司内部管理，干预上市公司经营决策，损害上市公司和其他股东的合法权益。

（九）规范募集资金的运用。上市公司要加强对募集资金的管理。对募集资金投资项目必须进行认真的可行性分析，有效防范投资风险，提高募集资金使用效益。经由股东大会决定的投资项目，公司董事会或经理层不得随意变更。确需变更募集资金用途的，投资项目应符合国家产业政策和固定资产投资管理的有关规定，并经股东大会审议批准后公开披露。

（十）严禁侵占上市公司资金。控股股东或实际控制人不得以向上市公司借款、由上市公司提供担保、代偿债务、代垫款项等各种名目侵占上市公司资金。对已经侵占的资金，控股股东尤其是国有控股股东或实际控制人要针对不同情况，采取现金清偿、红利抵债、以股抵债、以资抵债等方式，加快偿还速度，务必在2006年底前偿还完毕。

（十一）坚决遏制违规对外担保。上市公司要根据有关法规明确对外担保的审批权限，严格执行对外担保审议程序。上市公司任何人员不得违背公司章程规定，未经董事会或股东大会批准或授权，以上市公司名义对外提供担保。上市公司要认真履行对外担保情况的信息披露义务，严格控制对外担保风险，采取有效措施化解已形成的违规担保、连环担保风险。

（十二）规范关联交易行为。上市公司在履行关联交易的决策程序时要严格执行关联方回避制度，并履行相应的信息披露义务，保证关联交易的公允性和交易行为的透明度。要充分发挥独立董事在关联交易决策和信息披露程序中的职责和作用。公司董事、监事和高级管理人员不得通过隐瞒甚至虚假披露关联方信息等手段，规避关联交易决策程序和信息披露要求。对因非公允关联交易造成上市公司利益损失的，上市公司有关人员应承担责任。

（十三）禁止编报虚假财务会计信息。上市公司应严格执行有关会计法规、会计准则和会计制度，加强会计核算和会计监督，真实、公允地反映公司的财务状况、经营成果及现金流量。不得伪造会计凭证等会计资料、提供虚假财务报表；不得利用会计政策、会计估计变更和会计差错更正等手段粉饰资产、收入、成本、利润等财务指标；不得阻碍审计机构正常开展工作，限制其审计范围；不得要求审计机构出具失真或不当的审计报告。上市公司董事会及其董事、总经理、财务负责人对公司财务报告的真实性、完整性承担主要责任。

四、采取有效措施，支持上市公司做优做强

（十四）支持优质企业利用资本市场做优做强。地方政府要积极支持优质企业改制上市，推动国有企业依托资本市场进行改组改制，使优质资源向上市公司集中，支持具备条件的优质大型企业实现整体上市。有关部门要优化公司股票发行上市制度，规范企业改制行为，支持优质大型企业和高成长的中小企业在证券市场融资，逐步改善上市公司整体结构。积极推出市场化创新工具，支持上市公司通过多样化的支付手段进行收购兼并，提升公司的核心竞争力，实现可持续发展。

（十五）提高上市公司再融资效率。要进一步调整和完善上市公司再融资的相关制度，增加融资品种，简化核准程序，充分发挥市场发现价格和合理配置资源的功能，提高上市公司再融资效率。积极培育公司债券市场，制定和完善公司债券发行、交易、信息披露和信用评级等规章制度。鼓励符合条件的上市公司发行公司债券。

（十六）建立多层次市场体系。在加强主板市场建设的同时，积极推动中小企业板块制度创新，为适时推出创业板创造条件。要进一步完善股份代办转让系统，健全多层次资本市场体系和不同层次市场间的准入、退出机制，发挥资本市场优胜劣汰功能，满足不同企业的融资需求。

（十七）积极稳妥地推进股权分置改革。通过股权分置改革消除非流通股和流通股的流通制度差异，有利于形成流通股股东和非流通股股东的共同利益基础，对提高上市公司质量具有重要作用。有关方面要按照总体安排、分类指导、完善制度的要求，加强对改革的组织领导，积极稳妥地推进股权分置改革。

五、完善上市公司监督管理机制，强化监管协作

（十八）强化上市公司监管。有关部门要完善相关法律法规体系，抓紧制定上市公司监管条例，积极推进相关法律的修改，为广大投资者维护自身权益和上市公司规范运作提供法律保障。要进一步加强上市公司监管制度建设，建立累积投票制度和征集投票权制度，完善股东大会网络投票制度、独立董事制度及信息披露相关规则，规范上市公司运作。要落实和完善监管责任制，不断改进监管方式和监管手段，完善上市公司风险监控体系。进一步健全证券监督管理机构与公安、司法部门的协作机制，及时将涉嫌犯罪人员移送公安、司法机关，严肃查处违法犯罪行为，增强上市公司监管的威慑力，提高监管的有效性和权威性，切实维护市场和社会稳定。

（十九）加强上市公司诚信建设。有关部门要建立上市公司及其控股股东或实际控制人的信贷、担保、信用证、商业票据等信用信息及监管信息的共享机制；完善上市公司控股股东、实际控制人、上市公司及其高级管理人员的监管信息系统，对严重失信和违规者予以公开曝光；督促商业银行严格审查上市公司董事会或股东大会批准对外担保的文件和信息披露资料，严格审查上市公司对外担保的合规性和担保能力，切实防范上市公司违规对外担保的风险。

（二十）规范上市公司控股股东或实际控制人的行为。有关方面要督促控股股东或实际控制人加快偿还侵占上市公司的资金，国有控股股东限期内未偿清或出现新增侵占上市公司资金问题的，对相关负责人和直接责任人要给予纪律处分，直至撤销职务；非国有控股股东或实际控制人限期内未偿清或出现新增侵占上市公司资金问题的，有关部门对其融资活动应依法进行必要的限制。要依法查处上市公司股东、实际控制人利用非公允的关联交易侵占上市公司利益、掏空上市公司的行为。加大对侵犯上市公司利益的控股股东或实际控制人的责任追究力度，对构成犯罪的，依法追究刑事责任。

（二十一）加强对上市公司高级管理人员的监管。要制定上市公司高级管理人员行为准则，对违背行为准则并被证券监督管理机构认定为不适当人选的上市公司高级管理人员，要责成上市公司及时按照法定程序予以撤换。对严重违规的上市公司高级管理人员，要实行严格的市场禁入；对构成犯罪的，依法追究刑事责任。

（二十二）加强对证券经营中介机构的监管。要严格保荐机构、保荐代表人的资质管理，督促其忠实履行尽职推荐、持续督导的职责。有关部门要加强对会计师事务所、资产评估机构、律师事务所等中介机构执业行为的监管，完善执业标准体系，督促其勤勉尽责，规范执业行为，提高执业质量。要建立和完善市场禁入制度，加大对中介机构及其责任人违法违规行为的责任追究力度，及时公布其失信和违规记录，强化社会监督。

（二十三）充分发挥自律监管的作用。充分发挥自律组织在促进上市公司提高公司治理、规范运作水平等方面的积极作用。加强对上市公司高级管理人员的培训和持续教育，培养诚信文化，提高高级管理人员的法制意识、责任意识和诚信意识，增强上市公司高级管理人员规范经营的自觉性。

六、加强组织领导，营造促进上市公司健康发展的良好环境

（二十四）加强对提高上市公司质量工作的组织领导。各省（区、市）人民政府要加强组织领导，建立有效的协调机制，统筹研究解决工作中遇到的重大问题，切实采取有效措施，促进上市公司质量全面提高。当前，要着重督促和帮助上市公司切实解决控股股东或实际控制人侵占资金、违规担保等突出问题，研究建立上市公司突发重大风险的处置机制，积极稳妥地推进上市公司股权分置改革。

（二十五）防范和化解上市公司风险。地方各级人民政府要切实承担起处置本地区上市公司风险的责任，建立健全上市公司风险处置应急机制，及时采取有效措施，维护上市公司的经营秩序、财产安全和社会稳定，必要时可对陷入危机、可能对社会稳定造成重大影响的上市公司组织实施托管。支持绩差上市公司特别是国有控股上市公司按照市场化原则进行资产重组和债务重组，改善经营状况。要做好退市公司的风险防范工作，依法追究因严重违法违规行为导致上市公司退市的相关责任人的责任。

（二十六）营造有利于上市公司规范发展的舆论氛围。有关方面要加强对涉及上市公司新闻报道的管理，引导媒体客观、真实、全面地报道上市公司情况，切实防范并及时纠正对上市公司的失实报道，严肃惩处违背事实、蓄意美化或诋毁上市公司的行为，避免误导投资者。切实发挥好媒体的舆论引导和监督作用。

2.2

国务院办公厅转发证监会等部门关于依法打击和防控资本市场内幕交易意见的通知

（2010 年 11 月 16 日　国办发〔2010〕55 号）

各省、自治区、直辖市人民政府，国务院各部委、各直属机构：

证监会、公安部、监察部、国资委、预防腐败局《关于依法打击和防控资本市场内幕交易的意见》已经国务院同意，现转发给你们，请认真贯彻执行。

国务院办公厅

2010 年 11 月 16 日

关于依法打击和防控资本市场内幕交易的意见

（证监会、公安部、监察部、国资委、预防腐败局）

为维护市场秩序，保护投资者合法权益，促进我国资本市场稳定健康发展，现就依法打击和防控资本市场内幕交易提出以下意见：

一、统一思想，提高认识

内幕交易，是指上市公司高管人员、控股股东、实际控制人和行政审批部门等方面的知情人员，利用工作之便，在公司并购、业绩增长等重大信息公布之前，泄露信息或者利用内幕信息买卖证券谋取私利的行为。这种行为严重违反了法律法规，损害投资者和上市公司合法权益。证券法第五条规定，“禁止欺诈、内幕交易和操纵证券市场的行为”，第七十三条规定，“禁止证券交易内幕信息的知情人和非法获取内幕信息的人利用内幕信息从事证券交易活动”。刑法第一百八十条、第一百八十二条对内幕交易、利用信息优势操纵证券交易价格等行为的量刑和处罚作出了明确规定。

当前，打击和防控资本市场内幕交易面临的形势较为严峻。一些案件参与主体复杂，交易方式多样，操作手段隐蔽，查处工作难度很大。随着股指期货的推出，内幕交易更具隐蔽性、复杂性。各地区、各相关部门要充分认识内幕交易的危害性，统一思想，高度重视，根据刑法和证券法等法律法规规定，按照齐抓共管、打防结合、综合防治的原则，采取针对性措施，切实做好有关工作。

打击和防控资本市场内幕交易工作涉及面广，社会关注度高，需要动员各方面力量，促进全社会参与。要通过法制宣传、教育培训等多种形式，普及刑法、证券法等法律知识，帮助相关人员和社会公众提高对内幕交易危害性的认识，增强遵纪守法意识。要坚持正确的舆论导向，增强舆论引导的针对性和实效性，充分发挥社会舆论监督作用，形成依法打击和防控资本市场内幕交易的社会氛围。

二、完善制度，有效防控

内幕信息，是指上市公司经营、财务、分配、投融资、并购重组、重要人事变动等对证券价格有重大影响但尚未正式公开的信息。加强内幕信息管理是防控内幕交易的重要环节，对从源头上遏制内幕交易具有重要意义。各地区、各相关部门要建立完善内幕信息登记管理制度，提高防控工作的制度化、规范化水平。

一是抓紧制定涉及上市公司内幕信息的保密制度，包括国家工作人员接触内幕信息管理办法，明确内幕信息范围、流转程序、保密措施和责任追究要求，并指定负责内幕信息管理的机构和人员。二是尽快建立内幕信息知情人登记制度，要求内幕信息知情人按规定实施登记，落实相关人员的保密责任和义务。三是完善上市公司信息披露和停复牌等相关制度，督促上市公司等信息披露义务人严格依照法律法规，真实、准确、完整、及时地披露信息。四是健全考核评价制度，将内幕交易防控工作纳入企业业绩考核评价体系，明确考核的原则、内容、标准、程序和方式。五是细化、充实依法打击和防控内幕交易的规定，完善内幕交易行为认定和举证规则，积极探索内幕交易举报奖励制度。

所有涉及上市公司重大事项的决策程序，都要符合保密制度要求，简化决策流程，缩短决策时限，尽可能缩小内幕信息知情人范围。研究论证上市公司重大事项，原则上应在相关证券停牌后或非交易时间进行。

三、明确职责，重点打击

证券监督管理部门要切实负起监管责任，对涉嫌内幕交易的行为，要及时立案稽查，从快作出行政处罚；对涉嫌犯罪的，要移送司法机关依法追究刑事责任，做到有法必依，执法必严，违法必究；对已立案稽查的上市公司，要暂停其再融资、并购重组等行政许可；对负有直接责任的中介机构及相关人员，要依法依规采取行政措施，暂停或取消其业务资格。公安机关在接到依法移送的案件后，要及时立案侦查。各级监察机关、各国有资产监督管理部门要依据职责分工，对泄露内幕信息或从事内幕交易的国家工作人员、国有（控股）企业工作人员进行严肃处理。

各地区要按照依法打击和防控资本市场内幕交易工作的部署和要求，加强组织领导，落实责任主体，进一步细化和落实各项制度，完善配套措施和办法，强化监督，严格问责，积极支持和配合有关方面做好相关工作。

各地区、各相关部门要认真按照法律法规规定，各司其职，协同配合，建立和完善案件移送、执法合作、信息管理、情况沟通等工作机制，形成上下联动、部门联动、地区联动的综合防治体系和强大打击合力。证监会要会同公安部、监察部、国资委、预防腐败局等部门抓紧开展一次依法打击和防控内幕交易专项检查，查办一批典型案件并公开曝光，震慑犯罪分子。

2.3

国务院关于开展优先股试点的指导意见

（2013年11月30日　国发〔2013〕46号）

各省、自治区、直辖市人民政府，国务院各部委、各直属机构：

为贯彻落实党的十八大、十八届三中全会精神，深化金融体制改革，支持实体经济发展，依照公司法、证券法相关规定，国务院决定开展优先股试点。开展优先股试点，有利于进一步深化企业股份制改革，为发行人提供灵活的直接融资工具，优化企业财务结构，推动企业兼并重组；有利于丰富证券品种，为投资者提供多元化的投资渠道，提高直接融资比重，促进资本市场稳定发展。为稳妥有序开展优先股试点，现提出如下指导意见。

一、优先股股东的权利与义务

（一）优先股的含义。优先股是指依照公司法，在一般规定的普通种类股份之外，另行规定的其他种类股份，其股份持有人优先于普通股股东分配公司利润和剩余财产，但参与公司决策管理等权利受到限制。

除本指导意见另有规定以外，优先股股东的权利、义务以及优先股股份的管理应当符合公司法的规定。试点期间不允许发行在股息分配和剩余财产分配上具有不同优先顺序的优先股，但允许发行在其他条款上具有不同设置的优先股。

（二）优先分配利润。优先股股东按照约定的票面股息率，优先于普通股股东分配公司利润。公司应当以现金的形式向优先股股东支付股息，在完全支付约定的股息之前，不得向普通股股东分配利润。

公司应当在公司章程中明确以下事项：（1）优先股股息率是采用固定股息率还是浮动股息率，并相应明确固定股息率水平或浮动股息率计算方法。（2）公司在有可分配税后利润的情况下是否必须分配利润。（3）如果公司因本会计年度可分配利润不足而未向优先股股东足额派发股息，差额部分是否累积到下一会计年度。（4）优先股股东按照约定的股息率分配股息后，是否有权同普通股股东一起参加剩余利润分配。（5）优先股利润分配涉及的其他事项。

（三）优先分配剩余财产。公司因解散、破产等原因进行清算时，公司财产在按照公司法和破产法有关规定进行清偿后的剩余财产，应当优先向优先股股东支付未派发的股息和公司章程约定的清算金额，不足以支付的按照优先股股东持股比例分配。

（四）优先股转换和回购。公司可以在公司章程中规定优先股转换为普通股、发行人回购优先股的条件、价格和比例。转换选择权或回购选择权可规定由发行人或优先股股东行使。发行人要求回购优先股的，必须完全支付所欠股息，但商业银行发行优先股补充资本的除外。优先股回购后相应减记发行在外的优先股股份总数。

（五）表决权限制。除以下情况外，优先股股东不出席股东大会会议，所持股份没有表决权：(1）修改公司章程中与优先股相关的内容；（2）一次或累计减少公司注册资本超过百分之十；(3）公司合并、分立、解散或变更公司形式；（4）发行优先股；（5）公司章程规定的其他情形。上述事项的决议，除须经出席会议的普通股股东（含表决权恢复的优先股股东）所持表决权的三分之二以上通过之外，还须经出席会议的优先股股东（不含表决权恢复的优先股股东）所持表决权的三分之二以上通过。

（六）表决权恢复。公司累计3个会计年度或连续2个会计年度未按约定支付优先股股息的，优先股股东有权出席股东大会，每股优先股股份享有公司章程规定的表决权。对于股息可累积到下一会计年度的优先股，表决权恢复直至公司全额支付所欠股息。对于股息不可累积的优先股，表决权恢复直至公司全额支付当年股息。公司章程可规定优先股表决权恢复的其他情形。

（七）与股份种类相关的计算。以下事项计算持股比例时，仅计算普通股和表决权恢复的优先股：(1）根据公司法第一百零一条，请求召开临时股东大会；（2）根据公司法第一百零二条，召集和主持股东大会；（3）根据公司法第一百零三条，提交股东大会临时提案；(4）根据公司法第二百一十七条，认定控股股东。

二、优先股发行与交易

（八）发行人范围。公开发行优先股的发行人限于证监会规定的上市公司，非公开发行优先股的发行人限于上市公司（含注册地在境内的境外上市公司）和非上市公众公司。

（九）发行条件。公司已发行的优先股不得超过公司普通股股份总数的百分之五十，且筹资金额不得超过发行前净资产的百分之五十，已回购、转换的优先股不纳入计算。公司公开发行优先股以及上市公司非公开发行优先股的其他条件适用证券法的规定。非上市公众公司非公开发行优先股的条件由证监会另行规定。

（十）公开发行。公司公开发行优先股的，应当在公司章程中规定以下事项：(1）采取固定股息率；（2）在有可分配税后利润的情况下必须向优先股股东分配股息；（3）未向优先股股东足额派发股息的差额部分应当累积到下一会计年度；（4）优先股股东按照约定的股息率分配股息后，不再同普通股股东一起参加剩余利润分配。商业银行发行优先股补充资本的，可就第（2）项和第（3）项事项另行规定。

（十一）交易转让及登记存管。优先股应当在证券交易所、全国中小企业股份转让系统或者在国务院批准的其他证券交易场所交易或转让。优先股应当在中国证券登记结算公司集中登记存管。优先股交易或转让环节的投资者适当性标准应当与发行环节一致。

（十二）信息披露。公司应当在发行文件中详尽说明优先股股东的权利义务，充分揭示风险。同时，应按规定真实、准确、完整、及时、公平地披露或者提供信息，不得有虚假记载、误导性陈述或重大遗漏。

（十三）公司收购。优先股可以作为并购重组支付手段。上市公司收购要约适用于被收购公司的所有股东，但可以针对优先股股东和普通股股东提出不同的收购条件。根据证券法第八十六条计算收购人持有上市公司已发行股份比例，以及根据证券法第八十八条和第九十六条计算触发要约收购义务时，表决权未恢复的优先股不计入持股数额和股本总额。

（十四）与持股数额相关的计算。以下事项计算持股数额时，仅计算普通股和表决权恢复的优先股：（1）根据证券法第五十四条和第六十六条，认定持有公司股份最多的前十名股东的名单和持股数额；（2）根据证券法第四十七条、第六十七条和第七十四条，认定持有公司百分之五以上股份的股东。

三、组织管理和配套政策

（十五）加强组织管理。证监会应加强与有关部门的协调配合，积极稳妥地组织开展优先股试点工作。证监会应当根据公司法、证券法和本指导意见，制定并发布优先股试点的具体规定，指导证券自律组织完善相关业务规则。

证监会应当加强市场监管，督促公司认真履行信息披露义务，督促中介机构诚实守信、勤勉尽责，依法查处违法违规行为，切实保护投资者合法权益。

（十六）完善配套政策。优先股相关会计处理和财务报告，应当遵循财政部发布的企业会计准则及其他相关会计标准。企业投资优先股获得的股息、红利等投资收益，符合税法规定条件的，可以作为企业所得税免税收入。全国社会保障基金、企业年金投资优先股的比例不受现行证券品种投资比例的限制，具体政策由国务院主管部门制定。外资行业准入管理中外资持股比例优先股与普通股合并计算。试点中需要配套制定的其他政策事项，由证监会根据试点进展情况提出，商有关部门办理，重大事项报告国务院。

国务院

2013 年 11 月 30 日

2.4

国务院办公厅关于进一步加强资本市场中小投资者合法权益保护工作的意见

（2013 年 12 月 25 日　国办发〔2013〕110 号）

各省、自治区、直辖市人民政府，国务院各部委、各直属机构：

中小投资者是我国现阶段资本市场的主要参与群体，但处于信息弱势地位，抗风险能力和自我保护能力较弱，合法权益容易受到侵害。维护中小投资者合法权益是证券期货监管工作的重中之重，关系广大人民群众切身利益，是资本市场持续健康发展的基础。近年来，我国中小投资者保护工作取得了积极成效，但与维护市场“公开、公平、公正”和保护广大投资者合法权益的要求相比还有较大差距。为贯彻落实党的十八大、十八届三中全会精神和国务院有关要求，进一步加强资本市场中小投资者合法权益保护工作，经国务院同意，现提出如下意见。

一、健全投资者适当性制度

制定完善中小投资者分类标准。根据我国资本市场实际情况，制定并公开中小投资者分类标准及依据，并进行动态评估和调整。进一步规范不同层次市场及交易品种的投资者适当性制度安排，明确适合投资者参与的范围和方式。

科学划分风险等级。证券期货经营机构和中介机构应当对产品或者服务的风险进行评估并划分风险等级。推荐与投资者风险承受和识别能力相适应的产品或者服务，向投资者充分说明可能影响其权利的信息，不得误导、欺诈客户。

进一步完善规章制度和市场服务规则。证券期货经营机构和中介机构应当建立执业规范和内部问责机制，销售人员不得以个人名义接受客户委托从事交易；明确提示投资者如实提供资料信息，对收集的个人信息要严格保密、确保安全，不得出售或者非法提供给他人。严格落实投资者适当性制度并强化监管，违反适当性管理规定给中小投资者造成损失的，要依法追究责任。

二、优化投资回报机制

引导和支持上市公司增强持续回报能力。上市公司应当完善公司治理，提高盈利能力，主动积极回报投资者。公司首次公开发行股票、上市公司再融资或者并购重组摊薄即期回报的，应当承诺并兑现填补回报的具体措施。

完善利润分配制度。上市公司应当披露利润分配政策尤其是现金分红政策的具体安排和承诺。对不履行分红承诺的上市公司，要记入诚信档案，未达到整改要求的不得进行再融资。独立董事及相关中介机构应当对利润分配政策是否损害中小投资者合法权益发表明确意见。

建立多元化投资回报体系。完善股份回购制度，引导上市公司承诺在出现股价低于每股净资产等情形时回购股份。研究建立“以股代息”制度，丰富股利分配方式。对现金分红持续稳定的上市公司，在监管政策上给予扶持。制定差异化的分红引导政策。完善除权除息制度安排。

发展服务中小投资者的专业化中介机构。鼓励开发适合中小投资者的产品。鼓励中小投资者通过机构投资者参与市场。基金管理人应当切实履行分红承诺，并努力创造良好投资回报。鼓励基金管理费率结构及水平多样化，形成基金管理人与基金份额持有人利益一致的费用模式。

三、保障中小投资者知情权

增强信息披露的针对性。有关主体应当真实、准确、完整、及时地披露对投资决策有重大影响的信息，披露内容做到简明易懂，充分揭示风险，方便中小投资者查阅。健全内部信息披露制度和流程，强化董事会秘书等相关人员职责。制定自愿性和简明化的信息披露规则。

提高市场透明度。对显著影响证券期货交易价格的信息，交易场所和有关主体要及时履行报告、信息披露和提示风险的义务。建立统一的信息披露平台。健全跨市场交易产品及突发事件信息披露机制。健全信息披露异常情形问责机制，加大对上市公司发生敏感事件时信息披露的动态监管力度。

切实履行信息披露职责。上市公司依法公开披露信息前，不得非法对他人提供相关信息。上市公司控股股东、实际控制人在信息披露文件中的承诺须具体可操作，特别是应当就赔偿或者补偿责任作出明确承诺并切实履行。上市公司应当明确接受投资者问询的时间和方式，健全舆论反应机制。

四、健全中小投资者投票机制

完善中小投资者投票等机制。引导上市公司股东大会全面采用网络投票方式。积极推行累积投票制选举董事、监事。上市公司不得对征集投票权提出最低持股比例限制。完善上市公司股东大会投票表决第三方见证制度。研究完善中小投资者提出罢免公司董事提案的制度。自律组织应当健全独立董事备案和履职评价制度。

建立中小投资者单独计票机制。上市公司股东大会审议影响中小投资者利益的重大事项时，对中小投资者表决应当单独计票。单独计票结果应当及时公开披露，并报送证券监管部门。

保障中小投资者依法行使权利。健全利益冲突回避、杜绝同业竞争和关联交易公平处理制度。上市公司控股股东、实际控制人不得限制或者阻挠中小投资者行使合法权利，不得损害公司和中小投资者的权益。健全公开发行公司债券持有人会议制度和受托管理制度。基金管理人须为基金份额持有人行使投票权提供便利，鼓励中小投资者参加持有人大会。

五、建立多元化纠纷解决机制

完善纠纷解决机制。上市公司及证券期货经营机构等应当承担投资者投诉处理的首要责任，完善投诉处理机制并公开处理流程和办理情况。证券监管部门要健全登记备案制度，将投诉处理情况作为衡量相关主体合规管理水平的依据。支持投资者与市场经营主体协商解决争议或者达成和解协议。

发挥第三方机构作用。支持自律组织、市场机构独立或者联合依法开展证券期货专业调解，为中小投资者提供免费服务。开展证券期货仲裁服务，培养专业仲裁力量。建立调解与仲裁、诉讼的对接机制。

加强协调配合。有关部门配合司法机关完善相关侵权行为民事诉讼制度。优化中小投资者依法维权程序，降低维权成本。健全适应资本市场中小投资者民事侵权赔偿特点的救济维权工作机制。推动完善破产清偿中保护投资者的措施。

六、健全中小投资者赔偿机制

督促违规或者涉案当事人主动赔偿投资者。对上市公司违法行为负有责任的控股股东及实际控制人，应当主动、依法将其持有的公司股权及其他资产用于赔偿中小投资者。招股说明书虚假记载、误导性陈述或者重大遗漏致使投资者遭受损失的，责任主体须依法赔偿投资者，中介机构也应当承担相应责任。基金管理人、托管人等未能履行勤勉尽责义务造成基金份额持有人财产损失的，应当依法赔偿。

建立上市公司退市风险应对机制。因违法违规而存在退市风险的上市公司，在定期报告中应当对退市风险作专项评估，并提出应对预案。研究建立公开发行公司债券的偿债基金制度。上市公司退市引入保险机制，在有关责任保险中增加退市保险附加条款。健全证券中介机构职业保险制度。

完善风险救助机制。证券期货经营机构和基金管理人应当在现有政策框架下，利用计提的风险准备金完善自主救济机制，依法赔偿投资者损失。研究实行证券发行保荐质保金制度和上市公司违规风险准备金制度。探索建立证券期货领域行政和解制度，开展行政和解试点。研究扩大证券投资者保护基金和期货投资者保障基金使用范围和来源。

七、加大监管和打击力度

完善监管政策。证券监管部门应当把维护中小投资者合法权益贯穿监管工作始终，落实到各个环节。对纳入行政许可、注册或者备案管理的证券期货行为，证券监管部门应当建立起相应的投资者合法权益保护安排。建立限售股股东减持计划预披露制度，在披露之前有关股东不得转让股票。鼓励限售股股东主动延长锁定期。建立覆盖全市场的诚信记录数据库，并实现部门之间共享。健全中小投资者查询市场经营主体诚信状况的机制。建立守信激励和失信惩戒机制。

坚决查处损害中小投资者合法权益的违法行为。严肃查处上市公司不当更正盈利预测报告、未披露导致股价异动事项、先于指定媒体发布信息、以新闻发布替代应履行公告义务、编造或传播虚假信息误导投资者，以及进行内幕交易和操纵市场等行为。坚决打击上市公司控股股东、实际控制人直接或者间接转移、侵占上市公司资产。建立证券期货违法案件举报奖励制度。

强化执法协作。各地区、各部门要统一认识，密切配合，严厉打击各类证券期货违法犯罪活动，及时纠正各类损害中小投资者合法权益的行为。建立侵害中小投资者合法权益事件的快速反应和处置机制，制定和完善应对突发性群体事件预案，做好相关事件处理和维护稳定工作。证券监管部门、公安机关应当不断强化执法协作，完善工作机制，加大提前介入力度。有关部门要配合公安、司法机关完善证券期货犯罪行为的追诉标准及相关司法解释。

八、强化中小投资者教育

加大普及证券期货知识力度。将投资者教育逐步纳入国民教育体系，有条件的地区可以先行试点。充分发挥媒体的舆论引导和宣传教育功能。证券期货经营机构应当承担各项产品和服务的投资者教育义务，保障费用支出和人员配备，将投资者教育纳入各业务环节。

提高投资者风险防范意识。自律组织应当强化投资者教育功能，健全会员投资者教育服务自律规则。中小投资者应当树立理性投资意识，依法行使权利和履行义务，养成良好投资习惯，不听信传言，不盲目跟风，提高风险防范意识和自我保护能力。

九、完善投资者保护组织体系

构建综合保护体系。加快形成法律保护、监管保护、自律保护、市场保护、自我保护的综合保护体系，实现中小投资者保护工作常态化、规范化和制度化。证券监管部门、自律组织以及市场经营主体应当健全组织机构和工作制度，加大资源投入，完善基础设施，畅通与中小投资者的沟通渠道。证券监管部门建立中小投资者合法权益保障检查制度与评估评价体系，并将其作为日常监管和行政许可申请审核的重要依据。

完善组织体系。探索建立中小投资者自律组织和公益性维权组织，向中小投资者提供救济援助，丰富和解、调解、仲裁、诉讼等维权内容和方式。充分发挥证券期货专业律师的作用，鼓励和支持律师为中小投资者提供公益性法律援助。

优化政策环境。证券监管部门要进一步完善政策措施，提高保护中小投资者合法权益的水平。上市公司国有大股东或者实际控制人应当依法行使权利，支持市场经营主体履行法定义务。财政、税收、证券监管部门应当完善交易和分红等相关税费制度，优化投资环境。国务院有关部门和地方人民政府要求上市公司提供未公开信息的，应当遵循法律法规相关规定。有关部门要完善数据采集发布工作机制，加强信息共享，形成投资者合法权益保护的协调沟通机制。强化国际监管合作与交流，实现投资者合法权益的跨境监管和保护。

国务院办公厅
2013 年 12 月 25 日

2.5

国务院关于进一步优化企业兼并重组市场环境的意见

（2014 年 3 月 7 日　国发〔2014〕14 号）

各省、自治区、直辖市人民政府，国务院各部委、各直属机构：

兼并重组是企业加强资源整合、实现快速发展、提高竞争力的有效措施，是化解产能严重过剩矛盾、调整优化产业结构、提高发展质量效益的重要途径。近年来，我国企业兼并重组步伐加快，但仍面临审批多、融资难、负担重、服务体系不健全、体制机制不完善、跨地区跨所有制兼并重组困难等问题。为深入贯彻党的十八大和十八届二中、三中全会精神，认真落实党中央和国务院的决策部署，营造良好的市场环境，充分发挥企业在兼并重组中的主体作用，现提出以下意见：

一、主要目标和基本原则

（一）主要目标。

1. 体制机制进一步完善。企业兼并重组相关行政审批事项逐步减少，审批效率不断提高，有利于企业兼并重组的市场体系进一步完善，市场壁垒逐步消除。

2. 政策环境更加优化。有利于企业兼并重组的金融、财税、土地、职工安置等政策进一步完善，企业兼并重组融资难、负担重等问题逐步得到解决，兼并重组服务体系不断健全。

3. 企业兼并重组取得新成效。兼并重组活动日趋活跃，一批企业通过兼并重组焕发活力，有的成长为具有国际竞争力的大企业大集团，产业竞争力进一步增强，资源配置效率显著提高，过剩产能得到化解，产业结构持续优化。

（二）基本原则。

1. 尊重企业主体地位。有效调动企业积极性，由企业自主决策、自愿参与兼并重组，坚持市场化运作，避免违背企业意愿的“拉郎配”。

2. 发挥市场机制作用。发挥市场在资源配置中的决定性作用，加快建立公平开放透明的市场规则，消除企业兼并重组的体制机制障碍，完善统一开放、竞争有序的市场体系。

3. 改善政府的管理和服务。取消限制企业兼并重组和增加企业兼并重组负担的不合理规定，解决企业兼并重组面临的突出问题，引导和激励各种所有制企业自主、自愿参与兼并重组。

二、加快推进审批制度改革

（三）取消下放部分审批事项。系统梳理企业兼并重组涉及的审批事项，缩小审批范围，对市场机制能有效调节的事项，取消相关审批。取消上市公司收购报告书事前审核，强化事后问责。取消上市公司重大资产购买、出售、置换行为审批（构成借壳上市的除外）。对上市公司要约收购义务豁免的部分情形，取消审批。地方国有股东所持上市公司股份的转让，下放地方政府审批。

（四）简化审批程序。优化企业兼并重组相关审批流程，推行并联式审批，避免互为前置条件。实行上市公司并购重组分类审核，对符合条件的企业兼并重组实行快速审核或豁免审核。简化海外并购的外汇管理，改革外汇登记要求，进一步促进投资便利化。优化国内企业境外收购的事前信息报告确认程序，加快办理相关核准手续。提高经营者集中反垄断审查效率。企业兼并重组涉及的生产许可、工商登记、资产权属证明等变更手续，从简限时办理。

三、改善金融服务

（五）优化信贷融资服务。引导商业银行在风险可控的前提下积极稳妥开展并购贷款业务。推动商业银行对兼并重组企业实行综合授信，改善对企业兼并重组的信贷服务。

（六）发挥资本市场作用。符合条件的企业可以通过发行股票、企业债券、非金融企业债务融资工具、可转换债券等方式融资。允许符合条件的企业发行优先股、定向发行可转换债券作为兼并重组支付方式，研究推进定向权证等作为支付方式。鼓励证券公司开展兼并重组融资业务，各类财务投资主体可以通过设立股权投资基金、创业投资基金、产业投资基金、并购基金等形式参与兼并重组。对上市公司发行股份实施兼并事项，不设发行数量下限，兼并非关联企业不再强制要求作出业绩承诺。非上市公众公司兼并重组，不实施全面要约收购制度。改革上市公司兼并重组的股份定价机制，增加定价弹性。非上市公众公司兼并重组，允许实行股份协商定价。

四、落实和完善财税政策

（七）完善企业所得税、土地增值税政策。修订完善兼并重组企业所得税特殊性税务处理的政策，降低收购股权（资产）占被收购企业全部股权（资产）的比例限制，扩大特殊性税务处理政策的适用范围。抓紧研究完善非货币性资产投资交易的企业所得税、企业改制重组涉及的土地增值税等相关政策。

（八）落实增值税、营业税等政策。企业通过合并、分立、出售、置换等方式，转让全部或者部分实物资产以及与其相关联的债权、债务和劳动力的，不属于增值税和营业税征收范围，不应视同销售而征收增值税和营业税。税务部门要加强跟踪管理，企业兼并重组工作牵头部门要积极协助财税部门做好相关税收政策的落实。

（九）加大财政资金投入。中央财政适当增加工业转型升级资金规模，引导实施兼并重组的企业转型升级。利用现有中央财政关闭小企业资金渠道，调整使用范围，帮助实施兼并重组的企业安置职工、转型转产。加大对企业兼并重组公共服务的投入力度。各地要安排资金，按照行政职责，解决本地区企业兼并重组工作中的突出问题。

（十）进一步发挥国有资本经营预算资金的作用。根据企业兼并重组的方向、重点和目标，合理安排国有资本经营预算资金引导国有企业实施兼并重组、做优做强，研究完善相关管理制度，提高资金使用效率。

五、完善土地管理和职工安置政策

（十一）完善土地使用政策。政府土地储备机构有偿收回企业因兼并重组而退出的土地，按规定支付给企业的土地补偿费可以用于企业安置职工、偿还债务等支出。企业兼并重组中涉及因实施城市规划需要搬迁的工业项目，在符合城乡规划及国家产业政策的条件下，市县国土资源管理部门经审核并报同级人民政府批准，可收回原国有土地使用权，并以协议出让或租赁方式为原土地使用权人重新安排工业用地。企业兼并重组涉及土地转让、改变用途的，国土资源、住房城乡建设部门要依法依规加快办理相关用地和规划手续。

（十二）进一步做好职工安置工作。落实完善兼并重组职工安置政策。实施兼并重组的企业要按照国家有关法律法规及政策规定，做好职工安置工作，妥善处理职工劳动关系。地方各级人民政府要进一步落实促进职工再就业政策，做好职工社会保险关系转移接续，保障职工合法权益。对采取有效措施稳定职工队伍的企业给予稳定岗位补贴，所需资金从失业保险基金中列支。

六、加强产业政策引导

（十三）发挥产业政策作用。提高节能、环保、质量、安全等标准，规范行业准入，形成倒逼机制，引导企业兼并重组。支持企业通过兼并重组压缩过剩产能、淘汰落后产能、促进转型转产。产能严重过剩行业项目建设，须制定产能置换方案，实施等量或减量置换。

（十四）鼓励优强企业兼并重组。推动优势企业强强联合、实施战略性重组，带动中小企业“专精特新”发展，形成优强企业主导、大中小企业协调发展的产业格局。

（十五）引导企业开展跨国并购。落实完善企业跨国并购的相关政策，鼓励具备实力的企业开展跨国并购，在全球范围内优化资源配置。规范企业海外并购秩序，加强竞争合作，推动互利共赢。积极指导企业制定境外并购风险应对预案，防范债务风险。鼓励外资参与我国企业兼并重组。

（十六）加强企业兼并重组后的整合。鼓励企业通过兼并重组优化资金、技术、人才等生产要素配置，实施业务流程再造和技术升级改造，加强管理创新，实现优势互补、做优做强。

七、进一步加强服务和管理

（十七）推进服务体系建设。进一步完善企业兼并重组公共信息服务平台，拓宽信息交流渠道。培育一批业务能力强、服务质量高的中介服务机构，提高关键领域、薄弱环节的服务能力，促进中介服务机构专业化、规范化发展。发挥行业协会在企业兼并重组中的重要作用。

（十八）建立统计监测制度。加强企业兼并重组的统计信息工作，构建企业兼并重组统计指标体系，建立和完善统计调查、监测分析和发布制度。整合行业协会、中介组织等信息资源，畅通统计信息渠道，为企业提供及时有效的信息服务。

（十九）规范企业兼并重组行为。严格依照有关法律法规和政策，保护职工、债权人和投资者的合法权益。完善国有产权转让有关规定，规范国有资产处置，防止国有资产流失。采取切实措施防止企业通过兼并重组逃废银行债务，依法维护金融债权，保障金融机构合法权益。在资本市场上，主板、中小板企业兼并重组构成借壳上市的，要符合首次公开发行条件。加强上市公司和非上市公众公司信息披露，强化事中、事后监管，严厉查处内幕交易等违法违规行为。加强外国投资者并购境内企业安全审查，维护国家安全。

八、健全企业兼并重组的体制机制

（二十）完善市场体系建设。深化要素配置市场化改革，进一步完善多层次资本市场体系。加快建立现代企业产权制度，促进产权顺畅流转。加强反垄断和反不正当竞争执法，规范市场竞争秩序，加强市场监管，促进公平竞争和优胜劣汰。行政机关和法律法规授权的具有管理公共事务职责的组织，应严格遵守反垄断法，不得滥用行政权力排除和限制竞争。

（二十一）消除跨地区兼并重组障碍。清理市场分割、地区封锁等限制，加强专项监督检查，落实责任追究制度。加大一般性转移支付力度，平衡地区间利益关系。落实跨地区机构企业所得税分配政策，协调解决企业兼并重组跨地区利益分享问题，解决跨地区被兼并企业的统计归属问题。

（二十二）放宽民营资本市场准入。向民营资本开放非明确禁止进入的行业和领域。推动企业股份制改造，发展混合所有制经济，支持国有企业母公司通过出让股份、增资扩股、合资合作引入民营资本。加快垄断行业改革，向民营资本开放垄断行业的竞争性业务领域。优势企业不得利用垄断力量限制民营企业参与市场竞争。

（二十三）深化国有企业改革。深入推进国有企业产权多元化改革，完善公司治理结构。改革国有企业负责人任免、评价、激励和约束机制，完善国有企业兼并重组考核评价体系。加大国有企业内部资源整合力度，推动国有资本更多投向关系国家安全、国民经济命脉的重要行业和关键领域。

九、切实抓好组织实施

（二十四）进一步加大统筹协调力度。充分发挥企业兼并重组工作部际协调小组的作用，解决跨地区跨所有制企业兼并重组和跨国并购中的重大问题，做好重大部署的落实，组织开展政策执行情况评估和监督检查。各有关部门要按照职责分工抓紧制定出台配套政策措施，加强协调配合，完善工作机制，扎实推进各项工作。

（二十五）切实加强组织领导。各地区要按照本意见要求，结合当地实际抓紧制定优化企业兼并重组市场环境的具体方案，建立健全协调机制和服务体系，积极协调解决本地区企业兼并重组中遇到的问题，确保各项政策措施落到实处，有关重大事项及时报告企业兼并重组工作部际协调小组。

国务院

2014 年 3 月 7 日

2.6

国务院关于进一步促进资本市场健康发展的若干意见

（2014 年 5 月 8 日　国发〔2014〕17 号）

各省、自治区、直辖市人民政府，国务院各部委、各直属机构：

进一步促进资本市场健康发展，健全多层次资本市场体系，对于加快完善现代市场体系、拓宽企业和居民投融资渠道、优化资源配置、促进经济转型升级具有重要意义。20 多年来，我国资本市场快速发展，初步形成了涵盖股票、债券、期货的市场体系，为促进改革开放和经济社会发展作出了重要贡献。但总体上看，我国资本市场仍不成熟，一些体制机制性问题依然存在，新情况新问题不断出现。为深入贯彻党的十八大和十八届二中、三中全会精神，认真落实党中央和国务院的决策部署，实现资本市场健康发展，现提出以下意见。

一、总体要求

（一）指导思想。

高举中国特色社会主义伟大旗帜，以邓小平理论、“三个代表”重要思想、科学发展观为指导，贯彻党中央和国务院的决策部署，解放思想，改革创新，开拓进取。坚持市场化和法治化取向，维护公开、公平、公正的市场秩序，维护投资者特别是中小投资者合法权益。紧紧围绕促进实体经济发展，激发市场创新活力，拓展市场广度深度，扩大市场双向开放，促进直接融资与间接融资协调发展，提高直接融资比重，防范和分散金融风险。推动混合所有制经济发展，完善现代企业制度和公司治理结构，提高企业竞争能力，促进资本形成和股权流转，更好发挥资本市场优化资源配置的作用，促进创新创业、结构调整和经济社会持续健康发展。

（二）基本原则。

资本市场改革发展要从我国国情出发，积极借鉴国际经验，遵循以下原则：

一是处理好市场与政府的关系。尊重市场规律，依据市场规则、市场价格、市场竞争实现效益最大化和效率最优化，使市场在资源配置中起决定性作用。同时，更好发挥政府作用，履行好政府监管职能，实施科学监管、适度监管，创造公平竞争的市场环境，保护投资者合法权益，有效维护市场秩序。

二是处理好创新发展与防范风险的关系。以市场为导向、以提高市场服务能力和效率为目的，积极鼓励和引导资本市场创新。同时，强化风险防范，始终把风险监测、预警和处置贯穿于市场创新发展全过程，牢牢守住不发生系统性、区域性金融风险的底线。

三是处理好风险自担与强化投资者保护的关系。加强投资者教育，引导投资者培育理性投资理念，自担风险、自负盈亏，提高风险意识和自我保护能力。同时，健全投资者特别是中小投资者权益保护制度，保障投资者的知情权、参与权、求偿权和监督权，切实维护投资者合法权益。

四是处理好积极推进与稳步实施的关系。立足全局、着眼长远，坚定不移地积极推进改革。同时，加强市场顶层设计，增强改革措施的系统性、针对性、协同性，把握好改革的力度、节奏和市场承受程度，稳步实施各项政策措施，着力维护资本市场平稳发展。

（三）主要任务。

加快建设多渠道、广覆盖、严监管、高效率的股权市场，规范发展债券市场，拓展期货市场，着力优化市场体系结构、运行机制、基础设施和外部环境，实现发行交易方式多样、投融资工具丰富、风险管理功能完备、场内场外和公募私募协调发展。到2020年，基本形成结构合理、功能完善、规范透明、稳健高效、开放包容的多层次资本市场体系。

二、发展多层次股票市场

（四）积极稳妥推进股票发行注册制改革。建立和完善以信息披露为中心的股票发行制度。发行人是信息披露第一责任人，必须做到言行与信息披露的内容一致。发行人、中介机构对信息披露的真实性、准确性、完整性、充分性和及时性承担法律责任。投资者自行判断发行人的盈利能力和投资价值，自担投资风险。逐步探索符合我国实际的股票发行条件、上市标准和审核方式。证券监管部门依法监管发行和上市活动，严厉查处违法违规行为。

（五）加快多层次股权市场建设。强化证券交易所市场的主导地位，充分发挥证券交易所的自律监管职能。壮大主板、中小企业板市场，创新交易机制，丰富交易品种。加快创业板市场改革，健全适合创新型、成长型企业发展的制度安排。增加证券交易所市场内部层次。加快完善全国中小企业股份转让系统，建立小额、便捷、灵活、多元的投融资机制。在清理整顿的基础上，将区域性股权市场纳入多层次资本市场体系。完善集中统一的登记结算制度。

（六）提高上市公司质量。引导上市公司通过资本市场完善现代企业制度，建立健全市场化经营机制，规范经营决策。督促上市公司以投资者需求为导向，履行好信息披露义务，严格执行企业会计准则和财务报告制度，提高财务信息的可比性，增强信息披露的有效性。促进上市公司提高效益，增强持续回报投资者能力，为股东创造更多价值。规范上市公司控股股东、实际控制人行为，保障公司独立主体地位，维护各类股东的平等权利。鼓励上市公司建立市值管理制度。完善上市公司股权激励制度，允许上市公司按规定通过多种形式开展员工持股计划。

（七）鼓励市场化并购重组。充分发挥资本市场在企业并购重组过程中的主渠道作用，强化资本市场的产权定价和交易功能，拓宽并购融资渠道，丰富并购支付方式。尊重企业自主决策，鼓励各类资本公平参与并购，破除市场壁垒和行业分割，实现公司产权和控制权跨地区、跨所有制顺畅转让。

（八）完善退市制度。构建符合我国实际并有利于投资者保护的退市制度，建立健全市场化、多元化退市指标体系并严格执行。支持上市公司根据自身发展战略，在确保公众投资者权益的前提下以吸收合并、股东收购、转板等形式实施主动退市。对欺诈发行的上市公司实行强制退市。明确退市公司重新上市的标准和程序。逐步形成公司进退有序、市场转板顺畅的良性循环机制。

三、规范发展债券市场

（九）积极发展债券市场。完善公司债券公开发行制度。发展适合不同投资者群体的多样化债券品种。建立健全地方政府债券制度。丰富适合中小微企业的债券品种。统筹推进符合条件的资产证券化发展。支持和规范商业银行、证券经营机构、保险资产管理机构等合格机构依法开展债券承销业务。

（十）强化债券市场信用约束。规范发展债券市场信用评级服务。完善发行人信息披露制度，提高投资者风险识别能力，减少对外部评级的依赖。建立债券发行人信息共享机制。探索发展债券信用保险。完善债券增信机制，规范发展债券增信业务。强化发行人和投资者的责任约束，健全债券违约监测和处置机制，支持债券持有人会议维护债权人整体利益，切实防范道德风险。

（十一）深化债券市场互联互通。在符合投资者适当性管理要求的前提下，完善债券品种在不同市场的交叉挂牌及自主转托管机制，促进债券跨市场顺畅流转。鼓励债券交易场所合理分工、发挥各自优势。促进债券登记结算机构信息共享、顺畅连接，加强互联互通。提高债券市场信息系统、市场监察系统的运行效率，逐步强化对债券登记结算体系的统一管理，防范系统性风险。

（十二）加强债券市场监管协调。充分发挥公司信用类债券部际协调机制作用，各相关部门按照法律法规赋予的职责，各司其职，加强对债券市场准入、信息披露和资信评级的监管，建立投资者保护制度，加大查处债券市场虚假陈述、内幕交易、价格操纵等各类违法违规行为的力度。

四、培育私募市场

（十三）建立健全私募发行制度。建立合格投资者标准体系，明确各类产品私募发行的投资者适当性要求和面向同一类投资者的私募发行信息披露要求，规范募集行为。对私募发行不设行政审批，允许各类发行主体在依法合规的基础上，向累计不超过法律规定特定数量的投资者发行股票、债券、基金等产品。积极发挥证券中介机构、资产管理机构和有关市场组织的作用，建立健全私募产品发行监管制度，切实强化事中事后监管。建立促进经营机构规范开展私募业务的风险控制和自律管理制度安排，以及各类私募产品的统一监测系统。

（十四）发展私募投资基金。按照功能监管、适度监管的原则，完善股权投资基金、私募资产管理计划、私募集合理财产品、集合资金信托计划等各类私募投资产品的监管标准。依法严厉打击以私募为名的各类非法集资活动。完善扶持创业投资发展的政策体系，鼓励和引导创业投资基金支持中小微企业。研究制定保险资金投资创业投资基金的相关政策。完善围绕创新链需要的科技金融服务体系，创新科技金融产品和服务，促进战略性新兴产业发展。

五、推进期货市场建设

（十五）发展商品期货市场。以提升产业服务能力和配合资源性产品价格形成机制改革为重点，继续推出大宗资源性产品期货品种，发展商品期权、商品指数、碳排放权等交易工具，充分发挥期货市场价格发现和风险管理功能，增强期货市场服务实体经济的能力。允许符合条件的机构投资者以对冲风险为目的使用期货衍生品工具，清理取消对企业运用风险管理工具的不必要限制。

（十六）建设金融期货市场。配合利率市场化和人民币汇率形成机制改革，适应资本市场风险管理需要，平稳有序发展金融衍生产品。逐步丰富股指期货、股指期权和股票期权品种。逐步发展国债期货，进一步健全反映市场供求关系的国债收益率曲线。

六、提高证券期货服务业竞争力

（十七）放宽业务准入。实施公开透明、进退有序的证券期货业务牌照管理制度，研究证券公司、基金管理公司、期货公司、证券投资咨询公司等交叉持牌，支持符合条件的其他金融机构在风险隔离基础上申请证券期货业务牌照。积极支持民营资本进入证券期货服务业。支持证券期货经营机构与其他金融机构在风险可控前提下以相互控股、参股的方式探索综合经营。

（十八）促进中介机构创新发展。推动证券经营机构实施差异化、专业化、特色化发展，促进形成若干具有国际竞争力、品牌影响力和系统重要性的现代投资银行。促进证券投资基金管理公司向现代资产管理机构转型，提高财富管理水平。推动期货经营机构并购重组，提高行业集中度。支持证券期货经营机构拓宽融资渠道，扩大业务范围。在风险可控前提下，优化客户交易结算资金存管模式。支持证券期货经营机构、各类资产管理机构围绕风险管理、资本中介、投资融资等业务自主创设产品。规范发展证券期货经营机构柜台业务。对会计师事务所、资产评估机构、评级增信机构、法律服务机构开展证券期货相关服务强化监督，提升证券期货服务机构执业质量和公信力，打造功能齐备、分工专业、服务优质的金融服务产业。

（十九）壮大专业机构投资者。支持全国社会保障基金积极参与资本市场投资，支持社会保险基金、企业年金、职业年金、商业保险资金、境外长期资金等机构投资者资金逐步扩大资本市场投资范围和规模。推动商业银行、保险公司等设立基金管理公司，大力发展证券投资基金。

（二十）引导证券期货互联网业务有序发展。建立健全证券期货互联网业务监管规则。

支持证券期货服务业、各类资产管理机构利用网络信息技术创新产品、业务和交易方式。支持有条件的互联网企业参与资本市场，促进互联网金融健康发展，扩大资本市场服务的覆盖面。

七、扩大资本市场开放

（二十一）便利境内外主体跨境投融资。扩大合格境外机构投资者、合格境内机构投资者的范围，提高投资额度与上限。稳步开放境外个人直接投资境内资本市场，有序推进境内个人直接投资境外资本市场。建立健全个人跨境投融资权益保护制度。在符合外商投资产业政策的范围内，逐步放宽外资持有上市公司股份的限制，完善对收购兼并行为的国家安全审查和反垄断审查制度。

（二十二）逐步提高证券期货行业对外开放水平。适时扩大外资参股或控股的境内证券期货经营机构的经营范围。鼓励境内证券期货经营机构实施“走出去”战略，增强国际竞争力。推动境内外交易所市场的连接，研究推进境内外基金互认和证券交易所产品互认。稳步探索 B 股市场改革。

（二十三）加强跨境监管合作。完善跨境监管合作机制，加大跨境执法协查力度，形成适应开放型资本市场体系的跨境监管制度。深化与香港、澳门特别行政区和台湾地区的监管合作。加强与国际证券期货监管组织的合作，积极参与国际证券期货监管规则制定。

八、防范和化解金融风险

（二十四）完善系统性风险监测预警和评估处置机制。建立健全宏观审慎管理制度。逐步建立覆盖各类金融市场、机构、产品、工具和交易结算行为的风险监测监控平台。完善风险管理措施，及时化解重大风险隐患。加强涵盖资本市场、货币市场、信托理财等领域的跨行业、跨市场、跨境风险监管。

（二十五）健全市场稳定机制。资本市场稳定关系经济发展和社会稳定大局。各地区、各部门在出台政策时要充分考虑资本市场的敏感性，做好新闻宣传和舆论引导工作。完善市场交易机制，丰富市场风险管理工具。建立健全金融市场突发事件快速反应和处置机制。健全稳定市场预期机制。

（二十六）从严查处证券期货违法违规行为。加强违法违规线索监测，提升执法反应能力。严厉打击证券期货违法犯罪行为。完善证券期货行政执法与刑事司法的衔接机制，深化证券期货监管部门与公安司法机关的合作。进一步加强执法能力，丰富行政调查手段，大幅改进执法效率，提高违法违规成本，切实提升执法效果。

（二十七）推进证券期货监管转型。加强全国集中统一的证券期货监管体系建设，依法规范监管权力运行，减少审批、核准、备案事项，强化事中事后监管，提高监管能力和透明度。支持市场自律组织履行职能。加强社会信用体系建设，完善资本市场诚信监管制度，强化守信激励、失信惩戒机制。

九、营造资本市场良好发展环境

（二十八）健全法规制度。推进证券法修订和期货法制定工作。出台上市公司监管、私募基金监管等行政法规。建立健全结构合理、内容科学、层级适当的法律实施规范体系，整合清理现行规章、规范性文件，完善监管执法实体和程序规则。重点围绕调查与审理分离、日常监管与稽查处罚协同等关键环节，积极探索完善监管执法体制和机制。配合完善民事赔偿法律制度，健全操纵市场等犯罪认定标准。

（二十九）坚决保护投资者特别是中小投资者合法权益。健全投资者适当性制度，严格投资者适当性管理。完善公众公司中小投资者投票和表决机制，优化投资者回报机制，健全多元化纠纷解决和投资者损害赔偿救济机制。督促证券投资基金等机构投资者参加上市公司业绩发布会，代表公众投资者行使权利。

（三十）完善资本市场税收政策。按照宏观调控政策和税制改革的总体方向，统筹研究有利于进一步促进资本市场健康发展的税收政策。

（三十一）完善市场基础设施。加强登记、结算、托管等公共基础设施建设。实现资本市场监管数据信息共享。推进资本市场信息系统建设，提高防范网络攻击、应对重大灾难与技术故障的能力。

（三十二）加强协调配合。健全跨部门监管协作机制。加强中小投资者保护工作的协调合作。各地区、各部门要加强与证券期货监管部门的信息共享与协同配合。出台支持资本市场扩大对外开放的外汇、海关监管政策。地方人民政府要规范各类区域性交易场所，打击各种非法证券期货活动，做好区域内金融风险防范和处置工作。

（三十三）规范资本市场信息传播秩序。各地区、各部门要严格管理涉及资本市场的内幕信息，确保信息发布公开公正、准确透明。健全资本市场政策发布和解读机制，创新舆论回应与引导方式。综合运用法律、行政、行业自律等方式，完善资本市场信息传播管理制度。依法严肃查处造谣、传谣以及炒作不实信息误导投资者和影响社会稳定的机构、个人。

国务院

2014 年 5 月 8 日

2.7

国务院办公厅转发证监会关于开展创新企业境内发行股票或存托凭证试点若干意见的通知

（2018 年 3 月 22 日　国办发〔2018〕21 号）

各省、自治区、直辖市人民政府，国务院各部委、各直属机构：

证监会《关于开展创新企业境内发行股票或存托凭证试点的若干意见》已经国务院同意，现转发给你们，请认真贯彻执行。

国务院办公厅

2018 年 3 月 22 日

关于开展创新企业境内发行股票或存托凭证试点的若干意见

（证监会）

为进一步加大资本市场对实施创新驱动发展战略的支持力度，按照市场化、法治化原则，借鉴国际经验，开展创新企业境内发行股票或存托凭证试点，现提出以下意见。

一、指导思想

全面贯彻落实党的十九大精神，以习近平新时代中国特色社会主义思想为指导，认真落实党中央、国务院决策部署，坚持稳中求进工作总基调，牢固树立和贯彻新发展理念，按照高质量发展要求，统筹推进“五位一体”总体布局和协调推进“四个全面”战略布局，深化资本市场改革、扩大开放，支持创新企业在境内资本市场发行证券上市，助力我国高新技术产业和战略性新兴产业发展提升，推动经济发展质量变革、效率变革、动力变革。

二、试点原则

（一）服务国家战略。以服务创新驱动发展为引领，坚持创新与发展有机结合，改革与开放并行并重，助力大众创业万众创新，推动经济结构调整和产业转型升级。

（二）坚持依法合规。在法律法规框架下，做好与相关政策的衔接配合，稳妥适度开展制度创新，确保试点依法依规、高效可行。

（三）稳步有序推进。统筹谋划，循序渐进，探索通过试点解决创新企业境内上市问题，为进一步深化改革、完善制度积累经验、创造条件。

（四）切实防控风险。充分保护中小投资者合法权益，处理好试点与风险防控的关系，把防控风险放到更加重要的位置。强化监管，维护金融市场稳定，坚决守住不发生系统性风险的底线。

三、试点企业

试点企业应当是符合国家战略、掌握核心技术、市场认可度高，属于互联网、大数据、云计算、人工智能、软件和集成电路、高端装备制造、生物医药等高新技术产业和战略性新兴产业，且达到相当规模的创新企业。其中，已在境外上市的大型红筹企业，市值不低于2000亿元人民币；尚未在境外上市的创新企业（包括红筹企业和境内注册企业），最近一年营业收入不低于30亿元人民币且估值不低于200亿元人民币，或者营业收入快速增长，拥有自主研发、国际领先技术，同行业竞争中处于相对优势地位。试点企业具体标准由证监会制定。本意见所称红筹企业，是指注册地在境外、主要经营活动在境内的企业。

证监会成立科技创新产业化咨询委员会（以下简称咨询委员会），充分发挥相关行业主管部门及专家学者作用，严格甄选试点企业。咨询委员会由相关行业权威专家、知名企业家、资深投资专家等组成，按照试点企业标准，综合考虑商业模式、发展战略、研发投入、新产品产出、创新能力、技术壁垒、团队竞争力、行业地位、社会影响、行业发展趋势、企业成长性、预估市值等因素，对申请企业是否纳入试点范围作出初步判断。证监会以此为重要依据，审核决定申请企业是否列入试点，并严格按照法律法规受理审核试点企业发行上市申请。

四、试点方式

试点企业可根据相关规定和自身实际，选择申请发行股票或存托凭证上市。允许试点红筹企业按程序在境内资本市场发行存托凭证上市；具备股票发行上市条件的试点红筹企业可申请在境内发行股票上市；境内注册的试点企业可申请在境内发行股票上市。本意见所称存托凭证，是指由存托人签发、以境外证券为基础在中国境内发行、代表境外基础证券权益的证券。

试点企业在境内发行的股票或存托凭证均应在境内证券交易所上市交易，并在中国证券登记结算有限责任公司集中登记存管、结算。试点企业募集的资金可以人民币形式或购汇汇出境外，也可留存境内使用。试点企业募集资金的使用、存托凭证分红派息等应符合我国外资、外汇管理等相关规定。

证监会根据证券法等法律法规规定，依照现行股票发行核准程序，核准试点红筹企业在境内公开发行股票；原则上依照股票发行核准程序，由发行审核委员会依法审核试点红筹企业存托凭证发行申请。

试点企业在境内的股票或存托凭证相关发行、上市和交易等行为，均纳入现行证券法规范范围。证监会依据证券法和本意见及相关规定实施监管，并与试点红筹企业上市地等相关国家或地区证券监督管理机构建立监管合作机制，实施跨境监管。

五、发行条件

试点企业在境内发行股票应符合法律法规规定的股票发行条件。其中，试点红筹企业股权结构、公司治理、运行规范等事项可适用境外注册地公司法等法律法规规定，但关于投资者权益保护的安排总体上应不低于境内法律要求。对存在协议控制架构的试点企业，证监会会同有关部门区分不同情况，依法审慎处理。

试点红筹企业在境内发行以股票为基础证券的存托凭证应符合证券法关于股票发行的基本条件，同时符合下列要求：一是股权结构、公司治理、运行规范等事项可适用境外注册地公司法等法律法规规定，但关于投资者权益保护的安排总体上应不低于境内法律要求；二是存在投票权差异、协议控制架构或类似特殊安排的，应于首次公开发行时，在招股说明书等公开发行文件显要位置充分、详细披露相关情况特别是风险、公司治理等信息，以及依法落实保护投资者合法权益规定的各项措施。

六、存托凭证基础制度安排

在中国境内发行存托凭证应符合以下基础制度安排，并严格遵守相关监管规则。

（一）参与主体。

基础证券发行人在境外发行的基础证券由存托人持有，并由存托人在境内签发存托凭证。基础证券发行人应符合证券法关于股票等证券发行的基本条件，参与存托凭证发行，依法履行信息披露等义务，并按规定接受证监会及证券交易所监督管理。

存托人应按照存托协议约定，根据存托凭证持有人意愿行使境外基础证券相应权利，办理存托凭证分红、派息等业务。存托人资质应符合证监会有关规定。

存托凭证持有人依法享有存托凭证代表的境外基础证券权益，并按照存托协议约定，通过存托人行使其权利。

（二）存托协议。

基础证券发行人、存托人及存托凭证持有人通过存托协议明确存托凭证所代表权益及各方权利义务。投资者持有存托凭证即成为存托协议当事人，视为其同意并遵守存托协议约定。存托协议应约定因存托凭证发生的纠纷适用中国法律法规规定，由境内法院管辖。

（三）存托凭证基础财产。

存托凭证基础财产包括境外基础证券及其衍生权益。存托人可在境外委托金融机构担任托管人。托管人负责托管存托凭证基础财产，并负责办理与托管相关的其他业务。存托人和托管人应为存托凭证基础财产单独立户，将存托凭证基础财产与其自有财产有效隔离、分别管理、分别记账，不得将存托凭证基础财产归入其自有财产，不得违背受托义务侵占存托凭证基础财产。

（四）跨境转换。

存托凭证与基础证券之间转换的具体要求和方式由证监会规定。

七、信息披露

试点企业及其控股股东、实际控制人等相关信息披露义务人应真实、准确、完整、及时、公平地披露信息，不得有虚假记载、误导性陈述或重大遗漏。试点红筹企业原则上依照现行上市公司信息披露制度履行信息披露义务。试点红筹企业及其控股股东、实际控制人等相关信息披露义务人在境外披露的信息应以中文在境内同步披露，披露内容应与其在境外市场披露内容一致。

试点红筹企业在境内发行证券，应按照证券法等法律法规规定披露财务信息，并在上市安排中明确会计年度期间等相关问题。试点红筹企业在境内发行证券披露的财务报告信息，可按照中国企业会计准则或经财政部认可与中国企业会计准则等效的会计准则编制，也可在按照国际财务报告准则或美国会计准则编制的同时，提供按照中国企业会计准则调整的差异调节信息。

八、投资者保护

试点企业不得有任何损害境内投资者合法权益的特殊安排和行为。发行股票的，应执行境内现行投资者保护制度；尚未盈利试点企业的控股股东、实际控制人和董事、高级管理人员在企业实现盈利前不得减持上市前持有的股票。发行存托凭证的，应确保存托凭证持有人实际享有权益与境外基础股票持有人权益相当，由存托人代表境内投资者对境外基础股票发行人行使权利。投资者合法权益受到损害时，试点企业应确保境内投资者获得与境外投资者相当的赔偿。

九、法律责任

试点企业等相关市场主体违法违规发行证券，未按规定披露信息，所披露信息存在虚假记载、误导性陈述或重大遗漏，或者存在内幕交易、操纵市场等其他违法行为的，应依照证券法等法律法规规定承担法律责任。试点企业等相关市场主体导致投资者合法权益受到损害的，应依法承担赔偿责任，投资者可依法直接要求其承担损害赔偿责任。存托人或托管人违反本意见和证监会有关规定的，证监会可依法采取监管措施，并追究其法律责任。

十、组织管理

各地区、各相关部门要高度重视，统一思想，提高认识，加大工作力度，确保试点依法有序开展。证监会要根据证券法和本意见规定，加强与各地区、各相关部门的协调配合，稳妥推动相关工作，完善相关配套制度和监管规则，加强市场监管、投资者教育和跨境监管执法合作，依法严肃查处违法违规行为，监督试点企业认真履行信息披露义务，督促中介机构诚实守信、勤勉尽责，切实保护投资者合法权益。

3. 司法解释

3.1

关于受理证券市场因虚假陈述引发的民事侵权纠纷案件有关问题的通知

（2002 年 1 月 15 日　法明传〔2001〕43 号）

各省、自治区、直辖市高级人民法院，解放军军事法院，新疆维吾尔自治区高级人民法院生产建设兵团分院：

经研究决定，人民法院对证券市场因虚假陈述引发的民事侵权赔偿纠纷案件（以下简称虚假陈述民事赔偿案件），凡符合《中华人民共和国民事诉讼法》规定受理条件的，自本通知下发之日起予以受理。现将有关问题通知如下：

一、虚假陈述民事赔偿案件，是指证券市场上证券信息披露义务人违反《中华人民共和国证券法》规定的信息披露义务，在提交或公布的信息披露文件中作出违背事实真相的陈述或记载，侵犯了投资者合法权益而发生的民事侵权索赔案件。

二、人民法院受理的虚假陈述民事赔偿案件，其虚假陈述行为，须经中国证券监督管理委员会及其派出机构调查并作出生效处罚决定。当事人依据查处结果作为提起民事诉讼事实依据的，人民法院方予依法受理。

三、虚假陈述民事赔偿案件的诉讼时效为两年，从中国证券监督管理委员会及其派出机构对虚假陈述行为作出处罚决定之日起计算。

四、对于虚假陈述民事赔偿案件，人民法院应当采取单独或者共同诉讼的形式予以受理，不宜以集团诉讼的形式受理。

五、各直辖市、省会市、计划单列市或经济特区中级人民法院为一审管辖法院；地域管辖采用原告就被告原则，统一规定为：

1. 对凡含有上市公司在内的被告提起的民事诉讼，由上市公司所在直辖市、省会市、计划单列市或经济特区中级人民法院管辖。

2. 对以机构（指作出虚假陈述的证券公司、中介服务机构等，下同）和自然人为共同被告提起的民事诉讼，由机构所在直辖市、省会市、计划单列市或经济特区中级人民法院管辖。

3. 对以数个机构为共同被告提起的民事诉讼，原告可以选择向其中一个机构所在直辖市、省会市、计划单列市或经济特区中级人民法院提起民事诉讼。原告向两个以上中级人民法院提起民事诉讼的，由最先立案的中级人民法院管辖。

六、有关中级人民法院受理此类案件后，应在三日内将受理情况逐级上报至最高人民法院。

最高人民法院

2002 年 1 月 15 日

3.2

关于审理证券市场因虚假陈述引发的民事赔偿案件的若干规定

（2003 年 1 月 9 日　法释〔2003〕2 号）

为正确审理证券市场因虚假陈述引发的民事赔偿案件，规范证券市场民事行为，保护投资人合法权益，根据《中华人民共和国民法通则》、《中华人民共和国证券法》、《中华人民共和国公司法》以及《中华人民共和国民事诉讼法》等法律、法规的规定，结合证券市场实际情况和审判实践，制定本规定。

一、一般规定

第一条　本规定所称证券市场因虚假陈述引发的民事赔偿案件（以下简称虚假陈述证券民事赔偿案件），是指证券市场投资人以信息披露义务人违反法律规定，进行虚假陈述并致使其遭受损失为由，而向人民法院提起诉讼的民事赔偿案件。

第二条　本规定所称投资人，是指在证券市场上从事证券认购和交易的自然人、法人或者其他组织。

本规定所称证券市场，是指发行人向社会公开募集股份的发行市场，通过证券交易所报价系统进行证券交易的市场，证券公司代办股份转让市场以及国家批准设立的其他证券市场。

第三条　因下列交易发生的民事诉讼，不适用本规定：

（一）在国家批准设立的证券市场以外进行的交易；

（二）在国家批准设立的证券市场上通过协议转让方式进行的交易。

第四条　人民法院审理虚假陈述证券民事赔偿案件，应当着重调解，鼓励当事人和解。

第五条　投资人对虚假陈述行为人提起民事赔偿的诉讼时效期间，适用民法通则第一百三十五条的规定，根据下列不同情况分别起算：

（一）中国证券监督管理委员会或其派出机构公布对虚假陈述行为人作出处罚决定之日；

（二）中华人民共和国财政部、其他行政机关以及有权作出行政处罚的机构公布对虚假陈述行为人作出处罚决定之日；

（三）虚假陈述行为人未受行政处罚，但已被人民法院认定有罪的，作出刑事判决生效之日。

因同一虚假陈述行为，对不同虚假陈述行为人作出两个以上行政处罚；或者既有行政处罚，又有刑事处罚的，以最先作出的行政处罚决定公告之日或者作出的刑事判决生效之日，为诉讼时效起算之日。

二、受理与管辖

第六条 投资人以自己受到虚假陈述侵害为由，依据有关机关的行政处罚决定或者人民法院的刑事裁判文书，对虚假陈述行为人提起的民事赔偿诉讼，符合民事诉讼法第一百零八条规定的，人民法院应当受理。

投资人提起虚假陈述证券民事赔偿诉讼，除提交行政处罚决定或者公告，或者人民法院的刑事裁判文书以外，还须提交以下证据：

（一）自然人、法人或者其他组织的身份证明文件，不能提供原件的，应当提交经公证证明的复印件；

（二）进行交易的凭证等投资损失证据材料。

第七条 虚假陈述证券民事赔偿案件的被告，应当是虚假陈述行为人，包括：

（一）发起人、控股股东等实际控制人；

（二）发行人或者上市公司；

（三）证券承销商；

（四）证券上市推荐人；

（五）会计师事务所、律师事务所、资产评估机构等专业中介服务机构；

（六）上述（二）、（三）、（四）项所涉单位中负有责任的董事、监事和经理等高级管理人员以及（五）项中直接责任；

（七）其他作出虚假陈述的机构或者自然人。

第八条 虚假陈述证券民事赔偿案件，由省、直辖市、自治区人民政府所在的市、计划单列市和经济特区中级人民法院管辖。

第九条 投资人对多个被告提起证券民事赔偿诉讼的，按下列原则确定管辖：

（一）由发行人或者上市公司所在地有管辖权的中级人民法院管辖。但有本规定第十条第二款规定的情形除外。

（二）对发行人或者上市公司以外的虚假陈述行为人提起的诉讼，由被告所在地有管辖权的中级人民法院管辖。

（三）仅以自然人为被告提起的诉讼，由被告所在地有管辖权的中级人民法院管辖。

第十条 人民法院受理以发行人或者上市公司以外的虚假陈述行为人为被告提起的诉讼后，经当事人申请或者征得所有原告同意后，可以追加发行人或者上市公司为共同被告。人民法院追加后，应当将案件移送发行人或者上市公司所在地有管辖权的中级人民法院管辖。

当事人不申请或者原告不同意追加，人民法院认为确有必要追加的，应当通知发行人或者上市公司作为共同被告参加诉讼，但不得移送案件。

第十一条 人民法院受理虚假陈述证券民事赔偿案件后，受行政处罚当事人对行政处罚不服申请行政复议或者提起行政诉讼的，可以裁定中止审理。

人民法院受理虚假陈述证券民事赔偿案件后，有关行政处罚被撤销的，应当裁定终结诉讼。

三、诉讼方式

第十二条 本规定所涉证券民事赔偿案件的原告可以选择单独诉讼或者共同诉讼方式提起诉讼。

第十三条 多个原告因同一虚假陈述事实对相同被告提起的诉讼，既有单独诉讼也有共同诉讼的，人民法院可以通知提起单独诉讼的原告参加共同诉讼。

多个原告因同一虚假陈述事实对相同被告同时提起两个以上共同诉讼的，人民法院可以将其合并为一个共同诉讼。

第十四条 共同诉讼的原告人数应当在开庭审理前确定。原告人数众多的可以推选二至五名诉讼代表人，每名诉讼代表人可以委托一至二名诉讼代理人。

第十五条 诉讼代表人应当经过其所代表的原告特别授权，代表原告参加开庭审理，变更或者放弃诉讼请求、与被告进行和解或者达成调解协议。

第十六条 人民法院判决被告对人数众多的原告承担民事赔偿责任时，可以在判决主文中对赔偿总额作出判决，并将每个原告的姓名、应获得赔偿金额等列表附于民事判决书后。

四、虚假陈述的认定

第十七条 证券市场虚假陈述，是指信息披露义务人违反证券法律规定，在证券发行或者交易过程中，对重大事件作出违背事实真相的虚假记载、误导性陈述，或者在披露信息时发生重大遗漏、不正当披露信息的行为。

对于重大事件，应当结合证券法第五十九条、第六十条、第六十一条、第六十二条、第七十二条及相关规定的内容认定。

虚假记载，是指信息披露义务人在披露信息时，将不存在的事实在信息披露文件中予以记载的行为。

误导性陈述，是指虚假陈述行为人在信息披露文件中或者通过媒体，作出使投资人对其投资行为发生错误判断并产生重大影响的陈述。

重大遗漏，是指信息披露义务人在信息披露文件中，未将应当记载的事项完全或者部分予以记载。

不正当披露，是指信息披露义务人未在适当期限内或者未以法定方式公开披露应当披露的信息。

第十八条 投资人具有以下情形的，人民法院应当认定虚假陈述与损害结果之间存在因果关系：

（一）投资人所投资的是与虚假陈述直接关联的证券；

（二）投资人在虚假陈述实施日及以后，至揭露日或者更正日之前买入该证券；

（三）投资人在虚假陈述揭露日或者更正日及以后，因卖出该证券发生亏损，或者因持续持有该证券而产生亏损。

第十九条 被告举证证明原告具有以下情形的，人民法院应当认定虚假陈述与损害结果之间不存在因果关系：

（一）在虚假陈述揭露日或者更正日之前已经卖出证券；

（二）在虚假陈述揭露日或者更正日及以后进行的投资；

（三）明知虚假陈述存在而进行的投资；

（四）损失或者部分损失是由证券市场系统风险等其他因素所导致；

（五）属于恶意投资、操纵证券价格的。

第二十条 本规定所指的虚假陈述实施日，是指作出虚假陈述或者发生虚假陈述之日。

虚假陈述揭露日，是指虚假陈述在全国范围发行或者播放的报刊、电台、电视台等媒体上，首次被公开揭露之日。

虚假陈述更正日，是指虚假陈述行为人在中国证券监督管理委员会指定披露证券市场信息的媒体上，自行公告更正虚假陈述并按规定履行停牌手续之日。

五、归责与免责事由

第二十一条 发起人、发行人或者上市公司对其虚假陈述给投资人造成的损失承担民事赔偿责任。

发行人、上市公司负有责任的董事、监事和经理等高级管理人员对前款的损失承担连带赔偿责任。但有证据证明无过错的，应予免责。

第二十二条 实际控制人操纵发行人或者上市公司违反证券法律规定，以发行人或者上市公司名义虚假陈述并给投资人造成损失的，可以由发行人或者上市公司承担赔偿责任。发行人或者上市公司承担赔偿责任后，可以向实际控制人追偿。

实际控制人违反证券法第四条、第五条以及第一百八十八条规定虚假陈述，给投资人造成损失的，由实际控制人承担赔偿责任。

第二十三条 证券承销商、证券上市推荐人对虚假陈述给投资人造成的损失承担赔偿责任。但有证据证明无过错的，应予免责。

负有责任的董事、监事和经理等高级管理人员对证券承销商、证券上市推荐人承担的赔偿责任负连带责任。其免责事由同前款规定。

第二十四条 专业中介服务机构及其直接责任人违反证券法第一百六十一条和第二百零二条的规定虚假陈述，给投资人造成损失的，就其负有责任的部分承担赔偿责任。但有证据证明无过错的，应予免责。

第二十五条 本规定第七条第（七）项规定的其他作出虚假陈述行为的机构或者自然人，违反证券法第五条、第七十二条、第一百八十八条和第一百八十九条规定，给投资人造成损失的，应当承担赔偿责任。

六、共同侵权责任

第二十六条 发起人对发行人信息披露提供担保的，发起人与发行人对投资人的损失承担连带责任。

第二十七条 证券承销商、证券上市推荐人或者专业中介服务机构，知道或者应当知道发行人或者上市公司虚假陈述，而不予纠正或者不出具保留意见的，构成共同侵权，对投资人的损失承担连带责任。

第二十八条 发行人、上市公司、证券承销商、证券上市推荐人负有责任的董事、监事和经理等高级管理人员有下列情形之一的，应当认定为共同虚假陈述，分别与发行人、上市公司、证券承销商、证券上市推荐人对投资人的损失承担连带责任：

（一）参与虚假陈述的；

（二）知道或者应当知道虚假陈述而未明确表示反对的；

（三）其他应当负有责任的情形。

七、损失认定

第二十九条 虚假陈述行为人在证券发行市场虚假陈述，导致投资人损失的，投资人有权要求虚假陈述行为人按本规定第三十条赔偿损失；导致证券被停止发行的，投资人有权要求返还和赔偿所缴股款及银行同期活期存款利率的利息。

第三十条 虚假陈述行为人在证券交易市场承担民事赔偿责任的范围，以投资人因虚假陈述而实际发生的损失为限。投资人实际损失包括：

（一）投资差额损失；

（二）投资差额损失部分的佣金和印花税。

前款所涉资金利息，自买入至卖出证券日或者基准日，按银行同期活期存款利率计算。

第三十一条 投资人在基准日及以前卖出证券的，其投资差额损失，以买入证券平均价格与实际卖出证券平均价格之差，乘以投资人所持证券数量计算。

第三十二条 投资人在基准日之后卖出或者仍持有证券的，其投资差额损失，以买入证券平均价格与虚假陈述揭露日或者更正日起至基准日期间，每个交易日收盘价的平均价格之差，乘以投资人所持证券数量计算。

第三十三条 投资差额损失计算的基准日，是指虚假陈述揭露或者更正后，为将投资人应获赔偿限定在虚假陈述所造成的损失范围内，确定损失计算的合理期间而规定的截止日期。基准日分别按下列情况确定：

（一）揭露日或者更正日起，至被虚假陈述影响的证券累计成交量达到其可流通部分100%之日。但通过大宗交易协议转让的证券成交量不予计算。

（二）按前项规定在开庭审理前尚不能确定的，则以揭露日或者更正日后第30个交易日为基准日。

（三）已经退出证券交易市场的，以摘牌日前一交易日为基准日。

（四）已经停止证券交易的，可以停牌日前一交易日为基准日；恢复交易的，可以本条第（一）项规定确定基准日。

第三十四条 投资人持股期间基于股东身份取得的收益，包括红利、红股、公积金转增所得的股份以及投资人持股期间出资购买的配股、增发股和转配股，不得冲抵虚假陈述行为人的赔偿金额。

第三十五条 已经除权的证券，计算投资差额损失时，证券价格和证券数量应当复权计算。

八、附　　则

第三十六条 本规定自2003年2月1日起施行。

第三十七条 本院2002年1月15日发布的《关于受理证券市场因虚假陈述引发的民事侵权纠纷案件有关问题的通知》中与本规定不一致的，以本规定为准。

3.3

关于适用《中华人民共和国公司法》若干问题的规定（一）

（2014 年 2 月 20 日　法释〔2014〕2 号）

为正确适用 2005 年 10 月 27 日十届全国人大常委会第十八次会议修订的《中华人民共和国公司法》，对人民法院在审理相关的民事纠纷案件中，具体适用公司法的有关问题规定如下：

第一条　公司法实施后，人民法院尚未审结的和新受理的民事案件，其民事行为或事件发生在公司法实施以前的，适用当时的法律法规和司法解释。

第二条　因公司法实施前有关民事行为或者事件发生纠纷起诉到人民法院的，如当时的法律法规和司法解释没有明确规定时，可参照适用公司法的有关规定。

第三条　原告以公司法第二十二条第二款、第七十四条第二款规定事由，向人民法院提起诉讼时，超过公司法规定期限的，人民法院不予受理。

第四条　公司法第一百五十一条规定的 180 日以上连续持股期间，应为股东向人民法院提起诉讼时，已期满的持股时间；规定的合计持有公司百分之一以上股份，是指两个以上股东持股份额的合计。

第五条　人民法院对公司法实施前已经终审的案件依法进行再审时，不适用公司法的规定。

第六条　本规定自公布之日起实施。

3.4

关于适用《中华人民共和国公司法》若干问题的规定（二）

（2014年2月20日　法释〔2014〕2号）

为正确适用《中华人民共和国公司法》，结合审判实践，就人民法院审理公司解散和清算案件适用法律问题作出如下规定。

第一条　单独或者合计持有公司全部股东表决权百分之十以上的股东，以下列事由之一提起解散公司诉讼，并符合公司法第一百八十二条规定的，人民法院应予受理：

（一）公司持续两年以上无法召开股东会或者股东大会，公司经营管理发生严重困难的；

（二）股东表决时无法达到法定或者公司章程规定的比例，持续两年以上不能做出有效的股东会或者股东大会决议，公司经营管理发生严重困难的；

（三）公司董事长期冲突，且无法通过股东会或者股东大会解决，公司经营管理发生严重困难的；

（四）经营管理发生其他严重困难，公司继续存续会使股东利益受到重大损失的情形。

股东以知情权、利润分配请求权等权益受到损害，或者公司亏损、财产不足以偿还全部债务，以及公司被吊销企业法人营业执照未进行清算等为由，提起解散公司诉讼的，人民法院不予受理。

第二条　股东提起解散公司诉讼，同时又申请人民法院对公司进行清算的，人民法院对其提出的清算申请不予受理。人民法院可以告知原告，在人民法院判决解散公司后，依据公司法第一百八十三条和本规定第七条的规定，自行组织清算或者另行申请人民法院对公司进行清算。

第三条　股东提起解散公司诉讼时，向人民法院申请财产保全或者证据保全的，在股东提供担保且不影响公司正常经营的情形下，人民法院可予以保全。

第四条　股东提起解散公司诉讼应当以公司为被告。

原告以其他股东为被告一并提起诉讼的，人民法院应当告知原告将其他股东变更为第三人；原告坚持不予变更的，人民法院应当驳回原告对其他股东的起诉。

原告提起解散公司诉讼应当告知其他股东，或者由人民法院通知其参加诉讼。其他股东或者有关利害关系人申请以共同原告或者第三人身份参加诉讼的，人民法院应予准许。

第五条 人民法院审理解散公司诉讼案件，应当注重调解。当事人协商同意由公司或者股东收购股份，或者以减资等方式使公司存续，且不违反法律、行政法规强制性规定的，人民法院应予支持。当事人不能协商一致使公司存续的，人民法院应当及时判决。

经人民法院调解公司收购原告股份的，公司应当自调解书生效之日起六个月内将股份转让或者注销。股份转让或者注销之前，原告不得以公司收购其股份为由对抗公司债权人。

第六条 人民法院关于解散公司诉讼作出的判决，对公司全体股东具有法律约束力。

人民法院判决驳回解散公司诉讼请求后，提起该诉讼的股东或者其他股东又以同一事实和理由提起解散公司诉讼的，人民法院不予受理。

第七条 公司应当依照公司法第一百八十三条的规定，在解散事由出现之日起十五日内成立清算组，开始自行清算。

有下列情形之一，债权人申请人民法院指定清算组进行清算的，人民法院应予受理：

（一）公司解散逾期不成立清算组进行清算的；

（二）虽然成立清算组但故意拖延清算的；

（三）违法清算可能严重损害债权人或者股东利益的。

具有本条第二款所列情形，而债权人未提起清算申请，公司股东申请人民法院指定清算组对公司进行清算的，人民法院应予受理。

第八条 人民法院受理公司清算案件，应当及时指定有关人员组成清算组。

清算组成员可以从下列人员或者机构中产生：

（一）公司股东、董事、监事、高级管理人员；

（二）依法设立的律师事务所、会计师事务所、破产清算事务所等社会中介机构；

（三）依法设立的律师事务所、会计师事务所、破产清算事务所等社会中介机构中具备相关专业知识并取得执业资格的人员。

第九条 人民法院指定的清算组成员有下列情形之一的，人民法院可以根据债权人、股东的申请，或者依职权更换清算组成员：

（一）有违反法律或者行政法规的行为；

（二）丧失执业能力或者民事行为能力；

（三）有严重损害公司或者债权人利益的行为。

第十条 公司依法清算结束并办理注销登记前，有关公司的民事诉讼，应当以公司的名义进行。

公司成立清算组的，由清算组负责人代表公司参加诉讼；尚未成立清算组的，由原法定代表人代表公司参加诉讼。

第十一条 公司清算时，清算组应当按照公司法第一百八十五条的规定，将公司解散清算事宜书面通知全体已知债权人，并根据公司规模和营业地域范围在全国或者公司注册登记地省级有影响的报纸上进行公告。

清算组未按照前款规定履行通知和公告义务，导致债权人未及时申报债权而未获清偿，债权人主张清算组成员对因此造成的损失承担赔偿责任的，人民法院应依法予以支持。

第十二条 公司清算时，债权人对清算组核定的债权有异议的，可以要求清算组重新核定。清算组不予重新核定，或者债权人对重新核定的债权仍有异议，债权人以公司为被告向人民法院提起诉讼请求确认的，人民法院应予受理。

第十三条 债权人在规定的期限内未申报债权，在公司清算程序终结前补充申报的，清算组应予登记。

公司清算程序终结，是指清算报告经股东会、股东大会或者人民法院确认完毕。

第十四条 债权人补充申报的债权，可以在公司尚未分配财产中依法清偿。公司尚未分配财产不能全额清偿，债权人主张股东以其在剩余财产分配中已经取得的财产予以清偿的，人民法院应予支持；但债权人因重大过错未在规定期限内申报债权的除外。

债权人或者清算组，以公司尚未分配财产和股东在剩余财产分配中已经取得的财产，不能全额清偿补充申报的债权为由，向人民法院提出破产清算申请的，人民法院不予受理。

第十五条 公司自行清算的，清算方案应当报股东会或者股东大会决议确认；人民法院组织清算的，清算方案应当报人民法院确认。未经确认的清算方案，清算组不得执行。

执行未经确认的清算方案给公司或者债权人造成损失，公司、股东或者债权人主张清算组成员承担赔偿责任的，人民法院应依法予以支持。

第十六条 人民法院组织清算的，清算组应当自成立之日起六个月内清算完毕。

因特殊情况无法在六个月内完成清算的，清算组应当向人民法院申请延长。

第十七条 人民法院指定的清算组在清理公司财产、编制资产负债表和财产清单时，发现公司财产不足清偿债务的，可以与债权人协商制作有关债务清偿方案。

债务清偿方案经全体债权人确认且不损害其他利害关系人利益的，人民法院可依清算组的申请裁定予以认可。清算组依据该清偿方案清偿债务后，应当向人民法院申请裁定终结清算程序。

债权人对债务清偿方案不予确认或者人民法院不予认可的，清算组应当依法向人民法院申请宣告破产。

第十八条 有限责任公司的股东、股份有限公司的董事和控股股东未在法定期限内成立清算组开始清算，导致公司财产贬值、流失、毁损或者灭失，债权人主张其在造成损失范围内对公司债务承担赔偿责任的，人民法院应依法予以支持。

有限责任公司的股东、股份有限公司的董事和控股股东因怠于履行义务，导致公司主要财产、账册、重要文件等灭失，无法进行清算，债权人主张其对公司债务承担连带清偿责任的，人民法院应依法予以支持。

上述情形系实际控制人原因造成，债权人主张实际控制人对公司债务承担相应民事责任的，人民法院应依法予以支持。

第十九条 有限责任公司的股东、股份有限公司的董事和控股股东，以及公司的实际控制人在公司解散后，恶意处置公司财产给债权人造成损失，或者未经依法清算，以虚假的清算报告骗取公司登记机关办理法人注销登记，债权人主张其对公司债务承担相应赔偿责任的，人民法院应依法予以支持。

第二十条 公司解散应当在依法清算完毕后，申请办理注销登记。公司未经清算即办理注销登记，导致公司无法进行清算，债权人主张有限责任公司的股东、股份有限公司的董事和控股股东，以及公司的实际控制人对公司债务承担清偿责任的，人民法院应依法予以支持。

公司未经依法清算即办理注销登记，股东或者第三人在公司登记机关办理注销登记时承诺对公司债务承担责任，债权人主张其对公司债务承担相应民事责任的，人民法院应依法予以支持。

第二十一条 有限责任公司的股东、股份有限公司的董事和控股股东，以及公司的实际控制人为二人以上的，其中一人或者数人按照本规定第十八条和第二十条第一款的规定承担民事责任后，主张其他人员按照过错大小分担责任的，人民法院应依法予以支持。

第二十二条 公司解散时，股东尚未缴纳的出资均应作为清算财产。股东尚未缴纳的出资，包括到期应缴未缴的出资，以及依照公司法第二十六条和第八十条的规定分期缴纳尚未届满缴纳期限的出资。

公司财产不足以清偿债务时，债权人主张未缴出资股东，以及公司设立时的其他股东或者发起人在未缴出资范围内对公司债务承担连带清偿责任的，人民法院应依法予以支持。

第二十三条 清算组成员从事清算事务时，违反法律、行政法规或者公司章程给公司或者债权人造成损失，公司或者债权人主张其承担赔偿责任的，人民法院应依法予以支持。

有限责任公司的股东、股份有限公司连续一百八十日以上单独或者合计持有公司百分之一以上股份的股东，依据公司法第一百五十一条第三款的规定，以清算组成员有前款所述行为为由向人民法院提起诉讼的，人民法院应予受理。

公司已经清算完毕注销，上述股东参照公司法第一百五十一条第三款的规定，直接以清算组成员为被告、其他股东为第三人向人民法院提起诉讼的，人民法院应予受理。

第二十四条 解散公司诉讼案件和公司清算案件由公司住所地人民法院管辖。公司住所地是指公司主要办事机构所在地。公司办事机构所在地不明确的，由其注册地人民法院管辖。

基层人民法院管辖县、县级市或者区的公司登记机关核准登记公司的解散诉讼案件和公司清算案件；中级人民法院管辖地区、地级市以上的公司登记机关核准登记公司的解散诉讼案件和公司清算案件。

3.5

关于适用《中华人民共和国公司法》若干问题的规定（三）

（2014年2月20日　法释〔2014〕2号）

为正确适用《中华人民共和国公司法》，结合审判实践，就人民法院审理公司设立、出资、股权确认等纠纷案件适用法律问题作出如下规定。

第一条　为设立公司而签署公司章程、向公司认购出资或者股份并履行公司设立职责的人，应当认定为公司的发起人，包括有限责任公司设立时的股东。

第二条　发起人为设立公司以自己名义对外签订合同，合同相对人请求该发起人承担合同责任的，人民法院应予支持。

公司成立后对前款规定的合同予以确认，或者已经实际享有合同权利或者履行合同义务，合同相对人请求公司承担合同责任的，人民法院应予支持。

第三条　发起人以设立中公司名义对外签订合同，公司成立后合同相对人请求公司承担合同责任的，人民法院应予支持。

公司成立后有证据证明发起人利用设立中公司的名义为自己的利益与相对人签订合同，公司以此为由主张不承担合同责任的，人民法院应予支持，但相对人为善意的除外。

第四条　公司因故未成立，债权人请求全体或者部分发起人对设立公司行为所产生的费用和债务承担连带清偿责任的，人民法院应予支持。

部分发起人依照前款规定承担责任后，请求其他发起人分担的，人民法院应当判令其他发起人按照约定的责任承担比例分担责任；没有约定责任承担比例的，按照约定的出资比例分担责任；没有约定出资比例的，按照均等份额分担责任。

因部分发起人的过错导致公司未成立，其他发起人主张其承担设立行为所产生的费用和债务的，人民法院应当根据过错情况，确定过错一方的责任范围。

第五条　发起人因履行公司设立职责造成他人损害，公司成立后受害人请求公司承担侵权赔偿责任的，人民法院应予支持；公司未成立，受害人请求全体发起人承担连带赔偿责任的，人民法院应予支持。

公司或者无过错的发起人承担赔偿责任后，可以向有过错的发起人追偿。

第六条　股份有限公司的认股人未按期缴纳所认股份的股款，经公司发起人催缴后在合理期间内仍未缴纳，公司发起人对该股份另行募集的，人民法院应当认定该募集行为有效。认股人延期缴纳股款给公司造成损失，公司请求该认股人承担赔偿责任的，人民法院应予支持。

第七条 出资人以不享有处分权的财产出资，当事人之间对于出资行为效力产生争议的，人民法院可以参照物权法第一百零六条的规定予以认定。

以贪污、受贿、侵占、挪用等违法犯罪所得的货币出资后取得股权的，对违法犯罪行为予以追究、处罚时，应当采取拍卖或者变卖的方式处置其股权。

第八条 出资人以划拨土地使用权出资，或者以设定权利负担的土地使用权出资，公司、其他股东或者公司债权人主张认定出资人未履行出资义务的，人民法院应当责令当事人在指定的合理期间内办理土地变更手续或者解除权利负担；逾期未办理或者未解除的，人民法院应当认定出资人未依法全面履行出资义务。

第九条 出资人以非货币财产出资，未依法评估作价，公司、其他股东或者公司债权人请求认定出资人未履行出资义务的，人民法院应当委托具有合法资格的评估机构对该财产评估作价。评估确定的价额显著低于公司章程所定价额的，人民法院应当认定出资人未依法全面履行出资义务。

第十条 出资人以房屋、土地使用权或者需要办理权属登记的知识产权等财产出资，已经交付公司使用但未办理权属变更手续，公司、其他股东或者公司债权人主张认定出资人未履行出资义务的，人民法院应当责令当事人在指定的合理期间内办理权属变更手续；在前述期间内办理了权属变更手续的，人民法院应当认定其已经履行了出资义务；出资人主张自其实际交付财产给公司使用时享有相应股东权利的，人民法院应予支持。

出资人以前款规定的财产出资，已经办理权属变更手续但未交付给公司使用，公司或者其他股东主张其向公司交付、并在实际交付之前不享有相应股东权利的，人民法院应予支持。

第十一条 出资人以其他公司股权出资，符合下列条件的，人民法院应当认定出资人已履行出资义务：

（一）出资的股权由出资人合法持有并依法可以转让；

（二）出资的股权无权利瑕疵或者权利负担；

（三）出资人已履行关于股权转让的法定手续；

（四）出资的股权已依法进行了价值评估。

股权出资不符合前款第（一）、（二）、（三）项的规定，公司、其他股东或者公司债权人请求认定出资人未履行出资义务的，人民法院应当责令该出资人在指定的合理期间内采取补正措施，以符合上述条件；逾期未补正的，人民法院应当认定其未依法全面履行出资义务。

股权出资不符合本条第一款第（四）项的规定，公司、其他股东或者公司债权人请求认定出资人未履行出资义务的，人民法院应当按照本规定第九条的规定处理。

第十二条 公司成立后，公司、股东或者公司债权人以相关股东的行为符合下列情形之一且损害公司权益为由，请求认定该股东抽逃出资的，人民法院应予支持：

（一）制作虚假财务会计报表虚增利润进行分配；

（二）通过虚构债权债务关系将其出资转出；

（三）利用关联交易将出资转出；

（四）其他未经法定程序将出资抽回的行为。

第十三条 股东未履行或者未全面履行出资义务，公司或者其他股东请求其向公司依法全面履行出资义务的，人民法院应予支持。

公司债权人请求未履行或者未全面履行出资义务的股东在未出资本息范围内对公司债务不能清偿的部分承担补充赔偿责任的，人民法院应予支持；未履行或者未全面履行出资义务的股东已经承担上述责任，其他债权人提出相同请求的，人民法院不予支持。

股东在公司设立时未履行或者未全面履行出资义务，依照本条第一款或者第二款提起诉讼的原告，请求公司的发起人与被告股东承担连带责任的，人民法院应予支持；公司的发起人承担责任后，可以向被告股东追偿。

股东在公司增资时未履行或者未全面履行出资义务，依照本条第一款或者第二款提起诉讼的原告，请求未尽公司法第一百四十七条第一款规定的义务而使出资未缴足的董事、高级管理人员承担相应责任的，人民法院应予支持；董事、高级管理人员承担责任后，可以向被告股东追偿。

第十四条 股东抽逃出资，公司或者其他股东请求其向公司返还出资本息、协助抽逃出资的其他股东、董事、高级管理人员或者实际控制人对此承担连带责任的，人民法院应予支持。

公司债权人请求抽逃出资的股东在抽逃出资本息范围内对公司债务不能清偿的部分承担补充赔偿责任、协助抽逃出资的其他股东、董事、高级管理人员或者实际控制人对此承担连带责任的，人民法院应予支持；抽逃出资的股东已经承担上述责任，其他债权人提出相同请求的，人民法院不予支持。

第十五条 出资人以符合法定条件的非货币财产出资后，因市场变化或者其他客观因素导致出资财产贬值，公司、其他股东或者公司债权人请求该出资人承担补足出资责任的，人民法院不予支持。但是，当事人另有约定的除外。

第十六条 股东未履行或者未全面履行出资义务或者抽逃出资，公司根据公司章程或者股东会决议对其利润分配请求权、新股优先认购权、剩余财产分配请求权等股东权利作出相应的合理限制，该股东请求认定该限制无效的，人民法院不予支持。

第十七条 有限责任公司的股东未履行出资义务或者抽逃全部出资，经公司催告缴纳或者返还，其在合理期间内仍未缴纳或者返还出资，公司以股东会决议解除该股东的股东资格，该股东请求确认该解除行为无效的，人民法院不予支持。

在前款规定的情形下，人民法院在判决时应当释明，公司应当及时办理法定减资程序或者由其他股东或者第三人缴纳相应的出资。在办理法定减资程序或者其他股东或者第三人缴纳相应的出资之前，公司债权人依照本规定第十三条或者第十四条请求相关当事人承担相应责任的，人民法院应予支持。

第十八条 有限责任公司的股东未履行或者未全面履行出资义务即转让股权，受让人对此知道或者应当知道，公司请求该股东履行出资义务、受让人对此承担连带责任的，人民法院应予支持；公司债权人依照本规定第十三条第二款向该股东提起诉讼，同时请求前述受让人对此承担连带责任的，人民法院应予支持。

受让人根据前款规定承担责任后，向该未履行或者未全面履行出资义务的股东追偿的，人民法院应予支持。但是，当事人另有约定的除外。

第十九条 公司股东未履行或者未全面履行出资义务或者抽逃出资，公司或者其他股东请求其向公司全面履行出资义务或者返还出资，被告股东以诉讼时效为由进行抗辩的，人民法院不予支持。

公司债权人的债权未过诉讼时效期间，其依照本规定第十三条第二款、第十四条第二款的规定请求未履行或者未全面履行出资义务或者抽逃出资的股东承担赔偿责任，被告股东以出资义务或者返还出资义务超过诉讼时效期间为由进行抗辩的，人民法院不予支持。

第二十条 当事人之间对是否已履行出资义务发生争议，原告提供对股东履行出资义务产生合理怀疑证据的，被告股东应当就其已履行出资义务承担举证责任。

第二十一条 当事人向人民法院起诉请求确认其股东资格的，应当以公司为被告，与案件争议股权有利害关系的人作为第三人参加诉讼。

第二十二条 当事人之间对股权归属发生争议，一方请求人民法院确认其享有股权的，应当证明以下事实之一：

（一）已经依法向公司出资或者认缴出资，且不违反法律法规强制性规定；

（二）已经受让或者以其他形式继受公司股权，且不违反法律法规强制性规定。

第二十三条 当事人依法履行出资义务或者依法继受取得股权后，公司未根据公司法第三十一条、第三十二条的规定签发出资证明书、记载于股东名册并办理公司登记机关登记，当事人请求公司履行上述义务的，人民法院应予支持。

第二十四条 有限责任公司的实际出资人与名义出资人订立合同，约定由实际出资人出资并享有投资权益，以名义出资人为名义股东，实际出资人与名义股东对该合同效力发生争议的，如无合同法第五十二条规定的情形，人民法院应当认定该合同有效。

前款规定的实际出资人与名义股东因投资权益的归属发生争议，实际出资人以其实际履行了出资义务为由向名义股东主张权利的，人民法院应予支持。名义股东以公司股东名册记载、公司登记机关登记为由否认实际出资人权利的，人民法院不予支持。

实际出资人未经公司其他股东半数以上同意，请求公司变更股东、签发出资证明书、记载于股东名册、记载于公司章程并办理公司登记机关登记的，人民法院不予支持。

第二十五条 名义股东将登记于其名下的股权转让、质押或者以其他方式处分，实际出资人以其对于股权享有实际权利为由，请求认定处分股权行为无效的，人民法院可以参照物权法第一百零六条的规定处理。

名义股东处分股权造成实际出资人损失，实际出资人请求名义股东承担赔偿责任的，人民法院应予支持。

第二十六条 公司债权人以登记于公司登记机关的股东未履行出资义务为由，请求其对公司债务不能清偿的部分在未出资本息范围内承担补充赔偿责任，股东以其仅为名义股东而非实际出资人为由进行抗辩的，人民法院不予支持。

名义股东根据前款规定承担赔偿责任后，向实际出资人追偿的，人民法院应予支持。

第二十七条 股权转让后尚未向公司登记机关办理变更登记，原股东将仍登记于其名下的股权转让、质押或者以其他方式处分，受让股东以其对于股权享有实际权利为由，请求认定处分股权行为无效的，人民法院可以参照物权法第一百零六条的规定处理。

原股东处分股权造成受让股东损失，受让股东请求原股东承担赔偿责任、对于未及时办理变更登记有过错的董事、高级管理人员或者实际控制人承担相应责任的，人民法院应予支持；受让股东对于未及时办理变更登记也有过错的，可以适当减轻上述董事、高级管理人员或者实际控制人的责任。

第二十八条 冒用他人名义出资并将该他人作为股东在公司登记机关登记的，冒名登记行为人应当承担相应责任；公司、其他股东或者公司债权人以未履行出资义务为由，请求被冒名登记为股东的承担补足出资责任或者对公司债务不能清偿部分的赔偿责任的，人民法院不予支持。

3.6

关于适用《中华人民共和国公司法》若干问题的规定（四）

（2017年8月25日　法释〔2017〕16号）

为正确适用《中华人民共和国公司法》，结合人民法院审判实践，现就公司决议效力、股东知情权、利润分配权、优先购买权和股东代表诉讼等案件适用法律问题作出如下规定。

第一条　公司股东、董事、监事等请求确认股东会或者股东大会、董事会决议无效或者不成立的，人民法院应当依法予以受理。

第二条　依据公司法第二十二条第二款请求撤销股东会或者股东大会、董事会决议的原告，应当在起诉时具有公司股东资格。

第三条　原告请求确认股东会或者股东大会、董事会决议不成立、无效或者撤销决议的案件，应当列公司为被告。对决议涉及的其他利害关系人，可以依法列为第三人。

一审法庭辩论终结前，其他有原告资格的人以相同的诉讼请求申请参加前款规定诉讼的，可以列为共同原告。

第四条　股东请求撤销股东会或者股东大会、董事会决议，符合公司法第二十二条第二款规定的，人民法院应当予以支持，但会议召集程序或者表决方式仅有轻微瑕疵，且对决议未产生实质影响的，人民法院不予支持。

第五条　股东会或者股东大会、董事会决议存在下列情形之一，当事人主张决议不成立的，人民法院应当予以支持：

（一）公司未召开会议的，但依据公司法第三十七条第二款或者公司章程规定可以不召开股东会或者股东大会而直接作出决定，并由全体股东在决定文件上签名、盖章的除外；

（二）会议未对决议事项进行表决的；

（三）出席会议的人数或者股东所持表决权不符合公司法或者公司章程规定的；

（四）会议的表决结果未达到公司法或者公司章程规定的通过比例的；

（五）导致决议不成立的其他情形。

第六条　股东会或者股东大会、董事会决议被人民法院判决确认无效或者撤销的，公司依据该决议与善意相对人形成的民事法律关系不受影响。

第七条 股东依据公司法第三十三条、第九十七条或者公司章程的规定，起诉请求查阅或者复制公司特定文件材料的，人民法院应当依法予以受理。

公司有证据证明前款规定的原告在起诉时不具有公司股东资格的，人民法院应当驳回起诉，但原告有初步证据证明在持股期间其合法权益受到损害，请求依法查阅或者复制其持股期间的公司特定文件材料的除外。

第八条 有限责任公司有证据证明股东存在下列情形之一的，人民法院应当认定股东有公司法第三十三条第二款规定的“不正当目的”：

（一）股东自营或者为他人经营与公司主营业务有实质性竞争关系业务的，但公司章程另有规定或者全体股东另有约定的除外；

（二）股东为了向他人通报有关信息查阅公司会计账簿，可能损害公司合法利益的；

（三）股东在向公司提出查阅请求之日前的三年内，曾通过查阅公司会计账簿，向他人通报有关信息损害公司合法利益的；

（四）股东有不正当目的的其他情形。

第九条 公司章程、股东之间的协议等实质性剥夺股东依据公司法第三十三条、第九十七条规定查阅或者复制公司文件材料的权利，公司以此为由拒绝股东查阅或者复制的，人民法院不予支持。

第十条 人民法院审理股东请求查阅或者复制公司特定文件材料的案件，对原告诉讼请求予以支持的，应当在判决中明确查阅或者复制公司特定文件材料的时间、地点和特定文件材料的名录。

股东依据人民法院生效判决查阅公司文件材料的，在该股东在场的情况下，可以由会计师、律师等依法或者依据执业行为规范负有保密义务的中介机构执业人员辅助进行。

第十一条 股东行使知情权后泄露公司商业秘密导致公司合法利益受到损害，公司请求该股东赔偿相关损失的，人民法院应当予以支持。

根据本规定第十条辅助股东查阅公司文件材料的会计师、律师等泄露公司商业秘密导致公司合法利益受到损害，公司请求其赔偿相关损失的，人民法院应当予以支持。

第十二条 公司董事、高级管理人员等未依法履行职责，导致公司未依法制作或者保存公司法第三十三条、第九十七条规定的公司文件材料，给股东造成损失，股东依法请求负有相应责任的公司董事、高级管理人员承担民事赔偿责任的，人民法院应当予以支持。

第十三条 股东请求公司分配利润案件，应当列公司为被告。

一审法庭辩论终结前，其他股东基于同一分配方案请求分配利润并申请参加诉讼的，应当列为共同原告。

第十四条 股东提交载明具体分配方案的股东会或者股东大会的有效决议，请求公司分配利润，公司拒绝分配利润且其关于无法执行决议的抗辩理由不成立的，人民法院应当判决公司按照决议载明的具体分配方案向股东分配利润。

第十五条 股东未提交载明具体分配方案的股东会或者股东大会决议，请求公司分配利润的，人民法院应当驳回其诉讼请求，但违反法律规定滥用股东权利导致公司不分配利润，给其他股东造成损失的除外。

第十六条 有限责任公司的自然人股东因继承发生变化时，其他股东主张依据公司法第七十一条第三款规定行使优先购买权的，人民法院不予支持，但公司章程另有规定或者全体股东另有约定的除外。

第十七条 有限责任公司的股东向股东以外的人转让股权，应就其股权转让事项以书面或者其他能够确认收悉的合理方式通知其他股东征求同意。其他股东半数以上不同意转让，不同意的股东不购买的，人民法院应当认定视为同意转让。

经股东同意转让的股权，其他股东主张转让股东应当向其以书面或者其他能够确认收悉的合理方式通知转让股权的同等条件的，人民法院应当予以支持。

经股东同意转让的股权，在同等条件下，转让股东以外的其他股东主张优先购买的，人民法院应当予以支持，但转让股东依据本规定第二十条放弃转让的除外。

第十八条 人民法院在判断是否符合公司法第七十一条第三款及本规定所称的“同等条件”时，应当考虑转让股权的数量、价格、支付方式及期限等因素。

第十九条 有限责任公司的股东主张优先购买转让股权的，应当在收到通知后，在公司章程规定的行使期间内提出购买请求。公司章程没有规定行使期间或者规定不明确的，以通知确定的期间为准，通知确定的期间短于三十日或者未明确行使期间的，行使期间为三十日。

第二十条 有限责任公司的转让股东，在其他股东主张优先购买后又不同意转让股权的，对其他股东优先购买的主张，人民法院不予支持，但公司章程另有规定或者全体股东另有约定的除外。其他股东主张转让股东赔偿其损失合理的，人民法院应当予以支持。

第二十一条 有限责任公司的股东向股东以外的人转让股权，未就其股权转让事项征求其他股东意见，或者以欺诈、恶意串通等手段，损害其他股东优先购买权，其他股东主张按照同等条件购买该转让股权的，人民法院应当予以支持，但其他股东自知道或者应当知道行使优先购买权的同等条件之日起三十日内没有主张，或者自股权变更登记之日起超过一年的除外。

前款规定的其他股东仅提出确认股权转让合同及股权变动效力等请求，未同时主张按照同等条件购买转让股权的，人民法院不予支持，但其他股东非因自身原因导致无法行使优先购买权，请求损害赔偿的除外。

股东以外的股权受让人，因股东行使优先购买权而不能实现合同目的的，可以依法请求转让股东承担相应民事责任。

第二十二条 通过拍卖向股东以外的人转让有限责任公司股权的，适用公司法第七十一条第二款、第三款或者第七十二条规定的“书面通知”“通知”“同等条件”时，根据相关法律、司法解释确定。

在依法设立的产权交易场所转让有限责任公司国有股权的，适用公司法第七十一条第二款、第三款或者第七十二条规定的“书面通知”“通知”“同等条件”时，可以参照产权交易场所的交易规则。

第二十三条 监事会或者不设监事会的有限责任公司的监事依据公司法第一百五十一条第一款规定对董事、高级管理人员提起诉讼的，应当列公司为原告，依法由监事会主席或者不设监事会的有限责任公司的监事代表公司进行诉讼。

董事会或者不设董事会的有限责任公司的执行董事依据公司法第一百五十一条第一款规定对监事提起诉讼的，或者依据公司法第一百五十一条第三款规定对他人提起诉讼的，应当列公司为原告，依法由董事长或者执行董事代表公司进行诉讼。

第二十四条 符合公司法第一百五十一条第一款规定条件的股东，依据公司法第一百五十一条第二款、第三款规定，直接对董事、监事、高级管理人员或者他人提起诉讼的，应当列公司为第三人参加诉讼。

一审法庭辩论终结前，符合公司法第一百五十一条第一款规定条件的其他股东，以相同的诉讼请求申请参加诉讼的，应当列为共同原告。

第二十五条 股东依据公司法第一百五十一条第二款、第三款规定直接提起诉讼的案件，胜诉利益归属于公司。股东请求被告直接向其承担民事责任的，人民法院不予支持。

第二十六条 股东依据公司法第一百五十一条第二款、第三款规定直接提起诉讼的案件，其诉讼请求部分或者全部得到人民法院支持的，公司应当承担股东因参加诉讼支付的合理费用。

第二十七条 本规定自2017年9月1日起施行。

本规定施行后尚未终审的案件，适用本规定；本规定施行前已经终审的案件，或者适用审判监督程序再审的案件，不适用本规定。

3.7

关于公安机关管辖的刑事案件立案追诉标准的规定（二）（节选）

（2010年5月7日　公通字〔2010〕23号）

第三条　［虚报注册资本案（刑法第一百五十八条）］申请公司登记使用虚假证明文件或者采取其他欺诈手段虚报注册资本，欺骗公司登记主管部门，取得公司登记，涉嫌下列情形之一的，应予立案追诉：

（一）超过法定出资期限，实缴注册资本不足法定注册资本最低限额，有限责任公司虚报数额在三十万元以上并占其应缴出资数额百分之六十以上的，股份有限公司虚报数额在三百万元以上并占其应缴出资数额百分之三十以上的；

（二）超过法定出资期限，实缴注册资本达到法定注册资本最低限额，但仍虚报注册资本，有限责任公司虚报数额在一百万元以上并占其应缴出资数额百分之六十以上的，股份有限公司虚报数额在一千万元以上并占其应缴出资数额百分之三十以上的；

（三）造成投资者或者其他债权人直接经济损失累计数额在十万元以上的；

（四）虽未达到上述数额标准，但具有下列情形之一的：

1. 两年内因虚报注册资本受过行政处罚二次以上，又虚报注册资本的；

2. 向公司登记主管人员行贿的；

3. 为进行违法活动而注册的。

（五）其他后果严重或者有其他严重情节的情形。

第四条　［虚假出资、抽逃出资案（刑法第一百五十九条）］公司发起人、股东违反公司法的规定未交付货币、实物或者未转移财产权，虚假出资，或者在公司成立后又抽逃其出资，涉嫌下列情形之一的，应予立案追诉：

（一）超过法定出资期限，有限责任公司股东虚假出资数额在三十万元以上并占其应缴出资数额百分之六十以上的，股份有限公司发起人、股东虚假出资数额在三百万元以上并占其应缴出资数额百分之三十以上的；

（二）有限责任公司股东抽逃出资数额在三十万元以上并占其实缴出资数额百分之六十以上的，股份有限公司发起人、股东抽逃出资数额在三百万元以上并占其实缴出资数额百分之三十以上的；

（三）造成公司、股东、债权人的直接经济损失累计数额在十万元以上的；

（四）虽未达到上述数额标准，但具有下列情形之一的：

1. 致使公司资不抵债或者无法正常经营的；

2. 公司发起人、股东合谋虚假出资、抽逃出资的；

3. 两年内因虚假出资、抽逃出资受过行政处罚二次以上，又虚假出资、抽逃出资的；

4. 利用虚假出资、抽逃出资所得资金进行违法活动的。

（五）其他后果严重或者有其他严重情节的情形。

第五条　[欺诈发行股票、债券案（刑法第一百六十条）] 在招股说明书、认股书、公司、企业债券募集办法中隐瞒重要事实或者编造重大虚假内容，发行股票或者公司、企业债券，涉嫌下列情形之一的，应予立案追诉：

（一）发行数额在五百万元以上的；

（二）伪造、变造国家机关公文、有效证明文件或者相关凭证、单据的；

（三）利用募集的资金进行违法活动的；

（四）转移或者隐瞒所募集资金的；

（五）其他后果严重或者有其他严重情节的情形。

第六条　[违规披露、不披露重要信息案（刑法第一百六十一条）] 依法负有信息披露义务的公司、企业向股东和社会公众提供虚假的或者隐瞒重要事实的财务会计报告，或者对依法应当披露的其他重要信息不按照规定披露，涉嫌下列情形之一的，应予立案追诉：

（一）造成股东、债权人或者其他人直接经济损失数额累计在五十万元以上的；

（二）虚增或者虚减资产达到当期披露的资产总额百分之三十以上的；

（三）虚增或者虚减利润达到当期披露的利润总额百分之三十以上的；

（四）未按照规定披露的重大诉讼、仲裁、担保、关联交易或者其他重大事项所涉及的数额或者连续十二个月的累计数额占净资产百分之五十以上的；

（五）致使公司发行的股票、公司债券或者国务院依法认定的其他证券被终止上市交易或者多次被暂停上市交易的；

（六）致使不符合发行条件的公司、企业骗取发行核准并且上市交易的；

（七）在公司财务会计报告中将亏损披露为盈利，或者将盈利披露为亏损的；

（八）多次提供虚假的或者隐瞒重要事实的财务会计报告，或者多次对依法应当披露的其他重要信息不按照规定披露的；

（九）其他严重损害股东、债权人或者其他人利益，或者有其他严重情节的情形。

第七条　[妨害清算案（刑法第一百六十二条）] 公司、企业进行清算时，隐匿财产，对资产负债表或者财产清单作虚伪记载或者在未清偿债务前分配公司、企业财产，涉嫌下列情形之一的，应予立案追诉：

（一）隐匿财产价值在五十万元以上的；

（二）对资产负债表或者财产清单作虚伪记载涉及金额在五十万元以上的；

（三）在未清偿债务前分配公司、企业财产价值在五十万元以上的；

（四）造成债权人或者其他人直接经济损失数额累计在十万元以上的；

（五）虽未达到上述数额标准，但应清偿的职工的工资、社会保险费用和法定补偿金得不到及时清偿，造成恶劣社会影响的；

（六）其他严重损害债权人或者其他人利益的情形。

第八条 ［隐匿、故意销毁会计凭证、会计账簿、财务会计报告案（刑法第一百六十二条之一）］隐匿或者故意销毁依法应当保存的会计凭证、会计账簿、财务会计报告，涉嫌下列情形之一的，应予立案追诉：

（一）隐匿、故意销毁的会计凭证、会计账簿、财务会计报告涉及金额在五十万元以上的；

（二）依法应当向司法机关、行政机关、有关主管部门等提供而隐匿、故意销毁或者拒不交出会计凭证、会计账簿、财务会计报告的；

（三）其他情节严重的情形。

第九条 ［虚假破产案（刑法第一百六十二条之二）］公司、企业通过隐匿财产、承担虚构的债务或者以其他方法转移、处分财产，实施虚假破产，涉嫌下列情形之一的，应予立案追诉：

（一）隐匿财产价值在五十万元以上的；

（二）承担虚构的债务涉及金额在五十万元以上的；

（三）以其他方法转移、处分财产价值在五十万元以上的；

（四）造成债权人或者其他人直接经济损失数额累计在十万元以上的；

（五）虽未达到上述数额标准，但应清偿的职工的工资、社会保险费用和法定补偿金得不到及时清偿，造成恶劣社会影响的；

（六）其他严重损害债权人或者其他人利益的情形。

第十八条 ［背信损害上市公司利益案（刑法第一百第一百六十九条之一）］上市公司的董事、监事、高级管理人员违背对公司的忠实义务，利用职务便利，操纵上市公司从事损害上市公司利益的行为，以及上市公司的控股股东或者实际控制人，指使上市公司董事、监事、高级管理人员实施损害上市公司利益的行为，涉嫌下列情形之一的，应予立案追诉：

（一）无偿向其他单位或者个人提供资金、商品、服务或者其他资产，致使上市公司直接经济损失数额在一百五十万元以上的；

（二）以明显不公平的条件，提供或者接受资金、商品、服务或者其他资产，致使上市公司直接经济损失数额在一百五十万元以上的；

（三）向明显不具有清偿能力的单位或者个人提供资金、商品、服务或者其他资产，致使上市公司直接经济损失数额在一百五十万元以上的；

（四）为明显不具有清偿能力的单位或者个人提供担保，或者无正当理由为其他单位或者个人提供担保，致使上市公司直接经济损失数额在一百五十万元以上的；

（五）无正当理由放弃债权、承担债务，致使上市公司直接经济损失数额在一百五十万元以上的；

（六）致使公司发行的股票、公司债券或者国务院依法认定的其他证券被终止上市交易或者多次被暂停上市交易的；

（七）其他致使上市公司利益遭受重大损失的情形。

第三十三条 ［伪造、变造股票、公司、企业债券案（刑法第一百七十八条第二款）］伪造、变造股票或者公司、企业债券，总面额在五千元以上的，应予立案追诉。

第三十四条 ［擅自发行股票、公司、企业债券案（刑法第一百七十九条）］未经国家有关主管部门批准，擅自发行股票或者公司、企业债券，涉嫌下列情形之一的，应予立案追诉：

（一）发行数额在五十万元以上的；

（二）虽未达到上述数额标准，但擅自发行致使三十人以上的投资者购买了股票或者公司、企业债券的；

（三）不能及时清偿或者清退的；

（四）其他后果严重或者有其他严重情节的情形。

第三十五条 ［内幕交易、泄露内幕信息案（刑法第一百八十条第一款）］证券、期货交易内幕信息的知情人员、单位或者非法获取证券、期货交易内幕信息的人员、单位，在涉及证券的发行，证券、期货交易或者其他对证券、期货交易价格有重大影响的信息尚未公开前，买入或者卖出该证券，或者从事与该内幕信息有关的期货交易，或者泄露该信息，或者明示、暗示他人从事上述交易活动，涉嫌下列情形之一的，应予立案追诉：

（一）证券交易成交额累计在五十万元以上的；

（二）期货交易占用保证金数额累计在三十万元以上的；

（三）获利或者避免损失数额累计在十五万元以上的；

（四）多次进行内幕交易、泄露内幕信息的；

（五）其他情节严重的情形。

第三十六条 ［利用未公开信息交易案（刑法第一百八十条第四款）］证券交易所、期货交易所、证券公司、期货公司、基金管理公司、商业银行、保险公司等金融机构的从业人员以及有关监管部门或者行业协会的工作人员，利用因职务便利获取的内幕信息以外的其他未公开的信息，违反规定，从事与该信息相关的证券、期货交易活动，或者明示、暗示他人从事相关交易活动，涉嫌下列情形之一的，应予立案追诉：

（一）证券交易成交额累计在五十万元以上的；

（二）期货交易占用保证金数额累计在三十万元以上的；

（三）获利或者避免损失数额累计在十五万元以上的；

（四）多次利用内幕信息以外的其他未公开信息进行交易活动的；

（五）其他情节严重的情形。

第三十七条 ［编造并传播证券、期货交易虚假信息案（刑法第一百八十一条第一款）］编造并且传播影响证券、期货交易的虚假信息，扰乱证券、期货交易市场，涉嫌下列情形之一的，应予立案追诉：

（一）获利或者避免损失数额累计在五万元以上的；

（二）造成投资者直接经济损失数额在五万元以上的；

（三）致使交易价格和交易量异常波动的；

（四）虽未达到上述数额标准，但多次编造并且传播影响证券、期货交易的虚假信息的；

（五）其他造成严重后果的情形。

第三十八条 ［诱骗投资者买卖证券、期货合约案（刑法第一百八十一条第二款）］证券交易所、期货交易所、证券公司、期货公司的从业人员，证券业协会、期货业协会或者证券期货监督管理部门的工作人员，故意提供虚假信息或者伪造、变造、销毁交易记录，诱骗投资者买卖证券、期货合约，涉嫌下列情形之一的，应予立案追诉：

（一）获利或者避免损失数额累计在五万元以上的；

（二）造成投资者直接经济损失数额在五万元以上的；

（三）致使交易价格和交易量异常波动的；

（四）其他造成严重后果的情形。

第三十九条 ［操纵证券、期货市场案（刑法第一百第一百八十二条）］操纵证券、期货市场，涉嫌下列情形之一的，应予立案追诉：

（一）单独或者合谋，持有或者实际控制证券的流通股份数达到该证券的实际流通股份总量百分之三十以上，且在该证券连续二十个交易日内联合或者连续买卖股份数累计达到该证券同期总成交量百分之三十以上的；

（二）单独或者合谋，持有或者实际控制期货合约的数量超过期货交易所业务规则限定的持仓量百分之五十以上，且在该期货合约连续二十个交易日内联合或者连续买卖期货合约数累计达到该期货合约同期总成交量百分之三十以上的；

（三）与他人串通，以事先约定的时间、价格和方式相互进行证券或者期货合约交易，且在该证券或者期货合约连续二十个交易日内成交量累计达到该证券或者期货合约同期总成交量百分之二十以上的；

（四）在自己实际控制的账户之间进行证券交易，或者以自己为交易对象，自买自卖期货合约，且在该证券或者期货合约连续二十个交易日内成交量累计达到该证券或者期货合约同期总成交量百分之二十以上的；

（五）单独或者合谋，当日连续申报买入或者卖出同一证券、期货合约并在成交前撤回申报，撤回申报量占当日该种证券总申报量或者该种期货合约总申报量百分之五十以上的；

（六）上市公司及其董事、监事、高级管理人员、实际控制人、控股股东或者其他关联人单独或者合谋，利用信息优势，操纵该公司证券交易价格或者证券交易量的；

（七）证券公司、证券投资咨询机构、专业中介机构或者从业人员，违背有关从业禁止的规定，买卖或者持有相关证券，通过对证券或者其发行人、上市公司公开作出评价、预测或者投资建议，在该证券的交易中谋取利益，情节严重的；

（八）其他情节严重的情形。

第四十条 ［背信运用受托财产案（刑法第一百八十五条之一第一款）］商业银行、证券交易所、期货交易所、证券公司、期货公司、保险公司或者其他金融机构，违背受托义务，擅自运用客户资金或者其他委托、信托的财产，涉嫌下列情形之一的，应予立案追诉：

（一）擅自运用客户资金或者其他委托、信托的财产数额在三十万元以上的；

（二）虽未达到上述数额标准，但多次擅自运用客户资金或者其他委托、信托的财产，或者擅自运用多个客户资金或者其他委托、信托的财产的；

（三）其他情节严重的情形。

3.8

关于审理证券行政处罚案件证据若干问题的座谈会纪要

（2011 年 7 月 13 日　法〔2011〕225 号）

为进一步完善证券行政处罚案件的证据规则，推动证券监管机构依法行政，保护广大投资者合法权益，促进资本市场健康发展，最高人民法院对证券行政处罚案件证据运用中存在的突出问题进行了专题调研，在充分听取有关法院和部门意见并反复论证的基础上，根据《中华人民共和国行政诉讼法》、《中华人民共和国行政处罚法》和《中华人民共和国证券法》等法律规定，起草了证券行政处罚案件中有关证据问题的意见。2011 年 6 月 23 日，最高人民法院会同有关部门在北京召开专题座谈会，对证券行政处罚案件中有关证据审查认定等问题形成共识。现将有关内容纪要如下：

一、关于证券行政处罚案件的举证问题

会议认为，监管机构根据行政诉讼法第三十二条、最高人民法院《关于行政诉讼证据若干问题的规定》第一条的规定，对作出的被诉行政处罚决定承担举证责任。人民法院在审理证券行政处罚案件时，也应当考虑到部分类型的证券违法行为的特殊性，由监管机构承担主要违法事实的证明责任，通过推定的方式适当向原告、第三人转移部分特定事实的证明责任。

监管机构在听证程序中书面明确告知行政相对人享有提供排除其涉嫌违法行为证据的权利，行政相对人能够提供但无正当理由拒不提供，后又在诉讼中提供的，人民法院一般不予采纳。行政处罚相对人在行政程序中未提供但有正当理由，在诉讼中依照最高人民法院《关于行政诉讼证据若干问题的规定》提供的证据，人民法院应当采纳。

监管机构除依法向人民法院提供据以作出被诉行政处罚决定的证据和依据外，还应当提交原告、第三人在行政程序中提供的证据材料。

二、关于电子数据证据

会议认为，证券交易和信息传递电子化、网络化、无线化等特点决定电子交易信息、网络 IP 地址、通讯记录、电子邮件等电子数据证据在证券行政案件中至关重要。但由于电子数据证据具有载体多样，复制简单、容易被删改和伪造等特点，对电子数据证据的证

据形式要求和审核认定应较其他证据方法更为严格。根据行政诉讼法第三十一条第一款第（三）项的规定，最高人民法院《关于行政诉讼证据若干问题的规定》第十二条、第六十四条的规定，当事人可以向人民法院提供电子数据证据证明待证事实，相关电子数据证据应当符合下列要求：

（一）无法提取电子数据原始载体或者提取确有困难的，可以提供电子数据复制件，但必须附有不能或者难以提取原始载体的原因、复制过程以及原始载体存放地点或者电子数据网络地址的说明，并由复制件制作人和原始电子数据持有人签名或者盖章，或者以公证等其他有效形式证明电子数据与原始载体的一致性和完整性。

（二）收集电子数据应当依法制作笔录，详细记载取证的参与人员、技术方法、步骤和过程，记录收集对象的事项名称、内容、规格、类别以及时间、地点等，或者将收集电子数据的过程拍照或录像。

（三）收集的电子数据应当使用光盘或者其他数字存储介质备份。监管机构为取证人时，应当妥善保存至少一份封存状态的电子数据备份件，并随案移送，以备法庭质证和认证使用。

（四）提供通过技术手段恢复或者破解的与案件有关的光盘或者其他数字存储介质、电子设备中被删除的数据、隐藏或者加密的电子数据，必须附有恢复或破解对象、过程、方法和结果的专业说明。对方当事人对该专业说明持异议，并且有证据表明上述方式获取的电子数据存在篡改、剪裁、删除和添加等不真实情况的，可以向人民法院申请鉴定，人民法院应予准许。

三、关于专业意见

会议认为，对被诉行政处罚决定涉及的专门性问题，当事人可以向人民法院提供其聘请的专业机构、特定行业专家出具的统计分析意见和规则解释意见；人民法院认为有必要的，也可以聘请相关专业机构、专家出具意见。

专业意见应当在法庭上出示，并经庭审质证。当事人可以申请人民法院通知出具相关意见的专业人员出庭说明，人民法院也可以通知专业人员出庭说明。专业意见之间相互矛盾的，人民法院可以组织专业人员进行对质。

人民法院应当根据案件的具体情况，从以下方面审核认定上述专业意见：（一）专业机构或者专家是否与本案有利害关系；（二）专业机构或者专家是否具有合法资质；（三）专业机构或者专家所得出的意见是否超出指定的范围，形式是否规范，内容是否完整，结论是否明确；（四）行政程序中形成的专业意见是否告知对方当事人，并听取对方当事人的质辩意见。

四、关于上市公司信息披露违法责任人的证明问题

会议认为，根据证券法第六十八条规定，上市公司董事、监事、高级管理人员对上市公司信息披露的真实性、准确性和完整性应当承担较其他人员更严格的法定保证责任。人民法院在审理证券法第一百九十三条违反信息披露义务行政处罚案件时，涉及对直接负责的主管人员和其他直接责任人员处罚的，应当区分证券法第六十八条规定的人员和该范围之外其他人员的不同责任标准与证明方式。

监管机构根据证券法第六十八条、第一百九十三条规定，结合上市公司董事、监事、高级管理人员与信息披露违法行为之间履行职责的关联程度，认定其为直接负责的主管人员或者其他直接责任人员并给予处罚，被处罚人不服提起诉讼的，应当提供其对该信息披露行为已尽忠实、勤勉义务等证据。

对上市公司董事、监事、高级管理人员之外的人员，监管机构认定其为上市公司信息披露违法行为直接负责的主管人员或者其他直接责任人员并给予处罚的，应当证明被处罚人具有下列情形之一：（一）实际履行董事、监事和高级管理人员的职责，并与信息披露违法行为存在直接关联；（二）组织、参与、实施信息披露违法行为或直接导致信息披露违法。

五、关于内幕交易行为的认定问题

会议认为，监管机构提供的证据能够证明以下情形之一，且被处罚人不能作出合理说明或者提供证据排除其存在利用内幕信息从事相关证券交易活动的，人民法院可以确认被诉处罚决定认定的内幕交易行为成立：（一）证券法第七十四条规定的证券交易内幕信息知情人，进行了与该内幕信息有关的证券交易活动；（二）证券法第七十四条规定的内幕信息知情人的配偶、父母、子女以及其他有密切关系的人，其证券交易活动与该内幕信息基本吻合；（三）因履行工作职责知悉上述内幕信息并进行了与该信息有关的证券交易活动；（四）非法获取内幕信息，并进行了与该内幕信息有关的证券交易活动；（五）内幕信息公开前与内幕信息知情人或知晓该内幕信息的人联络、接触，其证券交易活动与内幕信息高度吻合。

3.9

最高人民法院、最高人民检察院关于办理内幕交易、泄露内幕信息刑事案件具体应用法律若干问题的解释

（2012 年 3 月 29 日　法释〔2012〕6 号）

为维护证券、期货市场管理秩序，依法惩治证券、期货犯罪，根据刑法有关规定，现就办理内幕交易、泄露内幕信息刑事案件具体应用法律的若干问题解释如下：

第一条　下列人员应当认定为刑法第一百八十条第一款规定的“证券、期货交易内幕信息的知情人员”：

（一）证券法第七十四条规定的人员；

（二）期货交易管理条例第八十五条第十二项规定的人员。

第二条　具有下列行为的人员应当认定为刑法第一百八十条第一款规定的“非法获取证券、期货交易内幕信息的人员”：

（一）利用窃取、骗取、套取、窃听、利诱、刺探或者私下交易等手段获取内幕信息的；

（二）内幕信息知情人员的近亲属或者其他与内幕信息知情人员关系密切的人员，在内幕信息敏感期内，从事或者明示、暗示他人从事，或者泄露内幕信息导致他人从事与该内幕信息有关的证券、期货交易，相关交易行为明显异常，且无正当理由或者正当信息来源的；

（三）在内幕信息敏感期内，与内幕信息知情人员联络、接触，从事或者明示、暗示他人从事，或者泄露内幕信息导致他人从事与该内幕信息有关的证券、期货交易，相关交易行为明显异常，且无正当理由或者正当信息来源的。

第三条　本解释第二条第二项、第三项规定的“相关交易行为明显异常”，要综合以下情形，从时间吻合程度、交易背离程度和利益关联程度等方面予以认定：

（一）开户、销户、激活资金账户或者指定交易（托管）、撤销指定交易（转托管）的时间与该内幕信息形成、变化、公开时间基本一致的；

（二）资金变化与该内幕信息形成、变化、公开时间基本一致的；

（三）买入或者卖出与内幕信息有关的证券、期货合约时间与内幕信息的形成、变化和公开时间基本一致的；

（四）买入或者卖出与内幕信息有关的证券、期货合约时间与获悉内幕信息的时间基

本一致的；

（五）买入或者卖出证券、期货合约行为明显与平时交易习惯不同的；

（六）买入或者卖出证券、期货合约行为，或者集中持有证券、期货合约行为与该证券、期货公开信息反映的基本面明显背离的；

（七）账户交易资金进出与该内幕信息知情人员或者非法获取人员有关联或者利害关系的；

（八）其他交易行为明显异常情形。

第四条 具有下列情形之一的，不属于刑法第一百八十条第一款规定的从事与内幕信息有关的证券、期货交易：

（一）持有或者通过协议、其他安排与他人共同持有上市公司百分之五以上股份的自然人、法人或者其他组织收购该上市公司股份的；

（二）按照事先订立的书面合同、指令、计划从事相关证券、期货交易的；

（三）依据已被他人披露的信息而交易的；

（四）交易具有其他正当理由或者正当信息来源的。

第五条 本解释所称“内幕信息敏感期”是指内幕信息自形成至公开的期间。

证券法第六十七条第二款所列“重大事件”的发生时间，第七十五条规定的“计划”、“方案”以及期货交易管理条例第八十五条第十一项规定的“政策”、“决定”等的形成时间，应当认定为内幕信息的形成之时。

影响内幕信息形成的动议、筹划、决策或者执行人员，其动议、筹划、决策或者执行初始时间，应当认定为内幕信息的形成之时。

内幕信息的公开，是指内幕信息在国务院证券、期货监督管理机构指定的报刊、网站等媒体披露。

第六条 在内幕信息敏感期内从事或者明示、暗示他人从事或者泄露内幕信息导致他人从事与该内幕信息有关的证券、期货交易，具有下列情形之一的，应当认定为刑法第一百八十条第一款规定的“情节严重”：

（一）证券交易成交额在五十万元以上的；

（二）期货交易占用保证金数额在三十万元以上的；

（三）获利或者避免损失数额在十五万元以上的；

（四）三次以上的；

（五）具有其他严重情节的。

第七条 在内幕信息敏感期内从事或者明示、暗示他人从事或者泄露内幕信息导致他人从事与该内幕信息有关的证券、期货交易，具有下列情形之一的，应当认定为刑法第一百八十条第一款规定的“情节特别严重”：

（一）证券交易成交额在二百五十万元以上的；

（二）期货交易占用保证金数额在一百五十万元以上的；

（三）获利或者避免损失数额在七十五万元以上的；

（四）具有其他特别严重情节的。

第八条　二次以上实施内幕交易或者泄露内幕信息行为，未经行政处理或者刑事处理的，应当对相关交易数额依法累计计算。

第九条　同一案件中，成交额、占用保证金额、获利或者避免损失额分别构成情节严重、情节特别严重的，按照处罚较重的数额定罪处罚。

构成共同犯罪的，按照共同犯罪行为人的成交总额、占用保证金总额、获利或者避免损失总额定罪处罚，但判处各被告人罚金的总额应掌握在获利或者避免损失总额的一倍以上五倍以下。

第十条　刑法第一百八十条第一款规定的“违法所得”，是指通过内幕交易行为所获利益或者避免的损失。

内幕信息的泄露人员或者内幕交易的明示、暗示人员未实际从事内幕交易的，其罚金数额按照因泄露而获悉内幕信息人员或者被明示、暗示人员从事内幕交易的违法所得计算。

第十一条　单位实施刑法第一百八十条第一款规定的行为，具有本解释第六条规定情形之一的，按照刑法第一百八十条第二款的规定定罪处罚。

4. 中国证监会规章及规范性文件

4.1 中国证监会一般规定

4.1.1

首次公开发行股票并上市管理办法

（2018 年 6 月 6 日　证监会令第 141 号）

（2006 年 5 月 17 日中国证券监督管理委员会第 180 次主席办公会议审议通过　根据 2015 年 12 月 30 日中国证券监督管理委员会《关于修改〈首次公开发行股票并上市管理办法〉的决定》修正　根据 2018 年 6 月 6 日中国证券监督管理委员会《关于修改〈首次公开发行股票并上市管理办法〉的决定》修正）

第一章　总　　则

第一条　为了规范首次公开发行股票并上市的行为，保护投资者的合法权益和社会公共利益，根据《证券法》《公司法》，制定本办法。

第二条　在中华人民共和国境内首次公开发行股票并上市，适用本办法。

境内公司股票以外币认购和交易的，不适用本办法。

第三条　首次公开发行股票并上市，应当符合《证券法》《公司法》和本办法规定的发行条件。

第四条　发行人依法披露的信息，必须真实、准确、完整，不得有虚假记载、误导性陈述或者重大遗漏。

第五条　保荐人及其保荐代表人应当遵循勤勉尽责、诚实守信的原则，认真履行审慎核查和辅导义务，并对其所出具的发行保荐书的真实性、准确性、完整性负责。

第六条　为证券发行出具有关文件的证券服务机构和人员，应当按照本行业公认的业务标准和道德规范，严格履行法定职责，并对其所出具文件的真实性、准确性和完整性负责。

第七条　中国证券监督管理委员会（以下简称中国证监会）对发行人首次公开发行股票的核准，不表明其对该股票的投资价值或者投资者的收益作出实质性判断或者保证。股票依法发行后，因发行人经营与收益的变化引致的投资风险，由投资者自行负责。

第二章 发行条件

第一节 主体资格

第八条 发行人应当是依法设立且合法存续的股份有限公司。

经国务院批准，有限责任公司在依法变更为股份有限公司时，可以采取募集设立方式公开发行股票。

第九条 发行人自股份有限公司成立后，持续经营时间应当在 3 年以上，但经国务院批准的除外。

有限责任公司按原账面净资产值折股整体变更为股份有限公司的，持续经营时间可以从有限责任公司成立之日起计算。

第十条 发行人的注册资本已足额缴纳，发起人或者股东用作出资的资产的财产权转移手续已办理完毕，发行人的主要资产不存在重大权属纠纷。

第十一条 发行人的生产经营符合法律、行政法规和公司章程的规定，符合国家产业政策。

第十二条 发行人最近 3 年内主营业务和董事、高级管理人员没有发生重大变化，实际控制人没有发生变更。

第十三条 发行人的股权清晰，控股股东和受控股股东、实际控制人支配的股东持有的发行人股份不存在重大权属纠纷。

第二节 规范运行

第十四条 发行人已经依法建立健全股东大会、董事会、监事会、独立董事、董事会秘书制度，相关机构和人员能够依法履行职责。

第十五条 发行人的董事、监事和高级管理人员已经了解与股票发行上市有关的法律法规，知悉上市公司及其董事、监事和高级管理人员的法定义务和责任。

第十六条 发行人的董事、监事和高级管理人员符合法律、行政法规和规章规定的任职资格，且不得有下列情形：

（一）被中国证监会采取证券市场禁入措施尚在禁入期的；

（二）最近 36 个月内受到中国证监会行政处罚，或者最近 12 个月内受到证券交易所公开谴责；

（三）因涉嫌犯罪被司法机关立案侦查或者涉嫌违法违规被中国证监会立案调查，尚未有明确结论意见。

第十七条 发行人的内部控制制度健全且被有效执行，能够合理保证财务报告的可靠性、生产经营的合法性、营运的效率与效果。

第十八条 发行人不得有下列情形：

（一）最近 36 个月内未经法定机关核准，擅自公开或者变相公开发行过证券；或者有关违法行为虽然发生在 36 个月前，但目前仍处于持续状态。

（二）最近 36 个月内违反工商、税收、土地、环保、海关以及其他法律、行政法规，受到行政处罚，且情节严重。

（三）最近 36 个月内曾向中国证监会提出发行申请，但报送的发行申请文件有虚假记载、误导性陈述或重大遗漏；或者不符合发行条件以欺骗手段骗取发行核准；或者以不正当手段干扰中国证监会及其发行审核委员会审核工作；或者伪造、变造发行人或其董事、监事、高级管理人员的签字、盖章。

（四）本次报送的发行申请文件有虚假记载、误导性陈述或者重大遗漏。

（五）涉嫌犯罪被司法机关立案侦查，尚未有明确结论意见。

（六）严重损害投资者合法权益和社会公共利益的其他情形。

第十九条 发行人的公司章程中已明确对外担保的审批权限和审议程序，不存在为控股股东、实际控制人及其控制的其他企业进行违规担保的情形。

第二十条 发行人有严格的资金管理制度，不得有资金被控股股东、实际控制人及其控制的其他企业以借款、代偿债务、代垫款项或者其他方式占用的情形。

第三节 财务与会计

第二十一条 发行人资产质量良好，资产负债结构合理，盈利能力较强，现金流量正常。

第二十二条 发行人的内部控制在所有重大方面是有效的，并由注册会计师出具了无保留结论的内部控制鉴证报告。

第二十三条 发行人会计基础工作规范，财务报表的编制符合企业会计准则和相关会计制度的规定，在所有重大方面公允地反映了发行人的财务状况、经营成果和现金流量，并由注册会计师出具了无保留意见的审计报告。

第二十四条 发行人编制财务报表应以实际发生的交易或者事项为依据；在进行会计确认、计量和报告时应当保持应有的谨慎；对相同或者相似的经济业务，应选用一致的会计政策，不得随意变更。

第二十五条 发行人应完整披露关联方关系并按重要性原则恰当披露关联交易。关联交易价格公允，不存在通过关联交易操纵利润的情形。

第二十六条 发行人应当符合下列条件：

（一）最近 3 个会计年度净利润均为正数且累计超过人民币 3000 万元，净利润以扣除非经常性损益前后较低者为计算依据；

（二）最近 3 个会计年度经营活动产生的现金流量净额累计超过人民币 5000 万元；或者最近 3 个会计年度营业收入累计超过人民币 3 亿元；

（三）发行前股本总额不少于人民币 3000 万元；

（四）最近一期末无形资产（扣除土地使用权、水面养殖权和采矿权等后）占净资产的比例不高于 20%；

（五）最近一期末不存在未弥补亏损。

中国证监会根据《关于开展创新企业境内发行股票或存托凭证试点的若干意见》等规定认定的试点企业（以下简称试点企业），可不适用前款第（一）项、第（五）项规定。

第二十七条 发行人依法纳税，各项税收优惠符合相关法律法规的规定。发行人的经营成果对税收优惠不存在严重依赖。

第二十八条 发行人不存在重大偿债风险，不存在影响持续经营的担保、诉讼以及仲裁等重大或有事项。

第二十九条 发行人申报文件中不得有下列情形：

（一）故意遗漏或虚构交易、事项或者其他重要信息；

（二）滥用会计政策或者会计估计；

（三）操纵、伪造或篡改编制财务报表所依据的会计记录或者相关凭证。

第三十条 发行人不得有下列影响持续盈利能力的情形：

（一）发行人的经营模式、产品或服务的品种结构已经或者将发生重大变化，并对发行人的持续盈利能力构成重大不利影响；

（二）发行人的行业地位或发行人所处行业的经营环境已经或者将发生重大变化，并对发行人的持续盈利能力构成重大不利影响；

（三）发行人最近 1 个会计年度的营业收入或净利润对关联方或者存在重大不确定性的客户存在重大依赖；

（四）发行人最近 1 个会计年度的净利润主要来自合并财务报表范围以外的投资收益；

（五）发行人在用的商标、专利、专有技术以及特许经营权等重要资产或技术的取得或者使用存在重大不利变化的风险；

（六）其他可能对发行人持续盈利能力构成重大不利影响的情形。

第三章 发行程序

第三十一条 发行人董事会应当依法就本次股票发行的具体方案、本次募集资金使用的可行性及其他必须明确的事项作出决议，并提请股东大会批准。

第三十二条 发行人股东大会就本次发行股票作出的决议，至少应当包括下列事项：

（一）本次发行股票的种类和数量；

（二）发行对象；

（三）价格区间或者定价方式；

（四）募集资金用途；

（五）发行前滚存利润的分配方案；

（六）决议的有效期；

（七）对董事会办理本次发行具体事宜的授权；

（八）其他必须明确的事项。

第三十三条 发行人应当按照中国证监会的有关规定制作申请文件，由保荐人保荐并向中国证监会申报。

特定行业的发行人应当提供管理部门的相关意见。

第三十四条 中国证监会收到申请文件后，在 5 个工作日内作出是否受理的决定。

第三十五条 中国证监会受理申请文件后，由相关职能部门对发行人的申请文件进行初审，并由发行审核委员会审核。

第三十六条 中国证监会在初审过程中，将征求发行人注册地省级人民政府是否同意发行人发行股票的意见。

第三十七条 中国证监会依照法定条件对发行人的发行申请作出予以核准或者不予核准的决定，并出具相关文件。

自中国证监会核准发行之日起，发行人应在 6 个月内发行股票；超过 6 个月未发行的，核准文件失效，须重新经中国证监会核准后方可发行。

第三十八条 发行申请核准后、股票发行结束前，发行人发生重大事项的，应当暂缓或者暂停发行，并及时报告中国证监会，同时履行信息披露义务。影响发行条件的，应当重新履行核准程序。

第三十九条 股票发行申请未获核准的，自中国证监会作出不予核准决定之日起 6 个月后，发行人可再次提出股票发行申请。

第四章 信息披露

第四十条 发行人应当按照中国证监会的有关规定编制和披露招股说明书。

第四十一条 招股说明书内容与格式准则是信息披露的最低要求。不论准则是否有明确规定，凡是对投资者作出投资决策有重大影响的信息，均应当予以披露。

第四十二条 发行人应当在招股说明书中披露已达到发行监管对公司独立性的基本要求。

第四十三条 发行人及其全体董事、监事和高级管理人员应当在招股说明书上签字、盖章，保证招股说明书的内容真实、准确、完整。保荐人及其保荐代表人应当对招股说明书的真实性、准确性、完整性进行核查，并在核查意见上签字、盖章。

第四十四条 招股说明书中引用的财务报表在其最近一期截止日后 6 个月内有效。特别情况下发行人可申请适当延长，但至多不超过 1 个月。财务报表应当以年度末、半年度末或者季度末为截止日。

第四十五条 招股说明书的有效期为 6 个月，自中国证监会核准发行申请前招股说明书最后一次签署之日起计算。

第四十六条 申请文件受理后、发行审核委员会审核前，发行人应当将招股说明书（申报稿）在中国证监会网站（www. csrc. gov. cn）预先披露。发行人可以将招股说明书（申报稿）刊登于其企业网站，但披露内容应当完全一致，且不得早于在中国证监会网站的披露时间。

第四十七条 发行人及其全体董事、监事和高级管理人员应当保证预先披露的招股说明书（申报稿）的内容真实、准确、完整。

第四十八条 预先披露的招股说明书（申报稿）不是发行人发行股票的正式文件，不能含有价格信息，发行人不得据此发行股票。

发行人应当在预先披露的招股说明书（申报稿）的显要位置声明："本公司的发行申请尚未得到中国证监会核准。本招股说明书（申报稿）不具有据以发行股票的法律效力，仅供预先披露之用。投资者应当以正式公告的招股说明书全文作为作出投资决定的依据。"

第四十九条 发行人股票发行前只需在一种中国证监会指定报刊刊登提示性公告，告知投资者网上刊登的地址。同时将招股说明书全文和摘要刊登于中国证监会指定的网站并将招股说明书全文置于发行人住所、拟上市证券交易所、保荐人、主承销商和其他承销机构的住所，以备公众查阅。

第五十条 保荐人出具的发行保荐书、证券服务机构出具的有关文件应当作为招股说明书的备查文件，在中国证监会指定的网站上披露，并置备于发行人住所、拟上市证券交易所、保荐人、主承销商和其他承销机构的住所，以备公众查阅。

第五十一条 发行人可以将招股说明书摘要、招股说明书全文、有关备查文件刊登于其他报刊和网站，但披露内容应当完全一致，且不得早于在中国证监会指定报刊和网站的披露时间。

第五章 监管和处罚

第五十二条 发行人向中国证监会报送的发行申请文件有虚假记载、误导性陈述或者重大遗漏的，发行人不符合发行条件以欺骗手段骗取发行核准的，发行人以不正当手段干扰中国证监会及其发行审核委员会审核工作的，发行人或其董事、监事、高级管理人员的签字、盖章系伪造或者变造的，除依照《证券法》的有关规定处罚外，中国证监会将采取终止审核并在 36 个月内不受理发行人的股票发行申请的监管措施。

第五十三条 保荐人出具有虚假记载、误导性陈述或者重大遗漏的发行保荐书，保荐人以不正当手段干扰中国证监会及其发行审核委员会审核工作的，保荐人或其相关签字人员的签字、盖章系伪造或变造的，或者不履行其他法定职责的，依照《证券法》和保荐制度的有关规定处理。

第五十四条 证券服务机构未勤勉尽责，所制作、出具的文件有虚假记载、误导性陈述或者重大遗漏的，除依照《证券法》及其他相关法律、行政法规和规章的规定处罚外，中国证监会将采取 12 个月内不接受相关机构出具的证券发行专项文件，36 个月内不接受相关签字人员出具的证券发行专项文件的监管措施。

第五十五条 发行人、保荐人或证券服务机构制作或者出具的文件不符合要求，擅自改动已提交的文件，或者拒绝答复中国证监会审核中提出的相关问题的，中国证监会将视情节轻重，对相关机构和责任人员采取监管谈话、责令改正等监管措施，记入诚信档案并公布；情节特别严重的，给予警告。

第五十六条 发行人公开发行证券上市当年即亏损的，中国证监会自确认之日起暂停保荐机构的保荐机构资格 3 个月，撤销相关人员的保荐代表人资格，尚未盈利的试点企业除外。

第五十七条 发行人披露盈利预测的，利润实现数如未达到盈利预测的 80%，除因不可抗力外，其法定代表人、盈利预测审核报告签字注册会计师应当在股东大会及中国证监会指定报刊上公开作出解释并道歉；中国证监会可以对法定代表人处以警告。

利润实现数未达到盈利预测的 50% 的，除因不可抗力外，中国证监会在 36 个月内不受理该公司的公开发行证券申请。

第六章 附 则

第五十八条 在中华人民共和国境内，首次公开发行股票且不上市的管理办法，由中国证监会另行规定。

第五十九条 本办法自 2006 年 5 月 18 日起施行。《关于股票发行工作若干规定的通知》（证监〔1996〕12 号）、《关于做好 1997 年股票发行工作的通知》（证监〔1997〕13 号）、《关于股票发行工作若干问题的补充通知》（证监〔1998〕8 号）、《关于对拟发行上市企业改制情况进行调查的通知》（证监发字〔1998〕259 号）、《关于对拟公开发行股票公司改制运行情况进行调查的通知》（证监发〔1999〕4 号）、《关于拟发行股票公司聘请审计机构等问题的通知》（证监发行字〔2000〕131 号）和《关于进一步规范股票首次发行上市有关工作的通知》（证监发行字〔2003〕116 号）同时废止。

4.1.2

首次公开发行股票并在创业板上市管理办法

（2018 年 6 月 6 日　证监会令第 142 号）

（2014 年 2 月 11 日中国证券监督管理委员会第 26 次主席办公会议审议通过　根据 2015 年 12 月 30 日中国证券监督管理委员会《关于修改〈首次公开发行股票并在创业板上市管理办法〉的决定》修正　根据 2018 年 6 月 6 日中国证券监督管理委员会《关于修改〈首次公开发行股票并在创业板上市管理办法〉的决定》修正）

第一章　总　　则

第一条　为了规范首次公开发行股票并在创业板上市的行为，促进自主创新企业及其他成长型创业企业的发展，保护投资者的合法权益，维护社会公共利益，根据《证券法》《公司法》，制定本办法。

第二条　在中华人民共和国境内首次公开发行股票并在创业板上市，适用本办法。

第三条　发行人申请首次公开发行股票并在创业板上市，应当符合《证券法》《公司法》和本办法规定的发行条件。

第四条　发行人依法披露的信息，必须真实、准确、完整、及时，不得有虚假记载、误导性陈述或者重大遗漏。

发行人作为信息披露第一责任人，应当及时向保荐人、证券服务机构提供真实、准确、完整的财务会计资料和其他资料，全面配合保荐人、证券服务机构开展尽职调查。

第五条　发行人的控股股东、实际控制人、董事、监事、高级管理人员等责任主体应当诚实守信，全面履行公开承诺事项，不得在发行上市中损害投资者的合法权益。

第六条　保荐人及其保荐代表人应当严格履行法定职责，遵守业务规则和行业规范，对发行人的申请文件和信息披露资料进行审慎核查，督导发行人规范运行，对证券服务机构出具的专业意见进行核查，对发行人是否具备持续盈利能力、是否符合法定发行条件作出专业判断，并确保发行人的申请文件和招股说明书等信息披露资料真实、准确、完整、及时。

第七条　为股票发行出具文件的证券服务机构和人员，应当严格履行法定职责，遵守本行业的业务标准和执业规范，对发行人的相关业务资料进行核查验证，确保所出具的相关专业文件真实、准确、完整、及时。

第八条 中国证券监督管理委员会（以下简称中国证监会）依法对发行人申请文件的合法合规性进行审核，依法核准发行人的首次公开发行股票申请，并对发行人股票发行进行监督管理。

证券交易所依法制定业务规则，创造公开、公平、公正的市场环境，保障创业板市场的正常运行。

第九条 中国证监会依据发行人提供的申请文件核准发行人首次公开发行股票申请，不对发行人的盈利能力、投资价值或者投资者的收益作出实质性判断或者保证。

投资者自主判断发行人的投资价值，自主作出投资决策，自行承担股票依法发行后因发行人经营与收益变化或者股票价格变动引致的投资风险。

第十条 创业板市场应当建立健全与投资者风险承受能力相适应的投资者准入制度，向投资者充分提示投资风险，注重投资者需求，切实保护投资者特别是中小投资者的合法权益。

第二章 发行条件

第十一条 发行人申请首次公开发行股票应当符合下列条件：

（一）发行人是依法设立且持续经营三年以上的股份有限公司。有限责任公司按原账面净资产值折股整体变更为股份有限公司的，持续经营时间可以从有限责任公司成立之日起计算。

（二）最近两年连续盈利，最近两年净利润累计不少于一千万元；或者最近一年盈利，最近一年营业收入不少于五千万元。净利润以扣除非经常性损益前后孰低者为计算依据。

（三）最近一期末净资产不少于二千万元，且不存在未弥补亏损。

（四）发行后股本总额不少于三千万元。

中国证监会根据《关于开展创新企业境内发行股票或存托凭证试点的若干意见》等规定认定的试点企业（以下简称试点企业），可不适用前款第（二）项规定和第（三）项“不存在未弥补亏损”的规定。

第十二条 发行人的注册资本已足额缴纳，发起人或者股东用作出资的资产的财产权转移手续已办理完毕。发行人的主要资产不存在重大权属纠纷。

第十三条 发行人应当主要经营一种业务，其生产经营活动符合法律、行政法规和公司章程的规定，符合国家产业政策及环境保护政策。

第十四条 发行人最近两年内主营业务和董事、高级管理人员均没有发生重大变化，实际控制人没有发生变更。

第十五条 发行人的股权清晰，控股股东和受控股股东、实际控制人支配的股东所持发行人的股份不存在重大权属纠纷。

第十六条 发行人具有完善的公司治理结构，依法建立健全股东大会、董事会、监事会以及独立董事、董事会秘书、审计委员会制度，相关机构和人员能够依法履行职责。

发行人应当建立健全股东投票计票制度，建立发行人与股东之间的多元化纠纷解决机制，切实保障投资者依法行使收益权、知情权、参与权、监督权、求偿权等股东权利。

第十七条 发行人会计基础工作规范，财务报表的编制和披露符合企业会计准则和相关信息披露规则的规定，在所有重大方面公允地反映了发行人的财务状况、经营成果和现金流量，并由注册会计师出具无保留意见的审计报告。

第十八条 发行人内部控制制度健全且被有效执行，能够合理保证公司运行效率、合法合规和财务报告的可靠性，并由注册会计师出具无保留结论的内部控制鉴证报告。

第十九条 发行人的董事、监事和高级管理人员应当忠实、勤勉，具备法律、行政法规和规章规定的资格，且不存在下列情形：

（一）被中国证监会采取证券市场禁入措施尚在禁入期的；

（二）最近三年内受到中国证监会行政处罚，或者最近一年内受到证券交易所公开谴责的；

（三）因涉嫌犯罪被司法机关立案侦查或者涉嫌违法违规被中国证监会立案调查，尚未有明确结论意见的。

第二十条 发行人及其控股股东、实际控制人最近三年内不存在损害投资者合法权益和社会公共利益的重大违法行为。

发行人及其控股股东、实际控制人最近三年内不存在未经法定机关核准，擅自公开或者变相公开发行证券，或者有关违法行为虽然发生在三年前，但目前仍处于持续状态的情形。

第三章 发行程序

第二十一条 发行人董事会应当依法就本次发行股票的具体方案、本次募集资金使用的可行性及其他必须明确的事项作出决议，并提请股东大会批准。

本次发行股票时发行人股东公开发售股份的，发行人董事会还应当依法合理制定股东公廾发售股份的具体方案并提请股东大会批准。

第二十二条 发行人股东大会应当就本次发行股票作出决议，决议至少应当包括下列事项：

（一）股票的种类和数量；

（二）发行对象；

（三）发行方式；

（四）价格区间或者定价方式；

（五）募集资金用途；

（六）发行前滚存利润的分配方案；

（七）决议的有效期；

（八）对董事会办理本次发行具体事宜的授权；

（九）其他必须明确的事项。

第二十三条 发行人应当按照中国证监会有关规定制作申请文件，由保荐人保荐并向中国证监会申报。

第二十四条 保荐人保荐发行人发行股票并在创业板上市，应当对发行人的成长性进行尽职调查和审慎判断并出具专项意见。发行人为自主创新企业的，还应当在专项意见中说明发行人的自主创新能力，并分析其对成长性的影响。

第二十五条 中国证监会收到申请文件后，在五个工作日内作出是否受理的决定。

第二十六条 中国证监会受理申请文件后，由相关职能部门对发行人的申请文件进行初审，由创业板发行审核委员会审核，并建立健全对保荐人、证券服务机构工作底稿的检查制度。

第二十七条 中国证监会自申请文件受理之日起三个月内，依法对发行人的发行申请作出予以核准、中止审核、终止审核、不予核准的决定，并出具相关文件。发行人根据要求补充、修改发行申请文件的时间不计算在内。

发行人应当自中国证监会核准之日起十二个月内发行股票，发行时点由发行人自主选择；超过十二个月未发行的，核准文件失效，须重新经中国证监会核准后方可发行。

第二十八条 发行申请核准后至股票发行结束前，发行人应当及时更新信息披露文件内容，财务报表过期的，发行人还应当补充财务会计报告等文件；保荐人及证券服务机构应当持续履行尽职调查职责；其间发生重大事项的，发行人应当暂缓或者暂停发行，并及时报告中国证监会，同时履行信息披露义务；出现不符合发行条件事项的，中国证监会撤回核准决定。

第二十九条 股票发行申请未获核准的，发行人可自中国证监会作出不予核准决定之日起六个月后再次提出股票发行申请。

第四章 信息披露

第三十条 发行人应当以投资者的决策需要为导向，按照中国证监会的有关规定编制和披露招股说明书，内容简明易懂，语言浅白平实，便于中小投资者阅读。

第三十一条 中国证监会制定的创业板招股说明书内容与格式准则是信息披露的最低要求。不论准则是否有明确规定，凡是对投资者作出投资决策有重大影响的信息，均应当予以披露。

第三十二条 发行人应当在招股说明书显要位置作如下提示：“本次股票发行后拟在创业板市场上市，该市场具有较高的投资风险。创业板公司具有业绩不稳定、经营风险高、退市风险大等特点，投资者面临较大的市场风险。投资者应充分了解创业板市场的投资风险及本公司所披露的风险因素，审慎作出投资决定。”

第三十三条 发行人应当在招股说明书中分析并完整披露对其持续盈利能力产生重大不利影响的所有因素，充分揭示相关风险，并披露保荐人对发行人是否具备持续盈利能力的核查结论意见。

第三十四条 发行人应当在招股说明书中披露已达到发行监管对公司独立性的基本

要求。

第三十五条 发行人应当在招股说明书中披露相关责任主体以及保荐人、证券服务机构及相关人员作出的承诺事项、承诺履行情况以及对未能履行承诺采取的约束措施，包括但不限于：

（一）本次发行前股东所持股份的限售安排、自愿锁定股份、延长锁定期限或者相关股东减持意向的承诺；

（二）稳定股价预案；

（三）依法承担赔偿或者补偿责任的承诺；

（四）填补被摊薄即期回报的措施及承诺；

（五）利润分配政策（包括现金分红政策）的安排及承诺。

第三十六条 发行人及其全体董事、监事和高级管理人员应当在招股说明书上签名、盖章，保证招股说明书内容真实、准确、完整、及时。保荐人及其保荐代表人应当对招股说明书的真实性、准确性、完整性、及时性进行核查，并在核查意见上签名、盖章。

发行人的控股股东、实际控制人应当对招股说明书出具确认意见，并签名、盖章。

第三十七条 招股说明书引用的财务报表在其最近一期截止日后六个月内有效。特别情况下发行人可申请适当延长，但至多不超过一个月。财务报表应当以年度末、半年度末或者季度末为截止日。

第三十八条 招股说明书的有效期为六个月，自公开发行前招股说明书最后一次签署之日起计算。

第三十九条 发行人申请文件受理后，应当及时在中国证监会网站预先披露招股说明书（申报稿）。发行人可在公司网站刊登招股说明书（申报稿），所披露的内容应当一致，且不得早于在中国证监会网站披露的时间。

第四十条 发行人及保荐人应当对预先披露的招股说明书（申报稿）负责，一经申报及预披露，不得随意更改，并确保不存在故意隐瞒及重大差错。

第四十一条 预先披露的招股说明书（申报稿）不能含有股票发行价格信息。

发行人应当在预先披露的招股说明书（申报稿）的显要位置作如下声明："本公司的发行申请尚未得到中国证监会核准。本招股说明书（申报稿）不具有据以发行股票的法律效力，仅供预先披露之用。投资者应当以正式公告的招股说明书作为投资决定的依据。"

第四十二条 发行人及其全体董事、监事和高级管理人员应当保证预先披露的招股说明书（申报稿）的内容真实、准确、完整、及时。

第四十三条 发行人股票发行前应当在中国证监会指定网站全文刊登招股说明书，同时在中国证监会指定报刊刊登提示性公告，告知投资者网上刊登的地址及获取文件的途径。

发行人应当将招股说明书披露于公司网站，时间不得早于前款规定的刊登时间。

第四十四条 保荐人出具的发行保荐书、证券服务机构出具的文件及其他与发行有关的重要文件应当作为招股说明书备查文件，在中国证监会指定网站和公司网站披露。

第四十五条 发行人应当将招股说明书及备查文件置备于发行人、拟上市证券交易所、保荐人、主承销商和其他承销机构的住所，以备公众查阅。

第四十六条 申请文件受理后至发行人发行申请经中国证监会核准、依法刊登招股说明书前，发行人及与本次发行有关的当事人不得以广告、说明会等方式为公开发行股票进行宣传。

第五章 监督管理和法律责任

第四十七条 证券交易所应当建立适合创业板特点的上市、交易、退市等制度，加强对相关当事人履行公开承诺行为的监督和约束，督促保荐人履行持续督导义务，对违反有关法律、法规、交易所业务规则以及不履行承诺的行为，及时采取相应的监管措施。

第四十八条 证券交易所应当建立适合创业板特点的市场风险警示及投资者持续教育的制度，督促发行人建立健全保护投资者合法权益的制度以及防范和纠正违法违规行为的内部控制体系。

第四十九条 自申请文件受理之日起，发行人及其控股股东、实际控制人、董事、监事、高级管理人员以及保荐人、证券服务机构及相关人员即对发行申请文件的真实性、准确性、完整性、及时性承担相应的法律责任。

发行人的发行申请文件和信息披露文件存在自相矛盾或者同一事实表述不一致且有实质性差异的，中国证监会将中止审核并自确认之日起十二个月内不受理相关保荐代表人推荐的发行申请。

第五十条 发行人向中国证监会报送的发行申请文件有虚假记载、误导性陈述或者重大遗漏的，中国证监会将终止审核并自确认之日起三十六个月内不受理发行人的发行申请，并依照《证券法》的有关规定进行处罚；致使投资者在证券交易中遭受损失的，发行人及其控股股东、实际控制人、董事、监事、高级管理人员以及保荐人、证券服务机构应当依法承担赔偿责任。

第五十一条 发行人不符合发行条件以欺骗手段骗取发行核准的，发行人以不正当手段干扰中国证监会及其发行审核委员会审核工作的，发行人或其董事、监事、高级管理人员、控股股东、实际控制人的签名、盖章系伪造或者变造的，发行人及与本次发行有关的当事人违反本办法规定为公开发行股票进行宣传的，中国证监会将终止审核并自确认之日起三十六个月内不受理发行人的发行申请，并依照《证券法》的有关规定进行处罚。

第五十二条 保荐人出具有虚假记载、误导性陈述或者重大遗漏的发行保荐书的，保荐人以不正当手段干扰中国证监会及其发行审核委员会审核工作的，保荐人或其相关签名人员的签名、盖章系伪造或变造的，或者不履行其他法定职责的，依照《证券法》和保荐制度的有关规定处理。

第五十三条 证券服务机构未勤勉尽责，所制作、出具的文件有虚假记载、误导性陈述或者重大遗漏的，中国证监会将自确认之日起十二个月内不接受相关机构出具的证券发行专项文件，三十六个月内不接受相关签名人员出具的证券发行专项文件，并依照《证券法》及其他相关法律、行政法规和规章的规定进行处罚；给他人造成损失的，应当依法承担赔偿责任。

第五十四条 发行人、保荐人或证券服务机构制作或者出具文件不符合要求，擅自改动招股说明书或者其他已提交文件的，或者拒绝答复中国证监会审核提出的相关问题的，中国证监会将视情节轻重，对相关机构和责任人员采取监管谈话、责令改正等监管措施，记入诚信档案并公布；情节严重的，给予警告等行政处罚。

第五十五条 发行人公开发行证券上市当年即亏损的，中国证监会自确认之日起暂停保荐机构的保荐机构资格 3 个月，撤销相关人员的保荐代表人资格，尚未盈利的试点企业除外。

第五十六条 发行人披露盈利预测，利润实现数如未达到盈利预测的百分之八十的，除因不可抗力外，其法定代表人、财务负责人应当在股东大会及中国证监会指定网站、报刊上公开作出解释并道歉；情节严重的，中国证监会给予警告等行政处罚。

利润实现数未达到盈利预测的百分之五十的，除因不可抗力外，中国证监会还可以自确认之日起三十六个月内不受理该公司的公开发行证券申请。

注册会计师为上述盈利预测出具审核报告的过程中未勤勉尽责的，中国证监会将视情节轻重，对相关机构和责任人员采取监管谈话等监管措施，记入诚信档案并公布；情节严重的，给予警告等行政处罚。

第六章　附　　则

第五十七条 本办法自 2014 年 5 月 14 日起施行。《首次公开发行股票并在创业板上市管理暂行办法》（证监会令第 61 号）、《关于进一步做好创业板推荐工作的指引》（证监会公告〔2010〕8 号）同时废止。

4.1.3

证券期货市场诚信监督管理办法

（2018 年 3 月 28 日　证监会令第 139 号）

第一章　总　则

第一条　为了加强证券期货市场诚信建设，保护投资者合法权益，维护证券期货市场秩序，促进证券期货市场健康稳定发展，根据有关法律、行政法规，制定本办法。

第二条　中国证券监督管理委员会（以下简称中国证监会）建立全国统一的证券期货市场诚信档案数据库（以下简称诚信档案），记录证券期货市场诚信信息。

第三条　记入诚信档案的诚信信息的界定、采集与管理，诚信信息的公开、查询，诚信约束、激励与引导等，适用本办法。

第四条　公民（自然人）、法人或者其他组织从事证券期货市场活动，应当诚实信用，遵守法律、行政法规、规章和依法制定的自律规则，禁止欺诈、内幕交易、操纵市场以及其他损害投资者合法权益的不诚实信用行为。

第五条　中国证监会鼓励、支持诚实信用的公民、法人或者其他组织从事证券期货市场活动，实施诚信约束、激励与引导。

第六条　中国证监会可以和国务院其他部门、地方人民政府、国家司法机关、行业组织、境外证券期货监管机构建立诚信监管合作机制，实施诚信信息共享，推动健全社会信用体系。

第二章　诚信信息的采集和管理

第七条　下列从事证券期货市场活动的公民、法人或者其他组织的诚信信息，记入诚信档案：

（一）证券业从业人员、期货从业人员和基金从业人员；

（二）证券期货市场投资者、交易者；

（三）证券发行人、上市公司、全国中小企业股份转让系统挂牌公司、区域性股权市场挂牌转让证券的企业及其董事、监事、高级管理人员、主要股东、实际控制人；

（四）区域性股权市场的运营机构及其董事、监事和高级管理人员，为区域性股权市场办理账户开立、资金存放、登记结算等业务的机构；

（五）证券公司、期货公司、基金管理人、债券受托管理人、债券发行担保人及其董事、监事、高级管理人员、主要股东和实际控制人或者执行事务合伙人，合格境外机构投资者、合格境内机构投资者及其主要投资管理人员，境外证券类机构驻华代表机构及其总代表、首席代表；

（六）会计师事务所、律师事务所、保荐机构、财务顾问机构、资产评估机构、投资咨询机构、信用评级机构、基金服务机构、期货合约交割仓库以及期货合约标的物质量检验检疫机构等证券期货服务机构及其相关从业人员；

（七）为证券期货业务提供存管、托管业务的商业银行或者其他金融机构，及其存管、托管部门的高级管理人员；

（八）为证券期货业提供信息技术服务或者软硬件产品的供应商；

（九）为发行人、上市公司、全国中小企业股份转让系统挂牌公司提供投资者关系管理及其他公关服务的服务机构及其人员；

（十）证券期货传播媒介机构、人员；

（十一）以不正当手段干扰中国证监会及其派出机构监管执法工作的人员；

（十二）其他有与证券期货市场活动相关的违法失信行为的公民、法人或者其他组织。

第八条 本办法所称诚信信息包括：

（一）公民的姓名、性别、国籍、身份证件号码，法人或者其他组织的名称、住所、统一社会信用代码等基本信息；

（二）中国证监会、国务院其他主管部门等其他省部级及以上单位和证券期货交易场所、证券期货市场行业协会、证券登记结算机构等全国性证券期货市场行业组织（以下简称证券期货市场行业组织）作出的表彰、奖励、评比，以及信用评级机构、诚信评估机构作出的信用评级、诚信评估；

（三）中国证监会及其派出机构作出的行政许可决定；

（四）发行人、上市公司、全国中小企业股份转让系统挂牌公司及其主要股东、实际控制人，董事、监事和高级管理人员，重大资产重组交易各方，及收购人所作的公开承诺的未履行或者未如期履行、正在履行、已如期履行等情况；

（五）中国证监会及其派出机构作出的行政处罚、市场禁入决定和采取的监督管理措施；

（六）证券期货市场行业组织实施的纪律处分措施和法律、行政法规、规章规定的管理措施；

（七）因涉嫌证券期货违法被中国证监会及其派出机构调查及采取强制措施；

（八）到期拒不执行中国证监会及其派出机构生效行政处罚决定及监督管理措施，因拒不配合中国证监会及其派出机构监督检查、调查被有关机关作出行政处罚或者处理决定，以及拒不履行已达成的证券期货纠纷调解协议；

（九）债券发行人未按期兑付本息等违约行为、担保人未按约定履行担保责任；

（十）因涉嫌证券期货犯罪被中国证监会及其派出机构移送公安机关、人民检察院处理；

（十一）以不正当手段干扰中国证监会及其派出机构监管执法工作，被予以行政处罚、纪律处分，或者因情节较轻，未受到处罚处理，但被纪律检查或者行政监察机构认定的信息；

（十二）因证券期货犯罪或者其他犯罪被人民法院判处刑罚；

（十三）因证券期货侵权、违约行为被人民法院判决承担较大民事赔偿责任；

（十四）因违法开展经营活动被银行、保险、财政、税收、环保、工商、海关等相关主管部门予以行政处罚；

（十五）因非法开设证券期货交易场所或者组织证券期货交易被地方政府行政处罚或者采取清理整顿措施；

（十六）因违法失信行为被证券公司、期货公司、基金管理人、证券期货服务机构以及证券期货市场行业组织开除；

（十七）融资融券、转融通、证券质押式回购、约定式购回、期货交易等信用交易中的违约失信信息；

（十八）违背诚实信用原则的其他行为信息。

第九条 诚信档案不得采集公民的宗教信仰、基因、指纹、血型、疾病和病史信息以及法律、行政法规规定禁止采集的其他信息。

第十条 本办法第八条第（二）项所列公民、法人或者其他组织所受表彰、奖励、评比和信用评级、诚信评估信息，由其自行向中国证监会及其派出机构申报，记入诚信档案。

公民、法人或者其他组织按规定向中国证监会及其派出机构申报前款规定以外的其他诚信信息，记入诚信档案。

公民、法人或者其他组织申报的诚信信息应当真实、准确、完整。

第十一条 本办法第八条第（一）项、第（三）项至第（十一）项诚信信息，由中国证监会及其派出机构、证券期货市场行业组织依其职责采集并记入诚信档案；第（十六）项、第（十七）项诚信信息，由相关证券期货市场行业组织、证券期货经营机构采集并记入诚信档案；其他诚信信息由中国证监会及其派出机构通过政府信息公开、信用信息共享等途径采集并记入诚信档案。

第十二条 记入诚信档案的诚信信息所对应的决定或者行为经法定程序撤销、变更的，中国证监会及其派出机构相应删除、修改该诚信信息。

第十三条 本办法第八条规定的违法失信信息，在诚信档案中的效力期限为3年，但因证券期货违法行为被行政处罚、市场禁入、刑事处罚和判决承担较大侵权、违约民事赔偿责任的信息，其效力期限为5年。

法律、行政法规或者中国证监会规章对违法失信信息的效力期限另有规定的，国务院其他主管部门对其产生的违法失信信息的效力期限另有规定的，从其规定。

前款所规定的效力期限，自对违法失信行为的处理决定执行完毕之日起算。

超过效力期限的违法失信信息，不再进行诚信信息公开，并不再接受诚信信息申请查询，公民、法人或者其他组织根据本办法第十七条申请查询自己信息的除外。

第三章 诚信信息的公开与查询

第十四条 本办法第八条第（二）、（三）、（四）、（六）项信息和第（五）项的行政处罚、市场禁入信息依法向社会公开。

中国证监会在其网站建立证券期货市场违法失信信息公开查询平台，社会公众可通过该平台查询本办法第八条第（五）项行政处罚、市场禁入决定信息，第（六）项信息等违法失信信息。

第十五条 中国证监会对有下列严重违法失信情形的市场主体，在证券期货市场违法失信信息公开查询平台进行专项公示：

（一）因操纵市场、内幕交易、欺诈发行、虚假披露信息、非法从事证券期货业务、利用未公开信息交易以及编造、传播虚假信息被中国证监会及其派出机构作出行政处罚；

（二）被中国证监会及其派出机构采取市场禁入措施；

（三）因证券期货犯罪被人民法院判处刑罚；

（四）因拒不配合中国证监会及其派出机构监督检查、调查被有关机关作出行政处罚或者处理决定；

（五）到期拒不执行中国证监会及其派出机构生效行政处罚决定；

（六）严重侵害投资者合法权益、市场反应强烈的其他严重违法失信情形。

严重违法失信主体的专项公示期为一年，自公示之日起算。

第十六条 除本办法第十四条、第十五条规定之外的诚信信息，公民、法人或者其他组织可以根据本办法规定向中国证监会及其派出机构申请查询。

第十七条 公民、法人或者其他组织提出诚信信息查询申请，符合以下条件之一的，中国证监会及其派出机构予以办理：

（一）公民、法人或者其他组织申请查询自己的诚信信息的；

（二）发行人、上市公司申请查询拟任董事、监事、高级管理人员的诚信信息的；

（三）发行人、上市公司申请查询拟参与本公司并购、重组的公民、法人或者其他组织的诚信信息的；

（四）发行人、上市公司申请查询拟委托的证券公司、证券服务机构及其相关从业人员的诚信信息的；

（五）证券公司、债券受托管理人、证券服务机构申请查询其所提供专业服务的发行人、上市公司及其董事、监事、高级管理人员、控股股东和实际控制人以及债券发行担保人的诚信信息的；

（六）证券公司、期货公司、基金管理人、证券期货服务机构申请查询已聘任或者拟聘任的董事、监事、高级管理人员或者其他从业人员的诚信信息的；

（七）中国证监会规定的其他条件。

第十八条 公民、法人或者其他组织提出诚信信息查询申请，应当如实提供如下材料：

（一）查询申请书；

（二）身份证明文件；

（三）办理本办法第十七条第（二）项至第（六）项查询申请的，查询申请书应经查询对象签字或者盖章同意，或者有查询对象的其他书面同意文件。

第十九条 公民、法人或者其他组织提出的查询申请，符合条件，材料齐备的，中国证监会及其派出机构自收到查询申请之日起5个工作日内反馈。

第二十条 公民、法人或者其他组织申请查询的诚信信息属于国家秘密，其他公民、法人或者其他组织的商业秘密及个人隐私的，中国证监会及其派出机构不予查询，但应当在答复中说明。

第二十一条 记入诚信档案的公民、法人或者其他组织，认为其诚信信息具有本办法第十二条规定的应予删除、修改情形的，或者具有其他重大、明显错误的，可以向中国证监会及其派出机构申请更正。

中国证监会及其派出机构收到公民、法人或者其他组织的信息更正申请后，应当在15个工作日内进行处理，并将处理结果告知申请人。确有本办法第十二条规定的应予删除、修改情形的，或者其他重大、明显错误情形的，应予更正。

第二十二条 公民、法人或者其他组织通过申请查询获取诚信信息的，不得泄露或者提供他人使用，不得进行以营利为目的的使用、加工或者处理，不得用于其他非法目的。

第四章 诚信约束、激励与引导

第二十三条 中国证监会建立发行人、上市公司、全国中小企业股份转让系统挂牌公司、证券公司、期货公司、基金管理人、证券期货服务机构、证券期货基金从业人员等主要市场主体的诚信积分制度，实行诚信分类监督管理。

诚信积分和诚信分类监督管理具体办法另行制定。

第二十四条 向中国证监会及其派出机构申请行政许可，申请人以及申请事项涉及的有关当事人应当书面承诺其所提交的申请材料真实、准确、完整，并诚信合法地参与证券期货市场活动。

第二十五条 中国证监会及其派出机构审查行政许可申请，应当查阅申请人以及申请事项所涉及的有关当事人的诚信档案，对其诚信状况进行审查。

证券期货市场行业组织在履行登记、备案、注册、会员批准等工作职责时，应当按照前款规定办理。

第二十六条 中国证监会及其派出机构审查行政许可申请，发现申请人以及有关当事人有本办法第八条第（四）项中的未履行或者未如期履行承诺信息，或者第（五）项至第（十七）项规定的违法失信信息的，可以要求申请人或者受申请人委托为行政许可申请提供证券期货服务的有关机构提供书面反馈意见。

书面反馈意见应就如下事项进行说明：

（一）诚信信息所涉及相关事实的基本情况；

（二）有关部门所作决定、处理的执行及其他后续情况，并提供证明材料；

（三）有关证券期货服务机构关于诚信信息对行政许可事项是否构成影响的分析。

申请人或者有关证券期货服务机构应在规定期限内提交书面反馈意见。

第二十七条 申请人或者有关证券期货服务机构的书面反馈意见不明确，有关分析、说明不充分的，中国证监会及其派出机构可以直接或者委托有关机构对有关事项进行核查。

第二十八条 根据本办法第二十六条、第二十七条提供书面反馈意见或者进行核查的时间，不计入行政许可法定期限。

第二十九条 行政许可申请人以及申请事项所涉及的有关当事人有本办法第八条第（四）项中的未履行或者未如期履行承诺信息，或者第（五）项至第（十七）项规定的违法失信信息之一，属于法定不予许可条件范围的，中国证监会及其派出机构应当依法作出不予许可的决定。

申请人以及申请事项所涉及的有关当事人的诚信信息虽不属于法定不予许可条件范围，但有关法律、行政法规和规章对行政许可法定条件提出诚实信用要求、作出原则性规定或者设定授权性条款的，中国证监会及其派出机构可以综合考虑诚信状况等相关因素，审慎审查申请人提出的行政许可申请事项。

第三十条 业务创新试点申请人有本办法第八条第（四）项中的未履行或者未如期履行承诺信息，或者第（五）项至第（十七）项规定的违法失信信息之一的，中国证监会及其派出机构、证券期货市场行业组织可以暂缓或者不予安排，但申请人能证明该违法失信信息与业务创新明显无关的除外。

第三十一条 中国证监会及其派出机构审查行政许可，对符合以下条件的，在受理后，即时进行审查：

（一）近三年没有违反证券期货法律、行政法规和中国证监会规定的失信记录；

（二）近三年没有因违法开展经营活动被银行、保险、税收、环保、海关等相关主管部门予以行政处罚；

（三）没有因证券期货犯罪或者其他犯罪被人民法院判处刑罚。

中国证监会及其派出机构审查行政许可，可以在同等条件下对诚信积分较高的申请人优先审查。

第三十二条 中国证监会及其派出机构、证券期货市场行业组织在业务创新试点安排中，可以在法律、行政法规规定的范围内，对于同等条件下诚信状况较好的申请人予以优先安排。

第三十三条 中国证监会及其派出机构在对公民、法人或者其他组织进行行政处罚、实施市场禁入和采取监督管理措施中，应当查阅当事人的诚信档案，在综合考虑当事人违法行为的性质、情节、损害投资者合法权益程度和当事人诚信状况等因素的基础上，依法作出处理。

第三十四条 中国证监会及其派出机构在开展监督检查等日常监管工作中，应当查阅被监管机构的诚信档案，根据被监管机构的诚信状况，有针对性地进行现场检查和非现场检查，或者适当调整、安排现场检查的对象、频率和内容。

第三十五条 证券登记结算机构、证券公司、期货公司等机构在为投资者、客户开立证券、期货相关账户时，应当查询投资者、客户的诚信档案，按照规定办理相关账户开立事宜。

第三十六条 证券公司在办理客户证券质押式回购、约定式购回以及融资融券业务申请时，可以查阅客户的诚信档案，根据申请人的诚信状况，决定是否予以办理，或者确定和调整授信额度。

证券金融公司在开展转融通业务时，可以查阅证券公司的诚信档案，根据证券公司的诚信状况，决定是否对其进行转融通，或者确定和调整授信额度。

第三十七条 发行人、上市公司、全国中小企业股份转让系统挂牌公司、证券公司、期货公司、基金管理人、证券期货服务机构拟聘任董事、监事、高级管理人员以及从业人员的，应当查询拟聘任人员的诚信档案，并将其诚信状况作为决定是否聘任的依据。

第三十八条 证券公司、证券服务机构受托为发行人、上市公司、全国中小企业股份转让系统挂牌公司等提供证券服务的，应当查询委托人的诚信档案，并将其诚信状况作为决定是否接受委托、确定收费标准的依据。

第三十九条 公民、法人或者其他组织公开发布证券期货市场评论信息，所述事实内容与实际情况不相符合的，或者存在其他显著误导公众情形的，中国证监会及其派出机构可以对其出具诚信关注函，记入诚信档案，并可将有关情况向其所在工作单位、所属主管部门或者行业自律组织通报。

证券期货投资咨询机构及其人员公开发布证券期货市场评论信息违反规定的，依照有关规定处理、处罚。

公民、法人或者其他组织利用公开发布证券期货市场评论信息进行操纵市场等违法行为的，依法予以处罚；构成犯罪的，由司法机关依法追究刑事责任。

第四十条 证券期货市场行业组织应当教育和鼓励其成员以及从业人员遵守法律，诚实信用。对遵守法律、诚实信用的成员以及从业人员，可以给予表彰、奖励。

中国证监会鼓励证券期货市场行业组织等建立证券期货市场诚信评估制度，组织开展对有关行业和市场主体的诚信状况评估，并将评估结果予以公示。

中国证券业协会、中国期货业协会、中国上市公司协会、中国证券投资基金业协会建立年度诚信会员制度。具体办法由相关协会制定，报中国证监会备案。

第四十一条 上市公司、全国中小企业股份转让系统挂牌公司、证券公司、期货公司、基金管理人和证券期货服务机构等应当不断完善内部诚信监督、约束制度机制，提高诚信水平。

中国证监会及其派出机构对前款规定机构的内部诚信监督、约束制度机制建设情况进行检查、指导，并可以将检查情况在行业和辖区内进行通报。

第四十二条 对有本办法第八条第（四）项中的未履行或者未如期履行承诺信息，或者第（五）项至第（十七）项规定的违法失信信息的公民，中国证监会及其派出机构、证券期货市场行业组织可以不聘任其担任下列职务：

（一）中国证监会股票发行审核委员会委员；

（二）中国证监会上市公司并购重组审核委员会委员；

（三）中国证监会及其派出机构、证券期货市场行业组织成立的负有审核、监督、核查、咨询职责的其他组织的成员。

第四十三条 中国证监会与国务院其他部门、地方人民政府、国家司法机关和有关组织建立对证券期货市场参与主体的失信联合惩戒和守信联合激励制度机制，提供证券期货市场主体的相关诚信信息，依法实施联合惩戒、激励。

第五章 监督与管理

第四十四条 中国证监会诚信监督管理机构履行下列职责：

（一）界定、组织采集证券期货市场诚信信息；

（二）建立、管理诚信档案，组织、督促诚信信息的记入；

（三）组织办理诚信信息的公开、查询和共享；

（四）建立、协调实施诚信监督、约束与激励机制；

（五）中国证监会规定的其他诚信监督管理与服务职责。

第四十五条 中国证监会各派出机构负责接收、办理公民、法人或者其他组织根据本办法规定提出的诚信信息记入申报、诚信信息查询申请、诚信信息更正申请等事项。

第四十六条 中国证监会及其派出机构、证券期货市场行业组织，未按照本办法规定及时、真实、准确、完整地记入诚信信息，造成不良后果的，按照有关规定对相关责任人员进行行政处分；情节严重的，依法追究法律责任。

第四十七条 违反本办法第十条、第十八条、第二十二条、第三十五条、第三十七条、第三十八条规定的，中国证监会及其派出机构可以采取责令改正、监管谈话、出具警示函、责令公开说明、在一定期限内不予接受其诚信信息申报和查询申请等监督管理措施；情节严重的，依法追究法律责任。

第六章 附 则

第四十八条 中国证监会及其派出机构办理诚信信息查询，除可以收取打印、复制、装订、邮寄成本费用外，不得收取其他费用。

第四十九条 证券期货市场行业组织在履行自律管理职责中，查询诚信档案，实施诚信约束、激励的，参照本办法有关规定执行。

第五十条 本办法自 2018 年 7 月 1 日起施行。《证券期货市场诚信监督管理暂行办法》（证监会令第 106 号）同时废止。

4.1.4

证券市场禁入规定

（2015 年 5 月 18 日　证监会令第 115 号）

（2006 年 3 月 7 日中国证券监督管理委员会第 173 次主席办公会议审议通过，根据 2015 年 5 月 18 日中国证券监督管理委员会《关于修改〈证券市场禁入规定〉的决定》修订）

第一条　为了维护证券市场秩序，保护投资者合法权益和社会公众利益，促进证券市场健康稳定发展，根据《中华人民共和国证券法》等法律、行政法规，制定本规定。

第二条　中国证券监督管理委员会（以下简称中国证监会）对违反法律、行政法规或者中国证监会有关规定的有关责任人员采取证券市场禁入措施，以事实为依据，遵循公开、公平、公正的原则。

第三条　下列人员违反法律、行政法规或者中国证监会有关规定，情节严重的，中国证监会可以根据情节严重的程度，采取证券市场禁入措施：

（一）发行人、上市公司、非上市公众公司的董事、监事、高级管理人员，其他信息披露义务人或者其他信息披露义务人的董事、监事、高级管理人员；

（二）发行人、上市公司、非上市公众公司的控股股东、实际控制人，或者发行人、上市公司、非上市公众公司控股股东、实际控制人的董事、监事、高级管理人员；

（三）证券公司的董事、监事、高级管理人员及其内设业务部门负责人、分支机构负责人或者其他证券从业人员；

（四）证券公司的控股股东、实际控制人或者证券公司控股股东、实际控制人的董事、监事、高级管理人员；

（五）证券服务机构的董事、监事、高级管理人员等从事证券服务业务的人员和证券服务机构的实际控制人或者证券服务机构实际控制人的董事、监事、高级管理人员；

（六）证券投资基金管理人、证券投资基金托管人的董事、监事、高级管理人员及其内设业务部门、分支机构负责人或者其他证券投资基金从业人员；

（七）中国证监会认定的其他违反法律、行政法规或者中国证监会有关规定的有关责任人员。

第四条　被中国证监会采取证券市场禁入措施的人员，在禁入期间内，除不得继续在原机构从事证券业务或者担任原上市公司、非上市公众公司董事、监事、高级管理人员职务外，也不得在其他任何机构中从事证券业务或者担任其他上市公司、非上市公众公司董事、监事、高级管理人员职务。

被采取证券市场禁入措施的人员，应当在收到中国证监会作出的证券市场禁入决定后立即停止从事证券业务或者停止履行上市公司、非上市公众公司董事、监事、高级管理人员职务，并由其所在机构按规定的程序解除其被禁止担任的职务。

第五条 违反法律、行政法规或者中国证监会有关规定，情节严重的，可以对有关责任人员采取3至5年的证券市场禁入措施；行为恶劣、严重扰乱证券市场秩序、严重损害投资者利益或者在重大违法活动中起主要作用等情节较为严重的，可以对有关责任人员采取5至10年的证券市场禁入措施；有下列情形之一的，可以对有关责任人员采取终身的证券市场禁入措施：

（一）严重违反法律、行政法规或者中国证监会有关规定，构成犯罪的；

（二）从事保荐、承销、资产管理、融资融券等证券业务及其他证券服务业务，负有法定职责的人员，故意不履行法律、行政法规或者中国证监会规定的义务，并造成特别严重后果的；

（三）违反法律、行政法规或者中国证监会有关规定，采取隐瞒、编造重要事实等特别恶劣手段，或者涉案数额特别巨大的；

（四）违反法律、行政法规或者中国证监会有关规定，从事欺诈发行、内幕交易、操纵市场等违法行为，严重扰乱证券、期货市场秩序并造成严重社会影响，或者获取违法所得等不当利益数额特别巨大，或者致使投资者利益遭受特别严重损害的；

（五）违反法律、行政法规或者中国证监会有关规定，情节严重，应当采取证券市场禁入措施，且存在故意出具虚假重要证据，隐瞒、毁损重要证据等阻碍、抗拒证券监督管理机构及其工作人员依法行使监督检查、调查职权行为的；

（六）因违反法律、行政法规或者中国证监会有关规定，5年内被中国证监会给予除警告之外的行政处罚3次以上，或者5年内曾经被采取证券市场禁入措施的；

（七）组织、策划、领导或者实施重大违反法律、行政法规或者中国证监会有关规定的活动的；

（八）其他违反法律、行政法规或者中国证监会有关规定，情节特别严重的。

第六条 违反法律、行政法规或者中国证监会有关规定，情节严重的，可以单独对有关责任人员采取证券市场禁入措施，或者一并依法进行行政处罚；涉嫌犯罪的，依法移送公安机关、人民检察院，并可同时采取证券市场禁入措施。

第七条 有下列情形之一的，可以对有关责任人员从轻、减轻或者免予采取证券市场禁入措施：

（一）主动消除或者减轻违法行为危害后果的；

（二）配合查处违法行为有立功表现的；

（三）受他人指使、胁迫有违法行为，且能主动交待违法行为的；

（四）其他可以从轻、减轻或者免予采取证券市场禁入措施的。

第八条 共同违反法律、行政法规或者中国证监会有关规定，需要采取证券市场禁入措施的，对负次要责任的人员，可以比照应负主要责任的人员，适当从轻、减轻或者免予采取证券市场禁入措施。

第九条 中国证监会采取证券市场禁入措施前，应当告知当事人采取证券市场禁入措施的事实、理由及依据，并告知当事人有陈述、申辩和要求举行听证的权利。

第十条 被采取证券市场禁入措施者因同一违法行为同时被认定有罪或者进行行政处罚的，如果对其所作有罪认定或行政处罚决定被依法撤销或者变更，并因此影响证券市场禁入措施的事实基础或者合法性、适当性的，依法撤销或者变更证券市场禁入措施。

第十一条 被中国证监会采取证券市场禁入措施的人员，中国证监会将通过中国证监会网站或指定媒体向社会公布，并记入被认定为证券市场禁入者的诚信档案。

第十二条 中国证监会依法宣布个人或者单位的直接责任人员为期货市场禁止进入者的，可以参照本规定执行。

第十三条 本规定自2006年7月10日起施行。1997年3月3日中国证监会发布施行的《证券市场禁入暂行规定》（证监〔1997〕7号）同时废止。

4.1.5

关于改革完善并严格实施上市公司退市制度的若干意见

（2018年7月27日　证监会令第146号）

（2014年2月7日中国证券监督管理委员会第24次主席办公会议审议通过　根据2018年7月27日中国证券监督管理委员会《关于修改〈关于改革完善并严格实施上市公司退市制度的若干意见〉的决定》修正）

上市公司退市是指公司股票在证券交易所终止上市交易。上市公司退市制度是资本市场重要的基础性制度。一方面，上市公司基于实现发展战略、维护合理估值、稳定控制权以及成本效益法则等方面的考虑，认为不再需要继续维持上市地位，或者继续维持上市地位不再有利于公司发展，可以主动向证券交易所申请其股票终止交易。另一方面，证券交易所为维护公开交易股票的总体质量与市场信心，保护投资者特别是中小投资者合法权益，依照规则要求交投不活跃、股权分布不合理、市值过低而不再适合公开交易的股票终止交易，特别是对于存在严重违法违规行为的公司，证券交易所可以依法强制其股票退出市场交易。

要充分尊重并保护市场主体基于其意思自治作出的退市决定，而不是将退市与否作为评判一家公司好坏的绝对标准。进一步改革完善并严格执行退市制度，有利于健全资本市场功能，降低市场经营成本，增强市场主体活力，提高市场竞争能力，有利于实现优胜劣汰，惩戒重大违法行为，引导理性投资，保护投资者特别是中小投资者合法权益。为贯彻落实《国务院关于进一步促进资本市场健康发展的若干意见》的有关要求，根据《证券法》的有关规定，按照市场化、法治化、常态化的原则，现就退市制度改革实施有关事项提出如下意见：

一、健全上市公司主动退市制度

（一）确立主动退市的途径和方式。上市公司通过对上市地位维持成本收益的理性分析，或者为充分利用不同证券交易场所的比较优势，或者为便捷、高效地对公司治理结构、股权结构、资产结构、人员结构等实施调整，或者为进一步实现公司股票的长期价值，可以依据《证券法》和证券交易所规则实现主动退市。

上市公司在履行必要的决策程序后，可以主动向证券交易所提出申请，撤回其股票在该交易所的交易，并决定不再在交易所交易。

上市公司在履行必要的决策程序后，可以主动向证券交易所提出申请，撤回其股票在该交易所的交易，并转而申请在其他交易场所交易或者转让。

上市公司向所有股东发出回购全部股份或者部分股份的要约，导致公司股本总额、股权分布等发生变化不再具备上市条件的，其股票按照证券交易所规则退出市场交易。

上市公司股东向所有其他股东发出收购全部股份或者部分股份的要约，导致公司股本总额、股权分布等发生变化不再具备上市条件的，其股票按照证券交易所规则退出市场交易。

除上市公司股东外的其他收购人向所有股东发出收购全部股份或者部分股份的要约，导致公司股本总额、股权分布等发生变化不再具备上市条件的，其股票按照证券交易所规则退出市场交易。

上市公司因新设合并或者吸收合并，不再具有独立主体资格并被注销，其股票按照证券交易所规则退出市场交易。

上市公司股东大会决议解散的，其股票按照证券交易所规则退出市场交易。

（二）明确主动退市公司的内部决策程序。上市公司拟决定其股票不再在交易所交易，或者转而申请在其他交易场所交易或者转让的，应当召开股东大会作出决议，须经出席会议的股东所持表决权的2/3以上通过，并须经出席会议的中小股东所持表决权的2/3以上通过。在召开股东大会前，上市公司应当充分披露退市原因及退市后的发展战略，包括并购重组安排、经营发展计划、重新上市安排等。独立董事应当针对上述事项是否有利于公司长远发展和全体股东利益充分征询中小股东意见，在此基础上发表独立意见，独立董事意见应当与股东大会通知一并公布。上市公司应当聘请财务顾问为主动退市提供专业服务、发表专业意见并予以披露。

全面要约收购上市公司股份、实施以上市公司为对象的公司合并、上市公司全面回购股份以及上市公司自愿解散，应当按照上市公司收购、重组、回购等监管制度及公司法律制度严格履行实施程序。

（三）规范主动退市申请与决定程序。申请其股票退出市场交易，或者转而申请在其他交易场所交易或者转让的上市公司应当在股东大会作出终止上市决议后的15个交易日内，向证券交易所提交退市申请。退市申请至少应当包括股东大会决议、退市申请书、退市后去向安排的说明、异议股东保护的专项说明及证券交易所规定的其他材料。证券交易所应当自上市公司提交退市申请之日起5个交易日内，作出是否受理的决定并通知公司；决定受理的，应当自受理上市公司提交的退市申请之日起15个交易日内，重点从保护投资者特别是中小投资者权益的角度，在审查决策程序合规性的基础上，作出同意或者不同意其股票终止上市交易的决定。

因全面要约收购上市公司股份、实施以上市公司为对象的公司合并、上市公司全面回购股份以及上市公司自愿解散，导致公司股票退出市场交易的，证券交易所应当在上市公司公告回购或者收购结果、完成合并交易、作出解散决议之日起15个交易日内，作出终止其股票上市的决定。

建立上市公司主动退市的专门报告制度。证券交易所应当在作出同意或者不同意上市公司主动退市决定之日起15个工作日内，以及上市公司退出市场交易之日起15个工作日内，将上市公司主动退市情况报告证监会。

（四）健全主动退市的配套政策措施。完善上市公司收购制度，丰富要约收购履约保证形式，研究建立包括触发条件、救济程序等内容的余股强制挤出制度。完善上市公司股份回购制度，允许上市公司公开发行优先股以回购发行在外的普通股。制定上市公司吸收合并专门制度规范。研究丰富并购融资工具。完善非上市公众公司并购重组制度，对包括退市公司在内的非上市公众公司并购重组的条件、程序、披露要求等作出规范。

上市公司在出现股价低于每股净资产等情形时部分乃至全面回购股份，导致公司股票退出市场交易的，公司可以申请再次公开发行证券，或者向其选择的证券交易所申请重新上市。存在强制退市可能的上市公司在触及强制退市指标前，实施主动退市，在消除可能导致强制退市的情形后，可以重新申请上市。涉嫌欺诈发行的公司或其控股股东、实际控制人，在受到证监会行政处罚前，按照公开承诺回购或者收购全部新股，赔偿中小投资者经济损失，及时申请其股票退出市场交易的，可以从轻或者减轻处罚。

证券交易所可以通过设定差异化的上市年费、提高信息披露要求等经济或者自律方式，加大存在强制退市可能的上市公司维持上市地位的成本，引导其主动退出交易所市场。

二、实施重大违法公司强制退市制度

（五）对重大违法公司实施暂停上市、终止上市。上市公司构成欺诈发行、重大信息披露违法或者其他涉及国家安全、公共安全、生态安全、生产安全和公众健康安全等领域的重大违法行为的，证券交易所应当严格依法作出暂停、终止公司股票上市交易的决定。

证券交易所应当制定上市公司因重大违法行为暂停上市、终止上市实施规则。

三、严格执行不满足交易标准要求的强制退市指标

证券交易所应当在继续严格执行其上市规则等文件中已经规定的各项相关退市指标的基础上，及时补充并适时调整完善以下指标：

（六）关于股本总额、股权分布的退市指标。因股本总额发生变化不再具备上市条件，在证券交易所规定的期限内仍不能达到上市条件的上市公司，证券交易所应当依法终止其股票上市交易。证券交易所可以针对不同板块，在上市条件中规定不同的股本总额要求。

社会公众持股比例不足公司股份总数25%的上市公司，或者股本总额超过人民币4亿元，社会公众持股比例不足公司股份总数10%的上市公司，在证券交易所规定的期限内仍不能达到上市条件的，证券交易所应当终止其股票上市交易。证券交易所应当制定基于单一股东最低持股量及股东人数最低要求等能够动态反映股权分布状况的退市指标。

（七）关于股票成交量的退市指标。上市公司股票流动性严重不足，已经不再适合公开交易，证券交易所应当及时终止其上市交易。证券交易所可以针对不同板块，在综合分析该板块股票交易总体情况的基础上，对于一定期限内股票累计成交量的最低限额作出具

体规定，并根据实施效果，适时予以调整。

（八）关于股票市值的退市指标。公司股票连续 20 个交易日（不含停牌交易日）每日收盘价均低于股票面值的，证券交易所应当终止其上市交易。

四、严格执行体现公司财务状况的强制退市指标

证券交易所应当在继续严格执行其上市规则等文件中已经规定的各项相关退市指标的基础上，及时补充并适时调整完善以下指标：

（九）关于公司净利润、净资产、营业收入、审计意见类型的退市指标。上市公司因净利润、净资产、营业收入、审计意见类型或者追溯重述后的净利润、净资产、营业收入等触及规定标准，其股票被暂停上市交易后，公司披露的最近一个会计年度经审计的财务会计报告存在扣除非经常性损益前后的净利润孰低者为负值、期末净资产为负值、营业收入低于证券交易所规定数额或者被会计师事务所出具保留意见、无法表示意见、否定意见的审计报告等情形之一的，证券交易所应当终止其股票上市交易。

（十）关于未在规定期限内依法如实披露的退市指标。公司在证券交易所规定的期限内，未改正财务会计报告中的重大差错或者虚假记载的，证券交易所应当终止其股票上市交易。法定期限届满后，公司在证券交易所规定的期限内，依然未能披露年度报告或者半年度报告的，证券交易所应当终止其股票上市交易。公司因净利润、净资产、营业收入、审计意见类型或者追溯重述后的净利润、净资产、营业收入等触及规定标准，其股票被暂停上市交易，不能在法定期限内披露最近一个会计年度的年度报告的，证券交易所应当终止其股票上市交易。

五、完善与退市相关的配套制度安排

（十一）严格执行恢复上市程序。证券交易所应当明确暂停上市公司提出恢复上市申请及证券交易所作出相应决定的时限要求。在规定期限内未提出恢复上市申请或不符合恢复上市条件的，证券交易所应当终止其股票上市交易。提交的申请材料不全且逾期未补充的，证券交易所应当及时作出终止其股票上市交易的决定。

（十二）限制相关主体股份减持行为。上市公司首次公开发行股票申请或者披露文件，存在虚假记载、误导性陈述或者重大遗漏，被证监会立案稽查的，在形成案件调查结论前，上市公司控股股东、实际控制人、董事、监事、高级管理人员、持有首次公开发行股票前已发行股份的股东及其他持有法律、行政法规、证监会规定、证券交易所规则规定的限售股的股东或者自愿承诺股份限售的股东，应当遵守在公开募集及上市文件或者其他文件中作出的公开承诺，暂停转让其拥有权益的股份。上市公司发行新股申请或者披露文件，或者构成重组上市的重大资产重组申请或者相关披露文件出现上述情形的，在形成案件调查结论前，上市公司控股股东、实际控制人、董事、监事、高级管理人员、重组方及其一致行动人、上市公司购买资产对应经营实体的股份或者股权持有人，及其他持有法律、行政法规、证监会规定、证券交易所规则规定的限售股的股东或者自愿承诺股份限售的股东，应当遵守在信息披露文件或者其他文件中作出的公开承诺，暂停转让其拥有权益的股份。证券交易所和证券登记结算机构应当采取相应措施，确保控股股东、实际控制人、重组方及其他承诺主体切实履行上述承诺。

（十三）设立“退市整理期”。对于股票已经被证券交易所决定终止上市交易的强制退市公司，证券交易所应当设置“退市整理期”，在其退市前给予30个交易日的股票交易时间。在股票被证券交易所决定终止上市交易前，经董事会决议通过并已公告筹划重大资产重组事项的强制退市公司应当召开股东大会，对公司股票是否进入“退市整理期”交易进行表决，证券交易所应当按照股东大会决议对公司股票是否进入“退市整理期”交易作出安排。“退市整理期”公司的并购重组行政许可申请将不再受理；已经受理的，应当终止审核。证券交易所应当建立参与“退市整理期”股票交易的投资者适当性制度。

（十四）明确公司退市后的去向及交易安排。主动退市公司可以选择在证券交易场所交易或者转让其股票，或者依法作出其他安排。

强制退市公司股票应当统一在全国中小企业股份转让系统设立的专门层次挂牌转让。

（十五）明确重新上市条件及程序。主动退市公司可以随时向其选择的证券交易所提出重新上市申请。强制退市公司在证券交易所规定的间隔期届满后，可以向其选择的证券交易所提出重新上市申请。退市公司拟申请重新上市的，应当召开股东大会，对申请重新上市事项作出决议，股东大会决议须经出席股东大会的股东所持表决权的2/3以上通过。证券交易所应当制定退市公司重新上市的具体规定，在条件、程序、信息披露、交易安排等方面，可以区分主动退市公司与强制退市公司，以及强制退市公司所触及强制退市指标的不同作出差异化安排。

六、加强退市公司投资者合法权益保护

（十六）认真贯彻执行投资者保护的总体性要求。保护投资者特别是中小投资者合法权益，是退市制度的重要政策目标，也是退市工作的重中之重。要在退市工作的各个环节，认真落实《国务院办公厅关于进一步加强资本市场中小投资者合法权益保护工作的意见》的要求。

（十七）强化上市公司退市前的信息披露义务。证券交易所应当依照《证券法》及其配套的证券监管规定，有针对性地完善主动退市公司、强制退市公司的信息披露规则。上市公司退市前应当及时、准确、完整地持续披露其股票可能暂停或者终止上市交易的提示性公告。严厉打击虚假陈述、内幕交易、操纵市场等违法行为。

（十八）完善主动退市公司异议股东保护机制。主动退市公司应当在其公司章程中对主动退市股东大会表决机制以及对决议持异议股东的回购请求权、现金选择权等作出专门安排。

（十九）明确重大违法公司及相关责任主体的民事赔偿责任。上市公司存在本意见规定的重大违法行为，公司及其控股股东、实际控制人、董事、监事、高级管理人员等相关责任主体，应当按照《证券法》、《国务院办公厅关于进一步加强资本市场中小投资者合法权益保护工作的意见》的规定，赔偿投资者损失；或者根据信息披露文件中的公开承诺内容或者其他协议安排，通过回购股份等方式赔偿投资者损失。

七、进一步落实退市工作责任

（二十）明确强制退市公司相关责任主体的工作要求。强制退市公司的控股股东、实际控制人、董事、监事、高级管理人员等相关责任主体，应当按照本意见的规定履行有关义务及公开承诺要求，积极配合地方政府、证监会及其派出机构、证券交易所做好退市相关工作，切实履行公司退市后正常生产经营的各项职责。

（二十一）认真做好政策配套和监测应对工作。证监会及其派出机构要按照简政放权、监管转型的要求，积极稳妥推进股票发行注册制改革和公司并购重组制度改革，营造与退市市场化、法治化、常态化要求相适应的政策环境。要鼓励依法开展并购方式、并购工具创新。要加强舆论宣传，引导各类市场主体正确认识和理解退市的本质及其基本功能，树立退市的正确理念。要针对有条件、有意愿实施主动退市的上市公司，做好政策说明与指导工作。要在上市公司日常监管中，密切关注上市公司的财务状况、交易状况、合规状况，持续跟踪存在强制退市可能的上市公司，通过实地走访、现场检查等方式，及时掌握情况，有效形成预判，提前制定上市公司退市风险应急处置预案。要与证券交易场所、国务院有关部门、地方政府建立更为顺畅的信息通报、共享机制，对于存在强制退市可能的上市公司，应当提前将有关情况通报地方政府。

（二十二）切实加强退市实施工作的统筹和协调。证券交易所要建立健全退市工作协调机制，及时制定各方联动的工作方案。要进一步加强与地方政府、国务院有关部门的沟通协调，积极推动地方政府将上市公司退市维稳工作有机纳入地方维稳工作机制和工作体系，配合地方政府妥善做好职工、债权人、股东及其他利益相关方的安置安抚、解释疏导与纠纷处置等工作，维护上市公司的经营秩序、财产安全与社会稳定。要高度重视舆情监测和舆论引导，及时掌握媒体及市场各方的反应，并通过有理有据、务实高效的措施综合应对处理。要及时分析、研判退市制度执行过程中出现的新情况、新问题，采取有效措施，切实加以解决。

（二十三）证券交易所应当依法履行退市工作职责。证券交易所是实施退市制度的责任主体，应当按照本意见的要求，及时完善上市规则及其配套规则，并严格执行。对于应当退市的公司，必须按照“出现一家、退市一家”的原则，坚决维护退市制度的严肃性和权威性。证券交易所应当督促退市公司依法及时、准确、完整地披露与退市有关的信息。证监会要切实加强对证券交易所的监督检查，确保本意见各项工作要求的严格执行和落实。

本意见自2014年11月16日起施行。

附件：上市公司退市情形一览表

附件

上市公司退市情形一览表

序号	主动退市
1	上市公司在履行必要的决策程序后，主动向证券交易所提出申请，撤回其股票在该交易所的交易，并决定不再在交易所交易
2	上市公司在履行必要的决策程序后，主动向证券交易所提出申请，撤回其股票在该交易所的交易，并转而申请在其他交易场所交易或者转让
3	上市公司向所有股东发出回购全部股份或者部分股份的要约，导致公司股本总额、股权分布等发生变化不再具备上市条件，其股票按照证券交易所规则退出市场交易
4	上市公司股东向所有其他股东发出收购全部股份或者部分股份的要约，导致公司股本总额、股权分布等发生变化不再具备上市条件，其股票按照证券交易所规则退出市场交易
5	除上市公司股东外的其他收购人向所有股东发出收购全部股份或者部分股份的要约，导致公司股本总额、股权分布等发生变化不再具备上市条件，其股票按照证券交易所规则退出市场交易
6	上市公司因新设合并或者吸收合并，不再具有独立主体资格并被注销，其股票按照证券交易所规则退出市场交易
7	上市公司股东大会决议解散，其股票按照证券交易所规则退出市场交易
	强制退市
8	上市公司存在欺诈发行、重大信息披露违法或者其他涉及国家安全、公共安全、生态安全、生产安全和公众健康安全等领域的重大违法行为
9	上市公司股本总额发生变化不再具备上市条件，且在证券交易所规定的期限内仍不能达到上市条件
10	上市公司社会公众持股比例不足公司股份总数的25%，或者公司股本总额超过4亿元，社会公众持股比例不足公司股份总数的10%，且在证券交易所规定的期限内仍不能达到上市条件
11	上市公司股票在一定期限内累计成交量低于证券交易所规定的最低限额
12	上市公司股票连续20个交易日（不含停牌交易日）每日股票收盘价均低于股票面值
13	上市公司因净利润、净资产、营业收入、审计意见类型或者追溯重述后的净利润、净资产、营业收入等触及规定标准，其股票被暂停上市后，公司披露的最近一个会计年度经审计的财务会计报告显示扣除非经常性损益前、后的净利润孰低者为负值
14	上市公司因净利润、净资产、营业收入、审计意见类型或者追溯重述后的净利润、净资产、营业收入等触及规定标准，其股票被暂停上市后，公司披露的最近一个会计年度经审计的财务会计报告显示期末净资产为负值
15	上市公司因净利润、净资产、营业收入、审计意见类型或者追溯重述后的净利润、净资产、营业收入等触及规定标准，其股票被暂停上市后，公司披露的最近一个会计年度经审计的财务会计报告显示营业收入低于证券交易所规定数额

续表

序号	强制退市
16	上市公司因净利润、净资产、营业收入、审计意见类型或者追溯重述后的净利润、净资产、营业收入等触及规定标准，其股票被暂停上市后，公司披露的最近一个会计年度经审计的财务会计报告被会计师事务所出具否定意见、无法表示意见或者保留意见
17	上市公司在证券交易所规定期限内，未改正财务会计报告中的重大差错或者虚假记载
18	法定期限届满后，上市公司在证券交易所规定的期限内，依然未能披露年度报告或者半年度报告
19	上市公司因净利润、净资产、营业收入、审计意见类型或者追溯重述后的净利润、净资产、营业收入等触及规定标准，其股票被暂停上市，不能在法定期限内披露最近一个会计年度的年度报告
20	上市公司股票被暂停上市后在规定期限内未提出恢复上市申请
21	上市公司股票被暂停上市后其向交易所提交的恢复上市申请材料不全且逾期未补充
22	上市公司股票被暂停上市后其恢复上市申请未获证券交易所同意
23	上市公司被法院宣告破产
24	证券交易所规定的其他情形

4.1.6

关于完善上市公司股票停复牌制度的指导意见

（2018 年 11 月 6 日　证监会公告〔2018〕34 号）

为促进上市公司规范治理、提升质量，确保上市公司股票停复牌信息披露及时、公平，维护市场交易秩序，保护广大中小投资者合法权益，促进资本市场持续稳定健康发展，根据《公司法》《证券法》等有关规定，现就完善上市公司股票停复牌制度，提出如下指导意见。

一、明确上市公司股票停复牌基本原则

（一）审慎停牌原则。上市公司应当审慎停牌，以不停牌为原则、停牌为例外，短期停牌为原则、长期停牌为例外，间断性停牌为原则、连续性停牌为例外，不得随意停牌或者无故拖延复牌时间，并应采取有效措施防止出现长期停牌等情况。

（二）分阶段披露原则。上市公司发生重大事项，持续时间较长的，应当按照及时披露的原则，分阶段披露有关事项进展的具体情况。上市公司不应以相关事项结果尚不确定为由随意申请股票停牌。

（三）严格保密原则。上市公司及其股东、实际控制人，董事、监事、高级管理人员和其他交易各方，以及提供服务的证券公司、证券服务机构等相关主体，在筹划、实施可能对公司股票交易价格产生较大影响的重大事项过程中，应当切实履行法定保密义务，建立健全保密制度，做好信息管理和内幕信息知情人登记工作。不得以申请上市公司股票停牌代替相关各方的保密义务。

二、健全上市公司股票停复牌申请制度

（一）明确重大事项停牌的差异化安排。证券交易所应当进一步减少上市公司可以申请股票停牌的重大事项类型，并根据不同类型的重大事项，对停牌期限、决策程序、信息披露要求等作出差异化安排。

（二）压缩重大事项停牌期限。证券交易所应当进一步缩短上市公司因重大事项申请股票停牌的期限，明确各类型重大事项停牌的最长期限。上市公司股票超过规定期限仍不复牌的，原则上应当强制其股票复牌。

上市公司破产重整期间原则上股票不停牌。证券交易所应当明确破产重整期间的分阶段信息披露要求，并可以根据市场实际情况，对破产重整期间股票停牌作出细化安排。

证监会并购重组委审核上市公司重大资产重组申请的，上市公司股票在并购重组委工作会议召开当天应当停牌。

（三）严格上市公司股票停复牌的申请程序。上市公司申请其股票停复牌，应当符合证券交易所规定的条件和程序。

证券交易所应当明确上市公司申请股票停牌的自律管理要求，采取形式审核和实质审核相结合的方式，关注上市公司是否具备充足的停牌理由。证券交易所认为不符合规定事由或者不宜停牌的，应当拒绝上市公司股票停牌申请。

证券市场交易出现极端异常情况，为维护市场交易的连续性，证券交易所可以根据市场实际情况，暂停办理上市公司股票停牌申请。

（四）明晰长期停牌的程序。上市公司应当审慎办理股票停牌、延期复牌等事项；确需长期停牌的，应当按照证券交易所规定履行程序。

三、强化上市公司股票停复牌信息披露要求

（一）提高初始停牌时的信息披露标准。上市公司因筹划重大事项提出股票停牌申请的，应当根据证券交易所的规定，披露重大事项类型、交易标的名称、交易对手方、中介机构情况、停牌期限、预计复牌时间等信息。信息披露内容应当明确、具体，不得含糊、笼统。

（二）严格履行强制停复牌的信息披露义务。上市公司股票被证券交易所实施强制停牌或者复牌，或者其股票停复牌申请被证券交易所拒绝的，应当按照证券交易所的规定公开披露。

（三）强化上市公司股票停牌期间的分阶段披露要求。上市公司股票停牌期间，停牌相关事项出现证券交易所规定的情形，或者出现重大进展或变化的，上市公司应当按照证券交易所的规定及时、分阶段披露有关情况。

上市公司应当按照证券交易所规定，进一步贯彻重组预案、草案分阶段披露制度，强化重大资产重组预案披露，在达到预案披露标准时予以披露并复牌。

四、做好相关配套工作

（一）完善停复牌自律规则等配套制度。证券交易所应当进一步完善有关上市公司股票停复牌的自律规则，对停牌原则、类型、期限、程序、信息披露等作出具体规定，并根据实施情况及时调整补充，做好自律管理服务工作。

同时，证券交易所应当建立股票停牌时间与成分股指数剔除挂钩机制和停牌信息公示制度，并定期向市场公告上市公司股票停牌频次、时长排序情况，督促上市公司采取措施减少股票停牌。

（二）严格追究上市公司股票停复牌涉及的违法违规行为的法律责任。对违反证券交易所规则随意停牌、拖延复牌时间，或者不履行相应程序和信息披露义务等行为，证券交易所应当采取相应的自律管理措施，对涉嫌违反法律、行政法规及证监会规定的行为，及时报证监会处理。

对于实践中出现的随意停牌、长期停牌、信息披露不充分不清晰，以及利用停复牌进行控制权之争等不当行为，证监会将加大监管执法力度，并严厉打击内幕交易等违法违规行为，依法严格追究违法违规主体的法律责任。

4.2 公司治理

4.2.1

关于上市公司总经理及高层管理人员不得在控股股东单位兼职的通知

（1999 年 5 月 6 日　证监公司字〔1999〕22 号）

各证券监管办公室（直属办）、证券监管特派员办事处：

为保证上市公司与控股股东在人员、资产、财务上严格分开，现就上市公司总经理及高层管理人员不得在控股股东单位兼职等问题通知如下：

一、上市公司的总经理必须专职，总经理在集团等控股股东单位不得担任除董事以外的其他行政职务。

二、总经理及高层管理人员（副总经理、财务主管和董事会秘书）必须在上市公司领薪，不得由控股股东代发薪水。

4.2.2

关于在上市公司建立独立董事制度的指导意见

（2001年8月16日　证监发〔2001〕102号）

为进一步完善上市公司治理结构，促进上市公司规范运作，现就上市公司建立独立的外部董事（以下简称独立董事）制度提出以下指导意见：

一、上市公司应当建立独立董事制度

（一）上市公司独立董事是指不在公司担任除董事外的其他职务，并与其所受聘的上市公司及其主要股东不存在可能妨碍其进行独立客观判断的关系的董事。

（二）独立董事对上市公司及全体股东负有诚信与勤勉义务。独立董事应当按照相关法律法规、本指导意见和公司章程的要求，认真履行职责，维护公司整体利益，尤其要关注中小股东的合法权益不受损害。独立董事应当独立履行职责，不受上市公司主要股东、实际控制人，或者其他与上市公司存在利害关系的单位或个人的影响。独立董事原则上最多在5家上市公司兼任独立董事，并确保有足够的时间和精力有效地履行独立董事的职责。

（三）各境内上市公司应当按照本指导意见的要求修改公司章程，聘任适当人员担任独立董事，其中至少包括一名会计专业人士（会计专业人士是指具有高级职称或注册会计师资格的人士）。在二〇〇二年六月三十日前，董事会成员中应当至少包括2名独立董事；在二〇〇三年六月三十日前，上市公司董事会成员中应当至少包括三分之一独立董事。

（四）独立董事出现不符合独立性条件或其他不适宜履行独立董事职责的情形，由此造成上市公司独立董事达不到本《指导意见》要求的人数时，上市公司应按规定补足独立董事人数。

（五）独立董事及拟担任独立董事的人士应当按照中国证监会的要求，参加中国证监会及其授权机构所组织的培训。

二、独立董事应当具备与其行使职权相适应的任职条件

担任独立董事应当符合下列基本条件：

（一）根据法律、行政法规及其他有关规定，具备担任上市公司董事的资格；

（二）具有本《指导意见》所要求的独立性；

（三）具备上市公司运作的基本知识，熟悉相关法律、行政法规、规章及规则；

（四）具有五年以上法律、经济或者其他履行独立董事职责所必需的工作经验；

（五）公司章程规定的其他条件。

三、独立董事必须具有独立性

下列人员不得担任独立董事：

（一）在上市公司或者其附属企业任职的人员及其直系亲属、主要社会关系（直系亲属是指配偶、父母、子女等；主要社会关系是指兄弟姐妹、岳父母、儿媳女婿、兄弟姐妹的配偶、配偶的兄弟姐妹等）；

（二）直接或间接持有上市公司已发行股份1%以上或者是上市公司前十名股东中的自然人股东及其直系亲属；

（三）在直接或间接持有上市公司已发行股份5%以上的股东单位或者在上市公司前五名股东单位任职的人员及其直系亲属；

（四）最近一年内曾经具有前三项所列举情形的人员；

（五）为上市公司或者其附属企业提供财务、法律、咨询等服务的人员；

（六）公司章程规定的其他人员；

（七）中国证监会认定的其他人员。

四、独立董事的提名、选举和更换应当依法、规范地进行

（一）上市公司董事会、监事会、单独或者合并持有上市公司已发行股份1%以上的股东可以提出独立董事候选人，并经股东大会选举决定。

（二）独立董事的提名人在提名前应当征得被提名人的同意。提名人应当充分了解被提名人职业、学历、职称、详细的工作经历、全部兼职等情况，并对其担任独立董事的资格和独立性发表意见，被提名人应当就其本人与上市公司之间不存在任何影响其独立客观判断的关系发表公开声明。

在选举独立董事的股东大会召开前，上市公司董事会应当按照规定公布上述内容。

（三）在选举独立董事的股东大会召开前，上市公司应将所有被提名人的有关材料同时报送中国证监会、公司所在地中国证监会派出机构和公司股票挂牌交易的证券交易所。上市公司董事会对被提名人的有关情况有异议的，应同时报送董事会的书面意见。

中国证监会在15个工作日内对独立董事的任职资格和独立性进行审核。对中国证监会持有异议的被提名人，可作为公司董事候选人，但不作为独立董事候选人。

在召开股东大会选举独立董事时，上市公司董事会应对独立董事候选人是否被中国证监会提出异议的情况进行说明。

对于本《指导意见》发布前已担任上市公司独立董事的人士，上市公司应将前述材料在本《指导意见》发布实施起一个月内报送中国证监会、公司所在地中国证监会派出机构和公司股票挂牌交易的证券交易所。

（四）独立董事每届任期与该上市公司其他董事任期相同，任期届满，连选可以连任，但是连任时间不得超过六年。

（五）独立董事连续 3 次未亲自出席董事会会议的，由董事会提请股东大会予以撤换。

除出现上述情况及《公司法》中规定的不得担任董事的情形外，独立董事任期届满前不得无故被免职。提前免职的，上市公司应将其作为特别披露事项予以披露，被免职的独立董事认为公司的免职理由不当的，可以作出公开的声明。

（六）独立董事在任期届满前可以提出辞职。独立董事辞职应向董事会提交书面辞职报告，对任何与其辞职有关或其认为有必要引起公司股东和债权人注意的情况进行说明。

如因独立董事辞职导致公司董事会中独立董事所占的比例低于本《指导意见》规定的最低要求时，该独立董事的辞职报告应当在下任独立董事填补其缺额后生效。

五、上市公司应当充分发挥独立董事的作用

（一）为了充分发挥独立董事的作用，独立董事除应当具有公司法和其他相关法律、法规赋予董事的职权外，上市公司还应当赋予独立董事以下特别职权：

1. 重大关联交易（指上市公司拟与关联人达成的总额高于 300 万元或高于上市公司最近经审计净资产值的 5% 的关联交易）应由独立董事认可后，提交董事会讨论；独立董事作出判断前，可以聘请中介机构出具独立财务顾问报告，作为其判断的依据。

2. 向董事会提议聘用或解聘会计师事务所；

3. 向董事会提请召开临时股东大会；

4. 提议召开董事会；

5. 独立聘请外部审计机构和咨询机构；

6. 可以在股东大会召开前公开向股东征集投票权。

（二）独立董事行使上述职权应当取得全体独立董事的二分之一以上同意。

（三）如上述提议未被采纳或上述职权不能正常行使，上市公司应将有关情况予以披露。

（四）如果上市公司董事会下设薪酬、审计、提名等委员会的，独立董事应当在委员会成员中占有二分之一以上的比例。

六、独立董事应当对上市公司重大事项发表独立意见

（一）独立董事除履行上述职责外，还应当对以下事项向董事会或股东大会发表独立意见：

1. 提名、任免董事；

2. 聘任或解聘高级管理人员；

3. 公司董事、高级管理人员的薪酬；

4. 上市公司的股东、实际控制人及其关联企业对上市公司现有或新发生的总额高于 300 万元或高于上市公司最近经审计净资产值的 5% 的借款或其他资金往来，以及公司是否采取有效措施回收欠款；

5. 独立董事认为可能损害中小股东权益的事项；

6. 公司章程规定的其他事项。

（二）独立董事应当就上述事项发表以下几类意见之一：同意；保留意见及其理由；反对意见及其理由；无法发表意见及其障碍。

（三）如有关事项属于需要披露的事项，上市公司应当将独立董事的意见予以公告，独立董事出现意见分歧无法达成一致时，董事会应将各独立董事的意见分别披露。

七、为了保证独立董事有效行使职权，上市公司应当为独立董事提供必要的条件

（一）上市公司应当保证独立董事享有与其他董事同等的知情权。凡须经董事会决策的事项，上市公司必须按法定的时间提前通知独立董事并同时提供足够的资料，独立董事认为资料不充分的，可以要求补充。当2名或2名以上独立董事认为资料不充分或论证不明确时，可联名书面向董事会提出延期召开董事会会议或延期审议该事项，董事会应予以采纳。

上市公司向独立董事提供的资料，上市公司及独立董事本人应当至少保存5年。

（二）上市公司应提供独立董事履行职责所必需的工作条件。上市公司董事会秘书应积极为独立董事履行职责提供协助，如介绍情况、提供材料等。独立董事发表的独立意见、提案及书面说明应当公告的，董事会秘书应及时到证券交易所办理公告事宜。

（三）独立董事行使职权时，上市公司有关人员应当积极配合，不得拒绝、阻碍或隐瞒，不得干预其独立行使职权。

（四）独立董事聘请中介机构的费用及其他行使职权时所需的费用由上市公司承担。

（五）上市公司应当给予独立董事适当的津贴。津贴的标准应当由董事会制订预案，股东大会审议通过，并在公司年报中进行披露。

除上述津贴外，独立董事不应从该上市公司及其主要股东或有利害关系的机构和人员取得额外的、未予披露的其他利益。

（六）上市公司可以建立必要的独立董事责任保险制度，以降低独立董事正常履行职责可能引致的风险。

4.2.3

上市公司治理准则

（2018年9月30日　证监会公告〔2018〕29号）

第一章　总　　则

第一条　为规范上市公司运作，提升上市公司治理水平，保护投资者合法权益，促进我国资本市场稳定健康发展，根据《中华人民共和国公司法》（以下简称《公司法》）、《中华人民共和国证券法》及相关法律、行政法规等确定的基本原则，借鉴境内外公司治理实践经验，制定本准则。

第二条　本准则适用于依照《公司法》设立且股票在中国境内证券交易所上市交易的股份有限公司。

上市公司应当贯彻本准则所阐述的精神，改善公司治理。上市公司章程及与治理相关的文件，应当符合本准则的要求。鼓励上市公司根据自身特点，探索和丰富公司治理实践，提升公司治理水平。

第三条　上市公司应当贯彻落实创新、协调、绿色、开放、共享的发展理念，弘扬优秀企业家精神，积极履行社会责任，形成良好公司治理实践。

上市公司治理应当健全、有效、透明，强化内部和外部的监督制衡，保障股东的合法权利并确保其得到公平对待，尊重利益相关者的基本权益，切实提升企业整体价值。

第四条　上市公司股东、实际控制人、董事、监事、高级管理人员，应当依照法律、行政法规、部门规章、规范性文件（以下统称法律法规）和自律规则行使权利、履行义务，维护上市公司利益。董事、监事、高级管理人员应当持续学习，不断提高履职能力，忠实、勤勉、谨慎履职。

第五条　在上市公司中，根据《公司法》的规定，设立中国共产党的组织，开展党的活动。上市公司应当为党组织的活动提供必要条件。

国有控股上市公司根据《公司法》和有关规定，结合企业股权结构、经营管理等实际，把党建工作有关要求写入公司章程。

第六条　中国证监会及其派出机构依法对上市公司治理活动及相关主体的行为进行监督管理，对公司治理存在重大问题的，督促其采取有效措施予以改善。

证券交易所、中国上市公司协会以及其他证券基金期货行业自律组织，依照本准则规定，制定相关自律规则，对上市公司加强自律管理。

中国证监会及其派出机构和有关自律组织，可以对上市公司治理状况进行评估，促进其不断改善公司治理。

第二章 股东与股东大会

第一节 股东权利

第七条 股东依照法律法规和公司章程享有权利并承担义务。

上市公司章程、股东大会决议或者董事会决议等应当依法合规，不得剥夺或者限制股东的法定权利。

第八条 在上市公司治理中，应当依法保障股东权利，注重保护中小股东合法权益。

第九条 上市公司应当建立与股东畅通有效的沟通渠道，保障股东对公司重大事项的知情、参与决策和监督等权利。

第十条 上市公司应当积极回报股东，在公司章程中明确利润分配办法尤其是现金分红政策。上市公司应当披露现金分红政策制定及执行情况，具备条件而不进行现金分红的，应当充分披露原因。

第十一条 股东有权依照法律、行政法规的规定，通过民事诉讼或者其他法律手段维护其合法权利。

第二节 股东大会的规范

第十二条 上市公司应当在公司章程中规定股东大会的召集、召开和表决等程序。

上市公司应当制定股东大会议事规则，并列入公司章程或者作为章程附件。

第十三条 股东大会提案的内容应当符合法律法规和公司章程的有关规定，属于股东大会职权范围，有明确议题和具体决议事项。

第十四条 上市公司应当在公司章程中规定股东大会对董事会的授权原则，授权内容应当明确具体。股东大会不得将法定由股东大会行使的职权授予董事会行使。

第十五条 股东大会会议应当设置会场，以现场会议与网络投票相结合的方式召开。现场会议时间、地点的选择应当便于股东参加。上市公司应当保证股东大会会议合法、有效，为股东参加会议提供便利。股东大会应当给予每个提案合理的讨论时间。

股东可以本人投票或者依法委托他人投票，两者具有同等法律效力。

第十六条 上市公司董事会、独立董事和符合有关条件的股东可以向公司股东征集其在股东大会上的投票权。上市公司及股东大会召集人不得对股东征集投票权设定最低持股比例限制。

投票权征集应当采取无偿的方式进行，并向被征集人充分披露具体投票意向等信息。不得以有偿或者变相有偿的方式征集股东投票权。

第十七条 董事、监事的选举，应当充分反映中小股东意见。股东大会在董事、监事选举中应当积极推行累积投票制。单一股东及其一致行动人拥有权益的股份比例在30%及以上的上市公司，应当采用累积投票制。采用累积投票制的上市公司应当在公司章程中规定实施细则。

第三章　董事与董事会

第一节　董事的选任

第十八条　上市公司应当在公司章程中规定规范、透明的董事提名、选任程序，保障董事选任公开、公平、公正。

第十九条　上市公司应当在股东大会召开前披露董事候选人的详细资料，便于股东对候选人有足够的了解。

董事候选人应当在股东大会通知公告前作出书面承诺，同意接受提名，承诺公开披露的候选人资料真实、准确、完整，并保证当选后切实履行董事职责。

第二十条　上市公司应当和董事签订合同，明确公司和董事之间的权利义务、董事的任期、董事违反法律法规和公司章程的责任以及公司因故提前解除合同的补偿等内容。

第二节　董事的义务

第二十一条　董事应当遵守法律法规及公司章程有关规定，忠实、勤勉、谨慎履职，并履行其作出的承诺。

第二十二条　董事应当保证有足够的时间和精力履行其应尽的职责。

董事应当出席董事会会议，对所议事项发表明确意见。董事本人确实不能出席的，可以书面委托其他董事按其意愿代为投票，委托人应当独立承担法律责任。独立董事不得委托非独立董事代为投票。

第二十三条　董事应当对董事会的决议承担责任。董事会的决议违反法律法规或者公司章程、股东大会决议，致使上市公司遭受严重损失的，参与决议的董事对公司负赔偿责任。但经证明在表决时曾表明异议并记载于会议记录的，该董事可以免除责任。

第二十四条　经股东大会批准，上市公司可以为董事购买责任保险。责任保险范围由合同约定，但董事因违反法律法规和公司章程规定而导致的责任除外。

第三节　董事会的构成和职责

第二十五条　董事会的人数及人员构成应当符合法律法规的要求，专业结构合理。董事会成员应当具备履行职责所必需的知识、技能和素质。鼓励董事会成员的多元化。

第二十六条　董事会对股东大会负责，执行股东大会的决议。

董事会应当依法履行职责，确保上市公司遵守法律法规和公司章程的规定，公平对待所有股东，并关注其他利益相关者的合法权益。

第二十七条　上市公司应当保障董事会依照法律法规和公司章程的规定行使职权，为董事正常履行职责提供必要的条件。

第二十八条 上市公司设董事会秘书，负责公司股东大会和董事会会议的筹备及文件保管、公司股东资料的管理、办理信息披露事务、投资者关系工作等事宜。

董事会秘书作为上市公司高级管理人员，为履行职责有权参加相关会议，查阅有关文件，了解公司的财务和经营等情况。董事会及其他高级管理人员应当支持董事会秘书的工作。任何机构及个人不得干预董事会秘书的正常履职行为。

第四节 董事会议事规则

第二十九条 上市公司应当制定董事会议事规则，报股东大会批准，并列入公司章程或者作为章程附件。

第三十条 董事会应当定期召开会议，并根据需要及时召开临时会议。董事会会议议题应当事先拟定。

第三十一条 董事会会议应当严格依照规定的程序进行。董事会应当按规定的时间事先通知所有董事，并提供足够的资料。两名及以上独立董事认为资料不完整或者论证不充分的，可以联名书面向董事会提出延期召开会议或者延期审议该事项，董事会应当予以采纳，上市公司应当及时披露相关情况。

第三十二条 董事会会议记录应当真实、准确、完整。出席会议的董事、董事会秘书和记录人应当在会议记录上签名。董事会会议记录应当妥善保存。

第三十三条 董事会授权董事长在董事会闭会期间行使董事会部分职权的，上市公司应当在公司章程中明确规定授权的原则和具体内容。上市公司重大事项应当由董事会集体决策，不得将法定由董事会行使的职权授予董事长、总经理等行使。

第五节 独立董事

第三十四条 上市公司应当依照有关规定建立独立董事制度。独立董事不得在上市公司兼任除董事会专门委员会委员外的其他职务。

第三十五条 独立董事的任职条件、选举更换程序等，应当符合有关规定。独立董事不得与其所受聘上市公司及其主要股东存在可能妨碍其进行独立客观判断的关系。

第三十六条 独立董事享有董事的一般职权，同时依照法律法规和公司章程针对相关事项享有特别职权。

独立董事应当独立履行职责，不受上市公司主要股东、实际控制人以及其他与上市公司存在利害关系的组织或者个人影响。上市公司应当保障独立董事依法履职。

第三十七条 独立董事应当依法履行董事义务，充分了解公司经营运作情况和董事会议题内容，维护上市公司和全体股东的利益，尤其关注中小股东的合法权益保护。独立董事应当按年度向股东大会报告工作。

上市公司股东间或者董事间发生冲突、对公司经营管理造成重大影响的，独立董事应当主动履行职责，维护上市公司整体利益。

第六节 董事会专门委员会

第三十八条 上市公司董事会应当设立审计委员会，并可以根据需要设立战略、提名、薪酬与考核等相关专门委员会。专门委员会对董事会负责，依照公司章程和董事会授权履行职责，专门委员会的提案应当提交董事会审议决定。

专门委员会成员全部由董事组成，其中审计委员会、提名委员会、薪酬与考核委员会中独立董事应当占多数并担任召集人，审计委员会的召集人应当为会计专业人士。

第三十九条 审计委员会的主要职责包括：

（一）监督及评估外部审计工作，提议聘请或者更换外部审计机构；

（二）监督及评估内部审计工作，负责内部审计与外部审计的协调；

（三）审核公司的财务信息及其披露；

（四）监督及评估公司的内部控制；

（五）负责法律法规、公司章程和董事会授权的其他事项。

第四十条 战略委员会的主要职责是对公司长期发展战略和重大投资决策进行研究并提出建议。

第四十一条 提名委员会的主要职责包括：

（一）研究董事、高级管理人员的选择标准和程序并提出建议；

（二）遴选合格的董事人选和高级管理人员人选；

（三）对董事人选和高级管理人员人选进行审核并提出建议。

第四十二条 薪酬与考核委员会的主要职责包括：

（一）研究董事与高级管理人员考核的标准，进行考核并提出建议；

（二）研究和审查董事、高级管理人员的薪酬政策与方案。

第四十三条 专门委员会可以聘请中介机构提供专业意见。专门委员会履行职责的有关费用由上市公司承担。

第四章 监事与监事会

第四十四条 监事选任程序、监事会议事规则制定、监事会会议参照本准则对董事、董事会的有关规定执行。职工监事依照法律法规选举产生。

第四十五条 监事会的人员和结构应当确保监事会能够独立有效地履行职责。监事应当具有相应的专业知识或者工作经验，具备有效履职能力。上市公司董事、高级管理人员不得兼任监事。

上市公司可以依照公司章程的规定设立外部监事。

第四十六条 监事有权了解公司经营情况。上市公司应当采取措施保障监事的知情权，为监事正常履行职责提供必要的协助，任何人不得干预、阻挠。监事履行职责所需的有关费用由公司承担。

第四十七条 监事会依法检查公司财务，监督董事、高级管理人员履职的合法合规性，行使公司章程规定的其他职权，维护上市公司及股东的合法权益。监事会可以独立聘请中介机构提供专业意见。

第四十八条 监事会可以要求董事、高级管理人员、内部及外部审计人员等列席监事会会议，回答所关注的问题。

第四十九条 监事会的监督记录以及进行财务检查的结果应当作为对董事、高级管理人员绩效评价的重要依据。

第五十条 监事会发现董事、高级管理人员违反法律法规或者公司章程的，应当履行监督职责，并向董事会通报或者向股东大会报告，也可以直接向中国证监会及其派出机构、证券交易所或者其他部门报告。

第五章 高级管理人员与公司激励约束机制

第一节 高级管理人员

第五十一条 高级管理人员的聘任，应当严格依照有关法律法规和公司章程的规定进行。上市公司控股股东、实际控制人及其关联方不得干预高级管理人员的正常选聘程序，不得越过股东大会、董事会直接任免高级管理人员。

鼓励上市公司采取公开、透明的方式，选聘高级管理人员。

第五十二条 上市公司应当和高级管理人员签订聘任合同，明确双方的权利义务关系。

高级管理人员的聘任和解聘应当履行法定程序，并及时披露。

第五十三条 上市公司应当在公司章程或者公司其他制度中明确高级管理人员的职责。高级管理人员应当遵守法律法规和公司章程，忠实、勤勉、谨慎地履行职责。

第五十四条 高级管理人员违反法律法规和公司章程规定，致使上市公司遭受损失的，公司董事会应当采取措施追究其法律责任。

第二节 绩效与履职评价

第五十五条 上市公司应当建立公正透明的董事、监事和高级管理人员绩效与履职评价标准和程序。

第五十六条 董事和高级管理人员的绩效评价由董事会或者其下设的薪酬与考核委员会负责组织，上市公司可以委托第三方开展绩效评价。

独立董事、监事的履职评价采取自我评价、相互评价等方式进行。

第五十七条 董事会、监事会应当向股东大会报告董事、监事履行职责的情况、绩效评价结果及其薪酬情况，并由上市公司予以披露。

第三节 薪酬与激励

第五十八条 上市公司应当建立薪酬与公司绩效、个人业绩相联系的机制，以吸引人才，保持高级管理人员和核心员工的稳定。

第五十九条 上市公司对高级管理人员的绩效评价应当作为确定高级管理人员薪酬以及其他激励的重要依据。

第六十条 董事、监事报酬事项由股东大会决定。在董事会或者薪酬与考核委员会对董事个人进行评价或者讨论其报酬时，该董事应当回避。

高级管理人员的薪酬分配方案应当经董事会批准，向股东大会说明，并予以充分披露。

第六十一条 上市公司章程或者相关合同中涉及提前解除董事、监事和高级管理人员任职的补偿内容应当符合公平原则，不得损害上市公司合法权益，不得进行利益输送。

第六十二条 上市公司可以依照相关法律法规和公司章程，实施股权激励和员工持股等激励机制。

上市公司的激励机制，应当有利于增强公司创新发展能力，促进上市公司可持续发展，不得损害上市公司及股东的合法权益。

第六章　控股股东及其关联方与上市公司

第一节　控股股东及其关联方行为规范

第六十三条 控股股东、实际控制人对上市公司及其他股东负有诚信义务。控股股东对其所控股的上市公司应当依法行使股东权利，履行股东义务。控股股东、实际控制人不得利用其控制权损害上市公司及其他股东的合法权益，不得利用对上市公司的控制地位谋取非法利益。

第六十四条 控股股东提名上市公司董事、监事候选人的，应当遵循法律法规和公司章程规定的条件和程序。控股股东不得对股东大会人事选举结果和董事会人事聘任决议设置批准程序。

第六十五条 上市公司的重大决策应当由股东大会和董事会依法作出。控股股东、实际控制人及其关联方不得违反法律法规和公司章程干预上市公司的正常决策程序，损害上市公司及其他股东的合法权益。

第六十六条 控股股东、实际控制人及上市公司有关各方作出的承诺应当明确、具体、可执行，不得承诺根据当时情况判断明显不可能实现的事项。承诺方应当在承诺中作出履行承诺声明、明确违反承诺的责任，并切实履行承诺。

第六十七条 上市公司控制权发生变更的，有关各方应当采取有效措施保持上市公司在过渡期间内稳定经营。出现重大问题的，上市公司应当向中国证监会及其派出机构、证券交易所报告。

第二节　上市公司的独立性

第六十八条 控股股东、实际控制人与上市公司应当实行人员、资产、财务分开，机构、业务独立，各自独立核算、独立承担责任和风险。

第六十九条 上市公司人员应当独立于控股股东。上市公司的高级管理人员在控股股东不得担任除董事、监事以外的其他行政职务。控股股东高级管理人员兼任上市公司董事、监事的，应当保证有足够的时间和精力承担上市公司的工作。

第七十条 控股股东投入上市公司的资产应当独立完整、权属清晰。

控股股东、实际控制人及其关联方不得占用、支配上市公司资产。

第七十一条 上市公司应当依照法律法规和公司章程建立健全财务、会计管理制度，坚持独立核算。

控股股东、实际控制人及其关联方应当尊重上市公司财务的独立性，不得干预上市公司的财务、会计活动。

第七十二条 上市公司的董事会、监事会及其他内部机构应当独立运作。控股股东、实际控制人及其内部机构与上市公司及其内部机构之间没有上下级关系。

控股股东、实际控制人及其关联方不得违反法律法规、公司章程和规定程序干涉上市公司的具体运作，不得影响其经营管理的独立性。

第七十三条 上市公司业务应当独立于控股股东、实际控制人。

控股股东、实际控制人及其控制的其他单位不应从事与上市公司相同或者相近的业务。控股股东、实际控制人应当采取有效措施避免同业竞争。

第三节 关联交易

第七十四条 上市公司关联交易应当依照有关规定严格履行决策程序和信息披露义务。

第七十五条 上市公司应当与关联方就关联交易签订书面协议。协议的签订应当遵循平等、自愿、等价、有偿的原则，协议内容应当明确、具体、可执行。

第七十六条 上市公司应当采取有效措施防止关联方以垄断采购或者销售渠道等方式干预公司的经营，损害公司利益。关联交易应当具有商业实质，价格应当公允，原则上不偏离市场独立第三方的价格或者收费标准等交易条件。

第七十七条 上市公司及其关联方不得利用关联交易输送利益或者调节利润，不得以任何方式隐瞒关联关系。

第七章 机构投资者及其他相关机构

第七十八条 鼓励社会保障基金、企业年金、保险资金、公募基金的管理机构和国家金融监督管理机构依法监管的其他投资主体等机构投资者，通过依法行使表决权、质询权、建议权等相关股东权利，合理参与公司治理。

第七十九条 机构投资者依照法律法规和公司章程，通过参与重大事项决策，推荐董事、监事人选，监督董事、监事履职情况等途径，在上市公司治理中发挥积极作用。

第八十条 鼓励机构投资者公开其参与上市公司治理的目标与原则、表决权行使的策略、股东权利行使的情况及效果。

第八十一条 证券公司、律师事务所、会计师事务所等中介机构在为上市公司提供保荐承销、财务顾问、法律、审计等专业服务时，应当积极关注上市公司治理状况，促进形成良好公司治理实践。

上市公司应当审慎选择为其提供服务的中介机构，注重了解中介机构诚实守信、勤勉尽责状况。

第八十二条 中小投资者保护机构应当在上市公司治理中发挥积极作用，通过持股行权等方式多渠道保护中小投资者合法权益。

第八章 利益相关者、环境保护与社会责任

第八十三条 上市公司应当尊重银行及其他债权人、员工、客户、供应商、社区等利益相关者的合法权利，与利益相关者进行有效的交流与合作，共同推动公司持续健康发展。

第八十四条 上市公司应当为维护利益相关者的权益提供必要的条件，当其合法权益受到侵害时，利益相关者应当有机会和途径依法获得救济。

第八十五条 上市公司应当加强员工权益保护，支持职工代表大会、工会组织依法行使职权。董事会、监事会和管理层应当建立与员工多元化的沟通交流渠道，听取员工对公司经营、财务状况以及涉及员工利益的重大事项的意见。

第八十六条 上市公司应当积极践行绿色发展理念，将生态环保要求融入发展战略和公司治理过程，主动参与生态文明建设，在污染防治、资源节约、生态保护等方面发挥示范引领作用。

第八十七条 上市公司在保持公司持续发展、提升经营业绩、保障股东利益的同时，应当在社区福利、救灾助困、公益事业等方面，积极履行社会责任。

鼓励上市公司结对帮扶贫困县或者贫困村，主动对接、积极支持贫困地区发展产业、培养人才、促进就业。

第九章 信息披露与透明度

第八十八条 上市公司应当建立并执行信息披露事务管理制度。上市公司及其他信息披露义务人应当严格依照法律法规、自律规则和公司章程的规定，真实、准确、完整、及时、公平地披露信息，不得有虚假记载、误导性陈述、重大遗漏或者其他不正当披露。信息披露事项涉及国家秘密、商业机密的，依照相关规定办理。

第八十九条 董事、监事、高级管理人员应当保证上市公司披露信息的真实、准确、完整、及时、公平。

上市公司应当制定规范董事、监事、高级管理人员对外发布信息的行为规范，明确未经董事会许可不得对外发布的情形。

第九十条 持股达到规定比例的股东、实际控制人以及收购人、交易对方等信息披露义务人应当依照相关规定进行信息披露，并配合上市公司的信息披露工作，及时告知上市公司控制权变更、权益变动、与其他单位和个人的关联关系及其变化等重大事项，答复上市公司的问询，保证所提供的信息真实、准确、完整。

第九十一条 鼓励上市公司除依照强制性规定披露信息外，自愿披露可能对股东和其他利益相关者决策产生影响的信息。

自愿性信息披露应当遵守公平原则，保持信息披露的持续性和一致性，不得进行选择性披露，不得利用自愿性信息披露从事市场操纵、内幕交易或者其他违法违规行为，不得违反公序良俗、损害社会公共利益。自愿披露具有一定预测性质信息的，应当明确预测的依据，并提示可能出现的不确定性和风险。

第九十二条 信息披露义务人披露的信息，应当简明清晰、便于理解。上市公司应当保证使用者能够通过经济、便捷的方式获得信息。

第九十三条 董事长对上市公司信息披露事务管理承担首要责任。

董事会秘书负责组织和协调公司信息披露事务，办理上市公司信息对外公布等相关事宜。

第九十四条 上市公司应当建立内部控制及风险管理制度，并设立专职部门或者指定内设部门负责对公司的重要营运行为、下属公司管控、财务信息披露和法律法规遵守执行情况进行检查和监督。

上市公司依照有关规定定期披露内部控制制度建设及实施情况，以及会计师事务所对上市公司内部控制有效性的审计意见。

第九十五条 上市公司应当依照法律法规和有关部门的要求，披露环境信息以及履行扶贫等社会责任相关情况。

第九十六条 上市公司应当依照有关规定披露公司治理相关信息，定期分析公司治理状况，制定改进公司治理的计划和措施并认真落实。

第十章 附 则

第九十七条 中国证监会及其他部门依法对相关上市公司治理安排有特别规定的，应当遵守其规定。试点红筹企业在境内发行股票或者存托凭证并上市的，除适用境外注册地法律法规的事项外，公司治理参照本准则执行。

第九十八条 本准则自公布之日起施行。2002 年 1 月 7 日发布的《上市公司治理准则》（证监发〔2002〕1 号）同时废止。

4. 2. 4

关于规范上市公司与关联方资金往来及上市公司对外担保若干问题的通知

（2017 年 12 月 7 日　证监会　国资委　证监会公告〔2017〕16 号）

（2003 年 8 月 28 日证监发〔2003〕56 号公布，根据 2017 年 12 月 7 日《中国证监会关于修改、废止〈证券公司次级债管理规定〉等十三部规范性文件的决定》（证监会公告〔2017〕16 号）修改）

为进一步规范上市公司与控股股东及其他关联方的资金往来，有效控制上市公司对外担保风险，保护投资者合法权益，根据《中华人民共和国公司法》、《中华人民共和国证券法》、《中华人民共和国企业国有资产监督管理暂行条例》等法律法规，现就有关问题通知如下：

一、进一步规范上市公司与控股股东及其他关联方的资金往来

上市公司与控股股东及其他关联方的资金往来，应当遵守以下规定：

（一）控股股东及其他关联方与上市公司发生的经营性资金往来中，应当严格限制占用上市公司资金。控股股东及其他关联方不得要求上市公司为其垫支工资、福利、保险、广告等期间费用，也不得互相代为承担成本和其他支出；

（二）上市公司不得以下列方式将资金直接或间接地提供给控股股东及其他关联方使用：

1. 有偿或无偿地拆借公司的资金给控股股东及其他关联方使用；
2. 通过银行或非银行金融机构向关联方提供委托贷款；
3. 委托控股股东及其他关联方进行投资活动；
4. 为控股股东及其他关联方开具没有真实交易背景的商业承兑汇票；
5. 代控股股东及其他关联方偿还债务；
6. 中国证监会认定的其他方式。

（三）注册会计师在为上市公司年度财务会计报告进行审计工作中，应当根据上述规定事项，对上市公司存在控股股东及其他关联方占用资金的情况出具专项说明，公司应当就专项说明作出公告。

二、严格控制上市公司的对外担保风险

上市公司全体董事应当审慎对待和严格控制对外担保产生的债务风险，并对违规或失当的对外担保产生的损失依法承担连带责任。控股股东及其他关联方不得强制上市公司为他人提供担保。

上市公司对外担保应当遵守以下规定：

（一）上市公司不得为控股股东及本公司持股百分之五十以下的其他关联方、任何非法人单位或个人提供担保。

（二）上市公司对外担保总额不得超过最近一个会计年度合并会计报表净资产的百分之五十。

（三）上市公司《章程》应当对对外担保的审批程序、被担保对象的资信标准作出规定。对外担保应当取得董事会全体成员三分之二以上签署同意，或者经股东大会批准；不得直接或间接为资产负债率超过百分之七十的被担保对象提供债务担保。

（四）上市公司对外担保必须要求对方提供反担保，且反担保的提供方应当具有实际承担能力。

（五）上市公司必须严格按照《上市规则》、《公司章程》的有关规定，认真履行对外担保情况的信息披露义务，必须按规定向注册会计师如实提供公司全部对外担保事项。

（六）上市公司独立董事应在年度报告中，对上市公司累计和当期对外担保情况、执行上述规定情况进行专项说明，并发表独立意见。

三、加大清理已发生的违规占用资金和担保事项的力度

（一）上市公司应自本《通知》发布之日起一个月内，按照本《通知》规定，对上市公司与控股股东及其他关联方已经发生的资金往来、资金占用以及对外担保情况进行自查。

自查报告应在规定期限内上报公司所在地中国证监会派出机构备案，经各地派出机构审核或检查后，应在最近一期年度报告中作为重大事项予以披露。

（二）国有资产监督管理机构应当指导和协调国有控股上市公司解决违规资金占用、关联担保问题，要求有关控股股东尊重、维护上市公司经营自主权和合法权益，促进上市公司依法经营管理，完善法人治理结构，增强上市公司的市场竞争力。

（三）上市公司董事会应当针对历史形成的资金占用、对外担保问题，制定切实可行的解决措施，保证违反本《通知》规定的资金占用量、对外担保形成的或有债务，在每个会计年度至少下降百分之三十。

（四）上市公司被关联方占用的资金，原则上应当以现金清偿。在符合现行法律法规的条件下，可以探索金融创新的方式进行清偿，但需按法定程序报有关部门批准。

（五）严格控制关联方以非现金资产清偿占用的上市公司资金。关联方拟用非现金资产清偿占用的上市公司资金，应当遵守以下规定：

1. 用于抵偿的资产必须属于上市公司同一业务体系，并有利于增强上市公司独立性和核心竞争力，减少关联交易，不得是尚未投入使用的资产或没有客观明确账面净值的资产。

2. 上市公司应当聘请有证券期货相关业务资格的中介机构对符合以资抵债条件的资产进行评估，以资产评估值或经审计的账面净值作为以资抵债的定价基础，但最终定价不得损害上市公司利益，并充分考虑所占用资金的现值予以折扣。

审计报告和评估报告应当向社会公告。

3. 独立董事应当就上市公司关联方以资抵债方案发表独立意见，或者聘请有证券期货相关业务资格的中介机构出具独立财务顾问报告。

4. 上市公司关联方以资抵债方案须经股东大会审议批准，关联方股东应当回避投票。

四、依法追究违规占用资金和对外担保行为的责任

（一）中国证监会与国务院国有资产监督管理委员会（以下简称“国资委”）等部门加强监管合作，共同建立规范国有控股股东行为的监管协作机制，加大对违规占用资金和对外担保行为的查处力度，依法追究相关当事人的法律责任。

（二）上市公司及其董事、监事、经理等高级管理人员违反本《通知》规定，中国证监会将责令整改，依法予以处罚，并自发现上市公司存在违反本《通知》规定行为起 12 个月内不受理其再融资申请。

（三）上市公司控股股东违反本《通知》规定或不及时清偿违规占用上市公司资金的，中国证监会不受理其公开发行证券的申请或其他审批事项，并将其资信不良记录向国资委、中国银行业监督管理委员会和有关地方政府通报。

国有控股股东违反本《通知》规定的，国有资产监督管理机构对直接负责的主管人员和直接责任人依法给予纪律处分，直至撤销职务；给上市公司或其他股东利益造成损失的，应当承担相应的赔偿责任。非国有控股股东直接负责的主管人员和直接责任人违反本《通知》规定的，给上市公司造成损失或严重损害其他股东利益的，应负赔偿责任，并由相关部门依法处罚。构成犯罪的，依法追究刑事责任。

五、其他

本《通知》所称“关联方”按财政部《企业会计准则——关联方关系及其交易的披露》规定执行。纳入上市公司合并会计报表范围的子公司对外担保、与关联方之间进行的资金往来适用本《通知》规定。

六、本通知自发布之日起施行。

4.2.5

关于加强社会公众股股东权益保护的若干规定

（2004 年 12 月 7 日　证监发〔2004〕118 号）

为进一步贯彻落实《国务院关于推进资本市场改革开放和稳定发展的若干意见》（国发〔2004〕3 号），形成抑制滥用上市公司控制权的制约机制，把保护投资者特别是社会公众投资者的合法权益落在实处，现规定如下：

一、试行公司重大事项社会公众股股东表决制度

（一）在股权分置情形下，作为一项过渡性措施，上市公司应建立和完善社会公众股股东对重大事项的表决制度。下列事项按照法律、行政法规和公司章程规定，经全体股东大会表决通过，并经参加表决的社会公众股股东所持表决权的半数以上通过，方可实施或提出申请：

1. 上市公司向社会公众增发新股（含发行境外上市外资股或其他股份性质的权证）、发行可转换公司债券、向原有股东配售股份（但具有实际控制权的股东在会议召开前承诺全额现金认购的除外）；

2. 上市公司重大资产重组，购买的资产总价较所购买资产经审计的账面净值溢价达到或超过 20% 的；

3. 股东以其持有的上市公司股权偿还其所欠该公司的债务；

4. 对上市公司有重大影响的附属企业到境外上市；

5. 在上市公司发展中对社会公众股股东利益有重大影响的相关事项。

上市公司发布股东大会通知后，应当在股权登记日后三日内再次公告股东大会通知。

上市公司公告股东大会决议时，应当说明参加表决的社会公众股股东人数、所持股份总数、占公司社会公众股股份的比例和表决结果，并披露参加表决的前十大社会公众股股东的持股和表决情况。

（二）上市公司应积极采取措施，提高社会公众股股东参加股东大会的比例。鼓励上市公司在召开股东大会时，除现场会议外，向股东提供网络形式的投票平台。上市公司召开股东大会审议上述第（一）项所列事项的，应当向股东提供网络形式的投票平台。

上市公司股东大会实施网络投票，应按有关实施办法办理。

（三）上市公司应切实保障社会公众股股东参与股东大会的权利。股东可以亲自投票，也可以委托他人代为投票。董事会、独立董事和符合一定条件的股东可以向上市公司股东

征集其在股东大会上的投票权。

征集人公开征集上市公司股东投票权，应按有关实施办法办理。

（四）上市公司应切实保障社会公众股股东选择董事、监事的权利。在股东大会选举董事、监事的过程中，应充分反映社会公众股股东的意见，积极推行累积投票制。

本规定所称累积投票制是指上市公司股东大会选举董事或监事时，有表决权的每一股份拥有与拟选出的董事或监事人数相同的表决权，股东拥有的表决权可以集中使用。

（五）上市公司制定或修改章程应贯彻上述规定及有关实施办法的精神，列明有关条款。

二、完善独立董事制度，充分发挥独立董事的作用

（一）上市公司应当建立独立董事制度。独立董事应当忠实履行职务，维护公司利益，尤其要关注社会公众股股东的合法权益不受损害。

（二）独立董事应当独立履行职责，不受上市公司主要股东、实际控制人或者与上市公司及其主要股东、实际控制人存在利害关系的单位或个人的影响。

（三）重大关联交易、聘用或解聘会计师事务所，应由二分之一以上独立董事同意后，方可提交董事会讨论。经全体独立董事同意，独立董事可独立聘请外部审计机构和咨询机构，对公司的具体事项进行审计和咨询，相关费用由公司承担。

（四）上市公司应当建立独立董事工作制度，董事会秘书应当积极配合独立董事履行职责。上市公司应当保证独立董事享有与其他董事同等的知情权，及时向独立董事提供相关材料和信息，定期通报公司运营情况，必要时可组织独立董事实地考察。

（五）独立董事应当按时出席董事会会议，了解上市公司的生产经营和运作情况，主动调查、获取做出决策所需要的情况和资料。独立董事应当向公司股东大会提交年度述职报告，对其履行职责的情况进行说明。

（六）独立董事任期届满前，无正当理由不得被免职。提前免职的，上市公司应将其作为特别披露事项予以披露。

三、加强投资者关系管理，提高上市公司信息披露质量

（一）上市公司应严格按照法律、行政法规和上市规则的规定，及时、准确、完整、充分地披露信息。上市公司披露信息的内容和方式应方便公众投资者阅读、理解和获得。

（二）上市公司应积极开展投资者关系管理工作，建立健全投资者关系管理工作制度，董事会秘书具体负责公司投资者关系管理工作。

（三）上市公司应积极主动地披露信息，公平对待公司的所有股东，不得进行选择性信息披露。

（四）上市公司应通过多种形式主动加强与投资者特别是社会公众投资者的沟通和交流，设立专门的投资者咨询电话，在公司网站开设投资者关系专栏，定期举行与公众投资者见面活动，及时答复公众投资者关心的问题。

四、上市公司应实施积极的利润分配办法

（一）上市公司的利润分配应重视对投资者的合理投资回报。

（二）上市公司应当将其利润分配办法载明于公司章程。

（三）上市公司董事会未做出现金利润分配预案的，应当在定期报告中披露原因，独立董事应当对此发表独立意见；上市公司最近三年未进行现金利润分配的，不得向社会公众增发新股、发行可转换公司债券或向原有股东配售股份。

（四）存在股东违规占用上市公司资金情况的，上市公司应当扣减该股东所分配的现金红利，以偿还其占用的资金。

五、加强对上市公司和高级管理人员的监督

（一）上市公司控股股东及实际控制人对上市公司和社会公众股股东负有诚信义务。控股股东及实际控制人不得违规占用上市公司资金，不得违规为关联方提供担保，不得利用关联交易、利润分配、资产重组、对外投资等方式损害上市公司和社会公众股股东的合法权益。控股股东或实际控制人利用其控制地位，对上市公司和社会公众股股东利益造成损害的，将依法追究其责任。

（二）上市公司被控股股东或实际控制人违规占用资金，或上市公司违规为关联方提供担保的，在上述行为未纠正前，中国证监会不受理其再融资申请；控股股东或实际控制人违规占用上市公司资金的，在其行为未纠正前，中国证监会不受理其公开发行证券的申请或其他审批事项。

（三）上市公司的高级管理人员应当忠实履行职务，维护公司和全体股东的最大利益。上市公司高级管理人员未能忠实履行职务，违背诚信义务的，其行为将被记入诚信档案，并适时向社会公布；违规情节严重的，将实施市场禁入；给上市公司和社会公众股股东的利益造成损害的，应当依法承担赔偿责任。

（四）上市公司不得聘用《中华人民共和国公司法》规定的不得担任董事、监事、经理情形的人员，被中国证监会宣布为市场禁入且尚在禁入期的人员，被证券交易所宣布为不适当人选未满两年的人员担任公司高级管理人员职务。

六、本规定适用于股票在上海、深圳证券交易所挂牌交易的上市公司。

七、本规定自发布之日起实施。

4.2.6

关于规范上市公司对外担保行为的通知

（2005 年 11 月 14 日　证监发〔2005〕120 号）

各上市公司、各银行业金融机构：

为规范上市公司对外担保行为和银行业金融机构审批由上市公司提供担保的贷款行为，有效防范上市公司对外担保风险和金融机构信贷风险，根据《中华人民共和国公司法》、《中华人民共和国证券法》、《中华人民共和国银行业监督管理法》和《中华人民共和国担保法》等法律、法规的规定，现就上市公司对外担保有关问题通知如下：

一、规范上市公司对外担保行为，严格控制上市公司对外担保风险

（一）上市公司对外担保必须经董事会或股东大会审议。

（二）上市公司的《公司章程》应当明确股东大会、董事会审批对外担保的权限及违反审批权限、审议程序的责任追究制度。

（三）应由股东大会审批的对外担保，必须经董事会审议通过后，方可提交股东大会审批。须经股东大会审批的对外担保，包括但不限于下列情形：

1. 上市公司及其控股子公司的对外担保总额，超过最近一期经审计净资产 50% 以后提供的任何担保；

2. 为资产负债率超过 70% 的担保对象提供的担保；

3. 单笔担保额超过最近一期经审计净资产 10% 的担保；

4. 对股东、实际控制人及其关联方提供的担保。

股东大会在审议为股东、实际控制人及其关联方提供的担保议案时，该股东或受该实际控制人支配的股东，不得参与该项表决，该项表决由出席股东大会的其他股东所持表决权的半数以上通过。

（四）应由董事会审批的对外担保，必须经出席董事会的三分之二以上董事审议同意并做出决议。

（五）上市公司董事会或股东大会审议批准的对外担保，必须在中国证监会指定信息披露报刊上及时披露，披露的内容包括董事会或股东大会决议、截止信息披露日上市公司及其控股子公司对外担保总额、上市公司对控股子公司提供担保的总额。

（六）上市公司在办理贷款担保业务时，应向银行业金融机构提交《公司章程》、有关该担保事项董事会决议或股东大会决议原件、刊登该担保事项信息的指定报刊等材料。

（七）上市公司控股子公司的对外担保，比照上述规定执行。上市公司控股子公司应在其董事会或股东大会做出决议后及时通知上市公司履行有关信息披露义务。

二、规范银行业金融机构贷款担保审批行为，有效防范银行业金融机构发放由上市公司提供担保的贷款风险

（一）各银行业金融机构应当严格依据《中华人民共和国担保法》、《中华人民共和国公司法》、《最高人民法院关于适用〈中华人民共和国担保法〉若干问题的解释》等法律法规，加强对由上市公司提供担保的贷款申请的审查，切实防范相关信贷风险，并应及时将贷款、担保信息登录征信管理系统。

（二）各银行业金融机构必须依据本《通知》、上市公司《公司章程》及其他有关规定，认真审核以下事项：

1. 由上市公司提供担保的贷款申请的材料齐备性及合法合规性；
2. 上市公司对外担保履行董事会或股东大会审批程序的情况；
3. 上市公司对外担保履行信息披露义务的情况；
4. 上市公司的担保能力；
5. 贷款人的资信、偿还能力等其他事项。

（三）各银行业金融机构应根据《商业银行授信工作尽职指引》等规定完善内部控制制度，控制贷款风险。

（四）对由上市公司控股子公司提供担保的贷款申请，比照上述规定执行。

三、加强监管协作，加大对涉及上市公司违规对外担保行为的责任追究力度

（一）中国证监会及其派出机构与中国银监会及其派出机构加强监管协作，实施信息共享，共同建立监管协作机制，共同加大对上市公司隐瞒担保信息、违规担保和银行业金融机构违规发放贷款等行为的查处力度，依法追究相关当事人的法律责任。

（二）上市公司及其董事、监事、经理等高级管理人员违反本《通知》规定的，中国证监会责令其整改，并依法予以处罚；涉嫌犯罪的，移送司法机关予以处理。

（三）银行业金融机构违反法律、法规的，中国银监会依法对相关机构及当事人予以处罚；涉嫌犯罪的，移送司法机关等措施追究法律责任。

四、其他

（一）各上市公司应当按照上述规定，修订和完善《公司章程》；各银行业金融机构应将上市公司对外担保纳入统一授信管理，严格按照有关规定进行审批和管理。

（二）本《通知》所称“银行业金融机构”，按《中华人民共和国银行业监督管理法》规定执行。所称“对外担保”，是指上市公司为他人提供的担保，包括上市公司对控股子公司的担保。所称“上市公司及其控股子公司的对外担保总额”，是指包括上市公司对控股子公司担保在内的上市公司对外担保总额与上市公司控股子公司对外担保总额之和。

（三）金融类上市公司不适用本《通知》规定。

（四）《关于上市公司为他人提供担保有关问题的通知》（证监公司字〔2000〕61号）、《关于规范上市公司与关联方资金往来及上市公司对外担保若干问题的通知》（证监发〔2003〕56号）中与本《通知》规定不一致的，按本《通知》执行。

五、本《通知》自2006年1月1日起施行。

4.2.7

上市公司高级管理人员培训工作指引及相关实施细则

（2005年12月22日　证监公司字〔2005〕147号）

上市公司高级管理人员培训工作指引

第一章　总　　则

第一条　为规范上市公司高级管理人员行为，强化上市公司高级管理人员诚信意识，依据《公司法》、《证券法》、中国证监会有关规章及证券交易所有关规则，制定本指引。

第二条　上市公司高级管理人员培训工作的目的是使上市公司高级管理人员在认真掌握有关法律法规和规范的基础上，强化自律意识，完善上市公司治理结构，推动上市公司规范运作，促进资本市场的健康发展。

第三条　本指引适用于中国证监会组织实施的上市公司高级管理人员的岗位培训。培训对象包括：上市公司董事长、董事、监事、独立董事、总经理、财务总监、董事会秘书。

第四条　上市公司高级管理人员在任职期间，必须接受中国证监会组织的持续教育培训，并取得培训合格证书。中国证监会将对上市公司高级管理人员参加培训情况及培训考核情况记入诚信记录数据库。

第二章　培训内容及要求

第五条　上市公司董事长、总经理培训内容主要包括国内外资本市场基本状况、上市公司信息披露基本要求、公司治理的基本原则、董事长和总经理的基本权利、义务和法律责任以及境内外证券市场融资和并购等最新政策法规。培训要求为系统了解证券法律法规内容，熟悉证券市场知识，强化规范运作意识。

第六条 上市公司董事（独立董事除外）、监事培训内容主要包括上市公司运作法律框架、上市公司董事、监事的权利、义务和法律责任、上市公司信息披露基本要求、公司治理的基本原则，以及上市公司关联交易、收购兼并、再融资政策。培训要求为强化行为规范，树立为投资者服务的理念。

第七条 上市公司独立董事培训内容主要包括境内外证券市场最新法律法规及政策、最新会计准则以及上市公司运作的法律框架，独立董事的权利、义务和法律责任。培训要求为系统了解证券法律法规内容，熟悉证券市场知识，切实履行职责。

第八条 上市公司财务总监培训内容主要包括上市公司运作法律框架，最新会计准则，上市公司关联交易、收购兼并、再融资政策，公开发行证券的公司信息披露编报规则。培训要求为提高业务水平，树立风险意识和规范运作意识。

第九条 上市公司董事会秘书培训内容主要包括上市公司运作法律框架，董事会秘书的权利、义务和法律责任、上市公司信息披露规范以及上市公司规范运作的实务操作，上市公司再融资和并购重组政策，上市公司业务创新的实施规则与操作要点。培训要求为提高执业水准，强化勤勉尽责、规范运作的意识。

第三章　培 训 组 织

第十条 培训工作由中国证监会上市公司监管部统一进行指导、协调，中国证监会上市公司监管部、派出机构、证券交易所分工合作，分层次组织实施。

第十一条 中国证监会上市公司监管部的职责为：

（一）统一指导、协调上市公司高级管理人员培训工作；

（二）根据上市公司高级管理人员岗位素质要求，确定岗位必修课程及考核办法；

（三）统一规划、组织编写和审定培训教材，并根据培训需要对教材及时补充和修订；

（四）建立统一的培训考题库；

（五）建立主要由知名学者、证券专业机构的法律、会计等专业人士、国内外相关机构专家以及从事监管的一线专业人士组成的培训师资信息库；

（六）依据考核情况对进行培训的上市公司高级管理人员颁发培训合格证书；

（七）制定上市公司高级管理人员培训实施细则；

（八）负责组织或根据需要授权相关部门组织上市公司董事长、总经理、财务总监培训；

（九）建立健全上市公司高级管理人员诚信记录数据库（包括高管人员参加培训情况和考核情况），定期向有关部门进行通报，并将有关内容予以公示。

第十二条 中国证监会派出机构职责为：

（一）在证券交易所配合下，负责组织上市公司董事（不含上市公司董事长、总经理、独立董事）、监事培训；

（二）维护辖区内上市公司高管人员诚信档案（包括高管人员参加培训情况和考核情况）。

第十三条 上海证券交易所、深圳证券交易所职责为：

（一）在证监会派出机构配合下，负责组织上市公司独立董事、董事会秘书培训；

（二）协助派出机构开展上市公司董事（不含上市公司董事长、总经理、独立董事）、监事培训。

第四章 培训实施

第十四条 上市公司高级管理人员岗位培训遵循“法制、监管、自律、规范”的方针，采取集中授课、网上教学相结合的方式。

第十五条 在中国证监会、上海证券交易所、深圳证券交易所网站建立上市公司高级管理人员培训专栏，统一发布培训信息。

第十六条 在组织实施培训项目过程中，各培训单位应按以下工作程序进行：

（一）制订并定期公布培训计划；

（二）中国证监会派出机构及证券交易所应在各年年初将本年培训计划向中国证监会上市公司监管部备案；

（三）制订详实的培训实施方案，周密安排教务和会务；

（四）周密安排培训师资；

（五）培训实行考核制度，重点考核培训内容的掌握程度，并有明确的考核结果；

（六）设立培训质量评价环节，广泛征求培训意见和建议，结果汇总后报上市公司监管部；

（七）登记参加培训人员的培训时间、内容、考核结果等有关信息；

（八）在培训项目结束后15个工作日内将培训信息以电子版形式提交上市公司高级管理人员培训情况档案库。

第十七条 上市公司高级管理人员培训遵循“费用自理，收支平衡”的原则，不给上市公司增加额外负担。

第五章 附 则

第十八条 本指引由中国证监会负责解释。

第十九条 本指引自发布之日起实施。

上市公司董事长、总经理培训实施细则

为贯彻落实国务院《关于推进资本市场改革开放和稳定发展的若干意见》精神，适应上市公司辖区监管责任制工作的需要，切实提高上市公司管理水平，规范上市公司运作，按照《上市公司高级管理人员培训工作指引》的要求，特制定《上市公司董事长、总经理培训实施细则》。

一、培训目的

1. 全面了解证券市场规范运作基本要求、最新政策法规以及完整法规框架；

2. 了解资本市场发展的现状、问题与趋势，树立风险意识、创新意识和规范运作意识；

3. 了解公司治理的基本原理与原则，树立科学管理董事会的基本理念，明确上市公司董事长、总经理的权利、义务与责任，强化责任意识，提升职业道德；

4. 通过宏观经济政策、投资决策、发展战略、财务管理等基础课程的学习，提升基础管理能力，提高对宏观政策的理解和把握能力；

5. 通过上市公司管理、运作、发展经验的交流，以及海外及境内上市公司案例分析，树立科学管理理念，树立诚信、守法、创新理念。

二、培训对象

各上市公司董事长、总经理。

三、组织形式

1. 培训组织：上市公司董事长、总经理培训采取网上培训与集中授课相结合的方式进行。各上市公司董事长、总经理应按照《上市公司高级管理人员培训工作指引》的总体要求及本实施细则的具体安排，认真学习网上培训有关课程及知识点，并按要求参加集中授课。

2. 课时安排：上市公司董事长、总经理任职 1 年内至少参加一次岗位培训。每次集中授课不少于 6 学时。

3. 师资安排：授课老师包括中国证监会、证券交易所、高校、其他专业机构的专业人士。

4. 考核安排：采取网上自测与提交论文相结合的形式。在按照要求对网上培训内容进行学习过程中，学员须对照网上培训平台提供的自测试题进行自我测评，自我测评记录将记入上市公司董事长、总经理培训档案库。集中授课的考核，以提交学习论文的形式进行。各参加集中授课的学员，须于培训结束后 15 个工作日内，统一提交规定范围内的学习论文一篇。培训组织者以学习论文完成情况及集中授课考勤情况综合对培训情况进行考核和评估，考核结果记入上市公司董事长、总经理培训档案库。参加集中授课学习，学员须认真学习、积极思考，并踊跃参加讨论和交流。上市公司董事长、总经理培训情况及考核结果，将记入中国证监会上市公司诚信管理系统，并按照有关规定进行管理。

四、培训内容

（一）规范运作模块

1. 上市公司公司治理现状及最新政策趋向；

2. 上市公司运作的法律框架、法律问题以及董事长、总经理行为规范；
3. 上市公司信息披露规范；
4. 中国上市公司治理评价体系；
5. 上市公司监管情况分析。
（二）管理战略模块
1. 董事长、总经理必须具备的财务理念和财务风险意识；
2. 资本运作与战略管理；
3. 公司投资决策分析；
4. 当今经济金融情况分析；
5. 当前证券市场形势及未来展望；
6. 证券法修改情况介绍；
7. 中国企业家的新挑战。
（三）资本市场运作模块
1. 收购兼并管理办法及案例；
2. 再融资政策分析及发审制度改革；
3. 再融资的审核理念与案例分析；
4. 投资者关系管理；
5. 资本市场产品创新介绍；
6. ST公司与退市公司案例分析；
7. 关联交易与民企担保案例分析；
8. 危机上市公司分析等。
（四）交流模块
参观企业；董事长、总经理经验交流；商务礼仪。

五、其他

本培训实施细则由中国证监会上市公司监管部负责解释。
本培训实施细则自发布之日起实施。

上市公司董事、监事培训实施细则

为贯彻落实国务院《关于推进资本市场改革开放和稳定发展的若干意见》精神，适应上市公司辖区监管责任制工作的需要，切实提高上市公司管理水平，规范上市公司运作，按照《上市公司高级管理人员培训工作指引》的要求，特制定《上市公司董事、监事培训实施细则》。

一、培训目的

1. 为上市公司董事、监事提供一个全面了解证券市场规范运作基本要求，掌握最新法律知识和完整法规框架的学习机会。

2. 帮助上市公司董事、监事了解资本市场发展的现状、存在问题、监管要求等难点和重点问题，树立风险意识、创新意识和规范运作意识。努力把上市公司建设成为诚信、守法、创新的具有竞争力的现代企业。

3. 树立科学管理、监督公司的理念，明确上市公司董事、监事的权利、义务与责任，强化责任意识，提升职业道德。

4. 通过专业培训和相关基础管理课程的学习，提升董事、监事的管理、监督水平。

二、培训对象

各上市公司董事和监事（不含独立董事）。

三、组织形式

（一）培训组织

1. 各派出机构负责培训组织工作，包括课程设计、师资选择、场所安排、考试组织、证书发放、资料信息维护等。

2. 按照上市公司辖区监管责任制要求，上海、深圳证券交易所的分管部门配合各派出机构落实董事、监事的培训工作。

3. 在不同辖区上市公司任董事、监事的人员，自行确定一地派出机构作为其培训服务的实施主体，并保持培训服务实施主体的相对稳定性，避免董事、监事培训管理工作的重复性。

（二）师资安排

上市公司董事、监事岗位培训师资主要由中国证监会、证监会各派出机构、证券交易所从事一线监管的专业人士组成，适当聘请部分知名学者、证券业专业机构的专业人士、国内外相关机构的专家。

（三）培训原则

1. 网上培训与集中授课、考核相结合。

2. 培训内容与运作实践相结合，设计有针对性的培训课程，提高培训实效性。

3. 培训与监管服务相结合，为监管人员与上市公司董事、监事提供一个沟通信息、落实监管、研究问题的平台。

4. 交流与考察相结合。

5. 组织同行业公司按照调研课题要求进行切磋交流。

6. 结合重点及难点问题考察优秀上市公司。

（四）考核安排

上市公司董事、监事任职 1 年内至少参加一次岗位培训；

上市公司董事、监事培训授课及考试时间每次不少于 16 学时；

上市公司董事、监事参加培训并经考试合格后，由证监会各派出机构颁发合格证书。

四、培训内容

1. 规范运作模块

（1）公司治理的基本原则及运作法律框架；

（2）上市公司董事、监事的权利、义务和法律责任；

（3）上市公司信息披露规范与案例分析；

（4）上市公司关联交易、担保及案例分析；

（5）上市公司募集资金使用基本规范要求及案例分析。

2. 管理知识模块

（1）董事、监事应具备的财务监控意识与财务报表解读知识；

（2）上市公司发展战略分析；

（3）上市公司内部稽核与内部控制；

（4）上市公司投资决策分析。

3. 资本运作模块

（1）上市公司收购兼并及案例分析；

（2）上市公司融资方法及政策辅导；

（3）上市公司投资者教育及关系管理；

（4）资本市场产品创新介绍；

（5）派出机构自主安排的培训主题等。

五、其他

本培训实施细则适用于中国证监会规划部署、各派出机构组织实施的上市公司董事、监事岗位培训。

本培训实施细则由中国证监会上市公司监管部负责解释。

本培训实施细则自发布之日起实施。

上市公司独立董事培训实施细则

为贯彻落实国务院《关于推进资本市场改革开放和稳定发展的若干意见》精神，适应上市公司辖区监管责任制工作的需要，切实提高上市公司管理水平，规范上市公司运作，按照《上市公司高级管理人员培训工作指引》的要求，特制定《上市公司独立董事培训实施细则》。

一、培训目的

1. 全面了解证券市场规范运作基本要求、最新政策法规以及完整法规框架；

2. 了解资本市场发展的现状、问题与趋势，树立风险意识、创新意识和规范运作意识；

3. 了解公司治理的基本原理与原则，树立科学管理董事会的基本理念，明确上市公司独立董事的权利、义务与责任，强化责任意识，提升职业道德；

4. 通过宏观经济政策、投资决策、发展战略、财务管理等基础课程的学习，提升基础管理能力，提高对宏观政策的理解和把握能力；

5. 通过上市公司管理、运作、发展经验的交流，以及海外及境内上市公司案例分析，树立科学管理理念，树立诚信、守法、创新理念。

二、培训对象

各上市公司独立董事。

三、组织形式

（一）培训组织

1. 上海、深圳证券交易所负责培训组织工作，包括课程设计、师资选择、场所安排、考试组织、证书发放、资料信息维护等；

2. 按照上市公司辖区监管责任制要求，各派出机构配合上海、深圳证券交易所落实上市公司独立董事的培训工作；

3. 上市公司独立董事培训采取集中授课方式进行，各上市公司独立董事必须参加任职资格培训和后续培训并获得资格证书才能上岗。

（二）课时安排

上市公司独立董事上岗前必须参加集中授课，获得资格证书。任职2年内至少参加一次后续培训。每次集中授课不少于30学时。

（三）师资安排

授课老师包括中国证监会、证券交易所、高校、其他专业机构的专业人士。

（四）考核安排

采取集中现场考核的方式。各参加集中授课的学员，须在课程结束后参加现场集中笔试，成绩合格方能获得资格证书。考核结果记入上市公司独立董事资料库。参加集中授课学习，学员须认真学习、积极思考，并踊跃参加讨论和交流。

四、培训内容

（一）规范运作模块

1. 上市公司治理现状及最新政策趋向；

2. 上市公司运作的法律框架、法律问题以及独立董事行为规范；

3. 上市公司信息披露规范；

4. 独立董事指导意见与案例分析；

5. 上市公司监管情况分析。

（二）管理战略与资本运作模块

1. 独立董事必须具备的财务理念和财务风险意识；

2. 科学管理董事会；

3. 关联交易与民企担保案例分析以及独立董事的作用；

4. 收购兼并管理办法及案例；

5. 再融资政策分析及发审制度改革；

6. 危机上市公司分析；

7. ST公司与退市公司案例分析；

8. 薪酬、绩效评估与薪酬委员会的运作；

9. 上市公司股票期权案例与方案设计；

10. 独立董事如何分析并参与决策企业的商业计划、发展战略与经营规划。

（三）交流模块

参观企业；独立董事交流；商务礼仪。

五、其他

本培训实施细则适用于中国证监会规划部署、证券交易所组织实施的上市公司独立董事资格培训和后续培训。

本培训实施细则由中国证监会上市公司监管部负责解释。

本培训实施细则自发布之日起实施。

上市公司财务总监培训实施细则

为贯彻落实国务院《关于推进资本市场改革开放和稳定发展的若干意见》精神，适应上市公司辖区监管责任制工作的需要，切实提高上市公司管理水平，规范上市公司运作，按照《上市公司高级管理人员培训工作指引》的要求，特制定《上市公司财务总监培训实施细则》。

一、培训目的

1. 全面了解证券市场规范运作基本要求、最新政策法规以及完整法规框架；

2. 了解公司治理的基本原理与原则，明确上市公司财务总监的权利、义务与责任，熟悉上市公司关联交易、收购兼并、再融资政策、公开发行证券公司信息披露编报规则，通过境内外证券市场典型案例解读和经验交流方式树立风险意识和规范运作意识；

3. 通过宏观经济政策、投资决策、发展战略、财务管理等基础课程的学习，提升基础管理能力，提高对宏观政策的理解和把握能力；

4. 通过上市公司管理、运作、发展经验的交流，以及境内外上市公司案例分析，了解资本市场发展的现状、问题与趋势，树立风险意识、创新意识和规范运作意识。树立科学管理、诚信、守法、创新理念。

二、培训对象

各上市公司财务总监。

三、组织形式

1. 培训组织：上市公司财务总监培训采取集中授课方式进行。

2. 课时安排：上市公司财务总监在任职1年内至少参加一次岗位培训。每次集中授课不少于16学时。

3. 师资安排：授课老师包括中国证监会、证券交易所、高校、其他专业机构的专业人士。

4. 考核安排：采取集中现场考核的方式。各参加集中授课的学员，须在课程结束后参加现场集中笔试，成绩合格方能获得结业证书。考核结果记入上市公司培训档案库。参加集中授课学习时，学员须认真学习、积极思考，并踊跃参加讨论和交流。

四、培训内容

（一）规范运作模块

1. 企业会计准则及相关规定；

2. 企业会计制度执行与会计政策选择；

3. 上市公司信息披露规范；

4. 法律责任及有关典型案例分析；

5. 募集资金使用规定及案例分析；

6. 提供虚假财务信息的法律责任及有关典型案例分析。

（二）财务能力模块

1. 会计报表粉饰与识别；

2. 上市公司的财务技能与案例分析；

3. 公司预算管理的编制与考核；

4. 财务管理为核心的内控设计；

5. 公司投资决策分析；

6. 上市公司审计案例分析；

7. 税制改革与纳税筹划；

8. 上市公司日常运作的重点难点和疑点；

9. 上市公司再融资审核中关注的财务问题；

10. 上市公司年度报表分析；

11. 关联交易与民企担保案例分析；

12. ST公司与退市公司案例分析。

（三）交流模块

参观企业；体验式培训。

五、其他

本培训实施细则由中国证监会上市公司监管部负责解释。

本培训实施细则自发布之日起实施。

上市公司董事会秘书培训实施细则

为贯彻落实国务院《关于推进资本市场改革开放和稳定发展的若干意见》精神，适应上市公司辖区监管责任制工作的需要，切实提高上市公司管理水平，规范上市公司运作，按照《上市公司高级管理人员培训工作指引》的要求，特制定《上市公司董事会秘书培训实施细则》。

一、培训目的

1. 全面了解证券市场规范运作基本要求、最新政策法规以及完整法规框架；

2. 了解资本市场发展的现状、问题与趋势，树立风险意识、创新意识和规范运作意识；

3. 加强对《上市规则》等相关法律法规的学习，提高上市公司信息披露质量，规范上市公司运作，提升执业水准，强化勤勉尽责、规范运作意识；

4. 通过岗位资格培训与后续教育培训相结合，规范上市公司董事会秘书的执业行为。岗位资格培训侧重于规范性教育，后续教育培训侧重于证券市场新的政策法规的辅导以及具体运作中重点和热点问题的剖析。

二、培训对象

各上市公司董事会秘书和公司证券事务代表。培训为资格培训和后续培训两种类型。资格培训的对象是初次参加培训的上市公司董事会秘书和公司证券事务代表。后续培训的对象是已通过资格培训的现任上市公司董事会秘书和公司证券事务代表。

上市公司董事会秘书和公司证券事务代表必须参加由证券交易所举办的岗位资格培训和后续培训。

三、组织形式

1. 培训组织

上海、深圳证券交易所负责培训组织工作，包括课程设计、师资选择、场所安排、考试组织、证书发放、资料信息维护等。

按照上市公司辖区监管责任制要求，各派出机构配合上海、深圳证券交易所落实上市公司董事会秘书培训工作。

2. 师资安排

上市公司董事会秘书培训的师资来源主要由中国证监会、证券交易所的专业人员组成，根据需要适当聘请部分知名学者及专业人士。

3. 教学安排

上市公司董事会秘书资格培训和后续培训均采用网上自学与集中授课、辅导、考核相结合的形式。证券交易所在组织上市公司董事会秘书培训前，应将培训教材和培训通知提前挂在“上市公司专区”网页，由董事会秘书下载教材自学，并按培训通知的要求集中参加授课、辅导、考试。

证券交易所每年不定期举办上市公司董事会秘书资格培训和后续培训，资格培训的时间每次不少于36学时，后续培训时间每次不少于24学时。

4. 考核安排

上市公司董事会秘书资格培训及后续教育培训考核，按照考试成绩、培训出勤率、诚信记录等综合评定。

经考核合格，由证券交易所发放上市公司董事会秘书资格培训证书或后续教育培训证书。

上市公司董事会秘书培训记录通过证券交易所上市公司高级管理人员培训专栏对外公布。

四、培训内容

1. 上市公司董事会秘书资格培训内容

（1）通过资格培训使董事会秘书明确基本职责，掌握信息披露的要求；熟悉电子化信息披露工作；了解其他相关的业务知识。

（2）强化董事会秘书的任职资格。通过学习明确董事会秘书的权利、义务和法律责任；掌握《上市规则》及其他信息披露相关规定；熟悉上市公司停、复牌、特别处理、暂停上市、恢复上市、终止上市、并购重组等业务；了解中国证监会、证券交易所审核股票上市、配股、增发、可转换企业债券的程序及要点。

（3）定期报告的披露。通过学习熟悉中国证监会《信息披露内容与格式准则》和《信息披露编报规则》中对年度报告、半年度报告及季度报告内容与格式的规定，以及证券交易所发布的关于定期报告披露的要求。

（4）上市公司信息披露电子化。通过学习掌握定期报告电子文件的制作和报送，公告上网披露的要求，信息披露流程等内容。

（5）了解其他相关的业务。通过学习了解上市公司与投资者关系管理的基本知识，了解证券登记、存管、结算及证券账户管理等相关业务。

2. 上市公司董事会秘书后续培训内容

通过后续培训使董事会秘书掌握证监会、证券交易所颁布的信息披露最新规定；了解定期报告及日常信息披露中存在的主要问题；熟悉上市公司财务、会计、审计等相关的制度，上市公司再融资政策及募集资金使用的规定。

（1）《上市规则》及信息披露相关规定的新内容。通过学习掌握中国证监会、证券交易所最新颁布的信息披露规定。

（2）上市公司再融资与募集资金使用。通过学习了解上市公司再融资与募集资金使用的基本规范要求。

（3）信息披露监管及案例分析。结合信息披露具体案例的剖析，全面理解信息披露的真实性、准确性、及时性和完整性的要求，了解信息披露中存在的主要问题。

（4）财务、会计、审计新规则的学习。通过学习了解上市公司定期报告中涉及的财务、会计、审计的最新规定，财务报表分析技巧等。

（5）提高上市公司董事会秘书勤勉尽责、规范运作的守法意识。

（6）通过优秀上市公司董事会秘书信息披露经验介绍和相互交流，取长补短，共同促进信息披露质量的提高。

五、其他

本培训实施细则适用于中国证监会规划部署、证券交易所组织实施的上市公司董事会秘书资格培训和后续培训。

本培训实施细则由中国证监会上市公司监管部负责解释。

本培训实施细则自发布之日起实施。

4.2.8

上市公司股权激励管理办法

（2018 年 8 月 15 日　证监会令 148 号）

（2016 年 5 月 4 日中国证券监督管理委员会 2016 年第 6 次主席办公会议审议通过 根据 2018 年 8 月 15 日中国证券监督管理委员会《关于修改〈上市公司股权激励管理办法〉的决定》修正）

第一章　总　则

第一条　为进一步促进上市公司建立健全激励与约束机制，依据《中华人民共和国公司法》（以下简称《公司法》）、《中华人民共和国证券法》（以下简称《证券法》）及其他法律、行政法规的规定，制定本办法。

第二条　本办法所称股权激励是指上市公司以本公司股票为标的，对其董事、高级管理人员及其他员工进行的长期性激励。

上市公司以限制性股票、股票期权实行股权激励的，适用本办法；以法律、行政法规允许的其他方式实行股权激励的，参照本办法有关规定执行。

第三条　上市公司实行股权激励，应当符合法律、行政法规、本办法和公司章程的规定，有利于上市公司的持续发展，不得损害上市公司利益。

上市公司的董事、监事和高级管理人员在实行股权激励中应当诚实守信，勤勉尽责，维护公司和全体股东的利益。

第四条　上市公司实行股权激励，应当严格按照本办法和其他相关规定的要求履行信息披露义务。

第五条　为上市公司股权激励计划出具意见的证券中介机构和人员，应当诚实守信、勤勉尽责，保证所出具的文件真实、准确、完整。

第六条　任何人不得利用股权激励进行内幕交易、操纵证券市场等违法活动。

第二章　一般规定

第七条　上市公司具有下列情形之一的，不得实行股权激励：

（一）最近一个会计年度财务会计报告被注册会计师出具否定意见或者无法表示意见

的审计报告。

（二）最近一个会计年度财务报告内部控制被注册会计师出具否定意见或无法表示意见的审计报告。

（三）上市后最近36个月内出现过未按法律法规、公司章程、公开承诺进行利润分配的情形。

（四）法律法规规定不得实行股权激励的。

（五）中国证监会认定的其他情形。

第八条 激励对象可以包括上市公司的董事、高级管理人员、核心技术人员或者核心业务人员，以及公司认为应当激励的对公司经营业绩和未来发展有直接影响的其他员工，但不应当包括独立董事和监事。外籍员工任职上市公司董事、高级管理人员、核心技术人员或者核心业务人员的，可以成为激励对象。

单独或合计持有上市公司5%以上股份的股东或实际控制人及其配偶、父母、子女，不得成为激励对象。下列人员也不得成为激励对象：

（一）最近12个月内被证券交易所认定为不适当人选。

（二）最近12个月内被中国证监会及其派出机构认定为不适当人选。

（三）最近12个月内因重大违法违规行为被中国证监会及其派出机构行政处罚或者采取市场禁入措施。

（四）具有《公司法》规定的不得担任公司董事、高级管理人员情形的。

（五）法律法规规定不得参与上市公司股权激励的。

（六）中国证监会认定的其他情形。

第九条 上市公司依照本办法制定股权激励计划的，应当在股权激励计划中载明下列事项：

（一）股权激励的目的。

（二）激励对象的确定依据和范围。

（三）拟授出的权益数量，拟授出权益涉及的标的股票种类、来源、数量及占上市公司股本总额的百分比；分次授出的，每次拟授出的权益数量、涉及的标的股票数量及占股权激励计划涉及的标的股票总额的百分比、占上市公司股本总额的百分比；设置预留权益的，拟预留权益的数量、涉及标的股票数量及占股权激励计划的标的股票总额的百分比。

（四）激励对象为董事、高级管理人员的，其各自可获授的权益数量、占股权激励计划拟授出权益总量的百分比；其他激励对象（各自或者按适当分类）的姓名、职务、可获授的权益数量及占股权激励计划拟授出权益总量的百分比。

（五）股权激励计划的有效期，限制性股票的授予日、限售期和解除限售安排，股票期权的授权日、可行权日、行权有效期和行权安排。

（六）限制性股票的授予价格或者授予价格的确定方法，股票期权的行权价格或者行权价格的确定方法。

（七）激励对象获授权益、行使权益的条件。

（八）上市公司授出权益、激励对象行使权益的程序。

（九）调整权益数量、标的股票数量、授予价格或者行权价格的方法和程序。

（十）股权激励会计处理方法、限制性股票或股票期权公允价值的确定方法、涉及估值模型重要参数取值合理性、实施股权激励应当计提费用及对上市公司经营业绩的影响。

（十一）股权激励计划的变更、终止。

（十二）上市公司发生控制权变更、合并、分立以及激励对象发生职务变更、离职、死亡等事项时股权激励计划的执行。

（十三）上市公司与激励对象之间相关纠纷或争端解决机制。

（十四）上市公司与激励对象的其他权利义务。

第十条 上市公司应当设立激励对象获授权益、行使权益的条件。拟分次授出权益的，应当就每次激励对象获授权益分别设立条件；分期行权的，应当就每次激励对象行使权益分别设立条件。

激励对象为董事、高级管理人员的，上市公司应当设立绩效考核指标作为激励对象行使权益的条件。

第十一条 绩效考核指标应当包括公司业绩指标和激励对象个人绩效指标。相关指标应当客观公开、清晰透明，符合公司的实际情况，有利于促进公司竞争力的提升。

上市公司可以公司历史业绩或同行业可比公司相关指标作为公司业绩指标对照依据，公司选取的业绩指标可以包括净资产收益率、每股收益、每股分红等能够反映股东回报和公司价值创造的综合性指标，以及净利润增长率、主营业务收入增长率等能够反映公司盈利能力和市场价值的成长性指标。以同行业可比公司相关指标作为对照依据的，选取的对照公司不少于 3 家。

激励对象个人绩效指标由上市公司自行确定。

上市公司应当在公告股权激励计划草案的同时披露所设定指标的科学性和合理性。

第十二条 拟实行股权激励的上市公司，可以下列方式作为标的股票来源：

（一）向激励对象发行股份。

（二）回购本公司股份。

（三）法律、行政法规允许的其他方式。

第十三条 股权激励计划的有效期从首次授予权益日起不得超过 10 年。

第十四条 上市公司可以同时实行多期股权激励计划。同时实行多期股权激励计划的，各期激励计划设立的公司业绩指标应当保持可比性，后期激励计划的公司业绩指标低于前期激励计划的，上市公司应当充分说明其原因与合理性。

上市公司全部在有效期内的股权激励计划所涉及的标的股票总数累计不得超过公司股本总额的 10%。非经股东大会特别决议批准，任何一名激励对象通过全部在有效期内的股权激励计划获授的本公司股票，累计不得超过公司股本总额的 1%。

本条第二款所称股本总额是指股东大会批准最近一次股权激励计划时公司已发行的股本总额。

第十五条 上市公司在推出股权激励计划时，可以设置预留权益，预留比例不得超过本次股权激励计划拟授予权益数量的 20%。

上市公司应当在股权激励计划经股东大会审议通过后 12 个月内明确预留权益的授予对象；超过 12 个月未明确激励对象的，预留权益失效。

第十六条 相关法律、行政法规、部门规章对上市公司董事、高级管理人员买卖本公司股票的期间有限制的，上市公司不得在相关限制期间内向激励对象授出限制性股票，激励对象也不得行使权益。

第十七条 上市公司启动及实施增发新股、并购重组、资产注入、发行可转债、发行公司债券等重大事项期间，可以实行股权激励计划。

第十八条 上市公司发生本办法第七条规定的情形之一的，应当终止实施股权激励计划，不得向激励对象继续授予新的权益，激励对象根据股权激励计划已获授但尚未行使的权益应当终止行使。

在股权激励计划实施过程中，出现本办法第八条规定的不得成为激励对象情形的，上市公司不得继续授予其权益，其已获授但尚未行使的权益应当终止行使。

第十九条 激励对象在获授限制性股票或者对获授的股票期权行使权益前后买卖股票的行为，应当遵守《证券法》《公司法》等相关规定。

上市公司应当在本办法第二十条规定的协议中，就前述义务向激励对象作出特别提示。

第二十条 上市公司应当与激励对象签订协议，确认股权激励计划的内容，并依照本办法约定双方的其他权利义务。

上市公司应当承诺，股权激励计划相关信息披露文件不存在虚假记载、误导性陈述或者重大遗漏。

所有激励对象应当承诺，上市公司因信息披露文件中有虚假记载、误导性陈述或者重大遗漏，导致不符合授予权益或行使权益安排的，激励对象应当自相关信息披露文件被确认存在虚假记载、误导性陈述或者重大遗漏后，将由股权激励计划所获得的全部利益返还公司。

第二十一条 激励对象参与股权激励计划的资金来源应当合法合规，不得违反法律、行政法规及中国证监会的相关规定。

上市公司不得为激励对象依股权激励计划获取有关权益提供贷款以及其他任何形式的财务资助，包括为其贷款提供担保。

第三章 限制性股票

第二十二条 本办法所称限制性股票是指激励对象按照股权激励计划规定的条件，获得的转让等部分权利受到限制的本公司股票。

限制性股票在解除限售前不得转让、用于担保或偿还债务。

第二十三条 上市公司在授予激励对象限制性股票时，应当确定授予价格或授予价格的确定方法。授予价格不得低于股票票面金额，且原则上不得低于下列价格较高者：

（一）股权激励计划草案公布前 1 个交易日的公司股票交易均价的 50%；

（二）股权激励计划草案公布前 20 个交易日、60 个交易日或者 120 个交易日的公司股票交易均价之一的 50%。

上市公司采用其他方法确定限制性股票授予价格的，应当在股权激励计划中对定价依据及定价方式作出说明。

第二十四条 限制性股票授予日与首次解除限售日之间的间隔不得少于 12 个月。

第二十五条 在限制性股票有效期内，上市公司应当规定分期解除限售，每期时限不得少于 12 个月，各期解除限售的比例不得超过激励对象获授限制性股票总额的 50%。

当期解除限售的条件未成就的，限制性股票不得解除限售或递延至下期解除限售，应当按照本办法第二十六条规定处理。

第二十六条 出现本办法第十八条、第二十五条规定情形，或者其他终止实施股权激励计划的情形或激励对象未达到解除限售条件的，上市公司应当回购尚未解除限售的限制性股票，并按照《公司法》的规定进行处理。

对出现本办法第十八条第一款情形负有个人责任的，或出现本办法第十八条第二款情形的，回购价格不得高于授予价格；出现其他情形的，回购价格不得高于授予价格加上银行同期存款利息之和。

第二十七条 上市公司应当在本办法第二十六条规定的情形出现后及时召开董事会审议回购股份方案，并依法将回购股份方案提交股东大会批准。回购股份方案包括但不限于以下内容：

（一）回购股份的原因；

（二）回购股份的价格及定价依据；

（三）拟回购股份的种类、数量及占股权激励计划所涉及的标的股票的比例、占总股本的比例；

（四）拟用于回购的资金总额及资金来源；

（五）回购后公司股本结构的变动情况及对公司业绩的影响。

律师事务所应当就回购股份方案是否符合法律、行政法规、本办法的规定和股权激励计划的安排出具专业意见。

第四章　股票期权

第二十八条 本办法所称股票期权是指上市公司授予激励对象在未来一定期限内以预先确定的条件购买本公司一定数量股份的权利。

激励对象获授的股票期权不得转让、用于担保或偿还债务。

第二十九条 上市公司在授予激励对象股票期权时，应当确定行权价格或者行权价格的确定方法。行权价格不得低于股票票面金额，且原则上不得低于下列价格较高者：

（一）股权激励计划草案公布前 1 个交易日的公司股票交易均价；

（二）股权激励计划草案公布前 20 个交易日、60 个交易日或者 120 个交易日的公司股票交易均价之一。

上市公司采用其他方法确定行权价格的，应当在股权激励计划中对定价依据及定价方式作出说明。

第三十条 股票期权授权日与获授股票期权首次可行权日之间的间隔不得少于 12 个月。

第三十一条 在股票期权有效期内，上市公司应当规定激励对象分期行权，每期时限不得少于 12 个月，后一行权期的起算日不得早于前一行权期的届满日。每期可行权的股票期权比例不得超过激励对象获授股票期权总额的 50%。

当期行权条件未成就的，股票期权不得行权或递延至下期行权，并应当按照本办法第三十二条第二款规定处理。

第三十二条 股票期权各行权期结束后，激励对象未行权的当期股票期权应当终止行权，上市公司应当及时注销。

出现本办法第十八条、第三十一条规定情形，或者其他终止实施股权激励计划的情形或激励对象不符合行权条件的，上市公司应当注销对应的股票期权。

第五章 实施程序

第三十三条 上市公司董事会下设的薪酬与考核委员会负责拟订股权激励计划草案。

第三十四条 上市公司实行股权激励，董事会应当依法对股权激励计划草案作出决议，拟作为激励对象的董事或与其存在关联关系的董事应当回避表决。

董事会审议本办法第四十六条、第四十七条、第四十八条、第四十九条、第五十条、第五十一条规定中有关股权激励计划实施的事项时，拟作为激励对象的董事或与其存在关联关系的董事应当回避表决。

董事会应当在依照本办法第三十七条、第五十四条的规定履行公示、公告程序后，将股权激励计划提交股东大会审议。

第三十五条 独立董事及监事会应当就股权激励计划草案是否有利于上市公司的持续发展，是否存在明显损害上市公司及全体股东利益的情形发表意见。

独立董事或监事会认为有必要的，可以建议上市公司聘请独立财务顾问，对股权激励计划的可行性、是否有利于上市公司的持续发展、是否损害上市公司利益以及对股东利益的影响发表专业意见。上市公司未按照建议聘请独立财务顾问的，应当就此事项作特别说明。

第三十六条 上市公司未按照本办法第二十三条、第二十九条定价原则，而采用其他方法确定限制性股票授予价格或股票期权行权价格的，应当聘请独立财务顾问，对股权激励计划的可行性、是否有利于上市公司的持续发展、相关定价依据和定价方法的合理性、是否损害上市公司利益以及对股东利益的影响发表专业意见。

第三十七条 上市公司应当在召开股东大会前，通过公司网站或者其他途径，在公司内部公示激励对象的姓名和职务，公示期不少于 10 天。

监事会应当对股权激励名单进行审核，充分听取公示意见。上市公司应当在股东大会审议股权激励计划前 5 日披露监事会对激励名单审核及公示情况的说明。

第三十八条 上市公司应当对内幕信息知情人在股权激励计划草案公告前 6 个月内买卖本公司股票及其衍生品种的情况进行自查，说明是否存在内幕交易行为。

知悉内幕信息而买卖本公司股票的，不得成为激励对象，法律、行政法规及相关司法解释规定不属于内幕交易的情形除外。

泄露内幕信息而导致内幕交易发生的，不得成为激励对象。

第三十九条 上市公司应当聘请律师事务所对股权激励计划出具法律意见书，至少对以下事项发表专业意见：

（一）上市公司是否符合本办法规定的实行股权激励的条件；

（二）股权激励计划的内容是否符合本办法的规定；

（三）股权激励计划的拟订、审议、公示等程序是否符合本办法的规定；

（四）股权激励对象的确定是否符合本办法及相关法律法规的规定；

（五）上市公司是否已按照中国证监会的相关要求履行信息披露义务；

（六）上市公司是否为激励对象提供财务资助；

（七）股权激励计划是否存在明显损害上市公司及全体股东利益和违反有关法律、行政法规的情形；

（八）拟作为激励对象的董事或与其存在关联关系的董事是否根据本办法的规定进行了回避；

（九）其他应当说明的事项。

第四十条 上市公司召开股东大会审议股权激励计划时，独立董事应当就股权激励计划向所有的股东征集委托投票权。

第四十一条 股东大会应当对本办法第九条规定的股权激励计划内容进行表决，并经出席会议的股东所持表决权的 2/3 以上通过。除上市公司董事、监事、高级管理人员、单独或合计持有上市公司 5% 以上股份的股东以外，其他股东的投票情况应当单独统计并予以披露。

上市公司股东大会审议股权激励计划时，拟为激励对象的股东或者与激励对象存在关联关系的股东，应当回避表决。

第四十二条 上市公司董事会应当根据股东大会决议，负责实施限制性股票的授予、解除限售和回购以及股票期权的授权、行权和注销。

上市公司监事会应当对限制性股票授予日及期权授予日激励对象名单进行核实并发表意见。

第四十三条 上市公司授予权益与回购限制性股票、激励对象行使权益前，上市公司应当向证券交易所提出申请，经证券交易所确认后，由证券登记结算机构办理登记结算事宜。

第四十四条 股权激励计划经股东大会审议通过后，上市公司应当在 60 日内授予权益并完成公告、登记；有获授权益条件的，应当在条件成就后 60 日内授出权益并完成公告、登记。上市公司未能在 60 日内完成上述工作的，应当及时披露未完成的原因，并宣告终止实施股权激励，自公告之日起 3 个月内不得再次审议股权激励计划。根据本办法规定上市公司不得授出权益的期间不计算在 60 日内。

第四十五条 上市公司应当按照证券登记结算机构的业务规则，在证券登记结算机构开设证券账户，用于股权激励的实施。

激励对象为外籍员工的，可以向证券登记结算机构申请开立证券账户。

尚未行权的股票期权，以及不得转让的标的股票，应当予以锁定。

第四十六条 上市公司在向激励对象授出权益前，董事会应当就股权激励计划设定的激励对象获授权益的条件是否成就进行审议，独立董事及监事会应当同时发表明确意见。律师事务所应当对激励对象获授权益的条件是否成就出具法律意见。

上市公司向激励对象授出权益与股权激励计划的安排存在差异时，独立董事、监事会（当激励对象发生变化时）、律师事务所、独立财务顾问（如有）应当同时发表明确意见。

第四十七条 激励对象在行使权益前，董事会应当就股权激励计划设定的激励对象行使权益的条件是否成就进行审议，独立董事及监事会应当同时发表明确意见。律师事务所应当对激励对象行使权益的条件是否成就出具法律意见。

第四十八条 因标的股票除权、除息或者其他原因需要调整权益价格或者数量的，上市公司董事会应当按照股权激励计划规定的原则、方式和程序进行调整。

律师事务所应当就上述调整是否符合本办法、公司章程的规定和股权激励计划的安排出具专业意见。

第四十九条 分次授出权益的，在每次授出权益前，上市公司应当召开董事会，按照股权激励计划的内容及首次授出权益时确定的原则，决定授出的权益价格、行使权益安排等内容。

当次授予权益的条件未成就时，上市公司不得向激励对象授予权益，未授予的权益也不得递延下期授予。

第五十条 上市公司在股东大会审议通过股权激励方案之前可对其进行变更。变更需经董事会审议通过。

上市公司对已通过股东大会审议的股权激励方案进行变更的，应当及时公告并提交股东大会审议，且不得包括下列情形：

（一）导致加速行权或提前解除限售的情形；

（二）降低行权价格或授予价格的情形。

独立董事、监事会应当就变更后的方案是否有利于上市公司的持续发展，是否存在明显损害上市公司及全体股东利益的情形发表独立意见。律师事务所应当就变更后的方案是否符合本办法及相关法律法规的规定、是否存在明显损害上市公司及全体股东利益的情形发表专业意见。

第五十一条 上市公司在股东大会审议股权激励计划之前拟终止实施股权激励的，需经董事会审议通过。

上市公司在股东大会审议通过股权激励计划之后终止实施股权激励的，应当由股东大会审议决定。

律师事务所应当就上市公司终止实施激励是否符合本办法及相关法律法规的规定、是否存在明显损害上市公司及全体股东利益的情形发表专业意见。

第五十二条 上市公司股东大会或董事会审议通过终止实施股权激励计划决议，或者股东大会审议未通过股权激励计划的，自决议公告之日起3个月内，上市公司不得再次审议股权激励计划。

第六章 信息披露

第五十三条 上市公司实行股权激励，应当真实、准确、完整、及时、公平地披露或者提供信息，不得有虚假记载、误导性陈述或者重大遗漏。

第五十四条 上市公司应当在董事会审议通过股权激励计划草案后，及时公告董事会决议、股权激励计划草案、独立董事意见及监事会意见。

上市公司实行股权激励计划依照规定需要取得有关部门批准的，应当在取得有关批复文件后的2个交易日内进行公告。

第五十五条 股东大会审议股权激励计划前，上市公司拟对股权激励方案进行变更的，变更议案经董事会审议通过后，上市公司应当及时披露董事会决议公告，同时披露变更原因、变更内容及独立董事、监事会、律师事务所意见。

第五十六条 上市公司在发出召开股东大会审议股权激励计划的通知时，应当同时公告法律意见书；聘请独立财务顾问的，还应当同时公告独立财务顾问报告。

第五十七条 股东大会审议通过股权激励计划及相关议案后，上市公司应当及时披露股东大会决议公告、经股东大会审议通过的股权激励计划，以及内幕信息知情人买卖本公司股票情况的自查报告。股东大会决议公告中应当包括中小投资者单独计票结果。

第五十八条 上市公司分次授出权益的，分次授出权益的议案经董事会审议通过后，上市公司应当及时披露董事会决议公告，对拟授出的权益价格、行使权益安排、是否符合股权激励计划的安排等内容进行说明。

第五十九条 因标的股票除权、除息或者其他原因调整权益价格或者数量的，调整议案经董事会审议通过后，上市公司应当及时披露董事会决议公告，同时公告律师事务所意见。

第六十条 上市公司董事会应当在授予权益及股票期权行权登记完成后、限制性股票解除限售前，及时披露相关实施情况的公告。

第六十一条 上市公司向激励对象授出权益时，应当按照本办法第四十四条规定履行信息披露义务，并再次披露股权激励会计处理方法、公允价值确定方法、涉及估值模型重要参数取值的合理性、实施股权激励应当计提的费用及对上市公司业绩的影响。

第六十二条 上市公司董事会按照本办法第四十六条、第四十七条规定对激励对象获授权益、行使权益的条件是否成就进行审议的，上市公司应当及时披露董事会决议公告，同时公告独立董事、监事会、律师事务所意见以及独立财务顾问意见（如有）。

第六十三条 上市公司董事会按照本办法第二十七条规定审议限制性股票回购方案的，应当及时公告回购股份方案及律师事务所意见。回购股份方案经股东大会批准后，上市公司应当及时公告股东大会决议。

第六十四条 上市公司终止实施股权激励的，终止实施议案经股东大会或董事会审议通过后，上市公司应当及时披露股东大会决议公告或董事会决议公告，并对终止实施股权激励的原因、股权激励已筹划及实施进展、终止实施股权激励对上市公司的可能影响等作出说明，并披露律师事务所意见。

第六十五条 上市公司应当在定期报告中披露报告期内股权激励的实施情况，包括：

（一）报告期内激励对象的范围；

（二）报告期内授出、行使和失效的权益总额；

（三）至报告期末累计已授出但尚未行使的权益总额；

（四）报告期内权益价格、权益数量历次调整的情况以及经调整后的最新权益价格与权益数量；

（五）董事、高级管理人员各自的姓名、职务以及在报告期内历次获授、行使权益的情况和失效的权益数量；

（六）因激励对象行使权益所引起的股本变动情况；

（七）股权激励的会计处理方法及股权激励费用对公司业绩的影响；

（八）报告期内激励对象获授权益、行使权益的条件是否成就的说明；

（九）报告期内终止实施股权激励的情况及原因。

第七章 监督管理

第六十六条 上市公司股权激励不符合法律、行政法规和本办法规定，或者上市公司未按照本办法、股权激励计划的规定实施股权激励的，上市公司应当终止实施股权激励，中国证监会及其派出机构责令改正，并书面通报证券交易所和证券登记结算机构。

第六十七条 上市公司未按照本办法及其他相关规定披露股权激励相关信息或者所披露的信息有虚假记载、误导性陈述或者重大遗漏的，中国证监会及其派出机构对公司及相关责任人员采取责令改正、监管谈话、出具警示函等监管措施；情节严重的，依照《证券法》予以处罚；涉嫌犯罪的，依法移交司法机关追究刑事责任。

第六十八条 上市公司因信息披露文件有虚假记载、误导性陈述或者重大遗漏，导致不符合授予权益或行使权益安排的，未行使权益应当统一回购注销，已经行使权益的，所有激励对象应当返还已获授权益。对上述事宜不负有责任的激励对象因返还已获授权益而遭受损失的，可按照股权激励计划相关安排，向上市公司或负有责任的对象进行追偿。

董事会应当按照前款规定和股权激励计划相关安排收回激励对象所得收益。

第六十九条 上市公司实施股权激励过程中，上市公司独立董事及监事未按照本办法及相关规定履行勤勉尽责义务的，中国证监会及其派出机构采取责令改正、监管谈话、出具警示函、认定为不适当人选等措施；情节严重的，依照《证券法》予以处罚；涉嫌犯罪的，依法移交司法机关追究刑事责任。

第七十条 利用股权激励进行内幕交易或者操纵证券市场的，中国证监会及其派出机构依照《证券法》予以处罚；情节严重的，对相关责任人员实施市场禁入等措施；涉嫌犯罪的，依法移交司法机关追究刑事责任。

第七十一条 为上市公司股权激励计划出具专业意见的证券服务机构和人员未履行勤勉尽责义务，所发表的专业意见存在虚假记载、误导性陈述或者重大遗漏的，中国证监会及其派出机构对相关机构及签字人员采取责令改正、监管谈话、出具警示函等措施；情节严重的，依照《证券法》予以处罚；涉嫌犯罪的，依法移交司法机关追究刑事责任。

第八章　附　则

第七十二条 本办法下列用语具有如下含义：

标的股票：指根据股权激励计划，激励对象有权获授或者购买的上市公司股票。

权益：指激励对象根据股权激励计划获得的上市公司股票、股票期权。

授出权益（授予权益、授权）：指上市公司根据股权激励计划的安排，授予激励对象限制性股票、股票期权的行为。

行使权益（行权）：指激励对象根据股权激励计划的规定，解除限制性股票的限售、行使股票期权购买上市公司股份的行为。

分次授出权益（分次授权）：指上市公司根据股权激励计划的安排，向已确定的激励对象分次授予限制性股票、股票期权的行为。

分期行使权益（分期行权）：指根据股权激励计划的安排，激励对象已获授的限制性股票分期解除限售、已获授的股票期权分期行权的行为。

预留权益：指股权激励计划推出时未明确激励对象、股权激励计划实施过程中确定激励对象的权益。

授予日或者授权日：指上市公司向激励对象授予限制性股票、股票期权的日期。授予日、授权日必须为交易日。

限售期：指股权激励计划设定的激励对象行使权益的条件尚未成就，限制性股票不得转让、用于担保或偿还债务的期间，自激励对象获授限制性股票完成登记之日起算。

可行权日：指激励对象可以开始行权的日期。可行权日必须为交易日。

授予价格：上市公司向激励对象授予限制性股票时所确定的、激励对象获得上市公司股份的价格。

行权价格：上市公司向激励对象授予股票期权时所确定的、激励对象购买上市公司股份的价格。

标的股票交易均价：标的股票交易总额/标的股票交易总量。

本办法所称的“以上”“以下”含本数，“超过”“低于”“少于”不含本数。

第七十三条 国有控股上市公司实施股权激励，国家有关部门对其有特别规定的，应当同时遵守其规定。

第七十四条 本办法适用于股票在上海、深圳证券交易所上市的公司。

第七十五条 本办法自 2016 年 8 月 13 日起施行。原《上市公司股权激励管理办法（试行）》（证监公司字〔2005〕151 号）及相关配套制度同时废止。

4.2.9

关于上市公司实施员工持股计划试点的指导意见

（2014年6月20日　证监会公告〔2014〕33号）

为了贯彻《中共中央关于全面深化改革若干重大问题的决定》中关于“允许混合所有制经济实行企业员工持股，形成资本所有者和劳动者利益共同体”的精神，落实《国务院关于进一步促进资本市场健康发展的若干意见》（国发〔2014〕17号）中关于“允许上市公司按规定通过多种形式开展员工持股计划”的要求，经国务院同意，中国证监会依照《公司法》、《证券法》相关规定，在上市公司中开展员工持股计划实施试点。上市公司实施员工持股计划试点，有利于建立和完善劳动者与所有者的利益共享机制，改善公司治理水平，提高职工的凝聚力和公司竞争力，使社会资金通过资本市场实现优化配置。为稳妥有序开展员工持股计划试点，现提出以下指导意见。

一、员工持股计划基本原则

（一）依法合规原则

上市公司实施员工持股计划，应当严格按照法律、行政法规的规定履行程序，真实、准确、完整、及时地实施信息披露。任何人不得利用员工持股计划进行内幕交易、操纵证券市场等证券欺诈行为。

（二）自愿参与原则

上市公司实施员工持股计划应当遵循公司自主决定，员工自愿参加，上市公司不得以摊派、强行分配等方式强制员工参加本公司的员工持股计划。

（三）风险自担原则

员工持股计划参与人盈亏自负，风险自担，与其他投资者权益平等。

二、员工持股计划的主要内容

（四）员工持股计划是指上市公司根据员工意愿，通过合法方式使员工获得本公司股票并长期持有，股份权益按约定分配给员工的制度安排。员工持股计划的参加对象为公司员工，包括管理层人员。

（五）员工持股计划的资金和股票来源

1. 员工持股计划可以通过以下方式解决所需资金：（1）员工的合法薪酬；（2）法律、行政法规允许的其他方式。

2. 员工持股计划可以通过以下方式解决股票来源：（1）上市公司回购本公司股票；（2）二级市场购买；（3）认购非公开发行股票；（4）股东自愿赠与；（5）法律、行政法规允许的其他方式。

（六）员工持股计划的持股期限和持股计划的规模

1. 每期员工持股计划的持股期限不得低于12个月，以非公开发行方式实施员工持股计划的，持股期限不得低于36个月，自上市公司公告标的股票过户至本期持股计划名下时起算；上市公司应当在员工持股计划届满前6个月公告到期计划持有的股票数量。

2. 上市公司全部有效的员工持股计划所持有的股票总数累计不得超过公司股本总额的10%，单个员工所获股份权益对应的股票总数累计不得超过公司股本总额的1%。员工持股计划持有的股票总数不包括员工在公司首次公开发行股票上市前获得的股份、通过二级市场自行购买的股份及通过股权激励获得的股份。

（七）员工持股计划的管理

1. 参加员工持股计划的员工应当通过员工持股计划持有人会议选出代表或设立相应机构，监督员工持股计划的日常管理，代表员工持股计划持有人行使股东权利或者授权资产管理机构行使股东权利。

2. 上市公司可以自行管理本公司的员工持股计划，也可以将本公司员工持股计划委托给下列具有资产管理资质的机构管理：（1）信托公司；（2）保险资产管理公司；（3）证券公司；（4）基金管理公司；（5）其他符合条件的资产管理机构。

3. 上市公司自行管理本公司员工持股计划的，应当明确持股计划的管理方，制定相应的管理规则，切实维护员工持股计划持有人的合法权益，避免产生上市公司其他股东与员工持股计划持有人之间潜在的利益冲突。

4. 员工享有标的股票的权益；在符合员工持股计划约定的情况下，该权益可由员工自身享有，也可以转让、继承。员工通过持股计划获得的股份权益的占有、使用、收益和处分的权利，可以依据员工持股计划的约定行使；参加员工持股计划的员工离职、退休、死亡以及发生不再适合参加持股计划事由等情况时，其所持股份权益依照员工持股计划约定方式处置。

5. 上市公司委托资产管理机构管理本公司员工持股计划的，应当与资产管理机构签订资产管理协议。资产管理协议应当明确当事人的权利义务，切实维护员工持股计划持有人的合法权益，确保员工持股计划的财产安全。资产管理机构应当根据协议约定管理员工持股计划，同时应当遵守资产管理业务相关规则。

6. 员工持股计划管理机构应当为员工持股计划持有人的最大利益行事，不得与员工持股计划持有人存在利益冲突，不得泄露员工持股计划持有人的个人信息。

7. 员工持股计划管理机构应当以员工持股计划的名义开立证券交易账户。员工持股计划持有的股票、资金为委托财产，员工持股计划管理机构不得将委托财产归入其固有财产。员工持股计划管理机构因依法解散、被依法撤销或者被依法宣告破产等原因进行清算的，委托财产不属于其清算财产。

三、员工持股计划的实施程序及信息披露

（八）上市公司实施员工持股计划前，应当通过职工代表大会等组织充分征求员工意见。

（九）上市公司董事会提出员工持股计划草案并提交股东大会表决，员工持股计划草案至少应包含如下内容：

1. 员工持股计划的参加对象及确定标准、资金、股票来源；
2. 员工持股计划的存续期限、管理模式、持有人会议的召集及表决程序；
3. 公司融资时员工持股计划的参与方式；
4. 员工持股计划的变更、终止，员工发生不适合参加持股计划情况时所持股份权益的处置办法；
5. 员工持股计划持有人代表或机构的选任程序；
6. 员工持股计划管理机构的选任、管理协议的主要条款、管理费用的计提及支付方式；
7. 员工持股计划期满后员工所持有股份的处置办法；
8. 其他重要事项。

非金融类国有控股上市公司实施员工持股计划应当符合相关国有资产监督管理机构关于混合所有制企业员工持股的有关要求。

金融类国有控股上市公司实施员工持股计划应当符合财政部关于金融类国有控股上市公司员工持股的规定。

（十）独立董事和监事会应当就员工持股计划是否有利于上市公司的持续发展，是否损害上市公司及全体股东利益，公司是否以摊派、强行分配等方式强制员工参加本公司持股计划发表意见。上市公司应当在董事会审议通过员工持股计划草案后的2个交易日内，公告董事会决议、员工持股计划草案摘要、独立董事及监事会意见及与资产管理机构签订的资产管理协议。

（十一）上市公司应当聘请律师事务所对员工持股计划出具法律意见书，并在召开关于审议员工持股计划的股东大会前公告法律意见书。员工持股计划拟选任的资产管理机构为公司股东或股东关联方的，相关主体应当在股东大会表决时回避；员工持股计划涉及相关董事、股东的，相关董事、股东应当回避表决；公司股东大会对员工持股计划作出决议的，应当经出席会议的股东所持表决权的半数以上通过。

（十二）股东大会审议通过员工持股计划后2个交易日内，上市公司应当披露员工持股计划的主要条款。

（十三）采取二级市场购买方式实施员工持股计划的，员工持股计划管理机构应当在股东大会审议通过员工持股计划后6个月内，根据员工持股计划的安排，完成标的股票的购买。上市公司应当每月公告一次购买股票的时间、数量、价格、方式等具体情况。

上市公司实施员工持股计划的，在完成标的股票的购买或将标的股票过户至员工持股

计划名下的2个交易日内，以临时公告形式披露获得标的股票的时间、数量等情况。

（十四）员工因参加员工持股计划，其股份权益发生变动，依据法律应当履行相应义务的，应当依据法律履行；员工持股计划持有公司股票达到公司已发行股份总数的5%时，应当依据法律规定履行相应义务。

（十五）上市公司至少应当在定期报告中披露报告期内下列员工持股计划实施情况：

1. 报告期内持股员工的范围、人数；
2. 实施员工持股计划的资金来源；
3. 报告期内员工持股计划持有的股票总额及占上市公司股本总额的比例；
4. 因员工持股计划持有人处分权利引起的计划股份权益变动情况；
5. 资产管理机构的变更情况；
6. 其他应当予以披露的事项。

四、员工持股计划的监管

（十六）除非公开发行方式外，中国证监会对员工持股计划的实施不设行政许可，由上市公司根据自身实际情况决定实施。

（十七）上市公司公布、实施员工持股计划时，必须严格遵守市场交易规则，遵守中国证监会关于信息敏感期不得买卖股票的规定，严厉禁止利用任何内幕信息进行交易。

（十八）中国证监会对上市公司实施员工持股计划进行监管，对利用员工持股计划进行虚假陈述、操纵证券市场、内幕交易等违法行为的，中国证监会将依法予以处罚。

（十九）法律禁止特定行业公司员工持有、买卖股票的，不得以员工持股计划的名义持有、买卖股票。

（二十）证券交易所在其业务规则中明确员工持股计划的信息披露要求；证券登记结算机构在其业务规则中明确员工持股计划登记结算业务的办理要求。

4.2.10

上市公司股东大会规则

（2016 年 9 月 30 日　证监会公告〔2016〕22 号）

第一章　总　　则

第一条　为规范上市公司行为，保证股东大会依法行使职权，根据《中华人民共和国公司法》（以下简称《公司法》）、《中华人民共和国证券法》（以下简称《证券法》）的规定，制定本规则。

第二条　上市公司应当严格按照法律、行政法规、本规则及公司章程的相关规定召开股东大会，保证股东能够依法行使权利。

公司董事会应当切实履行职责，认真、按时组织股东大会。公司全体董事应当勤勉尽责，确保股东大会正常召开和依法行使职权。

第三条　股东大会应当在《公司法》和公司章程规定的范围内行使职权。

第四条　股东大会分为年度股东大会和临时股东大会。年度股东大会每年召开一次，应当于上一会计年度结束后的 6 个月内举行。临时股东大会不定期召开，出现《公司法》第一百零一条规定的应当召开临时股东大会的情形时，临时股东大会应当在 2 个月内召开。

公司在上述期限内不能召开股东大会的，应当报告公司所在地中国证监会派出机构和公司股票挂牌交易的证券交易所（以下简称“证券交易所”），说明原因并公告。

第五条　公司召开股东大会，应当聘请律师对以下问题出具法律意见并公告：

（一）会议的召集、召开程序是否符合法律、行政法规、本规则和公司章程的规定；

（二）出席会议人员的资格、召集人资格是否合法有效；

（三）会议的表决程序、表决结果是否合法有效；

（四）应公司要求对其他有关问题出具的法律意见。

第二章　股东大会的召集

第六条　董事会应当在本规则第四条规定的期限内按时召集股东大会。

第七条　独立董事有权向董事会提议召开临时股东大会。对独立董事要求召开临时股东大会的提议，董事会应当根据法律、行政法规和公司章程的规定，在收到提议后 10 日内提出同意或不同意召开临时股东大会的书面反馈意见。

董事会同意召开临时股东大会的，应当在作出董事会决议后的 5 日内发出召开股东大会的通知；董事会不同意召开临时股东大会的，应当说明理由并公告。

第八条 监事会有权向董事会提议召开临时股东大会，并应当以书面形式向董事会提出。董事会应当根据法律、行政法规和公司章程的规定，在收到提议后 10 日内提出同意或不同意召开临时股东大会的书面反馈意见。

董事会同意召开临时股东大会的，应当在作出董事会决议后的 5 日内发出召开股东大会的通知，通知中对原提议的变更，应当征得监事会的同意。

董事会不同意召开临时股东大会，或者在收到提议后 10 日内未作出书面反馈的，视为董事会不能履行或者不履行召集股东大会会议职责，监事会可以自行召集和主持。

第九条 单独或者合计持有公司 10% 以上股份的普通股股东（含表决权恢复的优先股股东）有权向董事会请求召开临时股东大会，并应当以书面形式向董事会提出。董事会应当根据法律、行政法规和公司章程的规定，在收到请求后 10 日内提出同意或不同意召开临时股东大会的书面反馈意见。

董事会同意召开临时股东大会的，应当在作出董事会决议后的 5 日内发出召开股东大会的通知，通知中对原请求的变更，应当征得相关股东的同意。

董事会不同意召开临时股东大会，或者在收到请求后 10 日内未作出反馈的，单独或者合计持有公司 10% 以上股份的普通股股东（含表决权恢复的优先股股东）有权向监事会提议召开临时股东大会，并应当以书面形式向监事会提出请求。

监事会同意召开临时股东大会的，应在收到请求 5 日内发出召开股东大会的通知，通知中对原请求的变更，应当征得相关股东的同意。

监事会未在规定期限内发出股东大会通知的，视为监事会不召集和主持股东大会，连续 90 日以上单独或者合计持有公司 10% 以上股份的普通股股东（含表决权恢复的优先股股东）可以自行召集和主持。

第十条 监事会或股东决定自行召集股东大会的，应当书面通知董事会，同时向公司所在地中国证监会派出机构和证券交易所备案。

在股东大会决议公告前，召集普通股股东（含表决权恢复的优先股股东）持股比例不得低于 10%。

监事会和召集股东应在发出股东大会通知及发布股东大会决议公告时，向公司所在地中国证监会派出机构和证券交易所提交有关证明材料。

第十一条 对于监事会或股东自行召集的股东大会，董事会和董事会秘书应予配合。董事会应当提供股权登记日的股东名册。董事会未提供股东名册的，召集人可以持召集股东大会通知的相关公告，向证券登记结算机构申请获取。召集人所获取的股东名册不得用于除召开股东大会以外的其他用途。

第十二条 监事会或股东自行召集的股东大会，会议所必需的费用由公司承担。

第三章　股东大会的提案与通知

第十三条　提案的内容应当属于股东大会职权范围，有明确议题和具体决议事项，并且符合法律、行政法规和公司章程的有关规定。

第十四条　单独或者合计持有公司 3% 以上股份的普通股股东（含表决权恢复的优先股股东），可以在股东大会召开 10 日前提出临时提案并书面提交召集人。召集人应当在收到提案后 2 日内发出股东大会补充通知，公告临时提案的内容。

除前款规定外，召集人在发出股东大会通知后，不得修改股东大会通知中已列明的提案或增加新的提案。

股东大会通知中未列明或不符合本规则第十三条规定的提案，股东大会不得进行表决并作出决议。

第十五条　召集人应当在年度股东大会召开 20 日前以公告方式通知各普通股股东（含表决权恢复的优先股股东），临时股东大会应当于会议召开 15 日前以公告方式通知各普通股股东（含表决权恢复的优先股股东）。

第十六条　股东大会通知和补充通知中应当充分、完整披露所有提案的具体内容，以及为使股东对拟讨论的事项作出合理判断所需的全部资料或解释。拟讨论的事项需要独立董事发表意见的，发出股东大会通知或补充通知时应当同时披露独立董事的意见及理由。

第十七条　股东大会拟讨论董事、监事选举事项的，股东大会通知中应当充分披露董事、监事候选人的详细资料，至少包括以下内容：

（一）教育背景、工作经历、兼职等个人情况；

（二）与公司或其控股股东及实际控制人是否存在关联关系；

（三）披露持有上市公司股份数量；

（四）是否受过中国证监会及其他有关部门的处罚和证券交易所惩戒。

除采取累积投票制选举董事、监事外，每位董事、监事候选人应当以单项提案提出。

第十八条　股东大会通知中应当列明会议时间、地点，并确定股权登记日。股权登记日与会议日期之间的间隔应当不多于 7 个工作日。股权登记日一旦确认，不得变更。

第十九条　发出股东大会通知后，无正当理由，股东大会不得延期或取消，股东大会通知中列明的提案不得取消。一旦出现延期或取消的情形，召集人应当在原定召开日前至少 2 个工作日公告并说明原因。

第四章　股东大会的召开

第二十条　公司应当在公司住所地或公司章程规定的地点召开股东大会。

股东大会应当设置会场，以现场会议形式召开，并应当按照法律、行政法规、中国证监会或公司章程的规定，采用安全、经济、便捷的网络和其他方式为股东参加股东大会提供便利。股东通过上述方式参加股东大会的，视为出席。

股东可以亲自出席股东大会并行使表决权，也可以委托他人代为出席和在授权范围内行使表决权。

第二十一条 公司股东大会采用网络或其他方式的，应当在股东大会通知中明确载明网络或其他方式的表决时间以及表决程序。

股东大会网络或其他方式投票的开始时间，不得早于现场股东大会召开前一日下午3:00，并不得迟于现场股东大会召开当日上午9:30，其结束时间不得早于现场股东大会结束当日下午3:00。

第二十二条 董事会和其他召集人应当采取必要措施，保证股东大会的正常秩序。对于干扰股东大会、寻衅滋事和侵犯股东合法权益的行为，应当采取措施加以制止并及时报告有关部门查处。

第二十三条 股权登记日登记在册的所有普通股股东（含表决权恢复的优先股股东）或其代理人，均有权出席股东大会，公司和召集人不得以任何理由拒绝。

优先股股东不出席股东大会会议，所持股份没有表决权，但出现以下情况之一的，公司召开股东大会会议应当通知优先股股东，并遵循《公司法》及公司章程通知普通股股东的规定程序。优先股股东出席股东大会会议时，有权与普通股股东分类表决，其所持每一优先股有一表决权，但公司持有的本公司优先股没有表决权：

（一）修改公司章程中与优先股相关的内容；

（二）一次或累计减少公司注册资本超过百分之十；

（三）公司合并、分立、解散或变更公司形式；

（四）发行优先股；

（五）公司章程规定的其他情形。

上述事项的决议，除须经出席会议的普通股股东（含表决权恢复的优先股股东）所持表决权的三分之二以上通过之外，还须经出席会议的优先股股东（不含表决权恢复的优先股股东）所持表决权的三分之二以上通过。

第二十四条 股东应当持股票账户卡、身份证或其他能够表明其身份的有效证件或证明出席股东大会。代理人还应当提交股东授权委托书和个人有效身份证件。

第二十五条 召集人和律师应当依据证券登记结算机构提供的股东名册共同对股东资格的合法性进行验证，并登记股东姓名或名称及其所持有表决权的股份数。在会议主持人宣布现场出席会议的股东和代理人人数及所持有表决权的股份总数之前，会议登记应当终止。

第二十六条 公司召开股东大会，全体董事、监事和董事会秘书应当出席会议，经理和其他高级管理人员应当列席会议。

第二十七条 股东大会由董事长主持。董事长不能履行职务或不履行职务时，由副董事长主持；副董事长不能履行职务或者不履行职务时，由半数以上董事共同推举的一名董事主持。

监事会自行召集的股东大会，由监事会主席主持。监事会主席不能履行职务或不履行职务时，由监事会副主席主持；监事会副主席不能履行职务或者不履行职务时，由半数以上监事共同推举的一名监事主持。

股东自行召集的股东大会，由召集人推举代表主持。

公司应当制定股东大会议事规则。召开股东大会时，会议主持人违反议事规则使股东大会无法继续进行的，经现场出席股东大会有表决权过半数的股东同意，股东大会可推举一人担任会议主持人，继续开会。

第二十八条 在年度股东大会上，董事会、监事会应当就其过去一年的工作向股东大会作出报告，每名独立董事也应作出述职报告。

第二十九条 董事、监事、高级管理人员在股东大会上应就股东的质询作出解释和说明。

第三十条 会议主持人应当在表决前宣布现场出席会议的股东和代理人人数及所持有表决权的股份总数，现场出席会议的股东和代理人人数及所持有表决权的股份总数以会议登记为准。

第三十一条 股东与股东大会拟审议事项有关联关系时，应当回避表决，其所持有表决权的股份不计入出席股东大会有表决权的股份总数。

股东大会审议影响中小投资者利益的重大事项时，对中小投资者的表决应当单独计票。单独计票结果应当及时公开披露。

公司持有自己的股份没有表决权，且该部分股份不计入出席股东大会有表决权的股份总数。

公司董事会、独立董事和符合相关规定条件的股东可以公开征集股东投票权。征集股东投票权应当向被征集人充分披露具体投票意向等信息。禁止以有偿或者变相有偿的方式征集股东投票权。公司不得对征集投票权提出最低持股比例限制。

第三十二条 股东大会就选举董事、监事进行表决时，根据公司章程的规定或者股东大会的决议，可以实行累积投票制。

前款所称累积投票制是指股东大会选举董事或者监事时，每一普通股（含表决权恢复的优先股）股份拥有与应选董事或者监事人数相同的表决权，股东拥有的表决权可以集中使用。

第三十三条 除累积投票制外，股东大会对所有提案应当逐项表决。对同一事项有不同提案的，应当按提案提出的时间顺序进行表决。除因不可抗力等特殊原因导致股东大会中止或不能作出决议外，股东大会不得对提案进行搁置或不予表决。

股东大会就发行优先股进行审议，应当就下列事项逐项进行表决：

（一）本次发行优先股的种类和数量；

（二）发行方式、发行对象及向原股东配售的安排；

（三）票面金额、发行价格或定价区间及其确定原则；

（四）优先股股东参与分配利润的方式，包括：股息率及其确定原则、股息发放的条件、股息支付方式、股息是否累积、是否可以参与剩余利润分配等；

（五）回购条款，包括回购的条件、期间、价格及其确定原则、回购选择权的行使主体等（如有）；

（六）募集资金用途；

（七）公司与相应发行对象签订的附条件生效的股份认购合同；

（八）决议的有效期；

（九）公司章程关于优先股股东和普通股股东利润分配政策相关条款的修订方案；

（十）对董事会办理本次发行具体事宜的授权；

（十一）其他事项。

第三十四条 股东大会审议提案时，不得对提案进行修改，否则，有关变更应当被视为一个新的提案，不得在本次股东大会上进行表决。

第三十五条 同一表决权只能选择现场、网络或其他表决方式中的一种。同一表决权出现重复表决的以第一次投票结果为准。

第三十六条 出席股东大会的股东，应当对提交表决的提案发表以下意见之一：同意、反对或弃权。证券登记结算机构作为内地与香港股票市场交易互联互通机制股票的名义持有人，按照实际持有人意思表示进行申报的除外。

未填、错填、字迹无法辨认的表决票或未投的表决票均视为投票人放弃表决权利，其所持股份数的表决结果应计为“弃权”。

第三十七条 股东大会对提案进行表决前，应当推举两名股东代表参加计票和监票。审议事项与股东有关联关系的，相关股东及代理人不得参加计票、监票。

股东大会对提案进行表决时，应当由律师、股东代表与监事代表共同负责计票、监票。

通过网络或其他方式投票的公司股东或其代理人，有权通过相应的投票系统查验自己的投票结果。

第三十八条 股东大会会议现场结束时间不得早于网络或其他方式，会议主持人应当在会议现场宣布每一提案的表决情况和结果，并根据表决结果宣布提案是否通过。

在正式公布表决结果前，股东大会现场、网络及其他表决方式中所涉及的公司、计票人、监票人、主要股东、网络服务方等相关各方对表决情况均负有保密义务。

第三十九条 股东大会决议应当及时公告，公告中应列明出席会议的股东和代理人人数、所持有表决权的股份总数及占公司有表决权股份总数的比例、表决方式、每项提案的表决结果和通过的各项决议的详细内容。

发行优先股的公司就本规则第二十三条第二款所列情形进行表决的，应当对普通股股东（含表决权恢复的优先股股东）和优先股股东（不含表决权恢复的优先股股东）出席会议及表决的情况分别统计并公告。

发行境内上市外资股的公司，应当对内资股股东和外资股股东出席会议及表决情况分别统计并公告。

第四十条 提案未获通过，或者本次股东大会变更前次股东大会决议的，应当在股东大会决议公告中作特别提示。

第四十一条 股东大会会议记录由董事会秘书负责，会议记录应记载以下内容：

（一）会议时间、地点、议程和召集人姓名或名称；

（二）会议主持人以及出席或列席会议的董事、监事、董事会秘书、经理和其他高级管理人员姓名；

（三）出席会议的股东和代理人人数、所持有表决权的股份总数及占公司股份总数的比例；

（四）对每一提案的审议经过、发言要点和表决结果；

（五）股东的质询意见或建议以及相应的答复或说明；

（六）律师及计票人、监票人姓名；

（七）公司章程规定应当载入会议记录的其他内容。

出席会议的董事、董事会秘书、召集人或其代表、会议主持人应当在会议记录上签名，并保证会议记录内容真实、准确和完整。会议记录应当与现场出席股东的签名册及代理出席的委托书、网络及其他方式表决情况的有效资料一并保存，保存期限不少于10年。

第四十二条 召集人应当保证股东大会连续举行，直至形成最终决议。因不可抗力等特殊原因导致股东大会中止或不能作出决议的，应采取必要措施尽快恢复召开股东大会或直接终止本次股东大会，并及时公告。同时，召集人应向公司所在地中国证监会派出机构及证券交易所报告。

第四十三条 股东大会通过有关董事、监事选举提案的，新任董事、监事按公司章程的规定就任。

第四十四条 股东大会通过有关派现、送股或资本公积转增股本提案的，公司应当在股东大会结束后2个月内实施具体方案。

第四十五条 公司以减少注册资本为目的回购普通股公开发行优先股，以及以非公开发行优先股为支付手段向公司特定股东回购普通股的，股东大会就回购普通股作出决议，应当经出席会议的普通股股东（含表决权恢复的优先股股东）所持表决权的三分之二以上通过。

公司应当在股东大会作出回购普通股决议后的次日公告该决议。

第四十六条 公司股东大会决议内容违反法律、行政法规的无效。

公司控股股东、实际控制人不得限制或者阻挠中小投资者依法行使投票权，不得损害公司和中小投资者的合法权益。

股东大会的会议召集程序、表决方式违反法律、行政法规或者公司章程，或者决议内容违反公司章程的，股东可以自决议作出之日起60日内，请求人民法院撤销。

第五章 监管措施

第四十七条 在本规则规定期限内，上市公司无正当理由不召开股东大会的，证券交易所有权对该公司挂牌交易的股票及衍生品种予以停牌，并要求董事会作出解释并公告。

第四十八条 股东大会的召集、召开和相关信息披露不符合法律、行政法规、本规则和公司章程要求的，中国证监会及其派出机构有权责令公司或相关责任人限期改正，并由证券交易所予以公开谴责。

第四十九条 董事、监事或董事会秘书违反法律、行政法规、本规则和公司章程的规定，不切实履行职责的，中国证监会及其派出机构有权责令其改正，并由证券交易所予以公开谴责；对于情节严重或不予改正的，中国证监会可对相关人员实施证券市场禁入。

第六章 附 则

第五十条 对发行外资股的公司的股东大会，相关法律、行政法规或文件另有规定的，从其规定。

第五十一条 本规则所称公告或通知，是指在中国证监会指定报刊上刊登有关信息披露内容。公告或通知篇幅较长的，公司可以选择在中国证监会指定报刊上对有关内容作摘要性披露，但全文应当同时在中国证监会指定的网站上公布。

本规则所称的股东大会补充通知应当在刊登会议通知的同一指定报刊上公告。

第五十二条 本规则所称“以上”、“内”，含本数；“过”、“低于”、“多于”，不含本数。

第五十三条 本规则由中国证监会负责解释。

第五十四条 本规则自公布之日起施行。《上市公司股东大会规则（2014 年修订）》（证监会公告〔2014〕46 号）同时废止。

4.2.11

上市公司章程指引

（2016年9月30日　证监会公告〔2016〕23号）

目　录

第一章　总　　则

第一条　为维护公司、股东和债权人的合法权益，规范公司的组织和行为，根据《中华人民共和国公司法》（以下简称《公司法》）、《中华人民共和国证券法》（以下简称《证券法》）和其他有关规定，制订本章程。

第二条　公司系依照【法规名称】和其他有关规定成立的股份有限公司（以下简称公司）。

公司【设立方式】设立；在【公司登记机关所在地名】工商行政管理局注册登记，取得营业执照，营业执照号【营业执照号码】。

注释：依法律、行政法规规定，公司设立必须报经批准的，应当说明批准机关和批准文件名称。

第三条　公司于【批/核准日期】经【批/核准机关全称】批/核准，首次向社会公众发行人民币普通股【股份数额】股，于【上市日期】在【证券交易所全称】上市。公司于【批/核准日期】经【批/核准机关全称】批/核准，发行优先股【股份数额】股，于【上市日期】在【证券交易所全称】上市。公司向境外投资人发行的以外币认购并且在境内上市的境内上市外资股为【股份数额】，于【上市日期】在【证券交易所全称】上市。

注释：本指引所称优先股，是指依照《公司法》，在一般规定的普通种类股份之外，另行规定的其他种类股份，其股份持有人优先于普通股股东分配公司利润和剩余财产，但参与公司决策管理等权利受到限制。

没有发行（或拟发行）优先股或者境内上市外资股的公司，无需就本条有关优先股或者境内上市外资股的内容作出说明。以下同。

第四条　公司注册名称：【中文全称】【英文全称】

第五条　公司住所：【公司住所地址全称，邮政编码】。

第六条　公司注册资本为人民币【注册资本数额】元。

注释：公司因增加或者减少注册资本而导致注册资本总额变更的，可以在股东大会通过同意增加或减少注册资本的决议后，再就因此而需要修改公司章程的事项通过一项决议，并说明授权董事会具体办理注册资本的变更登记手续。

第七条　公司营业期限为【年数】或者【公司为永久存续的股份有限公司】。

第八条 【董事长或经理】为公司的法定代表人。

第九条 公司全部资产分为等额股份，股东以其认购的股份为限对公司承担责任，公司以其全部资产对公司的债务承担责任。

第十条 本公司章程自生效之日起，即成为规范公司的组织与行为、公司与股东、股东与股东之间权利义务关系的具有法律约束力的文件，对公司、股东、董事、监事、高级管理人员具有法律约束力的文件。依据本章程，股东可以起诉股东，股东可以起诉公司董事、监事、经理和其他高级管理人员，股东可以起诉公司，公司可以起诉股东、董事、监事、经理和其他高级管理人员。

第十一条 本章程所称其他高级管理人员是指公司的副经理、董事会秘书、财务负责人。

注释：公司可以根据实际情况，在章程中确定属于公司高级管理人员的人员。

第二章 经营宗旨和范围

第十二条 公司的经营宗旨：【宗旨内容】

第十三条 经依法登记，公司的经营范围：【经营范围内容】

注释：公司的经营范围中属于法律、行政法规规定须经批准的项目，应当依法经过批准。

第三章 股 份

第一节 股份发行

第十四条 公司的股份采取股票的形式。

第十五条 公司股份的发行，实行公开、公平、公正的原则，同种类的每一股份应当具有同等权利。

同次发行的同种类股票，每股的发行条件和价格应当相同；任何单位或者个人所认购的股份，每股应当支付相同价额。

注释：发行优先股的公司，应当在章程中明确以下事项：(1) 优先股股息率采用固定股息率或浮动股息率，并相应明确固定股息率水平或浮动股息率的计算方法；(2) 公司在有可分配税后利润的情况下是否必须分配利润；(3) 如果公司因本会计年度可分配利润不足而未向优先股股东足额派发股息，差额部分是否累积到下一会计年度；(4) 优先股股东按照约定的股息率分配股息后，是否有权同普通股股东一起参加剩余利润分配，以及参与剩余利润分配的比例、条件等事项；(5) 其他涉及优先股股东参与公司利润分配的事项；(6) 除利润分配和剩余财产分配外，优先股是否在其他条款上具有不同的设置；(7) 优先股表决权恢复时，每股优先股股份享有表决权的具体计算方法。

其中，公开发行优先股的，应当在公司章程中明确：(1) 采取固定股息率；(2) 在有可分配税后利润的情况下必须向优先股股东分配股息；（3）未向优先股股东足额派发股息的差额部分应当累积到下一会计年度；（4）优先股股东按照约定的股息率分配股息后，不再同普通股股东一起参加剩余利润分配。商业银行发行优先股补充资本的，可就第（2）项和第（3）项事项另作规定。

第十六条 公司发行的股票，以人民币标明面值。

第十七条 公司发行的股份，在【证券登记机构名称】集中存管。

第十八条 公司发起人为【各发起人姓名或者名称】、认购的股份数分别为【股份数量】、出资方式和出资时间为【具体方式和时间】。

注释：已成立1年或1年以上的公司，发起人已将所持股份转让的，无需填入发起人的持股数额。

第十九条 公司股份总数为【股份数额】，公司的股本结构为：普通股【数额】股，其他种类股【数额】股。

注释：公司发行优先股等其他种类股份的，应作出说明。

第二十条 公司或公司的子公司（包括公司的附属企业）不以赠与、垫资、担保、补偿或贷款等形式，对购买或者拟购买公司股份的人提供任何资助。

第二节 股份增减和回购

第二十一条 公司根据经营和发展的需要，依照法律、法规的规定，经股东大会分别作出决议，可以采用下列方式增加资本：

（一）公开发行股份；

（二）非公开发行股份；

（三）向现有股东派送红股；

（四）以公积金转增股本；

（五）法律、行政法规规定以及中国证监会批准的其他方式。

注释：发行优先股的公司，应当在章程中对发行优先股的以下事项作出规定：公司已发行的优先股不得超过公司普通股股份总数的百分之五十，且筹资金额不得超过发行前净资产的百分之五十，已回购、转换的优先股不纳入计算。

公司不得发行可转换为普通股的优先股。但商业银行可以根据商业银行资本监管规定，非公开发行触发事件发生时强制转换为普通股的优先股，并遵守有关规定。

发行可转换公司债的公司，还应当在章程中对可转换公司债的发行、转股程序和安排以及转股所导致的公司股本变更等事项作出具体规定。

第二十二条 公司可以减少注册资本。公司减少注册资本，应当按照《公司法》以及其他有关规定和本章程规定的程序办理。

第二十三条 公司在下列情况下，可以依照法律、行政法规、部门规章和本章程的规定，收购本公司的股份：

（一）减少公司注册资本；

（二）与持有本公司股票的其他公司合并；

（三）将股份奖励给本公司职工；

（四）股东因对股东大会作出的公司合并、分立决议持异议，要求公司收购其股份的。

除上述情形外，公司不进行买卖本公司股份的活动。

注释：发行优先股的公司，还应当在公司章程中对回购优先股的选择权由发行人或股东行使、回购的条件、价格和比例等作出具体规定。发行人按章程规定要求回购优先股的，必须完全支付所欠股息，但商业银行发行优先股补充资本的除外。

第二十四条 公司收购本公司股份，可以选择下列方式之一进行：

（一）证券交易所集中竞价交易方式；

（二）要约方式；

（三）中国证监会认可的其他方式。

第二十五条 公司因本章程第二十三条第（一）项至第（三）项的原因收购本公司股份的，应当经股东大会决议。公司依照第二十三条规定收购本公司股份后，属于第（一）项情形的，应当自收购之日起10日内注销；属于第（二）项、第（四）项情形的，应当在6个月内转让或者注销。

公司依照第二十三条第（三）项规定收购的本公司股份，将不超过本公司已发行股份总额的5%；用于收购的资金应当从公司的税后利润中支出；所收购的股份应当1年内转让给职工。

注释：公司按本条规定回购优先股后，应当相应减记发行在外的优先股股份总数。

第三节　股份转让

第二十六条 公司的股份可以依法转让。

第二十七条 公司不接受本公司的股票作为质押权的标的。

第二十八条 发起人持有的本公司股份，自公司成立之日起1年内不得转让。公司公开发行股份前已发行的股份，自公司股票在证券交易所上市交易之日起1年内不得转让。

公司董事、监事、高级管理人员应当向公司申报所持有的本公司的股份（含优先股股份）及其变动情况，在任职期间每年转让的股份不得超过其所持有本公司同一种类股份总数的25%；所持本公司股份自公司股票上市交易之日起1年内不得转让。上述人员离职后半年内，不得转让其所持有的本公司股份。

注释：若公司章程对公司董事、监事、高级管理人员转让其所持有的本公司股份（含优先股股份）作出其他限制性规定的，应当进行说明。

第二十九条 公司董事、监事、高级管理人员、持有本公司股份5%以上的股东，将其持有的本公司股票在买入后6个月内卖出，或者在卖出后6个月内又买入，由此所得收益归本公司所有，本公司董事会将收回其所得收益。但是，证券公司因包销购入售后剩余股票而持有5%以上股份的，卖出该股票不受6个月时间限制。

公司董事会不按照前款规定执行的，股东有权要求董事会在30日内执行。公司董事会未在上述期限内执行的，股东有权为了公司的利益以自己的名义直接向人民法院提起诉讼。

公司董事会不按照第一款的规定执行的，负有责任的董事依法承担连带责任。

第四章　股东和股东大会

第一节　股　　东

第三十条　公司依据证券登记机构提供的凭证建立股东名册，股东名册是证明股东持有公司股份的充分证据。股东按其所持有股份的种类享有权利，承担义务；持有同一种类股份的股东，享有同等权利，承担同种义务。

注释：公司应当与证券登记机构签订股份保管协议，定期查询主要股东资料以及主要股东的持股变更（包括股权的出质）情况，及时掌握公司的股权结构。

第三十一条　公司召开股东大会、分配股利、清算及从事其他需要确认股东身份的行为时，由董事会或股东大会召集人确定股权登记日，股权登记日收市后登记在册的股东为享有相关权益的股东。

第三十二条　公司股东享有下列权利：

（一）依照其所持有的股份份额获得股利和其他形式的利益分配；

（二）依法请求、召集、主持、参加或者委派股东代理人参加股东大会，并行使相应的表决权；

（三）对公司的经营进行监督，提出建议或者质询；

（四）依照法律、行政法规及本章程的规定转让、赠与或质押其所持有的股份；

（五）查阅本章程、股东名册、公司债券存根、股东大会会议记录、董事会会议决议、监事会会议决议、财务会计报告；

（六）公司终止或者清算时，按其所持有的股份份额参加公司剩余财产的分配；

（七）对股东大会作出的公司合并、分立决议持异议的股东，要求公司收购其股份；

（八）法律、行政法规、部门规章或本章程规定的其他权利。

注释：发行优先股的公司，应当在章程中明确优先股股东不出席股东大会会议，所持股份没有表决权，但以下情况除外：（1）修改公司章程中与优先股相关的内容；（2）一次或累计减少公司注册资本超过10%；　（3）公司合并、分立、解散或变更公司形式；（4）发行优先股；（5）公司章程规定的其他情形。

发行优先股的公司，还应当在章程中明确规定：公司累计3个会计年度或者连续2个会计年度未按约定支付优先股股息的，优先股股东有权出席股东大会，每股优先股股份享有公司章程规定的表决权。对于股息可以累积到下一会计年度的优先股，表决权恢复直至公司全额支付所欠股息。对于股息不可累积的优先股，表决权恢复直至公司全额支付当年股息。公司章程可以规定优先股表决权恢复的其他情形。

第三十三条　股东提出查阅前条所述有关信息或者索取资料的，应当向公司提供证明其持有公司股份的种类以及持股数量的书面文件，公司经核实股东身份后按照股东的要求予以提供。

第三十四条　公司股东大会、董事会决议内容违反法律、行政法规的，股东有权请求人民法院认定无效。

股东大会、董事会的会议召集程序、表决方式违反法律、行政法规或者本章程，或者决议内容违反本章程的，股东有权自决议作出之日起60日内，请求人民法院撤销。

第三十五条 董事、高级管理人员执行公司职务时违反法律、行政法规或者本章程的规定，给公司造成损失的，连续180日以上单独或合并持有公司1%以上股份的股东有权书面请求监事会向人民法院提起诉讼；监事会执行公司职务时违反法律、行政法规或者本章程的规定，给公司造成损失的，股东可以书面请求董事会向人民法院提起诉讼。

监事会、董事会收到前款规定的股东书面请求后拒绝提起诉讼，或者自收到请求之日起30日内未提起诉讼，或者情况紧急、不立即提起诉讼将会使公司利益受到难以弥补的损害的，前款规定的股东有权为了公司的利益以自己的名义直接向人民法院提起诉讼。

他人侵犯公司合法权益，给公司造成损失的，本条第一款规定的股东可以依照前两款的规定向人民法院提起诉讼。

第三十六条 董事、高级管理人员违反法律、行政法规或者本章程的规定，损害股东利益的，股东可以向人民法院提起诉讼。

第三十七条 公司股东承担下列义务：

（一）遵守法律、行政法规和本章程；

（二）依其所认购的股份和入股方式缴纳股金；

（三）除法律、法规规定的情形外，不得退股；

（四）不得滥用股东权利损害公司或者其他股东的利益，不得滥用公司法人独立地位和股东有限责任损害公司债权人的利益；

公司股东滥用股东权利给公司或者其他股东造成损失的，应当依法承担赔偿责任。

公司股东滥用公司法人独立地位和股东有限责任，逃避债务，严重损害公司债权人利益的，应当对公司债务承担连带责任。

（五）法律、行政法规及本章程规定应当承担的其他义务。

第三十八条 持有公司5%以上有表决权股份的股东，将其持有的股份进行质押的，应当自该事实发生当日，向公司作出书面报告。

第三十九条 公司的控股股东、实际控制人不得利用其关联关系损害公司利益。违反规定的，给公司造成损失的，应当承担赔偿责任。

公司控股股东及实际控制人对公司和公司社会公众股股东负有诚信义务。控股股东应严格依法行使出资人的权利，控股股东不得利用利润分配、资产重组、对外投资、资金占用、借款担保等方式损害公司和社会公众股股东的合法权益，不得利用其控制地位损害公司和社会公众股股东的利益。

第二节 股东大会的一般规定

第四十条 股东大会是公司的权力机构，依法行使下列职权：

（一）决定公司的经营方针和投资计划；

（二）选举和更换非由职工代表担任的董事、监事，决定有关董事、监事的报酬事项；

（三）审议批准董事会的报告；

（四）审议批准监事会报告；

（五）审议批准公司的年度财务预算方案、决算方案；

（六）审议批准公司的利润分配方案和弥补亏损方案；

（七）对公司增加或者减少注册资本作出决议；

（八）对发行公司债券作出决议；

（九）对公司合并、分立、解散、清算或者变更公司形式作出决议；

（十）修改本章程；

（十一）对公司聘用、解聘会计师事务所作出决议；

（十二）审议批准第四十一条规定的担保事项；

（十三）审议公司在一年内购买、出售重大资产超过公司最近一期经审计总资产30%的事项；

（十四）审议批准变更募集资金用途事项；

（十五）审议股权激励计划；

（十六）审议法律、行政法规、部门规章或本章程规定应当由股东大会决定的其他事项。

注释：上述股东大会的职权不得通过授权的形式由董事会或其他机构和个人代为行使。

第四十一条 公司下列对外担保行为，须经股东大会审议通过。

（一）本公司及本公司控股子公司的对外担保总额，达到或超过最近一期经审计净资产的50%以后提供的任何担保；

（二）公司的对外担保总额，达到或超过最近一期经审计总资产的30%以后提供的任何担保；

（三）为资产负债率超过70%的担保对象提供的担保；

（四）单笔担保额超过最近一期经审计净资产10%的担保；

（五）对股东、实际控制人及其关联方提供的担保。

第四十二条 股东大会分为年度股东大会和临时股东大会。年度股东大会每年召开1次，应当于上一会计年度结束后的6个月内举行。

第四十三条 有下列情形之一的，公司在事实发生之日起2个月以内召开临时股东大会：

（一）董事人数不足《公司法》规定人数或者本章程所定人数的2/3时；

（二）公司未弥补的亏损达实收股本总额1/3时；

（三）单独或者合计持有公司10%以上股份的股东请求时；

（四）董事会认为必要时；

（五）监事会提议召开时；

（六）法律、行政法规、部门规章或本章程规定的其他情形。

注释：公司应当在章程中确定本条第（一）项的具体人数。计算本条第（三）项所称持股比例时，仅计算普通股和表决权恢复的优先股。

第四十四条 本公司召开股东大会的地点为：【具体地点】。股东大会将设置会场，以现场会议形式召开。公司还将提供【网络或其他方式】为股东参加股东大会提供便利。股东通过上述方式参加股东大会的，视为出席。

注释：公司章程可以规定召开股东大会的地点为公司住所地或其他明确地点。召开股东大会公司采用其他参加股东大会方式的，必须在公司章程中予以明确，并明确合法有效的股东身份确认方式。

第四十五条 本公司召开股东大会时将聘请律师对以下问题出具法律意见并公告：

（一）会议的召集、召开程序是否符合法律、行政法规、本章程；

（二）出席会议人员的资格、召集人资格是否合法有效；

（三）会议的表决程序、表决结果是否合法有效；

（四）应本公司要求对其他有关问题出具的法律意见。

第三节 股东大会的召集

第四十六条 独立董事有权向董事会提议召开临时股东大会。对独立董事要求召开临时股东大会的提议，董事会应当根据法律、行政法规和本章程的规定，在收到提议后 10 日内提出同意或不同意召开临时股东大会的书面反馈意见。董事会同意召开临时股东大会的，将在作出董事会决议后的 5 日内发出召开股东大会的通知；董事会不同意召开临时股东大会的，将说明理由并公告。

第四十七条 监事会有权向董事会提议召开临时股东大会，并应当以书面形式向董事会提出。董事会应当根据法律、行政法规和本章程的规定，在收到提案后 10 日内提出同意或不同意召开临时股东大会的书面反馈意见。

董事会同意召开临时股东大会的，将在作出董事会决议后的 5 日内发出召开股东大会的通知，通知中对原提议的变更，应征得监事会的同意。

董事会不同意召开临时股东大会，或者在收到提案后 10 日内未作出反馈的，视为董事会不能履行或者不履行召集股东大会会议职责，监事会可以自行召集和主持。

第四十八条 单独或者合计持有公司 10% 以上股份的股东有权向董事会请求召开临时股东大会，并应当以书面形式向董事会提出。董事会应当根据法律、行政法规和本章程的规定，在收到请求后 10 日内提出同意或不同意召开临时股东大会的书面反馈意见。

董事会同意召开临时股东大会的，应当在作出董事会决议后的 5 日内发出召开股东大会的通知，通知中对原请求的变更，应当征得相关股东的同意。

董事会不同意召开临时股东大会，或者在收到请求后 10 日内未作出反馈的，单独或者合计持有公司 10% 以上股份的股东有权向监事会提议召开临时股东大会，并应当以书面形式向监事会提出请求。

监事会同意召开临时股东大会的，应在收到请求 5 日内发出召开股东大会的通知，通知中对原提案的变更，应当征得相关股东的同意。

监事会未在规定期限内发出股东大会通知的，视为监事会不召集和主持股东大会，连续 90 日以上单独或者合计持有公司 10% 以上股份的股东可以自行召集和主持。

注释：计算本条所称持股比例时，仅计算普通股和表决权恢复的优先股。

第四十九条 监事会或股东决定自行召集股东大会的，须书面通知董事会，同时向公司所在地中国证监会派出机构和证券交易所备案。

在股东大会决议公告前，召集股东持股比例不得低于 10%。

召集股东应在发出股东大会通知及股东大会决议公告时，向公司所在地中国证监会派出机构和证券交易所提交有关证明材料。

注释：计算本条所称持股比例时，仅计算普通股和表决权恢复的优先股。

第五十条 对于监事会或股东自行召集的股东大会，董事会和董事会秘书将予配合。董事会应当提供股权登记日的股东名册。

第五十一条 监事会或股东自行召集的股东大会，会议所必需的费用由本公司承担。

第四节 股东大会的提案与通知

第五十二条 提案的内容应当属于股东大会职权范围，有明确议题和具体决议事项，并且符合法律、行政法规和本章程的有关规定。

第五十三条 公司召开股东大会，董事会、监事会以及单独或者合并持有公司 3% 以上股份的股东，有权向公司提出提案。

单独或者合计持有公司 3% 以上股份的股东，可以在股东大会召开 10 日前提出临时提案并书面提交召集人。召集人应当在收到提案后 2 日内发出股东大会补充通知，公告临时提案的内容。

除前款规定的情形外，召集人在发出股东大会通知公告后，不得修改股东大会通知中已列明的提案或增加新的提案。

股东大会通知中未列明或不符合本章程第五十二条规定的提案，股东大会不得进行表决并作出决议。

注释：计算本条所称持股比例时，仅计算普通股和表决权恢复的优先股。

第五十四条 召集人将在年度股东大会召开 20 日前以公告方式通知各股东，临时股东大会将于会议召开 15 日前以公告方式通知各股东。

注释：公司在计算起始期限时，不应当包括会议召开当日。公司可以根据实际情况，决定是否在章程中规定催告程序。

第五十五条 股东大会的通知包括以下内容：

（一）会议的时间、地点和会议期限；

（二）提交会议审议的事项和提案；

（三）以明显的文字说明：全体普通股股东（含表决权恢复的优先股股东）均有权出席股东大会，并可以书面委托代理人出席会议和参加表决，该股东代理人不必是公司的股东；

（四）有权出席股东大会股东的股权登记日；

（五）会务常设联系人姓名、电话号码。

注释：1. 股东大会通知和补充通知中应当充分、完整披露所有提案的全部具体内容。拟讨论的事项需要独立董事发表意见的，发布股东大会通知或补充通知时将同时披露独立董事的意见及理由。

2. 股东大会采用网络或其他方式的，应当在股东大会通知中明确载明网络或其他方式的表决时间及表决程序。股东大会网络或其他方式投票的开始时间，不得早于现场股东大会召开前一日下午3：00，并不得迟于现场股东大会召开当日上午9：30，其结束时间不得早于现场股东大会结束当日下午3：00。

3. 股权登记日与会议日期之间的间隔应当不多于7个工作日。股权登记日一旦确认，不得变更。

第五十六条 股东大会拟讨论董事、监事选举事项的，股东大会通知中将充分披露董事、监事候选人的详细资料，至少包括以下内容：

（一）教育背景、工作经历、兼职等个人情况；

（二）与本公司或本公司的控股股东及实际控制人是否存在关联关系；

（三）披露持有本公司股份数量；

（四）是否受过中国证监会及其他有关部门的处罚和证券交易所惩戒。

除采取累积投票制选举董事、监事外，每位董事、监事候选人应当以单项提案提出。

第五十七条 发出股东大会通知后，无正当理由，股东大会不应延期或取消，股东大会通知中列明的提案不应取消。一旦出现延期或取消的情形，召集人应当在原定召开日前至少2个工作日公告并说明原因。

第五节 股东大会的召开

第五十八条 本公司董事会和其他召集人将采取必要措施，保证股东大会的正常秩序。对于干扰股东大会、寻衅滋事和侵犯股东合法权益的行为，将采取措施加以制止并及时报告有关部门查处。

第五十九条 股权登记日登记在册的所有普通股股东（含表决权恢复的优先股股东）或其代理人，均有权出席股东大会。并依照有关法律、法规及本章程行使表决权。

股东可以亲自出席股东大会，也可以委托代理人代为出席和表决。

第六十条 个人股东亲自出席会议的，应出示本人身份证或其他能够表明其身份的有效证件或证明、股票账户卡；委托代理他人出席会议的，应出示本人有效身份证件、股东授权委托书。

法人股东应由法定代表人或者法定代表人委托的代理人出席会议。法定代表人出席会议的，应出示本人身份证、能证明其具有法定代表人资格的有效证明；委托代理人出席会议的，代理人应出示本人身份证、法人股东单位的法定代表人依法出具的书面授权委托书。

第六十一条 股东出具的委托他人出席股东大会的授权委托书应当载明下列内容：

（一）代理人的姓名；

（二）是否具有表决权；

（三）分别对列入股东大会议程的每一审议事项投赞成、反对或弃权票的指示；

（四）委托书签发日期和有效期限；

（五）委托人签名（或盖章）。委托人为法人股东的，应加盖法人单位印章。

第六十二条 委托书应当注明如果股东不作具体指示，股东代理人是否可以按自己的意思表决。

第六十三条 代理投票授权委托书由委托人授权他人签署的，授权签署的授权书或者其他授权文件应当经过公证。经公证的授权书或者其他授权文件，和投票代理委托书均需备置于公司住所或者召集会议的通知中指定的其他地方。

委托人为法人的，由其法定代表人或者董事会、其他决策机构决议授权的人作为代表出席公司的股东大会。

第六十四条 出席会议人员的会议登记册由公司负责制作。会议登记册载明参加会议人员姓名（或单位名称）、身份证号码、住所地址、持有或者代表有表决权的股份数额、被代理人姓名（或单位名称）等事项。

第六十五条 召集人和公司聘请的律师将依据证券登记结算机构提供的股东名册共同对股东资格的合法性进行验证，并登记股东姓名（或名称）及其所持有表决权的股份数。在会议主持人宣布现场出席会议的股东和代理人人数及所持有表决权的股份总数之前，会议登记应当终止。

第六十六条 股东大会召开时，本公司全体董事、监事和董事会秘书应当出席会议，经理和其他高级管理人员应当列席会议。

第六十七条 股东大会由董事长主持。董事长不能履行职务或不履行职务时，由副董事长（公司有两位或两位以上副董事长的，由半数以上董事共同推举的副董事长主持）主持，副董事长不能履行职务或者不履行职务时，由半数以上董事共同推举的一名董事主持。

监事会自行召集的股东大会，由监事会主席主持。监事会主席不能履行职务或不履行职务时，由监事会副主席主持，监事会副主席不能履行职务或者不履行职务时，由半数以上监事共同推举的一名监事主持。

股东自行召集的股东大会，由召集人推举代表主持。

召开股东大会时，会议主持人违反议事规则使股东大会无法继续进行的，经现场出席股东大会有表决权过半数的股东同意，股东大会可推举一人担任会议主持人，继续开会。

第六十八条 公司制定股东大会议事规则，详细规定股东大会的召开和表决程序，包括通知、登记、提案的审议、投票、计票、表决结果的宣布、会议决议的形成、会议记录及其签署、公告等内容，以及股东大会对董事会的授权原则，授权内容应明确具体。股东大会议事规则应作为章程的附件，由董事会拟定，股东大会批准。

第六十九条 在年度股东大会上，董事会、监事会应当就其过去一年的工作向股东大会作出报告。每名独立董事也应作出述职报告。

第七十条 董事、监事、高级管理人员在股东大会上就股东的质询和建议作出解释和说明。

第七十一条 会议主持人应当在表决前宣布现场出席会议的股东和代理人人数及所持有表决权的股份总数，现场出席会议的股东和代理人人数及所持有表决权的股份总数以会议登记为准。

第七十二条 股东大会应有会议记录，由董事会秘书负责。

会议记录记载以下内容：

（一）会议时间、地点、议程和召集人姓名或名称；

（二）会议主持人以及出席或列席会议的董事、监事、经理和其他高级管理人员姓名；

（三）出席会议的股东和代理人人数、所持有表决权的股份总数及占公司股份总数的比例；

（四）对每一提案的审议经过、发言要点和表决结果；

（五）股东的质询意见或建议以及相应的答复或说明；

（六）律师及计票人、监票人姓名；

（七）本章程规定应当载入会议记录的其他内容。

注释：既发行内资股又发行境内上市外资股的公司，会议记录的内容还应当包括：(1) 出席股东大会的内资股股东（包括股东代理人）和境内上市外资股股东（包括股东代理人）所持有表决权的股份数，各占公司总股份的比例；(2) 在记载表决结果时，还应当记载内资股股东和境内上市外资股股东对每一决议事项的表决情况。

未完成股权分置改革的公司，会议记录还应该包括：(1) 出席股东大会的流通股股东（包括股东代理人）和非流通股股东（包括股东代理人）所持有表决权的股份数，各占公司总股份的比例；(2) 在记载表决结果时，还应当记载流通股股东和非流通股股东对每一决议事项的表决情况。

公司应当根据实际情况，在章程中规定股东大会会议记录需要记载的其他内容。

第七十三条 召集人应当保证会议记录内容真实、准确和完整。出席会议的董事、监事、董事会秘书、召集人或其代表、会议主持人应当在会议记录上签名。会议记录应当与现场出席股东的签名册及代理出席的委托书、网络及其他方式表决情况的有效资料一并保存，保存期限不少于 10 年。

注释：公司应当根据具体情况，在章程中规定股东大会会议记录的保管期限。

第七十四条 召集人应当保证股东大会连续举行，直至形成最终决议。因不可抗力等特殊原因导致股东大会中止或不能作出决议的，应采取必要措施尽快恢复召开股东大会或直接终止本次股东大会，并及时公告。同时，召集人应向公司所在地中国证监会派出机构及证券交易所报告。

第六节 股东大会的表决和决议

第七十五条 股东大会决议分为普通决议和特别决议。

股东大会作出普通决议，应当由出席股东大会的股东（包括股东代理人）所持表决权的 1/2 以上通过。

股东大会作出特别决议，应当由出席股东大会的股东（包括股东代理人）所持表决权的 2/3 以上通过。

第七十六条 下列事项由股东大会以普通决议通过：

（一）董事会和监事会的工作报告；

（二）董事会拟定的利润分配方案和弥补亏损方案；

（三）董事会和监事会成员的任免及其报酬和支付方法；

（四）公司年度预算方案、决算方案；

（五）公司年度报告；

（六）除法律、行政法规规定或者本章程规定应当以特别决议通过以外的其他事项。

第七十七条 下列事项由股东大会以特别决议通过：

（一）公司增加或者减少注册资本；

（二）公司的分立、合并、解散和清算；

（三）本章程的修改；

（四）公司在一年内购买、出售重大资产或者担保金额超过公司最近一期经审计总资产 30% 的；

（五）股权激励计划；

（六）法律、行政法规或本章程规定的，以及股东大会以普通决议认定会对公司产生重大影响的、需要以特别决议通过的其他事项。

注释：股东大会就以下事项作出特别决议，除须经出席会议的普通股股东（含表决权恢复的优先股股东，包括股东代理人）所持表决权的 2/3 以上通过之外，还须经出席会议的优先股股东（不含表决权恢复的优先股股东，包括股东代理人）所持表决权的 2/3 以上通过：（1）修改公司章程中与优先股相关的内容；（2）一次或累计减少公司注册资本超过 10%；（3）公司合并、分立、解散或变更公司形式；（4）发行优先股；（5）公司章程规定的其他情形。

第七十八条 股东（包括股东代理人）以其所代表的有表决权的股份数额行使表决权，每一股份享有一票表决权。

股东大会审议影响中小投资者利益的重大事项时，对中小投资者表决应当单独计票。单独计票结果应当及时公开披露。

公司持有的本公司股份没有表决权，且该部分股份不计入出席股东大会有表决权的股份总数。

公司董事会、独立董事和符合相关规定条件的股东可以公开征集股东投票权。征集股东投票权应当向被征集人充分披露具体投票意向等信息。禁止以有偿或者变相有偿的方式征集股东投票权。公司不得对征集投票权提出最低持股比例限制。

注释：若公司有发行在外的其他股份，应当说明是否享有表决权。优先股表决权恢复的，应当根据章程规定的具体计算方法确定每股优先股股份享有的表决权。

第七十九条 股东大会审议有关关联交易事项时，关联股东不应当参与投票表决，其所代表的有表决权的股份数不计入有效表决总数；股东大会决议的公告应当充分披露非关联股东的表决情况。

注释：公司应当根据具体情况，在章程中制订有关联关系股东的回避和表决程序。

第八十条 公司应在保证股东大会合法、有效的前提下，通过各种方式和途径，优先提供网络形式的投票平台等现代信息技术手段，为股东参加股东大会提供便利。

注释：公司就发行优先股事项召开股东大会的，应当提供网络投票，并可以通过中国证监会认可的其他方式为股东参加股东大会提供便利。

第八十一条 除公司处于危机等特殊情况外，非经股东大会以特别决议批准，公司将不与董事、经理和其他高级管理人员以外的人订立将公司全部或者重要业务的管理交予该人负责的合同。

第八十二条 董事、监事候选人名单以提案的方式提请股东大会表决。

股东大会就选举董事、监事进行表决时，根据本章程的规定或者股东大会的决议，可以实行累积投票制。

前款所称累积投票制是指股东大会选举董事或者监事时，每一股份拥有与应选董事或者监事人数相同的表决权，股东拥有的表决权可以集中使用。董事会应当向股东公告候选董事、监事的简历和基本情况。

注释：公司应当在章程中规定董事、监事提名的方式和程序，以及累积投票制的相关事宜。

第八十三条 除累积投票制外，股东大会将对所有提案进行逐项表决，对同一事项有不同提案的，将按提案提出的时间顺序进行表决。除因不可抗力等特殊原因导致股东大会中止或不能作出决议外，股东大会将不会对提案进行搁置或不予表决。

第八十四条 股东大会审议提案时，不会对提案进行修改，否则，有关变更应当被视为一个新的提案，不能在本次股东大会上进行表决。

第八十五条 同一表决权只能选择现场、网络或其他表决方式中的一种。同一表决权出现重复表决的以第一次投票结果为准。

第八十六条 股东大会采取记名方式投票表决。

第八十七条 股东大会对提案进行表决前，应当推举两名股东代表参加计票和监票。审议事项与股东有利害关系的，相关股东及代理人不得参加计票、监票。

股东大会对提案进行表决时，应当由律师、股东代表与监事代表共同负责计票、监票，并当场公布表决结果，决议的表决结果载入会议记录。

通过网络或其他方式投票的公司股东或其代理人，有权通过相应的投票系统查验自己的投票结果。

第八十八条 股东大会现场结束时间不得早于网络或其他方式，会议主持人应当宣布每一提案的表决情况和结果，并根据表决结果宣布提案是否通过。

在正式公布表决结果前，股东大会现场、网络及其他表决方式中所涉及的公司、计票人、监票人、主要股东、网络服务方等相关各方对表决情况均负有保密义务。

第八十九条 出席股东大会的股东，应当对提交表决的提案发表以下意见之一：同意、反对或弃权。证券登记结算机构作为内地与香港股票市场交易互联互通机制股票的名义持有人，按照实际持有人意思表示进行申报的除外。

未填、错填、字迹无法辨认的表决票、未投的表决票均视为投票人放弃表决权利，其所持股份数的表决结果应计为“弃权”。

第九十条 会议主持人如果对提交表决的决议结果有任何怀疑，可以对所投票数组织点票；如果会议主持人未进行点票，出席会议的股东或者股东代理人对会议主持人宣布结果有异议的，有权在宣布表决结果后立即要求点票，会议主持人应当立即组织点票。

第九十一条 股东大会决议应当及时公告，公告中应列明出席会议的股东和代理人人数、所持有表决权的股份总数及占公司有表决权股份总数的比例、表决方式、每项提案的表决结果和通过的各项决议的详细内容。

注释：发行境内上市外资股的公司，应当对内资股股东和外资股股东出席会议及表决情况分别统计并公告。

第九十二条 提案未获通过，或者本次股东大会变更前次股东大会决议的，应当在股东大会决议公告中作特别提示。

第九十三条 股东大会通过有关董事、监事选举提案的，新任董事、监事就任时间在【就任时间】。

注释：新任董事、监事就任时间确认方式应在公司章程中予以明确。

第九十四条 股东大会通过有关派现、送股或资本公积转增股本提案的，公司将在股东大会结束后2个月内实施具体方案。

第五章 董 事 会

第一节 董 事

第九十五条 公司董事为自然人，有下列情形之一的，不能担任公司的董事：

（一）无民事行为能力或者限制民事行为能力；

（二）因贪污、贿赂、侵占财产、挪用财产或者破坏社会主义市场经济秩序，被判处刑罚，执行期满未逾5年，或者因犯罪被剥夺政治权利，执行期满未逾5年；

（三）担任破产清算的公司、企业的董事或者厂长、经理，对该公司、企业的破产负有个人责任的，自该公司、企业破产清算完结之日起未逾3年；

（四）担任因违法被吊销营业执照、责令关闭的公司、企业的法定代表人，并负有个人责任的，自该公司、企业被吊销营业执照之日起未逾3年；

（五）个人所负数额较大的债务到期未清偿；

（六）被中国证监会处以证券市场禁入处罚，期限未满的；

（七）法律、行政法规或部门规章规定的其他内容。

违反本条规定选举、委派董事的，该选举、委派或者聘任无效。董事在任职期间出现本条情形的，公司解除其职务。

第九十六条 董事由股东大会选举或更换，任期【年数】。董事任期届满，可连选连任。董事在任期届满以前，股东大会不能无故解除其职务。

董事任期从就任之日起计算，至本届董事会任期届满时为止。董事任期届满未及时改选，在改选出的董事就任前，原董事仍应当依照法律、行政法规、部门规章和本章程的规定，履行董事职务。

董事可以由经理或者其他高级管理人员兼任，但兼任经理或者其他高级管理人员职务的董事以及由职工代表担任的董事，总计不得超过公司董事总数的1/2。

注释：公司章程应规定规范、透明的董事选聘程序。董事会成员中可以有公司职工代表，公司章程应明确本公司董事会是否可以由职工代表担任董事，以及职工代表担任董事的名额。董事会中的职工代表由公司职工通过职工代表大会、职工大会或者其他形式民主选举产生后，直接进入董事会。

第九十七条　董事应当遵守法律、行政法规和本章程，对公司负有下列忠实义务：

（一）不得利用职权收受贿赂或者其他非法收入，不得侵占公司的财产；

（二）不得挪用公司资金；

（三）不得将公司资产或者资金以其个人名义或者其他个人名义开立账户存储；

（四）不得违反本章程的规定，未经股东大会或董事会同意，将公司资金借贷给他人或者以公司财产为他人提供担保；

（五）不得违反本章程的规定或未经股东大会同意，与本公司订立合同或者进行交易；

（六）未经股东大会同意，不得利用职务便利，为自己或他人谋取本应属于公司的商业机会，自营或者为他人经营与本公司同类的业务；

（七）不得接受与公司交易的佣金归为己有；

（八）不得擅自披露公司秘密；

（九）不得利用其关联关系损害公司利益；

（十）法律、行政法规、部门规章及本章程规定的其他忠实义务。

董事违反本条规定所得的收入，应当归公司所有；给公司造成损失的，应当承担赔偿责任。

注释：除以上各项义务要求外，公司可以根据具体情况，在章程中增加对本公司董事其他义务的要求。

第九十八条　董事应当遵守法律、行政法规和本章程，对公司负有下列勤勉义务：

（一）应谨慎、认真、勤勉地行使公司赋予的权利，以保证公司的商业行为符合国家法律、行政法规以及国家各项经济政策的要求，商业活动不超过营业执照规定的业务范围；

（二）应公平对待所有股东；

（三）及时了解公司业务经营管理状况；

（四）应当对公司定期报告签署书面确认意见。保证公司所披露的信息真实、准确、完整；

（五）应当如实向监事会提供有关情况和资料，不得妨碍监事会或者监事行使职权；

（六）法律、行政法规、部门规章及本章程规定的其他勤勉义务。

注释：公司可以根据具体情况，在章程中增加对本公司董事勤勉义务的要求。

第九十九条 董事连续两次未能亲自出席，也不委托其他董事出席董事会会议，视为不能履行职责，董事会应当建议股东大会予以撤换。

第一百条 董事可以在任期届满以前提出辞职。董事辞职应向董事会提交书面辞职报告。董事会将在2日内披露有关情况。

如因董事的辞职导致公司董事会低于法定最低人数时，在改选出的董事就任前，原董事仍应当依照法律、行政法规、部门规章和本章程规定，履行董事职务。

除前款所列情形外，董事辞职自辞职报告送达董事会时生效。

第一百零一条 董事辞职生效或者任期届满，应向董事会办妥所有移交手续，其对公司和股东承担的忠实义务，在任期结束后并不当然解除，在本章程规定的合理期限内仍然有效。

注释：公司章程应规定董事辞职生效或者任期届满后承担忠实义务的具体期限。

第一百零二条 未经本章程规定或者董事会的合法授权，任何董事不得以个人名义代表公司或者董事会行事。董事以其个人名义行事时，在第三方会合理地认为该董事在代表公司或者董事会行事的情况下，该董事应当事先声明其立场和身份。

第一百零三条 董事执行公司职务时违反法律、行政法规、部门规章或本章程的规定，给公司造成损失的，应当承担赔偿责任。

第一百零四条 独立董事应按照法律、行政法规及部门规章的有关规定执行。

第二节 董事会

第一百零五条 公司设董事会，对股东大会负责。

第一百零六条 董事会由【人数】名董事组成，设董事长1人，副董事长【人数】人。

注释：公司应当在章程中确定董事会人数。

第一百零七条 董事会行使下列职权：

（一）召集股东大会，并向股东大会报告工作；

（二）执行股东大会的决议；

（三）决定公司的经营计划和投资方案；

（四）制订公司的年度财务预算方案、决算方案；

（五）制订公司的利润分配方案和弥补亏损方案；

（六）制订公司增加或者减少注册资本、发行债券或其他证券及上市方案；

（七）拟订公司重大收购、收购本公司股票或者合并、分立、解散及变更公司形式的方案；

（八）在股东大会授权范围内，决定公司对外投资、收购出售资产、资产抵押、对外担保事项、委托理财、关联交易等事项；

（九）决定公司内部管理机构的设置；

（十）聘任或者解聘公司经理、董事会秘书；根据经理的提名，聘任或者解聘公司副经理、财务负责人等高级管理人员，并决定其报酬事项和奖惩事项；

（十一）制定公司的基本管理制度；

（十二）制订本章程的修改方案；

（十三）管理公司信息披露事项；

（十四）向股东大会提请聘请或更换为公司审计的会计师事务所；

（十五）听取公司经理的工作汇报并检查经理的工作；

（十六）法律、行政法规、部门规章或本章程授予的其他职权。

注释：公司股东大会可以授权公司董事会按照公司章程的约定向优先股股东支付股息。

超过股东大会授权范围的事项，应当提交股东大会审议。

第一百零八条 公司董事会应当就注册会计师对公司财务报告出具的非标准审计意见向股东大会作出说明。

第一百零九条 董事会制定董事会议事规则，以确保董事会落实股东大会决议，提高工作效率，保证科学决策。

注释：该规则规定董事会的召开和表决程序，董事会议事规则应列入公司章程或作为章程的附件，由董事会拟定，股东大会批准。

第一百一十条 董事会应当确定对外投资、收购出售资产、资产抵押、对外担保事项、委托理财、关联交易的权限，建立严格的审查和决策程序；重大投资项目应当组织有关专家、专业人员进行评审，并报股东大会批准。

注释：公司董事会应当根据相关的法律、法规及公司实际情况，在章程中确定符合公司具体要求的权限范围，以及涉及资金占公司资产的具体比例。

第一百一十一条 董事会设董事长 1 人，可以设副董事长。董事长和副董事长由董事会以全体董事的过半数选举产生。

第一百一十二条 董事长行使下列职权：

（一）主持股东大会和召集、主持董事会会议；

（二）督促、检查董事会决议的执行；

（三）董事会授予的其他职权。

注释：董事会应谨慎授予董事长职权，例行或长期授权须在章程中明确规定。

第一百一十三条 公司副董事长协助董事长工作，董事长不能履行职务或者不履行职务的，由副董事长履行职务（公司有两位或两位以上副董事长的，由半数以上董事共同推举的副董事长履行职务）；副董事长不能履行职务或者不履行职务的，由半数以上董事共同推举一名董事履行职务。

第一百一十四条 董事会每年至少召开两次会议，由董事长召集，于会议召开 10 日以前书面通知全体董事和监事。

第一百一十五条 代表 1/10 以上表决权的股东、1/3 以上董事或者监事会，可以提议召开董事会临时会议。董事长应当自接到提议后 10 日内，召集和主持董事会会议。

第一百一十六条 董事会召开临时董事会会议的通知方式为：【具体通知方式】；通知时限为：【具体通知时限】。

第一百一十七条 董事会会议通知包括以下内容：

（一）会议日期和地点；

（二）会议期限；

（三）事由及议题；

（四）发出通知的日期。

第一百一十八条 董事会会议应有过半数的董事出席方可举行。董事会作出决议，必须经全体董事的过半数通过。

董事会决议的表决，实行一人一票。

第一百一十九条 董事与董事会会议决议事项所涉及的企业有关联关系的，不得对该项决议行使表决权，也不得代理其他董事行使表决权。该董事会会议由过半数的无关联关系董事出席即可举行，董事会会议所作决议须经无关联关系董事过半数通过。出席董事会的无关联董事人数不足 3 人的，应将该事项提交股东大会审议。

第一百二十条 董事会决议表决方式为：【具体表决方式】。

董事会临时会议在保障董事充分表达意见的前提下，可以用【其他方式】进行并作出决议，并由参会董事签字。

注释：此项为选择性条款，公司可自行决定是否在其章程中予以采纳。

第一百二十一条 董事会会议，应由董事本人出席；董事因故不能出席，可以书面委托其他董事代为出席，委托书中应载明代理人的姓名，代理事项、授权范围和有效期限，并由委托人签名或盖章。代为出席会议的董事应当在授权范围内行使董事的权利。董事未出席董事会会议，亦未委托代表出席的，视为放弃在该次会议上的投票权。

第一百二十二条 董事会应当对会议所议事项的决定做成会议记录，出席会议的董事应当在会议记录上签名。

董事会会议记录作为公司档案保存，保存期限不少于 10 年。

注释：公司应当根据具体情况，在章程中规定会议记录的保管期限。

第一百二十三条 董事会会议记录包括以下内容：

（一）会议召开的日期、地点和召集人姓名；

（二）出席董事的姓名以及受他人委托出席董事会的董事（代理人）姓名；

（三）会议议程；

（四）董事发言要点；

（五）每一决议事项的表决方式和结果（表决结果应载明赞成、反对或弃权的票数）。

第六章 经理及其他高级管理人员

第一百二十四条 公司设经理 1 名，由董事会聘任或解聘。

公司设副经理【人数】名，由董事会聘任或解聘。

公司经理、副经理、财务负责人、董事会秘书和【职务】为公司高级管理人员。

注释：公司可以根据具体情况，在章程中规定属于公司高级管理人员的其他人选。

第一百二十五条 本章程第九十五条关于不得担任董事的情形、同时适用于高级管理人员。

本章程第九十七条关于董事的忠实义务和第九十八条（四）~（六）关于勤勉义务的规定，同时适用于高级管理人员。

第一百二十六条 在公司控股股东、实际控制人单位担任除董事以外其他职务的人员，不得担任公司的高级管理人员。

第一百二十七条 经理每届任期【年数】年，经理连聘可以连任。

第一百二十八条 经理对董事会负责，行使下列职权：

（一）主持公司的生产经营管理工作，组织实施董事会决议，并向董事会报告工作；

（二）组织实施公司年度经营计划和投资方案；

（三）拟订公司内部管理机构设置方案；

（四）拟订公司的基本管理制度；

（五）制定公司的具体规章；

（六）提请董事会聘任或者解聘公司副经理、财务负责人；

（七）决定聘任或者解聘除应由董事会决定聘任或者解聘以外的负责管理人员；

（八）本章程或董事会授予的其他职权。

经理列席董事会会议。

注释：公司应当根据自身情况，在章程中制订符合公司实际要求的经理的职权和具体实施办法。

第一百二十九条 经理应制订经理工作细则，报董事会批准后实施。

第一百三十条 经理工作细则包括下列内容：

（一）经理会议召开的条件、程序和参加的人员；

（二）经理及其他高级管理人员各自具体的职责及其分工；

（三）公司资金、资产运用，签订重大合同的权限，以及向董事会、监事会的报告制度；

（四）董事会认为必要的其他事项。

第一百三十一条 经理可以在任期届满以前提出辞职。有关经理辞职的具体程序和办法由经理与公司之间的劳务合同规定。

第一百三十二条 公司根据自身情况，在章程中应当规定副经理的任免程序、副经理与经理的关系，并可以规定副经理的职权。

第一百三十三条 公司设董事会秘书，负责公司股东大会和董事会会议的筹备、文件保管以及公司股东资料管理，办理信息披露事务等事宜。

董事会秘书应遵守法律、行政法规、部门规章及本章程的有关规定。

第一百三十四条 高级管理人员执行公司职务时违反法律、行政法规、部门规章或本章程的规定，给公司造成损失的，应当承担赔偿责任。

第七章　监　事　会

第一节　监　　事

第一百三十五条　本章程第九十五条关于不得担任董事的情形，同时适用于监事。

董事、经理和其他高级管理人员不得兼任监事。

第一百三十六条　监事应当遵守法律、行政法规和本章程，对公司负有忠实义务和勤勉义务，不得利用职权收受贿赂或者其他非法收入，不得侵占公司的财产。

第一百三十七条　监事的任期每届为 3 年。监事任期届满，连选可以连任。

第一百三十八条　监事任期届满未及时改选，或者监事在任期内辞职导致监事会成员低于法定人数的，在改选出的监事就任前，原监事仍应当依照法律、行政法规和本章程的规定，履行监事职务。

第一百三十九条　监事应当保证公司披露的信息真实、准确、完整。

第一百四十条　监事可以列席董事会会议，并对董事会决议事项提出质询或者建议。

第一百四十一条　监事不得利用其关联关系损害公司利益，若给公司造成损失的，应当承担赔偿责任。

第一百四十二条　监事执行公司职务时违反法律、行政法规、部门规章或本章程的规定，给公司造成损失的，应当承担赔偿责任。

第二节　监　事　会

第一百四十三条　公司设监事会。监事会由【人数】名监事组成，监事会设主席 1 人，可以设副主席。监事会主席和副主席由全体监事过半数选举产生。监事会主席召集和主持监事会会议；监事会主席不能履行职务或者不履行职务的，由监事会副主席召集和主持监事会会议；监事会副主席不能履行职务或者不履行职务的，由半数以上监事共同推举一名监事召集和主持监事会会议。

监事会应当包括股东代表和适当比例的公司职工代表，其中职工代表的比例不低于 1/3。监事会中的职工代表由公司职工通过职工代表大会、职工大会或者其他形式民主选举产生。

注释：监事会成员不得少于 3 人。公司章程应规定职工代表在监事会中的具体比例。

第一百四十四条　监事会行使下列职权：

（一）应当对董事会编制的公司定期报告进行审核并提出书面审核意见；

（二）检查公司财务；

（三）对董事、高级管理人员执行公司职务的行为进行监督，对违反法律、行政法规、本章程或者股东大会决议的董事、高级管理人员提出罢免的建议；

（四）当董事、高级管理人员的行为损害公司的利益时，要求董事、高级管理人员予以纠正；

（五）提议召开临时股东大会，在董事会不履行《公司法》规定的召集和主持股东大会职责时召集和主持股东大会；

（六）向股东大会提出提案；

（七）依照《公司法》第一百五十一条的规定，对董事、高级管理人员提起诉讼；

（八）发现公司经营情况异常，可以进行调查；必要时，可以聘请会计师事务所、律师事务所等专业机构协助其工作，费用由公司承担。

注释：公司章程可以规定监事的其他职权。

第一百四十五条 监事会每 6 个月至少召开一次会议。监事可以提议召开临时监事会会议。

监事会决议应当经半数以上监事通过。

第一百四十六条 监事会制定监事会议事规则，明确监事会的议事方式和表决程序，以确保监事会的工作效率和科学决策。

注释：监事会议事规则规定监事会的召开和表决程序。监事会议事规则应列入公司章程或作为章程的附件，由监事会拟定，股东大会批准。

第一百四十七条 监事会应当将所议事项的决定做成会议记录，出席会议的监事应当在会议记录上签名。

监事有权要求在记录上对其在会议上的发言作出某种说明性记载。监事会会议记录作为公司档案至少保存 10 年。

注释：公司应当根据具体情况，在章程中规定会议记录的保管期限。

第一百四十八条 监事会会议通知包括以下内容：

（一）举行会议的日期、地点和会议期限；

（二）事由及议题；

（三）发出通知的日期。

第八章 财务会计制度、利润分配和审计

第一节 财务会计制度

第一百四十九条 公司依照法律、行政法规和国家有关部门的规定，制定公司的财务会计制度。

第一百五十条 公司在每一会计年度结束之日起 4 个月内向中国证监会和证券交易所报送年度财务会计报告，在每一会计年度前 6 个月结束之日起 2 个月内向中国证监会派出机构和证券交易所报送半年度财务会计报告，在每一会计年度前 3 个月和前 9 个月结束之日起的 1 个月内向中国证监会派出机构和证券交易所报送季度财务会计报告。

上述财务会计报告按照有关法律、行政法规及部门规章的规定进行编制。

第一百五十一条 公司除法定的会计账簿外，将不另立会计账簿。公司的资产，不以任何个人名义开立账户存储。

第一百五十二条 公司分配当年税后利润时，应当提取利润的10%列入公司法定公积金。公司法定公积金累计额为公司注册资本的50%以上的，可以不再提取。

公司的法定公积金不足以弥补以前年度亏损的，在依照前款规定提取法定公积金之前，应当先用当年利润弥补亏损。

公司从税后利润中提取法定公积金后，经股东大会决议，还可以从税后利润中提取任意公积金。

公司弥补亏损和提取公积金后所余税后利润，按照股东持有的股份比例分配，但本章程规定不按持股比例分配的除外。

股东大会违反前款规定，在公司弥补亏损和提取法定公积金之前向股东分配利润的，股东必须将违反规定分配的利润退还公司。

公司持有的本公司股份不参与分配利润。

公司应当在公司章程中明确现金分红相对于股票股利在利润分配方式中的优先顺序，并载明以下内容：

（一）公司董事会、股东大会对利润分配尤其是现金分红事项的决策程序和机制，对既定利润分配政策尤其是现金分红政策作出调整的具体条件、决策程序和机制，以及为充分听取独立董事和中小股东意见所采取的措施。

（二）公司的利润分配政策尤其是现金分红政策的具体内容，利润分配的形式，利润分配尤其是现金分红的期间间隔，现金分红的具体条件，发放股票股利的条件，各期现金分红最低金额或比例（如有）等。

注释：公司应当以现金的形式向优先股股东支付股息，在完全支付约定的股息之前，不得向普通股股东分配利润。

第一百五十三条 公司的公积金用于弥补公司的亏损、扩大公司生产经营或者转为增加公司资本。但是，资本公积金将不用于弥补公司的亏损。

法定公积金转为资本时，所留存的该项公积金将不少于转增前公司注册资本的25%。

第一百五十四条 公司股东大会对利润分配方案作出决议后，公司董事会须在股东大会召开后2个月内完成股利（或股份）的派发事项。

第一百五十五条 公司利润分配政策为【具体政策】。

注释：发行境内上市外资股的公司应当按照《境内上市外资股规定实施细则》中的有关规定补充本节的内容。

第二节 内部审计

第一百五十六条 公司实行内部审计制度，配备专职审计人员，对公司财务收支和经济活动进行内部审计监督。

第一百五十七条 公司内部审计制度和审计人员的职责，应当经董事会批准后实施。审计负责人向董事会负责并报告工作。

第三节 会计师事务所的聘任

第一百五十八条 公司聘用取得“从事证券相关业务资格”的会计师事务所进行会计

报表审计、净资产验证及其他相关的咨询服务等业务，聘期 1 年，可以续聘。

第一百五十九条 公司聘用会计师事务所必须由股东大会决定，董事会不得在股东大会决定前委任会计师事务所。

第一百六十条 公司保证向聘用的会计师事务所提供真实、完整的会计凭证、会计账簿、财务会计报告及其他会计资料，不得拒绝、隐匿、谎报。

第一百六十一条 会计师事务所的审计费用由股东大会决定。

第一百六十二条 公司解聘或者不再续聘会计师事务所时，提前【天数】天事先通知会计师事务所，公司股东大会就解聘会计师事务所进行表决时，允许会计师事务所陈述意见。

会计师事务所提出辞聘的，应当向股东大会说明公司有无不当情形。

第九章 通知和公告

第一节 通 知

第一百六十三条 公司的通知以下列形式发出：

（一）以专人送出；

（二）以邮件方式送出；

（三）以公告方式进行；

（四）本章程规定的其他形式。

第一百六十四条 公司发出的通知，以公告方式进行的，一经公告，视为所有相关人员收到通知。

第一百六十五条 公司召开股东大会的会议通知，以【具体通知方式】进行。

第一百六十六条 公司召开董事会的会议通知，以【具体通知方式】进行。

第一百六十七条 公司召开监事会的会议通知，以【具体通知方式】进行。

注释：公司应当根据实际情况，在章程中确定公司各种会议的具体通知方式。

第一百六十八条 公司通知以专人送出的，由被送达人在送达回执上签名（或盖章），被送达人签收日期为送达日期；公司通知以邮件送出的，自交付邮局之日起第【天数】个工作日为送达日期；公司通知以公告方式送出的，第一次公告刊登日为送达日期。

第一百六十九条 因意外遗漏未向某有权得到通知的人送出会议通知或者该等人没有收到会议通知，会议及会议作出的决议并不因此无效。

第二节 公 告

第一百七十条 公司指定【媒体名称】为刊登公司公告和其他需要披露信息的媒体。

注释：公司应当在中国证监会指定的媒体范围内，在章程中确定一份或者多份报纸和一个网站作为公司披露信息的媒体。

第十章　合并、分立、增资、减资、解散和清算

第一节　合并、分立、增资和减资

第一百七十一条　公司合并可以采取吸收合并或者新设合并。

一个公司吸收其他公司为吸收合并，被吸收的公司解散。两个以上公司合并设立一个新的公司为新设合并，合并各方解散。

第一百七十二条　公司合并，应当由合并各方签订合并协议，并编制资产负债表及财产清单。公司应当自作出合并决议之日起 10 日内通知债权人，并于 30 日内在【报纸名称】上公告。

债权人自接到通知书之日起 30 日内，未接到通知书的自公告之日起 45 日内，可以要求公司清偿债务或者提供相应的担保。

第一百七十三条　公司合并时，合并各方的债权、债务，由合并后存续的公司或者新设的公司承继。

第一百七十四条　公司分立，其财产作相应的分割。

公司分立，应当编制资产负债表及财产清单。公司应当自作出分立决议之日起 10 日内通知债权人，并于 30 日内在【报纸名称】上公告。

第一百七十五条　公司分立前的债务由分立后的公司承担连带责任。但是，公司在分立前与债权人就债务清偿达成的书面协议另有约定的除外。

第一百七十六条　公司需要减少注册资本时，必须编制资产负债表及财产清单。

公司应当自作出减少注册资本决议之日起 10 日内通知债权人，并于 30 日内在【报纸名称】上公告。债权人自接到通知书之日起 30 日内，未接到通知书的自公告之日起 45 日内，有权要求公司清偿债务或者提供相应的担保。

公司减资后的注册资本将不低于法定的最低限额。

第一百七十七条　公司合并或者分立，登记事项发生变更的，应当依法向公司登记机关办理变更登记；公司解散的，应当依法办理公司注销登记；设立新公司的，应当依法办理公司设立登记。

公司增加或者减少注册资本，应当依法向公司登记机关办理变更登记。

第二节　解散和清算

第一百七十八条　公司因下列原因解散：

（一）本章程规定的营业期限届满或者本章程规定的其他解散事由出现；

（二）股东大会决议解散；

（三）因公司合并或者分立需要解散；

（四）依法被吊销营业执照、责令关闭或者被撤销；

（五）公司经营管理发生严重困难，继续存续会使股东利益受到重大损失，通过其他

途径不能解决的，持有公司全部股东表决权 10% 以上的股东，可以请求人民法院解散公司。

第一百七十九条 公司有本章程第一百七十八条第（一）项情形的，可以通过修改本章程而存续。

依照前款规定修改本章程，须经出席股东大会会议的股东所持表决权的 2/3 以上通过。

第一百八十条 公司因本章程第一百七十八条第（一）项、第（二）项、第（四）项、第（五）项规定而解散的，应当在解散事由出现之日起 15 日内成立清算组，开始清算。清算组由董事或者股东大会确定的人员组成。逾期不成立清算组进行清算的，债权人可以申请人民法院指定有关人员组成清算组进行清算。

第一百八十一条 清算组在清算期间行使下列职权：

（一）清理公司财产，分别编制资产负债表和财产清单；

（二）通知、公告债权人；

（三）处理与清算有关的公司未了结的业务；

（四）清缴所欠税款以及清算过程中产生的税款；

（五）清理债权、债务；

（六）处理公司清偿债务后的剩余财产；

（七）代表公司参与民事诉讼活动。

第一百八十二条 清算组应当自成立之日起 10 日内通知债权人，并于 60 日内在【报纸名称】上公告。债权人应当自接到通知书之日起 30 日内，未接到通知书的自公告之日起 45 日内，向清算组申报其债权。

债权人申报债权，应当说明债权的有关事项，并提供证明材料。清算组应当对债权进行登记。

在申报债权期间，清算组不得对债权人进行清偿。

第一百八十三条 清算组在清理公司财产、编制资产负债表和财产清单后，应当制定清算方案，并报股东大会或者人民法院确认。

公司财产在分别支付清算费用、职工的工资、社会保险费用和法定补偿金，缴纳所欠税款，清偿公司债务后的剩余财产，公司按照股东持有的股份比例分配。

清算期间，公司存续，但不能开展与清算无关的经营活动。公司财产在未按前款规定清偿前，将不会分配给股东。

注释：已发行优先股的公司因解散、破产等原因进行清算时，公司财产在按照公司法和破产法有关规定进行清偿后的剩余财产，应当优先向优先股股东支付未派发的股息和公司章程约定的清算金额，不足以全额支付的，按照优先股股东持股比例分配。

第一百八十四条 清算组在清理公司财产、编制资产负债表和财产清单后，发现公司财产不足清偿债务的，应当依法向人民法院申请宣告破产。

公司经人民法院裁定宣告破产后，清算组应当将清算事务移交给人民法院。

第一百八十五条 公司清算结束后，清算组应当制作清算报告，报股东大会或者人民法院确认，并报送公司登记机关，申请注销公司登记，公告公司终止。

第一百八十六条 清算组成员应当忠于职守，依法履行清算义务。

清算组成员不得利用职权收受贿赂或者其他非法收入，不得侵占公司财产。

清算组成员因故意或者重大过失给公司或者债权人造成损失的，应当承担赔偿责任。

第一百八十七条 公司被依法宣告破产的，依照有关企业破产的法律实施破产清算。

第十一章 修改章程

第一百八十八条 有下列情形之一的，公司应当修改章程：

（一）《公司法》或有关法律、行政法规修改后，章程规定的事项与修改后的法律、行政法规的规定相抵触；

（二）公司的情况发生变化，与章程记载的事项不一致；

（三）股东大会决定修改章程。

第一百八十九条 股东大会决议通过的章程修改事项应经主管机关审批的，须报主管机关批准；涉及公司登记事项的，依法办理变更登记。

第一百九十条 董事会依照股东大会修改章程的决议和有关主管机关的审批意见修改本章程。

第一百九十一条 章程修改事项属于法律、法规要求披露的信息，按规定予以公告。

第十二章 附 则

第一百九十二条 释义

（一）控股股东，是指其持有的普通股（含表决权恢复的优先股）占公司股本总额50%以上的股东；持有股份的比例虽然不足50%，但依其持有的股份所享有的表决权已足以对股东大会的决议产生重大影响的股东。

（二）实际控制人，是指虽不是公司的股东，但通过投资关系、协议或者其他安排，能够实际支配公司行为的人。

（三）关联关系，是指公司控股股东、实际控制人、董事、监事、高级管理人员与其直接或者间接控制的企业之间的关系，以及可能导致公司利益转移的其他关系。但是，国家控股的企业之间不仅因为同受国家控股而具有关联关系。

第一百九十三条 董事会可依照章程的规定，制订章程细则。章程细则不得与章程的规定相抵触。

第一百九十四条 本章程以中文书写，其他任何语种或不同版本的章程与本章程有歧义时，以在【公司登记机关全称】最近一次核准登记后的中文版章程为准。

第一百九十五条 本章程所称“以上”、“以内”、“以下”，都含本数；“以外”、“低于”、“多于”不含本数。

第一百九十六条 本章程由公司董事会负责解释。

第一百九十七条 本章程附件包括股东大会议事规则、董事会议事规则和监事会议事规则。

第一百九十八条 国家对优先股另有规定的，从其规定。

第一百九十九条 本章程自公布之日起施行。《上市公司章程指引（2014 年修订）》（证监会公告〔2014〕47 号）同时废止。

4.2.12

上市公司董事、监事和高级管理人员所持本公司股份及其变动管理规则

（2007 年 4 月 5 日　证监公司字〔2007〕56 号）

第一条　为加强对上市公司董事、监事和高级管理人员所持本公司股份及其变动的管理，维护证券市场秩序，根据《公司法》、《证券法》等法律、行政法规和规章的规定，制定本规则。

第二条　上海证券交易所、深圳证券交易所（以下统称“证券交易所”）的上市公司及其董事、监事和高级管理人员，应当遵守本规则。

第三条　上市公司董事、监事和高级管理人员所持本公司股份，是指登记在其名下的所有本公司股份。

上市公司董事、监事和高级管理人员从事融资融券交易的，还包括记载在其信用账户内的本公司股份。

第四条　上市公司董事、监事和高级管理人员所持本公司股份在下列情形下不得转让：

（一）本公司股票上市交易之日起 1 年内；

（二）董事、监事和高级管理人员离职后半年内；

（三）董事、监事和高级管理人员承诺一定期限内不转让并在该期限内的；

（四）法律、法规、中国证监会和证券交易所规定的其他情形。

第五条　上市公司董事、监事和高级管理人员在任职期间，每年通过集中竞价、大宗交易、协议转让等方式转让的股份不得超过其所持本公司股份总数的 25%，因司法强制执行、继承、遗赠、依法分割财产等导致股份变动的除外。

上市公司董事、监事和高级管理人员所持股份不超过 1000 股的，可一次全部转让，不受前款转让比例的限制。

第六条　上市公司董事、监事和高级管理人员以上年末其所持有本公司发行的股份为基数，计算其中可转让股份的数量。

上市公司董事、监事和高级管理人员在上述可转让股份数量范围内转让其所持有本公司股份的，还应遵守本规则第四条的规定。

第七条　因上市公司公开或非公开发行股份、实施股权激励计划，或因董事、监事和

高级管理人员在二级市场购买、可转债转股、行权、协议受让等各种年内新增股份，新增无限售条件股份当年可转让25%，新增有限售条件的股份计入次年可转让股份的计算基数。

因上市公司进行权益分派导致董事、监事和高级管理人所持本公司股份增加的，可同比例增加当年可转让数量。

第八条 上市公司董事、监事和高级管理人员当年可转让但未转让的本公司股份，应当计入当年末其所持有本公司股份的总数，该总数作为次年可转让股份的计算基数。

第九条 上市公司章程可对董事、监事和高级管理人员转让其所持本公司股份规定比本规则更长的禁止转让期间、更低的可转让股份比例或者附加其他限制转让条件。

第十条 上市公司董事、监事和高级管理人员应在下列时点或期间内委托上市公司通过证券交易所网站申报其个人信息（包括但不限于姓名、职务、身份证号、证券账户、离任职时间等）：

（一）新上市公司的董事、监事和高级管理人员在公司申请股票初始登记时；

（二）新任董事、监事在股东大会（或职工代表大会）通过其任职事项、新任高级管理人员在董事会通过其任职事项后2个交易日内；

（三）现任董事、监事和高级管理人员在其已申报的个人信息发生变化后的2个交易日内；

（四）现任董事、监事和高级管理人员在离任后2个交易日内；

（五）证券交易所要求的其他时间。

第十一条 上市公司董事、监事和高级管理人员所持本公司股份发生变动的，应当自该事实发生之日起2个交易日内，向上市公司报告并由上市公司在证券交易所网站进行公告。公告内容包括：

（一）上年末所持本公司股份数量；

（二）上年末至本次变动前每次股份变动的日期、数量、价格；

（三）本次变动前持股数量；

（四）本次股份变动的日期、数量、价格；

（五）变动后的持股数量；

（六）证券交易所要求披露的其他事项。

第十二条 上市公司董事、监事、高级管理人员应当遵守《证券法》第四十七条规定，违反该规定将其所持本公司股票在买入后6个月内卖出，或者在卖出后6个月内又买入的，由此所得收益归该上市公司所有，公司董事会应当收回其所得收益并及时披露相关情况。

上述“买入后6个月内卖出”是指最后一笔买入时点起算6个月内卖出的；“卖出后6个月内又买入”是指最后一笔卖出时点起算6个月内又买入的。

第十三条 上市公司董事、监事和高级管理人员在下列期间不得买卖本公司股票：

（一）上市公司定期报告公告前30日内；

（二）上市公司业绩预告、业绩快报公告前10日内；

（三）自可能对本公司股票交易价格产生重大影响的重大事项发生之日或在决策过程中，至依法披露后2个交易日内；

（四）证券交易所规定的其他期间。

第十四条 上市公司董事、监事和高级管理人员应当保证本人申报数据的及时、真实、准确、完整。

第十五条 上市公司应当制定专项制度，加强对董事、监事和高级管理人员持有本公司股份及买卖本公司股票行为的申报、披露与监督。

上市公司董事会秘书负责管理公司董事、监事和高级管理人员的身份及所持本公司股份的数据和信息，统一为董事、监事和高级管理人员办理个人信息的网上申报，并定期检查董事、监事和高级管理人员买卖本公司股票的披露情况。

第十六条 上市公司董事、监事和高级管理人员买卖本公司股票违反本规则，中国证监会依照《证券法》的有关规定予以处罚。

第十七条 持有上市公司股份5%以上的股东买卖股票的，参照本规则第十二条规定执行。

第十八条 本规则自公布之日起施行。

4.2.13

企业内部控制基本规范

（2008 年 5 月 22 日　财会〔2008〕7 号）

第一章　总　　则

第一条　为了加强和规范企业内部控制，提高企业经营管理水平和风险防范能力，促进企业可持续发展，维护社会主义市场经济秩序和社会公众利益，根据《中华人民共和国公司法》、《中华人民共和国证券法》、《中华人民共和国会计法》和其他有关法律法规，制定本规范。

第二条　本规范适用于中华人民共和国境内设立的大中型企业。

小企业和其他单位可以参照本规范建立与实施内部控制。

大中型企业和小企业的划分标准根据国家有关规定执行。

第三条　本规范所称内部控制，是由企业董事会、监事会、经理层和全体员工实施的、旨在实现控制目标的过程。

内部控制的目标是合理保证企业经营管理合法合规、资产安全、财务报告及相关信息真实完整，提高经营效率和效果，促进企业实现发展战略。

第四条　企业建立与实施内部控制，应当遵循下列原则：

（一）全面性原则。内部控制应当贯穿决策、执行和监督全过程，覆盖企业及其所属单位的各种业务和事项。

（二）重要性原则。内部控制应当在全面控制的基础上，关注重要业务事项和高风险领域。

（三）制衡性原则。内部控制应当在治理结构、机构设置及权责分配、业务流程等方面形成相互制约、相互监督，同时兼顾运营效率。

（四）适应性原则。内部控制应当与企业经营规模、业务范围、竞争状况和风险水平等相适应，并随着情况的变化及时加以调整。

（五）成本效益原则。内部控制应当权衡实施成本与预期效益，以适当的成本实现有效控制。

第五条　企业建立与实施有效的内部控制，应当包括下列要素：

（一）内部环境。内部环境是企业实施内部控制的基础，一般包括治理结构、机构设置及权责分配、内部审计、人力资源政策、企业文化等。

（二）风险评估。风险评估是企业及时识别、系统分析经营活动中与实现内部控制目标相关的风险，合理确定风险应对策略。

（三）控制活动。控制活动是企业根据风险评估结果，采用相应的控制措施，将风险控制在可承受度之内。

（四）信息与沟通。信息与沟通是企业及时、准确地收集、传递与内部控制相关的信息，确保信息在企业内部、企业与外部之间进行有效沟通。

（五）内部监督。内部监督是企业对内部控制建立与实施情况进行监督检查，评价内部控制的有效性，发现内部控制缺陷，应当及时加以改进。

第六条 企业应当根据有关法律法规、本规范及其配套办法，制定本企业的内部控制制度并组织实施。

第七条 企业应当运用信息技术加强内部控制，建立与经营管理相适应的信息系统，促进内部控制流程与信息系统的有机结合，实现对业务和事项的自动控制，减少或消除人为操纵因素。

第八条 企业应当建立内部控制实施的激励约束机制，将各责任单位和全体员工实施内部控制的情况纳入绩效考评体系，促进内部控制的有效实施。

第九条 国务院有关部门可以根据法律法规、本规范及其配套办法，明确贯彻实施本规范的具体要求，对企业建立与实施内部控制的情况进行监督检查。

第十条 接受企业委托从事内部控制审计的会计师事务所，应当根据本规范及其配套办法和相关执业准则，对企业内部控制的有效性进行审计，出具审计报告。会计师事务所及其签字的从业人员应当对发表的内部控制审计意见负责。

为企业内部控制提供咨询的会计师事务所，不得同时为同一企业提供内部控制审计服务。

第二章 内部环境

第十一条 企业应当根据国家有关法律法规和企业章程，建立规范的公司治理结构和议事规则，明确决策、执行、监督等方面的职责权限，形成科学有效的职责分工和制衡机制。

股东（大）会享有法律法规和企业章程规定的合法权利，依法行使企业经营方针、筹资、投资、利润分配等重大事项的表决权。

董事会对股东（大）会负责，依法行使企业的经营决策权。

监事会对股东（大）会负责，监督企业董事、经理和其他高级管理人员依法履行职责。

经理层负责组织实施股东（大）会、董事会决议事项，主持企业的生产经营管理工作。

第十二条 董事会负责内部控制的建立健全和有效实施。监事会对董事会建立与实施内部控制进行监督。经理层负责组织领导企业内部控制的日常运行。

企业应当成立专门机构或者指定适当的机构具体负责组织协调内部控制的建立实施及日常工作。

第十三条 企业应当在董事会下设立审计委员会。审计委员会负责审查企业内部控制，监督内部控制的有效实施和内部控制自我评价情况，协调内部控制审计及其他相关事宜等。

审计委员会负责人应当具备相应的独立性、良好的职业操守和专业胜任能力。

第十四条 企业应当结合业务特点和内部控制要求设置内部机构，明确职责权限，将权利与责任落实到各责任单位。

企业应当通过编制内部管理手册，使全体员工掌握内部机构设置、岗位职责、业务流程等情况，明确权责分配，正确行使职权。

第十五条 企业应当加强内部审计工作，保证内部审计机构设置、人员配备和工作的独立性。

内部审计机构应当结合内部审计监督，对内部控制的有效性进行监督检查。内部审计机构对监督检查中发现的内部控制缺陷，应当按照企业内部审计工作程序进行报告；对监督检查中发现的内部控制重大缺陷，有权直接向董事会及其审计委员会、监事会报告。

第十六条 企业应当制定和实施有利于企业可持续发展的人力资源政策。人力资源政策应当包括下列内容：

（一）员工的聘用、培训、辞退与辞职。

（二）员工的薪酬、考核、晋升与奖惩。

（三）关键岗位员工的强制休假制度和定期岗位轮换制度。

（四）掌握国家秘密或重要商业秘密的员工离岗的限制性规定。

（五）有关人力资源管理的其他政策。

第十七条 企业应当将职业道德修养和专业胜任能力作为选拔和聘用员工的重要标准，切实加强员工培训和继续教育，不断提升员工素质。

第十八条 企业应当加强文化建设，培育积极向上的价值观和社会责任感，倡导诚实守信、爱岗敬业、开拓创新和团队协作精神，树立现代管理理念，强化风险意识。

董事、监事、经理及其他高级管理人员应当在企业文化建设中发挥主导作用。

企业员工应当遵守员工行为守则，认真履行岗位职责。

第十九条 企业应当加强法制教育，增强董事、监事、经理及其他高级管理人员和员工的法制观念，严格依法决策、依法办事、依法监督，建立健全法律顾问制度和重大法律纠纷案件备案制度。

第三章 风险评估

第二十条 企业应当根据设定的控制目标，全面系统持续地收集相关信息，结合实际情况，及时进行风险评估。

第二十一条 企业开展风险评估，应当准确识别与实现控制目标相关的内部风险和外部风险，确定相应的风险承受度。

风险承受度是企业能够承担的风险限度，包括整体风险承受能力和业务层面的可接受风险水平。

第二十二条 企业识别内部风险，应当关注下列因素：

（一）董事、监事、经理及其他高级管理人员的职业操守、员工专业胜任能力等人力资源因素。

（二）组织机构、经营方式、资产管理、业务流程等管理因素。

（三）研究开发、技术投入、信息技术适用等自主创新因素。

（四）财务状况、经营成果、现金流量等财务因素。

（五）营运安全、员工健康、环境保护等安全环保因素。

（六）其他有关内部风险因素。

第二十三条 企业识别外部风险，应当关注下列因素：

（一）经济形势、产业政策、融资环境、市场竞争、资源供给等经济因素。

（二）法律法规、监管要求等法律因素。

（三）安全稳定、文化传统、社会信用、教育水平、消费者行为等社会因素。

（四）技术进步、工艺改进等科学技术因素。

（五）自然灾害、环境状况等自然环境因素。

（六）其他有关外部风险因素。

第二十四条 企业应当采用定性与定量相结合的方法，按照风险发生的可能性及其影响程度等，对识别的风险进行分析和排序，确定关注重点和优先控制的风险。

企业进行风险分析，应当充分吸收专业人员，组成风险分析团队，按照严格规范的程序开展工作，确保风险分析结果的准确性。

第二十五条 企业应当根据风险分析的结果，结合风险承受度，权衡风险与收益，确定风险应对策略。

企业应当合理分析、准确掌握董事、经理及其他高级管理人员、关键岗位员工的风险偏好，采取适当的控制措施，避免因个人风险偏好给企业经营带来重大损失。

第二十六条 企业应当综合运用风险规避、风险降低、风险分担和风险承受等风险应对策略，实现对风险的有效控制。

风险规避是企业对超出风险承受度的风险，通过放弃或者停止与该风险相关的业务活动以避免和减轻损失的策略。

风险降低是企业在权衡成本效益之后，准备采取适当的控制措施降低风险或者减轻损失，将风险控制在风险承受度之内的策略。

风险分担是企业准备借助他人力量，采取业务分包，购买保险等方式和适当的控制措施，将风险控制在风险承受度之内的策略。

风险承受是企业对风险承受度之内的风险，在权衡成本效益之后，不准备采取控制措施降低风险或者减轻损失的策略。

第二十七条 企业应当结合不同发展阶段和业务拓展情况，持续收集与风险变化相关的信息，进行风险识别和风险分析，及时调整风险应对策略。

第四章 控制活动

第二十八条 企业应当结合风险评估结果，通过手工控制与自动控制、预防性控制与发现性控制相结合的方法，运用相应的控制措施，将风险控制在可承受度之内。

控制措施一般包括：不相容职务分离控制、授权审批控制、会计系统控制、财产保护控制、预算控制、运营分析控制和绩效考评控制等。

第二十九条 不相容职务分离控制要求企业全面系统地分析、梳理业务流程中所涉及的不相容职务，实施相应的分离措施，形成各司其职、各负其责、相互制约的工作机制。

第三十条 授权审批控制要求企业根据常规授权和特别授权的规定，明确各岗位办理业务和事项的权限范围、审批程序和相应责任。

企业应当编制常规授权的权限指引，规范特别授权的范围、权限、程序和责任，严格控制特别授权。常规授权是指企业在日常经营管理活动中按照既定的职责和程序进行的授权。特别授权是指企业在特殊情况、特定条件下进行的授权。

企业各级管理人员应当在授权范围内行使职权和承担责任。

企业对于重大的业务和事项，应当实行集体决策审批或者联签制度，任何个人不得单独进行决策或者擅自改变集体决策。

第三十一条 会计系统控制要求企业严格执行国家统一的会计准则制度，加强会计基础工作，明确会计凭证、会计账簿和财务会计报告的处理程序，保证会计资料真实完整。

企业应当依法设置会计机构，配备会计从业人员。从事会计工作的人员，必须取得会计从业资格证书。会计机构负责人应当具备会计师以上专业技术职务资格。

大中型企业应当设置总会计师。设置总会计师的企业，不得设置与其职权重叠的副职。

第三十二条 财产保护控制要求企业建立财产日常管理制度和定期清查制度，采取财产记录、实物保管、定期盘点、账实核对等措施，确保财产安全。

企业应当严格限制未经授权的人员接触和处置财产。

第三十三条 预算控制要求企业实施全面预算管理制度，明确各责任单位在预算管理中的职责权限，规范预算的编制、审定、下达和执行程序，强化预算约束。

第三十四条 运营分析控制要求企业建立运营情况分析制度，经理层应当综合运用生产、购销、投资、筹资、财务等方面的信息，通过因素分析、对比分析，趋势分析等方法，定期开展运营情况分析，发现存在的问题，及时查明原因并加以改进。

第三十五条 绩效考评控制要求企业建立和实施绩效考评制度，科学设置考核指标体系，对企业内部各责任单位和全体员工的业绩进行定期考核和客观评价，将考评结果作为确定员工薪酬以及职务晋升、评优、降级、调岗、辞退等的依据。

第三十六条 企业应当根据内部控制目标，结合风险应对策略，综合运用控制措施，对各种业务和事项实施有效控制。

第三十七条 企业应当建立重大风险预警机制和突发事件应急处理机制，明确风险预警标准，对可能发生的重大风险或突发事件，制定应急预案、明确责任人员、规范处置程序，确保突发事件得到及时妥善处理。

第五章 信息与沟通

第三十八条 企业应当建立信息与沟通制度，明确内部控制相关信息的收集、处理和传递程序，确保信息及时沟通，促进内部控制有效运行。

第三十九条 企业应当对收集的各种内部信息和外部信息进行合理筛选、核对、整合，提高信息的有用性。

企业可以通过财务会计资料、经营管理资料、调研报告、专项信息、内部刊物、办公网络等渠道，获取内部信息。

企业可以通过行业协会组织、社会中介机构、业务往来单位、市场调查、来信来访、网络媒体以及有关监管部门等渠道，获取外部信息。

第四十条 企业应当将内部控制相关信息在企业内部各管理级次、责任单位、业务环节之间，以及企业与外部投资者、债权人、客户、供应商、中介机构和监管部门等有关方面之间进行沟通和反馈。信息沟通过程中发现的问题，应当及时报告并加以解决。

重要信息应当及时传递给董事会、监事会和经理层。

第四十一条 企业应当利用信息技术促进信息的集成与共享，充分发挥信息技术在信息与沟通中的作用。

企业应当加强对信息系统开发与维护、访问与变更、数据输入与输出、文件储存与保管、网络安全等方面的控制，保证信息系统安全稳定运行。

第四十二条 企业应当建立反舞弊机制，坚持惩防并举、重在预防的原则，明确反舞弊工作的重点领域、关键环节和有关机构在反舞弊工作中的职责权限，规范舞弊案件的举报、调查、处理、报告和补救程序。

企业至少应当将下列情形作为反舞弊工作的重点：

（一）未经授权或者采取其他不法方式侵占、挪用企业资产，牟取不当利益。

（二）在财务会计报告和信息披露等方面存在的虚假记载、误导性陈述或者重大遗漏等。

（三）董事、监事、经理及其他高级管理人员滥用职权。

（四）相关机构或人员串通舞弊。

第四十三条 企业应当建立举报投诉制度和举报人保护制度，设置举报专线，明确举报投诉处理程序，办理时限和办结要求，确保举报、投诉成为企业有效掌握信息的重要途径。

举报投诉制度和举报人保护制度应当及时传达至全体员工。

第六章　内部监督

第四十四条　企业应当根据本规范及其配套办法，制定内部控制监督制度，明确内部审计机构（或经授权的其他监督机构）和其他内部机构在内部监督中的职责权限，规范内部监督的程序、方法和要求。

内部监督分为日常监督和专项监督。日常监督是指企业对建立与实施内部控制的情况进行常规、持续的监督检查；专项监督是指在企业发展战略、组织结构、经营活动、业务流程、关键岗位员工等发生较大调整或变化的情况下，对内部控制的某一或者某些方面进行有针对性的监督检查。

专项监督的范围和频率应当根据风险评估结果以及日常监督的有效性等予以确定。

第四十五条　企业应当制定内部控制缺陷认定标准，对监督过程中发现的内部控制缺陷，应当分析缺陷的性质和产生的原因，提出整改方案，采取适当的形式及时向董事会、监事会或者经理层报告。

内部控制缺陷包括设计缺陷和运行缺陷。企业应当跟踪内部控制缺陷整改情况，并就内部监督中发现的重大缺陷，追究相关责任单位或者责任人的责任。

第四十六条　企业应当结合内部监督情况，定期对内部控制的有效性进行自我评价，出具内部控制自我评价报告。

内部控制自我评价的方式、范围、程序和频率，由企业根据经营业务调整、经营环境变化、业务发展状况、实际风险水平等自行确定。

国家有关法律法规另有规定的，从其规定。

第四十七条　企业应当以书面或者其他适当的形式，妥善保存内部控制建立与实施过程中的相关记录或者资料，确保内部控制建立与实施过程的可验证性。

第七章　附　　则

第四十八条　本规范由财政部会同国务院其他有关部门解释。

第四十九条　本规范的配套办法由财政部会同国务院其他有关部门另行制定。

第五十条　本规范自2009年7月1日起实施。

4.2.14

关于修改上市公司现金分红若干规定的决定

（2008年10月9日 证监会令第57号）

上市公司现金分红是实现投资者投资回报的重要形式，对于培育资本市场长期投资理念，增强资本市场的吸引力和活力，具有十分重要的作用。为了引导和规范上市公司现金分红，现就有关事项决定如下：

一、在《上市公司章程指引（2006年修订）》第一百五十五条增加一款，作为第二款：“注释：公司应当在章程中明确现金分红政策，利润分配政策应保持连续性和稳定性。”

二、在《关于加强社会公众股股东权益保护的若干规定》第四条第（一）项增加规定：“上市公司可以进行中期现金分红。”

三、将《上市公司证券发行管理办法》第八条第（五）项“最近三年以现金或股票方式累计分配的利润不少于最近三年实现的年均可分配利润的百分之二十”修改为：“最近三年以现金方式累计分配的利润不少于最近三年实现的年均可分配利润的百分之三十”。

四、将《公开发行证券的公司信息披露内容与格式准则第2号——年度报告的内容与格式（2005年修订）》第三十七条修改为：“上市公司应披露本次利润分配预案或资本公积金转增股本预案。对于本报告期内盈利但未提出现金利润分配预案的公司，应详细说明未分红的原因、未用于分红的资金留存公司的用途。公司还应披露现金分红政策在本报告期的执行情况。同时应当以列表方式明确披露公司前三年现金分红的数额、与净利润的比率。”

五、将《公开发行证券的公司信息披露内容与格式准则第3号——半年度报告的内容与格式（2007年修订）》第三十七条第一款修改为：“公司应当披露以前期间拟定、在报告期实施的利润分配方案、公积金转增股本方案或发行新股方案的执行情况。同时，披露现金分红政策的执行情况，并说明董事会是否制定现金分红预案。”

六、在《公开发行证券的公司信息披露编报规则第13号——季度报告的内容与格式特别规定（2007年修订）》第十三条后增加一条，作为第十四条：“公司应当说明本报告期内现金分红政策的执行情况。”

七、中国证监会派出机构、上海证券交易所、深圳证券交易所和中国证券登记结算有限责任公司应当督促上市公司按照本决定修改公司章程、履行信息披露义务，做好监管和服务工作。

八、本决定自2008年10月9日起施行。《关于规范上市公司行为若干问题的通知》（证监上字〔1996〕7号）同时废止。

4.2.15

关于加强上市证券公司监管的规定

（2010年6月30日　证监会公告〔2010〕20号）

上市证券公司具有证券公司与上市公司的双重属性，作为证券公司，要适用证券公司监管相关法规；作为上市公司，要适用上市、发行监管相关法规。为做好相关法律法规的协调和衔接，加强对上市证券公司的监管，现规定如下：

一、证券公司首次公开发行并上市（以下简称IPO）和上市后发行新股、可转换公司债券等再融资行为，应当同时符合《证券法》、《证券公司监督管理条例》、《首次公开发行股票并上市管理办法》、《上市公司证券发行管理办法》等法律法规关于发行、变更注册资本等行政许可规定的条件，向监管部门申请出具监管意见书，提供包括监管意见书在内的相关申请审核材料。IPO和再融资行为涉及变更持有证券公司5%以上股权的股东、实际控制人的，还应当同时报送相关股东资格的审核材料。

二、上市证券公司进行重大资产重组，同时涉及变更持有证券公司5%以上股权的股东、实际控制人的，应当同时提交相关股东资格审核材料。

三、上市证券公司应当根据《证券公司监督管理条例》有关规定在章程中载明，任何单位或者个人未经国务院证券监督管理机构批准，持有或者实际控制证券公司5%以上股权的，应当限期改正；改正前，相应股权不具有表决权。

四、上市证券公司应当根据我会《公开发行证券的公司信息披露内容与格式准则第2号——年度报告的内容与格式》等规定编制上市公司年报，同时上市证券公司还应根据《证券公司年度报告内容与格式准则》等规定编制证券公司监管年报，在规定期限之内先按上市公司要求披露上市公司年报，然后再向监管机构报送证券公司监管年报，并按要求将其中的审计报告、经审计的会计报表及附注在中国证券业协会网站和公司网站进行信息公示。如果向社会公开披露的年报和向监管部门报送的年报存在重大数据差异，上市证券公司应当及时以临时报告方式披露并充分说明产生差异的原因。

五、根据《公开发行证券的公司信息披露内容与格式准则第2号——年度报告的内容与格式》规定，上市公司应当披露持有其他上市公司股权等情况。如果涉及上市证券公司商业秘密等特殊原因确实不便披露的，公司可按照规定向交易所申请豁免。

六、上市证券公司在向监管部门报送综合监管报表的同时，应当以临时公告的形式在交易所网站公开披露公司月度经营情况主要财务信息，包括当期营业收入、当期净利润、期末净资产等数据，以及公司认为应当披露的其他财务信息。上市证券公司有控股证券子公司的，应当同时披露证券子公司相关数据（可不予披露合并报表数据）。上市证券公司披露上述数据应当注明数据统计范围及未经审计。

七、根据上海、深圳证券交易所上市规则中关于应当披露交易的规定，对于上市证券公司重大对外投资包括证券自营超过一定额度可能需要及时披露和提交股东大会决议的情况，上市证券公司可以每年由股东大会审议并披露自营投资的总金额；实施自营投资过程中如果发生情况变化，可以在符合章程规定的情况下由股东大会授权董事会表决并予公告。

八、根据《证券公司治理准则（试行）》、《证券公司风险控制指标管理办法》等规定，证券公司发生公司或者高管涉嫌重大违法违规行为，财务状况恶化，拟更换董事长、总经理、监事长，风险控制指标出现特定变化等情况时，需要书面通知全体股东。上市证券公司应当将上述情况在指定披露媒体及时公告以履行书面通知全体股东的义务。

九、根据《证券公司治理准则（试行）》第 10 条规定，证券公司股东在出现特定情况时，应当及时通知证券公司。上述规定适用于持有上市证券公司 5% 以上股份的股东、实际控制人。

十、根据《证券公司监督管理条例》第 26 条规定和《证券公司业务范围审批暂行规定》第 5 条规定，证券公司开展新业务和经营创新业务，应当经我会批准。上市证券公司在公告董事会、股东大会对拟开展新业务或者经营创新业务的决议时，应当同时向投资者进行风险提示，说明上市证券公司要实际开展相关业务尚需监管机构核准，且存在达不到法律法规和监管要求而导致监管机构不予核准的情形。

十一、上市证券公司应当根据《上市公司信息披露管理办法》的规定，及时披露重大行政许可事项的相关情况，即公司应当在做出行政许可申请的决议或决定、监管部门作出行政许可决定后，及时在指定媒体公开披露相关情况。对于一般行政许可事项，上市证券公司应当在定期报告（中期报告和年度报告）中公开披露监管部门的行政许可决定。

十二、上市证券公司应当在中期报告、年度报告中披露监管部门对公司的分类结果，其中在中期报告中披露其当年分类结果，在年度报告中披露其近三年的分类结果。

十三、上市证券公司应当根据《上市公司信息披露管理办法》等规定披露其风险控制指标变化、被采取的监管措施等重大事项。其中：

1. 上市证券公司应当在年报和半年报中披露所有风险控制指标情况；日常经营中，当风险控制指标不符合《证券公司风险控制指标管理办法》规定标准的，应当及时以临时公告方式披露，说明原因、目前的状态和可能产生的影响。

2. 上市证券公司被采取重大监管措施或者风险处置措施，影响到其经营行为从而可能对市场价格产生较大影响的，应当确认发生重大事件，及时披露临时公告，并在半年报、年报中披露。这些措施包括但不限于公司被限制业务，责令暂停部分业务，停止批准新业务，停止批准增设、收购营业性分支机构，限制分红，限制向高管、董事、监事支付报酬、提供福利，撤销业务许可，责令控股股东转让股权或者限制股东权利，对公司进行临时接管等重大监管措施或者风险处置措施。

十四、上市证券公司应当结合证券行业特点和自身情况，按照上市公司信息披露管理的监管要求，建立健全信息管理制度，包括但不限于以下方面：

1. 建立健全内幕信息知情人登记制度，按规定严格界定内幕信息及内幕信息知情人的范围，做好内幕信息知情人的登记和管理等工作。

2. 建立健全信息保密制度，明确责任及责任追究措施，要求公司所有内幕信息知情人和保密责任人签署保密承诺书，严格加强内幕信息价格敏感期的信息管理，防止泄露内幕信息。

3. 建立健全信息隔离墙制度，防止利益冲突和内幕交易行为的发生。

4. 建立健全信息管理应急机制，制定切实可行应急预案，明确相关部门和人员责任，适时采取有效的应急措施，及时应对市场有关传闻，积极防范和有效处置公关危机。

5. 建立健全涉及控股子公司的信息披露管理制度。

十五、上市证券公司确有必要需与监管部门沟通有关事项的，应当在交易日收市之后进行，涉及可能影响公司股价的重大事项，应当按规定及时停牌或公告。沟通事项涉及内幕信息的，上市证券公司应当将监管部门有关知情人员纳入内幕信息知情人范围进行登记。

十六、上市证券公司应当按照从严的原则，严格执行《证券公司治理准则（试行）》、《上市公司治理准则》等证券公司监管法规和上市公司监管法规，不断完善法人治理结构，提高公司治理水平。

十七、本规定自公布之日起施行。

4.2.16

关于上市公司建立内幕信息知情人登记管理制度的规定

（2011年10月25日　证监会公告〔2011〕30号）

第一条　为完善上市公司内幕信息管理制度，做好内幕信息保密工作，有效防范和打击内幕交易等证券违法违规行为，根据《证券法》、《上市公司信息披露管理办法》等法律法规和规章，制定本规定。

第二条　本规定所称内幕信息知情人，是指《证券法》第七十四条规定的有关人员。

第三条　本规定所称内幕信息，是指根据《证券法》第七十五条规定，涉及上市公司的经营、财务或者对公司证券及其衍生品种交易价格有重大影响的尚未公开的信息。

第四条　内幕信息知情人在内幕信息公开前负有保密义务。

第五条　上市公司应当根据本规定，建立内幕信息知情人登记管理制度，对内幕信息的保密管理及在内幕信息依法公开披露前的内幕信息知情人的登记管理作出规定。

第六条　在内幕信息依法公开披露前，上市公司应当按照本规定填写上市公司内幕信息知情人档案（必备项目见附件），及时记录商议筹划、论证咨询、合同订立等阶段及报告、传递、编制、决议、披露等环节的内幕信息知情人名单，及其知悉内幕信息的时间、地点、依据、方式、内容等信息。

第七条　上市公司董事会应当保证内幕信息知情人档案真实、准确和完整，董事长为主要责任人。董事会秘书负责办理上市公司内幕信息知情人的登记入档事宜。

上市公司监事会应当对内幕信息知情人登记管理制度实施情况进行监督。

第八条　上市公司的股东、实际控制人及其关联方研究、发起涉及上市公司的重大事项，以及发生对上市公司股价有重大影响的其他事项时，应当填写本单位内幕信息知情人的档案。

证券公司、证券服务机构、律师事务所等中介机构接受委托从事证券服务业务，该受托事项对上市公司股价有重大影响的，应当填写本机构内幕信息知情人的档案。

收购人、重大资产重组交易对方以及涉及上市公司并对上市公司股价有重大影响事项的其他发起方，应当填写本单位内幕信息知情人的档案。

上述主体应当根据事项进程将内幕信息知情人档案分阶段送达相关上市公司，但完整的内幕信息知情人档案的送达时间不得晚于内幕信息公开披露的时间。内幕信息知情人档案应当按照本规定第六条的要求进行填写。

上市公司应当做好其所知悉的内幕信息流转环节的内幕信息知情人的登记，并做好第一款至第三款涉及各方内幕信息知情人档案的汇总。

第九条 行政管理部门人员接触到上市公司内幕信息的，应当按照相关行政部门的要求做好登记工作。

上市公司在披露前按照相关法律法规政策要求需经常性向相关行政管理部门报送信息的，在报送部门、内容等未发生重大变化的情况下，可将其视为同一内幕信息事项，在同一张表格中登记行政管理部门的名称，并持续登记报送信息的时间。除上述情况外，内幕信息流转涉及到行政管理部门时，上市公司应当按照一事一记的方式在知情人档案中登记行政管理部门的名称、接触内幕信息的原因以及知悉内幕信息的时间。

第十条 上市公司进行收购、重大资产重组、发行证券、合并、分立、回购股份等重大事项，除按照本规定第六条填写上市公司内幕信息知情人档案外，还应当制作重大事项进程备忘录，内容包括但不限于筹划决策过程中各个关键时点的时间、参与筹划决策人员名单、筹划决策方式等。上市公司应当督促备忘录涉及的相关人员在备忘录上签名确认。

第十一条 上市公司内幕信息知情人登记管理制度中应当包括对公司下属各部门、分公司、控股子公司及上市公司能够对其实施重大影响的参股公司的内幕信息管理的内容，明确上述主体的内部报告义务、报告程序和有关人员的信息披露职责。

上市公司内幕信息知情人登记管理制度中应当明确内幕信息知情人的保密义务、违反保密规定责任和通过签订保密协议、禁止内幕交易告知书等必要方式将上述事项告知有关人员等内容。

第十二条 上市公司根据中国证监会的规定，对内幕信息知情人买卖本公司股票及其衍生品种的情况进行自查。发现内幕信息知情人进行内幕交易、泄露内幕信息或者建议他人利用内幕信息进行交易的，上市公司应当进行核实并依据其内幕信息知情人登记管理制度对相关人员进行责任追究，并在 2 个工作日内将有关情况及处理结果报送公司注册地中国证监会派出机构。

第十三条 上市公司应当及时补充完善内幕信息知情人档案信息。内幕信息知情人档案自记录（含补充完善）之日起至少保存 10 年。中国证监会及其派出机构、证券交易所可查询内幕信息知情人档案。

上市公司进行本规定第十条所列重大事项的，应当在内幕信息依法公开披露后及时将内幕信息知情人档案及重大事项进程备忘录报送证券交易所。证券交易所可视情况要求上市公司披露重大事项进程备忘录中的相关内容。

第十四条 中国证监会及其派出机构可以根据《上市公司现场检查办法》的规定，对上市公司内幕信息知情人登记管理制度的建立、执行和上市公司内幕信息知情人档案保管情况进行现场检查。

第十五条 有下列情形之一的，中国证监会可以对上市公司及相关主体采取责令改正、监管谈话、出具警示函等监督管理措施；情节严重的，可以认定相关人员为不适当人选，或者对其采取市场禁入措施：

（一）未按照本规定的要求建立内幕信息知情人登记管理制度；

（二）未按照本规定的要求报送内幕信息知情人档案、重大事项进程备忘录；

（三）内幕信息知情人档案、重大事项进程备忘录有虚假、重大遗漏和重大错误；

（四）拒不配合上市公司进行内幕信息知情人登记。

中国证监会依照前款规定采取监督管理措施，涉及国有控股上市公司或其控股股东的，通报有关国有资产监督管理机构。

发现内幕信息知情人泄露内幕信息、进行内幕交易或者建议他人利用内幕信息进行交易等情形的，中国证监会将对有关单位和个人进行立案稽查，涉嫌犯罪的，依法移送司法机关追究刑事责任。

第十六条　本规定自 2011 年 11 月 25 日起施行。

附件：上市公司内幕信息知情人档案格式（略）

4.2.17

关于进一步落实上市公司现金分红有关事项的通知

（2012 年 5 月 4 日　证监发〔2012〕37 号）

中国证监会各省、自治区、直辖市、计划单列市监管局，上海、深圳专员办，各证券、期货交易所，中国证券登记结算公司，中国证券投资者保护基金公司，中国证券金融公司，中国期货保证金监控中心公司，中国证券业、期货业、上市公司协会，会内各部门：

上市公司是资本市场发展的基石。随着上市公司的成长和发展，给予投资者合理的投资回报，为投资者提供分享经济增长成果的机会，是上市公司应尽的责任和义务。现金分红是实现投资回报的重要形式，更是培育资本市场长期投资理念，增强资本市场活力和吸引力的重要途径。为进一步增强上市公司现金分红的透明度，便于投资者形成稳定的回报预期，现就进一步落实上市公司现金分红有关事项通知如下：

一、上市公司应当进一步强化回报股东的意识，严格依照《公司法》和公司章程的规定，自主决策公司利润分配事项，制定明确的回报规划，充分维护公司股东依法享有的资产收益等权利，不断完善董事会、股东大会对公司利润分配事项的决策程序和机制。

二、上市公司制定利润分配政策尤其是现金分红政策时，应当履行必要的决策程序。董事会应当就股东回报事宜进行专项研究论证，详细说明规划安排的理由等情况。上市公司应当通过多种渠道充分听取独立董事以及中小股东的意见，做好现金分红事项的信息披露，并在公司章程中载明以下内容：

（一）公司董事会、股东大会对利润分配尤其是现金分红事项的决策程序和机制，对既定利润分配政策尤其是现金分红政策作出调整的具体条件、决策程序和机制，以及为充分听取独立董事和中小股东意见所采取的措施。

（二）公司的利润分配政策尤其是现金分红政策的具体内容，利润分配的形式，利润分配尤其是现金分红的期间间隔，现金分红的具体条件，发放股票股利的条件，各期现金分红最低金额或比例（如有）等。

首次公开发行股票公司应当合理制定和完善利润分配政策，并按照本通知的要求在公司章程（草案）中载明相关内容。保荐机构在从事首次公开发行股票保荐业务中，应当督促首次公开发行股票公司落实本通知的要求。

三、上市公司在制定现金分红具体方案时，董事会应当认真研究和论证公司现金分红的时机、条件和最低比例、调整的条件及其决策程序要求等事宜，独立董事应当发表明确意见。股东大会对现金分红具体方案进行审议时，应当通过多种渠道主动与股东特别是中小股东进行沟通和交流，充分听取中小股东的意见和诉求，并及时答复中小股东关心的问题。

四、上市公司应当严格执行公司章程确定的现金分红政策以及股东大会审议批准的现金分红具体方案。确有必要对公司章程确定的现金分红政策进行调整或者变更的，应当满足公司章程规定的条件，经过详细论证后，履行相应的决策程序，并经出席股东大会的股东所持表决权的2/3以上通过。

五、上市公司应当在定期报告中详细披露现金分红政策的制定及执行情况，说明是否符合公司章程的规定或者股东大会决议的要求，分红标准和比例是否明确和清晰，相关的决策程序和机制是否完备，独立董事是否尽职履责并发挥了应有的作用，中小股东是否有充分表达意见和诉求的机会，中小股东的合法权益是否得到充分维护等。对现金分红政策进行调整或变更的，还要详细说明调整或变更的条件和程序是否合规和透明等。

六、首次公开发行股票公司应当在招股说明书中做好利润分配相关信息披露工作：

（一）披露公司章程（草案）中利润分配相关内容。

（二）披露董事会关于股东回报事宜的专项研究论证情况以及相应的规划安排理由等信息。

（三）披露公司利润分配政策制定时的主要考虑因素及已经履行的决策程序。利润分配政策中明确不采取现金分红或者有现金分红最低比例安排的，应当进一步披露制定相关政策或者比例时的主要考虑因素。发行人利润主要来源于控股子公司的，应当披露控股子公司的财务管理制度、章程中利润分配条款内容以及能否保证发行人未来具备现金分红能力。发行人应结合自身生产经营情况详细说明未分配利润的使用安排情况。

（四）披露公司是否有未来3年具体利润分配计划。如有，应当进一步披露计划的具体内容、制定的依据和可行性。发行人应结合自身生产经营情况详细说明未分配利润的使用安排情况。

（五）披露公司长期回报规划的具体内容，以及规划制定时主要考虑因素。分红回报规划应当着眼于公司的长远和可持续发展，在综合分析企业经营发展实际、股东要求和意愿、社会资金成本、外部融资环境等因素的基础上，充分考虑公司目前及未来盈利规模、现金流量状况、发展所处阶段、项目投资资金需求、本次发行融资、银行信贷及债权融资环境等情况，建立对投资者持续、稳定、科学的回报机制，保持利润分配政策的连续性和稳定性。

（六）在招股说明书中作“重大事项提示”，提醒投资者关注公司发行上市后的利润分配政策、现金分红的最低比例（如有）、未来3年具体利润分配计划（如有）和长期回报规划，并提示详细参阅招股说明书中的具体内容。

保荐机构应当在保荐工作报告中反映发行人利润分配政策的完善情况，对发行人利润分配的决策机制是否符合本规定，对发行人利润分配政策和未来分红规划是否注重给予投资者合理回报、是否有利于保护投资者合法权益等发表明确意见。

七、拟发行证券的上市公司应制定对股东回报的合理规划，对经营利润用于自身发展和回报股东要合理平衡，要重视提高现金分红水平，提升对股东的回报。

上市公司应当在募集说明书或发行预案中增加披露利润分配政策尤其是现金分红政策的制定及执行情况、最近3年现金分红金额及比例、未分配利润使用安排情况，并作“重大事项提示”，提醒投资者关注上述情况。保荐机构应当在保荐工作报告中对上市公司利润分配政策的决策机制是否合规，是否建立了对投资者持续、稳定、科学的回报机制，现金分红的承诺是否履行，本通知的要求是否已经落实发表明确意见。

对于最近3年现金分红水平较低的上市公司，发行人及保荐机构应结合不同行业和不同类型公司的特点和经营模式、公司所处发展阶段、盈利水平、资金需求等因素说明公司现金分红水平较低的原因，并对公司是否充分考虑了股东要求和意愿、是否给予了投资者合理回报以及公司的现金分红政策是否符合上市公司股东利益最大化原则发表明确意见。

八、当事人进行借壳上市、重大资产重组、合并分立或者因收购导致上市公司控制权发生变更的，应当按照本通知的要求，在重大资产重组报告书、权益变动报告书或者收购报告书中详细披露重组或者控制权发生变更后上市公司的现金分红政策及相应的规划安排、董事会的情况说明等信息。

九、各证监局应当将本通知传达至辖区内各上市公司，督促其遵照执行。各证监局、上海及深圳证券交易所、会内相关部门应当加强对上市公司现金分红政策的决策过程、执行情况以及信息披露等事项的监管。

资本市场各参与主体要齐心协力，提升上市公司经营管理和规范运作水平，增强市场运行的诚信度和透明度，提高上市公司盈利能力和持续发展能力，不断提高上市公司质量，夯实分红回报的基础，共同促进资本市场健康稳定发展。

中国证券监督管理委员会

2012年5月4日

4.2.18

关于2012年主板上市公司分类分批实施企业内部控制规范体系的通知

（2012年8月14日 财办会〔2012〕30号）

各省、自治区、直辖市、计划单列市财政厅（局），新疆生产建设兵团财务局，中国证监会各省、自治区、直辖市、计划单列市监管局，中国证监会上海、深圳专员办，各主板上市公司：

根据财政部、证监会、审计署、银监会、保监会联合印发的《关于印发企业内部控制配套指引的通知》（财会〔2010〕11号）规定，自2012年1月1日起在上海证券交易所、深圳证券交易所主板上市公司开始实施《企业内部控制基本规范》（财会〔2008〕7号）和《企业内部控制配套指引》（财会〔2010〕11号）（以下简称企业内部控制规范体系）。为稳步推进主板上市公司有效实施企业内部控制规范体系，确保内控体系建设落到实处、取得实效，防止出现走过场情况，财政部会同证监会在充分考虑上市公司的公司治理基础、市值规模、业务成熟度、盈利能力等方面差异的情况下，决定在主板上市公司分类分批推进实施企业内部控制规范体系。现将有关事项通知如下：

一、总体要求

所有主板上市公司都应当自2012年起着手开展内控体系建设。各相关上市公司要高度重视，成立或指定专门工作机构，健全风险评估机制，梳理风险管控流程，完善各项经营管理制度，优化内部信息系统，建立内控责任与员工绩效考评挂钩机制，推进企业内部控制规范体系稳步实施。

二、具体实施

（一）中央和地方国有控股上市公司，应于2012年全面实施企业内部控制规范体系，并在披露2012年公司年报的同时，披露董事会对公司内部控制的自我评价报告以及注册会计师出具的财务报告内部控制审计报告。

（二）非国有控股主板上市公司，且于2011年12月31日公司总市值（证监会算法）在50亿元以上，同时2009年至2011年平均净利润在3000万元以上的，应在披露2013年公司年报的同时，披露董事会对公司内部控制的自我评价报告以及注册会计师出具的财务报告内部控制审计报告。

（三）其他主板上市公司，应在披露2014年公司年报的同时，披露董事会对公司内部控制的自我评价报告以及注册会计师出具的财务报告内部控制审计报告。

（四）特殊情况：一是主板上市公司因进行破产重整、借壳上市或重大资产重组，无法按照规定时间建立健全内控体系的，原则上应在相关交易完成后的下一个会计年度年报披露的同时，披露内部控制自我评价报告和审计报告，且不早于参照上述（一）至（三）原则确定的披露时间；二是新上市的主板上市公司应于上市当年开始建设内控体系，并在上市的下一年度年报披露的同时，披露内部控制自我评价报告和审计报告，且不早于参照上述（一）至（三）原则确定的披露时间。

在上述规定时间范围内，鼓励公司在自愿的基础上提前执行企业内部控制规范体系的披露要求。

财政部办公厅　证监会办公厅

2012年8月14日

4.2.19

上市公司监管指引第2号——上市公司募集资金管理和使用的监管要求

（2012年12月19日 证监会公告〔2012〕44号）

为了加强对上市公司募集资金的监管，提高募集资金使用效益，根据《证券法》以及《上市公司证券发行管理办法》、《首次公开发行股票并上市管理办法》、《首次公开发行股票并在创业板上市管理暂行办法》等规定，现明确监管要求如下：

一、上市公司董事会应当对募集资金投资项目的可行性进行充分论证，确信投资项目具有较好的市场前景和盈利能力，有效防范投资风险，提高募集资金使用效益。

二、上市公司的董事、监事和高级管理人员应当勤勉尽责，督促上市公司规范使用募集资金，自觉维护上市公司募集资金安全，不得参与、协助或纵容上市公司擅自或变相改变募集资金用途。

三、上市公司应当建立并完善募集资金存储、使用、变更、监督和责任追究的内部控制制度，明确募集资金使用的分级审批权限、决策程序、风险控制措施及信息披露要求。

四、上市公司应当将募集资金存放于经董事会批准设立的专项账户集中管理和使用，并在募集资金到位后一个月内与保荐机构、存放募集资金的商业银行签订三方监管协议。募集资金专项账户不得存放非募集资金或用作其他用途。

五、上市公司募集资金应当按照招股说明书或募集说明书所列用途使用。上市公司改变招股说明书或募集说明书所列资金用途的，必须经股东大会作出决议。

六、上市公司募集资金原则上应当用于主营业务。除金融类企业外，募集资金投资项目不得为持有交易性金融资产和可供出售的金融资产、借予他人、委托理财等财务性投资，不得直接或间接投资于以买卖有价证券为主要业务的公司。

七、暂时闲置的募集资金可进行现金管理，其投资的产品须符合以下条件：

（一）安全性高，满足保本要求，产品发行主体能够提供保本承诺；

（二）流动性好，不得影响募集资金投资计划正常进行。

投资产品不得质押，产品专用结算账户（如适用）不得存放非募集资金或用作其他用途，开立或注销产品专用结算账户的，上市公司应当及时报交易所备案并公告。

使用闲置募集资金投资产品的，应当经上市公司董事会审议通过，独立董事、监事会、保荐机构发表明确同意意见。上市公司应当在董事会会议后2个交易日内公告下列内容：

（一）本次募集资金的基本情况，包括募集时间、募集资金金额、募集资金净额及投资计划等；

（二）募集资金使用情况；

（三）闲置募集资金投资产品的额度及期限，是否存在变相改变募集资金用途的行为和保证不影响募集资金项目正常进行的措施；

（四）投资产品的收益分配方式、投资范围及安全性；

（五）独立董事、监事会、保荐机构出具的意见。

八、暂时闲置的募集资金可暂时用于补充流动资金。暂时补充流动资金，仅限于与主营业务相关的生产经营使用，不得通过直接或间接安排用于新股配售、申购，或用于股票及其衍生品种、可转换公司债券等的交易。

闲置募集资金暂时用于补充流动资金的，应当经上市公司董事会审议通过，独立董事、监事会、保荐机构发表明确同意意见并披露。单次补充流动资金最长不得超过 12 个月。

九、上市公司实际募集资金净额超过计划募集资金金额的部分（下称超募资金）可用于永久补充流动资金和归还银行借款，每 12 个月内累计金额不得超过超募资金总额的 30%。

超募资金用于永久补充流动资金和归还银行借款的，应当经上市公司股东大会审议批准，并提供网络投票表决方式，独立董事、保荐机构应当发表明确同意意见并披露。上市公司应当承诺在补充流动资金后的 12 个月内不进行高风险投资以及为他人提供财务资助并披露。

十、上市公司以自筹资金预先投入募集资金投资项目的，可以在募集资金到账后 6 个月内，以募集资金置换自筹资金。置换事项应当经董事会审议通过，会计师事务所出具鉴证报告，并由独立董事、监事会、保荐机构发表明确同意意见并披露。

十一、上市公司应当真实、准确、完整地披露募集资金的实际使用情况。董事会应当每半年度全面核查募集资金投资项目的进展情况，出具《公司募集资金存放与实际使用情况的专项报告》并披露。年度审计时，上市公司应聘请会计师事务所对募集资金存放与使用情况出具鉴证报告。

募集资金投资项目实际投资进度与投资计划存在差异的，上市公司应当解释具体原因。当期存在使用闲置募集资金投资产品情况的，上市公司应当披露本报告期的收益情况以及期末的投资份额、签约方、产品名称、期限等信息。

十二、独立董事应当关注募集资金实际使用情况与上市公司信息披露情况是否存在差异。经 1/2 以上独立董事同意，独立董事可以聘请会计师事务所对募集资金存放与使用情况出具鉴证报告，上市公司应当积极配合，并承担必要的费用。

十三、保荐机构应当按照《证券发行上市保荐业务管理办法》的规定，对上市公司募集资金的管理和使用履行保荐职责，做好持续督导工作。保荐机构应当至少每半年度对上市公司募集资金的存放与使用情况进行一次现场核查。每个会计年度结束后，保荐机构应当对上市公司年度募集资金存放与使用情况出具专项核查报告并披露。

十四、本监管指引自公布之日起施行。中国证监会《关于进一步规范上市公司募集资金使用的通知》（证监公司字〔2007〕25 号）同时废止。

4. 2. 20

上市公司监管指引第3号——上市公司现金分红

（2013年11月30日　证监会公告〔2013〕43号）

第一条　为规范上市公司现金分红，增强现金分红透明度，维护投资者合法权益，根据《公司法》、《证券法》、《上市公司信息披露管理办法》和《上市公司证券发行管理办法》等规定，制定本指引。

第二条　上市公司应当牢固树立回报股东的意识，严格依照《公司法》、《证券法》和公司章程的规定，健全现金分红制度，保持现金分红政策的一致性、合理性和稳定性，保证现金分红信息披露的真实性。

第三条　上市公司制定利润分配政策时，应当履行公司章程规定的决策程序。董事会应当就股东回报事宜进行专项研究论证，制定明确、清晰的股东回报规划，并详细说明规划安排的理由等情况。上市公司应当在公司章程中载明以下内容：

（一）公司董事会、股东大会对利润分配尤其是现金分红事项的决策程序和机制，对既定利润分配政策尤其是现金分红政策作出调整的具体条件、决策程序和机制，以及为充分听取独立董事和中小股东意见所采取的措施。

（二）公司的利润分配政策尤其是现金分红政策的具体内容，利润分配的形式，利润分配尤其是现金分红的期间间隔，现金分红的具体条件，发放股票股利的条件，各期现金分红最低金额或比例（如有）等。

第四条　上市公司应当在章程中明确现金分红相对于股票股利在利润分配方式中的优先顺序。

具备现金分红条件的，应当采用现金分红进行利润分配。

采用股票股利进行利润分配的，应当具有公司成长性、每股净资产的摊薄等真实合理因素。

第五条　上市公司董事会应当综合考虑所处行业特点、发展阶段、自身经营模式、盈利水平以及是否有重大资金支出安排等因素，区分下列情形，并按照公司章程规定的程序，提出差异化的现金分红政策：

（一）公司发展阶段属成熟期且无重大资金支出安排的，进行利润分配时，现金分红在本次利润分配中所占比例最低应达到80%；

（二）公司发展阶段属成熟期且有重大资金支出安排的，进行利润分配时，现金分红在本次利润分配中所占比例最低应达到40%；

（三）公司发展阶段属成长期且有重大资金支出安排的，进行利润分配时，现金分红在本次利润分配中所占比例最低应达到20%；

公司发展阶段不易区分但有重大资金支出安排的，可以按照前项规定处理。

第六条 上市公司在制定现金分红具体方案时，董事会应当认真研究和论证公司现金分红的时机、条件和最低比例、调整的条件及其决策程序要求等事宜，独立董事应当发表明确意见。

独立董事可以征集中小股东的意见，提出分红提案，并直接提交董事会审议。

股东大会对现金分红具体方案进行审议前，上市公司应当通过多种渠道主动与股东特别是中小股东进行沟通和交流，充分听取中小股东的意见和诉求，及时答复中小股东关心的问题。

第七条 上市公司应当严格执行公司章程确定的现金分红政策以及股东大会审议批准的现金分红具体方案。确有必要对公司章程确定的现金分红政策进行调整或者变更的，应当满足公司章程规定的条件，经过详细论证后，履行相应的决策程序，并经出席股东大会的股东所持表决权的2/3以上通过。

第八条 上市公司应当在年度报告中详细披露现金分红政策的制定及执行情况，并对下列事项进行专项说明：

（一）是否符合公司章程的规定或者股东大会决议的要求；

（二）分红标准和比例是否明确和清晰；

（三）相关的决策程序和机制是否完备；

（四）独立董事是否履职尽责并发挥了应有的作用；

（五）中小股东是否有充分表达意见和诉求的机会，中小股东的合法权益是否得到了充分保护等。

对现金分红政策进行调整或变更的，还应对调整或变更的条件及程序是否合规和透明等进行详细说明。

第九条 拟发行证券、借壳上市、重大资产重组、合并分立或者因收购导致上市公司控制权发生变更的，应当在募集说明书或发行预案、重大资产重组报告书、权益变动报告书或者收购报告书中详细披露募集或发行、重组或者控制权发生变更后上市公司的现金分红政策及相应的安排、董事会对上述情况的说明等信息。

第十条 上市公司可以依法发行优先股、回购股份。

支持上市公司在其股价低于每股净资产的情形下（亏损公司除外）回购股份。

第十一条 上市公司应当采取有效措施鼓励广大中小投资者以及机构投资者主动参与上市公司利润分配事项的决策。充分发挥中介机构的专业引导作用。

第十二条 证券监管机构在日常监管工作中，应当对下列情形予以重点关注：

（一）公司章程中没有明确、清晰的股东回报规划或者具体的现金分红政策的，重点关注其中的具体原因，相关决策程序是否合法合规，董事、监事、高级管理人员是否勤勉尽责，独立董事是否出具了明确意见等；

（二）公司章程规定不进行现金分红的，重点关注该等规定是否符合公司的实际情况，是否进行了充分的自我评价，独立董事是否出具了明确意见等；

（三）公司章程规定了现金分红政策，但无法按照既定现金分红政策确定当年利润分配方案的，重点关注公司是否按照要求在年度报告中披露了具体原因，相关原因与实际情况是否相符合，独立董事是否出具了明确意见等；

（四）上市公司在年度报告期内有能力分红但不分红尤其是连续多年不分红或者分红水平较低的，重点关注其有关审议通过年度报告的董事会公告中是否详细披露了未进行现金分红或现金分红水平较低的原因，相关原因与实际情况是否相符合，持续关注留存未分配利润的确切用途以及收益情况，独立董事是否对未进行现金分红或现金分红水平较低的合理性发表独立意见，是否按照规定为中小股东参与决策提供了便利等；

（五）上市公司存在大比例现金分红等情形的，重点关注相关决策程序是否合法合规，董事、监事及高级管理人员是否勤勉尽责，独立董事是否出具了明确意见，是否按照规定为中小股东参与决策提供了便利，是否存在明显不合理或相关股东滥用股东权利不当干预公司决策等情形。

第十三条　上市公司有下列情形的，证券监管机构应采取相应的监管措施：

（一）未按规定制定明确的股东回报规划；

（二）未针对现金分红等利润分配政策制定并履行必要的决策程序；

（三）未在定期报告或其他报告中详细披露现金分红政策的制定及执行情况；

（四）章程有明确规定但未按照规定分红；

（五）现金分红监管中发现的其他违法违规情形。

上市公司在有关利润分配政策的陈述或者说明中有虚假或重大遗漏的，证券监管机构应当采取相应的监管措施；依法应当行政处罚的，依照《证券法》第一百九十三条予以处罚。

第十四条　证券监管机构应当将现金分红监管中的监管措施实施情况按照规定记入上市公司诚信档案。上市公司涉及再融资、资产重组事项时，其诚信状况应当在审核中予以重点关注。

第十五条　本指引由中国证券监督管理委员会负责解释。

第十六条　本指引自公布之日起施行。

4.2.21

上市公司监管指引第4号——上市公司实际控制人、股东、关联方、收购人以及上市公司承诺及履行

（2013年12月27日　证监会公告〔2013〕55号）

为了加强对上市公司实际控制人、股东、关联方、收购人以及上市公司的承诺及履行承诺行为的监管，切实保护中小投资者合法权益，根据《公司法》、《证券法》、《上市公司收购管理办法》、《上市公司重大资产重组管理办法》、《证券期货市场诚信监督管理暂行办法》等有关法律和规定，现就上市公司实际控制人、股东、关联方、收购人以及上市公司承诺及履行承诺行为制定本指引，有关监管要求如下：

一、上市公司实际控制人、股东、关联方、收购人以及上市公司（以下简称承诺相关方）在首次公开发行股票、再融资、股改、并购重组以及公司治理专项活动等过程中作出的解决同业竞争、资产注入、股权激励、解决产权瑕疵等各项承诺事项，必须有明确的履约时限，不得使用“尽快”、“时机成熟时”等模糊性词语，承诺履行涉及行业政策限制的，应当在政策允许的基础上明确履约时限。

上市公司应对承诺事项的具体内容、履约方式及时间、履约能力分析、履约风险及对策、不能履约时的制约措施等方面进行充分的信息披露。

二、承诺相关方在作出承诺前应分析论证承诺事项的可实现性并公开披露相关内容，不得承诺根据当时情况判断明显不可能实现的事项。

承诺事项需要主管部门审批的，承诺相关方应明确披露需要取得的审批，并明确如无法取得审批的补救措施。

三、承诺相关方已作出的尚未履行完毕的承诺不符合本指引第一、二条规定的，应当在本指引发布之日起6个月内重新规范承诺事项并予以披露。

如相关承诺确已无法履行或履行承诺将不利于维护上市公司权益，承诺相关方无法按照前述规定对已有承诺作出规范的，可将变更承诺或豁免履行承诺事项提请股东大会审议，上市公司应向股东提供网络投票方式，承诺相关方及关联方应回避表决。

超过期限未重新规范承诺事项或未通过股东大会审议的，视同超期未履行承诺。

四、收购人收购上市公司成为新的实际控制人时，如原实际控制人承诺的相关事项未履行完毕，相关承诺义务应予以履行或由收购人予以承接，相关事项应在收购报告书中明确披露。

五、因相关法律法规、政策变化、自然灾害等自身无法控制的客观原因导致承诺无法履行或无法按期履行的，承诺相关方应及时披露相关信息。

除因相关法律法规、政策变化、自然灾害等自身无法控制的客观原因外，承诺确已无法履行或者履行承诺不利于维护上市公司权益的，承诺相关方应充分披露原因，并向上市公司或其他投资者提出用新承诺替代原有承诺或者提出豁免履行承诺义务。上述变更方案应提交股东大会审议，上市公司应向股东提供网络投票方式，承诺相关方及关联方应回避表决。独立董事、监事会应就承诺相关方提出的变更方案是否合法合规、是否有利于保护上市公司或其他投资者的利益发表意见。变更方案未经股东大会审议通过且承诺到期的，视同超期未履行承诺。

六、除因相关法律法规、政策变化、自然灾害等承诺相关方自身无法控制的客观原因外，超期未履行承诺或违反承诺的，我会依据《证券期货市场诚信监督管理暂行办法》将相关情况记入诚信档案，并对承诺相关方采取监管谈话、责令公开说明、责令改正、出具警示函、将承诺相关方主要决策者认定为不适当担任上市公司董事、监事、高管人选等监管措施。

在承诺履行完毕或替代方案经股东大会批准前，我会将依据《证券期货市场诚信监督管理暂行办法》及相关法规的规定，对承诺相关方提交的行政许可申请，以及其作为上市公司交易对手方的行政许可申请（例如上市公司向其购买资产、募集资金等）审慎审核或作出不予许可的决定。

七、有证据表明承诺相关方在作出承诺时已知承诺不可履行的，我会将对承诺相关方依据《证券法》等有关规定予以处理。相关问题查实后，在对责任人作出处理前及按本指引进行整改前，依据《证券法》、《上市公司收购管理办法》的有关规定，限制承诺相关方对其持有或者实际支配的股份行使表决权。

八、承诺相关方所作出的承诺应符合本指引的规定，相关承诺事项应由上市公司进行信息披露，上市公司如发现承诺相关方作出的承诺事项不符合本指引的要求，应及时披露相关信息并向投资者作出风险提示。

上市公司应在定期报告中披露报告期内发生或正在履行中的承诺事项及进展情况。

4.2.22

上市公司股东、董监高减持股份的若干规定

（2017年5月26日　证监会公告〔2017〕9号）

第一条　为了规范上市公司股东及董事、监事、高级管理人员（以下简称董监高）减持股份行为，促进证券市场长期稳定健康发展，根据《公司法》《证券法》的有关规定，制定本规定。

第二条　上市公司控股股东和持股5%以上股东（以下统称大股东）、董监高减持股份，以及股东减持其持有的公司首次公开发行前发行的股份、上市公司非公开发行的股份，适用本规定。

大股东减持其通过证券交易所集中竞价交易买入的上市公司股份，不适用本规定。

第三条　上市公司股东、董监高应当遵守《公司法》《证券法》和有关法律、法规，中国证监会规章、规范性文件，以及证券交易所规则中关于股份转让的限制性规定。

上市公司股东、董监高曾就限制股份转让作出承诺的，应当严格遵守。

第四条　上市公司股东、董监高可以通过证券交易所的证券交易卖出，也可以通过协议转让及法律、法规允许的其他方式减持股份。

因司法强制执行、执行股权质押协议、赠与、可交换债换股、股票权益互换等减持股份的，应当按照本规定办理。

第五条　上市公司股东、董监高减持股份，应当按照法律、法规和本规定，以及证券交易所规则，真实、准确、完整、及时履行信息披露义务。

第六条　具有下列情形之一的，上市公司大股东不得减持股份：

（一）上市公司或者大股东因涉嫌证券期货违法犯罪，在被中国证监会立案调查或者被司法机关立案侦查期间，以及在行政处罚决定、刑事判决作出之后未满6个月的。

（二）大股东因违反证券交易所规则，被证券交易所公开谴责未满3个月的。

（三）中国证监会规定的其他情形。

第七条　具有下列情形之一的，上市公司董监高不得减持股份：

（一）董监高因涉嫌证券期货违法犯罪，在被中国证监会立案调查或者被司法机关立案侦查期间，以及在行政处罚决定、刑事判决作出之后未满6个月的。

（二）董监高因违反证券交易所规则，被证券交易所公开谴责未满3个月的。

（三）中国证监会规定的其他情形。

第八条　上市公司大股东、董监高计划通过证券交易所集中竞价交易减持股份，应当

在首次卖出的 15 个交易日前向证券交易所报告并预先披露减持计划，由证券交易所予以备案。

上市公司大股东、董监高减持计划的内容应当包括但不限于：拟减持股份的数量、来源、减持时间区间、方式、价格区间、减持原因。减持时间区间应当符合证券交易所的规定。

在预先披露的减持时间区间内，大股东、董监高应当按照证券交易所的规定披露减持进展情况。减持计划实施完毕后，大股东、董监高应当在两个交易日内向证券交易所报告，并予公告；在预先披露的减持时间区间内，未实施减持或者减持计划未实施完毕的，应当在减持时间区间届满后的两个交易日内向证券交易所报告，并予公告。

第九条 上市公司大股东在 3 个月内通过证券交易所集中竞价交易减持股份的总数，不得超过公司股份总数的 1%。

股东通过证券交易所集中竞价交易减持其持有的公司首次公开发行前发行的股份、上市公司非公开发行的股份，应当符合前款规定的比例限制。

股东持有上市公司非公开发行的股份，在股份限售期届满后 12 个月内通过集中竞价交易减持的数量，还应当符合证券交易所规定的比例限制。

适用前三款规定时，上市公司大股东与其一致行动人所持有的股份应当合并计算。

第十条 通过协议转让方式减持股份并导致股份出让方不再具有上市公司大股东身份的，股份出让方、受让方应当在减持后 6 个月内继续遵守本规定第八条、第九条第一款的规定。

股东通过协议转让方式减持其持有的公司首次公开发行前发行的股份、上市公司非公开发行的股份，股份出让方、受让方应当在减持后 6 个月内继续遵守本规定第九条第二款的规定。

第十一条 上市公司大股东通过大宗交易方式减持股份，或者股东通过大宗交易方式减持其持有的公司首次公开发行前发行的股份、上市公司非公开发行的股份，股份出让方、受让方应当遵守证券交易所关于减持数量、持有时间等规定。

适用前款规定时，上市公司大股东与其一致行动人所持有的股份应当合并计算。

第十二条 上市公司大股东的股权被质押的，该股东应当在该事实发生之日起 2 日内通知上市公司，并予公告。

中国证券登记结算公司应当统一制定上市公司大股东场内场外股权质押登记要素标准，并负责采集相关信息。证券交易所应当明确上市公司大股东办理股权质押登记、发生平仓风险、解除股权质押等信息披露内容。

因执行股权质押协议导致上市公司大股东股份被出售的，应当执行本规定。

第十三条 上市公司股东、董监高未按照本规定和证券交易所规则减持股份的，证券交易所应当视情节采取书面警示等监管措施和通报批评、公开谴责等纪律处分措施；情节严重的，证券交易所应当通过限制交易的处置措施禁止相关证券账户 6 个月内或 12 个月内减持股份。

证券交易所为防止市场发生重大波动，影响市场交易秩序或者损害投资者利益，防范市场风险，有序引导减持，可以根据市场情况，依照法律和交易规则，对构成异常交易的行为采取限制交易等措施。

第十四条 上市公司股东、董监高未按照本规定和证券交易所规则减持股份的，中国证监会依照有关规定采取责令改正等监管措施。

第十五条 上市公司股东、董监高未按照本规定和证券交易所规则披露信息，或者所披露的信息存在虚假记载、误导性陈述或者重大遗漏的，中国证监会依照《证券法》第一百九十三条的规定给予行政处罚。

第十六条 上市公司股东、董监高减持股份超过法律、法规、中国证监会规章和规范性文件、证券交易所规则设定的比例的，依法予以查处。

第十七条 上市公司股东、董监高未按照本规定和证券交易所规则减持股份，构成欺诈、内幕交易和操纵市场的，依法予以查处。

第十八条 上市公司股东、董监高违反本规定和证券交易所规则减持股份，情节严重的，中国证监会可以依法采取证券市场禁入措施。

第十九条 本规定自公布之日起施行。《上市公司大股东、董监高减持股份的若干规定》（证监会公告〔2016〕1 号）同时废止。

4.2.23

上市公司创业投资基金股东减持股份的特别规定

（2018 年 3 月 1 日 证监会公告〔2018〕4 号）

第一条 为了贯彻落实《国务院关于促进创业投资持续健康发展的若干意见》要求，对专注于长期投资和价值投资的创业投资基金减持其持有的上市公司首次公开发行前的股份给予政策支持，依据《公司法》《证券法》等法律法规和中国证券监督管理委员会的规定，制定本规定。

第二条 在中国证券投资基金业协会（以下简称“基金业协会”）备案的创业投资基金，符合下列条件的，适用本规定：

（一）投资范围限于未上市企业，但是所投资企业上市后所持股份的未转让部分及通过上市公司分派或者配售新股取得的部分除外；

（二）投资方式限于股权投资或者依法可转换为股权的权益投资；

（三）对外投资金额中，对早期中小企业和高新技术企业的合计投资金额占比 50% 以上；

（四）中国证监会规定的其他情形。

本规定发布前已在基金业协会备案但不符合前款规定的创业投资基金，符合下列条件的，适用本规定：

（一）本规定发布前的对外投资金额中，对未上市企业进行股权或者可转换为股权的投资金额占比 50% 以上；

（二）本规定发布后的对外投资金额中，对早期中小企业和高新技术企业的合计投资金额占比 50% 以上，且投资范围和投资方式符合前款第（一）项和第（二）项的规定。

本规定发布前已在基金业协会备案的私募证券投资基金、私募股权投资基金或者其他投资基金符合第二款规定条件的，可以在变更备案为创业投资基金后适用本规定。

第三条 符合本规定条件的创业投资基金，在所投资早期中小企业或者高新技术企业上市后，通过证券交易所集中竞价交易减持其持有的公司首次公开发行前发行的股份，适用下列比例限制：

（一）截至发行申请材料受理日，投资期限不满 36 个月的，在 3 个月内减持股份的总数不得超过公司股份总数的 1%；

（二）截至发行申请材料受理日，投资期限在36个月以上但不满48个月的，在2个月内减持股份的总数不得超过公司股份总数的1%；

（三）截至发行申请材料受理日，投资期限在48个月以上的，在1个月内减持股份的总数不得超过公司股份总数的1%。

投资期限自创业投资基金投资该首次公开发行企业金额累计达到300万元之日或者投资金额累计达到投资该首次公开发行企业总投资额50%之日开始计算。

第四条 符合条件的创业投资基金通过大宗交易方式减持其持有的公司首次公开发行前发行的股份，股份出让方、受让方应当遵守证券交易所关于减持数量、持有时间等规定。

第五条 本规定所称早期中小企业，是指创业投资基金首次投资该企业时，该企业符合下列条件：

（一）成立不满60个月；

（二）经企业所在地县级以上劳动和社会保障部门或社会保险基金管理单位核定，职工人数不超过500人；

（三）根据会计事务所审计的年度合并会计报表，年销售额不超过2亿元、资产总额不超过2亿元。

本规定所称高新技术企业是指截至发行申请材料受理日，该企业依据《高新技术企业认定管理办法》（国科发火〔2016〕32号）已取得高新技术企业证书。

第六条 本规定未规定的上市公司股东减持股份事项，适用《上市公司股东、董监高减持股份的若干规定》（证监会公告〔2017〕9号）及其他有关规定。

第七条 本规定自2018年6月2日起施行。

4.2.24

关于支持上市公司回购股份的意见

（2018年11月9日　证监会公告〔2018〕35号）

为进一步提高上市公司质量，优化投资者回报机制，建立健全长效激励机制，促进资本市场长期稳定健康发展，证监会、财政部、国资委根据《公司法》《证券法》等法律法规的有关规定，就上市公司回购股份提出意见如下：

一、上市公司股份回购是国际通行的公司实施并购重组、优化治理结构、稳定股价的必要手段，已是资本市场的一项基础性制度安排。上市公司要切实增强投资者回报意识，充分有效运用法律规定的股份回购方式，积极回报投资者。鼓励上市公司在章程或其他治理文件中完善股份回购机制，明确股份回购的触发条件、回购流程等具体安排。上市公司以现金为对价，采用要约方式、集中竞价方式回购股份的，视同上市公司现金分红，纳入现金分红的相关比例计算。

二、上市公司股价低于其每股净资产的，董事会应当及时了解是否存在对股价可能产生较大影响的重大事件和其他因素，通过多种渠道主动与股东特别是中小股东进行沟通和交流，充分听取股东关于公司是否应实施股份回购等措施的意见和诉求。

三、上市公司股价低于其每股净资产，或者20个交易日内股价跌幅累计达到30%的，可以为维护公司价值及股东权益进行股份回购；上市公司因该情形实施股份回购并减少注册资本的，不适用《上市公司回购社会公众股份管理办法（试行）》第八条关于股票上市已满一年的要求和《关于上市公司以集中竞价交易方式回购股份的补充规定》第九条关于特定期间内不得回购股份的条件限制。

四、鼓励上市公司依法回购股份用于股权激励及员工持股计划。

上市金融企业可以在合理确定回购实施价格、切实防范利益输送的基础上，依法回购股份用于实施股权激励或者员工持股计划，并按有关规定做好管理。

上市证券公司实施员工持股计划的，应当依法通过资产管理计划、信托计划等形式进行。

五、继续支持上市公司通过发行优先股、债券等多种方式，为回购本公司股份筹集资金。支持实施股份回购的上市公司依法以简便快捷方式进行再融资。鼓励上市公司的控股股东、实际控制人结合自身状况，积极增持上市公司股份，推动上市公司回购公司股份，并在资金方面提供支持。

上市公司实施股份回购后申请再融资，融资规模不超过最近十二个月股份回购总金额

10倍的，本次再融资发行股票的董事会决议日距前次募集资金到位日不受融资间隔期的限制，审核中对此类再融资申请给予优先支持。

股东大会授权董事会实施股份回购的，可以依法一并授权董事会实施再融资。上市公司实施股份回购的，可以同时申请发行可转换公司债券，募集时间由上市公司按照有关规定予以确定。

六、上市公司的国有股东要做积极的、负责任的股东，支持所控股上市公司完善股份回购机制、依法实施股份回购，并通过多种方式促进上市公司提高发展质量和效益，实现做强做优，努力做维护证券市场健康稳定发展的表率。

4.3 信息披露

4.3.1

上市公司信息披露管理办法

（2007年1月30日　证监会令第40号）

第一章　总　　则

第一条　为了规范发行人、上市公司及其他信息披露义务人的信息披露行为，加强信息披露事务管理，保护投资者合法权益，根据《公司法》、《证券法》等法律、行政法规，制定本办法。

第二条　信息披露义务人应当真实、准确、完整、及时地披露信息，不得有虚假记载、误导性陈述或者重大遗漏。

信息披露义务人应当同时向所有投资者公开披露信息。

在境内、外市场发行证券及其衍生品种并上市的公司在境外市场披露的信息，应当同时在境内市场披露。

第三条　发行人、上市公司的董事、监事、高级管理人员应当忠实、勤勉地履行职责，保证披露信息的真实、准确、完整、及时、公平。

第四条　在内幕信息依法披露前，任何知情人不得公开或者泄露该信息，不得利用该信息进行内幕交易。

第五条　信息披露文件主要包括招股说明书、募集说明书、上市公告书、定期报告和临时报告等。

第六条　上市公司及其他信息披露义务人依法披露信息，应当将公告文稿和相关备查文件报送证券交易所登记，并在中国证券监督管理委员会（以下简称中国证监会）指定的媒体发布。

信息披露义务人在公司网站及其他媒体发布信息的时间不得先于指定媒体，不得以新闻发布或者答记者问等任何形式代替应当履行的报告、公告义务，不得以定期报告形式代替应当履行的临时报告义务。

第七条　信息披露义务人应当将信息披露公告文稿和相关备查文件报送上市公司注册

地证监局，并置备于公司住所供社会公众查阅。

第八条 信息披露文件应当采用中文文本。同时采用外文文本的，信息披露义务人应当保证两种文本的内容一致。两种文本发生歧义时，以中文文本为准。

第九条 中国证监会依法对信息披露文件及公告的情况、信息披露事务管理活动进行监督，对上市公司控股股东、实际控制人和信息披露义务人的行为进行监督。

证券交易所应当对上市公司及其他信息披露义务人披露信息进行监督，督促其依法及时、准确地披露信息，对证券及其衍生品种交易实行实时监控。证券交易所制订的上市规则和其他信息披露规则应当报中国证监会批准。

第十条 中国证监会可以对金融、房地产等特殊行业上市公司的信息披露作出特别规定。

第二章 招股说明书、募集说明书与上市公告书

第十一条 发行人编制招股说明书应当符合中国证监会的相关规定。凡是对投资者作出投资决策有重大影响的信息，均应当在招股说明书中披露。

公开发行证券的申请经中国证监会核准后，发行人应当在证券发行前公告招股说明书。

第十二条 发行人的董事、监事、高级管理人员，应当对招股说明书签署书面确认意见，保证所披露的信息真实、准确、完整。

招股说明书应当加盖发行人公章。

第十三条 发行人申请首次公开发行股票的，中国证监会受理申请文件后，发行审核委员会审核前，发行人应当将招股说明书申报稿在中国证监会网站预先披露。

预先披露的招股说明书申报稿不是发行人发行股票的正式文件，不能含有价格信息，发行人不得据此发行股票。

第十四条 证券发行申请经中国证监会核准后至发行结束前，发生重要事项的，发行人应当向中国证监会书面说明，并经中国证监会同意后，修改招股说明书或者作相应的补充公告。

第十五条 申请证券上市交易，应当按照证券交易所的规定编制上市公告书，并经证券交易所审核同意后公告。

发行人的董事、监事、高级管理人员，应当对上市公告书签署书面确认意见，保证所披露的信息真实、准确、完整。

上市公告书应当加盖发行人公章。

第十六条 招股说明书、上市公告书引用保荐人、证券服务机构的专业意见或者报告的，相关内容应当与保荐人、证券服务机构出具的文件内容一致，确保引用保荐人、证券服务机构的意见不会产生误导。

第十七条 本办法第十一条至第十六条有关招股说明书的规定，适用于公司债券募集说明书。

第十八条　上市公司在非公开发行新股后，应当依法披露发行情况报告书。

第三章　定期报告

第十九条　上市公司应当披露的定期报告包括年度报告、中期报告和季度报告。凡是对投资者作出投资决策有重大影响的信息，均应当披露。

年度报告中的财务会计报告应当经具有证券、期货相关业务资格的会计师事务所审计。

第二十条　年度报告应当在每个会计年度结束之日起 4 个月内，中期报告应当在每个会计年度的上半年结束之日起 2 个月内，季度报告应当在每个会计年度第 3 个月、第 9 个月结束后的 1 个月内编制完成并披露。

第一季度季度报告的披露时间不得早于上一年度年度报告的披露时间。

第二十一条　年度报告应当记载以下内容：

（一）公司基本情况；

（二）主要会计数据和财务指标；

（三）公司股票、债券发行及变动情况，报告期末股票、债券总额、股东总数，公司前 10 大股东持股情况；

（四）持股 5% 以上股东、控股股东及实际控制人情况；

（五）董事、监事、高级管理人员的任职情况、持股变动情况、年度报酬情况；

（六）董事会报告；

（七）管理层讨论与分析；

（八）报告期内重大事件及对公司的影响；

（九）财务会计报告和审计报告全文；

（十）中国证监会规定的其他事项。

第二十二条　中期报告应当记载以下内容：

（一）公司基本情况；

（二）主要会计数据和财务指标；

（三）公司股票、债券发行及变动情况、股东总数、公司前 10 大股东持股情况，控股股东及实际控制人发生变化的情况；

（四）管理层讨论与分析；

（五）报告期内重大诉讼、仲裁等重大事件及对公司的影响；

（六）财务会计报告；

（七）中国证监会规定的其他事项。

第二十三条　季度报告应当记载以下内容：

（一）公司基本情况；

（二）主要会计数据和财务指标；

（三）中国证监会规定的其他事项。

第二十四条 公司董事、高级管理人员应当对定期报告签署书面确认意见，监事会应当提出书面审核意见，说明董事会的编制和审核程序是否符合法律、行政法规和中国证监会的规定，报告的内容是否能够真实、准确、完整地反映上市公司的实际情况。

董事、监事、高级管理人员对定期报告内容的真实性、准确性、完整性无法保证或者存在异议的，应当陈述理由和发表意见，并予以披露。

第二十五条 上市公司预计经营业绩发生亏损或者发生大幅变动的，应当及时进行业绩预告。

第二十六条 定期报告披露前出现业绩泄露，或者出现业绩传闻且公司证券及其衍生品种交易出现异常波动的，上市公司应当及时披露本报告期相关财务数据。

第二十七条 定期报告中财务会计报告被出具非标准审计报告的，上市公司董事会应当针对该审计意见涉及事项作出专项说明。

定期报告中财务会计报告被出具非标准审计意见，证券交易所认为涉嫌违法的，应当提请中国证监会立案调查。

第二十八条 上市公司未在规定期限内披露年度报告和中期报告的，中国证监会应当立即立案稽查，证券交易所应当按照股票上市规则予以处理。

第二十九条 年度报告、中期报告和季度报告的格式及编制规则，由中国证监会另行制定。

第四章 临 时 报 告

第三十条 发生可能对上市公司证券及其衍生品种交易价格产生较大影响的重大事件，投资者尚未得知时，上市公司应当立即披露，说明事件的起因、目前的状态和可能产生的影响。

前款所称重大事件包括：

（一）公司的经营方针和经营范围的重大变化；

（二）公司的重大投资行为和重大的购置财产的决定；

（三）公司订立重要合同，可能对公司的资产、负债、权益和经营成果产生重要影响；

（四）公司发生重大债务和未能清偿到期重大债务的违约情况，或者发生大额赔偿责任；

（五）公司发生重大亏损或者重大损失；

（六）公司生产经营的外部条件发生的重大变化；

（七）公司的董事、1/3 以上监事或者经理发生变动；董事长或者经理无法履行职责；

（八）持有公司 5% 以上股份的股东或者实际控制人，其持有股份或者控制公司的情况发生较大变化；

（九）公司减资、合并、分立、解散及申请破产的决定，或者依法进入破产程序、被责令关闭；

（十）涉及公司的重大诉讼、仲裁，股东大会、董事会决议被依法撤销或者宣告无效；

（十一）公司涉嫌违法违规被有权机关调查，或者受到刑事处罚、重大行政处罚，公司董事、监事、高级管理人员涉嫌违法违纪被有权机关调查或者采取强制措施；

（十二）新公布的法律、法规、规章、行业政策可能对公司产生重大影响；

（十三）董事会就发行新股或者其他再融资方案、股权激励方案形成相关决议；

（十四）法院裁决禁止控股股东转让其所持股份，任一股东所持公司5%以上股份被质押、冻结、司法拍卖、托管、设定信托或者被依法限制表决权；

（十五）主要资产被查封、扣押、冻结或者被抵押、质押；

（十六）主要或者全部业务陷入停顿；

（十七）对外提供重大担保；

（十八）获得大额政府补贴等可能对公司资产、负债、权益或者经营成果产生重大影响的额外收益；

（十九）变更会计政策、会计估计；

（二十）因前期已披露的信息存在差错、未按规定披露或者虚假记载，被有关机关责令改正或者经董事会决定进行更正；

（二十一）中国证监会规定的其他情形。

第三十一条 上市公司应当在最先发生的以下任一时点，及时履行重大事件的信息披露义务：

（一）董事会或者监事会就该重大事件形成决议时；

（二）有关各方就该重大事件签署意向书或者协议时；

（三）董事、监事或者高级管理人员知悉该重大事件发生并报告时。

在前款规定的时点之前出现下列情形之一的，上市公司应当及时披露相关事项的现状、可能影响事件进展的风险因素：

（一）该重大事件难以保密；

（二）该重大事件已经泄露或者市场出现传闻；

（三）公司证券及其衍生品种出现异常交易情况。

第三十二条 上市公司披露重大事件后，已披露的重大事件出现可能对上市公司证券及其衍生品种交易价格产生较大影响的进展或者变化的，应当及时披露进展或者变化情况、可能产生的影响。

第三十三条 上市公司控股子公司发生本办法第三十条规定的重大事件，可能对上市公司证券及其衍生品种交易价格产生较大影响的，上市公司应当履行信息披露义务。

上市公司参股公司发生可能对上市公司证券及其衍生品种交易价格产生较大影响的事件的，上市公司应当履行信息披露义务。

第三十四条 涉及上市公司的收购、合并、分立、发行股份、回购股份等行为导致上市公司股本总额、股东、实际控制人等发生重大变化的，信息披露义务人应当依法履行报告、公告义务，披露权益变动情况。

第三十五条 上市公司应当关注本公司证券及其衍生品种的异常交易情况及媒体关于本公司的报道。

证券及其衍生品种发生异常交易或者在媒体中出现的消息可能对公司证券及其衍生品种的交易产生重大影响时，上市公司应当及时向相关各方了解真实情况，必要时应当以书面方式问询。

上市公司控股股东、实际控制人及其一致行动人应当及时、准确地告知上市公司是否存在拟发生的股权转让、资产重组或者其他重大事件，并配合上市公司做好信息披露工作。

第三十六条 公司证券及其衍生品种交易被中国证监会或者证券交易所认定为异常交易的，上市公司应当及时了解造成证券及其衍生品种交易异常波动的影响因素，并及时披露。

第五章 信息披露事务管理

第三十七条 上市公司应当制定信息披露事务管理制度。信息披露事务管理制度应当包括：

（一）明确上市公司应当披露的信息，确定披露标准；

（二）未公开信息的传递、审核、披露流程；

（三）信息披露事务管理部门及其负责人在信息披露中的职责；

（四）董事和董事会、监事和监事会、高级管理人员等的报告、审议和披露的职责；

（五）董事、监事、高级管理人员履行职责的记录和保管制度；

（六）未公开信息的保密措施，内幕信息知情人的范围和保密责任；

（七）财务管理和会计核算的内部控制及监督机制；

（八）对外发布信息的申请、审核、发布流程；与投资者、证券服务机构、媒体等的信息沟通与制度；

（九）信息披露相关文件、资料的档案管理；

（十）涉及子公司的信息披露事务管理和报告制度；

（十一）未按规定披露信息的责任追究机制，对违反规定人员的处理措施。

上市公司信息披露事务管理制度应当经公司董事会审议通过，报注册地证监局和证券交易所备案。

第三十八条 上市公司董事、监事、高级管理人员应当勤勉尽责，关注信息披露文件的编制情况，保证定期报告、临时报告在规定期限内披露，配合上市公司及其他信息披露义务人履行信息披露义务。

第三十九条 上市公司应当制定定期报告的编制、审议、披露程序。经理、财务负责人、董事会秘书等高级管理人员应当及时编制定期报告草案，提请董事会审议；董事会秘书负责送达董事审阅；董事长负责召集和主持董事会会议审议定期报告；监事会负责审核董事会编制的定期报告；董事会秘书负责组织定期报告的披露工作。

第四十条 上市公司应当制定重大事件的报告、传递、审核、披露程序。董事、监事、高级管理人员知悉重大事件发生时，应当按照公司规定立即履行报告义务；董事长在接到报告后，应当立即向董事会报告，并敦促董事会秘书组织临时报告的披露工作。

第四十一条 上市公司通过业绩说明会、分析师会议、路演、接受投资者调研等形式就公司的经营情况、财务状况及其他事件与任何机构和个人进行沟通的，不得提供内幕信息。

第四十二条 董事应当了解并持续关注公司生产经营情况、财务状况和公司已经发生的或者可能发生的重大事件及其影响，主动调查、获取决策所需要的资料。

第四十三条 监事应当对公司董事、高级管理人员履行信息披露职责的行为进行监督；关注公司信息披露情况，发现信息披露存在违法违规问题的，应当进行调查并提出处理建议。

监事会对定期报告出具的书面审核意见，应当说明编制和审核的程序是否符合法律、行政法规、中国证监会的规定，报告的内容是否能够真实、准确、完整地反映上市公司的实际情况。

第四十四条 高级管理人员应当及时向董事会报告有关公司经营或者财务方面出现的重大事件、已披露的事件的进展或者变化情况及其他相关信息。

第四十五条 董事会秘书负责组织和协调公司信息披露事务，汇集上市公司应予披露的信息并报告董事会，持续关注媒体对公司的报道并主动求证报道的真实情况。董事会秘书有权参加股东大会、董事会会议、监事会会议和高级管理人员相关会议，有权了解公司的财务和经营情况，查阅涉及信息披露事宜的所有文件。

董事会秘书负责办理上市公司信息对外公布等相关事宜。除监事会公告外，上市公司披露的信息应当以董事会公告的形式发布。董事、监事、高级管理人员非经董事会书面授权，不得对外发布上市公司未披露信息。

上市公司应当为董事会秘书履行职责提供便利条件，财务负责人应当配合董事会秘书在财务信息披露方面的相关工作。

第四十六条 上市公司的股东、实际控制人发生以下事件时，应当主动告知上市公司董事会，并配合上市公司履行信息披露义务。

（一）持有公司5%以上股份的股东或者实际控制人，其持有股份或者控制公司的情况发生较大变化；

（二）法院裁决禁止控股股东转让其所持股份，任一股东所持公司5%以上股份被质押、冻结、司法拍卖、托管、设定信托或者被依法限制表决权；

（三）拟对上市公司进行重大资产或者业务重组；

（四）中国证监会规定的其他情形。

应当披露的信息依法披露前，相关信息已在媒体上传播或者公司证券及其衍生品种出现交易异常情况的，股东或者实际控制人应当及时、准确地向上市公司作出书面报告，并配合上市公司及时、准确地公告。

上市公司的股东、实际控制人不得滥用其股东权利、支配地位，不得要求上市公司向其提供内幕信息。

第四十七条 上市公司非公开发行股票时，其控股股东、实际控制人和发行对象应当及时向上市公司提供相关信息，配合上市公司履行信息披露义务。

第四十八条 上市公司董事、监事、高级管理人员、持股5%以上的股东及其一致行动人、实际控制人应当及时向上市公司董事会报送上市公司关联人名单及关联关系的说明。上市公司应当履行关联交易的审议程序，并严格执行关联交易回避表决制度。交易各方不得通过隐瞒关联关系或者采取其他手段，规避上市公司的关联交易审议程序和信息披露义务。

第四十九条 通过接受委托或者信托等方式持有上市公司5%以上股份的股东或者实际控制人，应当及时将委托人情况告知上市公司，配合上市公司履行信息披露义务。

第五十条 信息披露义务人应当向其聘用的保荐人、证券服务机构提供与执业相关的所有资料，并确保资料的真实、准确、完整，不得拒绝、隐匿、谎报。

保荐人、证券服务机构在为信息披露出具专项文件时，发现上市公司及其他信息披露义务人提供的材料有虚假记载、误导性陈述、重大遗漏或者其他重大违法行为的，应当要求其补充、纠正。信息披露义务人不予补充、纠正的，保荐人、证券服务机构应当及时向公司注册地证监局和证券交易所报告。

第五十一条 上市公司解聘会计师事务所的，应当在董事会决议后及时通知会计师事务所，公司股东大会就解聘会计师事务所进行表决时，应当允许会计师事务所陈述意见。股东大会作出解聘、更换会计师事务所决议的，上市公司应当在披露时说明更换的具体原因和会计师事务所的陈述意见。

第五十二条 为信息披露义务人履行信息披露义务出具专项文件的保荐人、证券服务机构，应当勤勉尽责、诚实守信，按照依法制定的业务规则、行业执业规范和道德准则发表专业意见，保证所出具文件的真实性、准确性和完整性。

第五十三条 注册会计师应当秉承风险导向审计理念，严格执行注册会计师执业准则及相关规定，完善鉴证程序，科学选用鉴证方法和技术，充分了解被鉴证单位及其环境，审慎关注重大错报风险，获取充分、适当的证据，合理发表鉴证结论。

第五十四条 资产评估机构应当恪守职业道德，严格遵守评估准则或者其他评估规范，恰当选择评估方法，评估中提出的假设条件应当符合实际情况，对评估对象所涉及交易、收入、支出、投资等业务的合法性、未来预测的可靠性取得充分证据，充分考虑未来各种可能性发生的概率及其影响，形成合理的评估结论。

第五十五条 任何机构和个人不得非法获取、提供、传播上市公司的内幕信息，不得利用所获取的内幕信息买卖或者建议他人买卖公司证券及其衍生品种，不得在投资价值分析报告、研究报告等文件中使用内幕信息。

第五十六条 媒体应当客观、真实地报道涉及上市公司的情况，发挥舆论监督作用。

任何机构和个人不得提供、传播虚假或者误导投资者的上市公司信息。

违反前两款规定，给投资者造成损失的，依法承担赔偿责任。

第六章 监督管理与法律责任

第五十七条 中国证监会可以要求上市公司及其他信息披露义务人或者其董事、监事、高级管理人员对有关信息披露问题作出解释、说明或者提供相关资料，并要求上市公司提供保荐人或者证券服务机构的专业意见。

中国证监会对保荐人和证券服务机构出具的文件的真实性、准确性、完整性有疑义的，可以要求相关机构作出解释、补充，并调阅其工作底稿。

上市公司及其他信息披露义务人、保荐人和证券服务机构应当及时作出回复，并配合中国证监会的检查、调查。

第五十八条 上市公司董事、监事、高级管理人员应当对公司信息披露的真实性、准确性、完整性、及时性、公平性负责，但有充分证据表明其已经履行勤勉尽责义务的除外。

上市公司董事长、经理、董事会秘书，应当对公司临时报告信息披露的真实性、准确性、完整性、及时性、公平性承担主要责任。

上市公司董事长、经理、财务负责人应对公司财务报告的真实性、准确性、完整性、及时性、公平性承担主要责任。

第五十九条 信息披露义务人及其董事、监事、高级管理人员，上市公司的股东、实际控制人、收购人及其董事、监事、高级管理人员违反本办法的，中国证监会可以采取以下监管措施：

（一）责令改正；

（二）监管谈话；

（三）出具警示函；

（四）将其违法违规、不履行公开承诺等情况记入诚信档案并公布；

（五）认定为不适当人选；

（六）依法可以采取的其他监管措施。

第六十条 上市公司未按本办法规定制定上市公司信息披露事务管理制度的，中国证监会责令改正。拒不改正的，中国证监会给予警告、罚款。

第六十一条 信息披露义务人未在规定期限内履行信息披露义务，或者所披露的信息有虚假记载、误导性陈述或者重大遗漏的，中国证监会按照《证券法》第一百九十三条处罚。

第六十二条 信息披露义务人未在规定期限内报送有关报告，或者报送的报告有虚假记载、误导性陈述或者重大遗漏的，中国证监会按照《证券法》第一百九十三条处罚。

第六十三条 上市公司通过隐瞒关联关系或者采取其他手段，规避信息披露、报告义务的，中国证监会按照《证券法》第一百九十三条处罚。

第六十四条 上市公司股东、实际控制人未依法配合上市公司履行信息披露义务的，或者非法要求上市公司提供内幕信息的，中国证监会责令改正，给予警告、罚款。

第六十五条 为信息披露义务人履行信息披露义务出具专项文件的保荐人、证券服务机构及其人员，违反《证券法》、行政法规和中国证监会的规定，由中国证监会依法采取责令改正、监管谈话、出具警示函、记入诚信档案等监管措施；应当给予行政处罚的，中国证监会依法处罚。

第六十六条 任何机构和个人泄露上市公司内幕信息，或者利用内幕信息买卖证券及其衍生品种，中国证监会按照《证券法》第二百零一条、第二百零二条处罚。

第六十七条 任何机构和个人编制、传播虚假信息扰乱证券市场；媒体传播上市公司信息不真实、不客观的，中国证监会按照《证券法》第二百零六条处罚。

在证券及其衍生品种交易活动中作出虚假陈述或者信息误导的，中国证监会按照《证券法》第二百零七条处罚。

第六十八条 涉嫌利用新闻报道以及其他传播方式对上市公司进行敲诈勒索的，中国证监会责令改正，向有关部门发出监管建议函，由有关部门依法追究法律责任。

第六十九条 上市公司及其他信息披露义务人违反本办法的规定，情节严重的，中国证监会可以对有关责任人员采取证券市场禁入的措施。

第七十条 违反本办法，涉嫌犯罪的，依法移送司法机关，追究刑事责任。

第七章 附 则

第七十一条 本办法下列用语的含义：

（一）为信息披露义务人履行信息披露义务出具专项文件的保荐人、证券服务机构，是指为证券发行、上市、交易等证券业务活动制作、出具保荐书、审计报告、资产评估报告、法律意见书、财务顾问报告、资信评级报告等文件的保荐人、会计师事务所、资产评估机构、律师事务所、财务顾问机构、资信评级机构。

（二）及时，是指自起算日起或者触及披露时点的两个交易日内。

（三）上市公司的关联交易，是指上市公司或者其控股子公司与上市公司关联人之间发生的转移资源或者义务的事项。

关联人包括关联法人和关联自然人。

具有以下情形之一的法人，为上市公司的关联法人：

1. 直接或者间接地控制上市公司的法人；

2. 由前项所述法人直接或者间接控制的除上市公司及其控股子公司以外的法人；

3. 关联自然人直接或者间接控制的、或者担任董事、高级管理人员的，除上市公司及其控股子公司以外的法人；

4. 持有上市公司5%以上股份的法人或者一致行动人；

5. 在过去12个月内或者根据相关协议安排在未来12月内，存在上述情形之一的；

6. 中国证监会、证券交易所或者上市公司根据实质重于形式的原则认定的其他与上市公司有特殊关系，可能或者已经造成上市公司对其利益倾斜的法人。

具有以下情形之一的自然人，为上市公司的关联自然人：

1. 直接或者间接持有上市公司5%以上股份的自然人；

2. 上市公司董事、监事及高级管理人员；

3. 直接或者间接地控制上市公司的法人的董事、监事及高级管理人员；

4. 上述第1、2项所述人士的关系密切的家庭成员，包括配偶、父母、年满18周岁的子女及其配偶、兄弟姐妹及其配偶，配偶的父母、兄弟姐妹，子女配偶的父母；

5. 在过去 12 个月内或者根据相关协议安排在未来 12 个月内，存在上述情形之一的；

6. 中国证监会、证券交易所或者上市公司根据实质重于形式的原则认定的其他与上市公司有特殊关系，可能或者已经造成上市公司对其利益倾斜的自然人。

（四）指定媒体，是指中国证监会指定的报刊和网站。

第七十二条 本办法自公布之日起施行。《公开发行股票公司信息披露实施细则》（试行）（证监上字〔1993〕43 号）、《关于股票公开发行与上市公司信息披露有关事项的通知》（证监研字〔1993〕19 号）、《关于加强对上市公司临时报告审查的通知》（证监上字〔1996〕26 号）、《关于上市公司发布澄清公告若干问题的通知》（证监上字〔1996〕28 号）、《上市公司披露信息电子存档事宜的通知》（证监信字〔1998〕50 号）、《关于进一步加强 ST、PT 公司信息披露监管工作的通知》（证监公司字〔2000〕63 号）、《关于拟发行新股的上市公司中期报告有关问题的通知》（证监公司字〔2001〕69 号）、《关于上市公司临时公告及相关附件报送中国证监会派出机构备案的通知》（证监公司字〔2003〕7 号）同时废止。

4.3.2

关于上市公司立案稽查及信息披露有关事项的通知

（2007年8月13日　证监发〔2007〕111号）

中国证监会各省、自治区、直辖市、计划单列市监管局，上海、深圳证券交易所，会内各部门：

为进一步贯彻落实《国务院批转证监会〈关于提高上市公司质量意见〉的通知》（国发〔2005〕34号，以下简称国发34号文）精神，积极促进上市公司规范运作和健康发展，坚决打击各类违法违规行为，最大限度地保护中小投资者的合法权益，现将上市公司立案稽查及信息披露有关事项通知如下：请遵照执行。

一、上市公司立案调查及信息披露原则

要进一步提高稽查立案的及时性、准确性，有效缩短案件调查周期。在日常监管工作中，要密切关注市场动向，熟悉监管对象，注意收集各种信息，出现异常情况，及时核查了解。一旦发生违法违规线索，应以稽查提前介入的方式，进行非正式调查。在非正式调查阶段，执法人员核实情况，收集材料，固化证据，正常行使调查权力，但不使用强制措施。在非正式调查阶段发现的不当行为，要求当事人立即停止，限期整改，主动消除风险隐患，妥善处置不良后果，建立长效机制。

在非正式调查过程中，如果发现违法违规行为，要综合分析判断，按规定程序及时、准确立案，进行立案稽查。立案后，执法人员在非正式调查的基础上，应制定详细调查计划，采取各种执法手段，补充完善证据，查清基本事实，形成调查结论。稽查部门要合理安排力量，严格控制调查进程，尽量缩短调查周期，不断提高查处效率。

在非正式调查阶段，上市公司原则上可不对外披露。调查人员严格保密，未经允许，不得向他人泄露调查情况。在接到立案稽查通知书时，上市公司应按规定披露，但如果案情特殊，上市公司申请并经监管、执法部门同意，可延期披露。移送司法机关的案件，上市公司在接到司法调查通知书时，应立即披露。

二、通报案情信息，形成监管合力

被立案稽查的上市公司，处于特殊的敏感状态，证券交易所、当地证监局和上市公司

监管部门，应根据案件的特点和公司的实际情况，制定应对计划，采取防范措施，予以特别关注。稽查过程中出现重大事项，或相关信息难以保密，一旦泄露会引起股价异动，或给上市公司带来严重冲击，稽查部门应通报上市公司监管部门和证券交易所，及时采取停牌措施，公开说明或澄清事实，防止内幕交易，确保公平披露。

要按照国发 34 号文的要求，充分发挥综合监管体系的作用，协调相关各方，形成监管合力。上市公司被立案稽查后，应及时通报地方政府，说明主要原因，报告注意事项。调查处理结束后，应及时将调查结论和处理结果向地方政府报告，请地方政府协调有关部门，积极消除非正常的重大不良影响。查处过程中一旦出现突发、重大事件，如生产经营受到严重影响，上市公司面临退市、破产、关闭等，各证监局应立即报告地方政府，妥善处置突发事件，避免事态恶化，维护正常秩序，确保社会稳定。

各证监局应与其他金融监管部门、国有资产管理部门加强协调配合，相互通报信息，共同维护上市公司的正常经营环境。在立案、调查、处罚过程中，如果上市公司的债权银行、关联公司等相关方面出现过激反应，应及时沟通，说明情况，避免造成不必要的损失。

三、积极支持上市公司健康发展

任何侵害上市公司利益的行为，任何以上市公司为平台进行的违法违规行为，都会严重损害上市公司的健康发展，都是对公司相关各方和全体股东利益的侵害。稽查部门要进一步加大查处力度，严肃处理违法违规的直接责任人。

一些被立案稽查的上市公司，由于种种原因，经营陷入困境，自身发展无望，股东和相关各方的利益难以保障，实施重组是唯一的出路。为了最大限度地保护中小股东和相关各方的利益，本着“惩前毖后、治病救企”的原则，如果重组方提出切实可行的重组方案，在经营管理等方面将发生实质性改变，即“脱胎换骨，更名改姓”，重组完成有助于减轻或消除违法违规行为造成的不良后果，在立案调查期间，并购重组可以同时进行。为保证公平、公正，保证重组取得实效，此类上市公司并购重组工作的启动，由当地证监局提出意见后，上市公司监管部会商稽查部门，共同研究决定。

4.3.3

关于规范上市公司信息披露及相关各方行为的通知

（2007年8月15日　证监公司字〔2007〕128号）

各上市公司：

为维护证券市场的秩序，打击内幕交易和市场操纵行为，保护投资者合法权益，现就有关事项通知如下：

一、上市公司及相关信息披露义务人应当严格按照《证券法》、《上市公司信息披露管理办法》（证监会令第40号）的相关规定，切实履行信息披露义务，公平地向所有投资者披露可能对上市公司股票交易价格产生较大影响的重大事件（以下简称股价敏感重大信息），以使所有投资者均可以同时获悉同样的信息，不得有选择性地、提前向特定对象单独泄露。特定对象包括（但不限于）从事证券投资、证券分析、咨询及其他证券服务业的机构、个人及其关联人等。

二、上市公司的股东、实际控制人及筹划并购重组等重大事件过程中的相关人员，应及时主动向上市公司通报有关信息，并配合上市公司及时、准确、完整地进行披露。上市公司在获悉相关信息时，应及时向证券交易所申请停牌并披露影响股价的重大信息。

三、对于正在筹划中的可能影响公司股价的重大事项，上市公司及其董事、监事、高级管理人员，交易对手方及其关联方和其董事、监事、高级管理人员（或主要负责人），聘请的专业机构和经办人员，参与制订、论证、审批等相关环节的有关机构和人员，以及提供咨询服务、由于业务往来知悉或可能知悉该事项的相关机构和人员等（以下简称内幕信息知情人）在相关事项依法披露前负有保密义务。在上市公司股价敏感重大信息依法披露前，任何内幕信息知情人不得公开或者泄露该信息，不得利用该信息进行内幕交易。

四、上市公司预计筹划中的重大事件难以保密或相关事件已经泄露的，应及时向证券交易所主动申请停牌，直至真实、准确、完整地披露信息。停牌期间，上市公司应当至少每周发布一次事件进展情况公告。

发生涉及上市公司的市场传闻或在没有公布任何股价敏感重大信息的情况下股票交易发生异常波动时，上市公司应当向证券交易所主动申请停牌，并核实有无影响上市公司股票交易的重大事件，不得以相关事项存在不确定性为由不履行信息披露义务。

五、剔除大盘因素和同行业板块因素影响，上市公司股价在股价敏感重大信息公布前

20个交易日内累计涨跌幅超过20%的，上市公司在向中国证监会提起行政许可申请时，应充分举证相关内幕信息知情人及直系亲属等不存在内幕交易行为。证券交易所应对公司股价敏感重大信息公布前股票交易是否存在异常行为进行专项分析，并报中国证监会。中国证监会可对上市公司股价异动行为进行调查，调查期间将暂缓审核上市公司的行政许可申请。

六、上市公司如在澄清公告及股票交易异常波动公告中披露不存在重大资产重组、收购、发行股份等行为的，应同时承诺至少3个月内不再筹划同一事项。对于上市公司澄清公告涉嫌虚假记载、误导性陈述，或者重大遗漏的，中国证监会依法追究法律责任。

七、上市公司拟实施无先例、存在重大不确定性、需要向有关部门进行政策咨询、方案论证的重大事项，在向有关部门政策咨询、方案论证前，均应当在闭市后向证券交易所申请停牌。停牌的同时应披露该重大事项类型，原则上自停牌后5个工作日内携带相关材料向相关部门咨询论证。

上市公司向证券交易所申请停牌时，应同时提交停牌和复牌的书面申请。复牌书面申请应当明确：自公司股票停牌之日起5个工作日内（含停牌当日），如果公司未就停牌事项及方案与相关部门咨询、论证，或者经论证方案未获准的，则其股票在下一个交易日自动复牌。自动复牌时，公司应按规定进行公告。

上市公司应在方案咨询、论证结束后立即向证券交易所申请复牌，复牌的同时披露方案论证结果。如果方案未通过论证，公司应披露原因；如果通过论证，公司应公告方案。

八、上市公司涉及行政许可及无先例、存在重大不确定性、需要向有关部门进行政策咨询、方案论证的重大事项的，上市公司应当向中国证监会提交内幕信息知情人以及直系亲属在事实发生之日起前6个月内有无持有或买卖上市公司股票的相关文件，并充分举证相关人员不存在内幕交易行为。中国证监会、证券交易所将密切关注股价敏感重大信息公布前的上市公司股票交易情况，发现其股票交易存在涉嫌内幕交易或操纵行为的，中国证监会将依法立案查处，并对可疑账户采取限制交易，冻结、查封等措施。涉嫌犯罪的，移交公安机关追究其刑事责任。

特此通知。

4.3.4

关于前次募集资金使用情况报告的规定

（2007 年 12 月 26 日　证监发行字〔2007〕500 号）

第一条　为规范上市公司前次募集资金使用情况报告的编制行为，保护投资者的合法权益，根据《上市公司证券发行管理办法》（证监会令第 30 号），制定本规定。

第二条　上市公司申请发行证券，且前次募集资金到账时间距今未满五个会计年度的，董事会应按照本规定编制前次募集资金使用情况报告，对发行申请文件最近一期经审计的财务报告截止日的最近一次（境内或境外）募集资金实际使用情况进行详细说明，并就前次募集资金使用情况报告作出决议后提请股东大会批准。

董事会应保证前次募集资金使用情况报告的内容真实、准确、完整，不存在虚假记载、误导性陈述或重大遗漏。

第三条　前次募集资金使用情况报告在提请股东大会批准前应由具有证券、期货相关业务资格的会计师事务所按照《中国注册会计师其他鉴证业务准则第 3101 号——历史财务信息审计或审阅以外的鉴证业务》的相关规定出具鉴证报告。

注册会计师应当以积极方式对前次募集资金使用情况报告是否已经按照本规定编制以及是否如实反映了上市公司前次募集资金使用情况发表鉴证意见。

第四条　前次募集资金使用情况报告应说明前次募集资金的数额、资金到账时间以及资金在专项账户的存放情况（至少应当包括初始存放金额、截止日余额）。

第五条　前次募集资金使用情况报告应通过与前次募集说明书或非公开发行股票相关信息披露文件中关于募集资金运用的相关披露内容进行逐项对照，以对照表的方式对比说明前次募集资金实际使用情况，包括（但不限于）投资项目、项目中募集资金投资总额、截止日募集资金累计投资额、项目达到预定可使用状态日期或截止日项目完工程度（《前次募集资金使用情况对照表（参考格式）见附件一》）。

前次募集资金实际投资项目发生变更的，应单独说明变更项目的名称、涉及金额及占前次募集资金总额的比例、变更原因、变更程序、批准机构及相关披露情况；前次募集资金项目的实际投资总额与承诺存在差异的，应说明差异内容和原因。

前次募集资金投资项目已对外转让或置换的（前次募集资金投资项目在上市公司实施重大资产重组中已全部对外转让或置换的除外），应单独说明在对外转让或置换前使用募集资金投资该项目的金额、投资项目完工程度和实现效益，转让或置换的定价依据及相关收益，转让价款收取和使用情况，置换进入资产的运行情况（至少应当包括资产权属变更情况、资产账面价值变化情况、生产经营情况和效益贡献情况）。

临时将闲置募集资金用于其他用途的，应单独说明使用闲置资金金额、用途、使用时间、批准机构、批准程序以及收回情况。前次募集资金未使用完毕的，应说明未使用金额及占前次募集资金总额的比例、未使用完毕的原因以及剩余资金的使用计划和安排。

第六条 前次募集资金使用情况报告应通过与前次募集说明书或非公开发行股票相关信息披露文件中关于募集资金投资项目效益预测的相关披露内容进行逐项对照，以对照表的方式对比说明前次募集资金投资项目最近3年实现效益的情况，包括（但不限于）实际投资项目、截止日投资项目累计产能利用率、投资项目承诺效益、最近3年实际效益、截止日累计实现效益、是否达到预计效益（《前次募集资金投资项目实现效益情况对照表（参考格式）见附件二》）。实现效益的计算口径、计算方法应与承诺效益的计算口径、计算方法一致，并在前次募集资金使用情况报告中明确说明。

前次募集资金投资项目无法单独核算效益的，应说明原因，并就该投资项目对公司财务状况、经营业绩的影响作定性分析。

募集资金投资项目的累计实现的收益低于承诺的累计收益20%（含20%）以上的，应对差异原因进行详细说明。

第七条 前次发行涉及以资产认购股份的，前次募集资金使用情况报告应对该资产运行情况予以详细说明。该资产运行情况至少应当包括资产权属变更情况、资产账面价值变化情况、生产经营情况、效益贡献情况、是否达到盈利预测以及承诺事项的履行情况。

第八条 前次募集资金使用情况报告应将募集资金实际使用情况与公司定期报告和其他信息披露文件中披露的有关内容做逐项对照，并说明实际情况与披露内容是否存在差异。如有差异，应详细说明差异内容和原因。

第九条 前次募集资金使用情况报告和会计师事务所鉴证报告均为上市公司证券发行申请文件的必备内容。

第十条 本规定自发布之日起实施。原《前次募集资金使用情况专项报告指引》（2001年4月10日证监公司字〔2001〕42号）同时废止。

附件 1

前次募集资金使用情况对照表（参考格式）

单位：

<table>
<tr><td colspan="6">募集资金总额：</td><td colspan="5">已累计使用募集资金总额：</td></tr>
<tr><td colspan="6">变更用途的募集资金总额：
变更用途的募集资金总额比例：</td><td colspan="5">各年度使用募集资金总额：
200×年：
200×年：
200×年：</td></tr>
<tr><td colspan="3">投资项目</td><td colspan="3">募集资金投资总额</td><td colspan="4">截止日募集资金累计投资额</td><td rowspan="2">项目达到预定可使用状态日期（或截止日项目完工程度）</td></tr>
<tr><td>序号</td><td>承诺投资项目</td><td>实际投资项目</td><td>募集前承诺投资金额</td><td>募集后承诺投资金额</td><td>实际投资金额</td><td>募集前承诺投资金额</td><td>募集后承诺投资金额</td><td>实际投资金额</td><td>实际投资金额与募集后承诺投资金额的差额</td></tr>
<tr><td>1</td><td></td><td></td><td></td><td></td><td></td><td></td><td></td><td></td><td></td><td></td></tr>
<tr><td>2</td><td></td><td></td><td></td><td></td><td></td><td></td><td></td><td></td><td></td><td></td></tr>
<tr><td>3</td><td></td><td></td><td></td><td></td><td></td><td></td><td></td><td></td><td></td><td></td></tr>
<tr><td></td><td></td><td></td><td></td><td></td><td></td><td></td><td></td><td></td><td></td><td></td></tr>
<tr><td></td><td></td><td></td><td></td><td></td><td></td><td></td><td></td><td></td><td></td><td></td></tr>
<tr><td></td><td></td><td></td><td></td><td></td><td></td><td></td><td></td><td></td><td></td><td></td></tr>
<tr><td></td><td></td><td></td><td></td><td></td><td></td><td></td><td></td><td></td><td></td><td></td></tr>
<tr><td></td><td></td><td></td><td></td><td></td><td></td><td></td><td></td><td></td><td></td><td></td></tr>
<tr><td></td><td></td><td></td><td></td><td></td><td></td><td></td><td></td><td></td><td></td><td></td></tr>
</table>

附件 2

前次募集资金投资项目实现效益情况对照表（参考格式）

单位：

实际投资项目		截止日投资项目累计产能利用率	承诺效益	最近三年实际效益			截止日累计实现效益	是否达到预计效益
序号	项目名称			200 ×	200 ×	200 ×		
1								
2								
3								

注 1：投资项目承诺效益各年度不同的，应分年度披露。

注 2：截止日投资项目累计产能利用率是指投资项目达到预计可使用状态至截止日期间，投资项目的实际产量与设计产能之比。

4.3.5

信息披露违法行为行政责任认定规则

（2011 年 4 月 29 日　证监会公告〔2011〕11 号）

第一章　总　　则

第一条　为规范信息披露违法行政责任认定工作，引导、督促发行人、上市公司及其控股股东、实际控制人、收购人等信息披露义务人（以下统称信息披露义务人）及其有关责任人员依法履行信息披露义务，保护投资者合法权益，根据《中华人民共和国证券法》（以下简称《证券法》）、《中华人民共和国行政处罚法》（以下简称《行政处罚法》）和其他相关法律、行政法规等，结合证券监管实践，制定本规则。

第二条　《证券法》规定的信息披露违法行为行政责任认定适用本规则。

第三条　信息披露义务人应当按照有关信息披露法律、行政法规、规章和规范性文件，以及证券交易所业务规则等规定，真实、准确、完整、及时、公平披露信息。

发行人、上市公司的董事、监事、高级管理人员应当为公司和全体股东的利益服务，诚实守信，忠实、勤勉地履行职责，独立作出适当判断，保护投资者的合法权益，保证信息披露真实、准确、完整、及时、公平。

第四条　认定信息披露违法行为行政责任，应当根据有关信息披露法律、行政法规、规章和规范性文件，以及证券交易所业务规则等规定，遵循专业标准和职业道德，运用逻辑判断和监管工作经验，审查运用证据，全面、客观、公正地认定事实，依法处理。

第五条　信息披露违法行为情节严重，涉嫌犯罪的，证监会依法移送司法机关追究刑事责任。

依法给予行政处罚或者采取市场禁入措施的，按照规定记入证券期货诚信档案。

依法不予处罚或者市场禁入的，可以根据情节采取相应的行政监管措施并记入证券期货诚信档案。

第六条　在信息披露中保荐人、证券服务机构及其人员未勤勉尽责，或者制作、出具的文件有虚假记载、误导性陈述或者重大遗漏的，证监会依法认定其责任和予以行政处罚。

第二章　信息披露违法行为认定

第七条　信息披露义务人未按照法律、行政法规、规章和规范性文件，以及证券交易所业务规则规定的信息披露（包括报告，下同）期限、方式等要求及时、公平披露信息，应当认定构成未按照规定披露信息的信息披露违法行为。

第八条　信息披露义务人在信息披露文件中对所披露内容进行不真实记载，包括发生业务不入账、虚构业务入账、不按照相关规定进行会计核算和编制财务会计报告，以及其他在信息披露中记载的事实与真实情况不符的，应当认定构成所披露的信息有虚假记载的信息披露违法行为。

第九条　信息披露义务人在信息披露文件中或者通过其他信息发布渠道、载体，作出不完整、不准确陈述，致使或者可能致使投资者对其投资行为发生错误判断的，应当认定构成所披露的信息有误导性陈述的信息披露违法行为。

第十条　信息披露义务人在信息披露文件中未按照法律、行政法规、规章和规范性文件以及证券交易所业务规则关于重大事件或者重要事项信息披露要求披露信息，遗漏重大事项的，应当认定构成所披露的信息有重大遗漏的信息披露违法行为。

第三章　信息披露义务人信息披露违法的责任认定

第十一条　信息披露义务人行为构成信息披露违法的，应当根据其违法行为的客观方面和主观方面等综合审查认定其责任。

第十二条　认定信息披露违法行为的客观方面通常要考虑以下情形：

（一）违法披露信息包括重大差错更正信息中虚增或者虚减资产、营业收入及净利润的数额及其占当期所披露数的比重，是否因此资不抵债，是否因此发生盈亏变化，是否因此满足证券发行、股权激励计划实施、利润承诺条件，是否因此避免被特别处理，是否因此满足取消特别处理要求，是否因此满足恢复上市交易条件等；

（二）未按照规定披露的重大担保、诉讼、仲裁、关联交易以及其他重大事项所涉及的数额及其占公司最近一期经审计总资产、净资产、营业收入的比重，未按照规定及时披露信息时间长短等；

（三）信息披露违法所涉及事项对投资者投资判断的影响大小；

（四）信息披露违法后果，包括是否导致欺诈发行、欺诈上市、骗取重大资产重组许可、收购要约豁免、暂停上市、终止上市，给上市公司、股东、债权人或者其他人造成直接损失数额大小，以及未按照规定披露信息造成该公司证券交易的异动程度等；

（五）信息披露违法的次数，是否多次提供虚假或者隐瞒重要事实的财务会计报告，或者多次对依法应当披露的其他重要信息不按照规定披露；

（六）社会影响的恶劣程度；

（七）其他需要考虑的情形。

第十三条 认定信息披露义务人信息披露违法主观方面通常要考虑以下情形：

（一）信息披露义务人为单位的，在单位内部是否存在违法共谋，信息披露违法所涉及的具体事项是否是经董事会、公司办公会等会议研究决定或者由负责人员决定实施的，是否只是单位内部个人行为造成的；

（二）信息披露义务人的主观状态，信息披露违法是否是故意的欺诈行为，是否是不够谨慎、疏忽大意的过失行为；

（三）信息披露违法行为发生后的态度，公司董事、监事、高级管理人员知道信息披露违法后是否继续掩饰，是否采取适当措施进行补救；

（四）与证券监管机构的配合程度，当发现信息披露违法后，公司董事、监事、高级管理人员是否向证监会报告，是否在调查中积极配合，是否对调查机关欺诈、隐瞒，是否有干扰、阻碍调查情况；

（五）其他需要考虑的情形。

第十四条 其他违法行为引起信息披露义务人信息披露违法的，通常综合考虑以下情形认定责任：

（一）信息披露义务人是否存在过错，有无实施信息披露违法行为的故意，是否存在信息披露违法的过失；

（二）信息披露义务人是否因违法行为直接获益或者以其他方式获取利益，是否因违法行为止损或者避损，公司投资者是否因该项违法行为遭受重大损失；

（三）信息披露违法责任是否能被其他违法行为责任所吸收，认定其他违法行为行政责任、刑事责任是否能更好体现对违法行为的惩处；

（四）其他需要考虑的情形。

前款所称其他违法行为，包括上市公司的董事、监事、高级管理人员违背对公司的忠实义务，利用职务便利，操纵上市公司从事损害公司利益行为；上市公司的控股股东或者实际控制人，指使上市公司董事、监事、高级管理人员从事损害公司利益行为；上市公司董事、监事、高级管理人员和持股5%以上股东违法买卖公司股票行为；公司工作人员挪用资金、职务侵占等行为；配合证券市场内幕交易、操纵市场以及其他可能致使信息披露义务人信息披露违法的行为。

第四章 信息披露违法行为责任人员及其责任认定

第十五条 发生信息披露违法行为的，依照法律、行政法规、规章规定，对负有保证信息披露真实、准确、完整、及时和公平义务的董事、监事、高级管理人员，应当视情形认定其为直接负责的主管人员或者其他直接责任人员承担行政责任，但其能够证明已尽忠实、勤勉义务，没有过错的除外。

第十六条 信息披露违法行为的责任人员可以提交公司章程，载明职责分工和职责履行情况的材料，相关会议纪要或者会议记录以及其他证据来证明自身没有过错。

第十七条 董事、监事、高级管理人员之外的其他人员，确有证据证明其行为与信息披露违法行为具有直接因果关系，包括实际承担或者履行董事、监事或者高级管理人员的职责，组织、参与、实施了公司信息披露违法行为或者直接导致信息披露违法的，应当视情形认定其为直接负责的主管人员或者其他直接责任人员。

第十八条 有证据证明因信息披露义务人受控股股东、实际控制人指使，未按照规定披露信息，或者所披露的信息有虚假记载、误导性陈述或者重大遗漏的，在认定信息披露义务人责任的同时，应当认定信息披露义务人控股股东、实际控制人的信息披露违法责任。信息披露义务人的控股股东、实际控制人是法人的，其负责人应当认定为直接负责的主管人员。

控股股东、实际控制人直接授意、指挥从事信息披露违法行为，或者隐瞒应当披露信息、不告知应当披露信息的，应当认定控股股东、实际控制人指使从事信息披露违法行为。

第十九条 信息披露违法责任人员的责任大小，可以从以下方面考虑责任人员与案件中认定的信息披露违法的事实、性质、情节、社会危害后果的关系，综合分析认定：

（一）在信息披露违法行为发生过程中所起的作用。对于认定的信息披露违法事项是起主要作用还是次要作用，是否组织、策划、参与、实施信息披露违法行为，是积极参加还是被动参加。

（二）知情程度和态度。对于信息披露违法所涉事项及其内容是否知情，是否反映、报告，是否采取措施有效避免或者减少损害后果，是否放任违法行为发生。

（三）职务、具体职责及履行职责情况。认定的信息披露违法事项是否与责任人员的职务、具体职责存在直接关系，责任人员是否忠实、勤勉履行职责，有无懈怠、放弃履行职责，是否履行职责预防、发现和阻止信息披露违法行为发生。

（四）专业背景。是否存在责任人员有专业背景，对于信息披露中与其专业背景有关违法事项应当发现而未予指出的情况，如专业会计人士对于会计问题、专业技术人员对于技术问题等未予指出。

（五）其他影响责任认定的情况。

第二十条 认定从轻或者减轻处罚的考虑情形：

（一）未直接参与信息披露违法行为；

（二）在信息披露违法行为被发现前，及时主动要求公司采取纠正措施或者向证券监管机构报告；

（三）在获悉公司信息披露违法后，向公司有关主管人员或者公司上级主管提出质疑并采取了适当措施；

（四）配合证券监管机构调查且有立功表现；

（五）受他人胁迫参与信息披露违法行为；

（六）其他需要考虑的情形。

第二十一条 认定为不予行政处罚的考虑情形：

（一）当事人对认定的信息披露违法事项提出具体异议记载于董事会、监事会、公司办公会会议记录等，并在上述会议中投反对票的；

（二）当事人在信息披露违法事实所涉及期间，由于不可抗力、失去人身自由等无法正常履行职责的；

（三）对公司信息披露违法行为不负有主要责任的人员在公司信息披露违法行为发生后及时向公司和证券交易所、证券监管机构报告的；

（四）其他需要考虑的情形。

第二十二条 任何下列情形，不得单独作为不予处罚情形认定：

（一）不直接从事经营管理；

（二）能力不足、无相关职业背景；

（三）任职时间短、不了解情况；

（四）相信专业机构或者专业人员出具的意见和报告；

（五）受到股东、实际控制人控制或者其他外部干预。

第二十三条 下列情形认定为应当从重处罚情形：

（一）不配合证券监管机构监管，或者拒绝、阻碍证券监管机构及其工作人员执法，甚至以暴力、威胁及其他手段干扰执法；

（二）在信息披露违法案件中变造、隐瞒、毁灭证据，或者提供伪证，妨碍调查；

（三）两次以上违反信息披露规定并受到行政处罚或者证券交易所纪律处分；

（四）在信息披露上有不良诚信记录并记入证券期货诚信档案；

（五）证监会认定的其他情形。

第五章　附　　则

第二十四条 本规则自公布之日起施行。本规则施行前尚未做出处理决定的案件适用本规则。

4.4 再融资

4.4.1

上市公司证券发行管理办法

（2006年5月6日 证监会令第30号）

第一章 总 则

第一条 为了规范上市公司证券发行行为，保护投资者的合法权益和社会公共利益，根据《证券法》、《公司法》制定本办法。

第二条 上市公司申请在境内发行证券，适用本办法。

本办法所称证券，指下列证券品种：

（一）股票；

（二）可转换公司债券；

（三）中国证券监督管理委员会（以下简称“中国证监会”）认可的其他品种。

第三条 上市公司发行证券，可以向不特定对象公开发行，也可以向特定对象非公开发行。

第四条 上市公司发行证券，必须真实、准确、完整、及时、公平地披露或者提供信息，不得有虚假记载、误导性陈述或者重大遗漏。

第五条 中国证监会对上市公司证券发行的核准，不表明其对该证券的投资价值或者投资者的收益作出实质性判断或者保证。因上市公司经营与收益的变化引致的投资风险，由认购证券的投资者自行负责。

第二章 公开发行证券的条件

第一节 一般规定

第六条 上市公司的组织机构健全、运行良好，符合下列规定：

（一）公司章程合法有效，股东大会、董事会、监事会和独立董事制度健全，能够依法有效履行职责。

（二）公司内部控制制度健全，能够有效保证公司运行的效率、合法合规性和财务报告的可靠性；内部控制制度的完整性、合理性、有效性不存在重大缺陷。

（三）现任董事、监事和高级管理人员具备任职资格，能够忠实和勤勉地履行职务，不存在违反公司法第一百四十八条、第一百四十九条规定的行为，且最近三十六个月内未受到过中国证监会的行政处罚、最近十二个月内未受到过证券交易所的公开谴责。

（四）上市公司与控股股东或实际控制人的人员、资产、财务分开，机构、业务独立，能够自主经营管理。

（五）最近十二个月内不存在违规对外提供担保的行为。

第七条 上市公司的盈利能力具有可持续性，符合下列规定：

（一）最近三个会计年度连续盈利。扣除非经常性损益后的净利润与扣除前的净利润相比，以低者作为计算依据。

（二）业务和盈利来源相对稳定，不存在严重依赖于控股股东、实际控制人的情形。

（三）现有主营业务或投资方向能够可持续发展，经营模式和投资计划稳健，主要产品或服务的市场前景良好，行业经营环境和市场需求不存在现实或可预见的重大不利变化。

（四）高级管理人员和核心技术人员稳定，最近十二个月内未发生重大不利变化。

（五）公司重要资产、核心技术或其他重大权益的取得合法，能够持续使用，不存在现实或可预见的重大不利变化。

（六）不存在可能严重影响公司持续经营的担保、诉讼、仲裁或其他重大事项。

（七）最近二十四个月内曾公开发行证券的，不存在发行当年营业利润比上年下降百分之五十以上的情形。

第八条 上市公司的财务状况良好，符合下列规定：

（一）会计基础工作规范，严格遵循国家统一会计制度的规定。

（二）最近三年及一期财务报表未被注册会计师出具保留意见、否定意见或无法表示意见的审计报告；被注册会计师出具带强调事项段的无保留意见审计报告的，所涉及的事项对发行人无重大不利影响或者在发行前重大不利影响已经消除。

（三）资产质量良好。不良资产不足以对公司财务状况造成重大不利影响。

（四）经营成果真实，现金流量正常。营业收入和成本费用的确认严格遵循国家有关企业会计准则的规定，最近三年资产减值准备计提充分合理，不存在操纵经营业绩的情形。

（五）最近三年以现金或股票方式累计分配的利润不少于最近三年实现的年均可分配利润的百分之二十。

第九条 上市公司最近三十六个月内财务会计文件无虚假记载，且不存在下列重大违法行为：

（一）违反证券法律、行政法规或规章，受到中国证监会的行政处罚，或者受到刑事处罚；

（二）违反工商、税收、土地、环保、海关法律、行政法规或规章，受到行政处罚且情节严重，或者受到刑事处罚；

（三）违反国家其他法律、行政法规且情节严重的行为。

第十条 上市公司募集资金的数额和使用应当符合下列规定：

（一）募集资金数额不超过项目需要量；

（二）募集资金用途符合国家产业政策和有关环境保护、土地管理等法律和行政法规的规定；

（三）除金融类企业外，本次募集资金使用项目不得为持有交易性金融资产和可供出售的金融资产、借予他人、委托理财等财务性投资，不得直接或间接投资于以买卖有价证券为主要业务的公司；

（四）投资项目实施后，不会与控股股东或实际控制人产生同业竞争或影响公司生产经营的独立性；

（五）建立募集资金专项存储制度，募集资金必须存放于公司董事会决定的专项账户。

第十一条 上市公司存在下列情形之一的，不得公开发行证券：

（一）本次发行申请文件有虚假记载、误导性陈述或重大遗漏；

（二）擅自改变前次公开发行证券募集资金的用途而未作纠正；

（三）上市公司最近十二个月内受到过证券交易所的公开谴责；

（四）上市公司及其控股股东或实际控制人最近十二个月内存在未履行向投资者作出的公开承诺的行为；

（五）上市公司或其现任董事、高级管理人员因涉嫌犯罪被司法机关立案侦查或涉嫌违法违规被中国证监会立案调查；

（六）严重损害投资者的合法权益和社会公共利益的其他情形。

第二节 发行股票

第十二条 向原股东配售股份（简称“配股”），除符合本章第一节规定外，还应当符合下列规定：

（一）拟配售股份数量不超过本次配售股份前股本总额的百分之三十；

（二）控股股东应当在股东大会召开前公开承诺认配股份的数量；

（三）采用证券法规定的代销方式发行。

控股股东不履行认配股份的承诺，或者代销期限届满，原股东认购股票的数量未达到拟配售数量百分之七十的，发行人应当按照发行价并加算银行同期存款利息返还已经认购的股东。

第十三条 向不特定对象公开募集股份（简称“增发”），除符合本章第一节规定外，还应当符合下列规定：

（一）最近三个会计年度加权平均净资产收益率平均不低于百分之六。扣除非经常性损益后的净利润与扣除前的净利润相比，以低者作为加权平均净资产收益率的计算依据。

（二）除金融类企业外，最近一期末不存在持有金额较大的交易性金融资产和可供出售的金融资产、借予他人款项、委托理财等财务性投资的情形。

（三）发行价格应不低于公告招股意向书前二十个交易日公司股票均价或前一个交易日的均价。

第三节　发行可转换公司债券

第十四条　公开发行可转换公司债券的公司，除应当符合本章第一节规定外，还应当符合下列规定：

（一）最近三个会计年度加权平均净资产收益率平均不低于百分之六。扣除非经常性损益后的净利润与扣除前的净利润相比，以低者作为加权平均净资产收益率的计算依据。

（二）本次发行后累计公司债券余额不超过最近一期末净资产额的百分之四十。

（三）最近三个会计年度实现的年均可分配利润不少于公司债券一年的利息。

前款所称可转换公司债券，是指发行公司依法发行、在一定期间内依据约定的条件可以转换成股份的公司债券。

第十五条　可转换公司债券的期限最短为一年，最长为六年。

第十六条　可转换公司债券每张面值一百元。

可转换公司债券的利率由发行公司与主承销商协商确定，但必须符合国家的有关规定。

第十七条　公开发行可转换公司债券，应当委托具有资格的资信评级机构进行信用评级和跟踪评级。

资信评级机构每年至少公告一次跟踪评级报告。

第十八条　上市公司应当在可转换公司债券期满后五个工作日内办理完毕偿还债券余额本息的事项。

第十九条　公开发行可转换公司债券，应当约定保护债券持有人权利的办法，以及债券持有人会议的权利、程序和决议生效条件。

存在下列事项之一的，应当召开债券持有人会议：

（一）拟变更募集说明书的约定；

（二）发行人不能按期支付本息；

（三）发行人减资、合并、分立、解散或者申请破产；

（四）保证人或者担保物发生重大变化；

（五）其他影响债券持有人重大权益的事项。

第二十条　公开发行可转换公司债券，应当提供担保，但最近一期末经审计的净资产不低于人民币十五亿元的公司除外。

提供担保的，应当为全额担保，担保范围包括债券的本金及利息、违约金、损害赔偿金和实现债权的费用。

以保证方式提供担保的，应当为连带责任担保，且保证人最近一期经审计的净资产额应不低于其累计对外担保的金额。证券公司或上市公司不得作为发行可转债的担保人，但上市商业银行除外。

设定抵押或质押的，抵押或质押财产的估值应不低于担保金额。估值应经有资格的资产评估机构评估。

第二十一条 可转换公司债券自发行结束之日起六个月后方可转换为公司股票，转股期限由公司根据可转换公司债券的存续期限及公司财务状况确定。

债券持有人对转换股票或者不转换股票有选择权，并于转股的次日成为发行公司的股东。

第二十二条 转股价格应不低于募集说明书公告日前二十个交易日该公司股票交易均价和前一交易日的均价。

前款所称转股价格，是指募集说明书事先约定的可转换公司债券转换为每股股份所支付的价格。

第二十三条 募集说明书可以约定赎回条款，规定上市公司可按事先约定的条件和价格赎回尚未转股的可转换公司债券。

第二十四条 募集说明书可以约定回售条款，规定债券持有人可按事先约定的条件和价格将所持债券回售给上市公司。

募集说明书应当约定，上市公司改变公告的募集资金用途的，赋予债券持有人一次回售的权利。

第二十五条 募集说明书应当约定转股价格调整的原则及方式。发行可转换公司债券后，因配股、增发、送股、派息、分立及其他原因引起上市公司股份变动的，应当同时调整转股价格。

第二十六条 募集说明书约定转股价格向下修正条款的，应当同时约定：

（一）转股价格修正方案须提交公司股东大会表决，且须经出席会议的股东所持表决权的三分之二以上同意。股东大会进行表决时，持有公司可转换债券的股东应当回避。

（二）修正后的转股价格不低于前项规定的股东大会召开日前二十个交易日该公司股票交易均价和前一交易日的均价。

第二十七条 上市公司可以公开发行认股权和债券分离交易的可转换公司债券（简称“分离交易的可转换公司债券”）。

发行分离交易的可转换公司债券，除符合本章第一节规定外，还应当符合下列规定：

（一）公司最近一期末经审计的净资产不低于人民币十五亿元；

（二）最近三个会计年度实现的年均可分配利润不少于公司债券一年的利息；

（三）最近三个会计年度经营活动产生的现金流量净额平均不少于公司债券一年的利息，符合本办法第十四条第（一）项规定的公司除外；

（四）本次发行后累计公司债券余额不超过最近一期末净资产额的百分之四十，预计所附认股权全部行权后募集的资金总量不超过拟发行公司债券金额。

第二十八条 分离交易的可转换公司债券应当申请在上市公司股票上市的证券交易所上市交易。

分离交易的可转换公司债券中的公司债券和认股权分别符合证券交易所上市条件的，应当分别上市交易。

第二十九条 分离交易的可转换公司债券的期限最短为一年。

债券的面值、利率、信用评级、偿还本息、债权保护适用本办法第十六条至第十九条的规定。

第三十条 发行分离交易的可转换公司债券，发行人提供担保的，适用本办法第二十条第二款至第四款的规定。

第三十一条 认股权证上市交易的，认股权证约定的要素应当包括行权价格、存续期间、行权期间或行权日、行权比例。

第三十二条 认股权证的行权价格应不低于公告募集说明书日前二十个交易日公司股票均价和前一个交易日的均价。

第三十三条 认股权证的存续期间不超过公司债券的期限，自发行结束之日起不少于六个月。

募集说明书公告的权证存续期限不得调整。

第三十四条 认股权证自发行结束至少已满六个月起方可行权，行权期间为存续期限届满前的一段期间，或者是存续期限内的特定交易日。

第三十五条 分离交易的可转换公司债券募集说明书应当约定，上市公司改变公告的募集资金用途的，赋予债券持有人一次回售的权利。

第三章 非公开发行股票的条件

第三十六条 本办法规定的非公开发行股票，是指上市公司采用非公开方式，向特定对象发行股票的行为。

第三十七条 非公开发行股票的特定对象应当符合下列规定：

（一）特定对象符合股东大会决议规定的条件；

（二）发行对象不超过十名。

发行对象为境外战略投资者的，应当经国务院相关部门事先批准。

第三十八条 上市公司非公开发行股票，应当符合下列规定：

（一）发行价格不低于定价基准日前二十个交易日公司股票均价的百分之九十；

（二）本次发行的股份自发行结束之日起，十二个月内不得转让；控股股东、实际控制人及其控制的企业认购的股份，三十六个月内不得转让；

（三）募集资金使用符合本办法第十条的规定；

（四）本次发行将导致上市公司控制权发生变化的，还应当符合中国证监会的其他规定。

第三十九条 上市公司存在下列情形之一的，不得非公开发行股票：

（一）本次发行申请文件有虚假记载、误导性陈述或重大遗漏。

（二）上市公司的权益被控股股东或实际控制人严重损害且尚未消除。

（三）上市公司及其附属公司违规对外提供担保且尚未解除。

（四）现任董事、高级管理人员最近三十六个月内受到过中国证监会的行政处罚，或者最近十二个月内受到过证券交易所公开谴责。

（五）上市公司或其现任董事、高级管理人员因涉嫌犯罪正被司法机关立案侦查或涉嫌违法违规正被中国证监会立案调查。

（六）最近一年及一期财务报表被注册会计师出具保留意见、否定意见或无法表示意见的审计报告。保留意见、否定意见或无法表示意见所涉及事项的重大影响已经消除或者本次发行涉及重大重组的除外。

（七）严重损害投资者合法权益和社会公共利益的其他情形。

第四章 发行程序

第四十条 上市公司申请发行证券，董事会应当依法就下列事项作出决议，并提请股东大会批准：

（一）本次证券发行的方案；

（二）本次募集资金使用的可行性报告；

（三）前次募集资金使用的报告；

（四）其他必须明确的事项。

第四十一条 股东大会就发行股票作出的决定，至少应当包括下列事项：

（一）本次发行证券的种类和数量；

（二）发行方式、发行对象及向原股东配售的安排；

（三）定价方式或价格区间；

（四）募集资金用途；

（五）决议的有效期；

（六）对董事会办理本次发行具体事宜的授权；

（七）其他必须明确的事项。

第四十二条 股东大会就发行可转换公司债券作出的决定，至少应当包括下列事项：

（一）本办法第四十一条规定的事项；

（二）债券利率；

（三）债券期限；

（四）担保事项；

（五）回售条款；

（六）还本付息的期限和方式；

（七）转股期；

（八）转股价格的确定和修正。

第四十三条 股东大会就发行分离交易的可转换公司债券作出的决定，至少应当包括下列事项：

（一）本办法第四十一条、第四十二条第（二）项至第（六）项规定的事项；

（二）认股权证的行权价格；

（三）认股权证的存续期限；

（四）认股权证的行权期间或行权日。

第四十四条 股东大会就发行证券事项作出决议，必须经出席会议的股东所持表决权的三分之二以上通过。向本公司特定的股东及其关联人发行证券的，股东大会就发行方案进行表决时，关联股东应当回避。

上市公司就发行证券事项召开股东大会，应当提供网络或者其他方式为股东参加股东大会提供便利。

第四十五条 上市公司申请公开发行证券或者非公开发行新股，应当由保荐人保荐，并向中国证监会申报。

保荐人应当按照中国证监会的有关规定编制和报送发行申请文件。

第四十六条 中国证监会依照下列程序审核发行证券的申请：

（一）收到申请文件后，五个工作日内决定是否受理；

（二）中国证监会受理后，对申请文件进行初审；

（三）发行审核委员会审核申请文件；

（四）中国证监会作出核准或者不予核准的决定。

第四十七条 自中国证监会核准发行之日起，上市公司应在六个月内发行证券；超过六个月未发行的，核准文件失效，须重新经中国证监会核准后方可发行。

第四十八条 上市公司发行证券前发生重大事项的，应暂缓发行，并及时报告中国证监会。该事项对本次发行条件构成重大影响的，发行证券的申请应重新经过中国证监会核准。

第四十九条 上市公司发行证券，应当由证券公司承销；非公开发行股票，发行对象均属于原前十名股东的，可以由上市公司自行销售。

第五十条 证券发行申请未获核准的上市公司，自中国证监会作出不予核准的决定之日起六个月后，可再次提出证券发行申请。

第五章 信息披露

第五十一条 上市公司发行证券，应当按照中国证监会规定的程序、内容和格式，编制公开募集证券说明书或者其他信息披露文件，依法履行信息披露义务。

第五十二条 上市公司应当保证投资者及时、充分、公平地获得法定披露的信息，信息披露文件使用的文字应当简洁、平实、易懂。

中国证监会规定的内容是信息披露的最低要求，凡对投资者投资决策有重大影响的信息，上市公司均应充分披露。

第五十三条 证券发行议案经董事会表决通过后，应当在二个工作日内报告证券交易所，公告召开股东大会的通知。

使用募集资金收购资产或者股权的，应当在公告召开股东大会通知的同时，披露该资产或者股权的基本情况、交易价格、定价依据以及是否与公司股东或其他关联人存在利害关系。

第五十四条 股东大会通过本次发行议案之日起两个工作日内，上市公司应当公布股东大会决议。

第五十五条 上市公司收到中国证监会关于本次发行申请的下列决定后，应当在次一工作日予以公告：

（一）不予受理或者终止审查；

（二）不予核准或者予以核准。

上市公司决定撤回证券发行申请的，应当在撤回申请文件的次一工作日予以公告。

第五十六条 上市公司全体董事、监事、高级管理人员应当在公开募集证券说明书上签字，保证不存在虚假记载、误导性陈述或者重大遗漏，并声明承担个别和连带的法律责任。

第五十七条 保荐机构及保荐代表人应当对公开募集证券说明书的内容进行尽职调查并签字，确认不存在虚假记载、误导性陈述或者重大遗漏，并声明承担相应的法律责任。

第五十八条 为证券发行出具专项文件的注册会计师、资产评估人员、资信评级人员、律师及其所在机构，应当按照本行业公认的业务标准和道德规范出具文件，并声明对所出具文件的真实性、准确性和完整性承担责任。

第五十九条 公开募集证券说明书所引用的审计报告、盈利预测审核报告、资产评估报告、资信评级报告，应当由有资格的证券服务机构出具，并由至少二名有从业资格的人员签署。

公开募集证券说明书所引用的法律意见书，应当由律师事务所出具，并由至少二名经办律师签署。

第六十条 公开募集证券说明书自最后签署之日起六个月内有效。

公开募集证券说明书不得使用超过有效期的资产评估报告或者资信评级报告。

第六十一条 上市公司在公开发行证券前的二至五个工作日内，应当将经中国证监会核准的募集说明书摘要或者募集意向书摘要刊登在至少一种中国证监会指定的报刊，同时将其全文刊登在中国证监会指定的互联网网站，置备于中国证监会指定的场所，供公众查阅。

第六十二条 上市公司在非公开发行新股后，应当将发行情况报告书刊登在至少一种中国证监会指定的报刊，同时将其刊登在中国证监会指定的互联网网站，置备于中国证监会指定的场所，供公众查阅。

第六十三条 上市公司可以将公开募集证券说明书全文或摘要、发行情况公告书刊登于其他网站和报刊，但不得早于按照第六十一条、第六十二条规定披露信息的时间。

第六章　监管和处罚

第六十四条 上市公司违反本办法规定，中国证监会可以责令整改；对其直接负责的主管人员和其他直接责任人员，可以采取监管谈话、认定为不适当人选等行政监管措施，记入诚信档案并公布。

第六十五条 上市公司及其直接负责的主管人员和其他直接责任人员违反法律、行政法规或本办法规定，依法应予行政处罚的，依照有关规定进行处罚；涉嫌犯罪的，依法移送司法机关，追究其刑事责任。

第六十六条 上市公司提供的申请文件中有虚假记载、误导性陈述或重大遗漏的，中国证监会可作出终止审查决定，并在三十六个月内不再受理该公司的公开发行证券申请。

第六十七条 上市公司披露盈利预测的，利润实现数如未达到盈利预测的百分之八十，除因不可抗力外，其法定代表人、盈利预测审核报告签字注册会计师应当在股东大会及中国证监会指定报刊上公开作出解释并道歉；中国证监会可以对法定代表人处以警告。

利润实现数未达到盈利预测的百分之五十的，除因不可抗力外，中国证监会在三十六个月内不受理该公司的公开发行证券申请。

第六十八条 上市公司违反本办法第十条第（三）项和第（四）项规定的，中国证监会可以责令改正，并在三十六个月内不受理该公司的公开发行证券申请。

第六十九条 为证券发行出具审计报告、法律意见、资产评估报告、资信评级报告及其他专项文件的证券服务机构和人员，在其出具的专项文件中存在虚假记载、误导性陈述或重大遗漏的，除承担证券法规定的法律责任外，中国证监会十二个月内不接受相关机构出具的证券发行专项文件，三十六个月内不接受相关人员出具的证券发行专项文件。

第七十条 承销机构在承销非公开发行的新股时，将新股配售给不符合本办法第三十七条规定的对象的，中国证监会可以责令改正，并在三十六个月内不接受其参与证券承销。

第七十一条 上市公司在非公开发行新股时，违反本办法第四十九条规定的，中国证监会可以责令改正，并在三十六个月内不受理该公司的公开发行证券申请。

第七十二条 本办法规定的特定对象违反规定，擅自转让限售期限未满的股票的，中国证监会可以责令改正，情节严重的，十二个月内不得作为特定对象认购证券。

第七十三条 上市公司和保荐机构、承销商向参与认购的投资者提供财务资助或补偿的，中国证监会可以责令改正；情节严重的，处以警告、罚款。

第七章　附　　则

第七十四条 上市公司发行以外币认购的证券的办法、上市公司向员工发行证券用于激励的办法，由中国证监会另行规定。

第七十五条 本办法自2006年5月8日起施行。《上市公司新股发行管理办法》（证监会令第1号）、《关于做好上市公司新股发行工作的通知》（证监发〔2001〕43号）、《关于上市公司增发新股有关条件的通知》（证监发〔2002〕55号）、《上市公司发行可转换公司债券实施办法》（证监会令第2号）和《关于做好上市公司可转换公司债券发行工作的通知》（证监发行字〔2001〕115号）同时废止。

4.4.2

公司债券发行与交易管理办法

（2015 年 1 月 15 日　证监会令第 113 号）

第一章　总　则

第一条　为了规范公司债券的发行、交易或转让行为，保护投资者的合法权益和社会公共利益，根据《证券法》、《公司法》和其他相关法律法规，制定本办法。

第二条　在中华人民共和国境内，公开发行公司债券并在证券交易所、全国中小企业股份转让系统交易或转让，非公开发行公司债券并按照本办法规定承销或自行销售，或在证券交易所、全国中小企业股份转让系统、机构间私募产品报价与服务系统、证券公司柜台转让的，适用本办法。

法律法规和中国证券监督管理委员会（以下简称中国证监会）另有规定的，从其规定。

本办法所称公司债券，是指公司依照法定程序发行、约定在一定期限还本付息的有价证券。

第三条　公司债券可以公开发行，也可以非公开发行。

第四条　发行人及其他信息披露义务人应当及时、公平地履行披露义务，所披露或者报送的信息必须真实、准确、完整，不得有虚假记载、误导性陈述或者重大遗漏。

第五条　发行人及其控股股东、实际控制人应当诚实守信，发行人的董事、监事、高级管理人员应当勤勉尽责，维护债券持有人享有的法定权利和债券募集说明书约定的权利。

第六条　债券募集说明书及其他信息披露文件所引用的审计报告、资产评估报告、评级报告，应当由具有从事证券服务业务资格的机构出具。

债券募集说明书所引用的法律意见书，应当由律师事务所出具，并由两名执业律师和所在律师事务所负责人签署。

第七条　为公司债券发行提供服务的承销机构、资信评级机构、受托管理人、会计师事务所、资产评估机构、律师事务所等专业机构和人员应当勤勉尽责，严格遵守执业规范和监管规则，按规定和约定履行义务。

第八条　发行人、承销机构及其相关工作人员在发行定价和配售过程中，不得有违反公平竞争、进行利益输送、直接或间接谋取不正当利益以及其他破坏市场秩序的行为。

第九条 中国证监会对公司债券发行的核准或者中国证券业协会按照本办法对公司债券发行的备案，不表明其对发行人的经营风险、偿债风险、诉讼风险以及公司债券的投资风险或收益等作出判断或者保证。公司债券的投资风险，由投资者自行承担。

第十条 中国证监会依法对公司债券的公开发行、非公开发行及其交易或转让活动进行监督管理。

证券自律组织可依照相关规定对公司债券的上市交易或转让、非公开发行及转让、承销、尽职调查、信用评级、受托管理及增信等进行自律管理。

证券自律组织应当制定相关业务规则，明确公司债券承销、备案、上市交易或转让、信息披露、投资者适当性管理、持有人会议及受托管理等具体规定，报中国证监会批准。

第二章 发行和交易转让

第一节 一般规定

第十一条 发行公司债券，发行人应当依照《公司法》或者公司章程相关规定对以下事项作出决议：

（一）发行债券的数量；

（二）发行方式；

（三）债券期限；

（四）募集资金的用途；

（五）决议的有效期；

（六）其他按照法律法规及公司章程规定需要明确的事项。

发行公司债券，如果对增信机制、偿债保障措施作出安排的，也应当在决议事项中载明。

第十二条 上市公司、股票公开转让的非上市公众公司发行的公司债券，可以附认股权、可转换成相关股票等条款。上市公司、股票公开转让的非上市公众公司股东可以发行附可交换成上市公司或非上市公众公司股票条款的公司债券。商业银行等金融机构可以按照有关规定发行附减记条款的公司债券。

上市公司发行附认股权、可转换成股票条款的公司债券，应当符合《上市公司证券发行管理办法》、《创业板上市公司证券发行管理暂行办法》的相关规定。

股票公开转让的非上市公众公司发行附认股权、可转换成股票条款的公司债券，由中国证监会另行规定。

第十三条 发行人全体董事、监事、高级管理人员应当在债券募集说明书上签字，承诺不存在虚假记载、误导性陈述或者重大遗漏，并承担相应的法律责任，但是能够证明自己没有过错的除外。

第十四条 本办法所称合格投资者，应当具备相应的风险识别和承担能力，知悉并自行承担公司债券的投资风险，并符合下列资质条件：

（一）经有关金融监管部门批准设立的金融机构，包括证券公司、基金管理公司及其子公司、期货公司、商业银行、保险公司和信托公司等，以及经中国证券投资基金业协会（以下简称基金业协会）登记的私募基金管理人；

（二）上述金融机构面向投资者发行的理财产品，包括但不限于证券公司资产管理产品、基金及基金子公司产品、期货公司资产管理产品、银行理财产品、保险产品、信托产品以及经基金业协会备案的私募基金；

（三）净资产不低于人民币一千万元的企事业单位法人、合伙企业；

（四）合格境外机构投资者（QFII）、人民币合格境外机构投资者（RQFII）；

（五）社会保障基金、企业年金等养老基金，慈善基金等社会公益基金；

（六）名下金融资产不低于人民币三百万元的个人投资者；

（七）经中国证监会认可的其他合格投资者。

前款所称金融资产包括银行存款、股票、债券、基金份额、资产管理计划、银行理财产品、信托计划、保险产品、期货权益等；理财产品、合伙企业拟将主要资产投向单一债券，需要穿透核查最终投资者是否为合格投资者并合并计算投资者人数，具体标准由基金业协会规定。

证券自律组织可以在本办法规定的基础上，设定更为严格的合格投资者资质条件。

第十五条 公开发行公司债券，募集资金应当用于核准的用途；非公开发行公司债券，募集资金应当用于约定的用途。除金融类企业外，募集资金不得转借他人。

发行人应当指定专项账户，用于公司债券募集资金的接收、存储、划转与本息偿付。

第二节 公开发行及交易

第十六条 公开发行公司债券，应当符合《证券法》、《公司法》的相关规定，经中国证监会核准。

第十七条 存在下列情形之一的，不得公开发行公司债券：

（一）最近三十六个月内公司财务会计文件存在虚假记载，或公司存在其他重大违法行为；

（二）本次发行申请文件存在虚假记载、误导性陈述或者重大遗漏；

（三）对已发行的公司债券或者其他债务有违约或者迟延支付本息的事实，仍处于继续状态；

（四）严重损害投资者合法权益和社会公共利益的其他情形。

第十八条 资信状况符合以下标准的公司债券可以向公众投资者公开发行，也可以自主选择仅面向合格投资者公开发行：

（一）发行人最近三年无债务违约或者迟延支付本息的事实；

（二）发行人最近三个会计年度实现的年均可分配利润不少于债券一年利息的 1.5 倍；

（三）债券信用评级达到 AAA 级；

（四）中国证监会根据投资者保护的需要规定的其他条件。

未达到前款规定标准的公司债券公开发行应当面向合格投资者；仅面向合格投资者公开发行的，中国证监会简化核准程序。

第十九条 公开发行公司债券，应当委托具有从事证券服务业务资格的资信评级机构进行信用评级。

第二十条 发行人应当按照中国证监会信息披露内容与格式的有关规定编制和报送公开发行公司债券的申请文件。

第二十一条 中国证监会受理申请文件后，依法审核公开发行公司债券的申请，自受理发行申请文件之日起三个月内，作出是否核准的决定，并出具相关文件。

发行申请核准后，公司债券发行结束前，发行人发生重大事项，导致可能不再符合发行条件的，应当暂缓或者暂停发行，并及时报告中国证监会。影响发行条件的，应当重新履行核准程序。

承销机构应当勤勉履行核查义务，发现发行人存在前款规定情形的，应当立即停止承销，并督促发行人及时履行报告义务。

第二十二条 公开发行公司债券，可以申请一次核准，分期发行。自中国证监会核准发行之日起，发行人应当在十二个月内完成首期发行，剩余数量应当在二十四个月内发行完毕。

公开发行公司债券的募集说明书自最后签署之日起六个月内有效。采用分期发行方式的，发行人应当在后续发行中及时披露更新后的债券募集说明书，并在每期发行完成后五个工作日内报中国证监会备案。

第二十三条 公开发行的公司债券，应当在依法设立的证券交易所上市交易，或在全国中小企业股份转让系统或者国务院批准的其他证券交易场所转让。

第二十四条 证券交易所、全国中小企业股份转让系统应当对公开发行公司债券的上市交易或转让实施分类管理，实行差异化的交易机制，建立相应的投资者适当性管理制度，健全风险控制机制。

证券交易所、全国中小企业股份转让系统应当根据债券资信状况的变化及时调整交易机制和投资者适当性安排。

第二十五条 公开发行公司债券申请上市交易或转让的，应当在发行前根据证券交易所、全国中小企业股份转让系统的相关规则，明确交易机制和交易环节投资者适当性安排。发行环节和交易环节的投资者适当性要求应当保持一致。

第三节 非公开发行及转让

第二十六条 非公开发行的公司债券应当向合格投资者发行，不得采用广告、公开劝诱和变相公开方式，每次发行对象不得超过二百人。

第二十七条 发行人、承销机构应当按照中国证监会、证券自律组织规定的投资者适当性制度，了解和评估投资者对非公开发行公司债券的风险识别和承担能力，确认参与非公开发行公司债券认购的投资者为合格投资者，并充分揭示风险。

第二十八条 非公开发行公司债券是否进行信用评级由发行人确定，并在债券募集说明书中披露。

第二十九条 非公开发行公司债券，承销机构或依照本办法第三十三条规定自行销售的发行人应当在每次发行完成后五个工作日内向中国证券业协会备案。

中国证券业协会在材料齐备时应当及时予以备案。备案不代表中国证券业协会实行合规性审查，不构成市场准入，也不豁免相关主体的违规责任。

第三十条 非公开发行公司债券，可以申请在证券交易所、全国中小企业股份转让系统、机构间私募产品报价与服务系统、证券公司柜台转让。

第三十一条 非公开发行的公司债券仅限于合格投资者范围内转让。转让后，持有同次发行债券的合格投资者合计不得超过二百人。

第三十二条 发行人的董事、监事、高级管理人员及持股比例超过百分之五的股东，可以参与本公司非公开发行公司债券的认购与转让，不受本办法第十四条关于合格投资者资质条件的限制。

第四节 发行与承销管理

第三十三条 发行公司债券应当由具有证券承销业务资格的证券公司承销。

取得证券承销业务资格的证券公司、中国证券金融股份有限公司及中国证监会认可的其他机构非公开发行公司债券可以自行销售。

第三十四条 承销机构承销公司债券，应当依据本办法以及中国证监会、中国证券业协会有关尽职调查、风险控制和内部控制等相关规定，制定严格的风险管理制度和内部控制制度，加强定价和配售过程管理。

第三十五条 承销机构承销公司债券，应当依照《证券法》相关规定采用包销或者代销方式。

第三十六条 发行人和主承销商应当签订承销协议，在承销协议中界定双方的权利义务关系，约定明确的承销基数。采用包销方式的，应当明确包销责任。

公开发行公司债券，依照法律、行政法规的规定应由承销团承销的，组成承销团的承销机构应当签订承销团协议，由主承销商负责组织承销工作。公司债券发行由两家以上承销机构联合主承销的，所有担任主承销商的承销机构应当共同承担主承销责任，履行相关义务。承销团由三家以上承销机构组成的，可以设副主承销商，协助主承销商组织承销活动。

承销团成员应当按照承销团协议及承销协议的约定进行承销活动，不得进行虚假承销。

第三十七条 公司债券公开发行的价格或利率以询价或公开招标等市场化方式确定。

发行人和主承销商应当协商确定公开发行的定价与配售方案并予公告，明确价格或利率确定原则、发行定价流程和配售规则等内容。

第三十八条 发行人和承销机构不得操纵发行定价、暗箱操作；不得以代持、信托等方式谋取不正当利益或向其他相关利益主体输送利益；不得直接或通过其利益相关方向参与认购的投资者提供财务资助；不得有其他违反公平竞争、破坏市场秩序等行为。

第三十九条 公开发行公司债券的，发行人和主承销商应当聘请律师事务所对发行过程、配售行为、参与认购的投资者资质条件、资金划拨等事项进行见证，并出具专项法律意见书。公开发行的公司债券上市后十个工作日内，主承销商应当将专项法律意见随同承销总结报告等文件一并报中国证监会。

第四十条 发行人和承销机构在推介过程中不得夸大宣传，或以虚假广告等不正当手段诱导、误导投资者，不得披露除债券募集说明书等信息以外的发行人其他信息。

承销机构应当保留推介、定价、配售等承销过程中的相关资料，并按相关法律法规规定存档备查，包括推介宣传材料、路演现场录音等，如实、全面反映询价、定价和配售过程。相关推介、定价、配售等的备查资料应当按中国证券业协会的规定制作并妥善保管。

第四十一条 中国证券业协会应当制定非公开发行公司债券承销业务的风险控制管理规定，根据市场风险状况对承销业务范围进行限制并动态调整。

第三章 信息披露

第四十二条 发行人及其他信息披露义务人应当按照中国证监会及证券自律组织的相关规定履行信息披露义务。

第四十三条 公开发行公司债券的发行人应当按照规定及时披露债券募集说明书，并在债券存续期内披露中期报告和经具有从事证券服务业务资格的会计师事务所审计的年度报告。

非公开发行公司债券的发行人信息披露的时点、内容，应当按照募集说明书的约定履行，相关信息披露文件应当由受托管理人向中国证券业协会备案。

第四十四条 公司债券募集资金的用途应当在债券募集说明书中披露。

发行人应当在定期报告中披露公开发行公司债券募集资金的使用情况。

非公开发行公司债券的，应当在债券募集说明书中约定募集资金使用情况的披露事宜。

第四十五条 公开发行公司债券的发行人应当及时披露债券存续期内发生可能影响其偿债能力或债券价格的重大事项。重大事项包括：

（一）发行人经营方针、经营范围或生产经营外部条件等发生重大变化；

（二）债券信用评级发生变化；

（三）发行人主要资产被查封、扣押、冻结；

（四）发行人发生未能清偿到期债务的违约情况；

（五）发行人当年累计新增借款或对外提供担保超过上年末净资产的百分之二十；

（六）发行人放弃债权或财产，超过上年末净资产的百分之十；

（七）发行人发生超过上年末净资产百分之十的重大损失；

（八）发行人作出减资、合并、分立、解散及申请破产的决定；

（九）发行人涉及重大诉讼、仲裁事项或受到重大行政处罚；

（十）保证人、担保物或者其他偿债保障措施发生重大变化；

（十一）发行人情况发生重大变化导致可能不符合公司债券上市条件；

（十二）发行人涉嫌犯罪被司法机关立案调查，发行人董事、监事、高级管理人员涉嫌犯罪被司法机关采取强制措施；

（十三）其他对投资者作出投资决策有重大影响的事项。

第四十六条 资信评级机构为公开发行公司债券进行信用评级，应当符合以下规定：

（一）按照规定或约定将评级信息告知发行人，并及时向市场公布首次评级报告、定期和不定期跟踪评级报告；

（二）在债券有效存续期间，应当每年至少向市场公布一次定期跟踪评级报告；

（三）应充分关注可能影响评级对象信用等级的所有重大因素，及时向市场公布信用等级调整及其他与评级相关的信息变动情况，并向证券交易所或其他证券交易场所报告。

第四十七条 公开发行公司债券的发行人及其他信息披露义务人应当将披露的信息刊登在其债券交易场所的互联网网站，同时将披露的信息或信息摘要刊登在至少一种中国证监会指定的报刊，供公众查阅。

第四章　债券持有人权益保护

第四十八条 发行公司债券的，发行人应当为债券持有人聘请债券受托管理人，并订立债券受托管理协议；在债券存续期限内，由债券受托管理人按照规定或协议的约定维护债券持有人的利益。

发行人应当在债券募集说明书中约定，投资者认购或持有本期公司债券视作同意债券受托管理协议、债券持有人会议规则及债券募集说明书中其他有关发行人、债券持有人权利义务的相关约定。

第四十九条 债券受托管理人由本次发行的承销机构或其他经中国证监会认可的机构担任。债券受托管理人应当为中国证券业协会会员。为本次发行提供担保的机构不得担任本次债券发行的受托管理人。

债券受托管理人应当勤勉尽责，公正履行受托管理职责，不得损害债券持有人利益。

对于债券受托管理人在履行受托管理职责时可能存在的利益冲突情形及相关风险防范、解决机制，发行人应当在债券募集说明书及债券存续期间的信息披露文件中予以充分披露，并同时在债券受托管理协议中载明。

第五十条 公开发行公司债券的受托管理人应当履行下列职责：

（一）持续关注发行人和保证人的资信状况、担保物状况、增信措施及偿债保障措施的实施情况，出现可能影响债券持有人重大权益的事项时，召集债券持有人会议；

（二）在债券存续期内监督发行人募集资金的使用情况；

（三）对发行人的偿债能力和增信措施的有效性进行全面调查和持续关注，并至少每年向市场公告一次受托管理事务报告；

（四）在债券存续期内持续督导发行人履行信息披露义务；

（五）预计发行人不能偿还债务时，要求发行人追加担保，并可以依法申请法定机关采取财产保全措施；

（六）在债券存续期内勤勉处理债券持有人与发行人之间的谈判或者诉讼事务；

（七）发行人为债券设定担保的，债券受托管理协议可以约定担保财产为信托财产，债券受托管理人应在债券发行前或债券募集说明书约定的时间内取得担保的权利证明或其他有关文件，并在担保期间妥善保管；

（八）发行人不能偿还债务时，可以接受全部或部分债券持有人的委托，以自己名义代表债券持有人提起民事诉讼、参与重组或者破产的法律程序。

第五十一条 受托管理人因涉嫌债券承销活动中违法违规正在接受中国证监会调查或出现中国证监会认定的其他不再适合担任受托管理人情形的，在依据本办法第五十五条第（三）项变更受托管理人之前，中国证监会可以临时指定中证中小投资者服务中心有限责任公司承担受托管理职责，直至债券持有人会议选任出新的受托管理人为止。

第五十二条 非公开发行公司债券的，债券受托管理人应当按照债券受托管理协议的约定履行职责。

第五十三条 受托管理人为履行受托管理职责，有权代表债券持有人查询债券持有人名册及相关登记信息、专项账户中募集资金的存储与划转情况。证券登记结算机构应当予以配合。

第五十四条 发行公司债券，应当在债券募集说明书中约定债券持有人会议规则。债券持有人会议规则应当公平、合理。

债券持有人会议规则应当明确债券持有人通过债券持有人会议行使权利的范围，债券持有人会议的召集、通知、决策机制和其他重要事项。

债券持有人会议按照本办法的规定及会议规则的程序要求所形成的决议对全体债券持有人有约束力。

第五十五条 存在下列情形的，债券受托管理人应当召集债券持有人会议：

（一）拟变更债券募集说明书的约定；

（二）拟修改债券持有人会议规则；

（三）拟变更债券受托管理人或受托管理协议的主要内容；

（四）发行人不能按期支付本息；

（五）发行人减资、合并、分立、解散或者申请破产；

（六）保证人、担保物或者其他偿债保障措施发生重大变化；

（七）发行人、单独或合计持有本期债券总额百分之十以上的债券持有人书面提议召开；

（八）发行人管理层不能正常履行职责，导致发行人债务清偿能力面临严重不确定性，需要依法采取行动的；

（九）发行人提出债务重组方案的；

（十）发生其他对债券持有人权益有重大影响的事项。

在债券受托管理人应当召集而未召集债券持有人会议时，单独或合计持有本期债券总额百分之十以上的债券持有人有权自行召集债券持有人会议。

第五十六条 发行人可采取内外部增信机制、偿债保障措施，提高偿债能力，控制公司债券风险。

内外部增信机制、偿债保障措施包括但不限于下列方式：

（一）第三方担保；

（二）商业保险；

（三）资产抵押、质押担保；

（四）限制发行人债务及对外担保规模；

（五）限制发行人对外投资规模；

（六）限制发行人向第三方出售或抵押主要资产；

（七）设置债券回售条款。

公司债券增信机构可以成为中国证券业协会会员。

第五十七条 发行人应当在债券募集说明书中约定构成债券违约的情形、违约责任及其承担方式以及公司债券发生违约后的诉讼、仲裁或其他争议解决机制。

第五章 监督管理和法律责任

第五十八条 对违反法律法规及本办法规定的机构和人员，中国证监会可采取责令改正、监管谈话、出具警示函、责令公开说明、责令参加培训、责令定期报告、认定为不适当人选、暂不受理与行政许可有关的文件等相关监管措施；依法应予行政处罚的，依照《证券法》、《行政处罚法》等法律法规和中国证监会的有关规定进行处罚；涉嫌犯罪的，依法移送司法机关，追究其刑事责任。

第五十九条 发行人、承销机构向不符合规定条件的投资者发行公司债券的，中国证监会可以对发行人、承销机构及其直接负责的主管人员和其他直接责任人员采取本办法第五十八条规定的相关监管措施；情节严重的，处以警告、罚款。

第六十条 非公开发行公司债券，发行人违反本办法第十五条规定的，中国证监会可以对发行人及其直接负责的主管人员和其他直接责任人员采取本办法第五十八条规定的相关监管措施；情节严重的，处以警告、罚款。

第六十一条 承销机构承销未经核准擅自公开发行的公司债券的，中国证监会可以采取十二至三十六个月暂不受理其证券承销业务有关文件等监管措施；对其直接负责的主管人员和其他直接责任人员，可以采取本办法第五十八条规定的相关监管措施。

第六十二条 除中国证监会另有规定外，承销或自行销售非公开发行公司债券未按规定进行备案的，中国证监会可以对承销机构及其直接负责的主管人员和其他直接责任人员采取本办法第五十八条规定的相关监管措施；情节严重的，处以警告、罚款。

第六十三条 承销机构在承销公司债券过程中，有下列行为之一的，中国证监会可以对承销机构及其直接负责的主管人员和其他直接责任人员采取本办法第五十八条规定的相关监管措施；情节严重的，可以对承销机构采取三至十二个月暂不受理其证券承销业务有关文件的监管措施：

（一）以不正当竞争手段招揽承销业务；

（二）从事本办法第三十八条规定禁止的行为；

（三）从事本办法第四十条规定禁止的行为；

（四）未按本办法及相关规定要求披露有关文件；

（五）未按照事先披露的原则和方式配售公司债券，或其他未依照披露文件实施的行为；

（六）未按照本办法及相关规定要求保留推介、定价、配售等承销过程中相关资料；

（七）其他违反承销业务规定的行为。

第六十四条 发行人有下列行为之一的，中国证监会可以对发行人及其直接负责的主管人员和其他直接责任人员采取本办法第五十八条规定的相关监管措施：

（一）从事本办法第三十八条规定禁止的行为；

（二）从事本办法第四十条规定禁止的行为；

（三）其他违反承销业务规定的行为。

第六十五条 非公开发行公司债券，发行人及其他信息披露义务人未按规定披露信息，或者所披露的信息存在虚假记载、误导性陈述或者重大遗漏的，依照《证券法》和中国证监会有关规定处理，对发行人、其他信息披露义务人及其直接负责的主管人员和其他直接责任人员可以采取本办法第五十八条规定的相关监管措施；情节严重的，处以警告、罚款。

第六十六条 发行人、债券受托管理人等违反本办法规定，损害债券持有人权益的，中国证监会可以对发行人、受托管理人及其直接负责的主管人员和其他直接责任人员采取本办法第五十八条规定的相关监管措施；情节严重的，处以警告、罚款。

第六十七条 发行人的控股股东滥用公司法人独立地位和股东有限责任，损害债券持有人利益的，应当依法对公司债务承担连带责任。

第六章 附 则

第六十八条 公开发行公司债券，应当由中国证券登记结算有限责任公司统一登记。

公开发行公司债券的结算业务及非公开发行公司债券的登记结算业务，应当由中国证券登记结算有限责任公司或中国证监会认可的其他机构办理。

其他机构办理公司债券登记结算业务的，应当将登记、结算数据报送中国证券登记结算有限责任公司。

第六十九条 本办法规定的发行人不包括地方政府融资平台公司。

第七十条 证券公司和其他金融机构次级债券的发行、交易或转让，适用本办法。境外注册公司在中国证监会监管的债券交易场所的债券发行、交易或转让，参照适用本办法。

第七十一条 本办法所称证券自律组织包括证券交易所、全国中小企业股份转让系统、中国证券业协会以及中国证监会认定的其他自律组织。

第七十二条 在区域性股权交易市场非公开发行与转让公司债券的管理办法，由中国证监会另行规定。

第七十三条 本办法自公布之日起施行。《证券公司债券管理暂行办法》（证监会令第 15 号）、《关于修订〈证券公司债券管理暂行办法〉的决定》（证监会令第 25 号）、《关于发布〈证券公司债券管理暂行办法〉五个配套文件的通知》（证监发行字〔2003〕106 号）、《公司债券发行试点办法》（证监会令第 49 号）、《关于实施〈公司债券发行试点办法〉有关事项的通知》（证监发〔2007〕112 号）、《关于创业板上市公司非公开发行债券有关事项的公告》（证监会公告〔2011〕29 号）同时废止。

4.4.3

证券发行上市保荐业务管理办法

（2017 年 12 月 7 日　证监会令第 137 号）

第一章　总　　则

第一条　为了规范证券发行上市保荐业务，提高上市公司质量和证券公司执业水平，保护投资者的合法权益，促进证券市场健康发展，根据《证券法》、《国务院对确需保留的行政审批项目设定行政许可的决定》（国务院令第 412 号）等有关法律、行政法规，制定本办法。

第二条　发行人应当就下列事项聘请具有保荐机构资格的证券公司履行保荐职责：

（一）首次公开发行股票并上市；

（二）上市公司发行新股、可转换公司债券；

（三）中国证券监督管理委员会（以下简称“中国证监会”）认定的其他情形。

第三条　证券公司从事证券发行上市保荐业务，应依照本办法规定向中国证监会申请保荐机构资格。

保荐机构履行保荐职责，应当指定依照本办法规定取得保荐代表人资格的个人具体负责保荐工作。

未经中国证监会核准，任何机构和个人不得从事保荐业务。

第四条　保荐机构及其保荐代表人应当遵守法律、行政法规和中国证监会的相关规定，恪守业务规则和行业规范，诚实守信，勤勉尽责，尽职推荐发行人证券发行上市，持续督导发行人履行规范运作、信守承诺、信息披露等义务。

保荐机构及其保荐代表人不得通过从事保荐业务谋取任何不正当利益。

第五条　保荐代表人应当遵守职业道德准则，珍视和维护保荐代表人职业声誉，保持应有的职业谨慎，保持和提高专业胜任能力。

保荐代表人应当维护发行人的合法利益，对从事保荐业务过程中获知的发行人信息保密。保荐代表人应当恪守独立履行职责的原则，不因迎合发行人或者满足发行人的不当要求而丧失客观、公正的立场，不得唆使、协助或者参与发行人及证券服务机构实施非法的或者具有欺诈性的行为。

保荐代表人及其配偶不得以任何名义或者方式持有发行人的股份。

第六条 同次发行的证券，其发行保荐和上市保荐应当由同一保荐机构承担。保荐机构依法对发行人申请文件、证券发行募集文件进行核查，向中国证监会、证券交易所出具保荐意见。保荐机构应当保证所出具的文件真实、准确、完整。

证券发行规模达到一定数量的，可以采用联合保荐，但参与联合保荐的保荐机构不得超过 2 家。

证券发行的主承销商可以由该保荐机构担任，也可以由其他具有保荐机构资格的证券公司与该保荐机构共同担任。

第七条 发行人及其董事、监事、高级管理人员，为证券发行上市制作、出具有关文件的律师事务所、会计师事务所、资产评估机构等证券服务机构及其签字人员，应当依照法律、行政法规和中国证监会的规定，配合保荐机构及其保荐代表人履行保荐职责，并承担相应的责任。

保荐机构及其保荐代表人履行保荐职责，不能减轻或者免除发行人及其董事、监事、高级管理人员、证券服务机构及其签字人员的责任。

第八条 中国证监会依法对保荐机构及其保荐代表人进行监督管理。

中国证券业协会对保荐机构及其保荐代表人进行自律管理。

第二章　保荐机构和保荐代表人的资格管理

第九条 证券公司申请保荐机构资格，应当具备下列条件：

（一）注册资本不低于人民币 1 亿元，净资本不低于人民币 5000 万元；

（二）具有完善的公司治理和内部控制制度，风险控制指标符合相关规定；

（三）保荐业务部门具有健全的业务规程、内部风险评估和控制系统，内部机构设置合理，具备相应的研究能力、销售能力等后台支持；

（四）具有良好的保荐业务团队且专业结构合理，从业人员不少于 35 人，其中最近 3 年从事保荐相关业务的人员不少于 20 人；

（五）符合保荐代表人资格条件的从业人员不少于 4 人；

（六）最近 3 年内未因重大违法违规行为受到行政处罚；

（七）中国证监会规定的其他条件。

第十条 证券公司申请保荐机构资格，应当向中国证监会提交下列材料：

（一）申请报告；

（二）股东（大）会和董事会关于申请保荐机构资格的决议；

（三）公司设立批准文件；

（四）营业执照复印件；

（五）公司治理和公司内部控制制度及执行情况的说明；

（六）董事、监事、高级管理人员和主要股东情况的说明；

（七）内部风险评估和控制系统及执行情况的说明；

（八）保荐业务尽职调查制度、辅导制度、内部核查制度、持续督导制度、持续培训制度和保荐工作底稿制度的建立情况；

（九）符合规定的最近 1 年度净资本计算表、风险资本准备计算表和风险控制指标监管报表；

（十）保荐业务部门机构设置、分工及人员配置情况的说明；

（十一）研究、销售等后台支持部门的情况说明；

（十二）保荐业务负责人、内核负责人、保荐业务部门负责人和内核小组成员名单及其简历；

（十三）证券公司指定联络人的说明；

（十四）证券公司对申请文件真实性、准确性、完整性承担责任的承诺函，并应由其全体董事签字；

（十五）中国证监会要求的其他材料。

第十一条 个人申请保荐代表人资格，应当具备下列条件：

（一）具备 3 年以上保荐相关业务经历；

（二）最近 3 年内在本办法第二条规定的境内证券发行项目中担任过项目协办人；

（三）参加中国证监会认可的保荐代表人胜任能力考试且成绩合格有效；

（四）诚实守信，品行良好，无不良诚信记录，最近 3 年未受到中国证监会的行政处罚；

（五）未负有数额较大到期未清偿的债务；

（六）中国证券业协会规定的其他条件。

第十二条 证券公司和个人应当保证申请文件真实、准确、完整。申请期间，申请文件内容发生重大变化的，应当自变化之日起 2 个工作日内向中国证监会提交更新资料。

第十三条 中国证监会依法受理、审查申请文件。对保荐机构资格的申请，自受理之日起 45 个工作日内做出核准或者不予核准的书面决定。

第十四条 证券公司取得保荐机构资格后，应当持续符合本办法第九条规定的条件。保荐机构因重大违法违规行为受到行政处罚的，中国证监会撤销其保荐机构资格；不再具备第九条规定其他条件的，中国证监会可责令其限期整改，逾期仍然不符合要求的，中国证监会撤销其保荐机构资格。

第十五条 中国证监会依法对保荐机构进行注册登记管理。

第十六条 保荐机构的注册登记事项包括：

（一）保荐机构名称、成立时间、注册资本、注册地址、主要办公地址和法定代表人；

（二）保荐机构的主要股东情况；

（三）保荐机构的董事、监事和高级管理人员情况；

（四）保荐机构的保荐业务负责人、内核负责人情况；

（五）保荐机构的保荐业务部门负责人情况；

（六）保荐机构的保荐业务部门机构设置、分工及人员配置情况；

（七）保荐机构的执业情况；

（八）中国证监会要求的其他事项。

第十七条 保荐机构注册登记事项发生变化的，保荐机构应当自变化之日起 5 个工作日内向中国证监会书面报告，由中国证监会予以变更登记。

第十八条 保荐机构应当于每年 4 月份向中国证监会报送年度执业报告。年度执业报告应当包括以下内容：

（一）保荐机构、保荐代表人年度执业情况的说明；

（二）保荐机构对保荐代表人尽职调查工作日志检查情况的说明；

（三）保荐机构对保荐代表人的年度考核、评定情况；

（四）保荐机构、保荐代表人其他重大事项的说明；

（五）保荐机构对年度执业报告真实性、准确性、完整性承担责任的承诺函，并应由其法定代表人签字；

（六）中国证监会要求的其他事项。

第三章 保荐职责

第十九条 保荐机构应当尽职推荐发行人证券发行上市。

发行人证券上市后，保荐机构应当持续督导发行人履行规范运作、信守承诺、信息披露等义务。

第二十条 保荐机构推荐发行人证券发行上市，应当遵循诚实守信、勤勉尽责的原则，按照中国证监会对保荐机构尽职调查工作的要求，对发行人进行全面调查，充分了解发行人的经营状况及其面临的风险和问题。

第二十一条 保荐机构在推荐发行人首次公开发行股票并上市前，应当对发行人进行辅导，对发行人的董事、监事和高级管理人员、持有 5% 以上股份的股东和实际控制人（或者其法定代表人）进行系统的法规知识、证券市场知识培训，使其全面掌握发行上市、规范运作等方面的有关法律法规和规则，知悉信息披露和履行承诺等方面的责任和义务，树立进入证券市场的诚信意识、自律意识和法制意识。

第二十二条 保荐机构辅导工作完成后，应由发行人所在地的中国证监会派出机构进行辅导验收。

第二十三条 保荐机构应当与发行人签订保荐协议，明确双方的权利和义务，按照行业规范协商确定履行保荐职责的相关费用。

保荐协议签订后，保荐机构应在 5 个工作日内报发行人所在地的中国证监会派出机构备案。

第二十四条 保荐机构应当确信发行人符合法律、行政法规和中国证监会的有关规定，方可推荐其证券发行上市。

保荐机构决定推荐发行人证券发行上市的，可以根据发行人的委托，组织编制申请文件并出具推荐文件。

第二十五条 对发行人申请文件、证券发行募集文件中有证券服务机构及其签字人员出具专业意见的内容，保荐机构应当结合尽职调查过程中获得的信息对其进行审慎核查，对发行人提供的资料和披露的内容进行独立判断。

保荐机构所作的判断与证券服务机构的专业意见存在重大差异的，应当对有关事项进行调查、复核，并可聘请其他证券服务机构提供专业服务。

第二十六条 对发行人申请文件、证券发行募集文件中无证券服务机构及其签字人员专业意见支持的内容，保荐机构应当获得充分的尽职调查证据，在对各种证据进行综合分析的基础上对发行人提供的资料和披露的内容进行独立判断，并有充分理由确信所作的判断与发行人申请文件、证券发行募集文件的内容不存在实质性差异。

第二十七条 保荐机构推荐发行人发行证券，应当向中国证监会提交发行保荐书、保荐代表人专项授权书以及中国证监会要求的其他与保荐业务有关的文件。发行保荐书应当包括下列内容：

（一）逐项说明本次发行是否符合《公司法》、《证券法》规定的发行条件和程序；

（二）逐项说明本次发行是否符合中国证监会的有关规定，并载明得出每项结论的查证过程及事实依据；

（三）发行人存在的主要风险；

（四）对发行人发展前景的评价；

（五）保荐机构内部审核程序简介及内核意见；

（六）保荐机构与发行人的关联关系；

（七）相关承诺事项；

（八）中国证监会要求的其他事项。

第二十八条 保荐机构推荐发行人证券上市，应当向证券交易所提交上市保荐书以及证券交易所要求的其他与保荐业务有关的文件，并报中国证监会备案。上市保荐书应当包括下列内容：

（一）逐项说明本次证券上市是否符合《公司法》、《证券法》及证券交易所规定的上市条件；

（二）对发行人证券上市后持续督导工作的具体安排；

（三）保荐机构与发行人的关联关系；

（四）相关承诺事项；

（五）中国证监会或者证券交易所要求的其他事项。

第二十九条 在发行保荐书和上市保荐书中，保荐机构应当就下列事项做出承诺：

（一）有充分理由确信发行人符合法律法规及中国证监会有关证券发行上市的相关规定；

（二）有充分理由确信发行人申请文件和信息披露资料不存在虚假记载、误导性陈述或者重大遗漏；

（三）有充分理由确信发行人及其董事在申请文件和信息披露资料中表达意见的依据充分合理；

（四）有充分理由确信申请文件和信息披露资料与证券服务机构发表的意见不存在实质性差异；

（五）保证所指定的保荐代表人及本保荐机构的相关人员已勤勉尽责，对发行人申请文件和信息披露资料进行了尽职调查、审慎核查；

（六）保证保荐书、与履行保荐职责有关的其他文件不存在虚假记载、误导性陈述或者重大遗漏；

（七）保证对发行人提供的专业服务和出具的专业意见符合法律、行政法规、中国证监会的规定和行业规范；

（八）自愿接受中国证监会依照本办法采取的监管措施；

（九）中国证监会规定的其他事项。

第三十条 保荐机构提交发行保荐书后，应当配合中国证监会的审核，并承担下列工作：

（一）组织发行人及证券服务机构对中国证监会的意见进行答复；

（二）按照中国证监会的要求对涉及本次证券发行上市的特定事项进行尽职调查或者核查；

（三）指定保荐代表人与中国证监会职能部门进行专业沟通，保荐代表人在发行审核委员会会议上接受委员质询；

（四）中国证监会规定的其他工作。

第三十一条 保荐机构应当针对发行人的具体情况，确定证券发行上市后持续督导的内容，督导发行人履行有关上市公司规范运作、信守承诺和信息披露等义务，审阅信息披露文件及向中国证监会、证券交易所提交的其他文件，并承担下列工作：

（一）督导发行人有效执行并完善防止控股股东、实际控制人、其他关联方违规占用发行人资源的制度；

（二）督导发行人有效执行并完善防止其董事、监事、高级管理人员利用职务之便损害发行人利益的内控制度；

（三）督导发行人有效执行并完善保障关联交易公允性和合规性的制度，并对关联交易发表意见；

（四）持续关注发行人募集资金的专户存储、投资项目的实施等承诺事项；

（五）持续关注发行人为他人提供担保等事项，并发表意见；

（六）中国证监会、证券交易所规定及保荐协议约定的其他工作。

第三十二条 首次公开发行股票并在主板上市的，持续督导的期间为证券上市当年剩余时间及其后 2 个完整会计年度；主板上市公司发行新股、可转换公司债券的，持续督导的期间为证券上市当年剩余时间及其后 1 个完整会计年度。

首次公开发行股票并在创业板上市的，持续督导的期间为证券上市当年剩余时间及其后 3 个完整会计年度；创业板上市公司发行新股、可转换公司债券的，持续督导的期间为证券上市当年剩余时间及其后 2 个完整会计年度。

首次公开发行股票并在创业板上市的，持续督导期内保荐机构应当自发行人披露年度报告、中期报告之日起 15 个工作日内在中国证监会指定网站披露跟踪报告，对本办法第三十一条所涉及的事项，进行分析并发表独立意见。发行人临时报告披露的信息涉及募集资金、关联交易、委托理财、为他人提供担保等重大事项的，保荐机构应当自临时报告披露之日起 10 个工作日内进行分析并在中国证监会指定网站发表独立意见。

持续督导的期间自证券上市之日起计算。

第三十三条 持续督导期届满，如有尚未完结的保荐工作，保荐机构应当继续完成。

保荐机构在履行保荐职责期间未勤勉尽责的，其责任不因持续督导期届满而免除或者终止。

第四章 保荐业务规程

第三十四条 保荐机构应当建立健全保荐工作的内部控制体系，切实保证保荐业务负责人、内核负责人、保荐业务部门负责人、保荐代表人、项目协办人及其他保荐业务相关人员勤勉尽责，严格控制风险，提高保荐业务整体质量。

第三十五条 保荐机构应当建立健全证券发行上市的尽职调查制度、辅导制度、对发行上市申请文件的内部核查制度、对发行人证券上市后的持续督导制度。

第三十六条 保荐机构应当建立健全对保荐代表人及其他保荐业务相关人员的持续培训制度。

第三十七条 保荐机构应当建立健全工作底稿制度，为每一项目建立独立的保荐工作底稿。

保荐代表人必须为其具体负责的每一项目建立尽职调查工作日志，作为保荐工作底稿的一部分存档备查；保荐机构应当定期对尽职调查工作日志进行检查。

保荐工作底稿应当真实、准确、完整地反映整个保荐工作的全过程，保存期不少于 10 年。

第三十八条 保荐机构的保荐业务负责人、内核负责人负责监督、执行保荐业务各项制度并承担相应的责任。

第三十九条 保荐机构及其控股股东、实际控制人、重要关联方持有发行人的股份合计超过 7%，或者发行人持有、控制保荐机构的股份超过 7% 的，保荐机构在推荐发行人证券发行上市时，应联合 1 家无关联保荐机构共同履行保荐职责，且该无关联保荐机构为第一保荐机构。

第四十条 刊登证券发行募集文件前终止保荐协议的，保荐机构和发行人应当自终止之日起 5 个工作日内分别向中国证监会报告，说明原因。

第四十一条 刊登证券发行募集文件以后直至持续督导工作结束，保荐机构和发行人不得终止保荐协议，但存在合理理由的情形除外。发行人因再次申请发行证券另行聘请保荐机构、保荐机构被中国证监会撤销保荐机构资格的，应当终止保荐协议。

终止保荐协议的，保荐机构和发行人应当自终止之日起 5 个工作日内向中国证监会、证券交易所报告，说明原因。

第四十二条 持续督导期间，保荐机构被撤销保荐机构资格的，发行人应当在 1 个月内另行聘请保荐机构，未在规定期限内另行聘请的，中国证监会可以为其指定保荐机构。

第四十三条 另行聘请的保荐机构应当完成原保荐机构未完成的持续督导工作。

因原保荐机构被撤销保荐机构资格而另行聘请保荐机构的，另行聘请的保荐机构持续督导的时间不得少于 1 个完整的会计年度。

另行聘请的保荐机构应当自保荐协议签订之日起开展保荐工作并承担相应的责任。原保荐机构在履行保荐职责期间未勤勉尽责的，其责任不因保荐机构的更换而免除或者终止。

第四十四条 保荐机构应当指定 2 名保荐代表人具体负责 1 家发行人的保荐工作，出具由法定代表人签字的专项授权书，并确保保荐机构有关部门和人员有效分工协作。保荐机构可以指定 1 名项目协办人。

第四十五条 证券发行后，保荐机构不得更换保荐代表人，但因保荐代表人离职或者被撤销保荐代表人资格的，应当更换保荐代表人。

保荐机构更换保荐代表人的，应当通知发行人，并在 5 个工作日内向中国证监会、证券交易所报告，说明原因。原保荐代表人在具体负责保荐工作期间未勤勉尽责的，其责任不因保荐代表人的更换而免除或者终止。

第四十六条 保荐机构法定代表人、保荐业务负责人、内核负责人、保荐代表人和项目协办人应当在发行保荐书上签字，保荐机构法定代表人、保荐代表人应同时在证券发行募集文件上签字。

第四十七条 保荐机构应将履行保荐职责时发表的意见及时告知发行人，同时在保荐工作底稿中保存，并可依照本办法规定公开发表声明、向中国证监会或者证券交易所报告。

第四十八条 持续督导工作结束后，保荐机构应当在发行人公告年度报告之日起的 10 个工作日内向中国证监会、证券交易所报送保荐总结报告书。保荐机构法定代表人和保荐代表人应当在保荐总结报告书上签字。保荐总结报告书应当包括下列内容：

（一）发行人的基本情况；

（二）保荐工作概述；

（三）履行保荐职责期间发生的重大事项及处理情况；

（四）对发行人配合保荐工作情况的说明及评价；

（五）对证券服务机构参与证券发行上市相关工作情况的说明及评价；

（六）中国证监会要求的其他事项。

第四十九条 保荐代表人及其他保荐业务相关人员属于内幕信息的知情人员，应当遵守法律、行政法规和中国证监会的规定，不得利用内幕信息直接或者间接为保荐机构、本人或者他人谋取不正当利益。

第五章 保荐业务协调

第五十条 保荐机构及其保荐代表人履行保荐职责可对发行人行使下列权利：

（一）要求发行人按照本办法规定和保荐协议约定的方式，及时通报信息；

（二）定期或者不定期对发行人进行回访，查阅保荐工作需要的发行人材料；

（三）列席发行人的股东大会、董事会和监事会；

（四）对发行人的信息披露文件及向中国证监会、证券交易所提交的其他文件进行事前审阅；

（五）对有关部门关注的发行人相关事项进行核查，必要时可聘请相关证券服务机构配合；

（六）按照中国证监会、证券交易所信息披露规定，对发行人违法违规的事项发表公开声明；

（七）中国证监会规定或者保荐协议约定的其他权利。

第五十一条 发行人有下列情形之一的，应当及时通知或者咨询保荐机构，并将相关文件送交保荐机构：

（一）变更募集资金及投资项目等承诺事项；

（二）发生关联交易、为他人提供担保等事项；

（三）履行信息披露义务或者向中国证监会、证券交易所报告有关事项；

（四）发生违法违规行为或者其他重大事项；

（五）中国证监会规定或者保荐协议约定的其他事项。

第五十二条 证券发行前，发行人不配合保荐机构履行保荐职责的，保荐机构应当发表保留意见，并在发行保荐书中予以说明；情节严重的，应当不予保荐，已保荐的应当撤销保荐。

第五十三条 证券发行后，保荐机构有充分理由确信发行人可能存在违法违规行为以及其他不当行为的，应当督促发行人做出说明并限期纠正；情节严重的，应当向中国证监会、证券交易所报告。

第五十四条 保荐机构应当组织协调证券服务机构及其签字人员参与证券发行上市的相关工作。

发行人为证券发行上市聘用的会计师事务所、律师事务所、资产评估机构以及其他证券服务机构，保荐机构有充分理由认为其专业能力存在明显缺陷的，可以向发行人建议更换。

第五十五条 保荐机构对证券服务机构及其签字人员出具的专业意见存有疑义的，应当主动与证券服务机构进行协商，并可要求其做出解释或者出具依据。

第五十六条 保荐机构有充分理由确信证券服务机构及其签字人员出具的专业意见可能存在虚假记载、误导性陈述或重大遗漏等违法违规情形或者其他不当情形的，应当及时发表意见；情节严重的，应当向中国证监会、证券交易所报告。

第五十七条 证券服务机构及其签字人员应当保持专业独立性，对保荐机构提出的疑义或者意见进行审慎的复核判断，并向保荐机构、发行人及时发表意见。

第六章 监管措施和法律责任

第五十八条 中国证监会可以对保荐机构及其保荐代表人从事保荐业务的情况进行定

期或者不定期现场检查，保荐机构及其保荐代表人应当积极配合检查，如实提供有关资料，不得拒绝、阻挠、逃避检查，不得谎报、隐匿、销毁相关证据材料。

第五十九条 中国证监会对保荐机构及其相关人员进行持续动态的跟踪管理，记录其业务资格、执业情况、违法违规行为、其他不良行为以及对其采取的监管措施等。保荐信用记录向社会公开。

第六十条 自保荐机构向中国证监会提交保荐文件之日起，保荐机构及其保荐代表人承担相应的责任。

第六十一条 保荐机构资格申请文件存在虚假记载、误导性陈述或者重大遗漏的，中国证监会不予核准；已核准的，撤销其保荐机构资格。

第六十二条 保荐机构、保荐代表人、保荐业务负责人和内核负责人违反本办法，未诚实守信、勤勉尽责地履行相关义务的，中国证监会责令改正，并对其采取监管谈话、重点关注、责令进行业务学习、出具警示函、责令公开说明、认定为不适当人选等监管措施；依法应给予行政处罚的，依照有关规定进行处罚；情节严重涉嫌犯罪的，依法移送司法机关，追究其刑事责任。

第六十三条 保荐机构出现下列情形之一的，中国证监会自确认之日起暂停其保荐机构资格 3 个月；情节严重的，暂停其保荐机构资格 6 个月，并可以责令保荐机构更换保荐业务负责人、内核负责人；情节特别严重的，撤销其保荐机构资格：

（一）向中国证监会、证券交易所提交的与保荐工作相关的文件存在虚假记载、误导性陈述或者重大遗漏；

（二）内部控制制度未有效执行；

（三）尽职调查制度、内部核查制度、持续督导制度、保荐工作底稿制度未有效执行；

（四）保荐工作底稿存在虚假记载、误导性陈述或者重大遗漏；

（五）唆使、协助或者参与发行人及证券服务机构提供存在虚假记载、误导性陈述或者重大遗漏的文件；

（六）唆使、协助或者参与发行人干扰中国证监会及其发行审核委员会的审核工作；

（七）通过从事保荐业务谋取不正当利益；

（八）严重违反诚实守信、勤勉尽责义务的其他情形。

第六十四条 保荐代表人出现下列情形之一的，中国证监会可根据情节轻重，自确认之日起 3 个月到 12 个月内不受理相关保荐代表人具体负责的推荐；情节特别严重的，撤销其保荐代表人资格：

（一）尽职调查工作日志缺失或者遗漏、隐瞒重要问题；

（二）未完成或者未参加辅导工作；

（三）未参加持续督导工作，或者持续督导工作未勤勉尽责；

（四）因保荐业务或其具体负责保荐工作的发行人在保荐期间内受到证券交易所、中国证券业协会公开谴责；

（五）唆使、协助或者参与发行人干扰中国证监会及其发行审核委员会的审核工作；

（六）严重违反诚实守信、勤勉尽责义务的其他情形。

第六十五条 保荐代表人出现下列情形之一的，中国证监会撤销其保荐代表人资格；情节严重的，对其采取证券市场禁入的措施：

（一）在与保荐工作相关文件上签字推荐发行人证券发行上市，但未参加尽职调查工作，或者尽职调查工作不彻底、不充分，明显不符合业务规则和行业规范；

（二）通过从事保荐业务谋取不正当利益；

（三）本人及其配偶持有发行人的股份；

（四）唆使、协助或者参与发行人及证券服务机构提供存在虚假记载、误导性陈述或者重大遗漏的文件；

（五）参与组织编制的与保荐工作相关文件存在虚假记载、误导性陈述或者重大遗漏。

第六十六条 保荐机构、保荐代表人因保荐业务涉嫌违法违规处于立案调查期间的，中国证监会暂不受理该保荐机构的推荐；暂不受理相关保荐代表人具体负责的推荐。

第六十七条 发行人出现下列情形之一的，中国证监会自确认之日起暂停保荐机构的保荐机构资格 3 个月，撤销相关人员的保荐代表人资格：

（一）证券发行募集文件等申请文件存在虚假记载、误导性陈述或者重大遗漏；

（二）公开发行证券上市当年即亏损；

（三）持续督导期间信息披露文件存在虚假记载、误导性陈述或者重大遗漏。

第六十八条 发行人在持续督导期间出现下列情形之一的，中国证监会可根据情节轻重，自确认之日起 3 个月到 12 个月内不受理相关保荐代表人具体负责的推荐；情节特别严重的，撤销相关人员的保荐代表人资格：

（一）证券上市当年累计 50% 以上募集资金的用途与承诺不符；

（二）公开发行证券并在主板上市当年营业利润比上年下滑 50% 以上；

（三）首次公开发行股票并上市之日起 12 个月内控股股东或者实际控制人发生变更；

（四）首次公开发行股票并上市之日起 12 个月内累计 50% 以上资产或者主营业务发生重组；

（五）上市公司公开发行新股、可转换公司债券之日起 12 个月内累计 50% 以上资产或者主营业务发生重组，且未在证券发行募集文件中披露；

（六）实际盈利低于盈利预测达 20% 以上；

（七）关联交易显失公允或者程序违规，涉及金额较大；

（八）控股股东、实际控制人或其他关联方违规占用发行人资源，涉及金额较大；

（九）违规为他人提供担保，涉及金额较大；

（十）违规购买或出售资产、借款、委托资产管理等，涉及金额较大；

（十一）董事、监事、高级管理人员侵占发行人利益受到行政处罚或者被追究刑事责任；

（十二）违反上市公司规范运作和信息披露等有关法律法规，情节严重的；

（十三）中国证监会规定的其他情形。

第六十九条 保荐代表人被暂不受理具体负责的推荐或者被撤销保荐代表人资格的，保荐业务负责人、内核负责人应承担相应的责任，对已受理的该保荐代表人具体负责推荐的项目，保荐机构应当撤回推荐；情节严重的，责令保荐机构就各项保荐业务制度限期整改，责令保荐机构更换保荐业务负责人、内核负责人，逾期仍然不符合要求的，撤销其保荐机构资格。

第七十条 保荐机构、保荐业务负责人或者内核负责人在1个自然年度内被采取本办法第六十二条规定监管措施累计5次以上，中国证监会可暂停保荐机构的保荐机构资格3个月，责令保荐机构更换保荐业务负责人、内核负责人。

保荐代表人在2个自然年度内被采取本办法第六十二条规定监管措施累计2次以上，中国证监会可6个月内不受理相关保荐代表人具体负责的推荐。

第七十一条 对中国证监会采取的监管措施，保荐机构及其保荐代表人提出申辩的，如有充分证据证明下列事实且理由成立，中国证监会予以采纳：

（一）发行人或其董事、监事、高级管理人员故意隐瞒重大事实，保荐机构和保荐代表人已履行勤勉尽责义务；

（二）发行人已在证券发行募集文件中做出特别提示，保荐机构和保荐代表人已履行勤勉尽责义务；

（三）发行人因不可抗力致使业绩、募集资金运用等出现异常或者未能履行承诺；

（四）发行人及其董事、监事、高级管理人员在持续督导期间故意违法违规，保荐机构和保荐代表人主动予以揭示，已履行勤勉尽责义务；

（五）保荐机构、保荐代表人已履行勤勉尽责义务的其他情形。

第七十二条 发行人及其董事、监事、高级管理人员违反本办法规定，变更保荐机构后未另行聘请保荐机构，持续督导期间违法违规且拒不纠正，发生重大事项未及时通知保荐机构，或者发生其他严重不配合保荐工作情形的，中国证监会可以责令改正，予以公布并可根据情节轻重采取下列监管措施：

（一）要求发行人每月向中国证监会报告接受保荐机构督导的情况；

（二）要求发行人披露月度财务报告、相关资料；

（三）指定证券服务机构进行核查；

（四）要求证券交易所对发行人证券的交易实行特别提示；

（五）36个月内不受理其发行证券申请；

（六）将直接负责的主管人员和其他责任人员认定为不适当人选。

第七十三条 证券服务机构及其签字人员违反本办法规定的，中国证监会责令改正，并对相关机构和责任人员采取监管谈话、重点关注、出具警示函、责令公开说明、认定为不适当人选等监管措施。

第七十四条 证券服务机构及其签字人员出具的专业意见存在虚假记载、误导性陈述或重大遗漏，或者因不配合保荐工作而导致严重后果的，中国证监会自确认之日起6个月到36个月内不受理其文件，并将处理结果予以公布。

第七十五条 发行人及其董事、监事、高级管理人员、证券服务机构及其签字人员违反法律、行政法规，依法应予行政处罚的，依照有关规定进行处罚；涉嫌犯罪的，依法移送司法机关，追究其刑事责任。

第七章　附　　则

第七十六条　本办法所称“保荐机构”，是指《证券法》第十一条所指“保荐人”。

第七十七条　本办法实施前从事证券发行上市保荐业务的保荐机构，不完全符合本办法规定的，应当在本办法实施之日起 3 个月内达到本办法规定的要求，并由中国证监会组织验收。逾期仍然不符合要求的，中国证监会撤销其保荐机构资格。

第七十八条　本办法自 2008 年 12 月 1 日起施行，《证券发行上市保荐制度暂行办法》（证监会令第 18 号）、《首次公开发行股票辅导工作办法》（证监发〔2001〕125 号）同时废止。

4.4.4

优先股试点管理办法

（2014年3月21日　证监会令第97号）

第一章　总　　则

第一条　为规范优先股发行和交易行为，保护投资者合法权益，根据《公司法》、《证券法》、《国务院关于开展优先股试点的指导意见》及相关法律法规，制定本办法。

第二条　本办法所称优先股是指依照《公司法》，在一般规定的普通种类股份之外，另行规定的其他种类股份，其股份持有人优先于普通股股东分配公司利润和剩余财产，但参与公司决策管理等权利受到限制。

第三条　上市公司可以发行优先股，非上市公众公司可以非公开发行优先股。

第四条　优先股试点应当符合《公司法》、《证券法》、《国务院关于开展优先股试点的指导意见》和本办法的相关规定，并遵循公开、公平、公正的原则，禁止欺诈、内幕交易和操纵市场的行为。

第五条　证券公司及其他证券服务机构参与优先股试点，应当遵守法律法规及中国证券监督管理委员会（以下简称中国证监会）相关规定，遵循行业公认的业务标准和行为规范，诚实守信、勤勉尽责。

第六条　试点期间不允许发行在股息分配和剩余财产分配上具有不同优先顺序的优先股，但允许发行在其他条款上具有不同设置的优先股。

同一公司既发行强制分红优先股，又发行不含强制分红条款优先股的，不属于发行在股息分配上具有不同优先顺序的优先股。

第七条　相同条款的优先股应当具有同等权利。同次发行的相同条款优先股，每股发行的条件、价格和票面股息率应当相同；任何单位或者个人认购的股份，每股应当支付相同价额。

第二章　优先股股东权利的行使

第八条　发行优先股的公司除按《国务院关于开展优先股试点的指导意见》制定章程有关条款外，还应当按本办法在章程中明确优先股股东的有关权利和义务。

第九条 优先股股东按照约定的股息率分配股息后，有权同普通股股东一起参加剩余利润分配的，公司章程应明确优先股股东参与剩余利润分配的比例、条件等事项。

第十条 出现以下情况之一的，公司召开股东大会会议应通知优先股股东，并遵循《公司法》及公司章程通知普通股股东的规定程序。优先股股东有权出席股东大会会议，就以下事项与普通股股东分类表决，其所持每一优先股有一表决权，但公司持有的本公司优先股没有表决权：

（一）修改公司章程中与优先股相关的内容；

（二）一次或累计减少公司注册资本超过百分之十；

（三）公司合并、分立、解散或变更公司形式；

（四）发行优先股；

（五）公司章程规定的其他情形。

上述事项的决议，除须经出席会议的普通股股东（含表决权恢复的优先股股东）所持表决权的三分之二以上通过之外，还须经出席会议的优先股股东（不含表决权恢复的优先股股东）所持表决权的三分之二以上通过。

第十一条 公司股东大会可授权公司董事会按公司章程的约定向优先股支付股息。公司累计三个会计年度或连续两个会计年度未按约定支付优先股股息的，股东大会批准当年不按约定分配利润的方案次日起，优先股股东有权出席股东大会与普通股股东共同表决，每股优先股股份享有公司章程规定的一定比例表决权。

对于股息可累积到下一会计年度的优先股，表决权恢复直至公司全额支付所欠股息。对于股息不可累积的优先股，表决权恢复直至公司全额支付当年股息。公司章程可规定优先股表决权恢复的其他情形。

第十二条 优先股股东有权查阅公司章程、股东名册、公司债券存根、股东大会会议记录、董事会会议决议、监事会会议决议、财务会计报告。

第十三条 发行人回购优先股包括发行人要求赎回优先股和投资者要求回售优先股两种情况，并应在公司章程和招股文件中规定其具体条件。发行人要求赎回优先股的，必须完全支付所欠股息，但商业银行发行优先股补充资本的除外。优先股回购后相应减记发行在外的优先股股份总数。

第十四条 公司董事、监事、高级管理人员应当向公司申报所持有的本公司优先股及其变动情况，在任职期间每年转让的股份不得超过其所持本公司优先股股份总数的百分之二十五。公司章程可以对公司董事、监事、高级管理人员转让其所持有的本公司优先股股份作出其他限制性规定。

第十五条 除《国务院关于开展优先股试点的指导意见》规定的事项外，计算股东人数和持股比例时应分别计算普通股和优先股。

第十六条 公司章程中规定优先股采用固定股息率的，可以在优先股存续期内采取相同的固定股息率，或明确每年的固定股息率，各年度的股息率可以不同；公司章程中规定优先股采用浮动股息率的，应当明确优先股存续期内票面股息率的计算方法。

第三章　上市公司发行优先股

第一节　一般规定

第十七条　上市公司应当与控股股东或实际控制人的人员、资产、财务分开，机构、业务独立。

第十八条　上市公司内部控制制度健全，能够有效保证公司运行效率、合法合规和财务报告的可靠性，内部控制的有效性应当不存在重大缺陷。

第十九条　上市公司发行优先股，最近三个会计年度实现的年均可分配利润应当不少于优先股一年的股息。

第二十条　上市公司最近三年现金分红情况应当符合公司章程及中国证监会的有关监管规定。

第二十一条　上市公司报告期不存在重大会计违规事项。公开发行优先股，最近三年财务报表被注册会计师出具的审计报告应当为标准审计报告或带强调事项段的无保留意见的审计报告；非公开发行优先股，最近一年财务报表被注册会计师出具的审计报告为非标准审计报告的，所涉及事项对公司无重大不利影响或者在发行前重大不利影响已经消除。

第二十二条　上市公司发行优先股募集资金应有明确用途，与公司业务范围、经营规模相匹配，募集资金用途符合国家产业政策和有关环境保护、土地管理等法律和行政法规的规定。

除金融类企业外，本次募集资金使用项目不得为持有交易性金融资产和可供出售的金融资产、借予他人等财务性投资，不得直接或间接投资于以买卖有价证券为主要业务的公司。

第二十三条　上市公司已发行的优先股不得超过公司普通股股份总数的百分之五十，且筹资金额不得超过发行前净资产的百分之五十，已回购、转换的优先股不纳入计算。

第二十四条　上市公司同一次发行的优先股，条款应当相同。每次优先股发行完毕前，不得再次发行优先股。

第二十五条　上市公司存在下列情形之一的，不得发行优先股：

（一）本次发行申请文件有虚假记载、误导性陈述或重大遗漏；

（二）最近十二个月内受到过中国证监会的行政处罚；

（三）因涉嫌犯罪正被司法机关立案侦查或涉嫌违法违规正被中国证监会立案调查；

（四）上市公司的权益被控股股东或实际控制人严重损害且尚未消除；

（五）上市公司及其附属公司违规对外提供担保且尚未解除；

（六）存在可能严重影响公司持续经营的担保、诉讼、仲裁、市场重大质疑或其他重大事项；

（七）其董事和高级管理人员不符合法律、行政法规和规章规定的任职资格；

（八）严重损害投资者合法权益和社会公共利益的其他情形。

第二节　公开发行的特别规定

第二十六条　上市公司公开发行优先股，应当符合以下情形之一：

（一）其普通股为上证 50 指数成份股；

（二）以公开发行优先股作为支付手段收购或吸收合并其他上市公司；

（三）以减少注册资本为目的回购普通股的，可以公开发行优先股作为支付手段，或者在回购方案实施完毕后，可公开发行不超过回购减资总额的优先股。

中国证监会核准公开发行优先股后不再符合本条第（一）项情形的，上市公司仍可实施本次发行。

第二十七条　上市公司最近三个会计年度应当连续盈利。扣除非经常性损益后的净利润与扣除前的净利润相比，以孰低者作为计算依据。

第二十八条　上市公司公开发行优先股应当在公司章程中规定以下事项：

（一）采取固定股息率；

（二）在有可分配税后利润的情况下必须向优先股股东分配股息；

（三）未向优先股股东足额派发股息的差额部分应当累积到下一会计年度；

（四）优先股股东按照约定的股息率分配股息后，不再同普通股股东一起参加剩余利润分配。

商业银行发行优先股补充资本的，可就第（二）项和第（三）项事项另行约定。

第二十九条　上市公司公开发行优先股的，可以向原股东优先配售。

第三十条　除本办法第二十五条的规定外，上市公司最近三十六个月内因违反工商、税收、土地、环保、海关法律、行政法规或规章，受到行政处罚且情节严重的，不得公开发行优先股。

第三十一条　上市公司公开发行优先股，公司及其控股股东或实际控制人最近十二个月内应当不存在违反向投资者作出的公开承诺的行为。

第三节　其他规定

第三十二条　优先股每股票面金额为一百元。

优先股发行价格和票面股息率应当公允、合理，不得损害股东或其他利益相关方的合法利益，发行价格不得低于优先股票面金额。

公开发行优先股的价格或票面股息率以市场询价或证监会认可的其他公开方式确定。非公开发行优先股的票面股息率不得高于最近两个会计年度的年均加权平均净资产收益率。

第三十三条　上市公司不得发行可转换为普通股的优先股。但商业银行可根据商业银行资本监管规定，非公开发行触发事件发生时强制转换为普通股的优先股，并遵守有关规定。

第三十四条　上市公司非公开发行优先股仅向本办法规定的合格投资者发行，每次发行对象不得超过二百人，且相同条款优先股的发行对象累计不得超过二百人。

发行对象为境外战略投资者的，还应当符合国务院相关部门的规定。

第四节 发行程序

第三十五条 上市公司申请发行优先股，董事会应当按照中国证监会有关信息披露规定，公开披露本次优先股发行预案，并依法就以下事项作出决议，提请股东大会批准。

（一）本次优先股的发行方案。

（二）非公开发行优先股且发行对象确定的，上市公司与相应发行对象签订的附条件生效的优先股认购合同。认购合同应当载明发行对象拟认购优先股的数量、认购价格或定价原则、票面股息率或其确定原则，以及其他必要条款。认购合同应当约定发行对象不得以竞价方式参与认购，且本次发行一经上市公司董事会、股东大会批准并经中国证监会核准，该合同即应生效。

（三）非公开发行优先股且发行对象尚未确定的，决议应包括发行对象的范围和资格、定价原则、发行数量或数量区间。

上市公司的控股股东、实际控制人或其控制的关联人参与认购本次非公开发行优先股的，按照前款第（二）项执行。

第三十六条 上市公司独立董事应当就上市公司本次发行对公司各类股东权益的影响发表专项意见，并与董事会决议一同披露。

第三十七条 上市公司股东大会就发行优先股进行审议，应当就下列事项逐项进行表决：

（一）本次发行优先股的种类和数量；

（二）发行方式、发行对象及向原股东配售的安排；

（三）票面金额、发行价格或其确定原则；

（四）优先股股东参与分配利润的方式，包括：票面股息率或其确定原则、股息发放的条件、股息支付方式、股息是否累积、是否可以参与剩余利润分配等；

（五）回购条款，包括回购的条件、期间、价格及其确定原则、回购选择权的行使主体等（如有）；

（六）募集资金用途；

（七）公司与发行对象签订的附条件生效的优先股认购合同（如有）；

（八）决议的有效期；

（九）公司章程关于优先股股东和普通股股东利润分配、剩余财产分配、优先股表决权恢复等相关政策条款的修订方案；

（十）对董事会办理本次发行具体事宜的授权；

（十一）其他事项。

上述决议，须经出席会议的普通股股东（含表决权恢复的优先股股东）所持表决权的三分之二以上通过。已发行优先股的，还须经出席会议的优先股股东（不含表决权恢复的优先股股东）所持表决权的三分之二以上通过。上市公司向公司特定股东及其关联人发行优先股的，股东大会就发行方案进行表决时，关联股东应当回避。

第三十八条 上市公司就发行优先股事项召开股东大会，应当提供网络投票，还可以通过中国证监会认可的其他方式为股东参加股东大会提供便利。

第三十九条 上市公司申请发行优先股应当由保荐人保荐并向中国证监会申报，其申请、审核、核准、发行等相关程序参照《上市公司证券发行管理办法》和《证券发行与承销管理办法》的规定。发审委会议按照《中国证券监督管理委员会发行审核委员会办法》规定的特别程序，审核发行申请。

第四十条 上市公司发行优先股，可以申请一次核准，分次发行，不同次发行的优先股除票面股息率外，其他条款应当相同。自中国证监会核准发行之日起，公司应在六个月内实施首次发行，剩余数量应当在二十四个月内发行完毕。超过核准文件时限的，须申请中国证监会重新核准。首次发行数量应当不少于总发行数量的百分之五十，剩余各次发行的数量由公司自行确定，每次发行完毕后五个工作日内报中国证监会备案。

第四章　非上市公众公司非公开发行优先股

第四十一条 非上市公众公司非公开发行优先股应符合下列条件：

（一）合法规范经营；

（二）公司治理机制健全；

（三）依法履行信息披露义务。

第四十二条 非上市公众公司非公开发行优先股应当遵守本办法第二十三条、第二十四条、第二十五条、第三十二条、第三十三条的规定。

第四十三条 非上市公众公司非公开发行优先股仅向本办法规定的合格投资者发行，每次发行对象不得超过二百人，且相同条款优先股的发行对象累计不得超过二百人。

第四十四条 非上市公众公司拟发行优先股的，董事会应依法就具体方案、本次发行对公司各类股东权益的影响、发行优先股的目的、募集资金的用途及其他必须明确的事项作出决议，并提请股东大会批准。

董事会决议确定具体发行对象的，董事会决议应当确定具体的发行对象名称及其认购价格或定价原则、认购数量或数量区间等；同时应在召开董事会前与相应发行对象签订附条件生效的股份认购合同。董事会决议未确定具体发行对象的，董事会决议应当明确发行对象的范围和资格、定价原则等。

第四十五条 非上市公众公司股东大会就发行优先股进行审议，表决事项参照本办法第三十七条执行。发行优先股决议，须经出席会议的普通股股东（含表决权恢复的优先股股东）所持表决权的三分之二以上通过。已发行优先股的，还须经出席会议的优先股股东（不含表决权恢复的优先股股东）所持表决权的三分之二以上通过。非上市公众公司向公司特定股东及其关联人发行优先股的，股东大会就发行方案进行表决时，关联股东应当回避，公司普通股股东（不含表决权恢复的优先股股东）人数少于二百人的除外。

第四十六条 非上市公众公司发行优先股的申请、审核（豁免）、发行等相关程序应按照《非上市公众公司监督管理办法》等相关规定办理。

第五章　交易转让及登记结算

第四十七条　优先股发行后可以申请上市交易或转让，不设限售期。

公开发行的优先股可以在证券交易所上市交易。上市公司非公开发行的优先股可以在证券交易所转让，非上市公众公司非公开发行的优先股可以在全国中小企业股份转让系统转让，转让范围仅限合格投资者。交易或转让的具体办法由证券交易所或全国中小企业股份转让系统另行制定。

第四十八条　优先股交易或转让环节的投资者适当性标准应当与发行环节保持一致；非公开发行的相同条款优先股经交易或转让后，投资者不得超过二百人。

第四十九条　中国证券登记结算公司为优先股提供登记、存管、清算、交收等服务。

第六章　信息披露

第五十条　公司应当按照中国证监会有关信息披露规则编制募集优先股说明书或其他信息披露文件，依法履行信息披露义务。上市公司相关信息披露程序和要求参照《上市公司证券发行管理办法》和《上市公司非公开发行股票实施细则》及有关监管指引的规定。非上市公众公司非公开发行优先股的信息披露程序和要求参照《非上市公众公司监督管理办法》及有关监管指引的规定。

第五十一条　发行优先股的公司披露定期报告时，应当以专门章节披露已发行优先股情况、持有公司优先股股份最多的前十名股东的名单和持股数额、优先股股东的利润分配情况、优先股的回购情况、优先股股东表决权恢复及行使情况、优先股会计处理情况及其他与优先股有关的情况，具体内容与格式由中国证监会规定。

第五十二条　发行优先股的上市公司，发生表决权恢复、回购普通股等事项，以及其他可能对其普通股或优先股交易或转让价格产生较大影响事项的，上市公司应当按照《证券法》第六十七条以及中国证监会的相关规定，履行临时报告、公告等信息披露义务。

第五十三条　发行优先股的非上市公众公司按照《非上市公众公司监督管理办法》及有关监管指引的规定履行日常信息披露义务。

第七章　回购与并购重组

第五十四条　上市公司可以非公开发行优先股作为支付手段，向公司特定股东回购普通股。上市公司回购普通股的价格应当公允、合理，不得损害股东或其他利益相关方的合法利益。

第五十五条　上市公司以减少注册资本为目的回购普通股公开发行优先股的，以及以非公开发行优先股为支付手段向公司特定股东回购普通股的，除应当符合优先股发行条件和程序，还应符合以下规定：

（一）上市公司回购普通股应当由董事会依法作出决议并提交股东大会批准。

（二）上市公司股东大会就回购普通股作出的决议，应当包括下列事项：回购普通股的价格区间，回购普通股的数量和比例，回购普通股的期限，决议的有效期，对董事会办理本次回购股份事宜的具体授权，其他相关事项。以发行优先股作为支付手段的，应当包括拟用于支付的优先股总金额以及支付比例；回购方案实施完毕之日起一年内公开发行优先股的，应当包括回购的资金总额以及资金来源。

（三）上市公司股东大会就回购普通股作出决议，必须经出席会议的普通股股东（含表决权恢复的优先股股东）所持表决权的三分之二以上通过。

（四）上市公司应当在股东大会作出回购普通股决议后的次日公告该决议。

（五）依法通知债权人。

本办法未做规定的应当符合中国证监会有关上市公司回购的其他规定。

第五十六条 上市公司收购要约适用于被收购公司的所有股东，但可以针对优先股股东和普通股股东提出不同的收购条件。

第五十七条 上市公司可以按照《上市公司重大资产重组管理办法》规定的条件发行优先股购买资产，同时应当遵守本办法第三十三条，以及第三十五条至第三十八条的规定，依法披露有关信息、履行相应程序。

第五十八条 上市公司发行优先股作为支付手段购买资产的，可以同时募集配套资金。

第五十九条 非上市公众公司发行优先股的方案涉及重大资产重组的，应当符合中国证监会有关重大资产重组的规定。

第八章 监管措施和法律责任

第六十条 公司及其控股股东或实际控制人，公司董事、监事、高级管理人员以及其他直接责任人员，相关市场中介机构及责任人员，以及优先股试点的其他市场参与者违反本办法规定的，依照《公司法》、《证券法》和中国证监会的有关规定处理；涉嫌犯罪的，依法移送司法机关，追究其刑事责任。

第六十一条 上市公司、非上市公众公司违反本办法规定，存在未按规定制定有关章程条款、不按照约定召集股东大会恢复优先股股东表决权等损害优先股股东和中小股东权益等行为的，中国证监会应当责令改正，对上市公司、非上市公众公司和其直接负责的主管人员和其他直接责任人员，可以采取相应的行政监管措施以及警告、三万元以下罚款等行政处罚。

第六十二条 上市公司违反本办法第二十二条第二款规定的，中国证监会可以责令改正，并在三十六个月内不受理该公司的公开发行证券申请。

第六十三条 上市公司、非上市公众公司向本办法规定的合格投资者以外的投资者非公开发行优先股，中国证监会应当责令改正，并可以自确认之日起在三十六个月内不受理该公司的发行优先股申请。

第六十四条 承销机构在承销非公开发行的优先股时，将优先股配售给不符合本办法合格投资者规定的对象的，中国证监会可以责令改正，并在三十六个月内不接受其参与证券承销。

第九章 附 则

第六十五条 本办法所称合格投资者包括：

（一）经有关金融监管部门批准设立的金融机构，包括商业银行、证券公司、基金管理公司、信托公司和保险公司等；

（二）上述金融机构面向投资者发行的理财产品，包括但不限于银行理财产品、信托产品、投连险产品、基金产品、证券公司资产管理产品等；

（三）实收资本或实收股本总额不低于人民币五百万元的企业法人；

（四）实缴出资总额不低于人民币五百万元的合伙企业；

（五）合格境外机构投资者（QFII）、人民币合格境外机构投资者（RQFII）、符合国务院相关部门规定的境外战略投资者；

（六）除发行人董事、高级管理人员及其配偶以外的，名下各类证券账户、资金账户、资产管理账户的资产总额不低于人民币五百万元的个人投资者；

（七）经中国证监会认可的其他合格投资者。

第六十六条 非上市公众公司首次公开发行普通股并同时非公开发行优先股的，其优先股的发行与信息披露应符合本办法中关于上市公司非公开发行优先股的有关规定。

第六十七条 注册在境内的境外上市公司在境外发行优先股，应当符合境外募集股份及上市的有关规定。

注册在境内的境外上市公司在境内发行优先股，参照执行本办法关于非上市公众公司发行优先股的规定，以及《非上市公众公司监督管理办法》等相关规定，其优先股可以在全国中小企业股份转让系统进行转让。

第六十八条 本办法下列用语含义如下：

（一）强制分红：公司在有可分配税后利润的情况下必须向优先股股东分配股息；

（二）可分配税后利润：发行人股东依法享有的未分配利润；

（三）加权平均净资产收益率：按照《公开发行证券的公司信息披露编报规则第 9 号——净资产收益率和每股收益的计算及披露》计算的加权平均净资产收益率；

（四）上证 50 指数：中证指数有限公司发布的上证 50 指数。

第六十九条 本办法中计算合格投资者人数时，同一资产管理机构以其管理的两只以上产品认购或受让优先股的，视为一人。

第七十条 本办法自公布之日起施行。

4.4.5

创业板上市公司证券发行管理暂行办法

（2014 年 5 月 14 日　证监会令第 100 号）

第一章　总　　则

第一条　为了规范创业板上市公司（以下简称上市公司）证券发行行为，保护投资者的合法权益和社会公共利益，根据《证券法》、《公司法》制定本办法。

第二条　上市公司申请在境内发行证券，适用本办法。

本办法所称证券，指下列证券品种：

（一）股票；

（二）可转换公司债券；

（三）中国证券监督管理委员会（以下简称中国证监会）认可的其他品种。

第三条　上市公司发行证券，可以向不特定对象公开发行，也可以向特定对象非公开发行。

第四条　上市公司发行证券，必须真实、准确、完整、及时、公平地披露或者提供信息，不得有虚假记载、误导性陈述或者重大遗漏。

上市公司作为信息披露第一责任人，应当及时向保荐人、证券服务机构提供真实、准确、完整的财务会计资料和其他资料，全面配合保荐人、证券服务机构开展尽职调查。

第五条　保荐人应当严格履行法定职责，遵守业务规则和行业规范，对保荐的上市公司的申请文件和证券服务机构出具的专业意见进行审慎核查，督导上市公司规范运作，对上市公司是否具备持续盈利能力、是否符合发行条件作出专业判断，并确保所出具的发行保荐书和上市公司的申请文件真实、准确、完整、及时。

第六条　为证券发行出具文件的证券服务机构和人员，应当严格履行法定职责，遵照本行业的业务标准和执业规范，对上市公司的相关业务资料进行核查和验证，确保所出具的专业文件真实、准确、完整、及时。

第七条　上市公司应当建立投资者保护机制，优化投资回报机制，保障投资者的知情权和参与权等权利，切实保护投资者特别是中小投资者的合法权益。

第八条　中国证监会对上市公司证券发行的核准，不表明其对该证券的投资价值或者投资者的收益作出实质性判断或者保证。投资者应当自主判断上市公司的投资价值并作出投资决策，自行承担因上市公司经营与收益的变化引致的投资风险。

第二章　发行证券的条件

第一节　一般规定

第九条　上市公司发行证券，应当符合《证券法》规定的条件，并且符合以下规定：

（一）最近三年盈利，净利润以扣除非经常性损益前后孰低者为计算依据。

（二）会计基础工作规范，经营成果真实。内部控制制度健全且被有效执行，能够合理保证公司财务报告的可靠性、生产经营的合法性，以及营运的效率与效果。

（三）最近三年按照上市公司章程的规定实施现金分红。

（四）最近三年及一期财务报表未被注册会计师出具否定意见或者无法表示意见的审计报告；被注册会计师出具保留意见或者带强调事项段的无保留意见审计报告的，所涉及的事项对上市公司无重大不利影响或者在发行前重大不利影响已经消除。

（五）最近一期末资产负债率高于百分之四十五，但上市公司非公开发行股票的除外。

（六）上市公司与控股股东或者实际控制人的人员、资产、财务分开，机构、业务独立，能够自主经营管理。上市公司最近十二个月内不存在违规对外提供担保或者资金被上市公司控股股东、实际控制人及其控制的其他企业以借款、代偿债务、代垫款项或者其他方式占用的情形。

第十条　上市公司存在下列情形之一的，不得发行证券：

（一）本次发行申请文件有虚假记载、误导性陈述或者重大遗漏。

（二）最近十二个月内未履行向投资者作出的公开承诺。

（三）最近三十六个月内因违反法律、行政法规、规章受到行政处罚且情节严重，或者受到刑事处罚，或者因违反证券法律、行政法规、规章受到中国证监会的行政处罚；最近十二个月内受到证券交易所的公开谴责；因涉嫌犯罪被司法机关立案侦查或者涉嫌违法违规被中国证监会立案调查。

（四）上市公司控股股东或者实际控制人最近十二个月内因违反证券法律、行政法规、规章，受到中国证监会的行政处罚，或者受到刑事处罚。

（五）现任董事、监事和高级管理人员存在违反《公司法》第一百四十七条、第一百四十八条规定的行为，或者最近三十六个月内受到中国证监会的行政处罚、最近十二个月内受到证券交易所的公开谴责；因涉嫌犯罪被司法机关立案侦查或者涉嫌违法违规被中国证监会立案调查。

（六）严重损害投资者的合法权益和社会公共利益的其他情形。

第十一条　上市公司募集资金使用应当符合下列规定：

（一）前次募集资金基本使用完毕，且使用进度和效果与披露情况基本一致；

（二）本次募集资金用途符合国家产业政策和法律、行政法规的规定；

（三）除金融类企业外，本次募集资金使用不得为持有交易性金融资产和可供出售的金融资产、借予他人、委托理财等财务性投资，不得直接或者间接投资于以买卖有价证券为主要业务的公司；

（四）本次募集资金投资实施后，不会与控股股东、实际控制人产生同业竞争或者影响公司生产经营的独立性。

第二节 公开发行股票

第十二条 向原股东配售股份（以下简称配股），除符合本章第一节规定外，还应当符合下列规定：

（一）拟配售股份数量不超过本次配售股份前股本总额的百分之三十；

（二）控股股东应当在股东大会召开前公开承诺认配股份的数量；

（三）采用《证券法》规定的代销方式发行。

控股股东不履行认配股份的承诺，或者代销期限届满，原股东认购股票的数量未达到拟配售数量百分之七十的，上市公司应当按照发行价并加算银行同期存款利息返还已经认购的股东。

第十三条 向不特定对象公开募集股份（以下简称增发），除符合本章第一节规定外，还应当符合下列规定：

（一）除金融类企业外，最近一期末不存在持有金额较大的交易性金融资产和可供出售的金融资产、借予他人款项、委托理财等财务性投资的情形；

（二）发行价格不低于公告招股意向书前二十个交易日或者前一个交易日公司股票均价。

第三节 非公开发行股票

第十四条 上市公司非公开发行股票除符合本章第一节规定外，还应当符合本节的规定。

前款所称非公开发行股票，是指上市公司采用非公开方式，向特定对象发行股票的行为。

第十五条 非公开发行股票的特定对象应当符合下列规定：

（一）特定对象符合股东大会决议规定的条件；

（二）发行对象不超过五名。

发行对象为境外战略投资者的，应当遵守国家的相关规定。

第十六条 上市公司非公开发行股票确定发行价格和持股期限，应当符合下列规定：

（一）发行价格不低于发行期首日前一个交易日公司股票均价的，本次发行股份自发行结束之日起可上市交易；

（二）发行价格低于发行期首日前二十个交易日公司股票均价但不低于百分之九十，或者发行价格低于发行期首日前一个交易日公司股票均价但不低于百分之九十的，本次发行股份自发行结束之日起十二个月内不得上市交易；

（三）上市公司控股股东、实际控制人或者其控制的关联方以及董事会引入的境内外战略投资者，以不低于董事会作出本次非公开发行股票决议公告日前二十个交易日或者前一个交易日公司股票均价的百分之九十认购的，本次发行股份自发行结束之日起三十六个月内不得上市交易。

上市公司非公开发行股票将导致上市公司控制权发生变化的，还应当符合中国证监会的其他规定。

第十七条 上市公司非公开发行股票募集资金用于收购兼并的，免于适用本办法第九条第（一）项的规定。

第四节 发行可转换公司债券

第十八条 公开发行可转换公司债券的上市公司，除应当符合《证券法》规定的条件外，还应当符合本章第一节和本节的规定。

前款所称可转换公司债券，是指上市公司依法发行、在一定期间内依据约定的条件可以转换成股份的公司债券。

第十九条 可转换公司债券的期限最短为一年。

第二十条 可转换公司债券每张面值一百元。

可转换公司债券的利率由上市公司与主承销商协商确定，但必须符合国家的有关规定。

第二十一条 公开发行可转换公司债券，应当委托具有资格的资信评级机构进行信用评级和跟踪评级。

资信评级机构每年至少公告一次跟踪评级报告。

第二十二条 上市公司应当在可转换公司债券期满后五个工作日内办理完毕偿还债券余额本息的事项。

第二十三条 公开发行可转换公司债券，应当约定保护债券持有人权利的办法，以及债券持有人会议的权利、程序和决议生效条件。

存在下列事项之一的，应当召开债券持有人会议：

（一）拟变更募集说明书的约定；

（二）上市公司不能按期支付本息；

（三）上市公司减资、合并、分立、解散或者申请破产；

（四）保证人或者担保物发生重大变化；

（五）其他影响债券持有人重大权益的事项。

第二十四条 可转换公司债券自发行结束之日起六个月后方可转换为公司股票，转股期限由公司根据可转换公司债券的存续期限及公司财务状况确定。

债券持有人对转换股票或者不转换股票有选择权，并于转股的次日成为上市公司股东。

第二十五条 转股价格应当不低于募集说明书公告日前二十个交易日和前一个交易日公司股票均价。

前款所称转股价格，是指募集说明书事先约定的可转换公司债券转换为每股股份所支付的价格。

第二十六条 募集说明书可以约定赎回条款，规定上市公司可以按事先约定的条件和价格赎回尚未转股的可转换公司债券。

第二十七条 募集说明书可以约定回售条款，规定债券持有人可以按事先约定的条件和价格将所持债券回售给上市公司。

募集说明书应当约定，上市公司改变公告的募集资金用途的，赋予债券持有人一次回售的权利。

第二十八条 募集说明书应当约定转股价格调整的原则及方式。发行可转换公司债券后，因配股、送股、派息、分立及其他原因引起上市公司股份变动的，应当同时调整转股价格。

第二十九条 募集说明书约定转股价格向下修正条款的，应当同时约定：

（一）转股价格修正方案须提交公司股东大会表决，且须经出席会议的股东所持表决权的三分之二以上同意。股东大会进行表决时，持有公司可转换债券的股东应当回避。

（二）修正后的转股价格不低于前项规定的股东大会召开日前二十个交易日和前一个交易日公司股票均价。

第三章 发行程序

第三十条 上市公司申请发行证券，董事会应当依法就下列事项作出决议，并提请股东大会批准：

（一）本次证券发行的方案；

（二）本次发行方案的论证分析报告；

（三）本次募集资金使用的可行性报告；

（四）其他必须明确的事项。

董事会在编制本次发行方案的论证分析报告时，应当结合上市公司所处行业和发展阶段、融资规划、财务状况、资金需求等情况进行论证分析，独立董事应当发表专项意见。论证分析报告至少包括下列内容：

（一）本次发行证券及其品种选择的必要性；

（二）本次发行对象的选择范围、数量和标准的适当性；

（三）本次发行定价的原则、依据、方法和程序的合理性；

（四）本次发行方式的可行性；

（五）本次发行方案的公平性、合理性；

（六）本次发行对原股东权益或者即期回报摊薄的影响以及填补的具体措施。

第三十一条 股东大会就发行股票作出的决定，应当至少包括下列事项：

（一）本次发行证券的种类和数量；

（二）发行方式、发行对象及向原股东配售的安排；

（三）定价方式或者价格区间；

（四）募集资金用途；

（五）决议的有效期；

（六）对董事会办理本次发行具体事宜的授权；

（七）其他必须明确的事项。

第三十二条 股东大会就发行可转换公司债券作出的决定，应当至少包括下列事项：

（一）本办法第三十一条规定的事项；

（二）债券利率；

（三）债券期限；

（四）回售条款；

（五）还本付息的期限和方式；

（六）转股期；

（七）转股价格的确定和修正。

第三十三条 股东大会就发行证券事项作出决议，必须经出席会议的股东所持表决权的三分之二以上通过，中小投资者表决情况应当单独计票。向本公司特定的股东及其关联人发行证券的，股东大会就发行方案进行表决时，关联股东应当回避。

上市公司就发行证券事项召开股东大会，应当提供网络投票的方式，公司还可以通过其他方式为股东参加股东大会提供便利。

第三十四条 上市公司年度股东大会可以根据公司章程的规定，授权董事会决定非公开发行融资总额不超过最近一年末净资产百分之十的股票，该项授权在下一年度股东大会召开日失效。

上市公司年度股东大会给予董事会前款授权的，应当按照本办法第三十一条的规定通过相关决议，作为董事会行使授权的前提条件。

第三十五条 上市公司申请发行证券，应当由保荐人保荐，但是根据本办法第三十七条规定适用简易程序且根据本办法第四十条规定采取自行销售的除外。

保荐人或者上市公司应当按照中国证监会的有关规定编制和报送发行申请文件。

第三十六条 中国证监会依照下列程序审核发行证券的申请：

（一）收到申请文件后，五个工作日内决定是否受理；

（二）中国证监会受理后，对申请文件进行初审；

（三）创业板发行审核委员会审核申请文件；

（四）中国证监会作出核准或者不予核准的决定。

第三十七条 上市公司申请非公开发行股票融资额不超过人民币五千万元且不超过最近一年末净资产百分之十的，中国证监会适用简易程序，但是最近十二个月内上市公司非公开发行股票的融资总额超过最近一年末净资产百分之十的除外。

前款规定的简易程序，中国证监会自受理之日起十五个工作日内作出核准或者不予核准决定。

第三十八条 上市公司应当自中国证监会核准之日起六个月内发行证券。超过六个月未发行的，核准文件失效，须重新经中国证监会核准后方可发行。

第三十九条 上市公司发行证券前发生重大事项的，应当暂缓发行，并及时报告中国证监会。该事项对本次发行条件构成重大影响的，发行证券的申请应当重新经中国证监会核准。

第四十条 上市公司公开发行证券，应当由证券公司承销。非公开发行股票符合以下情形之一的，可以由上市公司自行销售：

（一）发行对象为原前十名股东；

（二）发行对象为上市公司控股股东、实际控制人或者其控制的关联方；

（三）发行对象为上市公司董事、监事、高级管理人员或者员工；

（四）董事会审议相关议案时已经确定的境内外战略投资者或者其他发行对象；

（五）中国证监会认定的其他情形。

上市公司自行销售的，应当在董事会决议中确定发行对象，且不得采用竞价方式确定发行价格。

第四十一条 证券发行申请未获核准的上市公司，自中国证监会作出不予核准的决定之日起六个月后，可以再次提出证券发行申请。

第四章 信息披露

第四十二条 上市公司发行证券，应当以投资者决策需求为导向，按照中国证监会规定的程序、内容和格式，编制公开发行证券募集说明书或者其他信息披露文件，依法履行信息披露义务。

第四十三条 上市公司应当保证投资者及时、充分、公平地获得法定披露的信息，信息披露文件使用的文字应当简洁、平实、浅白、易懂，便于中小投资者阅读。

中国证监会规定的内容是信息披露的最低要求，凡对投资者投资决策有重大影响的信息，上市公司均应当充分披露。

第四十四条 证券发行议案经董事会表决通过后，应当在二个工作日内报告证券交易所，公告召开股东大会的通知。

使用募集资金收购资产或者股权的，应当在公告召开股东大会通知的同时，披露该资产或者股权的基本情况、交易价格、定价依据以及是否与公司股东或者其他关联人存在利害关系。

第四十五条 股东大会通过本次发行议案之日起二个工作日内，上市公司应当披露股东大会决议公告。股东大会决议公告中应当包括中小投资者单独计票结果。

第四十六条 上市公司提出发行申请后，出现下列情形之一的，应当在次一工作日予以公告：

（一）收到中国证监会不予受理或者终止审查决定；

（二）收到中国证监会不予核准或者予以核准决定；

（三）上市公司撤回证券发行申请。

第四十七条 上市公司全体董事、监事、高级管理人员应当在公开发行证券募集说明书等证券发行信息披露文件上签字，保证不存在虚假记载、误导性陈述或者重大遗漏，并声明承担个别和连带的法律责任。

保荐人及保荐代表人应当声明对其保荐的上市公司公开发行证券募集说明书等证券发行信息披露文件的真实性、准确性、完整性和及时性承担责任。

为证券发行出具文件的证券服务机构和人员应当声明对所出具文件的真实性、准确性、完整性和及时性承担责任。

第四十八条 公开发行证券募集说明书等证券发行信息披露文件所引用的审计报告、盈利预测审核报告、资产评估报告、资信评级报告，应当由有资格的证券服务机构出具，并由至少二名有从业资格的人员签署。

公开发行证券募集说明书等证券发行信息披露文件所引用的法律意见书，应当由律师事务所出具，并由至少二名经办律师签署。

第四十九条 公开发行证券募集说明书自最后签署之日起六个月内有效。

公开发行证券募集说明书等证券发行信息披露文件不得使用超过有效期的资产评估报告或者资信评级报告。

第五十条 上市公司在公开发行证券前的二至五个工作日内，应当将经中国证监会核准的公司发行证券募集说明书刊登在中国证监会指定的互联网网站，并置备于中国证监会指定的场所，供公众查阅。

第五十一条 上市公司在非公开发行证券后的二个工作日内，应当将发行情况报告书刊登在中国证监会指定的互联网网站，并置备于中国证监会指定的场所，供公众查阅。

第五十二条 上市公司可以将公开发行证券募集说明书、发行情况报告书刊登于其他网站，但不得早于按照本办法第五十条、第五十一条规定披露信息的时间。

第五章 监管和处罚

第五十三条 上市公司违反本办法规定，中国证监会可以责令改正；对其直接负责的主管人员和其他直接责任人员，可以采取监管谈话、认定为不适当人选等监管措施，记入诚信档案并公布。

第五十四条 上市公司及其直接负责的主管人员和其他直接责任人员违反法律、行政法规或者本办法规定，依法应当予以行政处罚的，依照有关规定进行处罚；涉嫌犯罪的，依法移送司法机关，追究其刑事责任。

第五十五条 自申请文件受理之日起，上市公司及其控股股东、实际控制人、董事、监事、高级管理人员以及保荐人、证券服务机构及相关人员即对申请文件的真实性、准确性、完整性、及时性承担相应的法律责任。

上市公司报送的申请文件中记载的信息自相矛盾，或者就同一事实前后存在不同表述且有实质性差异的，中国证监会将中止审查并自确认之日起十二个月内不受理相关保荐代表人推荐的发行申请。

第五十六条 上市公司报送的申请文件中有虚假记载、误导性陈述或者重大遗漏的，中国证监会将终止审查并自确认之日起三十六个月内不受理该上市公司的发行证券申请，并依照《证券法》的有关规定进行处罚；致使投资者在证券交易中遭受损失的，应当依法承担赔偿责任。

第五十七条 上市公司在发行证券决策、申请、发行过程中，非法向他人提供尚未依法公开披露信息的，中国证监会可以对其直接负责的主管人员和其他直接责任人员采取监管谈话、认定为不适当人选等监管措施，并依照《证券法》的有关规定进行处罚或者追究相关责任。

第五十八条 上市公司披露盈利预测，利润实现数如未达到盈利预测的百分之八十的，除因不可抗力外，其法定代表人、财务负责人应当在股东大会及中国证监会指定网站、报刊上公开作出解释并道歉；情节严重的，中国证监会给予警告等行政处罚。

利润实现数未达到盈利预测的百分之五十的，除因不可抗力外，中国证监会还可以自确认之日起三十六个月内不受理该上市公司的发行证券申请。

注册会计师为上述盈利预测出具审核报告的过程中未勤勉尽责的，中国证监会将视情节轻重，对相关机构和责任人员采取监管谈话等监管措施，记入诚信档案并公布；情节严重的，给予警告等行政处罚。

第五十九条 上市公司违反本办法第十一条第（三）项、第（四）项规定的，中国证监会可以责令改正；情节严重的，自确认之日起三十六个月内不受理该公司的发行证券申请。

第六十条 上市公司及其董事、高级管理人员以及上市公司控股股东、实际控制人及其控制的关联方违反所作出的与上市公司证券发行相关的约定或者承诺的，中国证监会可以对其采取监管谈话、责令公开说明、责令改正、认定为不适当人选等监管措施。

上市公司控股股东或者实际控制人最近十二个月内未履行持股意向等公开承诺的，不得参与本上市公司发行证券认购。

第六十一条 保荐人出具有虚假记载、误导性陈述或者重大遗漏的发行保荐书的，中国证监会可以责令改正，并依照《证券法》和保荐制度的有关规定进行处理；致使投资者遭受损失的，应当依法承担赔偿责任。

第六十二条 保荐人以不正当手段干扰中国证监会及其创业板发行审核委员会审核工作的，保荐人或其相关签名人员的签名、盖章系伪造或变造的，或者不履行其他法定职责的，依照《证券法》和保荐制度的有关规定处理。

第六十三条 为证券发行出具审计报告、法律意见、资产评估报告、资信评级报告及其他专项文件的证券服务机构和人员，在其出具的专项文件中存在虚假记载、误导性陈述或者重大遗漏，中国证监会自确认之日起十二个月内不接受相关机构出具的证券发行专项文件，三十六个月内不接受相关人员出具的证券发行专项文件；致使投资者遭受损失的，应当依法承担赔偿责任。

第六十四条 承销机构在承销非公开发行的证券时，将证券配售给不符合本办法第十五条规定的对象的，中国证监会可以责令改正；情节严重的，自确认之日起三十六个月内不接受其参与证券承销。

第六十五条 上市公司在非公开发行新股时，违反本办法第四十条规定的，中国证监会可以责令改正；情节严重的，自确认之日起三十六个月内不受理该上市公司的发行证券申请。

第六十六条 本办法规定的特定对象违反规定，擅自转让限售期限未满的股票的，中国证监会可以责令改正；情节严重的，自确认之日起十二个月内不得作为特定对象认购证券。

第六章 附 则

第六十七条 上市公司向员工发行证券用于激励的办法、上市公司发行优先股的办法法律法规另有规定的，适用其规定。

第六十八条 本办法自公布之日起施行。

4.4.6

上市公司股东发行可交换公司债券试行规定

（2008 年 10 月 17 日　证监会公告〔2008〕41 号）

为规范上市公司股东发行可交换公司债券的行为，根据《公司债券发行试点办法》，就有关事项规定如下：

一、持有上市公司股份的股东，可以经保荐人保荐，向中国证监会申请发行可交换公司债券。

可交换公司债券是指上市公司的股东依法发行、在一定期限内依据约定的条件可以交换成该股东所持有的上市公司股份的公司债券。

二、申请发行可交换公司债券，应当符合下列规定：

（一）申请人应当是符合《公司法》、《证券法》规定的有限责任公司或者股份有限公司；

（二）公司组织机构健全，运行良好，内部控制制度不存在重大缺陷；

（三）公司最近一期末的净资产额不少于人民币 3 亿元；

（四）公司最近 3 个会计年度实现的年均可分配利润不少于公司债券一年的利息；

（五）本次发行后累计公司债券余额不超过最近一期末净资产额的 40%；

（六）本次发行债券的金额不超过预备用于交换的股票按募集说明书公告日前 20 个交易日均价计算的市值的 70%，且应当将预备用于交换的股票设定为本次发行的公司债券的担保物；

（七）经资信评级机构评级，债券信用级别良好；

（八）不存在《公司债券发行试点办法》第八条规定的不得发行公司债券的情形。

三、预备用于交换的上市公司股票应当符合下列规定：

（一）该上市公司最近一期末的净资产不低于人民币 15 亿元，或者最近 3 个会计年度加权平均净资产收益率平均不低于 6%。扣除非经常性损益后的净利润与扣除前的净利润相比，以低者作为加权平均净资产收益率的计算依据。

（二）用于交换的股票在提出发行申请时应当为无限售条件股份，且股东在约定的换股期间转让该部分股票不违反其对上市公司或者其他股东的承诺。

（三）用于交换的股票在本次可交换公司债券发行前，不存在被查封、扣押、冻结等财产权利被限制的情形，也不存在权属争议或者依法不得转让或设定担保的其他情形。

四、可交换公司债券的期限最短为一年，最长为 6 年，面值每张人民币 100 元，发行价格由上市公司股东和保荐人通过市场询价确定。

募集说明书可以约定赎回条款，规定上市公司股东可以按事先约定的条件和价格赎回尚未换股的可交换公司债券。

募集说明书可以约定回售条款，规定债券持有人可以按事先约定的条件和价格将所持债券回售给上市公司股东。

五、可交换公司债券自发行结束之日起 12 个月后方可交换为预备交换的股票，债券持有人对交换股票或者不交换股票有选择权。

公司债券交换为每股股份的价格应当不低于公告募集说明书日前 20 个交易日公司股票均价和前一个交易日的均价。募集说明书应当事先约定交换价格及其调整、修正原则。若调整或修正交换价格，将造成预备用于交换的股票数量少于未偿还可交换公司债券全部换股所需股票的，公司必须事先补充提供预备用于交换的股票，并就该等股票设定担保，办理相关登记手续。

六、可交换公司债券的发行程序，按照《公司债券发行试点办法》第三章的规定办理。

债券受托管理和债券持有人权益保护事项，按照《公司债券发行试点办法》第四章的规定办理。

可交换公司债券的信用评级事项，按照《公司债券发行试点办法》第二章第十条的规定办理。

除用预备交换的股票设定担保外，发行人为本次发行的公司债券另行提供担保的，按照《公司债券发行试点办法》第二章第十一条的规定办理。

七、预备用于交换的股票及其孳息（包括资本公积转增股本、送股、分红、派息等），是本次发行可交换公司债券的担保物，用于对债券持有人交换股份和本期债券本息偿付提供担保。

在可交换公司债券发行前，公司债券受托管理人应当与上市公司股东就预备用于交换的股票签订担保合同，按照证券登记结算机构的业务规则设定担保，办理相关登记手续，将其专户存放，并取得担保权利证明文件。

当债券持有人按照约定条件交换股份时，从作为担保物的股票中提取相应数额用于支付；债券持有人部分或者全部未选择换股且上市公司股东到期未能清偿债务时，作为担保物的股票及其孳息处分所得的价款优先用于清偿对债券持有人的负债。

八、可交换公司债券持有人申请换股的，应当通过其托管证券公司向证券交易所发出换股指令，指令视同为债券受托管理人与发行人认可的解除担保指令。

九、申请发行可交换公司债券，应当按照本规定的要求编制申请文件，按照《证券法》的规定持续公开信息。编制募集说明书除应参照《公开发行证券的公司信息披露内容与格式准则第 23 号——公开发行公司债券募集说明书》（证监发行字〔2007〕224 号）外，还应参照上市公司发行可转换公司债券募集说明书摘要的有关要求披露上市公司的重要信息。

十、拥有上市公司控制权的股东发行可交换公司债券的，应当合理确定发行方案，不得通过本次发行直接将控制权转让给他人。持有可交换公司债券的投资者因行使换股权利增持上市公司股份的，或者因持有可交换公司债券的投资者行使换股权利导致拥有上市公司控制权的股东发生变化的，相关当事人应当履行《上市公司收购管理办法》（证监会令第35号）规定的义务。

十一、可交换公司债券的上市交易、换股、回售、赎回、登记结算等事项，按照证券交易所和证券登记结算机构的有关规定办理。

十二、本规定未尽事项，按照中国证监会的其他有关规定办理。

十三、本规定自公布之日起施行。

附录：

发行可交换公司债券申请文件目录

一、相关责任人签署的募集说明书；

二、保荐人出具的发行保荐书；

三、发行人关于就预备用于交换的股票在证券登记结算机构设定担保并办理相关登记手续的承诺；

四、评级机构出具的债券资信评级报告；

五、公司债券受托管理协议和公司债券持有人会议规则；

六、本期债券担保合同（如有）、抵押财产的资产评估文件（如有）；

七、其他重要文件。

4.4.7

上市公司非公开发行股票实施细则

（2017年2月15日　证监会公告〔2017〕5号）

（2007年9月17日公布　根据2011年8月1日中国证券监督管理委员会《关于修改上市公司重大资产重组与配套融资相关规定的决定》修订　根据2017年2月15日中国证券监督管理委员会《关于修改〈上市公司非公开发行股票实施细则〉的决定》修订）

第一章　总　则

第一条　为规范上市公司非公开发行股票行为，根据《上市公司证券发行管理办法》（证监会令第30号，以下简称《管理办法》）的有关规定，制定本细则。

第二条　上市公司非公开发行股票，应当有利于减少关联交易、避免同业竞争、增强独立性；应当有利于提高资产质量、改善财务状况、增强持续盈利能力。

第三条　上市公司董事、监事、高级管理人员、保荐人和承销商、为本次发行出具专项文件的专业人员及其所在机构，以及上市公司控股股东、实际控制人及其知情人员，应当遵守有关法律法规和规章，勤勉尽责，不得利用上市公司非公开发行股票谋取不正当利益，禁止泄露内幕信息和利用内幕信息进行证券交易或者操纵证券交易价格。

第四条　上市公司的控股股东、实际控制人和本次发行对象，应当按照有关规定及时向上市公司提供信息，配合上市公司真实、准确、完整地履行信息披露义务。

第五条　保荐人、上市公司选择非公开发行股票的发行对象和确定发行价格，应当遵循公平、公正原则，体现上市公司和全体股东的最大利益。

第六条　发行方案涉及中国证监会规定的重大资产重组的，其配套融资按照现行相关规定办理。

第二章　发行对象与认购条件

第七条　《管理办法》所称“定价基准日”，是指计算发行底价的基准日。定价基准日为本次非公开发行股票发行期的首日。上市公司应按不低于发行底价的价格发行股票。

《管理办法》所称“定价基准日前20个交易日股票交易均价”的计算公式为：定价基准日前20个交易日股票交易均价＝定价基准日前20个交易日股票交易总额/定价基准

日前 20 个交易日股票交易总量。

第八条 《管理办法》所称“发行对象不超过 10 名”，是指认购并获得本次非公开发行股票的法人、自然人或者其他合法投资组织不超过 10 名。

证券投资基金管理公司以其管理的 2 只以上基金认购的，视为一个发行对象。

信托公司作为发行对象，只能以自有资金认购。

第九条 发行对象属于下列情形之一的，具体发行对象及其定价原则应当由上市公司董事会的非公开发行股票决议确定，并经股东大会批准；认购的股份自发行结束之日起 36 个月内不得转让：

（一）上市公司的控股股东、实际控制人或其控制的关联人；

（二）通过认购本次发行的股份取得上市公司实际控制权的投资者；

（三）董事会拟引入的境内外战略投资者。

第十条 发行对象属于本细则第九条规定以外的情形的，上市公司应当在取得发行核准批文后，按照本细则的规定以竞价方式确定发行价格和发行对象。发行对象认购的股份自发行结束之日起 12 个月内不得转让。

第三章 董事会与股东大会决议

第十一条 上市公司申请非公开发行股票，应当按照《管理办法》的相关规定召开董事会、股东大会，并按规定及时披露信息。

第十二条 董事会决议确定具体发行对象的，上市公司应当在召开董事会的当日或者前 1 日与相应发行对象签订附条件生效的股份认购合同。

前款所述认购合同应载明该发行对象拟认购股份的数量或数量区间、定价原则、限售期，同时约定本次发行一经上市公司董事会、股东大会批准并经中国证监会核准，该合同即应生效。

第十三条 上市公司董事会作出非公开发行股票决议，应当符合下列规定：

（一）应当按照本细则的规定确定本次发行的定价基准日，并提请股东大会批准。

（二）董事会决议确定具体发行对象的，董事会决议应当确定具体的发行对象名称及其定价原则、认购数量或者数量区间、限售期；发行对象与公司签订的附条件生效的股份认购合同应当经董事会批准。

（三）董事会决议未确定具体发行对象的，董事会决议应当明确发行对象的范围和资格，定价原则、限售期。

（四）本次非公开发行股票的数量不确定的，董事会决议应当明确数量区间（含上限和下限）。董事会决议还应当明确，上市公司的股票在董事会决议日至发行日期间除权、除息的，发行数量是否相应调整。

（五）董事会决议应当明确本次募集资金数量的上限、拟投入项目的资金需要总数量、本次募集资金投入数量、其余资金的筹措渠道。募集资金用于补充流动资金或者偿还银行贷款的，应当说明补充流动资金或者偿还银行贷款的具体数额；募集资金用于收购资产的，应当明确交易对方、标的资产、作价原则等事项。

第十四条 董事会决议经表决通过后，上市公司应当在2个交易日内披露。

董事会应当按照《公开发行证券的公司信息披露内容与格式准则第25号——上市公司非公开发行股票预案和发行情况报告书》的要求编制非公开发行股票预案，作为董事会决议的附件，与董事会决议同时刊登。

第十五条 本次发行涉及资产审计、评估或者上市公司盈利预测的，资产审计结果、评估结果和经审核的盈利预测报告至迟应随召开股东大会的通知同时公告。

第十六条 上市公司股东大会就非公开发行股票作出的决定，至少应当包括《管理办法》和本细则规定须提交股东大会批准的事项。

《管理办法》所称应当回避表决的“特定的股东及其关联人”，是指董事会决议已确定为本次发行对象的股东及其关联人。

第四章 核准与发行

第十七条 股东大会批准本次发行后，上市公司可向中国证监会提交发行申请文件。

申请文件应当按照本细则附件1《上市公司非公开发行股票申请文件目录》的有关规定编制。

第十八条 保荐人和发行人律师应当各司其职，勤勉尽责，对本次非公开发行股票申请的合规性审慎地履行尽职调查职责。

保荐人出具的发行保荐书和发行人律师出具的法律意见书，应当对照中国证监会的各项规定逐项发表明确的结论性意见，并载明得出每项结论的查证过程及事实依据。

第十九条 中国证监会按照《管理办法》规定的程序审核非公开发行股票申请。

上市公司收到中国证监会发行审核委员会关于本次发行申请获得通过或者未获通过的结果后，应当在次一交易日予以公告，并在公告中说明，公司收到中国证监会作出的予以核准或者不予核准的决定后，将另行公告。

第二十条 上市公司取得核准批文后，应当在批文的有效期内，按照《证券发行与承销管理办法》（证监会令第121号）的有关规定发行股票。

上市公司收到中国证监会予以核准决定后作出的公告中，应当公告本次发行的保荐人，并公开上市公司和保荐人指定办理本次发行的负责人及其有效联系方式。

上市公司、保荐人对非公开发行股票进行推介或者向特定对象提供投资价值研究报告的，不得采用任何公开方式，且不得早于上市公司董事会关于非公开发行股票的决议公告之日。

第二十一条 董事会决议确定具体发行对象的，上市公司在取得核准批文后，应当按照本细则第九条的规定和认购合同的约定发行股票。

第二十二条 董事会决议未确定具体发行对象的，在取得中国证监会的核准批文后，由上市公司及保荐人在批文的有效期内选择发行时间；在发行期起始的前1日，保荐人应当向符合条件的特定对象提供认购邀请书。

第二十三条 认购邀请书发送对象的名单由上市公司及保荐人共同确定。

认购邀请书发送对象的名单除应当包含董事会决议公告后已经提交认购意向书的投资者、公司前20名股东外，还应当包含符合《证券发行与承销管理办法》规定条件的下列询价对象：

（一）不少于20家证券投资基金管理公司；

（二）不少于10家证券公司；

（三）不少于5家保险机构投资者。

第二十四条 认购邀请书应当按照公正、透明的原则，事先约定选择发行对象、确定认购价格、分配认购数量等事项的操作规则。

认购邀请书及其申购报价表参照本细则附件2的范本制作，发送时由上市公司加盖公章，由保荐代表人签署。

第二十五条 认购邀请书发出后，上市公司及保荐人应当在认购邀请书约定的时间内收集特定投资者签署的申购报价表。

在申购报价期间，上市公司、保荐人应当确保任何工作人员不泄露发行对象的申购报价情况，申购报价过程应当由发行人律师现场见证。

第二十六条 申购报价结束后，上市公司及保荐人应当对有效申购按照报价高低进行累计统计，按照价格优先的原则合理确定发行对象、发行价格和发行股数。

第二十七条 发行结果确定后，上市公司应当与发行对象签订正式认购合同，发行对象应当按照合同约定缴款。

发行对象的认购资金应先划入保荐人为本次发行专门开立的账户，验资完毕后，扣除相关费用再划入发行人募集资金专项存储账户。

第二十八条 验资完成后的次一交易日，上市公司和保荐人应当向中国证监会提交《证券发行与承销管理办法》规定的备案材料。

发行情况报告书应当按照《公开发行证券的公司信息披露内容与格式准则第25号——上市公司非公开发行股票预案和发行情况报告书》的要求编制。

第二十九条 保荐人关于本次发行过程和认购对象合规性的报告应当详细记载本次发行的全部过程，列示发行对象的申购报价情况及其获得配售的情况，并对发行结果是否公平、公正，是否符合非公开发行股票的有关规定发表意见。

报价在发行价格之上的特定对象未获得配售或者被调减配售数量的，保荐人应当向该特定对象说明理由，并在报告书中说明情况。

第三十条 发行人律师关于本次发行过程和认购对象合规性的报告应当详细认证本次发行的全部过程，并对发行过程的合规性、发行结果是否公平、公正，是否符合非公开发行股票的有关规定发表明确意见。

发行人律师应当对认购邀请书、申购报价表、正式签署的股份认购合同及其他有关法律文书进行见证，并在报告书中确认有关法律文书合法有效。

第五章　附　　则

第三十一条　本细则自发布之日起实施。

第三十二条　本细则的附件包括《上市公司非公开发行股票申请文件目录》、《〈认购邀请书〉和〈申购报价单〉范本》。

附件：1. 上市公司非公开发行股票申请文件目录

2.《认购邀请书》和《申购报价单》范本

附件1

上市公司非公开发行股票申请文件目录

第一章　发行人的申请报告及相关文件

1－1　发行人申请报告

1－2　本次发行的董事会决议和股东大会决议

1－3　本次非公开发行股票预案

1－4　公告的其他相关信息披露文件

第二章　保荐人和律师出具的文件

2－1　保荐人出具的证券发行保荐书

2－2　保荐人尽职调查报告

2－3　发行人律师出具的法律意见书

2－4　发行人律师工作报告

第三章　财务信息相关文件

3－1　发行人最近一年的财务报告和审计报告及最近一期的财务报告

3－2　最近三年一期的比较式财务报表（包括合并报表和母公司报表）

3－3　本次收购资产相关的最近一年一期的财务报告及其审计报告、资产评估报告

3－4　发行人董事会、会计师事务所及注册会计师关于上市公司最近一年及一期的非标准无保留意见审计报告的补充意见

3－5　会计师事务所关于前次募集资金使用情况的专项报告

第四章　其他文件

4－1　有关部门对募集资金投资项目的审批、核准或备案文件

4－2　特定行业主管部门出具的监管意见书

4－3　国务院相关主管部门关于引入境外战略投资者的批准文件

4－4　附条件生效的股份认购合同

4－5　附条件生效的资产转让合同

4－6　发行人全体董事对相关申请文件真实性、准确性和完整性的承诺书

编制说明：

前述申请文件目录是对发行申请文件的最低要求，中国证监会根据审核需要，可以要求发行人和中介机构补充材料。某些材料对发行人不适用的，可不必提供，但应作出书面说明。保荐机构报送申请文件，初次报送应提交原件1份，复印件及电子文件3份。

附件2

《认购邀请书》和《申购报价单》范本

［×］股份有限公司非公开发行股票认购邀请书

＿＿＿＿＿＿＿：

经［×］股份有限公司（简称“公司”或“本公司”）［×］年度第［×］次临时股东大会（简称“股东大会”）批准，拟向特定投资者非公开发行股票（简称“本次发行”）。本次发行已经中国证监会核准。现发出认购邀请书（简称“本邀请书”），诚邀贵公司/您参与本次发行认购。以下为本次发行认购的具体事项，敬请认真阅读：

一、认购对象与条件

1．认购对象

本次发行的认购对象为［×］。

2．认购数量

每一特定投资者的最低有效认购数量不得低于［×］万股，超过［×］万股的必须是［×］万股的整数倍。每一特定投资者最多认购数量不得超过［×］万股。

3．认购价格

本次发行价格根据本邀请书第三部分所规定的程序和规则确定。

二、认购时间安排

1．接到本邀请书后，贵公司如欲认购，应于［×］年［×］月［×］日［×］时前将附件《申购报价单》以传真方式发至本公司（传真号：［×］）。

2．本公司收到《申购报价单》后，根据中国证监会的有关规定和本邀请书第三部分

所规定的程序和规则确定本次发行的价格、最终发行对象和股份分配数量，并于确定上述结果后尽快向最终发行对象发出《缴款通知书》。

3. 发行对象收到《缴款通知书》后，应在《缴款通知书》规定的时限内将认购款汇至本公司指定的账户（具体账户为：[×]）。认购款未按时到账的，视为放弃认购。

三、发行价格、发行对象及分配股数的确定程序和规则

1. 本次申报价格

本次申报价格应不低于每股［×］元。

（认购人可以在该价格基础上，根据不同的认购股份数量，以增加［×］元的整数倍的形式确定其申报价格，每个认购人申报的价格不超过三档。）

2. 认购确认程序与规则

（此处保荐人和上市公司应明确告知确认最终认购价格、发行对象及其分配数量的程序和规则。该程序和规则应当公平、公正，符合中国证监会的有关规定）

四、特别提示

1. 凡决定参加本次认购的认购人须对本邀请书所附《申购报价单》签字确认并加盖公章，并将《申购报价单》于［×］年［×］月［×］日［×］时前传真至本公司。

2. 凡被确定为最终发行对象的认购人，必须在《缴款通知书》指定的时间将认购款足额汇入本公司指定的账户。为确保认购款能在规定时间内足额到达指定的银行账户，请在收到本邀请书的传真件后尽快准备汇款事宜。

3. 本邀请书所附《申购报价单》为无条件确认书，接受人一旦申报，即有法律效力。

4. 本邀请书的发出、《申购报价单》的接收、《缴款通知书》的发出、发行价格、发行对象及分配股数的确认等认购事宜，由［×］律师事务所进行法律见证。

《申购报价单》如由授权代表签署，须附上由法定代表签署的授权委托书。

5. 本次认购的联系人：[×]，电话：[×]，传真号：[×] ________股份有限公司

保荐代表人（××证券公司）：________

［×］年［×］月［×］日

本认购邀请书附件：

申购报价单

致：［×］股份有限公司

我单位收到并已详细阅读了贵方于［×］年［×］月［×］日发出的《［×］股份有限公司非公开发行股票认购邀请书》和贵公司［×］年度第［×］次临时股东大会的相关公告。经研究，同意按贵方确定的条件参加此次认购，本人在此确认：

一、同意《［×］股份有限公司非公开发行股票认购邀请书》所确定的认购条件与规则。

二、同意：

1. 按每股［×］元的价格认购［×］万股（大写数字）

2. 按每股［×］元的价格认购［×］万股（大写数字）

3. 按每股［×］元的价格认购［×］万股（大写数字）

三、同意按贵方最终确认的认购数量和时间缴纳认购款。

四、我方联系人：____________________

电话：____________________

手机：____________________

传真：____________________

公司（公章）

法定代表人或其授权代表或本人签署

年　　月　　日

4.4.8

证券期货法律适用意见第5号——《上市公司证券发行管理办法》第三十九条“违规对外提供担保且尚未解除”的理解和适用

（2009年7月9日　证监会公告〔2009〕16号）

《上市公司证券发行管理办法》（证监会令第30号，以下简称《管理办法》）第三十九条第（三）项规定，上市公司申请非公开发行股票，不得存在“上市公司及其附属公司违规对外提供担保且尚未解除”的情形。在非公开发行股票的行政许可审核实践中，部分上市公司及其附属公司通常采取一些纠正或补救措施，以解除违规担保或消除违规担保对公司的不利影响。由于实践中违规担保的情形多种多样，公司采取的纠正和补救措施各不相同，经过重大资产重组的上市公司历史遗留的违规担保情况则更加复杂，由此造成对于《管理办法》第三十九条“违规对外提供担保且尚未解除”规定的不同理解和认识。经研究，我会认为：

一、非公开发行股票的上市公司应当具有规范的公司治理结构和相应的内控制度，并应严格控制对外担保风险，避免给上市公司、附属公司及其股东产生重大不利影响和造成经济损失。

二、《管理办法》所规定的“上市公司及其附属公司”是指上市公司及其合并报表的控股子公司。

三、《管理办法》所规定的“违规对外提供担保”（以下简称违规担保），是指上市公司及其附属公司违反相关法律、行政法规、规章、中国证监会发布的规范性文件、公司章程的规定（以下简称相关法律规定）对外提供担保。以下情形属于《管理办法》所规定的违规担保：

（一）未按照相关法律规定履行董事会或股东大会表决程序；

（二）董事会或股东大会作出对外担保事项决议时，关联董事或股东未按照相关法律规定回避表决；

（三）董事会或股东大会批准的公司对外担保总额或单项担保的数额超过中国证监会或者公司章程规定的限额；

（四）董事会或股东大会批准对外担保事项后，未按照中国证监会规定的内容在指定媒体及时披露信息；

（五）独立董事未按规定在年度报告中对对外担保事项进行专项说明，并发表独立意见；

（六）其他违反相关法律规定的对外担保行为。

四、《管理办法》所规定的“尚未解除”，是指上市公司递交非公开发行股票申请文件时，上市公司及其附属公司违规担保尚未解除或其风险隐患尚未消除，上市公司及其股东的利益安全存在重大不确定性，而不局限于《合同法》中“合同解除”的概念。担保责任解除主要指上市公司及其附属公司违规担保状态的停止、担保责任的消灭，或者上市公司及其附属公司已经采取有效措施消除了违规担保对上市公司及股东带来的重大风险隐患等。

递交非公开发行股票申请文件前，保荐机构和发行人律师经核查存在下列情形之一的，可以出具意见认定违规担保已经解除或其对上市公司的风险隐患已经消除：

（一）上市公司及其附属公司已经采取相应纠正措施，自律组织、行政监管部门或司法机关已依法追究违规单位及相关人员的法律责任（包括立案调查或立案侦查），相关信息已及时披露；

（二）上市公司及其附属公司已按企业会计准则的要求对因违规担保而承担的付款义务确认预计负债或者已经承担担保责任，自律组织、行政监管部门或司法机关已依法追究违规单位及相关人员的法律责任（包括立案调查或立案侦查），相关信息已及时披露；

（三）担保合同未成立、未生效或已经被宣告无效、解除或撤销，上市公司及其附属公司不再继续承担担保责任以及其他相关赔偿责任；

（四）由于债务人已经全额偿还债务，或债权人未依法要求上市公司及其附属公司承担责任等原因，导致担保责任已经解除；

（五）因其他事由导致担保事项不再继续对上市公司及其社会公众股东利益产生重大不利影响。

前款第（二）项赋予上市公司及其附属公司一定选择权，但不鼓励其通过提前承担担保责任而直接给上市公司及其股东带来经济损失。上市公司及其附属公司选择确认预计负债方式可以给予投资者明确预期，同时，应努力通过法定途径避免或减少损失。

五、实施重大资产重组的上市公司，对于重组前遗留的违规担保，除适用前条规定外，保荐机构和发行人律师经核查存在下列情形之一的，可出具意见认定违规担保对上市公司的风险隐患已经消除：

（一）实施重大资产重组前，重组方已经知晓违规担保的事实，虽然递交非公开发行股票申请文件前违规担保尚未解除，但上市公司及其附属公司已按企业会计准则的要求对因违规担保而承担的付款义务确认预计负债，且自律组织、行政监管部门或司法机关已依法追究违规单位及相关人员的法律责任（包括立案调查或立案侦查），相关信息已及时披露；

（二）相关当事方已签署有效的法律文件，约定控股股东、实际控制人或重组方全部承担上市公司及其附属公司因违规担保可能产生的债务本息，且控股股东、实际控制人或重组方切实具备履约能力。

六、相关会计师事务所可以就上述第四条第二款第（二）项、第五条第（一）项关于上市公司及其附属公司对违规担保而承担的付款义务是否确认预计负债出具专项审核意见。

七、保荐机构和相关证券服务机构就上市公司及其附属公司违规担保是否已经解除出具的专业意见是监管部门作出判断的重要依据。保荐机构、相关证券服务机构及其人员应当确保专业意见的结论明确，依据适当、充分，分析清晰、合理。违反相关规定的，除依法采取相应的监管措施外，监管部门还将对相关机构和人员此后出具的专业意见给予重点关注。保荐机构、相关证券服务机构及其人员存在违法违规行为的，将依法追究其法律责任。

4.4.9

关于首发及再融资、重大资产重组摊薄即期回报有关事项的指导意见

（2015 年 12 月 30 日　证监会公告〔2015〕31 号）

为落实《国务院关于进一步促进资本市场健康发展的若干意见》（国发〔2014〕17 号）和《国务院办公厅关于进一步加强资本市场中小投资者合法权益保护工作的意见》（国办发〔2013〕110 号）要求，引导上市公司增强持续回报能力，制定本指导意见。

一、公司首次公开发行股票（以下简称首发）、上市公司发行股票（含优先股）和可转债（以下简称再融资）、上市公司重大资产购买、出售、置换及上市公司发行股份购买资产（以下简称重大资产重组），应披露本次融资募集资金到位或重大资产重组完成当年公司每股收益相对上年度每股收益的变动趋势。计算每股收益应按照《公开发行证券的公司信息披露编报规则第 9 号——净资产收益率和每股收益的计算及披露》的规定分别计算基本每股收益和稀释每股收益，同时扣除非经常性损益的影响。

二、如果预计本次融资募集资金到位或重大资产重组完成当年基本每股收益或稀释每股收益低于上年度，导致公司即期回报被摊薄的，公司应披露：

（一）董事会选择本次融资或重大资产重组的必要性和合理性。

（二）本次募集资金投资项目与公司现有业务的关系，公司从事募投项目在人员、技术、市场等方面的储备情况。

公司同时应根据自身经营特点制定并披露填补回报的具体措施，增强公司持续回报能力，包括但不限于以下内容：

（一）公司现有业务板块运营状况，发展态势，面临的主要风险及改进措施。

（二）提高公司日常运营效率，降低公司运营成本，提升公司经营业绩的具体措施。

三、公司的董事、高级管理人员应忠实、勤勉地履行职责，维护公司和全体股东的合法权益。根据中国证监会相关规定对公司填补回报措施能够得到切实履行作出承诺，包括但不限于：

（一）承诺不无偿或以不公平条件向其他单位或者个人输送利益，也不采用其他方式损害公司利益。

（二）承诺对董事和高级管理人员的职务消费行为进行约束。

（三）承诺不动用公司资产从事与其履行职责无关的投资、消费活动。

（四）承诺由董事会或薪酬委员会制定的薪酬制度与公司填补回报措施的执行情况相挂钩。

（五）承诺拟公布的公司股权激励的行权条件与公司填补回报措施的执行情况相挂钩。

四、公司的控股股东、实际控制人不得越权干预公司经营管理活动，不得侵占公司利益。公司通过本次融资或重大资产重组向实际控制人、控股股东及其关联人收购资产，如果对被收购资产有效益承诺的，应明确效益无法完成时的补偿责任。

五、公司董事会应对公司本次融资和重大资产重组是否摊薄即期回报进行分析、将填补即期回报措施及相关承诺主体的承诺等事项形成议案，提交股东大会表决。公司应在招股说明书、发行预案、募集说明书或重大资产重组报告中披露相关事项，同时提示投资者制定填补回报措施不等于对公司未来利润做出保证。在定期报告中持续披露填补即期回报措施的完成情况及相关承诺主体承诺事项的履行情况。

六、保荐机构和财务顾问应对公司所预计的即期回报摊薄情况的合理性、填补即期回报措施及相关承诺主体的承诺事项，是否符合《国务院办公厅关于进一步加强资本市场中小投资者合法权益保护工作的意见》中关于保护中小投资者合法权益的精神等发表核查意见。在持续督导期间，保荐机构和财务顾问应切实履行勤勉尽责义务，督促相关承诺主体履行所承诺的事项，并在定期报告中履行持续披露义务。督导责任落实不到位的，依法追究保荐机构和财务顾问责任。

七、首发及再融资、重大资产重组中存在下列事项的，相关承诺主体应在股东大会及中国证监会指定报刊公开作出解释并道歉；证券交易所、中国上市公司协会可以采取相应的自律监管措施；中国证监会可以依法给予相应监管措施，并将记入诚信档案；违反承诺给公司或者股东造成损失的，依法承担补偿责任。

（一）公司披露本次融资募集资金到位或重大资产重组完成当年公司即期回报不存在被摊薄情况的，如果利润实现数导致即期回报被摊薄。

（二）相关责任主体违反承诺或拒不履行承诺。

八、为保障本指导意见的顺利实施，上海、深圳证券交易所应制定相应的实施细则，中国上市公司协会应制定相关自律规范，强化自律管理。

4.5 并购重组

4.5.1

上市公司收购管理办法

（2014 年 10 月 23 日　证监会令第 108 号）

（2006 年 5 月 17 日中国证券监督管理委员会第 180 次主席办公会议审议通过，根据 2008 年 8 月 27 日中国证券监督管理委员会《关于修改〈上市公司收购管理办法〉第六十三条的决定》、2012 年 2 月 14 日中国证券监督管理委员会《关于修改〈上市公司收购管理办法〉第六十二条及第六十三条的决定》、2014 年 10 月 23 日中国证券监督管理委员会《关于修改〈上市公司收购管理办法〉的决定》修订）

第一章　总　　则

第一条　为了规范上市公司的收购及相关股份权益变动活动，保护上市公司和投资者的合法权益，维护证券市场秩序和社会公共利益，促进证券市场资源的优化配置，根据《证券法》、《公司法》及其他相关法律、行政法规，制定本办法。

第二条　上市公司的收购及相关股份权益变动活动，必须遵守法律、行政法规及中国证券监督管理委员会（以下简称中国证监会）的规定。当事人应当诚实守信，遵守社会公德、商业道德，自觉维护证券市场秩序，接受政府、社会公众的监督。

第三条　上市公司的收购及相关股份权益变动活动，必须遵循公开、公平、公正的原则。

上市公司的收购及相关股份权益变动活动中的信息披露义务人，应当充分披露其在上市公司中的权益及变动情况，依法严格履行报告、公告和其他法定义务。在相关信息披露前，负有保密义务。

信息披露义务人报告、公告的信息必须真实、准确、完整，不得有虚假记载、误导性陈述或者重大遗漏。

第四条　上市公司的收购及相关股份权益变动活动不得危害国家安全和社会公共利益。

上市公司的收购及相关股份权益变动活动涉及国家产业政策、行业准入、国有股份转让等事项，需要取得国家相关部门批准的，应当在取得批准后进行。

外国投资者进行上市公司的收购及相关股份权益变动活动的，应当取得国家相关部门的批准，适用中国法律，服从中国的司法、仲裁管辖。

第五条 收购人可以通过取得股份的方式成为一个上市公司的控股股东，可以通过投资关系、协议、其他安排的途径成为一个上市公司的实际控制人，也可以同时采取上述方式和途径取得上市公司控制权。

收购人包括投资者及与其一致行动的他人。

第六条 任何人不得利用上市公司的收购损害被收购公司及其股东的合法权益。

有下列情形之一的，不得收购上市公司：

（一）收购人负有数额较大债务，到期未清偿，且处于持续状态；

（二）收购人最近 3 年有重大违法行为或者涉嫌有重大违法行为；

（三）收购人最近 3 年有严重的证券市场失信行为；

（四）收购人为自然人的，存在《公司法》第一百四十六条规定情形；

（五）法律、行政法规规定以及中国证监会认定的不得收购上市公司的其他情形。

第七条 被收购公司的控股股东或者实际控制人不得滥用股东权利损害被收购公司或者其他股东的合法权益。

被收购公司的控股股东、实际控制人及其关联方有损害被收购公司及其他股东合法权益的，上述控股股东、实际控制人在转让被收购公司控制权之前，应当主动消除损害；未能消除损害的，应当就其出让相关股份所得收入用于消除全部损害做出安排，对不足以消除损害的部分应当提供充分有效的履约担保或安排，并依照公司章程取得被收购公司股东大会的批准。

第八条 被收购公司的董事、监事、高级管理人员对公司负有忠实义务和勤勉义务，应当公平对待收购本公司的所有收购人。

被收购公司董事会针对收购所做出的决策及采取的措施，应当有利于维护公司及其股东的利益，不得滥用职权对收购设置不适当的障碍，不得利用公司资源向收购人提供任何形式的财务资助，不得损害公司及其股东的合法权益。

第九条 收购人进行上市公司的收购，应当聘请在中国注册的具有从事财务顾问业务资格的专业机构担任财务顾问。收购人未按照本办法规定聘请财务顾问的，不得收购上市公司。

财务顾问应当勤勉尽责，遵守行业规范和职业道德，保持独立性，保证其所制作、出具文件的真实性、准确性和完整性。

财务顾问认为收购人利用上市公司的收购损害被收购公司及其股东合法权益的，应当拒绝为收购人提供财务顾问服务。

财务顾问不得教唆、协助或者伙同委托人编制或披露存在虚假记载、误导性陈述或者重大遗漏的报告、公告文件，不得从事不正当竞争，不得利用上市公司的收购谋取不正当利益。

第十条 中国证监会依法对上市公司的收购及相关股份权益变动活动进行监督管理。

中国证监会设立由专业人员和有关专家组成的专门委员会。专门委员会可以根据中国证监会职能部门的请求，就是否构成上市公司的收购、是否有不得收购上市公司的情形以及其他相关事宜提供咨询意见。中国证监会依法作出决定。

第十一条 证券交易所依法制定业务规则，为上市公司的收购及相关股份权益变动活动组织交易和提供服务，对相关证券交易活动进行实时监控，监督上市公司的收购及相关股份权益变动活动的信息披露义务人切实履行信息披露义务。

证券登记结算机构依法制定业务规则，为上市公司的收购及相关股份权益变动活动所涉及的证券登记、存管、结算等事宜提供服务。

第二章 权益披露

第十二条 投资者在一个上市公司中拥有的权益，包括登记在其名下的股份和虽未登记在其名下但该投资者可以实际支配表决权的股份。投资者及其一致行动人在一个上市公司中拥有的权益应当合并计算。

第十三条 通过证券交易所的证券交易，投资者及其一致行动人拥有权益的股份达到一个上市公司已发行股份的 5% 时，应当在该事实发生之日起 3 日内编制权益变动报告书，向中国证监会、证券交易所提交书面报告，通知该上市公司，并予公告；在上述期限内，不得再行买卖该上市公司的股票。

前述投资者及其一致行动人拥有权益的股份达到一个上市公司已发行股份的 5% 后，通过证券交易所的证券交易，其拥有权益的股份占该上市公司已发行股份的比例每增加或者减少 5%，应当依照前款规定进行报告和公告。在报告期限内和作出报告、公告后 2 日内，不得再行买卖该上市公司的股票。

第十四条 通过协议转让方式，投资者及其一致行动人在一个上市公司中拥有权益的股份拟达到或者超过一个上市公司已发行股份的 5% 时，应当在该事实发生之日起 3 日内编制权益变动报告书，向中国证监会、证券交易所提交书面报告，通知该上市公司，并予公告。

投资者及其一致行动人拥有权益的股份达到一个上市公司已发行股份的 5% 后，其拥有权益的股份占该上市公司已发行股份的比例每增加或者减少达到或者超过 5% 的，应当依照前款规定履行报告、公告义务。

前两款规定的投资者及其一致行动人在作出报告、公告前，不得再行买卖该上市公司的股票。相关股份转让及过户登记手续按照本办法第四章及证券交易所、证券登记结算机构的规定办理。

第十五条 投资者及其一致行动人通过行政划转或者变更、执行法院裁定、继承、赠与等方式拥有权益的股份变动达到前条规定比例的，应当按照前条规定履行报告、公告义务，并参照前条规定办理股份过户登记手续。

第十六条 投资者及其一致行动人不是上市公司的第一大股东或者实际控制人，其拥有权益的股份达到或者超过该公司已发行股份的 5%，但未达到 20% 的，应当编制包括下列内容的简式权益变动报告书：

（一）投资者及其一致行动人的姓名、住所；投资者及其一致行动人为法人的，其名称、注册地及法定代表人；

（二）持股目的，是否有意在未来 12 个月内继续增加其在上市公司中拥有的权益；

（三）上市公司的名称、股票的种类、数量、比例；

（四）在上市公司中拥有权益的股份达到或者超过上市公司已发行股份的 5% 或者拥有权益的股份增减变化达到 5% 的时间及方式；

（五）权益变动事实发生之日前 6 个月内通过证券交易所的证券交易买卖该公司股票的简要情况；

（六）中国证监会、证券交易所要求披露的其他内容。

前述投资者及其一致行动人为上市公司第一大股东或者实际控制人，其拥有权益的股份达到或者超过一个上市公司已发行股份的 5%，但未达到 20% 的，还应当披露本办法第十七条第一款规定的内容。

第十七条 投资者及其一致行动人拥有权益的股份达到或者超过一个上市公司已发行股份的 20% 但未超过 30% 的，应当编制详式权益变动报告书，除须披露前条规定的信息外，还应当披露以下内容：

（一）投资者及其一致行动人的控股股东、实际控制人及其股权控制关系结构图。

（二）取得相关股份的价格、所需资金额、资金来源，或者其他支付安排。

（三）投资者、一致行动人及其控股股东、实际控制人所从事的业务与上市公司的业务是否存在同业竞争或者潜在的同业竞争，是否存在持续关联交易；存在同业竞争或者持续关联交易的，是否已做出相应的安排，确保投资者、一致行动人及其关联方与上市公司之间避免同业竞争以及保持上市公司的独立性。

（四）未来 12 个月内对上市公司资产、业务、人员、组织结构、公司章程等进行调整的后续计划。

（五）前 24 个月内投资者及其一致行动人与上市公司之间的重大交易。

（六）不存在本办法第六条规定的情形。

（七）能够按照本办法第五十条的规定提供相关文件。

前述投资者及其一致行动人为上市公司第一大股东或者实际控制人的，还应当聘请财务顾问对上述权益变动报告书所披露的内容出具核查意见，但国有股行政划转或者变更、股份转让在同一实际控制人控制的不同主体之间进行、因继承取得股份的除外。投资者及其一致行动人承诺至少 3 年放弃行使相关股份表决权的，可免于聘请财务顾问和提供前款第（七）项规定的文件。

第十八条 已披露权益变动报告书的投资者及其一致行动人在披露之日起 6 个月内，因拥有权益的股份变动需要再次报告、公告权益变动报告书的，可以仅就与前次报告书不同的部分作出报告、公告；自前次披露之日起超过 6 个月的，投资者及其一致行动人应当按照本章的规定编制权益变动报告书，履行报告、公告义务。

第十九条 因上市公司减少股本导致投资者及其一致行动人拥有权益的股份变动出现本办法第十四条规定情形的，投资者及其一致行动人免于履行报告和公告义务。上市公司应当自完成减少股本的变更登记之日起 2 个工作日内，就因此导致的公司股东拥有权益的股份变动情况作出公告；因公司减少股本可能导致投资者及其一致行动人成为公司第一大股东或者实际控制人的，该投资者及其一致行动人应当自公司董事会公告有关减少公司股本决议之日起 3 个工作日内，按照本办法第十七条第一款的规定履行报告、公告义务。

第二十条 上市公司的收购及相关股份权益变动活动中的信息披露义务人依法披露前，相关信息已在媒体上传播或者公司股票交易出现异常的，上市公司应当立即向当事人进行查询，当事人应当及时予以书面答复，上市公司应当及时作出公告。

第二十一条 上市公司的收购及相关股份权益变动活动中的信息披露义务人应当在至少一家中国证监会指定媒体上依法披露信息；在其他媒体上进行披露的，披露内容应当一致，披露时间不得早于指定媒体的披露时间。

第二十二条 上市公司的收购及相关股份权益变动活动中的信息披露义务人采取一致行动的，可以以书面形式约定由其中一人作为指定代表负责统一编制信息披露文件，并同意授权指定代表在信息披露文件上签字、盖章。

各信息披露义务人应当对信息披露文件中涉及其自身的信息承担责任；对信息披露文件中涉及的与多个信息披露义务人相关的信息，各信息披露义务人对相关部分承担连带责任。

第三章 要约收购

第二十三条 投资者自愿选择以要约方式收购上市公司股份的，可以向被收购公司所有股东发出收购其所持有的全部股份的要约（以下简称全面要约），也可以向被收购公司所有股东发出收购其所持有的部分股份的要约（以下简称部分要约）。

第二十四条 通过证券交易所的证券交易，收购人持有一个上市公司的股份达到该公司已发行股份的 30% 时，继续增持股份的，应当采取要约方式进行，发出全面要约或者部分要约。

第二十五条 收购人依照本办法第二十三条、第二十四条、第四十七条、第五十六条的规定，以要约方式收购一个上市公司股份的，其预定收购的股份比例均不得低于该上市公司已发行股份的 5%。

第二十六条 以要约方式进行上市公司收购的，收购人应当公平对待被收购公司的所有股东。持有同一种类股份的股东应当得到同等对待。

第二十七条 收购人为终止上市公司的上市地位而发出全面要约的，或者向中国证监会提出申请但未取得豁免而发出全面要约的，应当以现金支付收购价款；以依法可以转让的证券（以下简称证券）支付收购价款的，应当同时提供现金方式供被收购公司股东选择。

第二十八条 以要约方式收购上市公司股份的，收购人应当编制要约收购报告书，聘请财务顾问，通知被收购公司，同时对要约收购报告书摘要作出提示性公告。

本次收购依法应当取得相关部门批准的，收购人应当在要约收购报告书摘要中作出特别提示，并在取得批准后公告要约收购报告书。

第二十九条 前条规定的要约收购报告书，应当载明下列事项：

（一）收购人的姓名、住所；收购人为法人的，其名称、注册地及法定代表人，与其控股股东、实际控制人之间的股权控制关系结构图。

（二）收购人关于收购的决定及收购目的，是否拟在未来 12 个月内继续增持。

（三）上市公司的名称、收购股份的种类。

（四）预定收购股份的数量和比例。

（五）收购价格。

（六）收购所需资金额、资金来源及资金保证，或者其他支付安排。

（七）收购要约约定的条件。

（八）收购期限。

（九）公告收购报告书时持有被收购公司的股份数量、比例。

（十）本次收购对上市公司的影响分析，包括收购人及其关联方所从事的业务与上市公司的业务是否存在同业竞争或者潜在的同业竞争，是否存在持续关联交易；存在同业竞争或者持续关联交易的，收购人是否已作出相应的安排，确保收购人及其关联方与上市公司之间避免同业竞争以及保持上市公司的独立性。

（十一）未来 12 个月内对上市公司资产、业务、人员、组织结构、公司章程等进行调整的后续计划。

（十二）前 24 个月内收购人及其关联方与上市公司之间的重大交易。

（十三）前 6 个月内通过证券交易所的证券交易买卖被收购公司股票的情况。

（十四）中国证监会要求披露的其他内容。

收购人发出全面要约的，应当在要约收购报告书中充分披露终止上市的风险、终止上市后收购行为完成的时间及仍持有上市公司股份的剩余股东出售其股票的其他后续安排；收购人发出以终止公司上市地位为目的的全面要约，无须披露前款第（十）项规定的内容。

第三十条 收购人按照本办法第四十七条拟收购上市公司股份超过 30%，须改以要约方式进行收购的，收购人应当在达成收购协议或者作出类似安排后的 3 日内对要约收购报告书摘要作出提示性公告，并按照本办法第二十八条、第二十九条的规定履行公告义务，同时免于编制、公告上市公司收购报告书；依法应当取得批准的，应当在公告中特别提示本次要约须取得相关批准方可进行。

未取得批准的，收购人应当在收到通知之日起 2 个工作日内，公告取消收购计划，并通知被收购公司。

第三十一条 收购人自作出要约收购提示性公告起 60 日内，未公告要约收购报告书的，收购人应当在期满后次一个工作日通知被收购公司，并予公告；此后每 30 日应当公告一次，直至公告要约收购报告书。

收购人作出要约收购提示性公告后，在公告要约收购报告书之前，拟自行取消收购计划的，应当公告原因；自公告之日起 12 个月内，该收购人不得再次对同一上市公司进行收购。

第三十二条 被收购公司董事会应当对收购人的主体资格、资信情况及收购意图进行调查，对要约条件进行分析，对股东是否接受要约提出建议，并聘请独立财务顾问提出专业意见。在收购人公告要约收购报告书后 20 日内，被收购公司董事会应当公告被收购公司董事会报告书与独立财务顾问的专业意见。

收购人对收购要约条件做出重大变更的，被收购公司董事会应当在 3 个工作日内公告董事会及独立财务顾问就要约条件的变更情况所出具的补充意见。

第三十三条 收购人作出提示性公告后至要约收购完成前，被收购公司除继续从事正常的经营活动或者执行股东大会已经作出的决议外，未经股东大会批准，被收购公司董事会不得通过处置公司资产、对外投资、调整公司主要业务、担保、贷款等方式，对公司的资产、负债、权益或者经营成果造成重大影响。

第三十四条 在要约收购期间，被收购公司董事不得辞职。

第三十五条 收购人按照本办法规定进行要约收购的，对同一种类股票的要约价格，不得低于要约收购提示性公告日前 6 个月内收购人取得该种股票所支付的最高价格。

要约价格低于提示性公告日前 30 个交易日该种股票的每日加权平均价格的算术平均值的，收购人聘请的财务顾问应当就该种股票前 6 个月的交易情况进行分析，说明是否存在股价被操纵、收购人是否有未披露的一致行动人、收购人前 6 个月取得公司股份是否存在其他支付安排、要约价格的合理性等。

第三十六条 收购人可以采用现金、证券、现金与证券相结合等合法方式支付收购上市公司的价款。收购人以证券支付收购价款的，应当提供该证券的发行人最近 3 年经审计的财务会计报告、证券估值报告，并配合被收购公司聘请的独立财务顾问的尽职调查工作。收购人以在证券交易所上市的债券支付收购价款的，该债券的可上市交易时间应当不少于一个月。收购人以未在证券交易所上市交易的证券支付收购价款的，必须同时提供现金方式供被收购公司的股东选择，并详细披露相关证券的保管、送达被收购公司股东的方式和程序安排。

收购人聘请的财务顾问应当对收购人支付收购价款的能力和资金来源进行充分的尽职调查，详细披露核查的过程和依据，说明收购人是否具备要约收购的能力。收购人应当在作出要约收购提示性公告的同时，提供以下至少一项安排保证其具备履约能力：

（一）以现金支付收购价款的，将不少于收购价款总额的 20% 作为履约保证金存入证券登记结算机构指定的银行；收购人以在证券交易所上市交易的证券支付收购价款的，将用于支付的全部证券交由证券登记结算机构保管，但上市公司发行新股的除外。

（二）银行对要约收购所需价款出具保函。

（三）财务顾问出具承担连带保证责任的书面承诺，明确如要约期满收购人不支付收购价款，财务顾问进行支付。

第三十七条 收购要约约定的收购期限不得少于 30 日，并不得超过 60 日；但是出现竞争要约的除外。

在收购要约约定的承诺期限内，收购人不得撤销其收购要约。

第三十八条 采取要约收购方式的，收购人作出公告后至收购期限届满前，不得卖出被收购公司的股票，也不得采取要约规定以外的形式和超出要约的条件买入被收购公司的股票。

第三十九条 收购要约提出的各项收购条件，适用于被收购公司的所有股东。

收购人需要变更收购要约的，必须及时公告，载明具体变更事项，并通知被收购公司。

第四十条 收购要约期限届满前 15 日内，收购人不得变更收购要约；但是出现竞争要约的除外。

出现竞争要约时，发出初始要约的收购人变更收购要约距初始要约收购期限届满不足 15 日的，应当延长收购期限，延长后的要约期应当不少于 15 日，不得超过最后一个竞争要约的期满日，并按规定追加履约保证。

发出竞争要约的收购人最迟不得晚于初始要约收购期限届满前 15 日发出要约收购的提示性公告，并应当根据本办法第二十八条和第二十九条的规定履行公告义务。

第四十一条 要约收购报告书所披露的基本事实发生重大变化的，收购人应当在该重大变化发生之日起 2 个工作日内作出公告，并通知被收购公司。

第四十二条 同意接受收购要约的股东（以下简称预受股东），应当委托证券公司办理预受要约的相关手续。收购人应当委托证券公司向证券登记结算机构申请办理预受要约股票的临时保管。证券登记结算机构临时保管的预受要约的股票，在要约收购期间不得转让。

前款所称预受，是指被收购公司股东同意接受要约的初步意思表示，在要约收购期限内不可撤回之前不构成承诺。在要约收购期限届满 3 个交易日前，预受股东可以委托证券公司办理撤回预受要约的手续，证券登记结算机构根据预受要约股东的撤回申请解除对预受要约股票的临时保管。在要约收购期限届满前 3 个交易日内，预受股东不得撤回其对要约的接受。在要约收购期限内，收购人应当每日在证券交易所网站上公告已预受收购要约的股份数量。

出现竞争要约时，接受初始要约的预受股东撤回全部或者部分预受的股份，并将撤回的股份售予竞争要约人的，应当委托证券公司办理撤回预受初始要约的手续和预受竞争要约的相关手续。

第四十三条 收购期限届满，发出部分要约的收购人应当按照收购要约约定的条件购买被收购公司股东预受的股份，预受要约股份的数量超过预定收购数量时，收购人应当按照同等比例收购预受要约的股份；以终止被收购公司上市地位为目的的，收购人应当按照收购要约约定的条件购买被收购公司股东预受的全部股份；未取得中国证监会豁免而发出全面要约的收购人应当购买被收购公司股东预受的全部股份。

收购期限届满后 3 个交易日内，接受委托的证券公司应当向证券登记结算机构申请办理股份转让结算、过户登记手续，解除对超过预定收购比例的股票的临时保管；收购人应当公告本次要约收购的结果。

第四十四条 收购期限届满，被收购公司股权分布不符合上市条件，该上市公司的股票由证券交易所依法终止上市交易。在收购行为完成前，其余仍持有被收购公司股票的股东，有权在收购报告书规定的合理期限内向收购人以收购要约的同等条件出售其股票，收购人应当收购。

第四十五条 收购期限届满后 15 日内，收购人应当向证券交易所提交关于收购情况的书面报告，并予以公告。

第四十六条 除要约方式外，投资者不得在证券交易所外公开求购上市公司的股份。

第四章 协议收购

第四十七条 收购人通过协议方式在一个上市公司中拥有权益的股份达到或者超过该公司已发行股份的 5%，但未超过 30% 的，按照本办法第二章的规定办理。

收购人拥有权益的股份达到该公司已发行股份的 30% 时，继续进行收购的，应当依法向该上市公司的股东发出全面要约或者部分要约。符合本办法第六章规定情形的，收购人可以向中国证监会申请免除发出要约。

收购人拟通过协议方式收购一个上市公司的股份超过 30% 的，超过 30% 的部分，应当改以要约方式进行；但符合本办法第六章规定情形的，收购人可以向中国证监会申请免除发出要约。收购人在取得中国证监会豁免后，履行其收购协议；未取得中国证监会豁免且拟继续履行其收购协议的，或者不申请豁免的，在履行其收购协议前，应当发出全面要约。

第四十八条 以协议方式收购上市公司股份超过 30%，收购人拟依据本办法第六章的规定申请豁免的，应当在与上市公司股东达成收购协议之日起 3 日内编制上市公司收购报告书，提交豁免申请，委托财务顾问向中国证监会、证券交易所提交书面报告，通知被收购公司，并公告上市公司收购报告书摘要。

收购人自取得中国证监会的豁免之日起 3 日内公告其收购报告书、财务顾问专业意见和律师出具的法律意见书；收购人未取得豁免的，应当自收到中国证监会的决定之日起 3 日内予以公告，并按照本办法第六十一条第二款的规定办理。

第四十九条 依据前条规定所作的上市公司收购报告书，须披露本办法第二十九条第（一）项至第（六）项和第（九）项至第（十四）项规定的内容及收购协议的生效条件和付款安排。

已披露收购报告书的收购人在披露之日起 6 个月内，因权益变动需要再次报告、公告的，可以仅就与前次报告书不同的部分作出报告、公告；超过 6 个月的，应当按照本办法第二章的规定履行报告、公告义务。

第五十条 收购人公告上市公司收购报告书时，应当提交以下备查文件：

（一）中国公民的身份证明，或者在中国境内登记注册的法人、其他组织的证明文件。

（二）基于收购人的实力和从业经验对上市公司后续发展计划可行性的说明，收购人拟修改公司章程、改选公司董事会、改变或者调整公司主营业务的，还应当补充其具备规范运作上市公司的管理能力的说明。

（三）收购人及其关联方与被收购公司存在同业竞争、关联交易的，应提供避免同业竞争等利益冲突、保持被收购公司经营独立性的说明。

（四）收购人为法人或者其他组织的，其控股股东、实际控制人最近 2 年未变更的说明。

（五）收购人及其控股股东或实际控制人的核心企业和核心业务、关联企业及主营业务的说明；收购人或其实际控制人为两个或两个以上的上市公司控股股东或实际控制人的，还应当提供其持股 5% 以上的上市公司以及银行、信托公司、证券公司、保险公司等其他金融机构的情况说明。

（六）财务顾问关于收购人最近 3 年的诚信记录、收购资金来源合法性、收购人具备履行相关承诺的能力以及相关信息披露内容真实性、准确性、完整性的核查意见；收购人成立未满 3 年的，财务顾问还应当提供其控股股东或者实际控制人最近 3 年诚信记录的核查意见。

境外法人或者境外其他组织进行上市公司收购的，除应当提交第一款第（二）项至第（六）项规定的文件外，还应当提交以下文件：

（一）财务顾问出具的收购人符合对上市公司进行战略投资的条件、具有收购上市公司的能力的核查意见；

（二）收购人接受中国司法、仲裁管辖的声明。

第五十一条 上市公司董事、监事、高级管理人员、员工或者其所控制或者委托的法人或者其他组织，拟对本公司进行收购或者通过本办法第五章规定的方式取得本公司控制权（以下简称管理层收购）的，该上市公司应当具备健全且运行良好的组织机构以及有效的内部控制制度，公司董事会成员中独立董事的比例应当达到或者超过 1/2。公司应当聘请具有证券、期货从业资格的资产评估机构提供公司资产评估报告，本次收购应当经董事会非关联董事作出决议，且取得 2/3 以上的独立董事同意后，提交公司股东大会审议，经出席股东大会的非关联股东所持表决权过半数通过。独立董事发表意见前，应当聘请独立财务顾问就本次收购出具专业意见，独立董事及独立财务顾问的意见应当一并予以公告。

上市公司董事、监事、高级管理人员存在《公司法》第一百四十八条规定情形，或者最近 3 年有证券市场不良诚信记录的，不得收购本公司。

第五十二条 以协议方式进行上市公司收购的，自签订收购协议起至相关股份完成过户的期间为上市公司收购过渡期（以下简称过渡期）。在过渡期内，收购人不得通过控股股东提议改选上市公司董事会，确有充分理由改选董事会的，来自收购人的董事不得超过董事会成员的 1/3；被收购公司不得为收购人及其关联方提供担保；被收购公司不得公开发行股份募集资金，不得进行重大购买、出售资产及重大投资行为或者与收购人及其关联方进行其他关联交易，但收购人为挽救陷入危机或者面临严重财务困难的上市公司的情形除外。

第五十三条 上市公司控股股东向收购人协议转让其所持有的上市公司股份的，应当对收购人的主体资格、诚信情况及收购意图进行调查，并在其权益变动报告书中披露有关调查情况。

控股股东及其关联方未清偿其对公司的负债，未解除公司为其负债提供的担保，或者存在损害公司利益的其他情形的，被收购公司董事会应当对前述情形及时予以披露，并采取有效措施维护公司利益。

第五十四条 协议收购的相关当事人应当向证券登记结算机构申请办理拟转让股份的临时保管手续，并可以将用于支付的现金存放于证券登记结算机构指定的银行。

第五十五条 收购报告书公告后，相关当事人应当按照证券交易所和证券登记结算机构的业务规则，在证券交易所就本次股份转让予以确认后，凭全部转让款项存放于双方认可的银行账户的证明，向证券登记结算机构申请解除拟协议转让股票的临时保管，并办理过户登记手续。

收购人未按规定履行报告、公告义务，或者未按规定提出申请的，证券交易所和证券登记结算机构不予办理股份转让和过户登记手续。

收购人在收购报告书公告后 30 日内仍未完成相关股份过户手续的，应当立即作出公告，说明理由；在未完成相关股份过户期间，应当每隔 30 日公告相关股份过户办理进展情况。

第五章 间 接 收 购

第五十六条 收购人虽不是上市公司的股东，但通过投资关系、协议、其他安排导致其拥有权益的股份达到或者超过一个上市公司已发行股份的 5% 未超过 30% 的，应当按照本办法第二章的规定办理。

收购人拥有权益的股份超过该公司已发行股份的 30% 的，应当向该公司所有股东发出全面要约；收购人预计无法在事实发生之日起 30 日内发出全面要约的，应当在前述 30 日内促使其控制的股东将所持有的上市公司股份减持至 30% 或者 30% 以下，并自减持之日起 2 个工作日内予以公告；其后收购人或者其控制的股东拟继续增持的，应当采取要约方式；拟依据本办法第六章的规定申请豁免的，应当按照本办法第四十八条的规定办理。

第五十七条 投资者虽不是上市公司的股东，但通过投资关系取得对上市公司股东的控制权，而受其支配的上市公司股东所持股份达到前条规定比例、且对该股东的资产和利润构成重大影响的，应当按照前条规定履行报告、公告义务。

第五十八条 上市公司实际控制人及受其支配的股东，负有配合上市公司真实、准确、完整披露有关实际控制人发生变化的信息的义务；实际控制人及受其支配的股东拒不履行上述配合义务，导致上市公司无法履行法定信息披露义务而承担民事、行政责任的，上市公司有权对其提起诉讼。实际控制人、控股股东指使上市公司及其有关人员不依法履行信息披露义务的，中国证监会依法进行查处。

第五十九条 上市公司实际控制人及受其支配的股东未履行报告、公告义务的，上市公司应当自知悉之日起立即作出报告和公告。上市公司就实际控制人发生变化的情况予以公告后，实际控制人仍未披露的，上市公司董事会应当向实际控制人和受其支配的股东查询，必要时可以聘请财务顾问进行查询，并将查询情况向中国证监会、上市公司所在地的中国证监会派出机构（以下简称派出机构）和证券交易所报告；中国证监会依法对拒不履行报告、公告义务的实际控制人进行查处。

上市公司知悉实际控制人发生较大变化而未能将有关实际控制人的变化情况及时予以报告和公告的，中国证监会责令改正，情节严重的，认定上市公司负有责任的董事为不适当人选。

第六十条 上市公司实际控制人及受其支配的股东未履行报告、公告义务，拒不履行第五十八条规定的配合义务，或者实际控制人存在不得收购上市公司情形的，上市公司董事会应当拒绝接受受实际控制人支配的股东向董事会提交的提案或者临时议案，并向中国证监会、派出机构和证券交易所报告。中国证监会责令实际控制人改正，可以认定实际控制人通过受其支配的股东所提名的董事为不适当人选；改正前，受实际控制人支配的股东不得行使其持有股份的表决权。上市公司董事会未拒绝接受实际控制人及受其支配的股东所提出的提案的，中国证监会可以认定负有责任的董事为不适当人选。

第六章 豁免申请

第六十一条 符合本办法第六十二条、第六十三条规定情形的，投资者及其一致行动人可以向中国证监会申请下列豁免事项：

（一）免于以要约收购方式增持股份；

（二）存在主体资格、股份种类限制或者法律、行政法规、中国证监会规定的特殊情形的，可以申请免于向被收购公司的所有股东发出收购要约。

未取得豁免的，投资者及其一致行动人应当在收到中国证监会通知之日起 30 日内将其或者其控制的股东所持有的被收购公司股份减持到 30% 或者 30% 以下；拟以要约以外的方式继续增持股份的，应当发出全面要约。

第六十二条 有下列情形之一的，收购人可以向中国证监会提出免于以要约方式增持股份的申请：

（一）收购人与出让人能够证明本次股份转让是在同一实际控制人控制的不同主体之间进行，未导致上市公司的实际控制人发生变化；

（二）上市公司面临严重财务困难，收购人提出的挽救公司的重组方案取得该公司股东大会批准，且收购人承诺 3 年内不转让其在该公司中所拥有的权益；

（三）中国证监会为适应证券市场发展变化和保护投资者合法权益的需要而认定的其他情形。

收购人报送的豁免申请文件符合规定，并且已经按照本办法的规定履行报告、公告义务的，中国证监会予以受理；不符合规定或者未履行报告、公告义务的，中国证监会不予受理。中国证监会在受理豁免申请后 20 个工作日内，就收购人所申请的具体事项做出是否予以豁免的决定；取得豁免的，收购人可以完成本次增持行为。

第六十三条 有下列情形之一的，投资者可以向中国证监会提出免于发出要约的申请，中国证监会自收到符合规定的申请文件之日起 10 个工作日内未提出异议的，相关投资者可以向证券交易所和证券登记结算机构申请办理股份转让和过户登记手续；中国证监会不同意其申请的，相关投资者应当按照本办法第六十一条的规定办理：

（一）经政府或者国有资产管理部门批准进行国有资产无偿划转、变更、合并，导致投资者在一个上市公司中拥有权益的股份占该公司已发行股份的比例超过 30%；

（二）因上市公司按照股东大会批准的确定价格向特定股东回购股份而减少股本，导致投资者在该公司中拥有权益的股份超过该公司已发行股份的 30%；

（三）中国证监会为适应证券市场发展变化和保护投资者合法权益的需要而认定的其他情形。

有下列情形之一的，相关投资者可以免于按照前款规定提交豁免申请，直接向证券交易所和证券登记结算机构申请办理股份转让和过户登记手续：

（一）经上市公司股东大会非关联股东批准，投资者取得上市公司向其发行的新股，导致其在该公司拥有权益的股份超过该公司已发行股份的 30%，投资者承诺 3 年内不转让本次向其发行的新股，且公司股东大会同意投资者免于发出要约；

（二）在一个上市公司中拥有权益的股份达到或者超过该公司已发行股份的 30% 的，自上述事实发生之日起一年后，每 12 个月内增持不超过该公司已发行的 2% 的股份；

（三）在一个上市公司中拥有权益的股份达到或者超过该公司已发行股份的 50% 的，继续增加其在该公司拥有的权益不影响该公司的上市地位；

（四）证券公司、银行等金融机构在其经营范围内依法从事承销、贷款等业务导致其持有一个上市公司已发行股份超过 30%，没有实际控制该公司的行为或者意图，并且提出在合理期限内向非关联方转让相关股份的解决方案；

（五）因继承导致在一个上市公司中拥有权益的股份超过该公司已发行股份的 30%；

（六）因履行约定购回式证券交易协议购回上市公司股份导致投资者在一个上市公司中拥有权益的股份超过该公司已发行股份的 30%，并且能够证明标的股份的表决权在协议期间未发生转移；

（七）因所持优先股表决权依法恢复导致投资者在一个上市公司中拥有权益的股份超过该公司已发行股份的 30%。

相关投资者应在前款规定的权益变动行为完成后 3 日内就股份增持情况作出公告，律师应就相关投资者权益变动行为发表符合规定的专项核查意见并由上市公司予以披露。相关投资者按照前款第（二）项、第（三）项规定采用集中竞价方式增持股份，每累计增持股份比例达到该公司已发行股份的 1% 的，应当在事实发生之日通知上市公司，由上市公司在次一交易日发布相关股东增持公司股份的进展公告。相关投资者按照前款第（三）项规定采用集中竞价方式增持股份的，每累计增持股份比例达到上市公司已发行股份的 2% 的，在事实发生当日和上市公司发布相关股东增持公司股份进展公告的当日不得再行增持股份。前款第（二）项规定的增持不超过 2% 的股份锁定期为增持行为完成之日起 6 个月。

第六十四条 收购人提出豁免申请的，应当聘请律师事务所等专业机构出具专业意见。

第七章 财务顾问

第六十五条 收购人聘请的财务顾问应当履行以下职责：

（一）对收购人的相关情况进行尽职调查；

（二）应收购人的要求向收购人提供专业化服务，全面评估被收购公司的财务和经营状况，帮助收购人分析收购所涉及的法律、财务、经营风险，就收购方案所涉及的收购价格、收购方式、支付安排等事项提出对策建议，并指导收购人按照规定的内容与格式制作申报文件；

（三）对收购人进行证券市场规范化运作的辅导，使收购人的董事、监事和高级管理人员熟悉有关法律、行政法规和中国证监会的规定，充分了解其应当承担的义务和责任，督促其依法履行报告、公告和其他法定义务；

（四）对收购人是否符合本办法的规定及申报文件内容的真实性、准确性、完整性进行充分核查和验证，对收购事项客观、公正地发表专业意见；

（五）接受收购人委托，向中国证监会报送申报材料，根据中国证监会的审核意见，组织、协调收购人及其他专业机构予以答复；

（六）与收购人签订协议，在收购完成后 12 个月内，持续督导收购人遵守法律、行政法规、中国证监会的规定、证券交易所规则、上市公司章程，依法行使股东权利，切实履行承诺或者相关约定。

第六十六条 收购人聘请的财务顾问就本次收购出具的财务顾问报告，应当对以下事项进行说明和分析，并逐项发表明确意见：

（一）收购人编制的上市公司收购报告书或者要约收购报告书所披露的内容是否真实、准确、完整；

（二）本次收购的目的；

（三）收购人是否提供所有必备证明文件，根据对收购人及其控股股东、实际控制人的实力、从事的主要业务、持续经营状况、财务状况和诚信情况的核查，说明收购人是否具备主体资格，是否具备收购的经济实力，是否具备规范运作上市公司的管理能力，是否需要承担其他附加义务及是否具备履行相关义务的能力，是否存在不良诚信记录；

（四）对收购人进行证券市场规范化运作辅导的情况，其董事、监事和高级管理人员是否已经熟悉有关法律、行政法规和中国证监会的规定，充分了解应承担的义务和责任，督促其依法履行报告、公告和其他法定义务的情况；

（五）收购人的股权控制结构及其控股股东、实际控制人支配收购人的方式；

（六）收购人的收购资金来源及其合法性，是否存在利用本次收购的股份向银行等金融机构质押取得融资的情形；

（七）涉及收购人以证券支付收购价款的，应当说明有关该证券发行人的信息披露是否真实、准确、完整以及该证券交易的便捷性等情况；

（八）收购人是否已经履行了必要的授权和批准程序；

（九）是否已对收购过渡期间保持上市公司稳定经营作出安排，该安排是否符合有关规定；

（十）对收购人提出的后续计划进行分析，收购人所从事的业务与上市公司从事的业务存在同业竞争、关联交易的，对收购人解决与上市公司同业竞争等利益冲突及保持上市公司经营独立性的方案进行分析，说明本次收购对上市公司经营独立性和持续发展可能产生的影响；

（十一）在收购标的上是否设定其他权利，是否在收购价款之外还作出其他补偿安排；

（十二）收购人及其关联方与被收购公司之间是否存在业务往来，收购人与被收购公司的董事、监事、高级管理人员是否就其未来任职安排达成某种协议或者默契；

（十三）上市公司原控股股东、实际控制人及其关联方是否存在未清偿对公司的负债、未解除公司为其负债提供的担保或者损害公司利益的其他情形；存在该等情形的，是否已提出切实可行的解决方案；

（十四）涉及收购人拟提出豁免申请的，应当说明本次收购是否属于可以得到豁免的情形，收购人是否作出承诺及是否具备履行相关承诺的实力。

第六十七条 上市公司董事会或者独立董事聘请的独立财务顾问，不得同时担任收购人的财务顾问或者与收购人的财务顾问存在关联关系。独立财务顾问应当根据委托进行尽职调查，对本次收购的公正性和合法性发表专业意见。独立财务顾问报告应当对以下问题进行说明和分析，发表明确意见：

（一）收购人是否具备主体资格；

（二）收购人的实力及本次收购对被收购公司经营独立性和持续发展可能产生的影响分析；

（三）收购人是否存在利用被收购公司的资产或者由被收购公司为本次收购提供财务资助的情形；

（四）涉及要约收购的，分析被收购公司的财务状况，说明收购价格是否充分反映被收购公司价值，收购要约是否公平、合理，对被收购公司社会公众股股东接受要约提出的建议；

（五）涉及收购人以证券支付收购价款的，还应当根据该证券发行人的资产、业务和盈利预测，对相关证券进行估值分析，就收购条件对被收购公司的社会公众股股东是否公平合理、是否接受收购人提出的收购条件提出专业意见；

（六）涉及管理层收购的，应当对上市公司进行估值分析，就本次收购的定价依据、支付方式、收购资金来源、融资安排、还款计划及其可行性、上市公司内部控制制度的执行情况及其有效性、上述人员及其直系亲属在最近 24 个月内与上市公司业务往来情况以及收购报告书披露的其他内容等进行全面核查，发表明确意见。

第六十八条 财务顾问应当在财务顾问报告中作出以下承诺：

（一）已按照规定履行尽职调查义务，有充分理由确信所发表的专业意见与收购人公告文件的内容不存在实质性差异；

（二）已对收购人公告文件进行核查，确信公告文件的内容与格式符合规定；

（三）有充分理由确信本次收购符合法律、行政法规和中国证监会的规定，有充分理由确信收购人披露的信息真实、准确、完整，不存在虚假记载、误导性陈述和重大遗漏；

（四）就本次收购所出具的专业意见已提交其内核机构审查，并获得通过；

（五）在担任财务顾问期间，已采取严格的保密措施，严格执行内部防火墙制度；

（六）与收购人已订立持续督导协议。

第六十九条 财务顾问在收购过程中和持续督导期间，应当关注被收购公司是否存在为收购人及其关联方提供担保或者借款等损害上市公司利益的情形，发现有违法或者不当行为的，应当及时向中国证监会、派出机构和证券交易所报告。

第七十条 财务顾问为履行职责，可以聘请其他专业机构协助其对收购人进行核查，但应当对收购人提供的资料和披露的信息进行独立判断。

第七十一条 自收购人公告上市公司收购报告书至收购完成后 12 个月内，财务顾问应当通过日常沟通、定期回访等方式，关注上市公司的经营情况，结合被收购公司定期报告和临时公告的披露事宜，对收购人及被收购公司履行持续督导职责：

（一）督促收购人及时办理股权过户手续，并依法履行报告和公告义务；

（二）督促和检查收购人及被收购公司依法规范运作；

（三）督促和检查收购人履行公开承诺的情况；

（四）结合被收购公司定期报告，核查收购人落实后续计划的情况，是否达到预期目标，实施效果是否与此前的披露内容存在较大差异，是否实现相关盈利预测或者管理层预计达到的目标；

（五）涉及管理层收购的，核查被收购公司定期报告中披露的相关还款计划的落实情况与事实是否一致；

（六）督促和检查履行收购中约定的其他义务的情况。

在持续督导期间，财务顾问应当结合上市公司披露的季度报告、半年度报告和年度报告出具持续督导意见，并在前述定期报告披露后的 15 日内向派出机构报告。

在此期间，财务顾问发现收购人在上市公司收购报告书中披露的信息与事实不符的，应当督促收购人如实披露相关信息，并及时向中国证监会、派出机构、证券交易所报告。财务顾问解除委托合同的，应当及时向中国证监会、派出机构作出书面报告，说明无法继续履行持续督导职责的理由，并予公告。

第八章　持续监管

第七十二条 在上市公司收购行为完成后 12 个月内，收购人聘请的财务顾问应当在每季度前 3 日内就上一季度对上市公司影响较大的投资、购买或者出售资产、关联交易、主营业务调整以及董事、监事、高级管理人员的更换、职工安置、收购人履行承诺等情况向派出机构报告。

收购人注册地与上市公司注册地不同的，还应当将前述情况的报告同时抄报收购人所在地的派出机构。

第七十三条 派出机构根据审慎监管原则，通过与承办上市公司审计业务的会计师事务所谈话、检查财务顾问持续督导责任的落实、定期或者不定期的现场检查等方式，在收购完成后对收购人和上市公司进行监督检查。

派出机构发现实际情况与收购人披露的内容存在重大差异的，对收购人及上市公司予以重点关注，可以责令收购人延长财务顾问的持续督导期，并依法进行查处。

在持续督导期间，财务顾问与收购人解除合同的，收购人应当另行聘请其他财务顾问机构履行持续督导职责。

第七十四条 在上市公司收购中，收购人持有的被收购公司的股份，在收购完成后12个月内不得转让。

收购人在被收购公司中拥有权益的股份在同一实际控制人控制的不同主体之间进行转让不受前述12个月的限制，但应当遵守本办法第六章的规定。

第九章 监管措施与法律责任

第七十五条 上市公司的收购及相关股份权益变动活动中的信息披露义务人，未按照本办法的规定履行报告、公告以及其他相关义务的，中国证监会责令改正，采取监管谈话、出具警示函、责令暂停或者停止收购等监管措施。在改正前，相关信息披露义务人不得对其持有或者实际支配的股份行使表决权。

第七十六条 上市公司的收购及相关股份权益变动活动中的信息披露义务人在报告、公告等文件中有虚假记载、误导性陈述或者重大遗漏的，中国证监会责令改正，采取监管谈话、出具警示函、责令暂停或者停止收购等监管措施。在改正前，收购人对其持有或者实际支配的股份不得行使表决权。

第七十七条 投资者及其一致行动人取得上市公司控制权而未按照本办法的规定聘请财务顾问，规避法定程序和义务，变相进行上市公司的收购，或者外国投资者规避管辖的，中国证监会责令改正，采取出具警示函、责令暂停或者停止收购等监管措施。在改正前，收购人不得对其持有或者实际支配的股份行使表决权。

第七十八条 收购人未依照本办法的规定履行相关义务或者相应程序擅自实施要约收购的，中国证监会责令改正，采取监管谈话、出具警示函、责令暂停或者停止收购等监管措施；在改正前，收购人不得对其持有或者支配的股份行使表决权。

发出收购要约的收购人在收购要约期限届满，不按照约定支付收购价款或者购买预受股份的，自该事实发生之日起3年内不得收购上市公司，中国证监会不受理收购人及其关联方提交的申报文件。

存在前二款规定情形，收购人涉嫌虚假披露、操纵证券市场的，中国证监会对收购人进行立案稽查，依法追究其法律责任；收购人聘请的财务顾问没有充分证据表明其勤勉尽责的，自收购人违规事实发生之日起1年内，中国证监会不受理该财务顾问提交的上市公司并购重组申报文件，情节严重的，依法追究法律责任。

第七十九条 上市公司控股股东和实际控制人在转让其对公司的控制权时，未清偿其对公司的负债，未解除公司为其提供的担保，或者未对其损害公司利益的其他情形作出纠正的，中国证监会责令改正、责令暂停或者停止收购活动。

被收购公司董事会未能依法采取有效措施促使公司控股股东、实际控制人予以纠正，或者在收购完成后未能促使收购人履行承诺、安排或者保证的，中国证监会可以认定相关董事为不适当人选。

第八十条 上市公司董事未履行忠实义务和勤勉义务，利用收购谋取不当利益的，中国证监会采取监管谈话、出具警示函等监管措施，可以认定为不适当人选。

上市公司章程中涉及公司控制权的条款违反法律、行政法规和本办法规定的，中国证监会责令改正。

第八十一条 为上市公司收购出具资产评估报告、审计报告、法律意见书和财务顾问报告的证券服务机构或者证券公司及其专业人员，未依法履行职责的，中国证监会责令改正，采取监管谈话、出具警示函等监管措施。

前款规定的证券服务机构及其从业人员被责令改正的，在改正前，不得接受新的上市公司并购重组业务。

第八十二条 中国证监会将上市公司的收购及相关股份权益变动活动中的当事人的违法行为和整改情况记入诚信档案。

违反本办法的规定构成证券违法行为的，依法追究法律责任。

第十章 附 则

第八十三条 本办法所称一致行动，是指投资者通过协议、其他安排，与其他投资者共同扩大其所能够支配的一个上市公司股份表决权数量的行为或者事实。

在上市公司的收购及相关股份权益变动活动中有一致行动情形的投资者，互为一致行动人。如无相反证据，投资者有下列情形之一的，为一致行动人：

（一）投资者之间有股权控制关系；

（二）投资者受同一主体控制；

（三）投资者的董事、监事或者高级管理人员中的主要成员，同时在另一个投资者担任董事、监事或者高级管理人员；

（四）投资者参股另一投资者，可以对参股公司的重大决策产生重大影响；

（五）银行以外的其他法人、其他组织和自然人为投资者取得相关股份提供融资安排；

（六）投资者之间存在合伙、合作、联营等其他经济利益关系；

（七）持有投资者 30% 以上股份的自然人，与投资者持有同一上市公司股份；

（八）在投资者任职的董事、监事及高级管理人员，与投资者持有同一上市公司股份；

（九）持有投资者 30% 以上股份的自然人和在投资者任职的董事、监事及高级管理人员，其父母、配偶、子女及其配偶、配偶的父母、兄弟姐妹及其配偶、配偶的兄弟姐妹及其配偶等亲属，与投资者持有同一上市公司股份；

（十）在上市公司任职的董事、监事、高级管理人员及其前项所述亲属同时持有本公司股份的，或者与其自己或者其前项所述亲属直接或者间接控制的企业同时持有本公司股份；

（十一）上市公司董事、监事、高级管理人员和员工与其所控制或者委托的法人或者其他组织持有本公司股份；

（十二）投资者之间具有其他关联关系。

一致行动人应当合并计算其所持有的股份。投资者计算其所持有的股份，应当包括登记在其名下的股份，也包括登记在其一致行动人名下的股份。

投资者认为其与他人不应被视为一致行动人的，可以向中国证监会提供相反证据。

第八十四条 有下列情形之一的，为拥有上市公司控制权：

（一）投资者为上市公司持股 50% 以上的控股股东；

（二）投资者可以实际支配上市公司股份表决权超过 30%；

（三）投资者通过实际支配上市公司股份表决权能够决定公司董事会半数以上成员选任；

（四）投资者依其可实际支配的上市公司股份表决权足以对公司股东大会的决议产生重大影响；

（五）中国证监会认定的其他情形。

第八十五条 信息披露义务人涉及计算其拥有权益比例的，应当将其所持有的上市公司已发行的可转换为公司股票的证券中有权转换部分与其所持有的同一上市公司的股份合并计算，并将其持股比例与合并计算非股权类证券转为股份后的比例相比，以二者中的较高者为准；行权期限届满未行权的，或者行权条件不再具备的，无需合并计算。

前款所述二者中的较高者，应当按下列公式计算：

（一）投资者持有的股份数量/上市公司已发行股份总数；

（二）（投资者持有的股份数量 + 投资者持有的可转换为公司股票的非股权类证券所对应的股份数量）/（上市公司已发行股份总数 + 上市公司发行的可转换为公司股票的非股权类证券所对应的股份总数）。

前款所称“投资者持有的股份数量”包括投资者拥有的普通股数量和优先股恢复的表决权数量，“上市公司已发行股份总数”包括上市公司已发行的普通股总数和优先股恢复的表决权总数。

第八十六条 投资者因行政划转、执行法院裁决、继承、赠与等方式取得上市公司控制权的，应当按照本办法第四章的规定履行报告、公告义务。

第八十七条 权益变动报告书、收购报告书、要约收购报告书、被收购公司董事会报告书、要约收购豁免申请文件等文件的内容与格式，由中国证监会另行制定。

第八十八条 被收购公司在境内、境外同时上市的，收购人除应当遵守本办法及中国证监会的相关规定外，还应当遵守境外上市地的相关规定。

第八十九条 外国投资者收购上市公司及在上市公司中拥有的权益发生变动的，除应当遵守本办法的规定外，还应当遵守外国投资者投资上市公司的相关规定。

第九十条 本办法自 2006 年 9 月 1 日起施行。中国证监会发布的《上市公司收购管理办法》（证监会令第 10 号）、《上市公司股东持股变动信息披露管理办法》（证监会令第 11 号）、《关于要约收购涉及的被收购公司股票上市交易条件有关问题的通知》（证监公司字〔2003〕16 号）和《关于规范上市公司实际控制权转移行为有关问题的通知》（证监公司字〔2004〕1 号）同时废止。

4.5.2

上市公司重大资产重组管理办法

（2016年9月8日　证监会令第127号）

（2014年7月7日中国证券监督管理委员会第52次主席办公会议审议通过　根据2016年9月8日中国证券监督管理委员会《关于修改〈上市公司重大资产重组管理办法〉的决定》修订）

第一章　总　则

第一条　为了规范上市公司重大资产重组行为，保护上市公司和投资者的合法权益，促进上市公司质量不断提高，维护证券市场秩序和社会公共利益，根据《公司法》、《证券法》等法律、行政法规的规定，制定本办法。

第二条　本办法适用于上市公司及其控股或者控制的公司在日常经营活动之外购买、出售资产或者通过其他方式进行资产交易达到规定的比例，导致上市公司的主营业务、资产、收入发生重大变化的资产交易行为（以下简称重大资产重组）。

上市公司发行股份购买资产应当符合本办法的规定。上市公司按照经中国证券监督管理委员会（以下简称中国证监会）核准的发行证券文件披露的募集资金用途，使用募集资金购买资产、对外投资的行为，不适用本办法。

第三条　任何单位和个人不得利用重大资产重组损害上市公司及其股东的合法权益。

第四条　上市公司实施重大资产重组，有关各方必须及时、公平地披露或者提供信息，保证所披露或者提供信息的真实、准确、完整，不得有虚假记载、误导性陈述或者重大遗漏。

第五条　上市公司的董事、监事和高级管理人员在重大资产重组活动中，应当诚实守信、勤勉尽责，维护公司资产的安全，保护公司和全体股东的合法权益。

第六条　为重大资产重组提供服务的证券服务机构和人员，应当遵守法律、行政法规和中国证监会的有关规定，遵循本行业公认的业务标准和道德规范，严格履行职责，对其所制作、出具文件的真实性、准确性和完整性承担责任。

前款规定的证券服务机构和人员，不得教唆、协助或者伙同委托人编制或者披露存在虚假记载、误导性陈述或者重大遗漏的报告、公告文件，不得从事不正当竞争，不得利用上市公司重大资产重组谋取不正当利益。

第七条 任何单位和个人对所知悉的重大资产重组信息在依法披露前负有保密义务。

禁止任何单位和个人利用重大资产重组信息从事内幕交易、操纵证券市场等违法活动。

第八条 中国证监会依法对上市公司重大资产重组行为进行监督管理。

中国证监会审核上市公司重大资产重组或者发行股份购买资产的申请，可以根据上市公司的规范运作和诚信状况、财务顾问的执业能力和执业质量，结合国家产业政策和重组交易类型，作出差异化的、公开透明的监管制度安排，有条件地减少审核内容和环节。

第九条 鼓励依法设立的并购基金、股权投资基金、创业投资基金、产业投资基金等投资机构参与上市公司并购重组。

第十条 中国证监会在发行审核委员会中设立上市公司并购重组审核委员会（以下简称并购重组委），并购重组委以投票方式对提交其审议的重大资产重组或者发行股份购买资产申请进行表决，提出审核意见。

第二章 重大资产重组的原则和标准

第十一条 上市公司实施重大资产重组，应当就本次交易符合下列要求作出充分说明，并予以披露：

（一）符合国家产业政策和有关环境保护、土地管理、反垄断等法律和行政法规的规定；

（二）不会导致上市公司不符合股票上市条件；

（三）重大资产重组所涉及的资产定价公允，不存在损害上市公司和股东合法权益的情形；

（四）重大资产重组所涉及的资产权属清晰，资产过户或者转移不存在法律障碍，相关债权债务处理合法；

（五）有利于上市公司增强持续经营能力，不存在可能导致上市公司重组后主要资产为现金或者无具体经营业务的情形；

（六）有利于上市公司在业务、资产、财务、人员、机构等方面与实际控制人及其关联人保持独立，符合中国证监会关于上市公司独立性的相关规定；

（七）有利于上市公司形成或者保持健全有效的法人治理结构。

第十二条 上市公司及其控股或者控制的公司购买、出售资产，达到下列标准之一的，构成重大资产重组：

（一）购买、出售的资产总额占上市公司最近一个会计年度经审计的合并财务会计报告期末资产总额的比例达到 50% 以上；

（二）购买、出售的资产在最近一个会计年度所产生的营业收入占上市公司同期经审计的合并财务会计报告营业收入的比例达到 50% 以上；

（三）购买、出售的资产净额占上市公司最近一个会计年度经审计的合并财务会计报告期末净资产额的比例达到 50% 以上，且超过 5000 万元人民币。

购买、出售资产未达到前款规定标准，但中国证监会发现存在可能损害上市公司或者投资者合法权益的重大问题的，可以根据审慎监管原则，责令上市公司按照本办法的规定补充披露相关信息、暂停交易、聘请独立财务顾问或者其他证券服务机构补充核查并披露专业意见。

第十三条 上市公司自控制权发生变更之日起60个月内，向收购人及其关联人购买资产，导致上市公司发生以下根本变化情形之一的，构成重大资产重组，应当按照本办法的规定报经中国证监会核准：

（一）购买的资产总额占上市公司控制权发生变更的前一个会计年度经审计的合并财务会计报告期末资产总额的比例达到100%以上；

（二）购买的资产在最近一个会计年度所产生的营业收入占上市公司控制权发生变更的前一个会计年度经审计的合并财务会计报告营业收入的比例达到100%以上；

（三）购买的资产在最近一个会计年度所产生的净利润占上市公司控制权发生变更的前一个会计年度经审计的合并财务会计报告净利润的比例达到100%以上；

（四）购买的资产净额占上市公司控制权发生变更的前一个会计年度经审计的合并财务会计报告期末净资产额的比例达到100%以上；

（五）为购买资产发行的股份占上市公司首次向收购人及其关联人购买资产的董事会决议前一个交易日的股份的比例达到100%以上；

（六）上市公司向收购人及其关联人购买资产虽未达到本款第（一）至第（五）项标准，但可能导致上市公司主营业务发生根本变化；

（七）中国证监会认定的可能导致上市公司发生根本变化的其他情形。

上市公司实施前款规定的重大资产重组，应当符合下列规定：

（一）符合本办法第十一条、第四十三条规定的要求；

（二）上市公司购买的资产对应的经营实体应当是股份有限公司或者有限责任公司，且符合《首次公开发行股票并上市管理办法》规定的其他发行条件；

（三）上市公司及其最近3年内的控股股东、实际控制人不存在因涉嫌犯罪正被司法机关立案侦查或涉嫌违法违规正被中国证监会立案调查的情形，但是，涉嫌犯罪或违法违规的行为已经终止满3年，交易方案能够消除该行为可能造成的不良后果，且不影响对相关行为人追究责任的除外；

（四）上市公司及其控股股东、实际控制人最近12个月内未受到证券交易所公开谴责，不存在其他重大失信行为；

（五）本次重大资产重组不存在中国证监会认定的可能损害投资者合法权益，或者违背公开、公平、公正原则的其他情形。

上市公司通过发行股份购买资产进行重大资产重组的，适用《证券法》和中国证监会的相关规定。

本条第一款所称控制权，按照《上市公司收购管理办法》第八十四条的规定进行认定。上市公司股权分散，董事、高级管理人员可以支配公司重大的财务和经营决策的，视为具有上市公司控制权。

创业板上市公司自控制权发生变更之日起，向收购人及其关联人购买资产，不得导致本条第一款规定的任一情形。

上市公司自控制权发生变更之日起，向收购人及其关联人购买的资产属于金融、创业投资等特定行业的，由中国证监会另行规定。

第十四条 计算本办法第十二条、第十三条规定的比例时，应当遵守下列规定：

（一）购买的资产为股权的，其资产总额以被投资企业的资产总额与该项投资所占股权比例的乘积和成交金额二者中的较高者为准，营业收入以被投资企业的营业收入与该项投资所占股权比例的乘积为准，资产净额以被投资企业的净资产额与该项投资所占股权比例的乘积和成交金额二者中的较高者为准；出售的资产为股权的，其资产总额、营业收入以及资产净额分别以被投资企业的资产总额、营业收入以及净资产额与该项投资所占股权比例的乘积为准。

购买股权导致上市公司取得被投资企业控股权的，其资产总额以被投资企业的资产总额和成交金额二者中的较高者为准，营业收入以被投资企业的营业收入为准，净利润以被投资企业扣除非经常性损益前后的净利润的较高者为准，资产净额以被投资企业的净资产额和成交金额二者中的较高者为准；出售股权导致上市公司丧失被投资企业控股权的，其资产总额、营业收入以及资产净额分别以被投资企业的资产总额、营业收入以及净资产额为准。

（二）购买的资产为非股权资产的，其资产总额以该资产的账面值和成交金额二者中的较高者为准，资产净额以相关资产与负债的账面值差额和成交金额二者中的较高者为准；出售的资产为非股权资产的，其资产总额、资产净额分别以该资产的账面值、相关资产与负债账面值的差额为准；该非股权资产不涉及负债的，不适用第十二条第一款第（三）项规定的资产净额标准。

（三）上市公司同时购买、出售资产的，应当分别计算购买、出售资产的相关比例，并以二者中比例较高者为准。

（四）上市公司在12个月内连续对同一或者相关资产进行购买、出售的，以其累计数分别计算相应数额。已按照本办法的规定编制并披露重大资产重组报告书的资产交易行为，无须纳入累计计算的范围。中国证监会对本办法第十三条第一款规定的重大资产重组的累计期限和范围另有规定的，从其规定。

交易标的资产属于同一交易方所有或者控制，或者属于相同或者相近的业务范围，或者中国证监会认定的其他情形下，可以认定为同一或者相关资产。

第十五条 本办法第二条所称通过其他方式进行资产交易，包括：

（一）与他人新设企业、对已设立的企业增资或者减资；

（二）受托经营、租赁其他企业资产或者将经营性资产委托他人经营、租赁；

（三）接受附义务的资产赠与或者对外捐赠资产；

（四）中国证监会根据审慎监管原则认定的其他情形。

上述资产交易实质上构成购买、出售资产，且按照本办法规定的标准计算的相关比例达到50%以上的，应当按照本办法的规定履行相关义务和程序。

第三章　重大资产重组的程序

第十六条　上市公司与交易对方就重大资产重组事宜进行初步磋商时，应当立即采取必要且充分的保密措施，制定严格有效的保密制度，限定相关敏感信息的知悉范围。上市公司及交易对方聘请证券服务机构的，应当立即与所聘请的证券服务机构签署保密协议。

上市公司关于重大资产重组的董事会决议公告前，相关信息已在媒体上传播或者公司股票交易出现异常波动的，上市公司应当立即将有关计划、方案或者相关事项的现状以及相关进展情况和风险因素等予以公告，并按照有关信息披露规则办理其他相关事宜。

第十七条　上市公司应当聘请独立财务顾问、律师事务所以及具有相关证券业务资格的会计师事务所等证券服务机构就重大资产重组出具意见。

独立财务顾问和律师事务所应当审慎核查重大资产重组是否构成关联交易，并依据核查确认的相关事实发表明确意见。重大资产重组涉及关联交易的，独立财务顾问应当就本次重组对上市公司非关联股东的影响发表明确意见。

资产交易定价以资产评估结果为依据的，上市公司应当聘请具有相关证券业务资格的资产评估机构出具资产评估报告。

证券服务机构在其出具的意见中采用其他证券服务机构或者人员的专业意见的，仍然应当进行尽职调查，审慎核查其采用的专业意见的内容，并对利用其他证券服务机构或者人员的专业意见所形成的结论负责。

第十八条　上市公司及交易对方与证券服务机构签订聘用合同后，非因正当事由不得更换证券服务机构。确有正当事由需要更换证券服务机构的，应当披露更换的具体原因以及证券服务机构的陈述意见。

第十九条　上市公司应当在重大资产重组报告书的管理层讨论与分析部分，就本次交易对上市公司的持续经营能力、未来发展前景、当年每股收益等财务指标和非财务指标的影响进行详细分析。

第二十条　重大资产重组中相关资产以资产评估结果作为定价依据的，资产评估机构应当按照资产评估相关准则和规范开展执业活动；上市公司董事会应当对评估机构的独立性、评估假设前提的合理性、评估方法与评估目的的相关性以及评估定价的公允性发表明确意见。

相关资产不以资产评估结果作为定价依据的，上市公司应当在重大资产重组报告书中详细分析说明相关资产的估值方法、参数及其他影响估值结果的指标和因素。上市公司董事会应当对估值机构的独立性、估值假设前提的合理性、估值方法与估值目的的相关性发表明确意见，并结合相关资产的市场可比交易价格、同行业上市公司的市盈率或者市净率等通行指标，在重大资产重组报告书中详细分析本次交易定价的公允性。

前二款情形中，评估机构、估值机构原则上应当采取两种以上的方法进行评估或者估值；上市公司独立董事应当出席董事会会议，对评估机构或者估值机构的独立性、评估或者估值假设前提的合理性和交易定价的公允性发表独立意见，并单独予以披露。

第二十一条 上市公司进行重大资产重组，应当由董事会依法作出决议，并提交股东大会批准。

上市公司董事会应当就重大资产重组是否构成关联交易作出明确判断，并作为董事会决议事项予以披露。

上市公司独立董事应当在充分了解相关信息的基础上，就重大资产重组发表独立意见。重大资产重组构成关联交易的，独立董事可以另行聘请独立财务顾问就本次交易对上市公司非关联股东的影响发表意见。上市公司应当积极配合独立董事调阅相关材料，并通过安排实地调查、组织证券服务机构汇报等方式，为独立董事履行职责提供必要的支持和便利。

第二十二条 上市公司应当在董事会作出重大资产重组决议后的次一工作日至少披露下列文件：

（一）董事会决议及独立董事的意见；

（二）上市公司重大资产重组预案。

本次重组的重大资产重组报告书、独立财务顾问报告、法律意见书以及重组涉及的审计报告、资产评估报告或者估值报告至迟应当与召开股东大会的通知同时公告。上市公司自愿披露盈利预测报告的，该报告应当经具有相关证券业务资格的会计师事务所审核，与重大资产重组报告书同时公告。

本条第一款第（二）项及第二款规定的信息披露文件的内容与格式另行规定。

上市公司应当在至少一种中国证监会指定的报刊公告董事会决议、独立董事的意见，并应当在证券交易所网站全文披露重大资产重组报告书及其摘要、相关证券服务机构的报告或者意见。

第二十三条 上市公司股东大会就重大资产重组作出的决议，至少应当包括下列事项：

（一）本次重大资产重组的方式、交易标的和交易对方；

（二）交易价格或者价格区间；

（三）定价方式或者定价依据；

（四）相关资产自定价基准日至交割日期间损益的归属；

（五）相关资产办理权属转移的合同义务和违约责任；

（六）决议的有效期；

（七）对董事会办理本次重大资产重组事宜的具体授权；

（八）其他需要明确的事项。

第二十四条 上市公司股东大会就重大资产重组事项作出决议，必须经出席会议的股东所持表决权的2/3以上通过。

上市公司重大资产重组事宜与本公司股东或者其关联人存在关联关系的，股东大会就重大资产重组事项进行表决时，关联股东应当回避表决。

交易对方已经与上市公司控股股东就受让上市公司股权或者向上市公司推荐董事达成协议或者默契，可能导致上市公司的实际控制权发生变化的，上市公司控股股东及其关联人应当回避表决。

上市公司就重大资产重组事宜召开股东大会，应当以现场会议形式召开，并应当提供网络投票和其他合法方式为股东参加股东大会提供便利。除上市公司的董事、监事、高级管理人员、单独或者合计持有上市公司5%以上股份的股东以外，其他股东的投票情况应当单独统计并予以披露。

第二十五条 上市公司应当在股东大会作出重大资产重组决议后的次一工作日公告该决议，以及律师事务所对本次会议的召集程序、召集人和出席人员的资格、表决程序以及表决结果等事项出具的法律意见书。

属于本办法第十三条规定的交易情形的，上市公司还应当按照中国证监会的规定委托独立财务顾问在作出决议后3个工作日内向中国证监会提出申请。

第二十六条 上市公司全体董事、监事、高级管理人员应当公开承诺，保证重大资产重组的信息披露和申请文件不存在虚假记载、误导性陈述或者重大遗漏。

重大资产重组的交易对方应当公开承诺，将及时向上市公司提供本次重组相关信息，并保证所提供的信息真实、准确、完整，如因提供的信息存在虚假记载、误导性陈述或者重大遗漏，给上市公司或者投资者造成损失的，将依法承担赔偿责任。

前二款规定的单位和个人还应当公开承诺，如本次交易因涉嫌所提供或者披露的信息存在虚假记载、误导性陈述或者重大遗漏，被司法机关立案侦查或者被中国证监会立案调查的，在案件调查结论明确之前，将暂停转让其在该上市公司拥有权益的股份。

第二十七条 中国证监会依照法定条件和程序，对上市公司属于本办法第十三条规定情形的交易申请作出予以核准或者不予核准的决定。

中国证监会在审核期间提出反馈意见要求上市公司作出书面解释、说明的，上市公司应当自收到反馈意见之日起30日内提供书面回复意见，独立财务顾问应当配合上市公司提供书面回复意见。逾期未提供的，上市公司应当在到期日的次日就本次交易的进展情况及未能及时提供回复意见的具体原因等予以公告。

第二十八条 股东大会作出重大资产重组的决议后，上市公司拟对交易对象、交易标的、交易价格等作出变更，构成对原交易方案重大调整的，应当在董事会表决通过后重新提交股东大会审议，并及时公告相关文件。

中国证监会审核期间，上市公司按照前款规定对原交易方案作出重大调整的，还应当按照本办法的规定向中国证监会重新提出申请，同时公告相关文件。

中国证监会审核期间，上市公司董事会决议撤回申请的，应当说明原因，予以公告；上市公司董事会决议终止本次交易的，还应当按照公司章程的规定提交股东大会审议。

第二十九条 上市公司重大资产重组属于本办法第十三条规定的交易情形的，应当提交并购重组委审核。

第三十条 上市公司在收到中国证监会关于召开并购重组委工作会议审核其申请的通知后，应当立即予以公告，并申请办理并购重组委工作会议期间直至其表决结果披露前的停牌事宜。

上市公司收到并购重组委关于其申请的表决结果的通知后，应当在次一工作日公告表决结果并申请复牌。公告应当说明，公司在收到中国证监会作出的予以核准或者不予核准的决定后将再行公告。

第三十一条 上市公司收到中国证监会就其申请作出的予以核准或者不予核准的决定后，应当在次一工作日予以公告。

中国证监会予以核准的，上市公司应当在公告核准决定的同时，按照相关信息披露准则的规定补充披露相关文件。

第三十二条 上市公司重大资产重组完成相关批准程序后，应当及时实施重组方案，并于实施完毕之日起 3 个工作日内编制实施情况报告书，向证券交易所提交书面报告，并予以公告。

上市公司聘请的独立财务顾问和律师事务所应当对重大资产重组的实施过程、资产过户事宜和相关后续事项的合规性及风险进行核查，发表明确的结论性意见。独立财务顾问和律师事务所出具的意见应当与实施情况报告书同时报告、公告。

第三十三条 自完成相关批准程序之日起 60 日内，本次重大资产重组未实施完毕的，上市公司应当于期满后次一工作日将实施进展情况报告，并予以公告；此后每 30 日应当公告一次，直至实施完毕。属于本办法第十三条、第四十四条规定的交易情形的，自收到中国证监会核准文件之日起超过 12 个月未实施完毕的，核准文件失效。

第三十四条 上市公司在实施重大资产重组的过程中，发生法律、法规要求披露的重大事项的，应当及时作出公告；该事项导致本次交易发生实质性变动的，须重新提交股东大会审议，属于本办法第十三条规定的交易情形的，还须重新报经中国证监会核准。

第三十五条 采取收益现值法、假设开发法等基于未来收益预期的方法对拟购买资产进行评估或者估值并作为定价参考依据的，上市公司应当在重大资产重组实施完毕后 3 年内的年度报告中单独披露相关资产的实际盈利数与利润预测数的差异情况，并由会计师事务所对此出具专项审核意见；交易对方应当与上市公司就相关资产实际盈利数不足利润预测数的情况签订明确可行的补偿协议。

预计本次重大资产重组将摊薄上市公司当年每股收益的，上市公司应当提出填补每股收益的具体措施，并将相关议案提交董事会和股东大会进行表决。负责落实该等具体措施的相关责任主体应当公开承诺，保证切实履行其义务和责任。

上市公司向控股股东、实际控制人或者其控制的关联人之外的特定对象购买资产且未导致控制权发生变更的，不适用本条前二款规定，上市公司与交易对方可以根据市场化原则，自主协商是否采取业绩补偿和每股收益填补措施及相关具体安排。

第三十六条 上市公司重大资产重组发生下列情形的，独立财务顾问应当及时出具核查意见，并予以公告：

（一）上市公司完成相关批准程序前，对交易对象、交易标的、交易价格等作出变更，构成对原重组方案重大调整，或者因发生重大事项导致原重组方案发生实质性变动的；

（二）上市公司完成相关批准程序后，在实施重组过程中发生重大事项，导致原重组方案发生实质性变动的。

第三十七条 独立财务顾问应当按照中国证监会的相关规定，对实施重大资产重组的上市公司履行持续督导职责。持续督导的期限自本次重大资产重组实施完毕之日起，应当不少于一个会计年度。实施本办法第十三条规定的重大资产重组，持续督导的期限自中国证监会核准本次重大资产重组之日起，应当不少于3个会计年度。

第三十八条 独立财务顾问应当结合上市公司重大资产重组当年和实施完毕后的第一个会计年度的年报，自年报披露之日起15日内，对重大资产重组实施的下列事项出具持续督导意见，并予以公告：

（一）交易资产的交付或者过户情况；

（二）交易各方当事人承诺的履行情况；

（三）已公告的盈利预测或者利润预测的实现情况；

（四）管理层讨论与分析部分提及的各项业务的发展现状；

（五）公司治理结构与运行情况；

（六）与已公布的重组方案存在差异的其他事项。

独立财务顾问还应当结合本办法第十三条规定的重大资产重组实施完毕后的第二、三个会计年度的年报，自年报披露之日起15日内，对前款第（二）至（六）项事项出具持续督导意见，并予以公告。

第四章 重大资产重组的信息管理

第三十九条 上市公司筹划、实施重大资产重组，相关信息披露义务人应当公平地向所有投资者披露可能对上市公司股票交易价格产生较大影响的相关信息（以下简称股价敏感信息），不得有选择性地向特定对象提前泄露。

第四十条 上市公司的股东、实际控制人以及参与重大资产重组筹划、论证、决策等环节的其他相关机构和人员，应当及时、准确地向上市公司通报有关信息，并配合上市公司及时、准确、完整地进行披露。上市公司获悉股价敏感信息的，应当及时向证券交易所申请停牌并披露。

第四十一条 上市公司及其董事、监事、高级管理人员，重大资产重组的交易对方及其关联方，交易对方及其关联方的董事、监事、高级管理人员或者主要负责人，交易各方聘请的证券服务机构及其从业人员，参与重大资产重组筹划、论证、决策、审批等环节的相关机构和人员，以及因直系亲属关系、提供服务和业务往来等知悉或者可能知悉股价敏感信息的其他相关机构和人员，在重大资产重组的股价敏感信息依法披露前负有保密义务，禁止利用该信息进行内幕交易。

第四十二条 上市公司筹划重大资产重组事项，应当详细记载筹划过程中每一具体环节的进展情况，包括商议相关方案、形成相关意向、签署相关协议或者意向书的具体时间、地点、参与机构和人员、商议和决议内容等，制作书面的交易进程备忘录并予以妥当保存。参与每一具体环节的所有人员应当即时在备忘录上签名确认。

上市公司预计筹划中的重大资产重组事项难以保密或者已经泄露的，应当及时向证券交易所申请停牌，直至真实、准确、完整地披露相关信息。停牌期间，上市公司应当至少每周发布一次事件进展情况公告。

上市公司股票交易价格因重大资产重组的市场传闻发生异常波动时，上市公司应当及时向证券交易所申请停牌，核实有无影响上市公司股票交易价格的重组事项并予以澄清，不得以相关事项存在不确定性为由不履行信息披露义务。

第五章 发行股份购买资产

第四十三条 上市公司发行股份购买资产，应当符合下列规定：

（一）充分说明并披露本次交易有利于提高上市公司资产质量、改善财务状况和增强持续盈利能力，有利于上市公司减少关联交易、避免同业竞争、增强独立性；

（二）上市公司最近一年及一期财务会计报告被注册会计师出具无保留意见审计报告；被出具保留意见、否定意见或者无法表示意见的审计报告的，须经注册会计师专项核查确认，该保留意见、否定意见或者无法表示意见所涉及事项的重大影响已经消除或者将通过本次交易予以消除；

（三）上市公司及其现任董事、高级管理人员不存在因涉嫌犯罪正被司法机关立案侦查或涉嫌违法违规正被中国证监会立案调查的情形，但是，涉嫌犯罪或违法违规的行为已经终止满3年，交易方案有助于消除该行为可能造成的不良后果，且不影响对相关行为人追究责任的除外；

（四）充分说明并披露上市公司发行股份所购买的资产为权属清晰的经营性资产，并能在约定期限内办理完毕权属转移手续；

（五）中国证监会规定的其他条件。

上市公司为促进行业的整合、转型升级，在其控制权不发生变更的情况下，可以向控股股东、实际控制人或者其控制的关联人之外的特定对象发行股份购买资产。所购买资产与现有主营业务没有显著协同效应的，应当充分说明并披露本次交易后的经营发展战略和业务管理模式，以及业务转型升级可能面临的风险和应对措施。

特定对象以现金或者资产认购上市公司非公开发行的股份后，上市公司用同一次非公开发行所募集的资金向该特定对象购买资产的，视同上市公司发行股份购买资产。

第四十四条 上市公司发行股份购买资产的，除属于本办法第十三条第一款规定的交易情形外，可以同时募集部分配套资金，其定价方式按照现行相关规定办理。

上市公司发行股份购买资产应当遵守本办法关于重大资产重组的规定，编制发行股份购买资产预案、发行股份购买资产报告书，并向中国证监会提出申请。

第四十五条 上市公司发行股份的价格不得低于市场参考价的90%。市场参考价为本次发行股份购买资产的董事会决议公告日前20个交易日、60个交易日或者120个交易日的公司股票交易均价之一。本次发行股份购买资产的董事会决议应当说明市场参考价的选择依据。

前款所称交易均价的计算公式为：董事会决议公告日前若干个交易日公司股票交易均价=决议公告日前若干个交易日公司股票交易总额/决议公告日前若干个交易日公司股票

交易总量。

本次发行股份购买资产的董事会决议可以明确，在中国证监会核准前，上市公司的股票价格相比最初确定的发行价格发生重大变化的，董事会可以按照已经设定的调整方案对发行价格进行一次调整。

前款规定的发行价格调整方案应当明确、具体、可操作，详细说明是否相应调整拟购买资产的定价、发行股份数量及其理由，在首次董事会决议公告时充分披露，并按照规定提交股东大会审议。股东大会作出决议后，董事会按照已经设定的方案调整发行价格的，上市公司无需按照本办法第二十八条的规定向中国证监会重新提出申请。

第四十六条 特定对象以资产认购而取得的上市公司股份，自股份发行结束之日起12个月内不得转让；属于下列情形之一的，36个月内不得转让：

（一）特定对象为上市公司控股股东、实际控制人或者其控制的关联人；

（二）特定对象通过认购本次发行的股份取得上市公司的实际控制权；

（三）特定对象取得本次发行的股份时，对其用于认购股份的资产持续拥有权益的时间不足12个月。

属于本办法第十三条第一款规定的交易情形的，上市公司原控股股东、原实际控制人及其控制的关联人，以及在交易过程中从该等主体直接或间接受让该上市公司股份的特定对象应当公开承诺，在本次交易完成后36个月内不转让其在该上市公司中拥有权益的股份；除收购人及其关联人以外的特定对象应当公开承诺，其以资产认购而取得的上市公司股份自股份发行结束之日起24个月内不得转让。

第四十七条 上市公司申请发行股份购买资产，应当提交并购重组委审核。

第四十八条 上市公司发行股份购买资产导致特定对象持有或者控制的股份达到法定比例的，应当按照《上市公司收购管理办法》（证监会令第108号）的规定履行相关义务。

上市公司向控股股东、实际控制人或者其控制的关联人发行股份购买资产，或者发行股份购买资产将导致上市公司实际控制权发生变更的，认购股份的特定对象应当在发行股份购买资产报告书中公开承诺：本次交易完成后6个月内如上市公司股票连续20个交易日的收盘价低于发行价，或者交易完成后6个月期末收盘价低于发行价的，其持有公司股票的锁定期自动延长至少6个月。

前款规定的特定对象还应当在发行股份购买资产报告书中公开承诺：如本次交易因涉嫌所提供或披露的信息存在虚假记载、误导性陈述或者重大遗漏，被司法机关立案侦查或者被中国证监会立案调查的，在案件调查结论明确以前，不转让其在该上市公司拥有权益的股份。

第四十九条 中国证监会核准上市公司发行股份购买资产的申请后，上市公司应当及时实施。向特定对象购买的相关资产过户至上市公司后，上市公司聘请的独立财务顾问和律师事务所应当对资产过户事宜和相关后续事项的合规性及风险进行核查，并发表明确意见。上市公司应当在相关资产过户完成后3个工作日内就过户情况作出公告，公告中应当包括独立财务顾问和律师事务所的结论性意见。

上市公司完成前款规定的公告、报告后，可以到证券交易所、证券登记结算公司为认购股份的特定对象申请办理证券登记手续。

第五十条 换股吸收合并涉及上市公司的，上市公司的股份定价及发行按照本章规定执行。

上市公司发行优先股用于购买资产或者与其他公司合并，中国证监会另有规定的，从其规定。

上市公司可以向特定对象发行可转换为股票的公司债券、定向权证用于购买资产或者与其他公司合并。

第六章 重大资产重组后申请发行新股或者公司债券

第五十一条 经中国证监会审核后获得核准的重大资产重组实施完毕后，上市公司申请公开发行新股或者公司债券，同时符合下列条件的，本次重大资产重组前的业绩在审核时可以模拟计算：

（一）进入上市公司的资产是完整经营实体；

（二）本次重大资产重组实施完毕后，重组方的承诺事项已经如期履行，上市公司经营稳定、运行良好；

（三）本次重大资产重组实施完毕后，上市公司和相关资产实现的利润达到盈利预测水平。

上市公司在本次重大资产重组前不符合中国证监会规定的公开发行证券条件，或者本次重组导致上市公司实际控制人发生变化的，上市公司申请公开发行新股或者公司债券，距本次重组交易完成的时间应当不少于一个完整会计年度。

第五十二条 本办法所称完整经营实体，应当符合下列条件：

（一）经营业务和经营资产独立、完整，且在最近两年未发生重大变化；

（二）在进入上市公司前已在同一实际控制人之下持续经营两年以上；

（三）在进入上市公司之前实行独立核算，或者虽未独立核算，但与其经营业务相关的收入、费用在会计核算上能够清晰划分；

（四）上市公司与该经营实体的主要高级管理人员签订聘用合同或者采取其他方式，就该经营实体在交易完成后的持续经营和管理作出恰当安排。

第七章 监督管理和法律责任

第五十三条 未依照本办法的规定履行相关义务或者程序，擅自实施重大资产重组的，由中国证监会责令改正，并可以采取监管谈话、出具警示函等监管措施；情节严重的，可以责令暂停或者终止重组活动，处以警告、罚款，并可以对有关责任人员采取市场禁入的措施。

未经中国证监会核准擅自实施本办法第十三条第一款规定的重大资产重组，交易尚未完成的，中国证监会责令上市公司补充披露相关信息、暂停交易并按照本办法第十三条的规定报送申请文件；交易已经完成的，可以处以警告、罚款，并对有关责任人员采取市场禁入的措施；涉嫌犯罪的，依法移送司法机关追究刑事责任。

上市公司重大资产重组因定价显失公允、不正当利益输送等问题损害上市公司、投资者合法权益的，由中国证监会责令改正，并可以采取监管谈话、出具警示函等监管措施；情节严重的，可以责令暂停或者终止重组活动，处以警告、罚款，并可以对有关责任人员采取市场禁入的措施。

第五十四条 上市公司或者其他信息披露义务人未按照本办法规定报送重大资产重组有关报告，或者报送的报告有虚假记载、误导性陈述或者重大遗漏的，由中国证监会责令改正，依照《证券法》第一百九十三条予以处罚；情节严重的，可以责令暂停或者终止重组活动，并可以对有关责任人员采取市场禁入的措施；涉嫌犯罪的，依法移送司法机关追究刑事责任。

第五十五条 上市公司或者其他信息披露义务人未按照规定披露重大资产重组信息，或者所披露的信息存在虚假记载、误导性陈述或者重大遗漏的，由中国证监会责令改正，依照《证券法》第一百九十三条规定予以处罚；情节严重的，可以责令暂停或者终止重组活动，并可以对有关责任人员采取市场禁入的措施；涉嫌犯罪的，依法移送司法机关追究刑事责任。

重大资产重组或者发行股份购买资产的交易对方未及时向上市公司或者其他信息披露义务人提供信息，或者提供的信息有虚假记载、误导性陈述或者重大遗漏的，按照前款规定执行。

第五十六条 重大资产重组涉嫌本办法第五十三条、第五十四条、第五十五条规定情形的，中国证监会可以责令上市公司作出公开说明、聘请独立财务顾问或者其他证券服务机构补充核查并披露专业意见，在公开说明、披露专业意见之前，上市公司应当暂停重组；上市公司涉嫌前述情形被司法机关立案侦查或者被中国证监会立案调查的，在案件调查结论明确之前应当暂停重组。

涉嫌本办法第五十四条、第五十五条规定情形，被司法机关立案侦查或者被中国证监会立案调查的，有关单位和个人应当严格遵守其所作的公开承诺，在案件调查结论明确之前，不得转让其在该上市公司拥有权益的股份。

第五十七条 上市公司董事、监事和高级管理人员未履行诚实守信、勤勉尽责义务，或者上市公司的股东、实际控制人及其有关负责人员未按照本办法的规定履行相关义务，导致重组方案损害上市公司利益的，由中国证监会责令改正，并可以采取监管谈话、出具警示函等监管措施；情节严重的，处以警告、罚款，并可以对有关人员采取认定为不适当人选、市场禁入的措施；涉嫌犯罪的，依法移送司法机关追究刑事责任。

第五十八条 为重大资产重组出具财务顾问报告、审计报告、法律意见、资产评估报告、估值报告及其他专业文件的证券服务机构及其从业人员未履行诚实守信、勤勉尽责义务，违反行业规范、业务规则，或者未依法履行报告和公告义务、持续督导义务的，由中国证监会责令改正，并可以采取监管谈话、出具警示函、责令公开说明、责令参加培训、责令定期报告、认定为不适当人选等监管措施；情节严重的，依照《证券法》第二百二十六条予以处罚。

前款规定的证券服务机构及其从业人员所制作、出具的文件存在虚假记载、误导性陈述或者重大遗漏的，由中国证监会责令改正，依照《证券法》第二百二十三条予以处罚；情节严重的，可以采取市场禁入的措施；涉嫌犯罪的，依法移送司法机关追究刑事责任。

存在前二款规定情形的，在按照中国证监会的要求完成整改之前，不得接受新的上市公司并购重组业务。

第五十九条 重大资产重组实施完毕后，凡因不属于上市公司管理层事前无法获知且事后无法控制的原因，上市公司所购买资产实现的利润未达到资产评估报告或者估值报告预测金额的80%，或者实际运营情况与重大资产重组报告书中管理层讨论与分析部分存在较大差距的，上市公司的董事长、总经理以及对此承担相应责任的会计师事务所、财务顾问、资产评估机构、估值机构及其从业人员应当在上市公司披露年度报告的同时，在同一报刊上作出解释，并向投资者公开道歉；实现利润未达到预测金额50%的，中国证监会可以对上市公司、相关机构及其责任人员采取监管谈话、出具警示函、责令定期报告等监管措施。

第六十条 任何知悉重大资产重组信息的人员在相关信息依法公开前，泄露该信息、买卖或者建议他人买卖相关上市公司证券、利用重大资产重组散布虚假信息、操纵证券市场或者进行欺诈活动的，中国证监会依照《证券法》第二百零二条、第二百零三条、第二百零七条予以处罚；涉嫌犯罪的，依法移送司法机关追究刑事责任。

第八章 附 则

第六十一条 本办法自2014年11月23日起施行。2008年4月16日发布并于2011年8月1日修改的《上市公司重大资产重组管理办法》（证监会令第73号）、2008年11月11日发布的《关于破产重整上市公司重大资产重组股份发行定价的补充规定》（证监会公告〔2008〕44号）同时废止。

4.5.3

上市公司并购重组财务顾问业务管理办法

（2008年6月3日　证监会令第54号）

第一章　总　　则

第一条　为了规范证券公司、证券投资咨询机构及其他财务顾问机构从事上市公司并购重组财务顾问业务活动，保护投资者的合法权益，促进上市公司规范运作，维护证券市场秩序，根据《证券法》和其他相关法律、行政法规的规定，制定本办法。

第二条　上市公司并购重组财务顾问业务是指为上市公司的收购、重大资产重组、合并、分立、股份回购等对上市公司股权结构、资产和负债、收入和利润等具有重大影响的并购重组活动提供交易估值、方案设计、出具专业意见等专业服务。

经中国证券监督管理委员会（以下简称中国证监会）核准具有上市公司并购重组财务顾问业务资格的证券公司、证券投资咨询机构或者其他符合条件的财务顾问机构（以下简称财务顾问），可以依照本办法的规定从事上市公司并购重组财务顾问业务。

未经中国证监会核准，任何单位和个人不得从事上市公司并购重组财务顾问业务。

第三条　财务顾问应当遵守法律、行政法规、中国证监会的规定和行业规范，诚实守信，勤勉尽责，对上市公司并购重组活动进行尽职调查，对委托人的申报文件进行核查，出具专业意见，并保证其所出具的意见真实、准确、完整。

第四条　财务顾问的委托人应当依法承担相应的责任，配合财务顾问履行职责，并向财务顾问提供有关文件及其他必要的信息，不得拒绝、隐匿、谎报。

财务顾问履行职责，不能减轻或者免除委托人、其他专业机构及其签名人员的责任。

第五条　中国证监会依照法律、行政法规和本办法的规定，对财务顾问实行资格许可管理，对财务顾问及其负责并购重组项目的签名人员（以下简称财务顾问主办人）的执业情况进行监督管理。

中国证券业协会依法对财务顾问及其财务顾问主办人进行自律管理。

第二章　业务许可

第六条　证券公司从事上市公司并购重组财务顾问业务，应当具备下列条件：

（一）公司净资本符合中国证监会的规定；

（二）具有健全且运行良好的内部控制机制和管理制度，严格执行风险控制和内部隔离制度；

（三）建立健全的尽职调查制度，具备良好的项目风险评估和内核机制；

（四）公司财务会计信息真实、准确、完整；

（五）公司控股股东、实际控制人信誉良好且最近3年无重大违法违规记录；

（六）财务顾问主办人不少于5人；

（七）中国证监会规定的其他条件。

第七条 证券投资咨询机构从事上市公司并购重组财务顾问业务，应当具备下列条件：

（一）已经取得中国证监会核准的证券投资咨询业务资格；

（二）实缴注册资本和净资产不低于人民币500万元；

（三）具有健全且运行良好的内部控制机制和管理制度，严格执行风险控制和内部隔离制度；

（四）公司财务会计信息真实、准确、完整；

（五）控股股东、实际控制人在公司申请从事上市公司并购重组财务顾问业务资格前一年未发生变化，信誉良好且最近3年无重大违法违规记录；

（六）具有2年以上从事公司并购重组财务顾问业务活动的执业经历，且最近2年每年财务顾问业务收入不低于100万元；

（七）有证券从业资格的人员不少于20人，其中，具有从事证券业务经验3年以上的人员不少于10人，财务顾问主办人不少于5人；

（八）中国证监会规定的其他条件。

第八条 其他财务顾问机构从事上市公司并购重组财务顾问业务，除应当符合前条第（二）至（四）项及第（七）项的条件外，还应当具备下列条件：

（一）具有3年以上从事公司并购重组财务顾问业务活动的执业经历，且最近3年每年财务顾问业务收入不低于100万元；

（二）董事、高级管理人员应当正直诚实，品行良好，熟悉证券法律、行政法规，具有从事证券市场工作3年以上或者金融工作5年以上的经验，具备履行职责所需的经营管理能力；

（三）控股股东、实际控制人信誉良好且最近3年无重大违法违规记录；

（四）中国证监会规定的其他条件。

资产评估机构、会计师事务所、律师事务所或者相关人员从事上市公司并购重组财务顾问业务，应当另行成立专门机构。

第九条 证券公司、证券投资咨询机构和其他财务顾问机构有下列情形之一的，不得担任财务顾问：

（一）最近24个月内存在违反诚信的不良记录；

（二）最近24个月内因执业行为违反行业规范而受到行业自律组织的纪律处分；

（三）最近36个月内因违法违规经营受到处罚或者因涉嫌违法违规经营正在被调查。

第十条 财务顾问主办人应当具备下列条件：

（一）具有证券从业资格；

（二）具备中国证监会规定的投资银行业务经历；

（三）参加中国证监会认可的财务顾问主办人胜任能力考试且成绩合格；

（四）所任职机构同意推荐其担任本机构的财务顾问主办人；

（五）未负有数额较大到期未清偿的债务；

（六）最近24个月无违反诚信的不良记录；

（七）最近24个月未因执业行为违反行业规范而受到行业自律组织的纪律处分；

（八）最近36个月未因执业行为违法违规受到处罚；

（九）中国证监会规定的其他条件。

第十一条 证券公司、证券投资咨询机构和其他财务顾问机构申请从事上市公司并购重组财务顾问业务资格，应当提交下列文件：

（一）申请报告；

（二）营业执照复印件和公司章程；

（三）董事长、高级管理人员及并购重组业务负责人的简历；

（四）符合本办法规定条件的财务顾问主办人的证明材料；

（五）关于公司控股股东、实际控制人信誉良好和最近3年无重大违法违规记录的说明；

（六）公司治理结构和内控制度的说明，包括公司风险控制、内部隔离制度及内核部门人员名单和最近3年从业经历；

（七）经具有从事证券业务资格的会计师事务所审计的公司最近2年的财务会计报告；

（八）律师出具的法律意见书；

（九）中国证监会规定的其他文件。

第十二条 证券投资咨询机构申请从事上市公司并购重组财务顾问业务资格，除提交本办法第十一条规定的申报材料外，还应当提交下列文件：

（一）中国证监会核准的证券投资咨询业务许可证复印件；

（二）从事公司并购重组财务顾问业务2年以上执业经历的说明，以及最近2年每年财务顾问业务收入不低于100万元的证明文件，包括相关合同和纳税证明；

（三）申请资格前一年控股股东、实际控制人未发生变化的说明。

第十三条 其他财务顾问机构申请从事上市公司并购重组财务顾问业务资格，除提交本办法第十一条规定的申报材料外，还应当提交下列文件：

（一）从事公司并购重组财务顾问业务3年以上执业经历的说明，以及最近3年每年财务顾问业务收入不低于100万元的证明文件，包括相关合同和纳税证明；

（二）董事、高级管理人员符合本办法规定条件的说明；

（三）申请资格前一年控股股东、实际控制人未发生变化的说明。

第十四条 财务顾问申请人应当提交有关财务顾问主办人的下列证明文件：

（一）证券从业资格证书；

（二）中国证监会规定的投资银行业务经历的证明文件；

（三）中国证监会认可的财务顾问主办人胜任能力考试且成绩合格的证书；

（四）财务顾问申请人推荐其担任本机构的财务顾问主办人的推荐函；

（五）不存在数额较大到期未清偿的债务的说明；

（六）最近24个月无违反诚信的不良记录的说明；

（七）最近24个月未受到行业自律组织的纪律处分的说明；

（八）最近36个月未因执业行为违法违规受到处罚的说明；

（九）中国证监会规定的其他文件。

第十五条 财务顾问申请人应当保证申请文件真实、准确、完整。申请期间，文件内容发生重大变化的，财务顾问申请人应当自变化之日起5个工作日内向中国证监会提交更新资料。

第十六条 中国证监会对财务顾问申请人的上市公司并购重组财务顾问业务资格申请进行审查、作出决定。

中国证监会及时公布和更新财务顾问及其财务顾问主办人的名单。

第十七条 证券公司、证券投资咨询机构或者其他财务顾问机构受聘担任上市公司独立财务顾问的，应当保持独立性，不得与上市公司存在利害关系；存在下列情形之一的，不得担任独立财务顾问：

（一）持有或者通过协议、其他安排与他人共同持有上市公司股份达到或者超过5%，或者选派代表担任上市公司董事；

（二）上市公司持有或者通过协议、其他安排与他人共同持有财务顾问的股份达到或者超过5%，或者选派代表担任财务顾问的董事；

（三）最近2年财务顾问与上市公司存在资产委托管理关系、相互提供担保，或者最近一年财务顾问为上市公司提供融资服务；

（四）财务顾问的董事、监事、高级管理人员、财务顾问主办人或者其直系亲属有在上市公司任职等影响公正履行职责的情形；

（五）在并购重组中为上市公司的交易对方提供财务顾问服务；

（六）与上市公司存在利害关系、可能影响财务顾问及其财务顾问主办人独立性的其他情形。

第十八条 上市公司并购重组活动涉及公开发行股票的，应当按照有关规定聘请具有保荐资格的证券公司从事相关业务。

第三章　业务规则

第十九条 财务顾问从事上市公司并购重组财务顾问业务，应当履行以下职责：

（一）接受并购重组当事人的委托，对上市公司并购重组活动进行尽职调查，全面评估相关活动所涉及的风险；

（二）就上市公司并购重组活动向委托人提供专业服务，帮助委托人分析并购重组相关活动所涉及的法律、财务、经营风险，提出对策和建议，设计并购重组方案，并指导委托人按照上市公司并购重组的相关规定制作申报文件；

（三）对委托人进行证券市场规范化运作的辅导，使其熟悉有关法律、行政法规和中国证监会的规定，充分了解其应承担的义务和责任，督促其依法履行报告、公告和其他法定义务；

（四）在对上市公司并购重组活动及申报文件的真实性、准确性、完整性进行充分核查和验证的基础上，依据中国证监会的规定和监管要求，客观、公正地发表专业意见；

（五）接受委托人的委托，向中国证监会报送有关上市公司并购重组的申报材料，并根据中国证监会的审核意见，组织和协调委托人及其他专业机构进行答复；

（六）根据中国证监会的相关规定，持续督导委托人依法履行相关义务；

（七）中国证监会要求的其他事项。

第二十条 财务顾问应当与委托人签订委托协议，明确双方的权利和义务，就委托人配合财务顾问履行其职责的义务、应提供的材料和责任划分、双方的保密责任等事项做出约定。财务顾问接受上市公司并购重组多方当事人委托的，不得存在利益冲突或者潜在的利益冲突。

接受委托的，财务顾问应当指定 2 名财务顾问主办人负责，同时，可以安排一名项目协办人参与。

第二十一条 财务顾问应当建立尽职调查制度和具体工作规程，对上市公司并购重组活动进行充分、广泛、合理的调查，核查委托人提供的为出具专业意见所需的资料，对委托人披露的内容进行独立判断，并有充分理由确信所作的判断与委托人披露的内容不存在实质性差异。

委托人应当配合财务顾问进行尽职调查，提供相应的文件资料。委托人不能提供必要的材料、不配合进行尽职调查或者限制调查范围的，财务顾问应当终止委托关系或者相应修改其结论性意见。

第二十二条 财务顾问利用其他证券服务机构专业意见的，应当进行必要的审慎核查，对委托人提供的资料和披露的信息进行独立判断。

财务顾问对同一事项所作的判断与其他证券服务机构的专业意见存在重大差异的，应当进一步调查、复核，并可自行聘请相关专业机构提供专业服务。

第二十三条 财务顾问应当采取有效方式对新进入上市公司的董事、监事和高级管理人员、控股股东和实际控制人的主要负责人进行证券市场规范化运作的辅导，包括上述人员应履行的责任和义务、上市公司治理的基本原则、公司决策的法定程序和信息披露的基本要求，并对辅导结果进行验收，将验收结果存档。验收不合格的，财务顾问应当重新进行辅导和验收。

第二十四条 财务顾问对上市公司并购重组活动进行尽职调查应当重点关注以下问题，并在专业意见中对以下问题进行分析和说明：

（一）涉及上市公司收购的，担任收购人的财务顾问，应当关注收购人的收购目的、实力、收购人与其控股股东和实际控制人的控制关系结构、管理经验、资信情况、诚信记录、资金来源、履约能力、后续计划、对上市公司未来发展的影响、收购人的承诺及是否具备履行相关承诺的能力等事项；因国有股行政划转或者变更、在同一实际控制人控制的不同主体之间转让股份、继承取得上市公司股份超过 30% 的，收购人可免于聘请财务顾问。

（二）涉及对上市公司进行要约收购的，收购人的财务顾问除关注本条第（一）项所列事项外，还应当关注要约收购的目的、收购人的支付方式和支付条件、履约能力、是否将导致公司退市、对收购完成后剩余中小股东的保护机制是否适当等事项；

收购人公告要约收购报告书摘要后 15 日内未能发出要约的，财务顾问应当督促收购人立即公告未能如期发出要约的原因及中国证监会提出的反馈意见。

（三）涉及上市公司重大资产重组的，财务顾问应当关注重组目的、重组方案、交易定价的公允性、资产权属的清晰性、资产的完整性、重组后上市公司是否具备持续经营能力和持续盈利能力、盈利预测的可实现性、公司经营独立性、重组方是否存在利用资产重组侵害上市公司利益的问题等事项。

（四）涉及上市公司发行股份购买资产的，财务顾问应当关注本次发行的目的、发行方案、拟购买资产的估值分析及定价的公允性、拟购买资产的完整性、独立性、盈利能力、对上市公司影响的量化分析、拟发行股份的定价模式、中小股东合法权益是否受到侵害、上市公司股票交易是否存在异常等事项；涉及导致公司控制权发生变化的，还应当按照本条第（一）项有关收购人的关注要点对本次发行的特定对象进行核查。

（五）涉及上市公司合并的，财务顾问应当关注合并的目的、合并的可行性、合并方案、合并方与被合并方的估值分析、折股比例的确定原则和公允性、对上市公司的业务和财务结构的影响、对上市公司持续盈利能力的影响、合并后的整合安排等事项。

（六）涉及上市公司回购本公司股份的，财务顾问应当关注回购目的的适当性、回购必要性、回购方案、回购价格的定价模式和公允性、对上市公司现金流的影响、是否存在不利于上市公司持续发展的问题等事项。

（七）财务顾问应当关注上市公司并购重组活动中，相关各方是否存在利用并购重组信息进行内幕交易、市场操纵和证券欺诈等事项。

（八）中国证监会要求的其他事项。

第二十五条 财务顾问应当设立由专业人员组成的内部核查机构，内部核查机构应当恪尽职守，保持独立判断，对相关业务活动进行充分论证与复核，并就所出具的财务顾问专业意见提出内部核查意见。

第二十六条 财务顾问应当在充分尽职调查和内部核查的基础上，按照中国证监会的相关规定，对并购重组事项出具财务顾问专业意见，并作出以下承诺：

（一）已按照规定履行尽职调查义务，有充分理由确信所发表的专业意见与委托人披露的文件内容不存在实质性差异；

（二）已对委托人披露的文件进行核查，确信披露文件的内容与格式符合要求；

（三）有充分理由确信委托人委托财务顾问出具意见的并购重组方案符合法律、法规和中国证监会及证券交易所的相关规定，所披露的信息真实、准确、完整，不存在虚假记载、误导性陈述或者重大遗漏；

（四）有关本次并购重组事项的财务顾问专业意见已提交内部核查机构审查，并同意出具此专业意见；

（五）在与委托人接触后到担任财务顾问期间，已采取严格的保密措施，严格执行风险控制和内部隔离制度，不存在内幕交易、操纵市场和证券欺诈问题。

第二十七条 财务顾问的法定代表人或者其授权代表人、部门负责人、内部核查机构负责人、财务顾问主办人和项目协办人应当在财务顾问专业意见上签名，并加盖财务顾问单位公章。

第二十八条 财务顾问代表委托人向中国证监会提交申请文件后，应当配合中国证监会的审核，并承担以下工作：

（一）指定财务顾问主办人与中国证监会进行专业沟通，并按照中国证监会提出的反馈意见作出回复；

（二）按照中国证监会的要求对涉及本次并购重组活动的特定事项进行尽职调查或者核查；

（三）组织委托人及其他专业机构对中国证监会的意见进行答复；

（四）委托人未能在行政许可的期限内公告相关并购重组报告全文的，财务顾问应当督促委托人及时公开披露中国证监会提出的问题及委托人未能如期公告的原因；

（五）自申报至并购重组事项完成前，对于上市公司和其他并购重组当事人发生较大变化对本次并购重组构成较大影响的情况予以高度关注，并及时向中国证监会报告；

（六）申报本次担任并购重组财务顾问的收费情况；

（七）中国证监会要求的其他事项。

第二十九条 财务顾问应当建立健全内部报告制度，财务顾问主办人应当就中国证监会在反馈意见中提出的问题按照内部程序向部门负责人、内部核查机构负责人等相关负责人报告，并对中国证监会提出的问题进行充分的研究、论证，审慎回复。回复意见应当由财务顾问的法定代表人或者其授权代表人、财务顾问主办人和项目协办人签名，并加盖财务顾问单位公章。

第三十条 财务顾问将申报文件报中国证监会审核期间，委托人和财务顾问终止委托协议的，财务顾问和委托人应当自终止之日起5个工作日内向中国证监会报告，申请撤回申报文件，并说明原因。委托人重新聘请财务顾问就同一并购重组事项进行申报的，应当在报送中国证监会的申报文件中予以说明。

第三十一条 根据中国证监会有关并购重组的规定，自上市公司收购、重大资产重组、发行股份购买资产、合并等事项完成后的规定期限内，财务顾问承担持续督导责任。

财务顾问应当通过日常沟通、定期回访等方式，结合上市公司定期报告的披露，做好以下持续督导工作：

（一）督促并购重组当事人按照相关程序规范实施并购重组方案，及时办理产权过户手续，并依法履行报告和信息披露的义务；

（二）督促上市公司按照《上市公司治理准则》的要求规范运作；

（三）督促和检查申报人履行对市场公开作出的相关承诺的情况；

（四）督促和检查申报人落实后续计划及并购重组方案中约定的其他相关义务的情况；

（五）结合上市公司定期报告，核查并购重组是否按计划实施、是否达到预期目标；其实施效果是否与此前公告的专业意见存在较大差异，是否实现相关盈利预测或者管理层预计达到的业绩目标；

（六）中国证监会要求的其他事项。

在持续督导期间，财务顾问应当结合上市公司披露的定期报告出具持续督导意见，并在前述定期报告披露后的15日内向上市公司所在地的中国证监会派出机构报告。

第三十二条 财务顾问应当建立健全内部检查制度，确保财务顾问主办人切实履行持续督导责任，按时向中国证监会派出机构提交持续督导工作的情况报告。

在持续督导期间，财务顾问解除委托协议的，应当及时向中国证监会派出机构作出书面报告，说明无法继续履行持续督导职责的理由，并予以公告。委托人应当在一个月内另行聘请财务顾问对其进行持续督导。

第三十三条 财务顾问应当建立并购重组工作档案和工作底稿制度，为每一项目建立独立的工作档案。

财务顾问的工作档案和工作底稿应当真实、准确、完整，保存期不少于10年。

第三十四条 财务顾问及其财务顾问主办人应当严格履行保密责任，不得利用职务之便买卖相关上市公司的证券或者牟取其他不当利益，并应当督促委托人、委托人的董事、监事和高级管理人员及其他内幕信息知情人严格保密，不得进行内幕交易。

财务顾问应当按照中国证监会的要求，配合提供上市公司并购重组相关内幕信息知情人买卖、持有相关上市公司证券的文件，并向中国证监会报告内幕信息知情人的违法违规行为，配合中国证监会依法进行的调查。

第三十五条 财务顾问从事上市公司并购重组财务顾问业务，应当公平竞争，按照业务复杂程度及所承担的责任和风险与委托人商议财务顾问报酬，不得以明显低于行业水平等不正当竞争手段招揽业务。

第三十六条 中国证券业协会可以根据本办法的规定，制定财务顾问执业规范，组织财务顾问主办人进行持续培训。

财务顾问可以申请加入中国证券业协会。财务顾问主办人应当参加中国证券业协会组织的相关培训，接受后续教育。

第四章 监督管理与法律责任

第三十七条 中国证监会及其派出机构可以根据审慎监管原则，要求财务顾问提供已按照本办法的规定履行尽职调查义务的证明材料、工作档案和工作底稿，并对财务顾问的公司治理、内部控制、经营运作、风险状况、从业活动等方面进行非现场检查或者现场检查。

财务顾问及其有关人员应当配合中国证监会及其派出机构的检查工作，提交的材料应当真实、准确、完整，不得以任何理由拒绝、拖延提供有关材料，或者提供不真实、不准确、不完整的材料。

第三十八条 中国证监会建立监管信息系统，对财务顾问及其财务顾问主办人进行持续动态监管，并将以下事项记入其诚信档案：

（一）财务顾问及其财务顾问主办人被中国证监会采取监管措施的；

（二）在持续督导期间，上市公司或者其他委托人违反公司治理有关规定、相关资产状况及上市公司经营成果等与财务顾问的专业意见出现较大差异的；

（三）中国证监会认定的其他事项。

第三十九条 财务顾问及其财务顾问主办人出现下列情形之一的，中国证监会对其采取监管谈话、出具警示函、责令改正等监管措施：

（一）内部控制机制和管理制度、尽职调查制度以及相关业务规则存在重大缺陷或者未得到有效执行的；

（二）未按照本办法规定发表专业意见的；

（三）在受托报送申报材料过程中，未切实履行组织、协调义务、申报文件制作质量低下的；

（四）未依法履行持续督导义务的；

（五）未按照本办法的规定向中国证监会报告或者公告的；

（六）违反其就上市公司并购重组相关业务活动所作承诺的；

（七）违反保密制度或者未履行保密责任的；

（八）采取不正当竞争手段进行恶性竞争的；

（九）唆使、协助或者伙同委托人干扰中国证监会审核工作的；

（十）中国证监会认定的其他情形。

责令改正的，财务顾问及其财务顾问主办人在改正期间，或者按照要求完成整改并经中国证监会验收合格之前，不得接受新的上市公司并购重组财务顾问业务。

第四十条 上市公司就并购重组事项出具盈利预测报告的，在相关并购重组活动完成后，凡不属于上市公司管理层事前无法获知且事后无法控制的原因，上市公司或者购买资产实现的利润未达到盈利预测报告或者资产评估报告预测金额80%的，中国证监会责令财务顾问及其财务顾问主办人在股东大会及中国证监会指定报刊上公开说明未实现盈利预测的原因并向股东和社会公众投资者道歉；利润实现数未达到盈利预测50%的，中国证监会可以同时对财务顾问及其财务顾问主办人采取监管谈话、出具警示函、责令定期报告等监管措施。

第四十一条 财务顾问不再符合本办法规定条件的，应当在5个工作日内向中国证监会报告并依法进行公告，由中国证监会责令改正。责令改正期满后，仍不符合本办法规定条件的，中国证监会撤销其从事上市公司并购重组财务顾问业务资格。

财务顾问主办人发生变化的，财务顾问应当在5个工作日内向中国证监会报告。财务顾问主办人不再符合本办法规定条件的，中国证监会将其从财务顾问主办人名单中去除，财务顾问不得聘请其作为财务顾问主办人从事相关业务。

第四十二条 财务顾问及其财务顾问主办人或者其他责任人员所发表的专业意见存在虚假记载、误导性陈述或者重大遗漏的，中国证监会责令改正并依据《证券法》第二百二十三条的规定予以处罚。

第四十三条 财务顾问及其财务顾问主办人在相关并购重组信息未依法公开前，泄漏该信息、买卖或者建议他人买卖该公司证券，利用相关并购重组信息散布虚假信息、操纵证券市场或者进行证券欺诈活动的，中国证监会依据《证券法》第二百零二条、第二百零三条、第二百零七条等相关规定予以处罚；涉嫌犯罪的，依法移送司法机关追究刑事责任。

第四十四条 中国证券业协会对财务顾问及其财务顾问主办人违反自律规范的行为，依法进行调查，给予纪律处分。

第五章　附　　则

第四十五条 本办法自 2008 年 8 月 4 日起施行。

4.5.4

关于上市公司涉及外商投资有关问题的若干意见

（2001年10月8日　外经贸资发〔2001〕538号）

为了推动境内股票市场的健康发展，规范外商投资股份有限公司上市发行股票和外商投资企业进入股票市场的行为，现提出以下意见：

一、关于外商投资股份有限公司设立。

设立外商投资股份有限公司或现有的外商投资有限责任公司申请转为外商投资股份有限公司，须符合《关于设立外商投资股份有限公司若干问题的暂行规定》（外经贸部令1995年第1号）的要求并按规定程序报外经贸部审批。

二、关于外商投资股份有限公司上市发行股票。

（一）外商投资股份有限公司在境内发行股票（A股与B股）必须符合外商投资产业政策及上市发行股票的要求。

（二）首次公开发行股票并上市的外商投资股份有限公司，除符合《公司法》等法律、法规及中国证监会的有关规定外，还应符合下列条件：

1. 申请上市前三年均已通过外商投资企业联合年检；

2. 经营范围符合《指导外商投资方向暂行规定》与《外商投资产业指导目录》的要求；

3. 上市发行股票后，其外资股占总股本的比例不低于10%；

4. 按规定需由中方控股（包括相对控股）或对中方持股比例有特殊规定的外商投资股份有限公司，上市后应按有关规定的要求继续保持中方控股地位或持股比例；

5. 符合发行上市股票有关法规要求的其他条件。

（三）外商投资股份有限公司首次公开发行股票并上市，除向中国证监会提交规定的材料外，还应提供通过联合年检的外商投资股份有限公司的批准证书和营业执照。

（四）外商投资股份有限公司首次发行股票后，其增发股票及配股，应符合本条上述第（二）款规定的条件以及增发股票与配股的有关规定。

（五）外商投资股份有限公司首次发行股票及增发或配、送股票完成后，应到外经贸部办理法律文件变更手续。

三、含有B股的外商投资股份有限公司，申请其非上市外资股在B股市场上流通，应在获得外经贸部同意后，向中国证监会报送非上市外资股上市流通的申请方案。

申请非上市外资股上市流通应符合下列条件：

（一）拟上市流通的非上市外资股的持有人持有该非上市外资股的期限超过一年；

（二）非上市外资股转为流通股后，其原持有人继续持有的期限须超过一年；

（三）非上市外资股原持有人依照公司章程、股东协议及其他法律文件对公司的特殊承诺和法律、法规有要求承担特殊义务和责任的，按其承诺或义务执行；

（四）符合上市发行股票有关法规要求的其他条件。

四、外商投资企业（包括外商投资股份有限公司）受让境内上市公司非流通股，应按《外商投资企业境内投资的暂行规定》规定的程序和要求办理有关手续。

暂不允许外商投资性公司受让上市公司非流通股。

五、外商投资股份有限公司境内上市发行股票后外资比例低于总股本25%的，应缴回外商投资企业批准证书，并按规定办理有关变更手续。

外商投资企业受让上市公司的非流通股，导致上市公司（持有外商投资企业批准证书的公司）外资比例低于总股本25%的，该上市公司应缴回外商投资企业批准证书，并按规定办理有关变更手续。

六、符合条件的外商投资企业可以在境外发行股票。

4.5.5

上市公司回购社会公众股份管理办法（试行）

（2005年6月16日　证监发〔2005〕51号）

第一章　总　　则

第一条　为规范上市公司回购社会公众股份的行为，依据《公司法》、《证券法》、《股票发行与交易管理暂行条例》及其他相关法律、行政法规的规定，制订本办法。

第二条　本办法所称上市公司回购社会公众股份是指上市公司为减少注册资本而购买本公司社会公众股份（以下简称股份）并依法予以注销的行为。

第三条　上市公司回购股份，应当按照本办法的规定向中国证券监督管理委员会（以下简称中国证监会）报送备案材料。

第四条　上市公司回购股份，应当有利于公司的可持续发展，不得损害股东和债权人的合法权益。

上市公司的董事、监事和高级管理人员在回购股份中应当忠诚守信，勤勉尽责。

第五条　上市公司回购股份，应当依据本办法的规定履行信息披露义务。

上市公司及其董事应当保证所披露的信息真实、准确、完整，无虚假记载、误导性陈述或重大遗漏。

第六条　上市公司应当聘请独立财务顾问和律师事务所就股份回购事宜出具专业意见。

上述专业机构应当诚实守信，勤勉尽责，对回购股份相关事宜进行尽职调查，对备案材料进行核查，并保证其出具的文件真实、准确、完整。

第七条　任何人不得利用上市公司回购股份从事内幕交易、操纵证券交易价格和进行证券欺诈活动。

第二章　回购股份的一般规定

第八条　上市公司回购股份应当符合以下条件：

（一）公司股票上市已满一年。

（二）公司最近一年无重大违法行为。

（三）回购股份后，上市公司具备持续经营能力。

（四）回购股份后，上市公司的股权分布原则上应当符合上市条件；公司拟通过回购股份终止其股票上市交易的，应当符合相关规定并取得证券交易所的批准。

（五）中国证监会规定的其他条件。

第九条 上市公司回购股份可以采取以下方式之一进行：

（一）证券交易所集中竞价交易方式；

（二）要约方式；

（三）中国证监会认可的其他方式。

第十条 回购的股份自过户至上市公司回购专用账户之日起即失去其权利。上市公司在计算相关指标时，应当从总股本中扣减已回购的股份数量。

第十一条 上市公司在回购股份期间不得发行新股。

在年度报告和半年度报告披露前 5 个工作日或者对股价有重大影响的信息公开披露前，上市公司不得通过集中竞价交易方式回购股份。

第十二条 因上市公司回购股份，导致股东持有、控制的股份超过该公司已发行股份的 30% 的，该等股东无须履行要约收购义务。

第三章 回购股份的程序和信息披露

第十三条 上市公司董事会应当在做出回购股份决议后的两个工作日内公告董事会决议、回购股份预案，并发布召开股东大会的通知。

回购股份预案至少应当包括以下内容：

（一）回购股份的目的；

（二）回购股份方式；

（三）回购股份的价格或价格区间、定价原则；

（四）拟回购股份的种类、数量及占总股本的比例；

（五）拟用于回购的资金总额及资金来源；

（六）回购股份的期限；

（七）预计回购后公司股权结构的变动情况；

（八）管理层对本次回购股份对公司经营、财务及未来发展影响的分析。

第十四条 上市公司应当在股东大会召开前 3 日，将董事会公告回购股份决议的前一个交易日及股东大会的股权登记日登记在册的前 10 名社会公众股股东的名称及持股数量、比例，在证券交易所网站上予以公布。

第十五条 独立财务顾问应当就上市公司回购股份事宜进行尽职调查，出具独立财务顾问报告，并在股东大会召开 5 日前在中国证监会指定报刊公告。

独立财务顾问报告应当包括以下内容：

（一）公司回购股份是否符合本办法的规定；

（二）结合回购股份的目的、股价表现、公司估值分析等因素，说明回购的必要性；

（三）结合回购股份所需资金及其来源等因素，分析回购股份对公司日常经营、盈利能力和偿债能力的影响，说明回购方案的可行性；

（四）其他应说明的事项。

第十六条 上市公司股东大会应当对下列事项逐项进行表决：

（一）回购股份的方式；

（二）回购股份的价格或价格区间、定价原则；

（三）拟回购股份的种类、数量和比例；

（四）拟用于回购的资金总额；

（五）回购股份的期限；

（六）对董事会实施回购方案的授权；

（七）其他相关事项。

上市公司在公告股东大会决议时，应当载明“本回购方案尚需报中国证监会备案无异议后方可实施”。

第十七条 上市公司股东大会对回购股份做出决议，须经出席会议的股东所持表决权的三分之二以上通过。

第十八条 上市公司做出回购股份决议后，应当依法通知债权人。

第十九条 上市公司依法通知债权人后，可以向中国证监会报送回购股份备案材料，同时抄报上市公司所在地的中国证监会派出机构。

第二十条 上市公司回购股份备案材料应当包括以下文件：

（一）回购股份的申请；

（二）董事会决议；

（三）股东大会决议；

（四）上市公司回购报告书；

（五）独立财务顾问报告；

（六）法律意见书；

（七）上市公司最近一期经审计的财务会计报告；

（八）上市公司董事、监事、高级管理人员及参与本次回购的各中介机构关于股东大会作出回购决议前6个月买卖上市公司股份的自查报告；

（九）中国证监会规定的其他文件。

第二十一条 上市公司回购报告书应当包括以下内容：

（一）本办法第十三条回购股份预案所列事项；

（二）上市公司董事、监事、高级管理人员在股东大会回购决议公告前六个月是否存在买卖上市公司股票的行为，是否存在单独或者与他人联合进行内幕交易及市场操纵的说明；

（三）独立财务顾问就本次回购股份出具的结论性意见；

（四）律师事务所就本次回购股份出具的结论性意见；

（五）其他应说明的事项。

以要约方式回购股份的，还应当披露股东预受要约的方式和程序、股东撤回预受要约的方式和程序，以及股东委托办理要约回购中相关股份预受、撤回、结算、过户登记等事宜的证券公司名称及其通讯方式。

第二十二条 律师事务所就上市公司回购股份出具的法律意见书应当包括以下内容：

（一）公司回购股份是否符合本办法规定的条件。

（二）公司回购股份是否已履行法定程序；涉及其他主管部门批准的，是否已得到批准。

（三）公司回购股份是否已按照本办法的规定履行相关的信息披露义务。

（四）公司回购股份的资金来源是否合法合规。

（五）其他应说明的事项。

第二十三条 中国证监会自受理上市公司回购股份备案材料之日起10个工作日内未提出异议的，上市公司可以实施回购方案。

采用集中竞价方式回购股份的，上市公司应当在收到中国证监会无异议函后的5个工作日内公告回购报告书；采用要约方式回购股份的，上市公司应当在收到无异议函后的两个工作日内予以公告，并在实施回购方案前公告回购报告书。

上市公司在回购报告书的同时，应当一并公告法律意见书。

第二十四条 上市公司实施回购方案前，应当在证券登记结算机构开立由证券交易所监控的回购专用账户；该账户仅可用于回购公司股份，已回购的股份应当予以锁定，不得卖出。

第二十五条 上市公司应当在回购的有效期限内实施回购方案。

上市公司距回购期届满3个月时仍未实施回购方案的，董事会应当就未能实施回购的原因予以公告。

第二十六条 回购期届满或者回购方案已实施完毕的，公司应当停止回购行为，撤销回购专用账户，在两个工作日内公告公司股份变动报告，并在10日内依法注销所回购的股份，办理工商变更登记手续。

第四章 以集中竞价交易方式回购股份的特殊规定

第二十七条 上市公司应当按照证券交易所和证券登记结算机构的相关规定，委托具有从事证券经纪业务资格的证券公司负责办理回购股份的相关事宜。

第二十八条 在回购股份期间，上市公司应当在每个月的前3个交易日内，公告截止上月末的回购进展情况，包括已回购股份总额、购买的最高价和最低价、支付的总金额。

上市公司通过集中竞价交易方式回购股份占上市公司总股本的比例每增加1%的，应当自该事实发生之日起两个交易日内予以公告。

第二十九条 回购期届满或者回购方案已实施完毕的，上市公司应当在股份变动报告中披露已回购股份总额、购买的最高价和最低价、支付的总金额。

第五章 以要约方式回购股份的特殊规定

第三十条 上市公司以要约方式回购股份的，要约价格不得低于回购报告书公告前30个交易日该种股票每日加权平均价的算术平均值。

第三十一条 上市公司以要约方式回购股份的，应当在公告回购报告书的同时，将回购所需资金全额存放于证券登记结算机构指定的银行账户。

要约的期限不得少于30日，并不得超过60日。

第三十二条 上市公司以要约方式回购股份，股东预受要约的股份数量超出预定回购的股份数量的，上市公司应当按照相同比例回购股东预受的股份；股东预受要约的股份数量不足预定回购的股份数量的，上市公司应当全部回购股东预受的股份。

第三十三条 上市公司以要约方式回购境内上市外资股的，还应当符合证券交易所和证券登记结算机构业务规则的有关规定。

第六章 监管措施和法律责任

第三十四条 上市公司未按照本办法规定备案的，中国证监会有权要求其暂停或者终止回购股份活动，对公司及其相关责任人依法予以处罚。

第三十五条 上市公司回购股份存在虚假记载、误导性陈述或者重大遗漏的，中国证监会责令其予以纠正，对公司及相关责任人依法予以处罚。

第三十六条 利用上市公司回购股份进行欺诈、操纵市场或者内幕交易的，中国证监会依法予以处罚；构成犯罪的，移交司法机关依法查处。

第三十七条 为上市公司回购股份出具意见的相关专业机构未履行勤勉尽责义务，所发表的专业意见存在虚假记载、误导性陈述或者重大遗漏的，中国证监会对相关专业机构及签字人员采取监管谈话、出具警示函、责令整改等措施；情节严重的，暂停或者吊销其业务资格。

4.5.6

外国投资者对上市公司战略投资管理办法

（2015 年 10 月 28 日　商务部令 2015 年第 2 号）

（商务部令 2005 年第 28 号，根据 2015 年 10 月 28 日《商务部关于修改部分规章和规范性文件的决定》修正）

第一条　为了规范股权分置改革后外国投资者对 A 股上市公司（以下简称上市公司）进行战略投资，维护证券市场秩序，引进境外先进管理经验、技术和资金，改善上市公司治理结构，保护上市公司和股东的合法权益，按照《关于上市公司股权分置改革的指导意见》的要求，根据国家有关外商投资、上市公司监管的法律法规以及《外国投资者并购境内企业暂行规定》，制定本办法。

第二条　本办法适用于外国投资者（以下简称投资者）对已完成股权分置改革的上市公司和股权分置改革后新上市公司通过具有一定规模的中长期战略性并购投资（以下简称战略投资），取得该公司 A 股股份的行为。

第三条　经商务部批准，投资者可以根据本办法对上市公司进行战略投资。

第四条　战略投资应遵循以下原则：

（一）遵守国家法律、法规及相关产业政策，不得危害国家经济安全和社会公共利益；

（二）坚持公开、公正、公平的原则，维护上市公司及其股东的合法权益，接受政府、社会公众的监督及中国的司法和仲裁管辖；

（三）鼓励中长期投资，维护证券市场的正常秩序，不得炒作；

（四）不得妨碍公平竞争，不得造成中国境内相关产品市场过度集中、排除或限制竞争。

第五条　投资者进行战略投资应符合以下要求：

（一）以协议转让、上市公司定向发行新股方式以及国家法律法规规定的其他方式取得上市公司 A 股股份；

（二）投资可分期进行，首次投资完成后取得的股份比例不低于该公司已发行股份的百分之十，但特殊行业有特别规定或经相关主管部门批准的除外；

（三）取得的上市公司 A 股股份三年内不得转让；

（四）法律法规对外商投资持股比例有明确规定的行业，投资者持有上述行业股份比例应符合相关规定；属法律法规禁止外商投资的领域，投资者不得对上述领域的上市公司进行投资；

（五）涉及上市公司国有股股东的，应符合国有资产管理的相关规定。

第六条 投资者应符合以下要求：

（一）依法设立、经营的外国法人或其他组织，财务稳健、资信良好且具有成熟的管理经验；

（二）境外实有资产总额不低于1亿美元或管理的境外实有资产总额不低于5亿美元；或其母公司境外实有资产总额不低于1亿美元或管理的境外实有资产总额不低于5亿美元；

（三）有健全的治理结构和良好的内控制度，经营行为规范；

（四）近三年内未受到境内外监管机构的重大处罚（包括其母公司）。

第七条 通过上市公司定向发行方式进行战略投资的，按以下程序办理：

（一）上市公司董事会通过向投资者定向发行新股及公司章程修改草案的决议；

（二）上市公司股东大会通过向投资者定向发行新股及修改公司章程的决议；

（三）上市公司与投资者签订定向发行的合同；

（四）上市公司根据本办法第十二条向商务部报送相关申请文件，有特殊规定的从其规定；

（五）定向发行完成后，上市公司到商务部领取外商投资企业批准证书，并凭该批准证书到工商行政管理部门办理变更登记。

第八条 通过协议转让方式进行战略投资的，按以下程序办理：

（一）上市公司董事会通过投资者以协议转让方式进行战略投资的决议；

（二）上市公司股东大会通过投资者以协议转让方式进行战略投资的决议；

（三）转让方与投资者签订股份转让协议；

（四）投资者根据本办法第十二条向商务部报送相关申请文件，有特殊规定的从其规定；

（五）投资者参股上市公司的，获得前述批准后向证券交易所办理股份转让确认手续、向证券登记结算机构申请办理登记过户手续，并报中国证监会备案；

（六）协议转让完成后，上市公司到商务部领取外商投资企业批准证书，并凭该批准证书到工商行政管理部门办理变更登记。

第九条 投资者拟通过协议转让方式构成对上市公司的实际控制，按照第八条第（一）、（二）、（三）、（四）项的程序获得批准后，向中国证监会报送上市公司收购报告书及相关文件，经中国证监会审核无异议后向证券交易所办理股份转让确认手续、向证券登记结算机构申请办理登记过户手续。完成上述手续后，按照第八条第（六）项办理。

第十条 投资者对上市公司进行战略投资，应按《证券法》和中国证监会的相关规定履行报告、公告及其他法定义务。

第十一条 投资者对其已持有股份的上市公司继续进行战略投资的，需按本办法规定的方式和程序办理。

第十二条 上市公司或投资者应向商务部报送以下文件：

（一）战略投资申请书（格式见附件1）；

（二）战略投资方案（格式见附件2）；

（三）定向发行合同或股份转让协议；

（四）保荐机构意见书（涉及定向发行）或法律意见书；

（五）投资者持续持股的承诺函；

（六）投资者三年内未受到境内外监管机构重大处罚的声明，以及是否受到其他非重大处罚的说明；

（七）经依法公证、认证的投资者的注册登记证明、法定代表人（或授权代表）身份证明；

（八）经注册会计师审计的该投资者近三年来的资产负债表；

（九）上述（一）、（二）、（三）、（五）、（六）项中规定提交的文件均需经投资者法定代表人或其授权代表签署，由授权代表签署的还应提交经法定代表人签署的授权书及相应的公证、认证文件；

（十）商务部规定的其他文件。

前款所列文件，除第七项、第八项所列文件外，必须报送中文本原件，第七项、第八项所列文件应报送原件及中文译件。

商务部收到上述全部文件后应在30日内作出原则批复，原则批复有效期180日。

第十三条 符合本办法第六条规定的外国公司（“母公司”）可以通过其全资拥有的境外子公司（“投资者”）进行战略投资，投资者除提交本办法第九条所列文件外，还应向商务部提交其母公司对投资者投资行为承担连带责任的不可撤销的承诺函。

第十四条 投资者应在商务部原则批复之日起15日内根据外商投资并购的相关规定开立外汇账户。投资者从境外汇入的用于战略投资的外汇资金，应当根据外汇管理的有关规定，到上市公司注册所在地外汇局申请开立外国投资者专用外汇账户（收购类），账户内资金的结汇及账户注销手续参照相关外汇管理规定办理。

第十五条 投资者可以持商务部对该投资者对上市公司进行战略投资的批准文件和有效身份证明，向证券登记结算机构办理相关手续。

对于投资者在上市公司股权分置改革前持有的非流通股份或在上市公司首次公开发行前持有的股份，证券登记结算机构可以根据投资者申请为其开立证券账户。

证券登记结算机构应根据本管理办法制定相应规定。

第十六条 投资者应在资金结汇之日起15日内启动战略投资行为，并在原则批复之日起180日内完成战略投资。

投资者未能在规定时间内按战略投资方案完成战略投资的，审批机关的原则批复自动失效。投资者应在原则批复失效之日起45日内，经外汇局核准后将结汇所得人民币资金购汇并汇出境外。

第十七条 战略投资完成后，上市公司应于10日内凭以下文件到商务部领取外商投资企业批准证书：

（一）申请书；

（二）商务部原则批复函；

（三）证券登记结算机构出具的股份持有证明；

（四）上市公司营业执照和法定代表人身份证明；

（五）上市公司章程。

商务部在收到上述全部文件之日起 5 日内颁发外商投资企业批准证书，加注“外商投资股份公司（A 股并购）”。

如投资者取得单一上市公司 25% 或以上股份并承诺在 10 年内持续持股不低于 25%，商务部在颁发的外商投资企业批准证书上加注“外商投资股份公司（A 股并购 25% 或以上）”。

第十八条 上市公司应自外商投资企业批准证书签发之日起 30 日内，向工商行政管理机关申请办理公司类型变更登记，并提交下列文件：

（一）公司法定代表人签署的申请变更申请书；

（二）外商投资企业批准证书；

（三）证券登记结算机构出具的股份持有证明；

（四）经公证、认证的投资者的合法开业证明；

（五）国家工商行政管理总局规定应提交的其他文件。

经核准变更的，工商行政管理机关在营业执照企业类型栏目中加注“外商投资股份公司（A 股并购）”字样，其中，投资者进行战略投资取得单一上市公司 25% 或以上股份并承诺在 10 年内持续持股不低于 25% 的，加注“外商投资股份公司（A 股并购 25% 或以上）”。

第十九条 上市公司应自外商投资企业营业执照签发之日起 30 日内，到税务、海关、外汇管理等有关部门办理相关手续。外汇管理部门在所颁发的外汇登记证上加注“外商投资股份公司（A 股并购）”。如投资者进行战略投资取得单一上市公司 25% 或以上股份并承诺在 10 年内持续持股不低于 25% 的，外汇管理部门在外汇登记证上加注“外商投资股份公司（A 股并购 25% 或以上）”。

第二十条 除以下情形外，投资者不得进行证券买卖（B 股除外）：

（一）投资者进行战略投资所持上市公司 A 股股份，在其承诺的持股期限届满后可以出售；

（二）投资者根据《证券法》相关规定须以要约方式进行收购的，在要约期间可以收购上市公司 A 股股东出售的股份；

（三）投资者在上市公司股权分置改革前持有的非流通股份，在股权分置改革完成且限售期满后可以出售；

（四）投资者在上市公司首次公开发行前持有的股份，在限售期满后可以出售；

（五）投资者承诺的持股期限届满前，因其破产、清算、抵押等特殊原因需转让其股份的，经商务部批准可以转让。

第二十一条 投资者减持股份使上市公司外资股比低于 25%，上市公司应在 10 日内向商务部备案并办理变更外商投资企业批准证书的相关手续。

投资者减持股份使上市公司外资股比低于 10%，且该投资者非为单一最大股东，上市公司应在10日内向审批机关备案并办理注销外商投资企业批准证书的相关手续。

第二十二条 投资者减持股份使上市公司外资股比低于25%，上市公司应自外商投资企业批准证书变更之日起30日内到工商行政管理机关办理变更登记，工商行政管理机关在营业执照上企业类型调整为“外商投资股份公司（A股并购）”。上市公司应自营业执照变更之日起30日内到外汇管理部门办理变更外汇登记，外汇管理部门在外汇登记证上加注“外商投资股份公司（A股并购）”。

投资者减持股份使上市公司外资股比低于10%，且投资者非为单一最大股东，上市公司自外商投资企业批准证书注销之日起30日内到工商行政管理机关办理变更登记，企业类型变更为股份有限公司。上市公司应自营业执照变更之日起30日内到外汇管理部门办理外汇登记注销手续。

第二十三条 母公司通过其全资拥有的境外子公司进行战略投资并已按期完成的，母公司转让上述境外子公司前应向商务部报告，并根据本办法所列程序提出申请。新的受让方仍应符合本办法所规定的条件，承担母公司及其子公司在上市公司中的全部权利和义务，并依法履行向中国证监会报告、公告及其他法定义务。

第二十四条 投资者通过A股市场将所持上市公司股份出让的，可凭以下文件向上市公司注册所在地外汇局申请购汇汇出：

（一）书面申请；

（二）为战略投资目的所开立的外国投资者专用外汇账户（收购类）内资金经外汇局核准结汇的核准件；

（三）商务部出具的关于上市公司股权结构变更的批复文件；

（四）证券经纪机构出具的有关证券交易证明文件。

第二十五条 投资者持股比例低于25%的上市公司，其举借外债按照境内中资企业举借外债的有关规定办理。

第二十六条 相关政府机构工作人员必须忠于职守、依法履行职责，不得利用职务便利牟取不正当利益，并对知悉的商业秘密负有保密义务。

第二十七条 香港特别行政区、澳门特别行政区、台湾地区的投资者进行战略投资，参照本办法办理。

第二十八条 本办法自发布之日起30日后施行。

附件：1. 战略投资申请书

　　　2. 战略投资方案

附件1

战略投资申请书

一、投资者名称

二、目标上市公司名称

三、投资意向

（投资者及授权代表签章）

年　月　日

附件2

战略投资方案

一、投资者名称及自身情况简介（母公司通过其全资拥有的境外子公司进行战略投资的还应提供母公司的相关材料）

二、目标上市公司名称、经营范围，拟取得公司股份的具体方式、拟取得的股份数量及取得后占上市公司已发行股份的比例、战略投资时限

三、持续持股期限

四、投资者与目标上市公司控股股东的关联关系说明

（投资者及授权代表签章）

年　月　日

4.5.7

关于规范上市公司重大资产重组若干问题的规定

（2016年9月9日　证监会公告〔2016〕17号）

（2008年4月16日公布　根据2016年9月9日中国证券监督管理委员会《关于修改〈关于规范上市公司重大资产重组若干问题的规定〉的决定》修订）

第一条　上市公司拟实施重大资产重组的，全体董事应当严格履行诚信义务，切实做好信息保密及停复牌工作。

重大资产重组的首次董事会决议经表决通过后，上市公司应当在决议当日或者次一工作日的非交易时间向证券交易所申请公告。董事会应当按照《上市公司重大资产重组管理办法》及相关的信息披露准则编制重大资产重组预案或者报告书，并将该预案或者报告书作为董事会决议的附件，与董事会决议同时公告。

重大资产重组的交易对方应当承诺，保证其所提供信息的真实性、准确性和完整性，保证不存在虚假记载、误导性陈述或者重大遗漏，并声明承担个别和连带的法律责任。该等承诺和声明应当与上市公司董事会决议同时公告。

第二条　上市公司首次召开董事会审议重大资产重组事项的，应当在召开董事会的当日或者前一日与相应的交易对方签订附条件生效的交易合同。交易合同应当载明本次重大资产重组事项一经上市公司董事会、股东大会批准并经中国证监会核准，交易合同即应生效。

重大资产重组涉及发行股份购买资产的，交易合同应当载明特定对象拟认购股份的数量或者数量区间、认购价格或者定价原则、限售期，以及目标资产的基本情况、交易价格或者定价原则、资产过户或交付的时间安排和违约责任等条款。

第三条　发行股份购买资产的首次董事会决议公告后，董事会在6个月内未发布召开股东大会通知的，上市公司应当重新召开董事会审议发行股份购买资产事项，并以该次董事会决议公告日作为发行股份的定价基准日。

发行股份购买资产事项提交股东大会审议未获批准的，上市公司董事会如再次作出发行股份购买资产的决议，应当以该次董事会决议公告日作为发行股份的定价基准日。

第四条　上市公司拟实施重大资产重组的，董事会应当就本次交易是否符合下列规定作出审慎判断，并记载于董事会决议记录中：

（一）交易标的资产涉及立项、环保、行业准入、用地、规划、建设施工等有关报批事项的，应当在重大资产重组预案和报告书中披露是否已取得相应的许可证书或有关主管部门的批复文件；本次交易行为涉及有关报批事项的，应当在重大资产重组预案和报告书中详细披露已向有关主管部门报批的进展情况和尚需呈报批准的程序。重大资产重组预案和报告书中应当对报批事项可能无法获得批准的风险作出特别提示。

（二）上市公司拟购买资产的，在本次交易的首次董事会决议公告前，资产出售方必须已经合法拥有标的资产的完整权利，不存在限制或者禁止转让的情形。

上市公司拟购买的资产为企业股权的，该企业应当不存在出资不实或者影响其合法存续的情况；上市公司在交易完成后成为持股型公司的，作为主要标的资产的企业股权应当为控股权。

上市公司拟购买的资产为土地使用权、矿业权等资源类权利的，应当已取得相应的权属证书，并具备相应的开发或者开采条件。

（三）上市公司购买资产应当有利于提高上市公司资产的完整性（包括取得生产经营所需要的商标权、专利权、非专利技术、采矿权、特许经营权等无形资产），有利于上市公司在人员、采购、生产、销售、知识产权等方面保持独立。

（四）本次交易应当有利于上市公司改善财务状况、增强持续盈利能力，有利于上市公司突出主业、增强抗风险能力，有利于上市公司增强独立性、减少关联交易、避免同业竞争。

第五条　上市公司拟实施重大资产重组的，董事会、交易对方、证券服务机构及相关人员应当严格遵守《关于规范上市公司信息披露及相关各方行为的通知》（证监公司字〔2007〕128号）的相关规定，切实履行信息披露等义务和程序。

重大资产重组的首次董事会决议公告后，上市公司董事会和交易对方非因充分正当事由，撤销、中止重组方案或者对重组方案作出实质性变更（包括但不限于变更主要交易对象、变更主要标的资产等）的，中国证监会将依据有关规定对上市公司、交易对方、证券服务机构等单位和相关人员采取监管措施，并依法追究法律责任。

4.5.8

上市公司重大资产重组申报工作指引

（2008 年 5 月 20 日　证监会上市公司监管部）

一、申报程序：上市公司在股东大会作出重大资产重组决议并公告后 3 个工作日内，按照《公开发行证券的公司信息披露内容与格式准则第 26 号——上市公司重大资产重组申请文件》的要求编制申请文件，并委托独立财务顾问向中国证券监督管理委员会（以下简称“证监会”）申报，同时抄报派出机构。

二、申报接收和受理程序：证监会办公厅受理处统一负责接收申报材料，对上市公司申报材料进行形式审查。申报材料包括书面材料一式三份（一份原件和两份复印件）及电子版。

证监会上市部接到受理处转来申报材料后 5 个工作日内作出是否受理或发出补正通知。补正通知要求上市公司作出书面解释、说明的，上市公司及独立财务顾问需在收到补正通知书之日起 30 个工作日内提供书面回复意见。逾期不能提供完整合规回复意见的，上市公司应当在到期日的次日就本次重大资产重组的进展情况及未能及时提供回复意见的具体原因等予以公告。

收到上市公司的补正回复后，证监会上市部应在 2 个工作日内作出是否受理的决定，出具书面通知。受理后，涉及发行股份的适用《证券法》关于审核期限的规定。

为保证审核人员独立完成对书面申报材料的审核，证监会上市部自接收材料至反馈意见发出这段时间实行“静默期”制度，不接待申报人的来访。

三、审核程序：证监会上市部由并购一处和并购二处分别按各自职责对重大资产重组中法律问题和财务问题的审核，形成初审报告并提交部门专题会进行复核，经专题会研究，形成反馈意见。

四、反馈和反馈回复程序：在发出反馈意见后，证监会上市部可以就反馈意见中的有关问题与申报人和中介机构进行当面问询沟通。问询沟通由并购一处和并购二处两名以上审核员同时参加。反馈意见要求上市公司作出解释、说明的，上市公司应当自收到反馈意见之日起 30 个工作日内提供书面回复，独立财务顾问应当配合上市公司提供书面回复意见。逾期不能提供完整合规回复的，上市公司应当在到期日的次日就本次重大资产重组的进展情况及未能及时提供回复的具体原因等予以公告。

五、无需提交重组委项目的审结程序：上市公司和独立财务顾问及其他中介机构提交完整合规的反馈回复后，不需要提交并购重组委审议的，予以审结核准或不予核准。上市公司未提交完整合规的反馈回复的，或在反馈期间发生其他需要进一步解释或说明事项的，证监会上市部可以再次发出反馈意见。

六、提交重组委审议程序：需提交并购重组委审议的，证监会上市部将安排并购重组委工作会议审议。并购重组委审核的具体程序按照《上市公司重大资产重组管理办法》和《中国证券监督管理委员会上市公司重组审核委员会工作规程》的规定进行。

七、重组委通过方案的审结程序：并购重组委工作会后，上市公司重大资产重组方案经并购重组委表决通过的，证监会上市部将以部门函的形式向上市公司出具并购重组委反馈意见。公司应将完整合规的落实重组委意见的回复上报证监会上市部。落实重组委意见完整合规的，予以审结，并向上市公司出具相关批准文件。

八、重组委否决方案的审结程序：并购重组委否决的，予以审结，并向上市公司出具不予批准文件，同时证监会上市部将以部门函的形式向上市公司出具并购重组委反馈意见。上市公司拟重新上报的，应当召开董事会或股东大会进行表决。

九、封卷程序：上市公司和独立财务顾问及其他中介机构应按照证监会上市部的要求完成对申报材料原件的封卷存档工作。

4.5.9

关于上市公司以集中竞价交易方式回购股份的补充规定

(2008年10月9日　证监会公告〔2008〕39号)

为适应资本市场发展实践的需要，现对《上市公司回购社会公众股份管理办法（试行)》中有关上市公司以集中竞价交易方式回购股份行为补充规定如下：

一、上市公司以集中竞价交易方式回购股份（以下简称上市公司回购股份)，应当由董事会依法作出决议，并提交股东大会批准。

上市公司独立董事应当在充分了解相关信息的基础上，就回购股份事宜发表独立意见。

二、上市公司应当在股东大会召开前3日，将董事会公告回购股份决议的前一个交易日及召开股东大会的股权登记日登记在册的前10名股东的名称及持股数量、比例，在证券交易所网站予以公布。

三、上市公司股东大会就回购股份作出的决议，应当包括下列事项：

（一）回购股份的价格区间；

（二）拟回购股份的种类、数量和比例；

（三）拟用于回购的资金总额以及资金来源；

（四）回购股份的期限；

（五）决议的有效期；

（六）对董事会办理本次回购股份事宜的具体授权；

（七）其他相关事项。

四、上市公司股东大会对回购股份作出决议，必须经出席会议的股东所持表决权的2/3以上通过。

五、上市公司应当在股东大会作出回购股份决议后的次日公告该决议，依法通知债权人，并将相关材料报送中国证监会和证券交易所备案，同时公告回购报告书。

六、上市公司应当在下列情形履行报告、公告义务：

（一）上市公司应当在首次回购股份事实发生的次日予以公告；

（二）上市公司回购股份占上市公司总股本的比例每增加1%的，应当自该事实发生之日起3日内予以公告；

（三）上市公司在回购期间应当在定期报告中公告回购进展情况，包括已回购股份的数量和比例、购买的最高价和最低价、支付的总金额；

（四）回购期届满或者回购方案已实施完毕的，上市公司应当停止回购行为，并在3日内公告回购股份情况以及公司股份变动报告，包括已回购股份总额、购买的最高价和最低价以及支付的总金额等内容。

七、上市公司回购股份的价格不得为公司股票当日交易涨幅限制的价格。

八、上市公司不得在以下交易时间进行股份回购的委托：

（一）开盘集合竞价；

（二）收盘前半小时内；

（三）股票价格无涨跌幅限制。

九、上市公司在下列期间不得回购股份：

（一）上市公司定期报告或业绩快报公告前10个交易日内；

（二）自可能对本公司股票交易价格产生重大影响的重大事项发生之日或者在决策过程中，至依法披露后2个交易日内；

（三）中国证监会规定的其他情形。

十、上市公司回购股份期间不得发行股份募集资金。

十一、证券交易所应当根据本规定，制定上市公司回购股份相关业务规则，加强对上市公司回购股份的信息披露和债权人合法权益程序保障的合规性监管，对回购股份交易实行实时监察，防范内幕交易以及其他不公平交易行为的发生。

十二、本补充规定自2008年10月9日起施行。《上市公司回购社会公众股份管理办法（试行）》（证监发〔2005〕51号）中有关以集中竞价交易方式回购股份的规定同时废止。

4.5.10

关于外国投资者并购境内企业的规定

（2009 年 6 月 22 日　商务部令 2009 年第 6 号）

第一章　总　　则

第一条　为了促进和规范外国投资者来华投资，引进国外的先进技术和管理经验，提高利用外资的水平，实现资源的合理配置，保证就业、维护公平竞争和国家经济安全，依据外商投资企业的法律、行政法规及《公司法》和其他相关法律、行政法规，制定本规定。

第二条　本规定所称外国投资者并购境内企业，系指外国投资者购买境内非外商投资企业（以下称“境内公司”）股东的股权或认购境内公司增资，使该境内公司变更设立为外商投资企业（以下称“股权并购”）；或者，外国投资者设立外商投资企业，并通过该企业协议购买境内企业资产且运营该资产，或，外国投资者协议购买境内企业资产，并以该资产投资设立外商投资企业运营该资产（以下称“资产并购”）。

第三条　外国投资者并购境内企业应遵守中国的法律、行政法规和规章，遵循公平合理、等价有偿、诚实信用的原则，不得造成过度集中、排除或限制竞争，不得扰乱社会经济秩序和损害社会公共利益，不得导致国有资产流失。

第四条　外国投资者并购境内企业，应符合中国法律、行政法规和规章对投资者资格的要求及产业、土地、环保等政策。

依照《外商投资产业指导目录》不允许外国投资者独资经营的产业，并购不得导致外国投资者持有企业的全部股权；需由中方控股或相对控股的产业，该产业的企业被并购后，仍应由中方在企业中占控股或相对控股地位；禁止外国投资者经营的产业，外国投资者不得并购从事该产业的企业。

被并购境内企业原有所投资企业的经营范围应符合有关外商投资产业政策的要求；不符合要求的，应进行调整。

第五条　外国投资者并购境内企业涉及企业国有产权转让和上市公司国有股权管理事宜的，应当遵守国有资产管理的相关规定。

第六条　外国投资者并购境内企业设立外商投资企业，应依照本规定经审批机关批准，向登记管理机关办理变更登记或设立登记。

如果被并购企业为境内上市公司，还应根据《外国投资者对上市公司战略投资管理办法》，向国务院证券监督管理机构办理相关手续。

第七条 外国投资者并购境内企业所涉及的各方当事人应当按照中国税法规定纳税，接受税务机关的监督。

第八条 外国投资者并购境内企业所涉及的各方当事人应遵守中国有关外汇管理的法律和行政法规，及时向外汇管理机关办理各项外汇核准、登记、备案及变更手续。

第二章 基本制度

第九条 外国投资者在并购后所设外商投资企业注册资本中的出资比例高于25%的，该企业享受外商投资企业待遇。

外国投资者在并购后所设外商投资企业注册资本中的出资比例低于25%的，除法律和行政法规另有规定外，该企业不享受外商投资企业待遇，其举借外债按照境内非外商投资企业举借外债的有关规定办理。审批机关向其颁发加注“外资比例低于25%”字样的外商投资企业批准证书（以下称“批准证书”）。登记管理机关、外汇管理机关分别向其颁发加注“外资比例低于25%”字样的外商投资企业营业执照和外汇登记证。

境内公司、企业或自然人以其在境外合法设立或控制的公司名义并购与其有关联关系的境内公司，所设立的外商投资企业不享受外商投资企业待遇，但该境外公司认购境内公司增资，或者该境外公司向并购后所设企业增资，增资额占所设企业注册资本比例达到25%以上的除外。根据该款所述方式设立的外商投资企业，其实际控制人以外的外国投资者在企业注册资本中的出资比例高于25%的，享受外商投资企业待遇。

外国投资者并购境内上市公司后所设外商投资企业的待遇，按照国家有关规定办理。

第十条 本规定所称的审批机关为中华人民共和国商务部或省级商务主管部门（以下称“省级审批机关”），登记管理机关为中华人民共和国国家工商行政管理总局或其授权的地方工商行政管理局，外汇管理机关为中华人民共和国国家外汇管理局或其分支机构。

并购后所设外商投资企业，根据法律、行政法规和规章的规定，属于应由商务部审批的特定类型或行业的外商投资企业的，省级审批机关应将申请文件转报商务部审批，商务部依法决定批准或不批准。

第十一条 境内公司、企业或自然人以其在境外合法设立或控制的公司名义并购与其有关联关系的境内的公司，应报商务部审批。

当事人不得以外商投资企业境内投资或其他方式规避前述要求。

第十二条 外国投资者并购境内企业并取得实际控制权，涉及重点行业、存在影响或可能影响国家经济安全因素或者导致拥有驰名商标或中华老字号的境内企业实际控制权转移的，当事人应就此向商务部进行申报。

当事人未予申报，但其并购行为对国家经济安全造成或可能造成重大影响的，商务部可以会同相关部门要求当事人终止交易或采取转让相关股权、资产或其他有效措施，以消除并购行为对国家经济安全的影响。

第十三条 外国投资者股权并购的，并购后所设外商投资企业承继被并购境内公司的债权和债务。

外国投资者资产并购的，出售资产的境内企业承担其原有的债权和债务。

外国投资者、被并购境内企业、债权人及其他当事人可以对被并购境内企业的债权债务的处置另行达成协议，但是该协议不得损害第三人利益和社会公共利益。债权债务的处置协议应报送审批机关。

出售资产的境内企业应当在投资者向审批机关报送申请文件之前至少15日，向债权人发出通知书，并在全国发行的省级以上报纸上发布公告。

第十四条 并购当事人应以资产评估机构对拟转让的股权价值或拟出售资产的评估结果作为确定交易价格的依据。并购当事人可以约定在中国境内依法设立的资产评估机构。资产评估应采用国际通行的评估方法。禁止以明显低于评估结果的价格转让股权或出售资产，变相向境外转移资本。

外国投资者并购境内企业，导致以国有资产投资形成的股权变更或国有资产产权转移时，应当符合国有资产管理的有关规定。

第十五条 并购当事人应对并购各方是否存在关联关系进行说明，如果有两方属于同一个实际控制人，则当事人应向审批机关披露其实际控制人，并就并购目的和评估结果是否符合市场公允价值进行解释。当事人不得以信托、代持或其他方式规避前述要求。

第十六条 外国投资者并购境内企业设立外商投资企业，外国投资者应自外商投资企业营业执照颁发之日起3个月内向转让股权的股东，或出售资产的境内企业支付全部对价。对特殊情况需要延长者，经审批机关批准后，应自外商投资企业营业执照颁发之日起6个月内支付全部对价的60%以上，1年内付清全部对价，并按实际缴付的出资比例分配收益。

外国投资者认购境内公司增资，有限责任公司和以发起方式设立的境内股份有限公司的股东应当在公司申请外商投资企业营业执照时缴付不低于20%的新增注册资本，其余部分的出资时间应符合《公司法》、有关外商投资的法律和《公司登记管理条例》的规定。其他法律和行政法规另有规定的，从其规定。股份有限公司为增加注册资本发行新股时，股东认购新股，依照设立股份有限公司缴纳股款的有关规定执行。

外国投资者资产并购的，投资者应在拟设立的外商投资企业合同、章程中规定出资期限。设立外商投资企业，并通过该企业协议购买境内企业资产且运营该资产的，对与资产对价等额部分的出资，投资者应在本条第一款规定的对价支付期限内缴付；其余部分的出资应符合设立外商投资企业出资的相关规定。

外国投资者并购境内企业设立外商投资企业，如果外国投资者出资比例低于企业注册资本25%，投资者以现金出资的，应自外商投资企业营业执照颁发之日起3个月内缴清；投资者以实物、工业产权等出资的，应自外商投资企业营业执照颁发之日起6个月内缴清。

第十七条 作为并购对价的支付手段，应符合国家有关法律和行政法规的规定。外国投资者以其合法拥有的人民币资产作为支付手段的，应经外汇管理机关核准。外国投资者以其拥有处置权的股权作为支付手段的，按照本规定第四章办理。

第十八条 外国投资者协议购买境内公司股东的股权，境内公司变更设立为外商投资企业后，该外商投资企业的注册资本为原境内公司注册资本，外国投资者的出资比例为其所购买股权在原注册资本中所占比例。

外国投资者认购境内有限责任公司增资的，并购后所设外商投资企业的注册资本为原境内公司注册资本与增资额之和。外国投资者与被并购境内公司原其他股东，在境内公司资产评估的基础上，确定各自在外商投资企业注册资本中的出资比例。

外国投资者认购境内股份有限公司增资的，按照《公司法》有关规定确定注册资本。

第十九条 外国投资者股权并购的，除国家另有规定外，对并购后所设外商投资企业应按照以下比例确定投资总额的上限：

（一）注册资本在210万美元以下的，投资总额不得超过注册资本的10/7；

（二）注册资本在210万美元以上至500万美元的，投资总额不得超过注册资本的2倍；

（三）注册资本在500万美元以上至1200万美元的，投资总额不得超过注册资本的2.5倍；

（四）注册资本在1200万美元以上的，投资总额不得超过注册资本的3倍。

第二十条 外国投资者资产并购的，应根据购买资产的交易价格和实际生产经营规模确定拟设立的外商投资企业的投资总额。拟设立的外商投资企业的注册资本与投资总额的比例应符合有关规定。

第三章 审批与登记

第二十一条 外国投资者股权并购的，投资者应根据并购后所设外商投资企业的投资总额、企业类型及所从事的行业，依照设立外商投资企业的法律、行政法规和规章的规定，向具有相应审批权限的审批机关报送下列文件：

（一）被并购境内有限责任公司股东一致同意外国投资者股权并购的决议，或被并购境内股份有限公司同意外国投资者股权并购的股东大会决议；

（二）被并购境内公司依法变更设立为外商投资企业的申请书；

（三）并购后所设外商投资企业的合同、章程；

（四）外国投资者购买境内公司股东股权或认购境内公司增资的协议；

（五）被并购境内公司上一财务年度的财务审计报告；

（六）经公证和依法认证的投资者的身份证明文件或注册登记证明及资信证明文件；

（七）被并购境内公司所投资企业的情况说明；

（八）被并购境内公司及其所投资企业的营业执照（副本）；

（九）被并购境内公司职工安置计划；

（十）本规定第十三条、第十四条、第十五条要求报送的文件。

并购后所设外商投资企业的经营范围、规模、土地使用权的取得等，涉及其他相关政府部门许可的，有关的许可文件应一并报送。

第二十二条 股权购买协议、境内公司增资协议应适用中国法律，并包括以下主要内容：

（一）协议各方的状况，包括名称（姓名），住所，法定代表人姓名、职务、国籍等；

（二）购买股权或认购增资的份额和价款；

（三）协议的履行期限、履行方式；

（四）协议各方的权利、义务；

（五）违约责任、争议解决；

（六）协议签署的时间、地点。

第二十三条 外国投资者资产并购的，投资者应根据拟设立的外商投资企业的投资总额、企业类型及所从事的行业，依照设立外商投资企业的法律、行政法规和规章的规定，向具有相应审批权限的审批机关报送下列文件：

（一）境内企业产权持有人或权力机构同意出售资产的决议；

（二）外商投资企业设立申请书；

（三）拟设立的外商投资企业的合同、章程；

（四）拟设立的外商投资企业与境内企业签署的资产购买协议，或外国投资者与境内企业签署的资产购买协议；

（五）被并购境内企业的章程、营业执照（副本）；

（六）被并购境内企业通知、公告债权人的证明以及债权人是否提出异议的说明；

（七）经公证和依法认证的投资者的身份证明文件或开业证明、有关资信证明文件；

（八）被并购境内企业职工安置计划；

（九）本规定第十三条、第十四条、第十五条要求报送的文件。

依照前款的规定购买并运营境内企业的资产，涉及其他相关政府部门许可的，有关的许可文件应一并报送。

外国投资者协议购买境内企业资产并以该资产投资设立外商投资企业的，在外商投资企业成立之前，不得以该资产开展经营活动。

第二十四条 资产购买协议应适用中国法律，并包括以下主要内容：

（一）协议各方的状况，包括名称（姓名），住所，法定代表人姓名、职务、国籍等；

（二）拟购买资产的清单、价格；

（三）协议的履行期限、履行方式；

（四）协议各方的权利、义务；

（五）违约责任、争议解决；

（六）协议签署的时间、地点。

第二十五条 外国投资者并购境内企业设立外商投资企业，除本规定另有规定外，审批机关应自收到规定报送的全部文件之日起 30 日内，依法决定批准或不批准。决定批准的，由审批机关颁发批准证书。

外国投资者协议购买境内公司股东股权，审批机关决定批准的，应同时将有关批准文件分别抄送股权转让方、境内公司所在地外汇管理机关。股权转让方所在地外汇管理机关为其办理转股收汇外资外汇登记并出具相关证明，转股收汇外资外汇登记证明是证明外方已缴付的股权收购对价已到位的有效文件。

第二十六条 外国投资者资产并购的，投资者应自收到批准证书之日起 30 日内，向登记管理机关申请办理设立登记，领取外商投资企业营业执照。

外国投资者股权并购的，被并购境内公司应依照本规定向原登记管理机关申请变更登记，领取外商投资企业营业执照。原登记管理机关没有登记管辖权的，应自收到申请文件之日起 10 日内转送有管辖权的登记管理机关办理，同时附送该境内公司的登记档案。被并购境内公司在申请变更登记时，应提交以下文件，并对其真实性和有效性负责：

（一）变更登记申请书；

（二）外国投资者购买境内公司股东股权或认购境内公司增资的协议；

（三）修改后的公司章程或原章程的修正案和依法需要提交的外商投资企业合同；

（四）外商投资企业批准证书；

（五）外国投资者的主体资格证明或者自然人身份证明；

（六）修改后的董事会名单，记载新增董事姓名、住所的文件和新增董事的任职文件；

（七）国家工商行政管理总局规定的其他有关文件和证件。

投资者自收到外商投资企业营业执照之日起 30 日内，到税务、海关、土地管理和外汇管理等有关部门办理登记手续。

第四章 外国投资者以股权作为支付手段并购境内公司

第一节 以股权并购的条件

第二十七条 本章所称外国投资者以股权作为支付手段并购境内公司，系指境外公司的股东以其持有的境外公司股权，或者境外公司以其增发的股份，作为支付手段，购买境内公司股东的股权或者境内公司增发股份的行为。

第二十八条 本章所称的境外公司应合法设立并且其注册地具有完善的公司法律制度，且公司及其管理层最近 3 年未受到监管机构的处罚；除本章第三节所规定的特殊目的公司外，境外公司应为上市公司，其上市所在地应具有完善的证券交易制度。

第二十九条 外国投资者以股权并购境内公司所涉及的境内外公司的股权，应符合以下条件：

（一）股东合法持有并依法可以转让；

（二）无所有权争议且没有设定质押及任何其他权利限制；

（三）境外公司的股权应在境外公开合法证券交易市场（柜台交易市场除外）挂牌交易；

（四）境外公司的股权最近 1 年交易价格稳定。

前款第（三）、（四）项不适用于本章第三节所规定的特殊目的公司。

第三十条 外国投资者以股权并购境内公司，境内公司或其股东应当聘请在中国注册登记的中介机构担任顾问（以下称“并购顾问”）。并购顾问应就并购申请文件的真实性、境外公司的财务状况以及并购是否符合本规定第十四条、第二十八条和第二十九条的要求作尽职调查，并出具并购顾问报告，就前述内容逐项发表明确的专业意见。

第三十一条 并购顾问应符合以下条件：

（一）信誉良好且有相关从业经验；

（二）无重大违法违规记录；

（三）应有调查并分析境外公司注册地和上市所在地法律制度与境外公司财务状况的能力。

第二节 申报文件与程序

第三十二条 外国投资者以股权并购境内公司应报送商务部审批，境内公司除报送本规定第三章所要求的文件外，另须报送以下文件：

（一）境内公司最近1年股权变动和重大资产变动情况的说明；

（二）并购顾问报告；

（三）所涉及的境内外公司及其股东的开业证明或身份证明文件；

（四）境外公司的股东持股情况说明和持有境外公司5%以上股权的股东名录；

（五）境外公司的章程和对外担保的情况说明；

（六）境外公司最近年度经审计的财务报告和最近半年的股票交易情况报告。

第三十三条 商务部自收到规定报送的全部文件之日起30日内对并购申请进行审核，符合条件的，颁发批准证书，并在批准证书上加注“外国投资者以股权并购境内公司，自营业执照颁发之日起6个月内有效”。

第三十四条 境内公司应自收到加注的批准证书之日起30日内，向登记管理机关、外汇管理机关办理变更登记，由登记管理机关、外汇管理机关分别向其颁发加注“自颁发之日起8个月内有效”字样的外商投资企业营业执照和外汇登记证。

境内公司向登记管理机关办理变更登记时，应当预先提交旨在恢复股权结构的境内公司法定代表人签署的股权变更申请书、公司章程修正案、股权转让协议等文件。

第三十五条 自营业执照颁发之日起6个月内，境内公司或其股东应就其持有境外公司股权事项，向商务部、外汇管理机关申请办理境外投资开办企业核准、登记手续。

当事人除向商务部报送《关于境外投资开办企业核准事项的规定》所要求的文件外，另须报送加注的外商投资企业批准证书和加注的外商投资企业营业执照。商务部在核准境内公司或其股东持有境外公司的股权后，颁发中国企业境外投资批准证书，并换发无加注的外商投资企业批准证书。

境内公司取得无加注的外商投资企业批准证书后，应在30日内向登记管理机关、外汇管理机关申请换发无加注的外商投资企业营业执照、外汇登记证。

第三十六条 自营业执照颁发之日起6个月内，如果境内外公司没有完成其股权变更手续，则加注的批准证书和中国企业境外投资批准证书自动失效。登记管理机关根据境内公司预先提交的股权变更登记申请文件核准变更登记，使境内公司股权结构恢复到股权并购之前的状态。

并购境内公司增发股份而未实现的，在登记管理机关根据前款予以核准变更登记之前，境内公司还应当按照《公司法》的规定，减少相应的注册资本并在报纸上公告。

境内公司未按照前款规定办理相应的登记手续的，由登记管理机关按照《公司登记管理条例》的有关规定处理。

第三十七条 境内公司取得无加注的外商投资企业批准证书、外汇登记证之前，不得向股东分配利润或向有关联关系的公司提供担保，不得对外支付转股、减资、清算等资本项目款项。

第三十八条 境内公司或其股东凭商务部和登记管理机关颁发的无加注批准证书和营业执照，到税务机关办理税务变更登记。

第三节 对于特殊目的的公司的特别规定

第三十九条 特殊目的公司系指中国境内公司或自然人为实现以其实际拥有的境内公司权益在境外上市而直接或间接控制的境外公司。

特殊目的公司为实现在境外上市，其股东以其所持公司股权，或者特殊目的公司以其增发的股份，作为支付手段，购买境内公司股东的股权或者境内公司增发的股份的，适用本节规定。

当事人以持有特殊目的公司权益的境外公司作为境外上市主体的，该境外公司应符合本节对于特殊目的公司的相关要求。

第四十条 特殊目的公司境外上市交易，应经国务院证券监督管理机构批准。

特殊目的公司境外上市所在国家或者地区应有完善的法律和监管制度，其证券监管机构已与国务院证券监督管理机构签订监管合作谅解备忘录，并保持着有效的监管合作关系。

第四十一条 本节所述的权益在境外上市的境内公司应符合下列条件：

（一）产权明晰，不存在产权争议或潜在产权争议；

（二）有完整的业务体系和良好的持续经营能力；

（三）有健全的公司治理结构和内部管理制度；

（四）公司及其主要股东近 3 年无重大违法违规记录。

第四十二条 境内公司在境外设立特殊目的公司，应向商务部申请办理核准手续。办理核准手续时，境内公司除向商务部报送《关于境外投资开办企业核准事项的规定》要求的文件外，另须报送以下文件：

（一）特殊目的公司实际控制人的身份证明文件；

（二）特殊目的公司境外上市商业计划书；

（三）并购顾问就特殊目的公司未来境外上市的股票发行价格所作的评估报告。

获得中国企业境外投资批准证书后，设立人或控制人应向所在地外汇管理机关申请办理相应的境外投资外汇登记手续。

第四十三条 特殊目的公司境外上市的股票发行价总值，不得低于其所对应的经中国有关资产评估机构评估的被并购境内公司股权的价值。

第四十四条 特殊目的公司以股权并购境内公司的，境内公司除向商务部报送本规定第三十二条所要求的文件外，另须报送以下文件：

（一）设立特殊目的公司时的境外投资开办企业批准文件和证书；

（二）特殊目的公司境外投资外汇登记表；

（三）特殊目的公司实际控制人的身份证明文件或开业证明、章程；

（四）特殊目的公司境外上市商业计划书；

（五）并购顾问就特殊目的公司未来境外上市的股票发行价格所作的评估报告。

如果以持有特殊目的公司权益的境外公司作为境外上市主体，境内公司还须报送以下文件：

（一）该境外公司的开业证明和章程；

（二）特殊目的公司与该境外公司之间就被并购的境内公司股权所作的交易安排和折价方法的详细说明。

第四十五条 商务部对本规定第四十四条所规定的文件初审同意的，出具原则批复函，境内公司凭该批复函向国务院证券监督管理机构报送申请上市的文件。国务院证券监督管理机构于20个工作日内决定是否核准。

境内公司获得核准后，向商务部申领批准证书。商务部向其颁发加注“境外特殊目的公司持股，自营业执照颁发之日起1年内有效”字样的批准证书。

并购导致特殊目的公司股权等事项变更的，持有特殊目的公司股权的境内公司或自然人，凭加注的外商投资企业批准证书，向商务部就特殊目的公司相关事项办理境外投资开办企业变更核准手续，并向所在地外汇管理机关申请办理境外投资外汇登记变更。

第四十六条 境内公司应自收到加注的批准证书之日起30日内，向登记管理机关、外汇管理机关办理变更登记，由登记管理机关、外汇管理机关分别向其颁发加注“自颁发之日起14个月内有效”字样的外商投资企业营业执照和外汇登记证。

境内公司向登记管理机关办理变更登记时，应当预先提交旨在恢复股权结构的境内公司法定代表人签署的股权变更申请书、公司章程修正案、股权转让协议等文件。

第四十七条 境内公司应自特殊目的公司或与特殊目的公司有关联关系的境外公司完成境外上市之日起30日内，向商务部报告境外上市情况和融资收入调回计划，并申请换发无加注的外商投资企业批准证书。同时，境内公司应自完成境外上市之日起30日内，向国务院证券监督管理机构报告境外上市情况并提供相关的备案文件。境内公司还应向外汇管理机关报送融资收入调回计划，由外汇管理机关监督实施。境内公司取得无加注的批准证书后，应在30日内向登记管理机关、外汇管理机关申请换发无加注的外商投资企业营业执照、外汇登记证。

如果境内公司在前述期限内未向商务部报告，境内公司加注的批准证书自动失效，境内公司股权结构恢复到股权并购之前的状态，并应按本规定第三十六条办理变更登记手续。

第四十八条 特殊目的公司的境外上市融资收入，应按照报送外汇管理机关备案的调回计划，根据现行外汇管理规定调回境内使用。融资收入可采取以下方式调回境内：

（一）向境内公司提供商业贷款；

（二）在境内新设外商投资企业；

（三）并购境内企业。

在上述情形下调回特殊目的公司境外融资收入，应遵守中国有关外商投资及外债管理的法律和行政法规。如果调回特殊目的公司境外融资收入，导致境内公司和自然人增持特殊目的公司权益或特殊目的公司净资产增加，当事人应如实披露并报批，在完成审批手续后办理相应的外资外汇登记和境外投资登记变更。

境内公司及自然人从特殊目的公司获得的利润、红利及资本变动所得外汇收入，应自获得之日起6个月内调回境内。利润或红利可以进入经常项目外汇账户或者结汇。资本变动外汇收入经外汇管理机关核准，可以开立资本项目专用账户保留，也可经外汇管理机关核准后结汇。

第四十九条 自营业执照颁发之日起1年内，如果境内公司不能取得无加注批准证书，则加注的批准证书自动失效，并应按本规定第三十六条办理变更登记手续。

第五十条 特殊目的公司完成境外上市且境内公司取得无加注的批准证书和营业执照后，当事人继续以该公司股份作为支付手段并购境内公司的，适用本章第一节和第二节的规定。

第五章 附 则

第五十一条 依据《反垄断法》的规定，外国投资者并购境内企业达到《国务院关于经营者集中申报标准的规定》规定的申报标准的，应当事先向商务部申报，未申报不得实施交易。

第五十二条 外国投资者在中国境内依法设立的投资性公司并购境内企业，适用本规定。

外国投资者购买境内外商投资企业股东的股权或认购境内外商投资企业增资的，适用现行外商投资企业法律、行政法规和外商投资企业投资者股权变更的相关规定，其中没有规定的，参照本规定办理。

外国投资者通过其在中国设立的外商投资企业合并或收购境内企业的，适用关于外商投资企业合并与分立的相关规定和关于外商投资企业境内投资的相关规定，其中没有规定的，参照本规定办理。

外国投资者并购境内有限责任公司并将其改制为股份有限公司的，或者境内公司为股份有限公司的，适用关于设立外商投资股份有限公司的相关规定，其中没有规定的，适用本规定。

第五十三条 申请人或申报人报送文件，应依照本规定对文件进行分类，并附文件目录。规定报送的全部文件应用中文表述。

第五十四条 被股权并购境内公司的中国自然人股东，经批准，可继续作为变更后所设外商投资企业的中方投资者。

第五十五条 境内公司的自然人股东变更国籍的，不改变该公司的企业性质。

第五十六条 相关政府机构工作人员必须忠于职守、依法履行职责，不得利用职务之便牟取不正当利益，并对知悉的商业秘密负有保密义务。

第五十七条 香港特别行政区、澳门特别行政区和台湾地区的投资者并购境内其他地区的企业，参照本规定办理。

第五十八条 本规定自公布之日起施行。

4.5.11

证券期货法律适用意见第4号——《上市公司收购管理办法》第六十二条及《上市公司重大资产重组管理办法》第四十三条有关限制股份转让的适用意见

（2009年5月19日　证监会公告〔2009〕11号）

《上市公司收购管理办法》（证监会令第35号，以下简称《收购办法》）第六十二条第一款第（二）项规定："上市公司面临严重财务困难，收购人提出的挽救公司的重组方案取得该公司股东大会批准，且收购人承诺3年内不转让其在该公司中所拥有的权益"的，收购人可以向我会申请免于履行要约收购义务；《收购办法》第六十二条第一款第（三）项规定："经上市公司股东大会非关联股东批准，收购人取得上市公司向其发行的新股，导致其在该公司拥有权益的股份超过该公司已发行股份的30%，收购人承诺3年内不转让其拥有权益的股份，且公司股东大会同意收购人免于发出要约"的，收购人可以向我会申请免于履行要约收购义务。《上市公司重大资产重组管理办法》（证监会令第53号，以下简称《重组办法》）第四十三条规定："特定对象以资产认购而取得的上市公司股份，自股份发行结束之日起12个月内不得转让；属于下列情形之一的，36个月内不得转让：（一）特定对象为上市公司控股股东、实际控制人或者其控制的关联人；（二）特定对象通过认购本次发行的股份取得上市公司的实际控制权；（三）特定对象取得本次发行的股份时，对其用于认购股份的资产持续拥有权益的时间不足12个月"。近来，一些上市公司股东咨询在同一实际控制人控制之下不同主体之间转让上市公司股份是否符合《收购办法》和《重组办法》的上述要求。我会认为，《收购办法》、《重组办法》的上述要求，旨在保证上市公司控制权相对稳定，以利于公司的长远发展，同时保障投资者可基于控制权归属的明确预期作出投资决策。实践中，同一实际控制人之下不同主体之间转让上市公司股份的案例，反映了部分上市公司基于资源整合及长远规划发展的考虑进行集团内持股结构调整的合理需求。经研究，我会认为：

一、适用《收购办法》第六十二条第一款第（二）项、第（三）项及《重组办法》第四十三条规定时，在控制关系清晰明确，易于判断的情况下，同一实际控制人控制之下不同主体之间转让上市公司股份，不属于上述规定限制转让的范围。

二、上市公司的实际控制人、控股股东及相关市场主体不得通过持股结构调整进行利益输送等损害上市公司及投资者利益的行为。

三、前述在同一实际控制人控制之下不同主体之间转让上市公司股份行为完成后，受让方或实际控制人仍应当按照诚实信用原则忠实履行相关承诺义务，不得擅自变更、解除承诺义务。

四、律师和律师事务所应当就上市公司的股份转让是否属于同一实际控制人之下不同主体之间的转让出具法律意见书。律师和律师事务所应当确保法律意见书的结论明确，依据适当、充分，法律分析清晰、合理，违反相关规定的，除依法采取相应的监管措施外，监管部门还将对法律意见书的签字律师和签字的律师事务所负责人此后出具的法律意见书给予重点关注。律师和律师事务所存在违法违规行为的，将依法追究其法律责任。

五、上述股份转让中，涉及股份过户登记的，应按照有关流通股协议转让规则办理。

4.5.12

证券期货法律适用意见第7号——《上市公司收购管理办法》第六十二条有关上市公司严重财务困难的适用意见

（2011年1月10日 证监会公告〔2011〕1号）

《上市公司收购管理办法》（证监会令第56号）第六十二条第一款第（二）项规定，在“上市公司面临严重财务困难，收购人提出的挽救公司的重组方案取得该公司股东大会批准，且收购人承诺3年内不转让其在该公司中所拥有的权益”的情形下，收购人可以申请豁免要约收购义务。上述规定为收购人以危机上市公司为目标公司，实施有利于优化资源配置的收购活动提供了制度空间。为明确《上市公司收购管理办法》第六十二条第一款第（二）项有关“上市公司面临严重财务困难”的适用条件，进一步规范上市公司收购行为，现提出如下适用意见：

上市公司存在以下情形之一的，可以认定其面临严重财务困难：

一、最近两年连续亏损；

二、因三年连续亏损，股票被暂停上市；

三、最近一年期末股东权益为负值；

四、最近一年亏损且其主营业务已停顿半年以上；

五、中国证监会认定的其他情形。

4.5.13

证券期货法律适用意见第8号——《上市公司收购管理办法》第六十二条、第六十三条有关要约豁免申请的条款发生竞合时的适用意见

（2011年1月17日　证监会公告〔2011〕2号）

《上市公司收购管理办法》（证监会令第56号，以下简称《收购办法》）第六十二条、第六十三条对可以提出要约豁免申请的情形作了规定，并设置了不同的申请程序。近来，一些申请人及其财务顾问等证券服务机构多次向我会咨询，当申请人同时符合《收购办法》第六十二条和第六十三条规定的情形时，可否选择其中一条适用。为明确《收购办法》有关规定，现就《收购办法》第六十二条、第六十三条有关规定提出适用意见如下：

拟向中国证监会申请免于以要约收购方式增持股份的申请人同时符合《收购办法》第六十二条和第六十三条规定的情形时，可以自行选择其中一条作为申请豁免的依据。

4.5.14

证券期货法律适用意见第9号——《上市公司收购管理办法》第七十四条有关通过集中竞价交易方式增持上市公司股份的收购完成时点认定的适用意见

（2017年12月7日　证监会公告〔2017〕16号）

（2011年1月17日中国证券监督管理委员会公告〔2011〕3号公布，根据2017年12月7日《中国证监会关于修改、废止〈证券公司次级债管理规定〉等十三部规范性文件的决定》修改）

为了正确理解与适用《上市公司收购管理办法》第七十四条有关收购人在收购完成后12个月内不得转让其持有的被收购公司股份的规定，我会制定了《〈上市公司收购管理办法〉第七十四条有关通过集中竞价交易方式增持上市公司股份的收购完成时点认定的适用意见——证券期货法律适用意见第9号》，现予公布，请遵照执行。

《上市公司收购管理办法》（证监会令第108号，以下简称《收购办法》）第七十四条第一款规定："在上市公司收购中，收购人持有的被收购公司的股份，在收购完成后12个月内不得转让。"近来，一些通过集中竞价交易方式增持上市公司股份的收购人及其财务顾问等证券服务机构多次向我会咨询对于其收购行为完成时点的认定问题。为明确《收购办法》有关规定，现就《收购办法》第七十四条有关规定提出适用意见如下：

一、收购人通过集中竞价交易方式增持上市公司股份的，当收购人最后一笔增持股份登记过户后，视为其收购行为完成。自此，收购人持有的被收购公司的股份，在12个月内不得转让。

二、在上市公司中拥有权益的股份达到或者超过该公司已发行股份的30%的当事人，自上述事实发生之日起一年后，拟在12个月内通过集中竞价交易方式增加其在该公司中拥有权益的股份不超过该公司已发行股份的2%，并拟根据《收购办法》第六十三条第二款第（二）项的规定申请免除发出要约的，当事人可以选择在增持期届满时进行公告，也可以选择在完成增持计划或者提前终止增持计划时进行公告。当事人在进行前述公告后，应当按照《收购办法》规定的相关程序办理。

4.5.15

证券期货法律适用意见第10号——《上市公司重大资产重组管理办法》第三条有关拟购买资产存在资金占用问题的适用意见

（2011 年 1 月 17 日　证监会公告〔2011〕4 号）

《上市公司重大资产重组管理办法》（证监会令第 53 号，以下简称《重组办法》）第三条规定："任何单位和个人不得利用重大资产重组损害上市公司及其股东的合法权益。"近来，一些上市公司及其独立财务顾问等证券服务机构多次咨询我会当上市公司拟购买资产存在被其股东及其关联方、资产所有人及其关联方非经营性占用资金时的有关监管政策把握问题。为明确《重组办法》有关规定，现就《重组办法》第三条有关规定提出适用意见如下：

一、上市公司重大资产重组时，拟购买资产存在被其股东及其关联方、资产所有人及其关联方非经营性资金占用的，前述有关各方应当在中国证监会受理重大资产重组申报材料前，解决对拟购买资产的非经营性资金占用问题。

二、上市公司应当在《上市公司重大资产重组报告书》第（十三）部分对拟购买资产的股东及其关联方、资产所有人及其关联方是否存在对拟购买资产非经营性资金占用问题进行特别说明。独立财务顾问应当对此进行核查并发表意见。

4.5.16

证券期货法律适用意见第11号——《上市公司重大资产重组管理办法》第十二条上市公司在12个月内连续购买、出售同一或者相关资产的有关比例计算的适用意见

（2011年1月17日　证监会公告〔2011〕5号）

《上市公司重大资产重组管理办法》（证监会令第53号，以下简称《重组办法》）第十二条第一款第（四）项规定，“上市公司在12个月内连续对同一或者相关资产进行购买、出售的，以其累计数分别计算相应数额”。近来，一些上市公司及其独立财务顾问等证券服务机构多次向我会咨询关于上市公司在12个月内连续对同一或者相关资产进行购买、出售的，该如何计算相关比例的问题。为明确《重组办法》有关规定，现就《重组办法》第十二条有关规定提出适用意见如下：

在上市公司股东大会作出购买或者出售资产的决议后12个月内，股东大会再次或者多次作出购买、出售同一或者相关资产的决议的，应当适用《重组办法》第十二条第一款第（四）项的规定。在计算相应指标时，应当以第一次交易时最近一个会计年度上市公司经审计的合并财务会计报告期末资产总额、期末净资产额、当期营业收入作为分母。

4.5.17

证券期货法律适用意见第12号——《上市公司重大资产重组管理办法》第十四条、第四十四条的适用意见

（2016年9月8日　证监会公告〔2016〕18号）

为了正确理解与适用《上市公司重大资产重组管理办法》（证监会令第127号，以下简称《重组办法》）第十四条、第四十四条的规定，我会制定了《〈上市公司重大资产重组管理办法〉第十四条、第四十四条的适用意见——证券期货法律适用意见第12号》，现予公布，请遵照执行。

一、《重组办法》第十四条第一款第（四）项规定："上市公司在12个月内连续对同一或者相关资产进行购买、出售的，以其累计数分别计算相应数额。已按照本办法的规定编制并披露重大资产重组报告书的资产交易行为，无须纳入累计计算的范围。中国证监会对本办法第十三条第一款规定的重大资产重组的累计期限和范围另有规定的，从其规定。"考虑到《重组办法》第十三条规定的重组行为的特殊性，为防止化整为零规避监管，严格执行拟注入资产须符合首次公开发行股票有关条件的要求，现就该规定中相关计算原则提出适用意见如下：

（一）执行累计首次原则，即上市公司控制权发生变更之日起60个月内（含上市公司控制权发生变更的同时），向收购人及其关联人购买的资产所对应的资产总额、资产净额、营业收入或净利润，占上市公司控制权发生变更的前一个会计年度经审计的合并财务会计报告的相应指标的比例累计首次达到100%以上的，或者所对应的发行股份的数量，占上市公司首次向收购人及其关联人购买资产的董事会决议前一个交易日的股份比例累计首次达到100%以上的，合并视为一次重大资产重组，应当按规定申报核准；前述60个月内分次购买资产的，每次所购买资产对应的资产总额、资产净额、营业收入、净利润，以该购买事项首次公告日的前一个会计年度经审计的相应指标为准。

（二）执行预期合并原则，即上市公司按累计首次原则申报重大资产重组方案时，如存在同业竞争或非正常关联交易等问题，则对于收购人及其关联人为解决该等问题所制定的承诺方案，涉及未来向上市公司注入资产的，也将合并计算。

二、《重组办法》第四十四条第一款规定："上市公司发行股份购买资产的，除属于本办法第十三条第一款规定的交易情形外，可以同时募集部分配套资金，其定价方式按照

现行相关规定办理。”现就该规定中发行股份购买资产项目配套融资提出适用意见如下：

上市公司发行股份购买资产同时募集配套资金，所配套资金比例不超过拟购买资产交易价格100%的，一并由并购重组审核委员会予以审核；超过100%的，一并由发行审核委员会予以审核。不属于发行股份购买资产项目配套融资的上市公司再融资，仍按现行规定办理。

三、本规定自公布之日起施行。《〈上市公司重大资产重组管理办法〉第十四条、第四十四条的适用意见——证券期货法律适用意见第12号》（证监会公告〔2015〕10号）同时废止。

4.5.18

上市公司监管指引第1号——上市公司实施重大资产重组后存在未弥补亏损情形的监管要求

（2012年3月23日　证监会公告〔2012〕6号）

上市公司发行股份购买资产实施重大资产重组后，新上市公司主体全额承继了原上市公司主体存在的未弥补亏损，根据《公司法》、《上市公司证券发行管理办法》等法律法规的规定，新上市公司主体将由于存在未弥补亏损而长期无法向股东进行现金分红和通过公开发行证券进行再融资。对于上市公司因实施上述重组事项可能导致长期不能弥补亏损，进而影响公司分红和公开发行证券的情形，现明确监管要求如下：

一、相关上市公司应当遵守《公司法》规定，公司的资本公积金不得用于弥补公司的亏损。

二、相关上市公司不得采用资本公积金转增股本同时缩股以弥补公司亏损的方式规避上述法律规定。

三、相关上市公司应当在临时公告和年报中充分披露不能弥补亏损的风险并做出特别风险提示。

四、相关上市公司在实施重大资产重组时，应当在重组报告书中充分披露全额承继亏损的影响并做出特别风险提示。

4.5.19

关于加强与上市公司重大资产重组相关股票异常交易监管的暂行规定

（2016年9月9日　证监会公告〔2016〕16号）

（2012年11月6日公布　根据2016年9月9日中国证券监督管理委员会《关于修改〈关于加强与上市公司重大资产重组相关股票异常交易监管的暂行规定〉的决定》修订）

第一条　为加强与上市公司重大资产重组相关股票异常交易监管，防控和打击内幕交易，维护证券市场秩序，保护投资者合法权益，根据《中华人民共和国证券法》《中华人民共和国行政许可法》《国务院办公厅转发证监会等部门关于依法打击和防控资本市场内幕交易意见的通知》《上市公司信息披露管理办法》《上市公司重大资产重组管理办法》，制定本规定。

第二条　上市公司和交易对方，以及其控股股东、实际控制人，为本次重大资产重组提供服务的证券公司、证券服务机构等重大资产重组相关主体，应当严格按照法律、行政法规、规章的规定，做好重大资产重组信息的管理和内幕信息知情人登记工作，增强保密意识。

第三条　上市公司及其控股股东、实际控制人等相关方研究、筹划、决策涉及上市公司重大资产重组事项的，原则上应当在相关股票停牌后或者非交易时间进行，并应当简化决策流程、提高决策效率、缩短决策时限，尽可能缩小内幕信息知情人范围。如需要向有关部门进行政策咨询、方案论证的，应当在相关股票停牌后进行。

上市公司控股股东、实际控制人等相关方，应当及时主动向上市公司通报有关信息，并配合上市公司做好股票停牌和信息披露工作。

第四条　上市公司应当在重大资产重组交易各方初步达成实质性意向或者虽未达成实质性意向但预计该信息难以保密时，及时向证券交易所申请股票停牌，真实、准确、完整、及时、公平地进行分阶段信息披露，充分揭示风险。

第五条　上市公司因重大资产重组事项停牌后，证券交易所立即启动二级市场股票交易核查程序，并在后续各阶段对二级市场股票交易情况进行持续监管。

第六条　上市公司向中国证监会提出重大资产重组行政许可申请，如该重大资产重组事项涉嫌内幕交易被中国证监会立案调查或者被司法机关立案侦查，尚未受理的，中国证监会不予受理；已经受理的，中国证监会暂停审核。

第七条 按照本规定第六条不予受理或暂停审核的行政许可申请，如符合以下条件，未受理的，中国证监会恢复受理程序，暂停审核的恢复审核：

（一）中国证监会或者司法机关经调查核实未发现上市公司、占本次重组总交易金额比例在20%以上的交易对方（如涉及多个交易对方违规的，交易金额合并计算），及上述主体的控股股东、实际控制人及其控制的机构存在内幕交易的；

（二）中国证监会或者司法机关经调查核实未发现上市公司董事、监事、高级管理人员，上市公司控股股东、实际控制人的董事、监事、高级管理人员，交易对方的董事、监事、高级管理人员，占本次重组总交易金额比例在20%以下的交易对方及其控股股东、实际控制人及上述主体控制的机构，为本次重大资产重组提供服务的证券公司、证券服务机构及其经办人员，参与本次重大资产重组的其他主体等存在内幕交易的；或者上述主体虽涉嫌内幕交易，但已被撤换或者退出本次重大资产重组交易的；

（三）被立案调查或者立案侦查的事项未涉及本款第（一）项、第（二）项所列主体的。

依据前款第（二）项规定撤换财务顾问的，上市公司应当撤回原重大资产重组行政许可申请，重新向中国证监会提出申请。上市公司对交易对象、交易标的等作出变更导致重大资产重组方案重大调整的，还应当重新履行相应的决策程序。

第八条 中国证监会根据履行职责掌握的情况，确认不予受理或暂停审核的上市公司重大资产重组行政许可申请符合本规定第七条规定条件的，及时恢复受理或者审核。

上市公司有证据证明其重大资产重组行政许可申请符合本规定第七条规定条件的，经聘请的财务顾问和律师事务所对本次重大资产重组有关的主体进行尽职调查，并出具确认意见，可以向中国证监会提出恢复受理或者审核的申请。中国证监会根据履行职责掌握的情况，决定是否恢复受理或者审核。

第九条 因本次重大资产重组事项存在重大市场质疑或者有明确线索的举报，上市公司及涉及的相关机构和人员应当就市场质疑及时作出说明或澄清；中国证监会应当对该项举报进行核查。如果该涉嫌内幕交易的重大市场质疑或者举报涉及事项已被中国证监会立案调查或者被司法机关立案侦查，按照本规定第六条至第八条的规定执行。

第十条 中国证监会受理行政许可申请后，本规定第七条第一款第（一）项所列主体因本次重大资产重组相关的内幕交易被中国证监会行政处罚或者被司法机关依法追究刑事责任的，中国证监会终止审核，并将行政许可申请材料退还申请人或者其聘请的财务顾问。

第十一条 重大资产重组行政许可申请被中国证监会不予受理、恢复受理程序、暂停审核、恢复审核或者终止审核的，上市公司应当及时公告并作出风险提示。

第十二条 上市公司披露重大资产重组预案或者草案后主动终止重大资产重组进程的，上市公司应当同时承诺自公告之日起至少1个月内不再筹划重大资产重组，并予以披露。

重大资产重组行政许可申请因上市公司控股股东及其实际控制人存在内幕交易被中国证监会依照本规定第十条的规定终止审核的，上市公司应当同时承诺自公告之日起至少12

个月内不再筹划重大资产重组，并予以披露。

第十三条 本规定第七条所列主体因涉嫌本次重大资产重组相关的内幕交易被立案调查或者立案侦查的，自立案之日起至责任认定前不得参与任何上市公司的重大资产重组。中国证监会作出行政处罚或者司法机关依法追究刑事责任的，上述主体自中国证监会作出行政处罚决定或者司法机关作出相关裁判生效之日起至少 36 个月内不得参与任何上市公司的重大资产重组。

第十四条 上市公司及其控股股东、实际控制人和交易相关方、证券公司及证券服务机构、其他信息披露义务人，应当配合中国证监会的监管执法工作。拒不配合的，中国证监会将依法采取监管措施，并将实施监管措施的情况对外公布。

第十五条 关于上市公司吸收合并、分立的行政许可事项，参照本规定执行。

第十六条 本规定自 2012 年 12 月 17 日起施行。

4.5.20

关于在借壳上市审核中严格执行首次公开发行股票上市标准的通知

（2013年11月30日 证监发〔2013〕61号）

各上市公司：

2011年8月，我会在修订《上市公司重大资产重组管理办法》（证监会令第73号，以下简称《重组办法》）时，提出执行与首次公开发行股票上市标准趋同的要求，并明确了借壳上市资产要求。借壳上市标准由“趋同”提升到“等同”首次公开发行股票上市标准，既是2011年提高借壳上市标准时既定的方向，也是近年来市场规范发展的需要。经研究决定，在上市公司借壳上市审核中严格执行首次公开发行股票上市标准。现通知如下：

一、上市公司重大资产重组方案构成《重组办法》第十二条规定借壳上市的，上市公司购买的资产对应的经营实体应当是股份有限公司或者有限责任公司，且符合《首次公开发行股票并上市管理办法》（证监会令第32号）规定的发行条件。

二、不得在创业板借壳上市。

三、本通知自下发之日起施行，《重组办法》等规则作相应修订后另行发布。

中国证监会

2013年11月30日

借壳上市审核严格执行首次公开发行股票上市标准

2011 年 8 月，我会在修订《上市公司重大资产重组管理办法》（以下简称《重组办法》）时，提出借壳上市与首次公开发行股票上市标准趋同，并明确了相关资产要求。

近期，我会针对市场反应比较强烈的壳资源炒作等问题，强化了对借壳上市的监管，在审核中对借壳上市条件的把握由与 IPO 标准“趋同”向“等同”逐渐过渡，并按照《首次公开发行股票并上市管理办法》（证监会令第 32 号）的相关规定提高了借壳上市的条件。借壳上市标准由趋同提升到等同首次公开发行股票上市标准，既是 2011 年制定借壳上市标准时既定的方向，也是近年来市场规范发展的实践需要。

为进一步明确借壳上市的条件，给市场以明确的预期，我会下发《关于在借壳上市审核中严格执行首次公开发行股票上市标准的通知》（以下简称《通知》），明确借壳上市条件与 IPO 标准等同，不允许在创业板借壳上市。

一、关于借壳上市条件与 IPO 标准等同的考虑

一是提高借壳上市门槛，抑制市场炒作。目前借壳上市条件低于 IPO 标准，投资者对绩差公司被借壳预期强烈，市场对绩差公司的炒作成风，内幕交易时有发生，绩差公司通过卖壳成为股市“不死鸟”，难以形成有效的退市制度。借壳上市条件与 IPO 标准等同，有利于遏制市场对绩差股的投机炒作，从根本上减少内幕交易的动机，形成有效的退市制度。

二是借壳上市条件与 IPO 标准等同，防止市场监管套利。目前部分 IPO 终止审查或不予核准企业转道借壳上市，通过借壳上市规避 IPO 审查，引发了市场质疑。统一借壳上市与 IPO 的审核标准，可以防止审核标准不一致带来的监管套利。

同时，借壳上市条件与 IPO 标准等同，引导资本等市场资源和监管资源向规范运作程度高的绩优公司集中，有利于优化资本市场资源配置功能，促进产业结构优化升级，服务于国民经济调结构、转方式的总体大局。

二、关于创业板不允许借壳上市的考虑

一是允许在创业板借壳上市，与创业板市场定位不符。创业板定位于服务创新型、成长型小微企业，具有高风险、高收益特征，其准入、退市制度应当与主板、中小板有所区分。从现有主板借壳案例来看，多数借壳企业与创业板企业的特点不同，如果允许在创业板借壳上市，此类企业将登陆创业板市场，弱化创业板市场对创新、创业型企业的服务功能，扭曲创业板市场的定位。

二是允许在创业板借壳上市，与创业板监管政策相悖。创业板启动伊始，就一直向市场传递创业板不支持借壳上市的理念，且深交所《创业板股票上市规则》也不支持暂停上市阶段的上市公司，通过借壳式重组恢复上市。

同时，由于创业板目前存在“三高”问题，如果允许在创业板借壳上市，将加剧对创业板上市公司二级市场炒作，还易引发内幕交易、市场操纵等违法违规行为。

三、关于施行日期

《通知》自下发之日起施行，上市公司此后披露的重大资产重组预案如构成《重组办法》第十二条规定借壳上市的，应当符合《通知》的规定。《重组办法》等规则作相应修订后另行发布。

同时，为更好发挥资本市场支持国民经济转方式、调结构的功能，按照简政放权、加强监管原则，我会正稳步推进并购重组的市场化改革。其中，并购重组审核分道制已于今年10月8日正式实施，其他多项改革措施已经反复论证，待履行法规修改和批准程序后实施，主要包括：一是清理、简化行政许可，进一步减少并购重组审批事项。二是强化并购重组市场化机制。完善定价机制，增强定价弹性；丰富要约收购履约保证方式，取消第三方并购发行股份最低数量限制和硬性的业绩承诺要求。三是丰富并购重组支付工具，拓宽融资渠道。引入定向可转债、优先股作为支付工具，支持财务顾问提供并购重组过桥融资，支持并购基金等创新工具发展。四是加强并购重组监管。进一步提高并购重组监管透明度，完善上市公司股东决策机制，加强投资者保护；强化中介机构责任，督促市场主体归位尽责，增强对并购重组各方当事人的市场制约，强化监管问责机制，加大对违法违规行为的打击力度。

4.6 存托凭证

4.6.1

存托凭证发行与交易管理办法（试行）

（2018 年 6 月 6 日　证监会令第 143 号）

第一章　总　　则

第一条　为了规范存托凭证发行和交易行为，保护投资者合法权益，维护证券市场秩序，根据《中华人民共和国证券法》（以下简称《证券法》）《中华人民共和国证券投资基金法》《关于开展创新企业境内发行股票或存托凭证试点的若干意见》（以下简称《若干意见》）以及相关法律、行政法规，制定本办法。

第二条　本办法所称存托凭证是指由存托人签发、以境外证券为基础在中国境内发行、代表境外基础证券权益的证券。

存托凭证的发行和交易，适用《证券法》《若干意见》、本办法以及中国证监会的其他规定。存托凭证的境外基础证券发行人应当参与存托凭证发行，依法履行发行人、上市公司的义务，承担相应的法律责任。

第三条　境外基础证券发行人的股权结构、公司治理、运行规范等事项适用境外注册地公司法等法律法规规定的，应当保障对中国境内投资者权益的保护总体上不低于中国法律、行政法规以及中国证监会规定的要求，并保障存托凭证持有人实际享有的权益与境外基础证券持有人的权益相当，不得存在跨境歧视。

第四条　中国证监会依照上市公司监管的相关规定，对发行存托凭证的境外基础证券发行人进行持续监督管理。法律、行政法规或者中国证监会另有规定的除外。

证券交易所依据章程、协议和业务规则，对存托凭证上市、交易活动、境外基础证券发行人及其他信息披露义务人的信息披露行为等进行自律监管。

第二章　存托凭证的发行

第五条　公开发行以股票为基础证券的存托凭证的，境外基础证券发行人应当符合下列条件：

（一）《证券法》第十三条第（一）项至第（三）项关于股票公开发行的基本条件；

（二）为依法设立且持续经营三年以上的公司，公司的主要资产不存在重大权属纠纷；

（三）最近三年内实际控制人未发生变更，且控股股东和受控股股东、实际控制人支配的股东持有的境外基础证券发行人股份不存在重大权属纠纷；

（四）境外基础证券发行人及其控股股东、实际控制人最近三年内不存在损害投资者合法权益和社会公共利益的重大违法行为；

（五）会计基础工作规范、内部控制制度健全；

（六）董事、监事和高级管理人员应当信誉良好，符合公司注册地法律规定的任职要求，近期无重大违法失信记录；

（七）中国证监会规定的其他条件。

第六条 公开发行以股票为基础证券的存托凭证的，境外基础证券发行人应当按照中国证监会规定的格式和内容，向中国证监会报送发行申请文件。

第七条 申请公开发行存托凭证的，境外基础证券发行人应当依照《证券法》《若干意见》以及中国证监会规定，报请中国证监会核准。

中国证监会发行审核委员会依照《证券法》第二十三条以及中国证监会规定，审核存托凭证发行申请。

仅面向符合适当性管理要求的合格投资者公开发行存托凭证的，可以简化核准程序，具体程序由中国证监会另行规定。

第八条 申请存托凭证公开发行并上市的，境外基础证券发行人应当依照《证券法》第十一条、第四十九条的规定，聘请具有保荐资格的机构担任保荐人。保荐人应当依照法律、行政法规以及中国证监会规定尽职履行存托凭证发行上市推荐和持续督导职责。

公开发行存托凭证的，应当依照《证券法》第二十八条至第三十六条的规定，由证券公司承销，但投资者购买以非新增证券为基础证券的存托凭证以及中国证监会规定无需由证券公司承销的其他情形除外。

第九条 存托凭证在中国境内首次公开发行并上市后，拟发行以境外基础证券发行人新增证券为基础证券的存托凭证的，适用《证券法》《若干意见》以及中国证监会关于上市公司证券发行的规定。

第三章 存托凭证的上市和交易

第十条 依法公开发行的存托凭证应当在中国境内证券交易所上市交易。境外基础证券发行人申请存托凭证上市的，应当符合证券交易所业务规则规定的上市条件，并按照证券交易所的规定提出上市申请，证券交易所审核同意后，双方签订上市协议。

证券交易所应当依据《证券法》《若干意见》以及中国证监会规定制定存托凭证上市的相关业务规则。

第十一条 存托凭证的交易应当遵守法律、行政法规、中国证监会规定以及证券交易所业务规则的规定。

存托凭证的交易可以按照有关规定采取做市商交易方式。

证券交易所应当按照《证券法》第一百一十五条规定，对存托凭证交易实行实时监控，并可以根据需要，对出现重大异常交易情况的证券账户限制交易。

第十二条 境外基础证券发行人的股东、实际控制人、董事、监事、高级管理人员和存托凭证的其他投资者在中国境内减持其持有的存托凭证的，应当遵守法律、行政法规、中国证监会规定以及证券交易所业务规则的规定。

第十三条 境外基础证券发行人的收购及相关股份权益变动活动应当遵守法律、行政法规以及中国证监会规定。

第十四条 境外基础证券发行人实施重大资产重组、发行存托凭证购买资产的，应当符合法律、行政法规以及中国证监会规定。境外基础证券发行人不得通过发行存托凭证在中国境内重组上市。

第十五条 存托凭证应当在中国证券登记结算有限责任公司集中登记、存管和结算。

中国证券登记结算有限责任公司应当依据《证券法》《若干意见》以及中国证监会规定制定存托凭证登记结算业务规则。

第四章 存托凭证的信息披露

第十六条 境外基础证券发行人及其控股股东、实际控制人等信息披露义务人应当依照《证券法》《若干意见》、中国证监会规定以及证券交易所业务规则，及时、公平地履行信息披露义务，所披露的信息必须真实、准确、完整，不得有虚假记载、误导性陈述或者重大遗漏。

境外基础证券发行人的董事、监事、高级管理人员应当忠实、勤勉地履行职责，保证境外基础证券发行人所披露的信息真实、准确、完整。

证券交易所对境外基础证券发行人及其他信息披露义务人披露信息进行监督，督促其依法及时、准确地披露信息。

第十七条 境外基础证券发行人应当按照中国证监会、证券交易所的规定编制并披露招股说明书、上市公告书，披露存托协议、托管协议等文件。

境外基础证券发行人应当在招股说明书中，充分披露境外注册地公司法律制度及其公司章程或者章程性文件的主要规定与《中华人民共和国公司法》等法律制度的主要差异，以及该差异对存托凭证在中国境内发行、上市和对投资者保护的影响。

境外基础证券发行人具有股东投票权差异、企业协议控制架构或者类似特殊安排的，应当在招股说明书等公开发行文件显要位置充分、详细披露相关情况特别是风险、公司治理等信息，并以专章说明依法落实保护投资者合法权益规定的各项措施。

境外基础证券发行人的董事、高级管理人员应当对招股说明书签署书面确认意见。

第十八条 境外基础证券发行人应当按照《证券法》《若干意见》、中国证监会规定以及证券交易所业务规则，按时披露定期报告，并及时就可能对基础证券、存托凭证及其衍生品种交易价格产生较大影响的重大事件披露临时报告。

第十九条 境外基础证券发行人应当按照中国证监会规定的内容和格式要求，编制并披露定期报告。

境外基础证券发行人具有股东投票权差异、企业协议控制架构或者类似特殊安排的，应当在定期报告中披露相关情形及其对中国境内投资者带来的重大影响和风险。

境外基础证券发行人的董事、高级管理人员应当对定期报告签署书面确认意见。

第二十条 发生《证券法》第六十七条以及《上市公司信息披露管理办法》第三十条规定的重大事件，投资者尚未得知时，境外基础证券发行人应当立即披露，说明事件的起因、目前的状态和可能产生的法律后果。

持有或者通过持有境内外存托凭证而间接持有境外基础证券发行人发行的股份合计达到百分之五以上的投资者，属于《证券法》第六十七条第二款第（八）项以及《上市公司信息披露管理办法》第三十条第二款第（八）项规定的持有公司百分之五以上股份的股东。

《上市公司信息披露管理办法》第三十条第二款第（十四）项规定的任一股东所持公司百分之五以上股份，包括持有或者通过持有境内外存托凭证而间接持有境外基础证券发行人发行的股份合计达到百分之五。

《上市公司信息披露管理办法》第三十条第二款第（十五）项规定的主要资产包括境外基础证券发行人境内实体运营企业的主要资产。

第二十一条 发生以下情形之一的，境外基础证券发行人应当及时进行披露：

（一）存托人、托管人发生变化；

（二）存托的基础财产发生被质押、挪用、司法冻结或者发生其他权属变化；

（三）对存托协议作出重大修改；

（四）对托管协议作出重大修改；

（五）对股东投票权差异、企业协议控制架构或者类似特殊安排作出重大调整；

（六）中国证监会规定的其他情形。

第二十二条 境外基础证券发行人及其控股股东、实际控制人等信息披露义务人应当保证其在境外市场披露的信息同步在境内市场披露。

第二十三条 中国证监会、证券交易所对证券已在境外上市的基础证券发行人及其控股股东、实际控制人等信息披露义务人，可以根据境外上市地的监管水平以及境外基础证券发行人公司治理、信息披露等合规运作情况，对其信息披露事项作出具体规定。

除前款规定外，境外基础证券发行人及其控股股东、实际控制人等信息披露义务人有其他需要免予披露或者暂缓披露相关信息特殊情况的，可以根据中国证监会规定以及证券交易所业务规则免予披露或者暂缓披露相关信息，但应当说明原因，并聘请律师事务所就上述事项出具法律意见。

免予披露或者暂缓披露相关信息的原因和律师事务所出具的法律意见应当及时披露。

第二十四条 境外基础证券发行人或者其他信息披露义务人向中国证监会、证券交易所提供的文件或者信息披露文件应当使用中文，文件内容应当与其在境外市场提供的文件或者所披露的文件的内容一致。上述文件内容不一致时，以中文文件为准。

第二十五条 境外基础证券发行人应当在中国境内设立证券事务机构，聘任熟悉境内信息披露规定和要求的信息披露境内代表，负责存托凭证上市期间的信息披露与监管联络事宜。

第五章 存托凭证的存托和托管

第二十六条 下列机构可以依法担任存托人：

（一）中国证券登记结算有限责任公司及其子公司；

（二）经国务院银行业监督管理机构批准的商业银行；

（三）证券公司。

担任存托人的机构应当符合下列条件：

（一）组织机构健全，内部控制规范，风险管理有效；

（二）财务状况良好，净资产或者资本净额符合规定；

（三）信誉良好，最近三年内无重大违法行为；

（四）拥有与开展存托业务相适应的从业人员、机构配置和业务设施；

（五）法律、行政法规和规章规定的其他条件。

第二十七条 存托人应当承担以下职责：

（一）与境外基础证券发行人签署存托协议，并根据存托协议约定协助完成存托凭证的发行上市。

（二）安排存放存托凭证基础财产，可以委托具有相应业务资质、能力和良好信誉的托管人管理存托凭证基础财产，并与其签订托管协议，督促其履行基础财产的托管职责。存托凭证基础财产因托管人过错受到损害的，存托人承担连带赔偿责任。

（三）建立并维护存托凭证持有人名册。

（四）办理存托凭证的签发与注销。

（五）按照中国证监会规定和存托协议约定，向存托凭证持有人发送通知等文件。

（六）按照存托协议约定，向存托凭证持有人派发红利、股息等权益，根据存托凭证持有人意愿行使表决权等权利。

（七）境外基础证券发行人股东大会审议有关存托凭证持有人权利义务的议案时，存托人应当参加股东大会并为存托凭证持有人权益行使表决权。

（八）中国证监会规定和存托协议约定的其他职责。

第二十八条 境外基础证券发行人、存托人和存托凭证持有人通过存托协议明确存托凭证所代表权益和各方权利义务。投资者持有存托凭证即成为存托协议当事人，视为其同意并遵守存托协议约定。

存托协议应当符合法律、行政法规以及中国证监会规定，并包括以下条款：

（一）境外基础证券发行人、存托人的名称、注册地、成立依据的法律和主要经营场所；

（二）基础证券的种类；
（三）发行存托凭证的数量安排；
（四）存托凭证的签发、注销等安排；
（五）基础财产的存放和托管安排；
（六）境外基础证券发行人的权利和义务；
（七）存托人的权利和义务；
（八）存托凭证持有人的权利和义务；
（九）基础证券涉及的分红权、表决权等相应权利的具体行使方式和程序；
（十）存托凭证持有人的保护机制；
（十一）存托凭证涉及收费标准、收费对象和税费处理；
（十二）约定事项的变更方式；
（十三）存托凭证终止上市的安排；
（十四）违约责任；
（十五）解决争议的方法；
（十六）存托协议适用中国法律；
（十七）诉讼管辖法院为中国境内有管辖权的人民法院；
（十八）其他重要事项。

境外基础证券发行人、存托人修改存托协议的，应当由境外基础证券发行人提前以公告形式通知存托凭证持有人。

境外基础证券发行人应当向中国证监会提交存托协议，作为其发行、上市申请文件。存托协议修改的，应当及时向中国证监会报告。

第二十九条　存托人可以委托境外金融机构担任托管人。存托人委托托管人的，应当在存托协议中明确基础财产由托管人托管。托管人应当承担下列职责：

（一）托管基础财产；
（二）按照托管协议约定，协助办理分红派息、投票等相关事项；
（三）向存托人提供基础证券的市场信息；
（四）中国证监会规定和托管协议约定的其他职责。

第三十条　存托人与托管人签订的托管协议，应当包括下列条款：

（一）协议当事人的名称、注册地和主要经营场所；
（二）基础证券种类和数量；
（三）存托人指令的发送、确认和执行的程序；
（四）基础财产不得作为托管人破产财产或者清算财产，及相关资产隔离措施；
（五）托管人的报酬计算方法与支付方式；
（六）基础财产托管及解除托管的程序；
（七）约定事项的变更方式；
（八）违约责任；
（九）解决争议的方法；

（十）其他重要事项。

境外基础证券发行人应当向中国证监会提交存托人与托管人签署的托管协议，作为其发行申请文件。托管协议修改的，存托人应当及时告知境外基础证券发行人，并由境外基础证券发行人向中国证监会报告。

第三十一条 存托人、托管人应当忠实、勤勉地履行各项职责和义务，不得损害存托凭证持有人的合法权益。

存托人行使境外基础证券相应权利，应当按照存托协议约定的方式事先征求存托凭证持有人的意愿并按其意愿办理，不得擅自行使相应权利或者处分相应存托凭证基础财产。

第三十二条 存托人应当为存托凭证基础财产单独立户，将存托凭证基础财产与其自有财产有效隔离、分别管理、分别记账，不得将存托凭证基础财产归入其自有财产，不得侵占、挪用存托凭证基础财产。

第三十三条 存托人不得买卖其签发的存托凭证，不得兼任其履行存托职责的存托凭证的保荐人。

第六章 投资者保护

第三十四条 向投资者销售存托凭证或者提供相关服务的机构，应当遵守中国证监会关于投资者适当性管理的规定。

证券交易所应当在业务规则中明确存托凭证投资者适当性管理的相关事项。

第三十五条 境外基础证券发行人应当确保存托凭证持有人实际享有的资产收益、参与重大决策、剩余财产分配等权益与境外基础证券持有人权益相当。境外基础证券发行人不得作出任何损害存托凭证持有人合法权益的行为。

法律、行政法规以及中国证监会规定对投资者保护有强制性规定的，应当适用其规定。

第二十六条 境外基础证券发行人、存托人应当按照存托协议约定，采用安全、经济、便捷的网络或者其他方式为存托凭证持有人行使权利提供便利。

第三十七条 中证中小投资者服务中心有限责任公司可以购买最小交易份额的存托凭证，依法行使存托凭证持有人的各项权利。

中证中小投资者服务中心有限责任公司可以接受存托凭证持有人的委托，代为行使存托凭证持有人的各项权利。

中证中小投资者服务中心有限责任公司可以支持受损害的存托凭证持有人依法向人民法院提起民事诉讼。

第三十八条 境外基础证券发行人与其境内实体运营企业之间的关系安排，不得损害存托凭证持有人等投资者的合法权益。

第三十九条 境外基础证券发行人具有股东投票权差异等特殊架构的，其持有特别投票权的股东应当按照所适用的法律以及公司章程行使权利，不得滥用特别投票权，不得损害存托凭证持有人等投资者的合法权益。

出现前款情形，损害存托凭证持有人等投资者合法权益的，境外基础证券发行人及特别投票权股东应当改正，并依法承担对投资者的损害赔偿责任。

第四十条 存托凭证暂停、终止上市的情形和程序，由证券交易所业务规则规定。

存托凭证出现终止上市情形的，存托人应当根据存托协议的约定，为存托凭证持有人的权利行使提供必要保障。

存托凭证终止上市的，存托人应当根据存托协议的约定卖出基础证券，并将卖出所得扣除税费后及时分配给存托凭证持有人。基础证券无法卖出的，境外基础证券发行人应当在存托协议中作出合理安排，保障存托凭证持有人的合法权益。

第四十一条 存托凭证持有人与境外基础证券发行人、存托人、证券服务机构等主体发生纠纷的，可以向中证中小投资者服务中心有限责任公司及其他依法设立的调解组织申请调解。

第四十二条 投资者通过证券投资基金投资存托凭证的，基金管理人应当制定严格的投资决策流程和风险管理制度，做好制度、业务流程、技术系统等方面准备工作。

基金管理人应当根据审慎原则合理控制基金投资存托凭证的比例，在基金合同、招募说明书中明确投资存托凭证的比例、策略等，并充分揭示风险。

基金托管人应当加强对基金投资存托凭证的监督，切实保护基金份额持有人的合法权益。

第四十三条 已经获得中国证监会核准或者准予注册的公开募集证券投资基金投资存托凭证，应当遵守以下规定：

（一）基金合同已明确约定基金可投资境内上市交易的股票的，基金管理人可以投资存托凭证；

（二）基金合同没有明确约定基金可投资境内上市交易的股票的，如果投资存托凭证，基金管理人应当召开基金份额持有人大会进行表决。

公开募集证券投资基金投资存托凭证的比例限制、估值核算、信息披露等依照境内上市交易的股票执行。

第四十四条 合格境外机构投资者和人民币合格境外机构投资者投资存托凭证的比例限制按照有关管理规定执行，计算基础为境内上市的存托凭证。

第七章 法律责任

第四十五条 中国证监会依法履行职责，对境外基础证券发行人及其控股股东、实际控制人、境内实体运营企业、存托人、托管人、保荐人、承销机构、证券服务机构及其他主体采取进行现场检查、进入涉嫌违法行为发生场所调查取证等措施的，适用《证券法》第一百八十条规定。

第四十六条 存托凭证的发行、交易等活动违反本办法规定的，中国证监会可以采取以下监管措施：

（一）责令改正；

（二）监管谈话；

（三）出具警示函；

（四）认定为不适当人选；

（五）依法可以采取的其他监管措施。

第四十七条 有下列行为的，中国证监会依据《证券法》相关规定进行行政处罚；构成犯罪的，依法追究刑事责任：

（一）未经中国证监会核准，擅自公开或者变相公开发行存托凭证；

（二）不符合发行条件的境外基础证券发行人以欺骗手段骗取存托凭证发行核准；

（三）保荐人在存托凭证发行、上市中出具有虚假记载、误导性陈述或者重大遗漏的保荐书，或者不履行其他法定职责；

（四）境外基础证券发行人或者其他信息披露义务人未按照规定披露信息、报送有关报告，或者所披露的信息、报送的报告有虚假记载、误导性陈述或者重大遗漏；

（五）内幕信息知情人和非法获取内幕信息的人利用内幕信息买卖存托凭证、泄露内幕信息、建议他人买卖存托凭证；

（六）违反《证券法》的规定操纵存托凭证市场；

（七）证券服务机构在为存托凭证的发行、交易等证券业务活动提供服务中，未勤勉尽责，所制作、出具的文件有虚假记载、误导性陈述或者重大遗漏；

（八）《证券法》规定的其他违法行为。

第四十八条 境外基础证券发行人的股东、实际控制人、董事、监事、高级管理人员和存托凭证的其他投资者违反本办法第十二条的规定，在中国境内减持其持有的存托凭证的，责令改正，给予警告，没收违法所得，并处三万元罚款。

第四十九条 法律、行政法规禁止参与股票交易的人员，直接或者以化名、借他人名义持有、买卖、接受他人赠送存托凭证的，依照《证券法》第一百九十九条的规定进行行政处罚。属于国家工作人员的，还应当依法给予行政处分。

第五十条 有下列行为的，依照《证券法》第二百零一条的规定进行行政处罚：

（一）为存托凭证的发行出具审计报告、资产评估报告或者法律意见书等文件的证券服务机构和人员，在该存托凭证承销期内和期满后六个月内，买卖该存托凭证；

（二）为境外基础证券发行人出具审计报告、资产评估报告或者法律意见书等文件的证券服务机构和人员，自接受境外基础证券发行人委托之日起至上述文件公开后五日内，买卖该存托凭证。

第五十一条 境外基础证券发行人的董事、监事、高级管理人员、通过存托凭证或者其他方式持有境外基础证券发行人发行的股份百分之五以上的投资者，将其持有的存托凭证在买入后六个月内卖出，或者在卖出后六个月内又买入的，依照《证券法》第一百九十五条的规定处罚。但是证券公司因包销购入售后剩余存托凭证对应境外基础证券发行人已发行股份达到百分之五以上的除外。

第五十二条 收购人违反本办法第十三条规定的，依照《证券法》第二百一十三条的规定处罚。

收购人或者收购人的控股股东，利用对境外基础证券发行人的收购，损害被收购境外基础证券发行人及其投资者的合法权益的，依照《证券法》第二百一十四条的规定处罚。

第五十三条 存托人、托管人违反本办法规定的，责令改正，给予警告，没收违法所得，并处三万元罚款。对直接负责的主管人员和其他直接责任人员给予警告，没收违法所得，并处三万元罚款。

经中国证监会责令改正后拒不改正或者违法违规情节严重的，中国证监会可以采取责令境外基础证券发行人更换存托人、责令存托人更换托管人、三十六个月内不受理由其担任存托人的申请文件、取消存托人资质等监管措施。

存托人中参与存托业务的人员，在任期内，直接或者以化名、借他人名义持有、买卖、接受他人赠送存托凭证的，责令改正，给予警告，没收违法所得，并处三万元罚款。

第五十四条 违反本办法情节严重的，中国证监会可以对有关责任人员采取证券市场禁入的措施。

第五十五条 境外基础证券发行人及其控股股东、实际控制人、存托人、托管人、保荐人、承销机构、证券服务机构等违反本办法规定，导致存托凭证持有人等投资者合法权益受到损害的，应当依法承担赔偿责任。

第八章 附 则

第五十六条 境内企业在境外发行存托凭证适用《证券法》等法律、行政法规以及中国证监会关于境内企业到境外发行证券或者将其证券在境外上市交易的规定。境内上市公司以新增证券为基础在境外发行存托凭证的，还应当同时符合有关上市公司证券发行的规定。

第五十七条 存托凭证与基础证券之间的转换应当符合国家有关规定。

境内证券交易所与境外证券交易所之间互联互通业务中涉及的存托凭证发行、交易、信息披露和投资者保护等事宜，中国证监会或者证券交易所另有规定的，从其规定。

第五十八条 中国证监会与有关国家或者地区的证券监督管理机构加强跨境监管执法合作，依法查处存托凭证业务相关跨境违法违规行为。

第五十九条 本办法下列用语具有如下含义：

（一）基础证券，是指存托凭证代表的由境外基础证券发行人在境外发行的证券。

（二）基础财产，是指基础证券及其衍生权益。

（三）存托人，是指按照存托协议的约定持有境外基础证券，并相应签发代表境外基础证券权益的存托凭证的中国境内法人。

（四）托管人，是指受存托人委托，按照托管协议托管存托凭证所代表的基础证券的金融机构。

（五）控股股东，是指通过存托凭证或者其他方式持有境外基础证券发行人发行的股份合计达到百分之五十以上的股东；持有股份的比例虽然不足百分之五十，但依其持有的股份所享有的表决权已足以对股东大会或者董事会的决议产生重大影响的股东。

（六）实际控制人，是指虽不是境外基础证券发行人的股东，但通过投资关系、协议或者其他安排，能够实际支配境外基础证券发行人的人。

（七）董事、监事、高级管理人员，是指境外基础证券发行人的董事、监事、高级管理人员或者执行类似职权的人员。没有监事、监事会或者执行类似职权的人员或者组织安排的，不适用《证券法》和本办法有关监事、监事会的规定。

（八）境内实体运营企业，是指由注册地在境外、主要经营活动在境内的红筹企业通过协议方式实际控制的境内企业。

（九）内幕信息，是指《证券法》第七十五条和本办法第二十条、第二十一条规定的信息。

（十）内幕信息知情人，是指《证券法》第七十四条规定的人员及存托人、托管人的相关人员。其中，持有或者通过持有境内外存托凭证而间接持有境外基础证券发行人发行的股份合计达到百分之五以上的投资者，属于《证券法》第七十四条第（二）项规定的持有公司百分之五以上股份的股东。

第六十条 本办法自公布之日起施行。

4.6.2

试点创新企业境内发行股票或存托凭证并上市监管工作实施办法

（2018 年 6 月 6 日 证监会公告〔2018〕13 号）

第一章 总 则

第一条 为规范有序推进创新企业在境内发行股票或存托凭证试点，保护投资者的合法权益和社会公共利益，根据《中华人民共和国证券法》（以下简称《证券法》）、《中华人民共和国公司法》、《关于开展创新企业境内发行股票或存托凭证试点的若干意见》（以下简称《若干意见》）、《存托凭证发行与交易管理办法（试行）》（以下简称《存托凭证管理办法》）等法律法规及规范性文件，制定本办法。

第二条 试点创新企业（以下简称试点企业，包括纳入试点的红筹企业和境内注册企业）在中华人民共和国境内公开发行股票或存托凭证，适用本办法。

第三条 中国证券监督管理委员会（以下简称中国证监会）根据公开、公平、公正的原则选取试点企业，依法审核和核准试点企业公开发行股票或存托凭证申请。

中国证监会依照《证券法》、《若干意见》、《存托凭证管理办法》、《首次公开发行股票并上市管理办法》（以下简称《首发办法》）、《首次公开发行股票并在创业板上市管理办法》（以下简称《创业板首发办法》）等规定，对试点企业及相关主体实施监管。

第四条 投资者应自主判断试点企业的投资价值，自主作出投资决策，自行承担投资风险。

中国证监会对试点企业公开发行股票或存托凭证的核准，不表明其对试点企业的盈利能力、投资价值或者投资者的收益作出实质性判断或保证。

第五条 试点企业的控股股东、实际控制人、董事、监事、高级管理人员等责任主体应当诚实守信，全面履行公开承诺事项，不得损害境内投资者的合法权益。

第二章 试点企业的选取

第六条 试点企业应当是符合国家战略、科技创新能力突出并掌握核心技术、市场认可度高，属于互联网、大数据、云计算、人工智能、软件和集成电路、高端装备制造、生物医药等高新技术产业和战略性新兴产业，达到相当规模，社会形象良好，具有稳定的商业模式和盈利模式，对经济社会发展有突出贡献，能够引领实体经济转型升级的创新企业。

试点企业可以是已境外上市的红筹企业，或尚未境外上市的企业（包括红筹企业和境内注册企业）。

第七条 已境外上市试点红筹企业，市值应不低于2000亿元人民币。

前款所称市值，按照试点企业提交纳入试点申请日前120个交易日平均市值计算，汇率按照人民银行公布的申请日前1日中间价计算。上市不足120个交易日的，按全部交易日平均市值计算。

第八条 尚未境外上市试点企业，应符合下列标准之一：

（一）最近一年经审计的主营业务收入不低于30亿元人民币，且企业估值不低于200亿元人民币，企业估值应参考最近三轮融资估值及相应投资人、投资金额、投资股份占总股本的比例，并结合收益法、成本法、市场乘数法等估值方法综合判定。融资不足三轮的，参考全部融资估值判定。

（二）拥有自主研发、国际领先、能够引领国内重要领域发展的知识产权或专有技术，具备明显的技术优势的高新技术企业，研发人员占比超过30%，已取得与主营业务相关的发明专利100项以上，或者取得至少一项与主营业务相关的一类新药药品批件，或者拥有经有权主管部门认定具有国际领先和引领作用的核心技术；依靠科技创新与知识产权参与市场竞争，具有相对优势的竞争地位，主要产品市场占有率排名前三，最近三年营业收入复合增长率30%以上，最近一年经审计的主营业务收入不低于10亿元人民币，且最近三年研发投入合计占主营业务收入合计的比例10%以上。对国家创新驱动发展战略有重要意义，且拥有较强发展潜力和市场前景的企业除外。

第九条 中国证监会成立中国证监会科技创新咨询委员会（以下简称咨询委员会），提出咨询意见。

第三章 试点企业的发行条件及审核核准程序

第十条 试点企业申请境内发行股票应当符合《证券法》、《若干意见》规定的条件。申请在主板（中小板）上市还应当符合《首发办法》规定的发行条件；申请在创业板上市还应当符合《创业板首发办法》规定的发行条件。

申请发行股票的试点红筹企业存在协议控制架构的，中国证监会根据企业的不同情况依法审慎处理。

第十一条 试点红筹企业发行存托凭证应当符合《证券法》、《若干意见》、《存托凭证管理办法》的有关规定。

对于《存托凭证管理办法》规定的“会计基础工作规范、内部控制制度健全”、“董事、监事和高级管理人员应当信誉良好，符合公司注册地法律规定的任职要求，近期无重大违法失信记录”具体应符合以下要求：

（一）会计基础工作规范，财务报表的编制和披露符合相关会计准则和信息披露规则的规定，在所有重大方面公允地反映了公司的财务状况、经营成果和现金流量，并由具有证券期货相关资格的会计师事务所出具无保留意见的审计报告。

（二）内部控制制度健全且被有效执行，能够合理保证公司运行效率、合法合规和财务报告的可靠性，并由具有证券期货相关资格的会计师事务所出具无保留结论的内部控制鉴证报告。

（三）公司的董事和高级管理人员应当具备注册地法律规定的要求，且最近三年内不存在因重大违规受到监管部门处罚的情形；不存在因涉嫌犯罪被司法机关立案侦查或者涉嫌违法违规被中国证监会立案调查，尚未有明确结论意见的情形。

第十二条 试点红筹企业发行存托凭证存在股东投票权差异、企业协议控制架构或类似特殊安排的，应当按照相关信息披露规定在招股说明书等公开发行文件显要位置充分、详细披露相关情况，特别是风险、公司治理等信息，以及依法落实保护投资者合法权益规定的各项措施。存在投票权差异的，相关安排应当符合拟上市证券交易所的相关规定，并应明确维持特殊投票权的前提条件，特殊投票权不得随相关股份的转让而转让，以及除境内公开发行前公司章程已有合理规定外，境内公开发行后不得通过任何方式提高特殊投票权股份的数量及其代表投票权的比例。

第十三条 试点红筹企业的股权结构、公司治理、运营规范等事项适用境外注册地公司法等法律法规规定的，其投资者权益保护水平，包括资产收益、参与重大决策、剩余财产分配等权益，总体上应不低于境内法律、行政法规以及中国证监会规定的要求，并保障境内存托凭证持有人实际享有的权益与境外基础证券持有人的权益相当。

第十四条 试点企业境内发行股票或存托凭证应当聘请具有保荐机构资格的证券公司履行保荐职责。保荐人及其保荐代表人应当按照《证券发行上市保荐业务管理办法》、《保荐人尽职调查工作准则》、《保荐创新企业境内发行股票或存托凭证尽职调查工作实施规定》等规定，履行保荐职责，开展尽职调查工作。

试点企业注册地在境外的，试点企业和保荐人应向试点企业境内主营业地派出机构申请办理辅导备案和辅导验收事宜。

第十五条 试点企业应聘请律师事务所及具有证券期货业务资格的会计师事务所作为审计机构履行职责。

律师事务所应按照《律师事务所从事证券法律业务管理办法》、《公开发行证券公司信息披露的编报规则第12号——公开发行证券的法律意见书和律师工作报告》等规定从事证券法律业务并出具相关文件。

审计机构应按照《中国注册会计师审计准则》及其他相关规定，对公司实施审计工作，出具审计报告。

第十六条 申请纳入试点并在境内公开发行股票或存托凭证的企业，应当按照中国证监会有关规定制作证券发行申请文件，由保荐人保荐并向中国证监会报送申请文件。保荐人应就企业是否符合试点标准和发行条件发表核查意见。

第十七条 试点企业依法披露的信息，必须真实、准确、完整、及时、公平，不得有虚假记载、误导性陈述或者重大遗漏。信息披露应当符合《证券法》、《首发办法》、《创业板首发办法》、《公开发行证券的公司信息披露内容与格式准则第1号——招股说明书》、《公开发行证券的公司信息披露内容与格式准则第28号——创业板公司招股说明书》、《公开发行证券的公司信息披露编报规则第23号——试点红筹企业公开发行存托凭证招股说明书内容与格式指引》等法律法规及规范性文件有关信息披露的规定。

第十八条 中国证监会受理企业在境内公开发行股票或存托凭证申请后，结合咨询委员会的咨询意见，判断企业是否符合试点条件。

中国证监会根据《证券法》、《首发办法》、《创业板首发办法》等法律法规及规范性文件，依照现行股票发行核准程序，单独安排试点企业发行审核工作；由相关职能部门初审，发行审核委员会审核，中国证监会做出核准或不予核准的决定。

第四章 发行与上市

第十九条 试点企业股票及存托凭证的发行与承销按照《存托凭证管理办法》、《证券发行与承销管理办法》办理。

第二十条 试点企业发行股票的，公开发行的股份比例按照现行股票上市有关规定执行；已在境外上市的，境内外公开发行的股份可合并计算。

试点企业发行存托凭证的，相关上市要求，按照拟上市证券交易所的有关规定执行。

第二十一条 试点红筹企业发行股票或存托凭证的，境外存量股票在境内减持退出的要求如下：

（一）试点红筹企业不得在境内公开发行的同时出售存量股份，或同时出售以发行在外存量基础股票对应的存托凭证。

（二）试点红筹企业境内上市后，境内发行的存托凭证与境外发行的存量基础股票原则上暂不安排相互转换。

第二十二条 试点企业发行股票的，其股东应遵守境内法律、行政法规、中国证监会规定和拟上市证券交易所业务规则中关于股份减持的规定。

尚未盈利的试点企业发行股票的，控股股东、实际控制人、董事、高级管理人员在试点企业实现盈利前不得减持上市前持有的公司股票。

第二十三条 试点红筹企业发行存托凭证的，实际控制人应承诺境内上市后三年内不主动放弃实际控制人地位。

尚未盈利的试点红筹企业发行存托凭证的，相关减持安排需符合拟上市证券交易所的有关规定。

第五章 附 则

第二十四条 本办法自公布之日起施行。

4.6.3

关于试点创新企业实施员工持股计划和期权激励的指引

（2018 年 6 月 6 日　证监会公告〔2018〕17 号）

为服务国家创新驱动发展战略，做好创新企业试点工作，支持纳入试点的创新企业（以下简称试点企业）实施员工持股计划和期权激励，发挥资本市场服务实体经济的作用，制定本指引。

一、关于上市前实施的员工持股计划

（一）试点企业首发上市前实施员工持股计划的应当体现增强公司凝聚力、维护公司长期稳定发展的导向，建立健全激励约束长效机制，有利于兼顾员工与公司长远利益，为公司持续发展夯实基础。原则上符合下列要求：

1. 试点企业实施员工持股计划，应当严格按照法律、法规、规章及规范性文件要求履行决策程序，并遵循公司自主决定，员工自愿参加的原则，不得以摊派、强行分配等方式强制实施员工持股计划。

2. 参与持股计划的员工，与其他投资者权益平等，盈亏自负，风险自担，不得利用知悉公司相关信息的优势，侵害其他投资者合法权益。

员工入股应主要以货币出资，并按约定及时足额缴纳。按照国家有关法律法规，员工以科技成果出资入股的，应提供所有权属证明并依法评估作价，及时办理财产权转移手续。

3. 试点企业实施员工持股计划，可以通过公司制企业、合伙制企业、资产管理计划等持股平台间接持股，并建立健全持股在平台内部的流转、退出机制，以及股权管理机制。

参与持股计划的员工因离职、退休、死亡等原因离开公司的，其间接所持股份权益应当按照员工持股计划的章程或相关协议约定的方式处置。

（二）员工持股计划符合以下要求之一的，在计算公司股东人数时，按一名股东计算；不符合下列要求的，在计算公司股东人数时，穿透计算持股计划的权益持有人数：

1. 员工持股计划遵循“闭环原则”。员工持股计划不在公司首次公开发行股票时转让股份，并承诺自上市之日起至少 36 个月的锁定期。试点企业上市前及上市后的锁定期内，

员工所持相关权益拟转让退出的，只能向员工持股计划内员工或其他符合条件的员工转让。锁定期后，员工所持相关权益拟转让退出的，按照员工持股计划章程或有关协议的约定处理。

2. 员工持股计划未按照“闭环原则”运行的，员工持股计划应由公司员工组成，依法设立、规范运行，且已经在基金业协会依法依规备案。

（三）试点企业应当在招股说明书中，充分披露员工持股计划的人员构成、是否遵循“闭环原则”、是否履行登记备案程序、股份锁定期等。保荐机构、发行人律师应当对员工持股计划是否遵循“闭环原则”，具体人员构成，员工减持承诺情况，规范运行情况及备案情况进行充分核查并发表明确意见。

二、关于上市前制定、上市后实施的期权激励计划

试点企业存在上市前制定、上市后实施的期权激励计划的，应体现增强公司凝聚力、维护公司长期稳定发展的导向。原则上符合下列要求：

（一）有关激励对象条件，激励计划的必备内容与基本要求，激励工具的定义与权利限制，行权安排，回购或终止行权，实施程序，信息披露等内容参考《上市公司股权激励管理办法》的相关规定执行。

（二）期权的行权价格由股东自行商定确定，但原则上不应低于最近一年经审计的净资产或评估值。

（三）试点企业全部在有效期内的期权激励计划所对应股票数量占上市前总股本比例原则上不得超过15%。

（四）试点企业在审核期间，不应新增期权激励计划。

（五）试点企业在制定期权激励计划时应充分考虑实际控制人稳定，避免上市后期权行权导致实际控制人发生变化。

（六）激励对象在试点企业上市后行权认购的股票，应承诺自行权日起三年内不减持，同时承诺上述期限届满后比照董事、监事及高级管理人员的相关减持规定执行。

（七）试点企业应当充分披露期权激励计划的相关信息，揭示期权激励计划对公司经营状况、财务状况、控制权变化等方面的影响。

本指引自公布之日起施行。《非上市公众公司监管指引第4号——股东人数超过200人的未上市股份有限公司申请行政许可有关问题的审核指引》与本指引不一致的，按本指引执行。

4.6.4

创新企业境内发行股票或存托凭证上市后持续监管实施办法（试行）

（2018 年 6 月 14 日　证监会公告〔2018〕19 号）

第一章　总　　则

第一条　为规范试点创新企业在境内证券市场公开发行股票或者存托凭证上市后相关各方的行为，支持引导试点创新企业更好地发展，保护试点创新企业和投资者的合法权益，根据《中华人民共和国证券法》（以下简称《证券法》）、《中华人民共和国公司法》（以下简称《公司法》）、《关于开展创新企业境内发行股票或存托凭证试点的若干意见》（以下简称《若干意见》）以及相关法律法规、《存托凭证发行与交易管理办法（试行）》（以下简称《存托办法》），制定本办法。

第二条　本办法所称试点创新企业，是指按照《若干意见》规定，经中国证券监督管理委员会（以下简称中国证监会）核准公开发行股票或者存托凭证并上市的企业，包括境内注册的试点创新企业（以下简称境内企业）和注册地在境外、主要经营活动在境内的试点创新企业（以下简称红筹企业）。

红筹企业包括已在境外上市的红筹企业（以下简称境外已上市红筹企业）和尚未在境外上市的红筹企业（以下简称境外未上市红筹企业）。

第三条　境内企业及其股东、实际控制人，董事、监事、高级管理人员（以下简称董监高），收购人，内幕信息知情人等相关各方应当遵守《证券法》、《公司法》等法律、行政法规和《若干意见》的相关规定，以及中国证监会关于境内上市公司及相关各方持续监管的一般规定。中国证监会依法对境内企业及相关各方持续监管另有规定的，从其规定。

红筹企业及其股东或者存托凭证持有人、实际控制人，董监高，收购人，内幕信息知情人等相关各方应当遵守《证券法》等法律、行政法规、《若干意见》和《存托办法》的相关规定，以及中国证监会关于境内上市公司及相关各方持续监管的一般规定。中国证监会依法对红筹企业及相关各方持续监管另有规定的，从其规定。

证券交易所依据其章程、协议和依法制定的业务规则，对试点创新企业及相关各方实行自律监管。

第四条 红筹企业在境内公开发行股票或者存托凭证上市后，相关各方适用中国证监会关于境内上市公司及相关各方持续监管的一般规定，可能导致其难以符合公司注册地有关规定，依法可以暂缓适用或者免于适用境内相关规定的，红筹企业及相关各方可以按规定调整适用有关规定，但应当充分说明具体情况及境外有关规则依据，并聘请律师事务所就上述事项出具法律意见。中国证监会认为依法不应调整适用的，红筹企业及相关各方应当执行境内有关规定。

第二章 公司治理

第五条 试点创新企业应当保持健全有效的公司治理结构，督促董监高忠实、勤勉地履行职责，切实保护投资者合法权益。

第六条 红筹企业股权结构、公司治理、运行规范等事项适用境外注册地公司法等法律法规，该等事项在上市后发生较大变化的，红筹企业应当及时披露，并充分说明其关于投资者权益保护的安排总体上仍不低于境内法律要求。

第七条 红筹企业召开股东大会的，应当采用安全、经济、便捷的网络或者其他方式为境内股东或者存托凭证持有人行使权利提供便利。

红筹企业应当按照公司章程、存托协议和其他公开披露的文件中载明的有关安排，履行股东大会的召集、召开和表决等程序和相关义务。

第八条 除首次申请境内公开发行股票或者存托凭证时公司章程已明确的投票权差异等特殊安排外，红筹企业上市后应当确保境内外投资者对其拥有权益的同种类股份享有同等权利，不得以修改公司章程等任何方式剥夺、限制境内股东或者存托凭证持有人权利。

红筹企业境内上市后，投票权差异的存续、调整等安排应当符合证券交易所的有关规定。

第九条 红筹企业境内上市后就相关事项进行内部决策的，按照其已披露的境外注册地公司法等法律法规和公司章程规定的权限、程序执行，法律、行政法规以及中国证监会另有规定的除外。

第十条 中国证监会的规定要求境内上市公司董事会、独立董事就相关事项发表意见或者履行特定职责的，试点创新企业的董事会、独立董事应当遵照执行。

境外注册地公司法等法律法规或者实践中普遍认同的标准对红筹企业董事会、独立董事职责有不同规定或者安排，导致董事会、独立董事无法按照前款规定发表意见或者履行职责的，红筹企业应当详细说明情况和原因，并聘请律师事务所就上述事项出具法律意见。

境外已上市红筹企业及其董监高等相关各方按照境内有关规定签署书面确认意见、作出声明或者承诺的，在不改变实质内容的前提下，可以结合境外上市地有关规则要求或者实践中普遍认同的标准，对确认意见、声明或者承诺的表述作出适当调整。

第三章 信息披露

第十一条 试点创新企业及其控股股东、实际控制人等信息披露义务人应当按照《证券法》、中国证监会和证券交易所关于信息披露的有关规定，真实、准确、完整、及时、公平地披露信息，不得有虚假记载、误导性陈述或重大遗漏。

第十二条 红筹企业及其控股股东、实际控制人等信息披露义务人在境外披露的信息，应当以中文在境内同步披露，披露内容应当与其在境外市场披露的内容一致。

第十三条 红筹企业及其控股股东、实际控制人等信息披露义务人报送和发布信息披露公告文稿及相关备查文件，按照中国证监会、证券交易所有关规定执行。

第十四条 红筹企业应当按照中国证监会关于红筹企业财务报告信息披露的规定编制、披露财务报告信息。

红筹企业首次申请境内公开发行股票或者存托凭证时已经按照中国企业会计准则编制财务报告的，境内上市后应当继续按照中国企业会计准则编制年度报告等涉及的财务报告信息。

第十五条 境外已上市红筹企业的年度报告应当包括《证券法》、《上市公司信息披露管理办法》（以下简称《披露办法》）、《存托办法》、《公开发行证券的公司信息披露内容与格式准则第 2 号——年度报告的内容与格式》（以下简称《2 号准则》）和本办法要求披露的内容。

境外已上市红筹企业的中期报告应当至少包括《证券法》、《披露办法》、《存托办法》要求披露的内容。

境外已上市红筹企业应当在每个会计年度第 3 个月、第 9 个月结束之日起 45 日内披露季度报告，其中应当至少包括《披露办法》要求披露的内容。

境外已上市红筹企业已经按照境外上市地规则要求的格式披露年度报告、中期报告或者季度报告的，在确保具备本条前三款要求披露的内容、不影响信息披露完整性的前提下，可以继续按照境外原有格式编制对应的定期报告，但应当对境内外报告格式的主要差异作出必要说明和提示，以便于境内投资者阅读理解。

第十六条 境外已上市红筹企业按照境内有关规定披露定期报告，在不影响信息披露完整性的前提下，可以就下列事项适当调整披露方式或者简化披露内容：

（一）应披露的重大关联交易事项，因关联交易众多，有足够证据证明相关关联交易对公司财务状况、经营成果、业务发展等不产生重大影响，且不影响投资者决策的，可以对该部分关联交易汇总披露；

（二）应披露的主要控股参股公司情况，因子公司众多且地域分布广泛的，可以按照《2 号准则》的要求披露重要子公司的相关信息，对其他子公司分类或者汇总披露；

（三）应披露的公司前 10 名股东持股情况，因该等股东在境外没有申报义务等原因导致红筹企业确实难以获取有关信息的，可以简化披露；

（四）应披露的公司董监高薪酬等个人信息，可以参照红筹企业首次申请境内公开发行时的披露标准，按照重要性原则简化或者汇总披露；

（五）定期报告中应披露的其他信息，在红筹企业首次申请境内公开发行时就同类信息已获准按照重要性原则简化或汇总披露的，在定期报告中可以作同等处理。

第十七条 境外已上市红筹企业的关联方和关联关系认定、重要子公司的判断等，参照红筹企业首次申请境内公开发行股票或存托凭证时的披露标准执行。

第十八条 红筹企业存在投票权差异、协议控制架构或者类似特殊安排的，应当在年度报告的公司治理内容中披露该等安排在报告期内的实施和变化情况，以及该等安排下保护境内投资者合法权益有关措施的实施情况。

红筹企业发行存托凭证的，应当在年度报告中披露存托、托管的相关安排在报告期内的实施和变化情况。

第十九条 境外上市地规则未要求披露业绩预告或者其他预测性信息的，境外已上市红筹企业可以不披露。

境外已上市红筹企业按照境外上市地规则要求或者自愿披露业绩预告、其他预测性信息的，应当在境内同步披露。

第二十条 红筹企业应当根据《证券法》、《披露办法》、《存托办法》的规定就重大事件及时履行信息披露义务。

前款规定的重大事件存在较大不确定性，立即披露可能会损害公司利益或者误导投资者，并且同时符合下列条件的，境外已上市红筹企业可以暂不披露，直至就该事件形成最终决议、签署最终协议或者虽未签署协议但已确定交易能够达成：

（一）拟披露的事件未泄露且能够保密；

（二）有关内幕信息知情人已书面承诺保密；

（三）公司证券及其衍生产品交易价格未发生异常波动。

第二十一条 试点创新企业应当建立健全信息披露事务管理制度，包括但不限于未公开信息的保密措施，内幕信息知情人的范围和保密责任，信息披露相关文件的编制、审议、报送、发布流程等。境外已上市红筹企业已经建立信息披露事务管理制度且符合境外上市地规则要求的，可以继续执行。

红筹企业应当在境内设立证券事务机构，聘任熟悉境内信息披露规定和要求的信息披露境内代表，负责信息披露与监管联络事宜。

第二十二条 境外已上市红筹企业应当按照中国证监会、证券交易所关于境内上市公司重大事项自查内幕信息知情人买卖股票情况的规定，自查内幕信息知情人买卖本企业境内股票或者存托凭证的情况，并按照证券交易所有关规定填写、报送内幕信息知情人档案。

相关内幕信息知情人还应当承诺不存在利用该等事项的内幕信息买卖本企业股票或者存托凭证的情形。

第四章 收购及股份权益变动

第一节 境内外合并计算的股份权益变动

第二十三条 红筹企业的境内外收购及相关股份权益变动活动中，相关各方应当遵守《证券法》、《上市公司收购管理办法》（以下简称《收购办法》），以及中国证监会关于境内上市公司收购及股份权益变动的其他规定。

第二十四条 本章所称投资者在一个红筹企业中拥有权益的股份，包括登记在其名下的有表决权股份或者存托凭证对应的有表决权基础股份，以及虽未登记在其名下但该投资者可以实际支配表决权的股份。

投资者及其一致行动人涉及计算其拥有权益的股份比例时，应当将其通过境内和境外市场拥有权益的股份合并计算。

第二十五条 投资者及其一致行动人在一个红筹企业中拥有权益的股份达到或超过《证券法》、《收购办法》规定的比例时，应当依法履行报告、公告和其他法定义务。

存托人因存托安排而持有一个红筹企业境外基础证券的，不适用前款规定。

第二十六条 通过境内证券交易所的证券交易，投资者及其一致行动人拥有权益的股份达到一个红筹企业已发行的有表决权股份5%时，不得在《收购办法》第十三条规定的期限内再行买卖该企业在境内证券市场已发行的股票或者存托凭证。

投资者及其一致行动人拥有权益的股份达到一个红筹企业已发行的有表决权股份5%后，通过境内证券交易所的证券交易，其拥有权益的股份占该红筹企业已发行的有表决权股份比例每增加或者减少5%（即其拥有权益的股份每达到5%的整数倍时），不得在《收购办法》第十三条规定的期限内再行买卖该企业在境内证券市场已发行的股票或者存托凭证。

第二十七条 投资者及其一致行动人在一个红筹企业中拥有权益的股份达到《证券法》规定的应当发出收购要约的比例，继续增持有表决权股份的，应当遵守《证券法》、《收购办法》，以及中国证监会关于上市公司收购的其他规定。

前款规定的投资者及其一致行动人应当按规定向红筹企业境内所有股东或者存托凭证持有人发出收购要约。

第二十八条 收购期限届满，红筹企业不符合境内上市条件的，该企业境内发行的股票或者存托凭证应当由证券交易所依照有关规定终止上市交易；其余仍持有被收购公司股票的股东或者存托凭证持有人，有权向收购人以收购要约的同等条件出售其股票或者存托凭证，收购人应当收购。

第二十九条 投资者与他人根据境外上市地规则、公司注册地法律法规构成一致行动人的，在境内市场也应当视为一致行动人。

第三十条 外国投资者在境内证券市场进行红筹企业的收购及相关股份权益变动活动的，应当遵守国家关于外资管理的相关规定。

第三十一条 红筹企业董监高持有本公司境内发行的股票或者存托凭证及其变动的，应当遵守《上市公司董事、监事和高级管理人员所持本公司股份及其变动管理规则》、《上市公司股东、董监高减持股份的若干规定》以及证券交易所有关规定。

第三十二条 红筹企业控股股东、持有或通过持有境内外存托凭证而间接持有红筹企业股份合计达到5%以上的投资者减持境内股份或者存托凭证，以及相关主体减持红筹企业在境内市场非公开发行的股份或者存托凭证的，适用《上市公司股东、董监高减持股份的若干规定》。

第二节　境内股票或存托凭证的持有变动

第三十三条　通过境内证券交易所的证券交易，投资者及其一致行动人持有一个红筹企业境内已发行的股票或者存托凭证达到该企业境内发行总数的 5% 时，应当在该事实发生之日起 2 日内披露提示性公告。

投资者及其一致行动人持有一个红筹企业境内已发行的股票或者存托凭证达到该企业境内发行总数的 5% 后，通过境内证券交易所的证券交易，导致其持有的境内股票或者存托凭证每达到该企业境内发行总数 5% 的整数倍时，应当按照前款规定的时限披露提示性公告。

第三十四条　通过协议转让或者类似安排，投资者及其一致行动人持有一个红筹企业境内已发行的股票或者存托凭证拟达到或者超过该企业境内发行总数的 5% 时，应当在该事实发生之日起 2 日内披露提示性公告。

投资者及其一致行动人持有一个红筹企业境内已发行的股票或者存托凭证达到该企业境内发行总数的 5% 后，通过协议转让或者类似安排，导致其持有的境内股票或者存托凭证拟达到或者跨过该企业境内发行总数 5% 的整数倍时，应当按照前款规定的时限披露提示性公告。

第三十五条　本办法第三十三条和第三十四条规定的提示性公告的格式和内容由证券交易所规定。

第五章　重大资产重组

第三十六条　红筹企业及其控股或者控制的公司在日常经营活动之外购买、出售资产或者通过其他方式进行资产交易达到《上市公司重大资产重组管理办法》（以下简称《重组办法》）规定的有关比例时，应当依照《重组办法》和中国证监会关于境内上市公司重大资产重组的其他有关规定履行报告、公告等义务。

第三十七条　红筹企业涉及计算《重组办法》第十二条、第十三条规定的财务指标时，应当采用根据中国企业会计准则编制或调整后的财务数据。

第三十八条　红筹企业实施重大资产重组，不得导致红筹企业不符合其在境内证券市场上市的条件。

第三十九条　红筹企业实施重大资产重组、在境内市场发行股票或者存托凭证购买资产的，应当聘请律师事务所，具有相关证券业务资格的独立财务顾问、会计师事务所等境内证券服务机构就重大资产重组出具意见。

第四十条　红筹企业实施重大资产重组、在境内市场发行股份或者存托凭证购买资产，按照境外注册地公司法等法律法规和公司章程的规定无须就相关事项提交股东大会审议的，至迟应当在董事会形成最终决议或者相关各方签署最终协议后及时披露重组报告书、独立财务顾问报告、法律意见书以及重组涉及的审计报告、资产评估报告或者估值报告。

第四十一条 红筹企业在境内市场发行股份或者存托凭证购买资产的，应当遵守《重组办法》第五章关于上市公司发行股份购买资产的规定。

第四十二条 试点创新企业实施重大资产重组、在境内市场发行股份或者存托凭证购买资产的，应当符合国家产业政策，有利于促进所在行业、产业的整合升级。

试点创新企业自控制权发生变更之日起，向收购人及其关联人购买资产，不得导致《重组办法》第十三条第一款规定的任一情形。

第四十三条 红筹企业编制重大资产重组报告书、发行股份或者存托凭证购买资产报告书的，应当按照《公开发行证券的公司信息披露内容与格式准则第 26 号——上市公司重大资产重组》编制。

第六章 其他事项

第四十四条 试点创新企业境内发行的股票或存托凭证暂停上市、终止上市的有关事宜，以及红筹企业境内发行的股票或存托凭证停牌、复牌的有关事宜，由证券交易所根据《证券法》和中国证监会的有关规定制定具体规则。

第四十五条 红筹企业以其在境内证券市场发行的股票或者存托凭证为标的实施股权激励的，应当遵守中国证监会关于境内上市公司股权激励的规定。

红筹企业根据境外注册地公司法等法律法规和公司章程的规定无须由股东大会审议股权激励计划的，应当在董事会审议通过股权激励计划后，及时公告董事会决议、股权激励计划等信息披露文件。

第四十六条 红筹企业回购境内已发行股份或者存托凭证的，应当遵守《上市公司回购社会公众股份管理办法（试行）》、《关于上市公司以集中竞价交易方式回购股份的补充规定》等关于境内上市公司回购股份的规定。

红筹企业根据境外注册地公司法等法律法规和公司章程的规定，无须由股东大会审议回购境内已发行股份或者存托凭证事项的，应当在董事会审议通过回购方案后及时披露董事会决议、回购报告书等信息披露文件。

第四十七条 红筹企业及其控股子公司、境内运营实体对外提供担保的，红筹企业应当按照中国证监会关于境内上市公司对外担保的相关规定以及证券交易所规则履行信息披露义务。

第四十八条 红筹企业可以按照境外注册地公司法等法律法规和公司章程的规定实施利润分配，但应当按照中国证监会关于境内上市公司现金分红的规定披露现金分红政策的制定和执行情况。

第四十九条 红筹企业在境内发行股票或者存托凭证募集资金的，应当按照募集发行有关文件披露的计划和安排，管理、使用所募集的资金。

第五十条 试点创新企业及其股东或者存托凭证持有人、实际控制人，董监高，收购人，内幕信息知情人等相关各方违反本规定的，中国证监会根据《证券法》等法律法规、《披露办法》、《存托办法》和中国证监会其他相关规定进行监督管理。

第七章　附　则

第五十一条　本办法下列用语的含义：

（一）董事、监事、高级管理人员、独立董事，包括试点创新企业的董事、监事、高级管理人员、独立董事或者实际执行类似职权的人员。

（二）董事会、监事会，包括试点创新企业的董事会、监事会或者执行类似职权的机构。

（三）公司章程，包括公司章程或者与章程具有同等效力的其他组织文件。

（四）内幕信息知情人，包括存托人、托管人及其有关人员。

（五）境外实践中普遍认同的标准，包括境外自律组织或协会团体等发布的并已被广泛遵循的行为准则或指引，以及境外法律法规未作明确禁止或规定但境外上市公司实践中普遍采用，且不违反中国法律、行政法规和规章强制性规定的习惯性做法。

第五十二条　本办法自公布之日起实施。

4.6.5

存托凭证存托协议内容与格式指引（试行）

（2018 年 6 月 14 日　证监会公告〔2018〕20 号）

第一章　总　　则

第一条　为规范存托凭证存托协议的订立，明确存托协议各方当事人的权利和义务，保护投资者合法权益，根据《中华人民共和国合同法》《中华人民共和国证券法》《关于开展创新企业境内发行股票或存托凭证试点的若干意见》《存托凭证发行与交易管理办法（试行）》（以下简称《办法》）及有关规定，制定本指引。

第二条　境外基础证券发行人（以下简称发行人）在境内发行存托凭证的，发行人和存托人应当按照本指引的要求订立存托协议。

第三条　存托协议的订立应当遵循平等自愿、诚实信用、充分保护投资者合法权益的原则。

第四条　存托协议内容须遵照本指引规定，不得有虚假记载、误导性陈述和重大遗漏。

第五条　在不违反法律法规、中国证券监督管理委员会（以下简称中国证监会）和其他有权监管机关规定、本指引要求的前提下，发行人和存托人可根据实际需要对本指引规定内容之外的事项进行约定，但约定的内容不得与本指引的基本原则和要求相冲突。

本指引某些具体要求对发行人或存托人不适用的，经中国证监会同意后，发行人和存托人在充分保护投资者合法权益的前提下，可对相应内容做出合理调整和变动，并进行专项说明。

第六条　凡对发行人、存托人、存托凭证持有人权利、义务有重大影响的事项，无论本指引是否做出规定，发行人和存托人均应在存托协议中订明。

第二章　存托协议主要内容

第一节　封面、前言、目录、释义

第七条　存托协议全文文本封面应标有“×××公司存托凭证存托协议”字样，并载明发行人、存托人和协议签署时间。

第八条 存托协议目录应标明各章、节（如有）的标题及相应的页码，内容编排应符合通行的中文惯例。

第九条 存托协议前言应载有如下内容：

（一）存托协议的当事人包括发行人、存托人和存托凭证持有人；

（二）存托协议制定的法律依据；

（三）订立存托协议的目的和原则。

第十条 存托协议前言应列明有关声明与承诺，内容包括但不限于：

（一）存托协议的订立应当充分保护投资者合法权益。

（二）公开发行存托凭证，应当依法经中国证监会核准。中国证监会对存托凭证发行的核准，不表明其对发行人的经营风险、诉讼风险以及存托凭证的投资风险或者收益等作出判断或者保证。投资者参与存托凭证的风险，由投资者自行承担。

（三）存托凭证按照中国法律法规、监管机构的规定和交易所、登记机构的业务规则（以下统称适用法规）发行并运作，若存托协议的内容与适用法规的强制性规定不一致，应当以届时有效的适用法规的规定为准。

第十一条 发行人和存托人应对可能造成存托凭证持有人理解障碍及特定含义的术语作出释义。

第二节 存托凭证基本情况

第十二条 存托协议应当列明存托凭证的基本情况，包括但不限于：

（一）存托人的选任；

（二）存托凭证的数量安排、与基础证券的转换比例；

（三）基础证券的基本情况及存托和托管安排；

（四）存托凭证发行、认购、签发、上市、交易、跨境转换、退市等流程的具体安排。

第三节 当事人及权利义务

第十三条 存托协议应列明发行人、存托人的基本情况，包括但不限于名称、注册地、成立依据的法律和主要经营场所等信息。

第十四条 根据《办法》及其他有关规定，存托协议应列明发行人的权利，包括但不限于：

（一）决定存托凭证的发行计划，包括公司财务目标、融资安排、基础证券与存托凭证的转换比例等；

（二）取得存托凭证发行募集资金（如适用）；

（三）法律法规及中国证监会规定的和协议约定的其他权利。

第十五条 根据《办法》及其他有关规定，存托协议应列明发行人的义务，包括但不限于：

（一）负责就存托凭证的发行事宜分别向境外监管机构、中国证监会提出申请并按境内外监管机构要求获得相应的批准或认可。

（二）聘请境内保荐机构、承销机构（如适用）、律师、会计师事务所等中介机构，办理并完成存托凭证公开发行并上市的有关工作。

（三）以新增证券为基础证券发行存托凭证的，应将基础证券交付存托人持有。

（四）保证存托凭证持有人实际享有的资产收益、参与重大决策、剩余财产分配等有关权益与境外基础证券持有人享有的权益相当；保证存托凭证持有人的合法权益不受损害；保证对存托凭证持有人的保护不低于境内法律、行政法规以及中国证监会的要求。

（五）保证交付存托人的基础证券不违反基础证券发行地的法律、法规，且证券权益完善，不存在任何设定担保、转让限制或其他权利受限情形。

（六）履行信息披露义务人职责和义务，并承担相应的法律责任。

（七）按照协议的约定，采用安全、经济、便捷的网络或其他方式为存托凭证持有人行使权利提供便利。

（八）法律法规及中国证监会规定的和协议约定的其他义务。

第十六条 根据《办法》及其他有关规定，存托协议应列明存托人的权利，包括但不限于：

（一）代表存托凭证持有人以自身名义持有基础证券，按照本协议约定，根据存托凭证持有人意愿行使基础证券相应权利；

（二）委托中国证券登记结算有限责任公司担任存托凭证登记机构办理存托凭证登记及相关业务；

（三）委托境外托管机构担任托管人，托管存托凭证基础财产；

（四）根据协议约定收取存托手续费等费用以及法律法规规定或监管部门批准的其他费用；

（五）法律法规及中国证监会规定的和协议约定的其他权利。

第十七条 根据《办法》及其他有关规定，存托协议应列明存托人的义务，包括但不限于：

（一）根据协议约定，协助发行人完成存托凭证的发行上市；

（二）安排存放存托凭证基础财产，可以委托具有相应业务资质、能力，诚实信用的托管人管理存托凭证基础财产并与其签署托管协议，督促其履行基础财产的托管职责，存托凭证基础财产因托管人过错受到损害的，存托人承担连带赔偿责任；

（三）建立并维护存托凭证持有人名册；

（四）办理存托凭证的签发与注销；

（五）按照相关规定和协议约定，办理存托凭证与基础股票的跨境转换等；

（六）按照中国证监会和证券交易所的相关规定和协议的约定，向存托凭证持有人发送通知等相关文件；

（七）按照协议约定，向存托凭证持有人派发红利、股息等权益，根据存托凭证持有人意愿行使表决权等权利；

（八）发行人股东大会审议有关存托凭证持有人权利义务的议案时，存托人应当参加股东大会并按存托凭证持有人意愿行使表决权；

（九）按照存托协议的约定，采用安全、经济、便捷的网络或其他方式为存托凭证持有人行使权利提供便利；

（十）在变更托管人或者调整、修改托管协议时，应当及时告知发行人，以便发行人履行信息披露义务；

（十一）存托人不得买卖其签发的存托凭证，不得兼任其履行存托职责的存托凭证的保荐人；

（十二）法律法规及中国证监会规定的和协议约定的其他义务。

第十八条 根据《办法》及其他有关规定，存托协议应列明存托凭证持有人的权利，包括但不限于：

（一）依法享有存托凭证代表的境外基础证券权益；

（二）通过存托人行使对基础证券的股东权利，包括但不限于：获取现金分红、股份分红及其他财产分配，行使配股权，行使表决权等；

（三）法律法规及中国证监会规定的和协议约定的其他权利。

第十九条 根据《办法》及其他有关规定，存托协议应列明存托凭证持有人的义务，包括但不限于：

（一）遵守存托协议；

（二）提供真实、有效的身份信息，满足法律法规或监管机构规定的存托凭证投资者适当性管理要求；

（三）了解所投资的存托凭证，了解自身风险承受能力，自行承担投资风险；

（四）承担相关税费；

（五）自行承担存托凭证代表的基础证券所产生的相关义务，包括但不限于，因单独或合计持有存托凭证、持有发行人发行股份达到《证券法》《上市公司信息披露管理办法》以及《办法》规定的比例而需承担的信息披露义务等；

（六）法律法规及中国证监会规定的和协议约定的其他义务。

第四节 投资者保护

第二十条 存托协议应当依据《办法》及其他有关规定，列明发行人投资者保护的相关要求，包括但不限于：

（一）关于同等保护的有关要求；

（二）关于便利行权的有关要求；

（三）基础证券无法卖出的情况下，关于存托凭证终止上市后的有关安排；

（四）法律法规及中国证监会规定的和协议约定的其他要求。

第二十一条 存托协议应当列明存托凭证持有人应满足交易所制定的存托凭证投资者适当性管理要求，并自觉遵守账户实名制等相关规定。

第五节 存托人的更换条件和程序

第二十二条 存托协议应列明存托人的更换条件，包括但不限于：

（一）存托人依法解散、被依法撤销或被依法宣告破产；

（二）存托人或发行人任何一方提前 90 天提出辞任或免职通知的；

（三）法律法规及中国证监会规定的和协议约定的其他情形。

第二十三条 存托协议应列明存托人更换的相关程序，包括但不限于：

（一）发行人向市场公告；

（二）向有关监管部门报告；

（三）存托人交接；

（四）中国证监会、交易所规定的和协议约定的其他程序。

第六节 公司行为处理、信息披露要求、费用和税收、风险揭示等

第二十四条 存托协议应列明基础证券发生协议约定的分红派息、配股权证、投票等公司行为时的相应处理安排。前述有关安排应以有利于存托凭证持有人为前提。

第二十五条 存托协议应依据《办法》及其他有关规定，列明信息披露的有关要求，包括但不限于：

（一）存托凭证信息披露义务人。

（二）存托凭证公开披露的信息应当使用中文。涉及同步披露的，文件内容应当与其在境外证券交易场所披露的文件内容一致。上述文件内容不一致时，以中文文件为准。

（三）发行人等信息披露义务人应当保证其在境外市场披露的信息同步在境内市场披露，确保存托凭证持有人可以与境外基础股票持有人平等的获取同一信息，不得向境内外部分投资者透露或者泄漏未披露信息。

（四）法律法规及中国证监会规定的和协议约定的其他要求。

第二十六条 存托协议应列明存托凭证的费用收取安排，包括但不限于存托人收取费用的对象（如发行人、存托凭证持有人）、费用种类及具体收费金额要求等。

第二十七条 存托协议应列明存托凭证税收有关安排。

第二十八条 存托协议应列明存托凭证投资相关的各项风险，包括但不限于：

（一）市场风险；

（二）监管风险；

（三）发行人的投票权差异、协议控制架构或者类似特殊安排可能引起的特定风险；

（四）其他风险。

第七节 协议变更及终止、违约责任、争议处理

第二十九条 存托协议应列明协议变更、终止的有关情形及安排，包括但不限于：

（一）发行人与存托人协商一致需要对协议进行修订，发行人应于修订文本生效前向市场公开披露，披露时间不得晚于修订文本生效前××个自然日；

（二）存托凭证持有人在协议修订生效后继续持有存托凭证的，即为同意有关修订并受其约束；

（三）协议发生调整和修改的，发行人和存托人应当及时向中国证监会、证券交易所

报告；

（四）列明存托协议终止的有关情形。

第三十条 存托协议应当依据《办法》及有关规定，列明违约责任、争议处理有关要求。

第八节 存托协议的效力

第三十一条 存托协议是约定存托凭证当事人之间权利义务的法律文件。存托协议自发行人、存托人法定代表人或授权签字人签字并加盖公章（如有），且存托凭证的发行获得中国证监会出具相关核准文件后生效。投资者持有存托凭证即成为本存托协议的当事人，接受本协议所有条款的约束。

第三十二条 存托协议的有效期自其生效之日起至存托协议终止之日止。存托协议的生效和终止应当符合法律法规及本指引的有关规定。

第三十三条 存托协议应当明确，自生效之日起，存托协议对全体当事人具有同等法律约束力。

第三十四条 存托协议合同正本一式××份，除作为上报有关监管机构一式××份外，发行人、存托人分别持有××份，每份具有同等的法律效力。

第九节 其他事项

第三十五条 列明存托协议其他需要约定的事项。

第三章 附 则

第三十六条 本指引自发布之日起实施。

4.7 其他规范性文件

4.7.1

律师事务所从事证券法律业务管理办法

（2007年3月9日　证监会　司法部令第41号）

第一章　总　　则

第一条　为了加强对律师事务所从事证券法律业务活动的监督管理，规范律师在证券发行、上市和交易等活动中的执业行为，完善法律风险防范机制，维护证券市场秩序，保护投资者的合法权益，根据《证券法》和《律师法》，制定本办法。

第二条　律师事务所及其指派的律师从事证券法律业务，适用本办法。

前款所称证券法律业务，是指律师事务所接受当事人委托，为其证券发行、上市和交易等证券业务活动，提供的制作、出具法律意见书等文件的法律服务。

第三条　律师事务所及其指派的律师从事证券法律业务，应当遵守法律、行政法规及相关规定，遵循诚实、守信、独立、勤勉、尽责的原则，恪守律师职业道德和执业纪律，严格履行法定职责，保证其所出具文件的真实性、准确性、完整性。

第四条　律师事务所应当建立健全风险控制制度，加强对律师从事证券法律业务的管理，提高律师证券法律业务水平。

第五条　中国证券监督管理委员会（以下简称中国证监会）及其派出机构、司法部及地方司法行政机关依法对律师事务所从事证券法律业务进行监督管理。

律师协会依照章程和律师行业规范对律师事务所从事证券法律业务进行自律管理。

第二章　业务范围

第六条　律师事务所从事证券法律业务，可以为下列事项出具法律意见：

（一）首次公开发行股票及上市；

（二）上市公司发行证券及上市；

（三）上市公司的收购、重大资产重组及股份回购；

（四）上市公司实行股权激励计划；

（五）上市公司召开股东大会；

（六）境内企业直接或者间接到境外发行证券、将其证券在境外上市交易；

（七）证券公司、证券投资基金管理公司及其分支机构的设立、变更、解散、终止；

（八）证券投资基金的募集、证券公司集合资产管理计划的设立；

（九）证券衍生品种的发行及上市；

（十）中国证监会规定的其他事项。

第七条 律师事务所可以接受当事人的委托，组织制作与证券业务活动相关的法律文件。

第八条 鼓励具备下列条件的律师事务所从事证券法律业务：

（一）内部管理规范，风险控制制度健全，执业水准高，社会信誉良好；

（二）有 20 名以上执业律师，其中 5 名以上曾从事过证券法律业务；

（三）已经办理有效的执业责任保险；

（四）最近 2 年未因违法执业行为受到行政处罚。

第九条 鼓励具备下列条件之一，并且最近 2 年未因违法执业行为受到行政处罚的律师从事证券法律业务：

（一）最近 3 年从事过证券法律业务；

（二）最近 3 年连续执业，且拟与其共同承办业务的律师最近 3 年从事过证券法律业务；

（三）最近 3 年连续从事证券法律领域的教学、研究工作，或者接受过证券法律业务的行业培训。

第十条 律师被吊销执业证书的，不得再从事证券法律业务。

律师被中国证监会采取证券市场禁入措施或者被司法行政机关给予停止执业处罚的，在规定禁入或者停止执业的期间不得从事证券法律业务。

第十一条 同一律师事务所不得同时为同一证券发行的发行人和保荐人、承销的证券公司出具法律意见，不得同时为同一收购行为的收购人和被收购的上市公司出具法律意见，不得在其他同一证券业务活动中为具有利害关系的不同当事人出具法律意见。

律师担任公司及其关联方董事、监事、高级管理人员，或者存在其他影响律师独立性的情形的，该律师所在律师事务所不得接受所任职公司的委托，为该公司提供证券法律服务。

第三章 业务规则

第十二条 律师事务所及其指派的律师从事证券法律业务，应当按照依法制定的业务规则，勤勉尽责，审慎履行核查和验证义务。

律师进行核查和验证，可以采用面谈、书面审查、实地调查、查询和函证、计算、复核等方法。

第十三条 律师事务所及其指派的律师从事证券法律业务，应当依法对所依据的文件资料内容的真实性、准确性、完整性进行核查和验证；在进行核查和验证前，应当编制核查和验证计划，明确需要核查和验证的事项，并根据业务的进展情况，对其予以适当调整。

第十四条 律师在出具法律意见时，对与法律相关的业务事项应当履行法律专业人士特别的注意义务，对其他业务事项履行普通人一般的注意义务，其制作、出具的文件不得有虚假记载、误导性陈述或者重大遗漏。

第十五条 律师从国家机关、具有管理公共事务职能的组织、会计师事务所、资产评估机构、资信评级机构、公证机构（以下统称公共机构）直接取得的文书，可以作为出具法律意见的依据，但律师应当履行本办法第十四条规定的注意义务并加以说明；对于不是从公共机构直接取得的文书，经核查和验证后方可作为出具法律意见的依据。

律师从公共机构抄录、复制的材料，经该机构确认后，可以作为出具法律意见的依据，但律师应当履行本办法第十四条规定的注意义务并加以说明；未取得公共机构确认的，对相关内容进行核查和验证后方可作为出具法律意见的依据。

第十六条 律师进行核查和验证，需要会计师事务所、资产评估机构等证券服务机构作出判断的，应当直接委托或者要求委托人委托会计师事务所、资产评估机构等证券服务机构出具意见。

第十七条 律师在从事证券法律业务时，委托人应当向其提供真实、完整的有关材料，不得拒绝、隐匿、谎报。

律师发现委托人提供的材料有虚假记载、误导性陈述、重大遗漏，或者委托人有重大违法行为的，应当要求委托人纠正、补充；委托人拒不纠正、补充的，律师可以拒绝继续接受委托，同时应当按照规定向有关方面履行报告义务。

第十八条 律师应当归类整理核查和验证中形成的工作记录和获取的材料，并对法律意见书等文件中各具体意见所依据的事实、国家相关规定以及律师的分析判断作出说明，形成记录清晰的工作底稿。

第十九条 工作底稿由出具法律意见的律师事务所保存，保存期限不得少于7年；中国证监会对保存期限另有规定的，从其规定。

第四章 法律意见

第二十条 法律意见是律师事务所及其指派的律师针对委托人委托事项的合法性，出具的明确结论性意见，是委托人、投资者和中国证监会及其派出机构确认相关事项是否合法的重要依据。法律意见应当由律师在核查和验证所依据的文件资料内容的真实性、准确性、完整性的基础上，依据法律、行政法规及相关规定作出。

第二十一条 法律意见书应当列明相关材料、事实、具体核查和验证结果、国家有关规定和结论性意见。

法律意见不得使用“基本符合”、“未发现”等含糊措辞。

第二十二条 有下列情形之一的，律师应当在法律意见中予以说明，并充分揭示其对相关事项的影响程度及其风险：

（一）委托人的全部或者部分事项不符合中国证监会规定；

（二）事实不清楚，材料不充分，不能全面反映委托人情况；

（三）核查和验证范围受到客观条件的限制，无法取得应有证据；

（四）律师已要求委托人纠正、补充而委托人未予纠正、补充；

（五）律师已依法履行勤勉尽责义务，仍不能对全部或者部分事项作出准确判断；

（六）律师认为应当予以说明的其他情形。

第二十三条 律师从事本办法第六条规定的证券法律业务，其所出具的法律意见应当经所在律师事务所讨论复核，并制作相关记录作为工作底稿留存。

第二十四条 律师从事本办法第六条规定的证券法律业务，其所出具的法律意见应当由 2 名执业律师和所在律师事务所负责人签名，加盖该律师事务所印章，并签署日期。

第二十五条 法律意见书的具体内容和格式，应当符合中国证监会的相关规定。

第二十六条 法律意见书等文件在报送中国证监会及其派出机构后，发生重大事项或者律师发现需要补充意见的，应当及时提出补充意见。

第五章 监督管理

第二十七条 律师从事证券法律业务期间，律师或者其所在律师事务所因涉嫌违法被有关机关立案调查的，该律师、律师事务所应当及时如实告知委托人，并明确提示可能的法律后果。

第二十八条 律师、律师事务所在向委托人出具法律意见时，应当按照规定同时提交其已从事证券法律业务的有关情况；委托人向中国证监会及其派出机构报送含有法律意见的文件时，应当按照规定同时提交律师、律师事务所已从事证券法律业务的有关情况。

第二十九条 中国证监会及其派出机构、司法行政机关及律师协会建立律师从事证券法律业务的资料库和诚信档案，记载律师、律师事务所从事证券法律业务所受处理处罚等情况，并按照规定予以公开。

第三十条 中国证监会及其派出机构在审核律师出具的法律意见时，对其真实性、准确性、完整性有疑义的，可以要求律师作出解释、补充，或者调阅其工作底稿。律师和律师事务所应当配合。

第三十一条 律师、律师事务所从事证券法律业务有下列情形之一的，中国证监会及其派出机构可以采取责令改正、监管谈话、出具警示函等措施：

（一）未按照本办法第十二条的规定勤勉尽责，对所依据的文件资料内容的真实性、准确性、完整性进行核查和验证；

（二）未按照本办法第十三条的规定编制核查和验证计划；

（三）未按照本办法第十七条的规定要求委托人予以纠正、补充，或者履行报告义务；

（四）未按照本办法第二十二条的规定在法律意见中作出说明；

（五）未按照本办法第二十三条的规定讨论复核法律意见；

（六）未按照本办法第二十七条的规定履行告知义务；

（七）法律意见的依据不适当或者不充分，法律分析有明显失误；

（八）法律意见的结论不明确或者与核查和验证的结果不对应；

（九）未按照本办法第十八条的规定制作工作底稿；

（十）未按照本办法第十九条的规定保存工作底稿；

（十一）法律意见书不符合规定内容或者格式；

（十二）法律意见书等文件存在严重文字错误等文书质量问题；

（十三）违反业务规则的其他情形。

第三十二条 中国证监会及其派出机构作出监管谈话决定的，应当将监管谈话的对象、原因、时间、地点等以书面形式通知律师或者律师事务所负责人。律师或者律师事务所负责人应当按照通知要求，接受监管谈话。

中国证监会及其派出机构对律师或者律师事务所负责人监管谈话，可以会同或者委托司法行政机关进行。

进行监管谈话，应当有2名以上工作人员在场，并对监管谈话的内容作出书面记录。

第三十三条 中国证监会及其派出机构或者司法行政机关对律师、律师事务所采取责令改正、监管谈话、出具警示函等措施的，律师、律师事务所应当按照要求改正所存在的问题，提高证券法律业务水平。

第三十四条 律师、律师事务所负责人未按照规定接受监管谈话，或者未按照要求改正所存在问题的，中国证监会及其派出机构或者司法行政机关可以责令其限期整改。

第三十五条 律师、律师事务所被中国证监会及其派出机构、司法行政机关立案调查或者责令整改的，在调查、整改期间，中国证监会及其派出机构暂不受理和审核该律师、律师事务所出具的法律意见书等文件。

第六章 法律责任

第三十六条 律师事务所及其指派的律师从事证券法律业务，违反《证券法》和有关证券管理的行政法规，应当给予行政处罚的，由中国证监会依据《证券法》和有关证券管理的行政法规实施处罚；需要对律师事务所给予停业整顿处罚、对律师给予停止执业或者吊销律师执业证书处罚的，由司法行政机关依法实施处罚。

第三十七条 律师事务所从事证券法律业务，未勤勉尽责，所制作、出具的文件有虚假记载、误导性陈述或者重大遗漏的，由中国证监会依照《证券法》第二百二十三条的规定实施处罚。

第三十八条 律师事务所从事证券法律业务，未按照本办法第十九条的规定保存工作底稿的，由中国证监会依照《证券法》第二百二十五条的规定实施处罚。

第三十九条 律师事务所从事证券法律业务，有本办法第三十一条第（一）项至第（八）项规定情形之一的，由中国证监会依照《证券法》第二百二十六条第二款的规定实施处罚。

第四十条 律师从事证券法律业务，违反《证券法》、有关行政法规和本办法规定，情节严重的，中国证监会可以依照《证券法》第二百三十三条的规定，对其采取证券市场禁入的措施。

第四十一条 律师事务所及其指派的律师从事证券法律业务，违反《律师法》和有关律师执业管理规定的，由司法行政机关给予相应的行政处罚。

律师事务所及其指派的律师从事证券法律业务，违反律师行业规范的，由律师协会给予相应的行业惩戒。

第四十二条 律师事务所及其指派的律师违反规定从事证券法律业务，涉嫌犯罪的，依法移送司法机关处理。

第四十三条 中国证监会及其派出机构、司法行政机关在查处律师事务所、律师从事证券法律业务的违法行为的工作中，应当相互配合，互通情况，建立协调协商机制。对于依法应当由对方实施处罚的，及时移送对方处理；一方实施处罚后，应当将处罚结果书面告知另一方，并抄送律师协会。

第七章 附 则

第四十四条 律师事务所及其指派的律师从事期货法律业务，参照本办法执行。

第四十五条 本办法自2007年5月1日起施行。《中国证券监督管理委员会关于加强律师从事证券法律业务管理的通知》（证监法字〔1998〕1号）同时废止。

4.7.2

律师事务所证券法律业务执业规则（试行）

（2010年10月20日　证监会　司法部公告〔2010〕33号）

第一章　总　　则

第一条　为了规范律师事务所及其指派的律师从事证券法律业务，保障执业质量，维护投资者的合法权益，根据《律师事务所从事证券法律业务管理办法》（证监会令第41号），制定本规则。

第二条　律师事务所及其指派的律师从事证券法律业务开展核查和验证（以下简称查验）、制作和出具法律意见书等执业活动，适用本规则。

第三条　律师事务所及其指派的律师，应当按照《律师事务所从事证券法律业务管理办法》（以下简称《管理办法》）和本规则的规定，进行尽职调查和审慎查验，对受托事项的合法性出具法律意见，并留存工作底稿。

第四条　律师事务所及其指派的律师从事证券法律业务，应当运用自己的专业知识和能力，依据自己的查验行为，独立作出查验结论，出具法律意见。对于收集证据材料等事项，应当亲自办理，不得交由委托人代为办理；使用委托人提供材料的，应当对其内容、性质和效力等进行必要的查验、分析和判断。

第五条　律师事务所及其指派的律师对有关事实、法律问题作出认定和判断，应当有适当的证据和理由。

第六条　律师从事证券法律业务，应当就业务事项是否与法律相关、是否应当履行法律专业人士特别注意义务作出分析、判断。需要履行法律专业人士特别注意义务的，应当拟订履行特别注意义务的具体方式、手段、措施，并予以落实。

第七条　律师事务所从事证券法律业务，应当建立、健全内部业务质量和执业风险控制机制，确保出具的法律意见书内容真实、准确、完整，逻辑严密、论证充分。

第二章　查验规则

第八条　律师事务所及其指派的律师对受托事项进行查验时，应当独立、客观、公正，遵循审慎性及重要性原则。

第九条 律师事务所及其指派的律师应当按照《管理办法》编制查验计划。查验计划应当列明需要查验的具体事项、查验工作程序、查验方法等。

查验工作结束后，律师事务所及其指派的律师应当对查验计划的落实情况进行评估和总结；查验计划未完全落实的，应当说明原因或者采取的其他查验措施。

第十条 律师应当合理、充分地运用查验方法，除按本规则和有关细则规定必须采取的查验方法外，还应当根据实际情况予以补充。在有关查验方法不能实现验证目的时，应当对相关情况进行评判，以确定是否采取替代的查验方法。

第十一条 待查验事项只需书面凭证便可证明的，在无法获得凭证原件加以对照查验的情况下，律师应当采用查询、复核等方式予以确认；待查验事项没有书面凭证或者仅有书面凭证不足以证明的，律师应当采用实地调查、面谈等方式进行查验。

第十二条 律师进行查验，向有关国家机关、具有管理公共事务职能的组织、会计师事务所、资信评级机构、公证机构等查证、确认有关事实的，应当将查证、确认工作情况做成书面记录，并由经办律师签名。

第十三条 律师采用面谈方式进行查验的，应当制作面谈笔录。谈话对象和律师应当在笔录上签名。谈话对象拒绝签名的，应当在笔录中注明。

第十四条 律师采用书面审查方式进行查验的，应当分析相关书面信息的可靠性，对文件记载的事实内容进行审查，并对其法律性质、后果进行分析判断。

第十五条 律师采用实地调查方式进行查验的，应当将实地调查情况作成笔录，由调查律师、被调查事项相关的自然人或者单位负责人签名。该自然人或者单位负责人拒绝签名的，应当在笔录中注明。

第十六条 律师采用查询方式进行查验的，应当核查公告、网页或者其他载体相关信息，并就查询的信息内容、时间、地点、载体等有关事项制作查询笔录。

第十七条 律师采用函证方式进行查验的，应当以挂号信函或者特快专递的形式寄出，邮件回执、查询信函底稿和对方回函应当由经办律师签名。函证对方未签署回执、未予签收或者在函证规定的最后期限届满时未回复的，由经办律师对相关情况作出书面说明。

第十八条 除本规则规定的查验方法之外，律师可以按照《管理办法》的规定，根据需要采用其他合理手段，以获取适当的证据材料，对被查验事项作出认定和判断。

第十九条 律师查验法人或者其分支机构有关主体资格以及业务经营资格的，应当就相关主管机关颁发的批准文件、营业执照、业务经营许可证及其他证照的原件进行查验。对上述原件的真实性、合法性存在疑问的，应当依法向该法人的设立登记机关、其他有关许可证颁发机关及相关登记机关进行查证、确认。

第二十条 对自然人有关资格或者一定期限内职业经历的查验，律师应当向其在相关期间工作过的单位人事等部门进行查询、函证。

第二十一条 对不动产、知识产权等依法需要登记的财产的查验，律师应当取得登记机关制作的财产权利证书原件，必要时应当采取适当方式，就该财产权利证书的真实性以及是否存在权利纠纷等，向该财产的登记机关进行查证、确认。

第二十二条 对生产经营设备、大宗产品或者重要原材料的查验，律师应当查验其购买合同和发票原件。购买合同和发票原件已经遗失的，应当由财产权利人或者其代表签字确认，并在工作底稿中注明；相关供应商尚存在的，应当向供应商进行查询和函证。必要时，应当进行现场查验，制作现场查验笔录，并由财产权利人或者其代表签字；财产权利人或者其代表拒绝签字的，应当在查验笔录中注明。

第二十三条 对依法需要评估才能确定财产价值的财产的查验，律师应当取得有证券、期货相关业务评估资格的资产评估机构（以下简称有资格的评估机构）出具的有效评估文书；未进行有效评估的，应当要求委托人委托有资格的评估机构出具有效评估文书予以确认。

第二十四条 对银行存款的查验，律师应当查验银行出具的存款证明原件；不能提供委托查验期银行存款证明的，应当会同委托人（存款人）向委托人的开户银行进行书面查询、函证。

第二十五条 对财产的查验，难以确定其是否存在被设定担保等权利负担的，律师应当以适当方式向有关财产抵押、质押登记部门进行查证、确认。

第二十六条 对委托人是否存在对外重大担保事项的查验，律师应当与委托人的财务负责人等相关人员及委托人聘请的会计师事务所的会计师面谈，并根据需要向该委托人的开户银行、公司登记机关、证券登记机构和委托人不动产、知识产权的登记部门等进行查证、确认。

向银行进行查证、确认，采取查询、函证等方式；向财产登记部门进行查证、确认，采取查询、函证或者查阅登记机关公告、网站等方式。

第二十七条 对有关自然人或者法人是否存在重大违法行为、是否受到有关部门调查、是否受到行政处罚或者刑事处罚、是否存在重大诉讼或者仲裁等事实的查验，律师应当与有关自然人、法人的主要负责人及有关法人的合规管理等部门负责人进行面谈，并根据情况选取可能涉及的有关行政机关、司法机关、仲裁机构等公共机构进行查证、确认。

向有关公共机构查证、确认，可以采取查询、函证或者查阅其公告、网站等方式。

第二十八条 从不同来源获取的证据材料或者通过不同查验方式获取的证据材料，对同一事项所证明的结论不一致的，律师应当追加必要的程序，作进一步查证。

第三章　法律意见书

第二十九条 律师应当依据法律、行政法规和中国证监会的规定，在查验相关材料和事实的基础上，以书面形式对受托事项的合法性发表明确、审慎的结论性意见。

第三十条 法律意见书应当列明以下基本内容：

（一）标题；

（二）收件人；

（三）法律依据；

（四）声明事项；

（五）法律意见书正文；

（六）承办律师、律师事务所负责人签名及律师事务所盖章；

（七）律师事务所地址；

（八）法律意见书签署日期。

第三十一条 法律意见书的标题为《××律师事务所关于××的法律意见》。

第三十二条 法律意见书收件人为法律意见书的委托人。法律意见书应当载明收件人的全称。

第三十三条 法律意见书的法律依据是指出具此项法律意见书所依据的法律、行政法规、规章和相关规定。

第三十四条 法律意见书声明事项段应当载明以下内容："本所及经办律师依据《证券法》、《律师事务所从事证券法律业务管理办法》和《律师事务所证券法律业务执业规则》等规定及本法律意见书出具日以前已经发生或者存在的事实，严格履行了法定职责，遵循了勤勉尽责和诚实信用原则，进行了充分的核查验证，保证本法律意见所认定的事实真实、准确、完整，所发表的结论性意见合法、准确，不存在虚假记载、误导性陈述或者重大遗漏，并承担相应法律责任。"

第三十五条 法律意见书正文应当载明相关事实材料、查验原则、查验方式、查验内容、查验过程、查验结果、国家有关规定、结论性意见以及所涉及的必要文件资料等。

第三十六条 法律意见书发表的所有结论性意见，都应当对所查验事项是否合法合规、是否真实有效给予明确说明，并应当对结论性意见进行充分论证、分析。

第三十七条 律师事务所对法律意见书进行讨论复核时，应当制作相关记录存入工作底稿，参与讨论复核的律师应当签名确认。

第三十八条 法律意见书随相关申请文件报送中国证监会及其派出机构后，律师事务所不得对法律意见书进行修改，但应当关注申请文件的修改和中国证监会及其派出机构的反馈意见。申请文件的修改和反馈意见对法律意见书有影响的，律师事务所应当按规定出具补充法律意见书。

第四章　工作底稿

第三十九条 律师事务所应当完整保存在出具法律意见书过程中形成的工作记录，以及在工作中获取的所有文件、资料，及时制作工作底稿。

工作底稿是判断律师是否勤勉尽责的重要证据。中国证监会及其派出机构可根据监管工作需要调阅、检查工作底稿。

第四十条 工作底稿应当包括以下内容：

（一）律师接受委托事项的基本情况，包括委托人名称、事项的名称；

（二）与委托人签订的委托协议；

（三）查验计划及其操作程序的记录；

（四）与查验相关的文件，如设立批准证书、营业执照、合同、章程等文件、变更文件或者上述文件的复印件；

（五）与查验相关的重大合同、协议及其他重要文件和会议记录的摘要或者副本；

（六）与政府有关部门、司法机关、中介机构、委托人等单位及相关人员相互沟通情况的记录，对委托人提供资料进行调查的访问记录、往来函件、现场查验记录、查阅文件清单等相关的资料及详细说明；

（七）委托人及相关人员的书面保证或者声明书的复印件；

（八）法律意见书草稿；

（九）内部讨论、复核的记录；

（十）其他与出具法律意见书相关的重要资料。

上述资料应当注明来源，按照本规则的规定签名、盖章，或者对未签名、盖章的情形予以注明。

第四十一条 工作底稿内容应当真实、完整，记录清晰，标明目录索引和页码，由律师事务所指派的律师签名，并加盖律师事务所公章。

第五章 附 则

第四十二条 律师事务所及其指派的律师从事期货法律业务，参照适用本规则。

第四十三条 本规则自 2011 年 1 月 1 日起施行。

4.8 中国证监会关于上市公司监管法规政策常见问题的解答

4.8.1

上市公司监管法律法规常见问题与解答修订汇编

（2015 年 9 月 18 日 证监会）

一、上市公司计算相关交易是否达到重大资产重组标准时，其净资产额是否包括少数股东权益？

答：上市公司根据《上市公司重大资产重组管理办法》第十二条、十四条等条款，计算购买、出售的资产净额占上市公司最近一个会计年度经审计的合并财务会计报告期末净资产额的比例时，应当参照《公开发行证券的公司信息披露编报规则第 9 号——净资产收益率和每股收益的计算及披露》的相关规定，前述净资产额不应包括少数股东权益。

二、上市公司发行股份购买资产同时募集配套资金的，有哪些注意事项？

1.《上市公司重大资产重组管理办法》第四十四条规定："上市公司发行股份购买资产的，可以同时募集部分配套资金"。募集配套资金的用途有何要求？

答：募集配套资金的用途应当符合《上市公司证券发行管理办法》、《创业板上市公司证券发行管理暂行办法》的相关规定。考虑到并购重组的特殊性，募集配套资金还可用于：支付本次并购交易中的现金对价；支付本次并购交易税费、人员安置费用等并购整合费用；标的资产在建项目建设等。

募集配套资金用于补充公司流动资金的比例不应超过交易作价的 25%；或者不超过募集配套资金总额的 50%，构成借壳上市的，不超过 30%。

2. 募集配套资金的定价方法、锁定期、聘请中介机构的具体要求有哪些？

答：发行股份购买资产部分应当按照《上市公司重大资产重组管理办法》、《上市公司并购重组财务顾问业务管理办法》等相关规定执行，募集配套资金部分应当按照《上市公司证券发行管理办法》、《创业板上市公司证券发行管理暂行办法》、《证券发行上市保荐业务管理办法》等相关规定执行。募集配套资金部分与购买资产部分应当分别定价，视为两次发行。具有保荐人资格的独立财务顾问可以兼任保荐机构。

3. 上市公司按照《公开发行证券的公司信息披露内容与格式准则第 26 号——上市公

司重大资产重组（2014年修订）》的规定披露募集配套资金方案时，还应注意什么？

答：上市公司在披露募集配套资金的必要性时，应结合以下方面进行说明：上市公司前次募集资金金额、使用进度、效益及剩余资金安排；上市公司、标的资产报告期末货币资金金额及用途；上市公司资产负债率等财务状况与同行业的比较；本次募集配套资金金额是否与上市公司及标的资产现有生产经营规模、财务状况相匹配等。

上市公司还应披露募集配套资金选取询价或锁价方式的原因。如采用锁价方式，锁价发行的可行性，锁价发行对象与上市公司、标的资产之间的关系，锁价发行对象认购本次募集配套资金的资金来源，放弃认购的违约责任，以及发行失败对上市公司可能造成的影响。

三、上市公司实施并购重组中，向特定对象发行股份购买资产的发行对象数量是不超过10名还是不超过200名？

答：上市公司实施并购重组中向特定对象发行股份购买资产的发行对象数量原则上不超过200名。

四、《上市公司重大资产重组管理办法》第四十五条“本次发行股份购买资产的董事会决议应当说明市场参考价的选择依据”应当如何理解？

答：《上市公司重大资产重组管理办法》规定了发行股份购买资产的市场参考价可以是董事会决议公告日前20个交易日、60个交易日或者120个交易日的公司股票交易均价之一。上市公司应当充分说明市场参考价的选择原因。

五、上市公司重大资产重组涉及其他主管部门批复的有什么要求？

答：《上市公司重大资产重组管理办法》第十一条规定，“上市公司实施重大资产重组，应当就本次交易符合下列要求作出充分说明，并予以披露：（一）符合国家产业政策和有关环境保护、土地管理、反垄断等法律和行政法规的规定”。对于涉及其他主管部门批复的，中介机构应当就本次交易涉及哪些部门批复、是否为前置审批、批复进度、不确定性风险，以及无法获取相关批复对本次交易的影响等事项发表明确意见并予以披露。

六、上市公司公告重大资产重组预案后，如对重组方案进行调整，有什么要求？

答：（一）股东大会作出重大资产重组的决议后，根据《上市公司重大资产重组管理办法》第二十八条规定，对于如何认定是否构成对重组方案的重大调整问题，明确审核要求如下：

1. 关于交易对象

（1）拟增加交易对象的，应当视为构成对重组方案重大调整。

（2）拟减少交易对象的，如交易各方同意将该交易对象及其持有的标的资产份额剔除出重组方案，且剔除相关标的资产后按照下述第2条的规定不构成重组方案重大调整的，可以视为不构成重组方案重大调整。

（3）拟调整交易对象所持标的资产份额的，如交易各方同意交易对象之间转让标的资产份额，且转让份额不超过交易作价20%的，可以视为不构成重组方案重大调整。

2. 关于交易标的

拟对标的资产进行变更，如同时满足以下条件，可以视为不构成重组方案重大调整。

（1）拟增加或减少的交易标的的交易作价、资产总额、资产净额及营业收入占原标的资产相应指标总量的比例均不超过20%。

（2）变更标的资产对交易标的的生产经营不构成实质性影响，包括不影响标的资产及业务完整性等。

3. 关于配套募集资金

（1）调减或取消配套募集资金不构成重组方案的重大调整。重组委会议可以审议通过申请人的重组方案，但要求申请人调减或取消配套募集资金。

（2）新增配套募集资金，应当视为构成对重组方案重大调整。

（二）上市公司公告预案后，对重组方案进行调整达到上述调整范围的，需重新履行相关程序。

七、中介机构被立案调查是否影响上市公司并购重组行政许可的受理？

答：上市公司并购重组行政许可中，涉及的中介机构主要有：独立财务顾问、律师事务所、审计机构、评估机构。

根据《上市公司并购重组财务顾问业务管理办法》以及《证券发行上市保荐业务管理办法》的规定，独立财务顾问（暨保荐机构）因从事并购重组、保荐业务被立案调查后，我会对其出具的文件暂不受理，待立案调查影响消除后，视情况受理。

根据《律师事务所从事证券法律业务管理办法》的规定，律师事务所被立案调查后，我会对其出具的文件暂不受理，待立案调查影响消除后，视情况受理。

审计机构、评估机构被立案调查的，我会在受理其出具的财务报告、评估报告等文件后，在审核中将重点关注其诚信信息及执业状况。

八、《上市公司重大资产重组管理办法》第三十五条“交易对方应当与上市公司就相关资产实际盈利数不足利润预测数的情况签订明确可行的补偿协议”应当如何理解？

答：交易对方为上市公司控股股东、实际控制人或者其控制的关联人，应当以其获得的股份和现金进行业绩补偿。如构成借壳上市的，应当以拟购买资产的价格进行业绩补偿的计算，且股份补偿不低于本次交易发行股份数量的90%。业绩补偿应先以股份补偿，不足部分以现金补偿。

在交易对方以股份方式进行业绩补偿的情况下，通常按照下列原则确定应当补偿股份的数量及期限：

（一）补偿股份数量的计算

1. 基本公式

（1）以收益现值法、假设开发法等基于未来收益预期的估值方法对拟购买资产进行评估或估值的，每年补偿的股份数量为：

当期补偿金额＝（截至当期期末累积承诺净利润数－截至当期期末累积实现净利润数）÷补偿期限内各年的预测净利润数总和×拟购买资产交易作价－累积已补偿金额

当期应当补偿股份数量＝当期补偿金额/本次股份的发行价格

当期股份不足补偿的部分，应现金补偿。

采用现金流量法对拟购买资产进行评估或估值的，交易对方计算出现金流量对应的税后净利润数，并据此计算补偿股份数量。

此外，在补偿期限届满时，上市公司应当对拟购买资产进行减值测试，如：期末减值额/拟购买资产交易作价 > 补偿期限内已补偿股份总数/认购股份总数，则交易对方需另行补偿股份，补偿的股份数量为：

期末减值额/每股发行价格 - 补偿期限内已补偿股份总数

（2）以市场法对拟购买资产进行评估或估值的，每年补偿的股份数量为：期末减值额/每股发行价格 - 补偿期限内已补偿股份总数

当期股份不足补偿的部分，应现金补偿。

2. 其他事项

按照前述第（1）、（2）项的公式计算补偿股份数量时，遵照下列原则：

前述净利润数均应当以拟购买资产扣除非经常性损益后的利润数确定。

前述减值额为拟购买资产交易作价减去期末拟购买资产的评估值并扣除补偿期限内拟购买资产股东增资、减资、接受赠与以及利润分配的影响。会计师应当对减值测试出具专项审核意见，同时说明与本次评估选取重要参数的差异及合理性，上市公司董事会、独立董事及独立财务顾问应当对此发表意见。

在逐年补偿的情况下，在各年计算的补偿股份数量小于0时，按0取值，即已经补偿的股份不冲回。

拟购买资产为非股权资产的，补偿股份数量比照前述原则处理。

拟购买资产为房地产公司或房地产类资产的，上市公司董事会可以在补偿期限届满时，一次确定补偿股份数量，无须逐年计算。

3. 上市公司董事会及独立董事应当关注拟购买资产折现率、预测期收益分布等其他评估参数取值的合理性，防止交易对方利用降低折现率、调整预测期收益分布等方式减轻股份补偿义务，并对此发表意见。独立财务顾问应当进行核查并发表意见。

（二）补偿期限

业绩补偿期限一般为重组实施完毕后的三年，对于拟购买资产作价较账面值溢价过高的，视情况延长业绩补偿期限。

九、《上市公司重大资产重组管理办法》第35条规定“上市公司应当在重大资产重组实施完毕后的有关年度报告中单独披露上市公司及相关资产的实际盈利数与利润预测数的差异情况”，前述“实施完毕”是指上市公司取得相关批文还是办理资产过户？

答：“实施完毕”是指资产过户实施完毕。

十、上市公司实施重大资产重组中，对过渡期间损益安排有什么特殊要求？

答：对于以收益现值法、假设开发法等基于未来收益预期的估值方法作为主要评估方法的，拟购买资产在过渡期间（自评估基准日至资产交割日）等相关期间的收益应当归上市公司所有，亏损应当由交易对方补足。

十一、上市公司实施重大资产重组中，对审计机构和评估机构独立性有什么特殊要求？

答：在上市公司重大资产重组中，为上市公司重大资产重组活动提供服务的审计机构

及其人员与评估机构及其人员应当在以下方面保持独立性：

1. 不存在主要股东相同、主要经营管理人员双重任职、受同一实际控制人控制等情形。

2. 不存在由同一人员对同一标的资产既执行审计业务又执行评估业务的情形。

十二、在上市公司并购重组审核中，拟购买资产为游戏公司的，在重组报告书中应当披露哪些内容？对独立财务顾问有什么特殊要求？

答：申请人应当结合游戏公司特点及运营模式，在重组报告书中分析并披露以下业务数据：主要游戏的总玩家数量、付费玩家数量、活跃用户数、付费玩家报告期内每月人均消费值、充值消费比、玩家的年龄和地域分布、开发人员等。同时，披露将未开发项目纳入收益法评估范围的说明，以及作为高风险、高波动公司的折现率和风险系数取值合理性的说明。

独立财务顾问应当围绕游戏公司业绩真实性进行专项核查，专项核查报告应当在申请人向监管机构报送申请文件时一并提交，同时提供关于拟购买资产销售真实性的核查方法、核查经过、核查范围等事项的说明。

十三、上市公司并购重组行政许可审核中，对私募投资基金备案及资产管理计划设立有何要求？

答：（一）私募投资基金备案要求

1. 资产重组行政许可申请中，独立财务顾问和律师事务所应当对本次重组是否涉及私募投资基金以及备案情况进行核查并发表明确意见。涉及私募投资基金的，应当在重组方案实施前完成备案程序。

如向我会提交申请材料时尚未完成私募投资基金备案，申请人应当在重组报告书中充分提示风险，并对备案事项作出专项说明，承诺在完成私募投资基金备案前，不能实施本次重组方案。

在我会审核期间及完成批准程序后，完成私募投资基金备案的，申请人应当及时公告并向我会出具说明。独立财务顾问和律师事务所应当对备案完成情况进行核查并发表明确意见。之后，方可实施重组方案。

2. 要约豁免义务申请中，申请人为私募投资基金的，应当在我会受理前完成备案程序。财务顾问（如有）、律师事务所应当在《财务顾问报告》、《法律意见书》中对本次申请涉及的私募投资基金以及备案完成情况进行核查并发表明确意见。

（二）资产管理计划监管要求

资产管理计划参与配套募集资金且尚未成立的，在重组方案提交上市公司股东大会审议时，应当已有明确的认购对象以及确定的认购份额。

十四、重大资产重组方案被重组委否决后，上市公司应当采取哪些处理措施？

答：《上市公司重大资产重组管理办法》第三十一条规定："上市公司收到中国证监会就其重大资产重组申请作出的予以核准或者不予核准的决定后，应当在次一工作日予以公告"，结合实践，上市公司重大资产重组方案被重组委否决后应当采取以下处理措施：

1. 上市公司董事会可以在重组委审议结果公告后，就是否修改或终止本次重组方案做出决议并予以公告。

2. 上市公司应当在收到中国证监会不予核准的决定后次一工作日予以公告。

3. 上市公司董事会应当根据股东大会的授权，在收到中国证监会不予核准的决定后10日内，就是否修改或终止本次重组方案做出决议并予以公告，同时撤回相关的豁免申请的材料（如涉及）。

4. 如上市公司董事会根据股东大会的授权决定终止方案，应当在以上董事会的公告中明确向投资者说明。

5. 如上市公司董事会根据股东大会的授权准备落实重组委的意见并重新上报，应当在以上董事会公告中明确说明重新上报的原因、计划等。

十五、投资者在股份减持行为中是否适用一致行动人的定义，是否需合并计算相关股份？

答：按《证券法》第八十六条规定，投资者持有或者通过协议、其他安排与他人共同持有上市公司的股份达到5%或达到5%后，无论持股比例增加或者减少5%时，均应当履行报告和公告义务。《上市公司收购管理办法》第十二、十三、十四以及八十三条进一步规定，投资者及其一致行动人持有的股份应当合并计算，其增持、减持行为都应当按照规定履行相关信息披露及报告义务。

《上市公司收购管理办法》所称一致行动情形，包括《上市公司收购管理办法》第八十三条第二款所列举的十二条情形，如无相反证据，即互为一致行动人，该种一致行动关系不以相关持股主体是否增持或减持上市公司股份为前提。

十六、如何计算一致行动人拥有的权益？

答：《上市公司收购管理办法》第十二条规定“投资者在一个上市公司中拥有的权益，包括登记在其名下的股份和虽未登记在其名下但该投资者可以实际支配表决权的股份。投资者及其一致行动人在一个上市公司中拥有的权益应当合并计算”，第八十三条进一步规定“一致行动人应当合并计算其所持有的股份。投资者计算其所持有的股份，应当包括登记在其名下的股份，也包括登记在其一致行动人名下的股份”。因而，《上市公司收购管理办法》所称合并计算，是指投资者与其一致行动人能够控制上市公司股份的总数。

十七、自然人与其配偶、兄弟姐妹等近亲属是否为一致行动人？

答：自然人及其近亲属符合《上市公司收购管理办法》第八十三条第二款第（九）项规定以及第（十二）项“投资者之间具有其他关联关系”的情形，如无相反证据，应当被认定为一致行动人。

十八、《上市公司收购管理办法》有在“事实发生之日”起3日内披露上市公司收购报告书（摘要）的规定，对于“事实发生之日”怎么理解？

答：《上市公司收购管理办法》及《公开发行证券的公司信息披露内容与格式准则第16号——上市公司收购报告书（2014年修订）》有“事实发生之日”起3日内披露上市公司收购报告书（摘要）的原则规定，对此规定应当理解如下：

1. 协议收购的，在达成收购协议之日起3日内，其中共同出资设立新公司的，在达成出资协议之日起3日内。

2. 以协议等方式一致行动的，在达成一致行动协议或者其他安排之日起 3 日内。

3. 行政划转的，在获得上市公司所在地国资部门批准之日起 3 日内。

4. 司法裁决的，在收到法院就公开拍卖结果裁定之日起 3 日内。

5. 继承、赠与的，在法律事实发生之日起 3 日内。

6. 认购上市公司发行新股的，在上市公司董事会作出向收购人发行新股的具体发行方案的决议之日起 3 日内。

十九、《上市公司收购管理办法》第六十二条第一款第（一）项规定，“收购人与出让人能够证明本次股份转让是在同一实际控制人控制的不同主体之间进行，未导致上市公司的实际控制人发生变化”，应当如何理解？

答：（一）存在以下情形之一的，属于股权转让完成后上市公司的实际控制人未发生变化：

1. 收购人与出让人在同一控股集团内，受同一自然人或法人控制。

2. 收购人与出让人属于同一出资人出资且控制。对于国有控股的，同一出资人系指同属于国务院国资委或者同属于同一省、自治区、直辖市地方人民政府。

（二）上市公司国有股在不同省、自治区、直辖市的国有企业之间，国务院国资委和地方国有企业之间进行转让时，视为实际控制人发生变化。

二十、收购人收购上市公司后对上市公司的持股（包括直接和间接持股）比例不足 30% 的，是否需要锁定 12 个月？

答：《证券法》第九十八条、《上市公司收购管理办法》第七十四条规定：“在上市公司收购中，收购人持有的被收购上市公司的股票，在收购行为完成后的十二个月内不得转让”。结合实践，对于本条款的适用问题，明确要求如下：

对于投资者收购上市公司股份成为第一大股东但持股比例低于 30% 的，也应当遵守《证券法》第九十八条、《上市公司收购管理办法》第七十四条有关股份锁定期的规定。

二十一、《上市公司收购管理办法》第十三条第二款中“占该上市公司已发行股份的比例每增加或者减少 5%”是指上市公司总股本的 5% 或其整数倍，还是指每次股份变动的幅度达到 5%？此外该条中的“3 日”、“2 日”是指自然日还是交易日？

答：1. 该条“占该上市公司已发行股份的比例每增加或者减少 5%”是指通过证券交易所的证券交易，投资者及其一致行动人拥有权益的股份“变动数量”达到上市公司已发行股份的 5% 时（如从 11% 降至 9%，虽然跨越 10% 刻度，也不触发相关义务），应当依照相关规定进行公告。在公告后 2 日内，不得再行买卖该上市公司的股票。

2. 根据《证券法》第八十六条规定，如通过证券交易所的证券交易，投资者及其一致行动人拥有权益的股份降至 5% 以下时，即使“变动数量”未达到上市公司已发行股份的 5%（如从 5.5% 降至 4%），也应当披露权益变动报告书、履行相关限售义务。但上市公司披露的上市公告书中已包含权益变动信息的，可不再单独披露权益变动报告书。对于因增发股份等原因导致持股比例被动降至 5% 以下后又主动减持股份的，应当披露权益变动报告书、履行相关限售义务。

3. 该条中“3 日”、“2 日”是指交易日，不含公告日当天。

二十二、关于上市公司并购重组行政许可事项封卷时间有哪些要求？

答：1. 对提交并购重组委审议的行政许可事项：审核结果为无条件通过或未通过的，财务顾问应于重组委会议召开后两个工作日内来我部进行封卷；审核结果为有条件通过的，财务顾问应于申请人落实重组委审核意见后两个工作日内来我部进行封卷。

2. 对要约收购义务豁免类行政许可事项，财务顾问应于取得核准批文后两个工作日内来我部进行封卷。

3. 财务资料过期的，财务顾问应及时报送更新后的财务资料；封卷时间在前述时间基础上延后，于更新财务资料后两个工作日内来我部进行封卷。

4. 财务顾问应在领取核准批文两个工作日内，来我部核对并确认封卷信息。

二十三、关于沪港通权益变动相关信息披露中有何注意事项？

1. 在沪港通实行名义持有人制度下，上市公司前十大股东的认定和披露是以名义持有人为准还是以实际权益拥有人为准？

答：根据《公开发行证券的公司信息披露内容与格式准则第 2 号——年度报告的内容与格式》的规定，年报中应当披露报告期末股东总数、持股 5% 以上股份的股东名称等，若持股 5% 以上股东少于 10 人，则应列出至少前 10 名股东的持股情况。目前，A 股市场是依照记载于登记结算机构的股东名册确认股东身份的，也即按名义持有人进行确认。在沪港通实施初期，以名义持有人披露前十大股东是确保市场效率的重要制度安排。

2. 在披露持股 5% 以上的股东、控股股东和实际控制人方面，是以实际权益拥有人为准还是以名义股东为准？权益变动的信息披露义务主体是谁？是否需要合并计算相关权益？

答：《证券法》第六十七条规定，“持有公司百分之五以上股份的股东或者实际控制人，其持有股份或者控制公司的情况发生较大变化”时，上市公司需要报告、公告临时报告。《上市公司收购管理办法》规定，投资者在一个上市公司中拥有的权益，包括登记在其名下的股份和虽未登记在其名下但该投资者可以实际支配表决权的股份。投资者及其一致行动人在一个上市公司中拥有的权益应当合并计算。持股 5% 以上的股东、控股股东或实际控制人应按照上述规定切实履行权益披露义务。

根据《沪港股票交易互联互通机制试点若干规定》第十三条第四款规定：香港投资者通过沪股通买卖股票达到信息披露要求的，应当依法履行报告和信息披露义务。因此，通过沪股通买入内地市场上市公司股票的香港投资者，是信息披露的义务人。

3. 根据沪港通相关规定，单个境外投资者对单个上市公司的持股比例上限是 10%。在持股比例上限的计算和认定方面，是以名义股东还是以实际权益拥有人为准？境内和境外的上市股是否需要合并计算？

答：根据《上市公司收购管理办法》规定，“投资者及其一致行动人在一个上市公司中拥有的权益应当合并计算”。“本办法所称一致行动，是指投资者通过协议、其他安排，与其他投资者共同扩大其所能够支配的一个上市公司股份表决权数量的行为或者事实。”“在上市公司的收购及相关股份权益变动活动中有一致行动情形的投资者，互为一致行动人”。

根据《合格境外机构投资者境内证券投资管理办法》（以下简称 QFII 办法）规定，境外投资者履行信息披露义务时，应当合并计算其持有的同一上市公司的境内上市股和境外上市股。在境外投资者申请 QFII 资格时，应当切实履行持股信息披露和禁止短线交易的有关要求。QFII 及其一致行动人应当合并计算持有上市公司股份，同一 QFII 管理的不同产品的持股情况应当合并计算。

沪港通下，境外投资者应当按照上述规定切实履行信息披露。

4. 资产管理公司或者拥有多家子公司的集团公司，如何履行权益披露义务？是否需要合并计算子公司在同一家上市公司中持有的股份？

答：《上市公司收购管理办法》规定，投资者在一个上市公司中拥有的权益，包括登记在其名下的股份和虽未登记在其名下但该投资者可以实际支配表决权的股份。投资者及其一致行动人在一个上市公司中拥有的权益应当合并计算。沪港通下，资产管理公司或者集团公司按照上述规定履行权益披露义务。

4.8.2

关于并购重组申报文件相关问题与解答

（2015 年 11 月 11 日　证监会）

问：并购重组审核流程优化后，上市公司并购重组行政许可事项申报有哪些注意事项？

答：1. 申请人应根据我会《上市公司行业分类指引》的有关要求，合理确定《并购重组方案概况表》中交易标的所属行业，财务顾问应对交易标的分类情况进行复核。一般情况下，交易标的应至少分类至行业门类（共 19 类），如行业门类属于制造业的，应同时确定其所属大类（共 31 类）。

2. 首次申报文件应包括 1 份全套书面材料（原件）、4 份电子版及 3 份重组报告书单行本；反馈回复的申报文件应包括 1 份书面材料（原件）及 4 份电子版。上述电子版文件应为非加密的 word 等可编辑、可索引模式。

3. 重组报告书中应增加专项披露：“（中介机构）承诺：如本次重组申请文件存在虚假记载、误导性陈述或重大遗漏，（中介机构）未能勤勉尽责的，将承担连带赔偿责任。”中介机构包括为本次重组出具财务顾问报告、审计报告、法律意见、资产评估报告、估值报告及其他专业文件的证券服务机构。

自 11 月 9 日起，并购重组的材料应按照上述要求进行申报。

4.8.3

关于再融资募投项目达到重大资产重组标准时相关监管要求的问题与解答

（2015 年 11 月 27 日　证监会）

问：上市公司再融资募投项目达到重大资产重组标准时，应当符合哪些监管要求？

答：根据《上市公司重大资产重组管理办法》（以下简称《重组办法》）第二条第三款的规定，如果上市公司非公开发行预案披露的募投项目，在我会核准之后实施，或者该项目的实施与非公开发行获得我会核准互为前提，可以不再适用《重组办法》的相关规定。

如果募投项目不以非公开发行获得我会核准为前提，且在我会核准之前即单独实施，则应当视为单独的购买资产行为。如达到重大资产重组标准，应当按照《公开发行证券的公司信息披露内容与格式准则第 26 号——上市公司重大资产重组（2014 年修订）》的规定编制、披露相关文件。

4.8.4

关于上市不满三年进行重大资产重组（构成借壳）信息披露要求的相关问题与解答

（2015年12月4日　证监会）

问：对于上市不满三年即进行重大资产重组（构成借壳）的上市公司，有哪些信息披露要求？

答：上市公司进行重大资产重组（构成借壳），截至预案公告时，如上市时间不满三年，应当在重组报告书中对以下事项做出专项说明：

1. 历次募集资金使用情况，是否按照披露的投向使用，使用进度、效果与披露情况是否一致；

2. 上市后的承诺履行情况，是否存在不规范承诺及未履行承诺等情形；

3. 上市后的规范运作情况，是否存在违规资金占用、违规对外担保等情形，上市公司及其控股股东、实际控制人、现任董事、监事、高级管理人员是否曾受到行政处罚、刑事处罚，是否曾被交易所采取自律监管措施、纪律处分或者被我会派出机构采取行政监管措施，是否正被司法机关立案侦查、被我会立案调查或者被其他有权部门调查等情形；

4. 上市后的持续经营及公司治理情况，发行上市时的信息披露（特别是预测性信息披露）与上市后的实际经营情况是否相符。如不符，应当详细披露原因，以及董事、高级管理人员是否已履行相应义务并勤勉尽责。

独立财务顾问应当对以上情况进行核查并发表明确意见。

上市公司所在辖区派出机构应当进行专项核查，我会将在审核中重点关注。

本问答自公布之日起施行。

4.8.5

关于重大资产重组中标的资产曾拆除 VIE 协议控制架构的信息披露要求的相关问题与解答

（2015 年 12 月 18 日　证监会）

问：重大资产重组中，如拟购买的标的资产历史上曾拆除 VIE 协议控制架构，有哪些信息披露要求？

答：上市公司进行重大资产重组，如拟购买的标的资产在预案公告前曾拆除 VIE 协议控制架构，应当在重组报告书中对以下事项进行专项披露：

1. VIE 协议控制架构搭建和拆除过程，VIE 协议执行情况，以及拆除前后的控制关系结构图。

2. 标的资产是否曾筹划境外资本市场上市。如是，应当披露筹划上市进展、未上市原因等情况。

3. VIE 协议控制架构的搭建和拆除过程是否符合外资、外汇、税收等有关规定，是否存在行政处罚风险。

4. VIE 协议控制架构是否彻底拆除，拆除后标的资产股权权属是否清晰，是否存在诉讼等法律风险。

5. VIE 协议控制架构拆除后，标的资产的生产经营是否符合国家产业政策相关法律法规等规定。

6. 如构成借壳上市，还应当重点说明 VIE 协议控制架构拆除是否导致标的资产近 3 年主营业务和董事、高级管理人员发生重大变化、实际控制人发生变更，是否符合《首次公开发行股票并上市管理办法》第十二条的规定。

独立财务顾问应当对以上情况进行核查并发表明确意见。我会将在审核中重点关注。

本问答自公布之日起施行。

4.8.6

关于并购重组业绩奖励有关问题与解答

（2016 年 1 月 15 日　证监会）

问：上市公司重大资产重组方案中，基于相关资产实际盈利数超过利润预测数而设置对标的资产交易对方、管理层或核心技术人员的奖励对价、超额业绩奖励等业绩奖励安排时，有哪些注意事项？

答：

1. 上述业绩奖励安排应基于标的资产实际盈利数大于预测数的超额部分，奖励总额不应超过其超额业绩部分的 100%，且不超过其交易作价的 20%。

2. 上市公司应在重组报告书中充分披露设置业绩奖励的原因、依据及合理性，相关会计处理及对上市公司可能造成的影响。

4.8.7

关于并购重组业绩补偿相关问题与解答

（2016年1月15日　证监会）

问题：《上市公司重大资产重组管理办法》第三十五条规定，“采取收益现值法、假设开发法等基于未来收益预期的方法对拟购买资产进行评估或者估值并作为定价参考依据的……交易对方应当与上市公司就相关资产实际盈利数不足利润预测数的情况签订明确可行的补偿协议”。对于交易对方为上市公司的控股股东、实际控制人或者其控制的关联人，但并不控制交易标的；或者交易定价以资产基础法估值结果作为依据的，应当如何适用？

答：

1. 无论标的资产是否为其所有或控制，也无论其参与此次交易是否基于过桥等暂时性安排，上市公司的控股股东、实际控制人或者其控制的关联人均应以其获得的股份和现金进行业绩补偿。

2. 在交易定价采用资产基础法估值结果的情况下，如果资产基础法中对于一项或几项资产采用了基于未来收益预期的方法，上市公司的控股股东、实际控制人或者其控制的关联人也应就此部分进行业绩补偿。

4.8.8

关于上市公司监管指引第2号有关财务性投资认定的问答

（2016 年 3 月 4 日　证监会）

问：《上市公司监管指引第 2 号——上市公司募集资金管理和适用的监管要求》第六条规定，“上市公司募集资金原则上应用于主营业务，除金融类企业外，募集资金投资项目不得为持有交易性金融资产和可供出售金融资产、借予他人、委托理财等财务性投资，不得直接或间接投资于以买卖有价证券为主要业务的投资”。对于其中的“财务性投资”应如何理解？

答：财务性投资除监管指引中已明确的持有交易性金融资产和可供出售金融资产、借予他人、委托理财等情形外，对于上市公司投资于产业基金以及其他类似基金或产品的，如同时属于以下情形的，应认定为财务性投资：

1. 上市公司为有限合伙人或其投资身份类似于有限合伙人，不具有该基金（产品）的实际管理权或控制权；

2. 上市公司以获取该基金（产品）或其投资项目的投资收益为主要目的。

上市公司将募集资金用于设立控股或参股子公司，实际资金投向应遵守监管指引第 2 号的相关规定。

4.8.9

关于上市公司发行股份购买资产同时募集配套资金的相关问题与解答

（2018 年 10 月 12 日　证监会）

一、《上市公司重大资产重组管理办法》第四十四条规定："上市公司发行股份购买资产的，可以同时募集部分配套资金"。上市公司发行股份购买资产同时募集配套资金的，有哪些注意事项？

1.《〈上市公司重大资产重组管理办法〉第十四条、第四十四条的适用意见——证券期货法律适用意见第 12 号》规定"上市公司发行股份购买资产同时募集配套资金，所配套资金比例不超过拟购买资产交易价格 100% 的，一并由并购重组审核委员会予以审核"。其中，拟购买资产交易价格怎么计算？

答："拟购买资产交易价格"指本次交易中以发行股份方式购买资产的交易价格，不包括交易对方在本次交易停牌前六个月内及停牌期间以现金增资入股标的资产部分对应的交易价格，但上市公司董事会首次就重大资产重组作出决议前该等现金增资部分已设定明确、合理资金用途的除外。

2. 上市公司控股股东、实际控制人及其一致行动人通过认购募集配套资金或取得标的资产权益巩固控制权的，有何监管要求？

答：在认定是否构成《上市公司重大资产重组办法》第十三条规定的交易情形时，上市公司控股股东、实际控制人及其一致行动人拟认购募集配套资金的，相应股份在认定控制权是否变更时剔除计算，但已就认购股份所需资金和所得股份锁定作出切实、可行安排，能够确保按期、足额认购且取得股份后不会出现变相转让等情形的除外。

上市公司控股股东、实际控制人及其一致行动人在本次交易停牌前六个月内及停牌期间取得标的资产权益的，以该部分权益认购的上市公司股份，相应股份在认定控制权是否变更时剔除计算，但上市公司董事会首次就重大资产重组作出决议前，前述主体已通过足额缴纳出资、足额支付对价获得标的资产权益的除外。

独立财务顾问应就前述主体是否按期、足额认购配套募集资金相应股份，取得股份后是否变相转让，取得标的资产权益后有无抽逃出资等开展专项核查。

3. 募集配套资金的用途有何要求？

答：考虑到募集资金的配套性，所募资金可以用于支付本次并购交易中的现金对价，支付本次并购交易税费、人员安置费用等并购整合费用和投入标的资产在建项目建设，也可以用于补充上市公司和标的资产流动资金、偿还债务。

募集配套资金用于补充公司流动资金、偿还债务的比例不应超过交易作价的25%；或者不超过募集配套资金总额的50%。

二、根据《上市公司重大资产重组管理办法》第四十六条，“特定对象取得本次发行的股份时，对其用于认购股份的资产持续拥有权益的时间不足12个月”的，特定对象以资产认购而取得的上市公司股份，自股份发行结束之日起36个月内不得转让。标的资产为公司股权时，如何确定前述特定对象“持续拥有权益时间”的起算时点？

答：上市公司发行股份购买的标的资产为公司股权时，“持续拥有权益的时间”自公司登记机关就特定对象持股办理完毕相关登记手续之日起算。特定对象足额缴纳出资晚于相关登记手续办理完毕之日的，自其足额缴纳出资之日起算。

本问答自发布之日起施行。

4.8.10

关于上市公司业绩补偿承诺的相关问题与解答

（2016年6月17日　证监会）

上市公司重大资产重组中，重组方作出的业绩补偿承诺，能否依据《上市公司监管指引第4号——上市公司实际控制人、股东、关联方、收购人以及上市公司承诺及履行》的规定进行变更？

答：上市公司重大资产重组中，重组方的业绩补偿承诺是基于其与上市公司签订的业绩补偿协议作出的，该承诺是重组方案的重要组成部分，因此，重组方应当严格按照业绩补偿协议履行承诺。重组方不得适用《上市公司监管指引第4号——上市公司实际控制人、股东、关联方、收购人以及上市公司承诺及履行》第五条的规定，变更其作出的业绩补偿承诺。

本问答发布前股东大会已经审议通过变更事项的，不适用本问答。

4.8.11

关于上市公司重大资产重组前发生业绩“变脸”或本次重组存在拟置出资产情形的相关问题与解答

（2016年6月24日　证监会）

问：上市公司重大资产重组前发生业绩“变脸”或本次重组存在拟置出资产情形，对中介机构有哪些要求？

答：上市公司重大资产重组前一会计年度发生业绩“变脸”、净利润下降50%以上（含由盈转亏），或本次重组拟置出资产超过现有资产50%的，为避免相关方通过本次重组逃避有关义务、责任，独立财务顾问、律师、会计师和评估师应当勤勉尽责，对上市公司（包括但不限于）以下事项进行专项核查并发表明确意见：

1. 上市后的承诺履行情况，是否存在不规范承诺、承诺未履行或未履行完毕的情形。

2. 最近三年的规范运作情况，是否存在违规资金占用、违规对外担保等情形，上市公司及其控股股东、实际控制人、现任董事、监事、高级管理人员是否曾受到行政处罚、刑事处罚，是否曾被交易所采取监管措施、纪律处分或者被我会派出机构采取行政监管措施，是否有正被司法机关立案侦查、被我会立案调查或者被其他有权部门调查等情形。

3. 最近三年的业绩真实性和会计处理合规性，是否存在虚假交易、虚构利润，是否存在关联方利益输送，是否存在调节会计利润以符合或规避监管要求的情形，相关会计处理是否符合企业会计准则规定，是否存在滥用会计政策、会计差错更正或会计估计变更等对上市公司进行“大洗澡”的情形，尤其关注应收账款、存货、商誉大幅计提减值准备的情形等。

4. 拟置出资产的评估（估值）作价情况（如有），相关评估（估值）方法、评估（估值）假设、评估（估值）参数预测是否合理，是否符合资产实际经营情况，是否履行必要的决策程序等。

上市公司应当在公布重组草案的同时，披露上述专项核查意见。

4.8.12

关于强化财务顾问管理层对上市公司并购重组项目签字责任的问题与解答

（2017 年 11 月 17 日　证监会）

问：《上市公司并购重组财务顾问业务管理办法》规定，财务顾问应当遵守法律、行政法规、中国证监会的规定和行业规范，诚实守信，勤勉尽责，对上市公司并购重组活动进行尽职调查，对委托人的申报文件进行核查，出具专业意见，并保证其所出具的意见真实、准确、完整。请问财务顾问应当如何进一步强化管理层对重组项目的签字责任，切实提高执业质量？

答：为落实“依法监管、从严监管、全面监管”的工作要求，督促财务顾问勤勉尽责，保护投资者特别是中小投资者的合法权益，财务顾问应当进一步完善内部控制制度，强化对授权行为和授权代表人签字的约束。

（一）财务顾问应进一步强化重组项目的内部控制，重组项目的内部控制应当纳入财务顾问公司整体层面的合规和内部控制体系。反馈意见回复报告、重组委意见回复报告等文件的财务顾问专业意见，举报信核查报告等均应履行内核程序。

（二）重组报告书、财务顾问报告等申报文件，反馈意见回复报告、重组委意见回复等文件的财务顾问专业意见，举报信核查报告等原则上应当由财务顾问法定代表人签字。

（三）在法定代表人授权其代表人签字时，应当建立明确的授权制度，不得概括授权，而应针对具体项目环节履行授权程序，且被授权对象应当为内控、风控、投行等业务条线的公司负责人，授权委托书应当与签字文件一并提供。

4.8.13

关于上市公司指定报刊披露的问题与解答

（2018 年 8 月 31 日　证监会）

问：2017 年，证监会修订的上市公司年度报告、半年度报告内容与格式准则，将“刊登在至少一种中国证监会指定报纸上”修改为“只需选择在一种中国证监会指定报纸上刊登”。但其他信息披露规则仍规定为“刊登在至少一种中国证监会指定报纸上”，请问信息披露义务人只选择在一种中国证监会指定报纸上刊登定期报告、临时报告是否符合这些规则要求？

答：2017 年，我会修订上市公司年度报告、半年度报告内容与格式准则后，上市公司只需选择在一种中国证监会指定报纸上刊登相关信息披露文件。这一做法既考虑了投资者获取信息的实际需求，也有利于降低信息披露义务人披露成本，符合降低实体经济企业成本的改革方向。信息披露义务人只选择在一种中国证监会指定报纸上刊登定期报告、临时报告符合现行规定。

4.8.14

关于发行股份购买资产发行价格调整机制的相关问题与解答

（2018 年 9 月 7 日　证监会）

问：《上市公司重大资产重组管理办法》第四十五条第四款关于“发行价格调整方案应当明确、具体、可操作”的规定，应如何理解？

答：上市公司发行股份购买资产的，可以按照《上市公司重大资产重组办法》第四十五条的规定设置发行价格调整机制，保护上市公司股东利益。发行价格调整方案的设定应当符合以下要求：

1. 发行价格调整方案应当建立在市场和同行业指数变动基础上，且上市公司的股票价格相比最初确定的发行价格须同时发生重大变化。

2. 发行价格调整方案应当有利于保护股东权益，设置双向调整机制；若仅单向调整，应当说明理由，是否有利于中小股东保护。

3. 调价基准日应当明确、具体。股东大会授权董事会对发行价格调整进行决策的，在调价条件触发后，董事会应当审慎、及时履职。

4. 董事会决定在重组方案中设置发行价格调整机制时，应对发行价格调整方案可能产生的影响以及是否有利于股东保护进行充分评估论证并做信息披露。

5. 董事会在调价条件触发后根据股东大会授权对是否调整发行价格进行决议。决定对发行价格进行调整的，应对发行价格调整可能产生的影响、价格调整的合理性、是否有利于股东保护等进行充分评估论证并做信息披露，并应同时披露董事会就此决策的勤勉尽责情况；决定不对发行价格进行调整的，应当披露原因、可能产生的影响以及是否有利于股东保护等，并应同时披露董事会就此决策的勤勉尽责情况。

独立财务顾问和律师应当对以上情况进行核查并发表明确意见。

4.8.15

关于《上市公司重大资产重组管理办法》第四十三条“经营性资产”的相关问题与解答

（2018 年 9 月 10 日　证监会）

问：《上市公司重大资产重组管理办法》第四十三条第一款第（四）项规定，“充分说明并披露上市公司发行股份所购买的资产为权属清晰的经营性资产，并能在约定期限内办理完毕权属转移手续”。当上市公司发行股份拟购买的资产为少数股权时，应如何理解是否属于“经营性资产”？

答：上市公司发行股份拟购买的资产为企业股权时，原则上在交易完成后应取得标的企业的控股权，如确有必要购买少数股权，应当同时符合以下条件：

（一）少数股权与上市公司现有主营业务具有显著的协同效应，或者与本次拟购买的主要标的资产属于同行业或紧密相关的上下游行业，通过本次交易一并注入有助于增强上市公司独立性、提升上市公司整体质量。

（二）交易完成后上市公司需拥有具体的主营业务和相应的持续经营能力，不存在净利润主要来自合并财务报表范围以外的投资收益情况。

对于少数股权对应的经营机构为金融企业的，需符合金融监管机构及其他有权机构的相关规定；且最近一个会计年度对应的营业收入、资产总额、资产净额三项指标，均不得超过上市公司同期合并报表对应指标的 20%。

上市公司重大资产重组涉及购买股权的，也应当符合前述条件。

4.8.16

关于并购重组交易对方为“200人公司”的相关问题与解答

（2018年9月28日　证监会）

问：上市公司并购重组交易对方为股东人数超200人非上市股份有限公司（以下简称“200人公司”）的，有哪些注意事项？

答：上市公司应当聘请财务顾问、律师，参照《非上市公众公司监管指引第4号——股东人数超过200人的未上市股份有限公司申请行政许可有关问题的审核指引》要求，对“200人公司”合规性问题开展核查并发表明确意见。

“200人公司”为标的资产控股股东、实际控制人，或者在交易完成后成为上市公司控股股东、实际控制人的，还应当按照《非上市公众公司监督管理办法》相关规定，申请纳入监管范围。

4.8.17

关于并购重组“小额快速”审核适用情形的相关问题与解答

（2018 年 10 月 8 日　证监会）

问：上市公司并购重组“小额快速”审核的适用情形有哪些，有何要求？

答：上市公司发行股份购买资产，不构成重大资产重组，且满足下列情形之一的，即可适用“小额快速”审核，证监会受理后直接交并购重组委审议：

（一）最近 12 个月内累计交易金额不超过 5 亿元；

（二）最近 12 个月内累计发行的股份不超过本次交易前上市公司总股本的 5% 且最近 12 个月内累计交易金额不超过 10 亿元。

“累计交易金额”是指以发行股份方式购买资产的交易金额；“累计发行的股份”是指用于购买资产而发行的股份。未适用“小额快速”审核的发行股份购买资产行为，无需纳入累计计算的范围。

有下列情形之一的，不适用“小额快速”审核：

（一）募集配套资金用于支付本次交易现金对价的，或募集配套资金金额超过 5000 万元的；

（二）按照“分道制”分类结果属于审慎审核类别的。

适用“小额快速”审核的，独立财务顾问应当对以上情况进行核查并发表明确意见。

4.8.18

关于并购重组审核分道制“豁免/快速通道”产业政策要求的相关问题与解答

（2018 年 10 月 19 日　证监会）

问：并购重组审核分道制下，适用“豁免/快速通道”的，有哪些产业政策的具体要求？

答：为切实服务供给侧结构性改革，进一步支持高新技术行业发展，在原有支持产业的基础上，按照《中华人民共和国国民经济和社会发展第十三个五年规划纲要》、《中国制造 2025》（国发〔2015〕28 号）、《“十三五”国家战略性新兴产业发展规划》（国发〔2016〕67 号）等决策部署，证监会进一步新增并购重组审核分道制豁免/快速通道产业类型如下：

高档数控机床和机器人、航空航天装备、海洋工程装备及高技术船舶、先进轨道交通装备、电力装备、新一代信息技术、新材料、环保、新能源、生物产业；党中央、国务院要求的其他亟须加快整合、转型升级的产业。

财务顾问应就前述事项开展专项核查并发表明确意见。

4.8.19

关于IPO被否企业作为标的资产参与上市公司重组交易的相关问题与解答

（2018年10月19日　证监会）

问：如企业在申报IPO被否决后拟作为标的资产参与上市公司重组交易，请问对此有何监管标准？

答：我会将区分交易类型，对标的资产曾申报IPO被否决的重组项目加强监管：对于重组上市类交易（俗称借壳上市），企业自中国证监会作出不予核准决定之日起6个月后方可筹划重组上市；对于不构成重组上市的其他交易，我会将加强信息披露监管，重点关注IPO被否的具体原因及整改情况、相关财务数据及经营情况与IPO申报时相比是否发生重大变动及原因等情况。我会将统筹沪深证券交易所、证监局，通过问询、实地核查等措施，加强监管，切实促进上市公司质量提升。

5. 其他部委规章及规范性文件

5.1 国有资产管理

5.1.1

企业国有资产交易监督管理办法

(2016 年 6 月 24 日　国资委　财政部令第 32 号)

第一条　为规范企业国有资产交易行为，加强企业国有资产交易监督管理，防止国有资产流失，根据《中华人民共和国企业国有资产法》、《中华人民共和国公司法》、《企业国有资产监督管理暂行条例》等有关法律法规，制定本办法。

第二条　企业国有资产交易应当遵守国家法律法规和政策规定，有利于国有经济布局和结构调整优化，充分发挥市场配置资源作用，遵循等价有偿和公开公平公正的原则，在依法设立的产权交易机构中公开进行，国家法律法规另有规定的从其规定。

第三条　本办法所称企业国有资产交易行为包括：

(一) 履行出资人职责的机构、国有及国有控股企业、国有实际控制企业转让其对企业各种形式出资所形成权益的行为（以下称企业产权转让）；

(二) 国有及国有控股企业、国有实际控制企业增加资本的行为（以下称企业增资），政府以增加资本金方式对国家出资企业的投入除外；

(三) 国有及国有控股企业、国有实际控制企业的重大资产转让行为（以下称企业资产转让）。

第四条　本办法所称国有及国有控股企业、国有实际控制企业包括：

(一) 政府部门、机构、事业单位出资设立的国有独资企业（公司），以及上述单位、企业直接或间接合计持股为 100% 的国有全资企业；

(二) 本条第（一）款所列单位、企业单独或共同出资，合计拥有产（股）权比例超过 50%，且其中之一为最大股东的企业；

(三) 本条第（一）、（二）款所列企业对外出资，拥有股权比例超过 50% 的各级子企业；

(四) 政府部门、机构、事业单位、单一国有及国有控股企业直接或间接持股比例未超过 50%，但为第一大股东，并且通过股东协议、公司章程、董事会决议或者其他协议安排能够对其实际支配的企业。

第五条　企业国有资产交易标的应当权属清晰，不存在法律法规禁止或限制交易的情形。已设定担保物权的国有资产交易，应当符合《中华人民共和国物权法》、《中华人民共和国担保法》等有关法律法规规定。涉及政府社会公共管理事项的，应当依法报政府有关部门审核。

第六条 国有资产监督管理机构（以下简称国资监管机构）负责所监管企业的国有资产交易监督管理；国家出资企业负责其各级子企业国有资产交易的管理，定期向同级国资监管机构报告本企业的国有资产交易情况。

第二章 企业产权转让

第七条 国资监管机构负责审核国家出资企业的产权转让事项。其中，因产权转让致使国家不再拥有所出资企业控股权的，须由国资监管机构报本级人民政府批准。

第八条 国家出资企业应当制定其子企业产权转让管理制度，确定审批管理权限。其中，对主业处于关系国家安全、国民经济命脉的重要行业和关键领域，主要承担重大专项任务子企业的产权转让，须由国家出资企业报同级国资监管机构批准。

转让方为多家国有股东共同持股的企业，由其中持股比例最大的国有股东负责履行相关批准程序；各国有股东持股比例相同的，由相关股东协商后确定其中一家股东负责履行相关批准程序。

第九条 产权转让应当由转让方按照企业章程和企业内部管理制度进行决策，形成书面决议。国有控股和国有实际控制企业中国有股东委派的股东代表，应当按照本办法规定和委派单位的指示发表意见、行使表决权，并将履职情况和结果及时报告委派单位。

第十条 转让方应当按照企业发展战略做好产权转让的可行性研究和方案论证。产权转让涉及职工安置事项的，安置方案应当经职工代表大会或职工大会审议通过；涉及债权债务处置事项的，应当符合国家相关法律法规的规定。

第十一条 产权转让事项经批准后，由转让方委托会计师事务所对转让标的企业进行审计。涉及参股权转让不宜单独进行专项审计的，转让方应当取得转让标的企业最近一期年度审计报告。

第十二条 对按照有关法律法规要求必须进行资产评估的产权转让事项，转让方应当委托具有相应资质的评估机构对转让标的进行资产评估，产权转让价格应以经核准或备案的评估结果为基础确定。

第十三条 产权转让原则上通过产权市场公开进行。转让方可以根据企业实际情况和工作进度安排，采取信息预披露和正式披露相结合的方式，通过产权交易机构网站分阶段对外披露产权转让信息，公开征集受让方。其中正式披露信息时间不得少于20个工作日。

因产权转让导致转让标的企业的实际控制权发生转移的，转让方应当在转让行为获批后10个工作日内，通过产权交易机构进行信息预披露，时间不得少于20个工作日。

第十四条 产权转让原则上不得针对受让方设置资格条件，确需设置的，不得有明确指向性或违反公平竞争原则，所设资格条件相关内容应当在信息披露前报同级国资监管机构备案，国资监管机构在5个工作日内未反馈意见的视为同意。

第十五条 转让方披露信息包括但不限于以下内容：

（一）转让标的基本情况；

（二）转让标的企业的股东结构；

（三）产权转让行为的决策及批准情况；

（四）转让标的企业最近一个年度审计报告和最近一期财务报表中的主要财务指标数据，包括但不限于资产总额、负债总额、所有者权益、营业收入、净利润等（转让参股权的，披露最近一个年度审计报告中的相应数据）；

（五）受让方资格条件（适用于对受让方有特殊要求的情形）；

（六）交易条件、转让底价；

（七）企业管理层是否参与受让，有限责任公司原股东是否放弃优先受让权；

（八）竞价方式，受让方选择的相关评判标准；

（九）其他需要披露的事项。

其中信息预披露应当包括但不限于以上（一）、（二）、（三）、（四）、（五）款内容。

第十六条 转让方应当按照要求向产权交易机构提供披露信息内容的纸质文档材料，并对披露内容和所提供材料的真实性、完整性、准确性负责。产权交易机构应当对信息披露的规范性负责。

第十七条 产权转让项目首次正式信息披露的转让底价，不得低于经核准或备案的转让标的评估结果。

第十八条 信息披露期满未征集到意向受让方的，可以延期或在降低转让底价、变更受让条件后重新进行信息披露。

降低转让底价或变更受让条件后重新披露信息的，披露时间不得少于 20 个工作日。新的转让底价低于评估结果的 90% 时，应当经转让行为批准单位书面同意。

第十九条 转让项目自首次正式披露信息之日起超过 12 个月未征集到合格受让方的，应当重新履行审计、资产评估以及信息披露等产权转让工作程序。

第二十条 在正式披露信息期间，转让方不得变更产权转让公告中公布的内容，由于非转让方原因或其他不可抗力因素导致可能对转让标的价值判断造成影响的，转让方应当及时调整补充披露信息内容，并相应延长信息披露时间。

第二十一条 产权交易机构负责意向受让方的登记工作，对意向受让方是否符合受让条件提出意见并反馈转让方。产权交易机构与转让方意见不一致的，由转让行为批准单位决定意向受让方是否符合受让条件。

第二十二条 产权转让信息披露期满、产生符合条件的意向受让方的，按照披露的竞价方式组织竞价。竞价可以采取拍卖、招投标、网络竞价以及其他竞价方式，且不得违反国家法律法规的规定。

第二十三条 受让方确定后，转让方与受让方应当签订产权交易合同，交易双方不得以交易期间企业经营性损益等理由对已达成的交易条件和交易价格进行调整。

第二十四条 产权转让导致国有股东持有上市公司股份间接转让的，应当同时遵守上市公司国有股权管理以及证券监管相关规定。

第二十五条 企业产权转让涉及交易主体资格审查、反垄断审查、特许经营权、国有划拨土地使用权、探矿权和采矿权等政府审批事项的，按照相关规定执行。

第二十六条 受让方为境外投资者的，应当符合外商投资产业指导目录和负面清单管理要求，以及外商投资安全审查有关规定。

第二十七条 交易价款应当以人民币计价，通过产权交易机构以货币进行结算。因特殊情况不能通过产权交易机构结算的，转让方应当向产权交易机构提供转让行为批准单位的书面意见以及受让方付款凭证。

第二十八条 交易价款原则上应当自合同生效之日起5个工作日内一次付清。

金额较大、一次付清确有困难的，可以采取分期付款方式。采用分期付款方式的，首期付款不得低于总价款的30%，并在合同生效之日起5个工作日内支付；其余款项应当提供转让方认可的合法有效担保，并按同期银行贷款利率支付延期付款期间的利息，付款期限不得超过1年。

第二十九条 产权交易合同生效后，产权交易机构应当将交易结果通过交易机构网站对外公告，公告内容包括交易标的名称、转让标的评估结果、转让底价、交易价格，公告期不少于5个工作日。

第三十条 产权交易合同生效，并且受让方按照合同约定支付交易价款后，产权交易机构应当及时为交易双方出具交易凭证。

第三十一条 以下情形的产权转让可以采取非公开协议转让方式：

（一）涉及主业处于关系国家安全、国民经济命脉的重要行业和关键领域企业的重组整合，对受让方有特殊要求，企业产权需要在国有及国有控股企业之间转让的，经国资监管机构批准，可以采取非公开协议转让方式；

（二）同一国家出资企业及其各级控股企业或实际控制企业之间因实施内部重组整合进行产权转让的，经该国家出资企业审议决策，可以采取非公开协议转让方式。

第三十二条 采取非公开协议转让方式转让企业产权，转让价格不得低于经核准或备案的评估结果。

以下情形按照《中华人民共和国公司法》、企业章程履行决策程序后，转让价格可以资产评估报告或最近一期审计报告确认的净资产值为基础确定，且不得低于经评估或审计的净资产值：

（一）同一国家出资企业内部实施重组整合，转让方和受让方为该国家出资企业及其直接或间接全资拥有的子企业；

（二）同一国有控股企业或国有实际控制企业内部实施重组整合，转让方和受让方为该国有控股企业或国有实际控制企业及其直接、间接全资拥有的子企业。

第三十三条 国资监管机构批准、国家出资企业审议决策采取非公开协议方式的企业产权转让行为时，应当审核下列文件：

（一）产权转让的有关决议文件。

（二）产权转让方案。

（三）采取非公开协议方式转让产权的必要性以及受让方情况。

（四）转让标的企业审计报告、资产评估报告及其核准或备案文件。其中属于第三十二条（一）、（二）款情形的，可以仅提供企业审计报告。

（五）产权转让协议。

（六）转让方、受让方和转让标的企业的国家出资企业产权登记表（证）。

（七）产权转让行为的法律意见书。

（八）其他必要的文件。

第三章　企业增资

第三十四条　国资监管机构负责审核国家出资企业的增资行为。其中，因增资致使国家不再拥有所出资企业控股权的，须由国资监管机构报本级人民政府批准。

第三十五条　国家出资企业决定其子企业的增资行为。其中，对主业处于关系国家安全、国民经济命脉的重要行业和关键领域，主要承担重大专项任务的子企业的增资行为，须由国家出资企业报同级国资监管机构批准。

增资企业为多家国有股东共同持股的企业，由其中持股比例最大的国有股东负责履行相关批准程序；各国有股东持股比例相同的，由相关股东协商后确定其中一家股东负责履行相关批准程序。

第三十六条　企业增资应当符合国家出资企业的发展战略，做好可行性研究，制定增资方案，明确募集资金金额、用途、投资方应具备的条件、选择标准和遴选方式等。增资后企业的股东数量须符合国家相关法律法规的规定。

第三十七条　企业增资应当由增资企业按照企业章程和内部管理制度进行决策，形成书面决议。国有控股、国有实际控制企业中国有股东委派的股东代表，应当按照本办法规定和委派单位的指示发表意见、行使表决权，并将履职情况和结果及时报告委派单位。

第三十八条　企业增资在完成决策批准程序后，应当由增资企业委托具有相应资质的中介机构开展审计和资产评估。

以下情形按照《中华人民共和国公司法》、企业章程履行决策程序后，可以依据评估报告或最近一期审计报告确定企业资本及股权比例：

（一）增资企业原股东同比例增资的；

（二）履行出资人职责的机构对国家出资企业增资的；

（三）国有控股或国有实际控制企业对其独资子企业增资的；

（四）增资企业和投资方均为国有独资或国有全资企业的。

第三十九条　企业增资通过产权交易机构网站对外披露信息公开征集投资方，时间不得少于40个工作日。信息披露内容包括但不限于：

（一）企业的基本情况；

（二）企业目前的股权结构；

（三）企业增资行为的决策及批准情况；

（四）近三年企业审计报告中的主要财务指标；

（五）企业拟募集资金金额和增资后的企业股权结构；

（六）募集资金用途；

（七）投资方的资格条件，以及投资金额和持股比例要求等；

（八）投资方的遴选方式；

（九）增资终止的条件；

（十）其他需要披露的事项。

第四十条 企业增资涉及上市公司实际控制人发生变更的，应当同时遵守上市公司国有股权管理以及证券监管相关规定。

第四十一条 产权交易机构接受增资企业的委托提供项目推介服务，负责意向投资方的登记工作，协助企业开展投资方资格审查。

第四十二条 通过资格审查的意向投资方数量较多时，可以采用竞价、竞争性谈判、综合评议等方式进行多轮次遴选。产权交易机构负责统一接收意向投资方的投标和报价文件，协助企业开展投资方遴选有关工作。企业董事会或股东会以资产评估结果为基础，结合意向投资方的条件和报价等因素审议选定投资方。

第四十三条 投资方以非货币资产出资的，应当经增资企业董事会或股东会审议同意，并委托具有相应资质的评估机构进行评估，确认投资方的出资金额。

第四十四条 增资协议签订并生效后，产权交易机构应当出具交易凭证，通过交易机构网站对外公告结果，公告内容包括投资方名称、投资金额、持股比例等，公告期不少于5个工作日。

第四十五条 以下情形经同级国资监管机构批准，可以采取非公开协议方式进行增资：

（一）因国有资本布局结构调整需要，由特定的国有及国有控股企业或国有实际控制企业参与增资；

（二）因国家出资企业与特定投资方建立战略合作伙伴或利益共同体需要，由该投资方参与国家出资企业或其子企业增资。

第四十六条 以下情形经国家出资企业审议决策，可以采取非公开协议方式进行增资：

（一）国家出资企业直接或指定其控股、实际控制的其他子企业参与增资；

（二）企业债权转为股权；

（三）企业原股东增资。

第四十七条 国资监管机构批准、国家出资企业审议决策采取非公开协议方式的企业增资行为时，应当审核下列文件：

（一）增资的有关决议文件。

（二）增资方案。

（三）采取非公开协议方式增资的必要性以及投资方情况。

（四）增资企业审计报告、资产评估报告及其核准或备案文件。其中属于第三十八条（一）、（二）、（三）、（四）款情形的，可以仅提供企业审计报告。

（五）增资协议。

（六）增资企业的国家出资企业产权登记表（证）。

（七）增资行为的法律意见书。

（八）其他必要的文件。

第四章 企业资产转让

第四十八条 企业一定金额以上的生产设备、房产、在建工程以及土地使用权、债权、知识产权等资产对外转让，应当按照企业内部管理制度履行相应决策程序后，在产权交易机构公开进行。涉及国家出资企业内部或特定行业的资产转让，确需在国有及国有控股、国有实际控制企业之间非公开转让的，由转让方逐级报国家出资企业审核批准。

第四十九条 国家出资企业负责制定本企业不同类型资产转让行为的内部管理制度，明确责任部门、管理权限、决策程序、工作流程，对其中应当在产权交易机构公开转让的资产种类、金额标准等作出具体规定，并报同级国资监管机构备案。

第五十条 转让方应当根据转让标的情况合理确定转让底价和转让信息公告期：

（一）转让底价高于100万元、低于1000万元的资产转让项目，信息公告期应不少于10个工作日；

（二）转让底价高于1000万元的资产转让项目，信息公告期应不少于20个工作日。

企业资产转让的具体工作流程参照本办法关于企业产权转让的规定执行。

第五十一条 除国家法律法规或相关规定另有要求的外，资产转让不得对受让方设置资格条件。

第五十二条 资产转让价款原则上一次性付清。

第五章 监督管理

第五十三条 国资监管机构及其他履行出资人职责的机构对企业国有资产交易履行以下监管职责：

（一）根据国家有关法律法规，制定企业国有资产交易监管制度和办法；

（二）按照本办法规定，审核批准企业产权转让、增资等事项；

（三）选择从事企业国有资产交易业务的产权交易机构，并建立对交易机构的检查评审机制；

（四）对企业国有资产交易制度的贯彻落实情况进行监督检查；

（五）负责企业国有资产交易信息的收集、汇总、分析和上报工作；

（六）履行本级人民政府赋予的其他监管职责。

第五十四条 省级以上国资监管机构应当在全国范围选择开展企业国有资产交易业务的产权交易机构，并对外公布名单。选择的产权交易机构应当满足以下条件：

（一）严格遵守国家法律法规，未从事政府明令禁止开展的业务，未发生重大违法违规行为；

（二）交易管理制度、业务规则、收费标准等向社会公开，交易规则符合国有资产交易制度规定；

（三）拥有组织交易活动的场所、设施、信息发布渠道和专业人员，具备实施网络竞价的条件；

（四）具有较强的市场影响力，服务能力和水平能够满足企业国有资产交易的需要；

（五）信息化建设和管理水平满足国资监管机构对交易业务动态监测的要求；

（六）相关交易业务接受国资监管机构的监督检查。

第五十五条 国资监管机构应当对产权交易机构开展企业国有资产交易业务的情况进行动态监督。交易机构出现以下情形的，视情节轻重对其进行提醒、警告、通报、暂停直至停止委托从事相关业务：

（一）服务能力和服务水平较差，市场功能未得到充分发挥；

（二）在日常监管和定期检查评审中发现问题较多，且整改不及时或整改效果不明显；

（三）因违规操作、重大过失等导致企业国有资产在交易过程中出现损失；

（四）违反相关规定，被政府有关部门予以行政处罚而影响业务开展；

（五）拒绝接受国资监管机构对其相关业务开展监督检查；

（六）不能满足国资监管机构监管要求的其他情形。

第五十六条 国资监管机构发现转让方或增资企业未执行或违反相关规定、侵害国有权益的，应当责成其停止交易活动。

第五十七条 国资监管机构及其他履行出资人职责的机构应定期对国家出资企业及其控股和实际控制企业的国有资产交易情况进行检查和抽查，重点检查国家法律法规政策和企业内部管理制度的贯彻执行情况。

第六章 法律责任

第五十八条 企业国有资产交易过程中交易双方发生争议时，当事方可以向产权交易机构申请调解；调解无效时可以按照约定向仲裁机构申请仲裁或向人民法院提起诉讼。

第五十九条 企业国有资产交易应当严格执行“三重一大”决策机制。国资监管机构、国有及国有控股企业、国有实际控制企业的有关人员违反规定越权决策、批准相关交易事项，或者玩忽职守、以权谋私致使国有权益受到侵害的，由有关单位按照人事和干部管理权限给予相关责任人员相应处分；造成国有资产损失的，相关责任人员应当承担赔偿责任；构成犯罪的，依法追究其刑事责任。

第六十条 社会中介机构在为企业国有资产交易提供审计、资产评估和法律服务中存在违规执业行为的，有关国有企业应及时报告同级国资监管机构，国资监管机构可要求国有及国有控股企业、国有实际控制企业不得再委托其开展相关业务；情节严重的，由国资监管机构将有关情况通报其行业主管部门，建议给予其相应处罚。

第六十一条 产权交易机构在企业国有资产交易中弄虚作假或者玩忽职守、给企业造成损失的，应当承担赔偿责任，并依法追究直接责任人员的责任。

第七章　附　　则

第六十二条　政府部门、机构、事业单位持有的企业国有资产交易，按照现行监管体制，比照本办法管理。

第六十三条　金融、文化类国家出资企业的国有资产交易和上市公司的国有股权转让等行为，国家另有规定的，依照其规定。

第六十四条　国有资本投资、运营公司对各级子企业资产交易的监督管理，相应由各级人民政府或国资监管机构另行授权。

第六十五条　境外国有及国有控股企业、国有实际控制企业在境内投资企业的资产交易，比照本办法规定执行。

第六十六条　政府设立的各类股权投资基金投资形成企业产（股）权对外转让，按照有关法律法规规定执行。

第六十七条　本办法自发布之日起施行，现行企业国有资产交易监管相关规定与本办法不一致的，以本办法为准。

5.1.2

上市公司国有股权监督管理办法

（2018年5月16日　国资委　财政部　证监会令第36号）

第一章　总　则

第一条　为规范上市公司国有股权变动行为，推动国有资源优化配置，平等保护各类投资者合法权益，防止国有资产流失，根据《中华人民共和国公司法》、《中华人民共和国证券法》、《中华人民共和国企业国有资产法》、《企业国有资产监督管理暂行条例》等法律法规，制定本办法。

第二条　本办法所称上市公司国有股权变动行为，是指上市公司国有股权持股主体、数量或比例等发生变化的行为，具体包括：国有股东所持上市公司股份通过证券交易系统转让、公开征集转让、非公开协议转让、无偿划转、间接转让、国有股东发行可交换公司债券；国有股东通过证券交易系统增持、协议受让、间接受让、要约收购上市公司股份和认购上市公司发行股票；国有股东所控股上市公司吸收合并、发行证券；国有股东与上市公司进行资产重组等行为。

第三条　本办法所称国有股东是指符合以下情形之一的企业和单位，其证券账户标注“SS”：

（一）政府部门、机构、事业单位、境内国有独资或全资企业；

（二）第一款中所述单位或企业独家持股比例超过50%，或合计持股比例超过50%，且其中之一为第一大股东的境内企业；

（三）第二款中所述企业直接或间接持股的各级境内独资或全资企业。

第四条　上市公司国有股权变动行为应坚持公开、公平、公正原则，遵守国家有关法律、行政法规和规章制度规定，符合国家产业政策和国有经济布局结构调整方向，有利于国有资本保值增值，提高企业核心竞争力。

第五条　上市公司国有股权变动涉及的股份应当权属清晰，不存在受法律法规规定限制的情形。

第六条　上市公司国有股权变动的监督管理由省级以上国有资产监督管理机构负责。省级国有资产监督管理机构报经省级人民政府同意，可以将地市级以下有关上市公司国有股权变动的监督管理交由地市级国有资产监督管理机构负责。省级国有资产监督管理机构需建立相应的监督检查工作机制。

上市公司国有股权变动涉及政府社会公共管理事项的，应当依法报政府有关部门审核。受让方为境外投资者的，应当符合外商投资产业指导目录或负面清单管理的要求，以及外商投资安全审查的规定，涉及该类情形的，各审核主体在接到相关申请后，应就转让行为是否符合吸收外商投资政策向同级商务部门征求意见，具体申报程序由省级以上国有资产监督管理机构商同级商务部门按《关于上市公司国有股向外国投资者及外商投资企业转让申报程序有关问题的通知》（商资字〔2004〕1号）确定的原则制定。

按照法律、行政法规和本级人民政府有关规定，须经本级人民政府批准的上市公司国有股权变动事项，国有资产监督管理机构应当履行报批程序。

第七条 国家出资企业负责管理以下事项：

（一）国有股东通过证券交易系统转让所持上市公司股份，未达到本办法第十二条规定的比例或数量的事项。

（二）国有股东所持上市公司股份在本企业集团内部进行的无偿划转、非公开协议转让事项。

（三）国有控股股东所持上市公司股份公开征集转让、发行可交换公司债券及所控股上市公司发行证券，未导致其持股比例低于合理持股比例的事项；国有参股股东所持上市公司股份公开征集转让、发行可交换公司债券事项。

（四）国有股东通过证券交易系统增持、协议受让、认购上市公司发行股票等未导致上市公司控股权转移的事项。

（五）国有股东与所控股上市公司进行资产重组，不属于中国证监会规定的重大资产重组范围的事项。

第八条 国有控股股东的合理持股比例（与国有控股股东属于同一控制人的，其所持股份的比例应合并计算）由国家出资企业研究确定，并报国有资产监督管理机构备案。

确定合理持股比例的具体办法由省级以上国有资产监督管理机构另行制定。

第九条 国有股东所持上市公司股份变动应在作充分可行性研究的基础上制定方案，严格履行决策、审批程序，规范操作，按照证券监管的相关规定履行信息披露等义务。在上市公司国有股权变动信息披露前，各关联方要严格遵守保密规定。违反保密规定的，应依法依规追究相关人员责任。

第十条 上市公司国有股权变动应当根据证券市场公开交易价格、可比公司股票交易价格、每股净资产值等因素合理定价。

第十一条 国有资产监督管理机构通过上市公司国有股权管理信息系统（以下简称管理信息系统）对上市公司国有股权变动实施统一监管。

国家出资企业应通过管理信息系统，及时、完整、准确将所持上市公司股份变动情况报送国有资产监督管理机构。

其中，按照本办法规定由国家出资企业审核批准的变动事项须通过管理信息系统作备案管理，并取得统一编号的备案表。

第二章　国有股东所持上市公司股份通过证券交易系统转让

第十二条　国有股东通过证券交易系统转让上市公司股份，按照国家出资企业内部决策程序决定，有以下情形之一的，应报国有资产监督管理机构审核批准：

（一）国有控股股东转让上市公司股份可能导致持股比例低于合理持股比例的。

（二）总股本不超过10亿股的上市公司，国有控股股东拟于一个会计年度内累计净转让（累计转让股份扣除累计增持股份后的余额，下同）达到总股本5%及以上的；总股本超过10亿股的上市公司，国有控股股东拟于一个会计年度内累计净转让数量达到5000万股及以上的。

（三）国有参股股东拟于一个会计年度内累计净转让达到上市公司总股本5%及以上的。

第十三条　国家出资企业、国有资产监督管理机构决定或批准国有股东通过证券交易系统转让上市公司股份时，应当审核以下文件：

（一）国有股东转让上市公司股份的内部决策文件；

（二）国有股东转让上市公司股份方案，内容包括但不限于：转让的必要性，国有股东及上市公司基本情况、主要财务数据，拟转让股份权属情况，转让底价及确定依据，转让数量、转让时限等；

（三）上市公司股份转让的可行性研究报告；

（四）国家出资企业、国有资产监督管理机构认为必要的其他文件。

第三章　国有股东所持上市公司股份公开征集转让

第十四条　公开征集转让是指国有股东依法公开披露信息，征集受让方转让上市公司股份的行为。

第十五条　国有股东拟公开征集转让上市公司股份的，在履行内部决策程序后，应书面告知上市公司，由上市公司依法披露，进行提示性公告。国有控股股东公开征集转让上市公司股份可能导致上市公司控股权转移的，应当一并通知上市公司申请停牌。

第十六条　上市公司发布提示性公告后，国有股东应及时将转让方案、可行性研究报告、内部决策文件、拟发布的公开征集信息等内容通过管理信息系统报送国有资产监督管理机构。

第十七条　公开征集信息内容包括但不限于：拟转让股份权属情况、数量，受让方应当具备的资格条件，受让方的选择规则，公开征集期限等。

公开征集信息对受让方的资格条件不得设定指向性或违反公平竞争要求的条款，公开征集期限不得少于10个交易日。

第十八条　国有资产监督管理机构通过管理信息系统对公开征集转让事项出具意见。

国有股东在获得国有资产监督管理机构同意意见后书面通知上市公司发布公开征集信息。

第十九条 国有股东收到拟受让方提交的受让申请及受让方案后，应当成立由内部职能部门人员以及法律、财务等独立外部专家组成的工作小组，严格按照已公告的规则选择确定受让方。

第二十条 公开征集转让可能导致上市公司控股权转移的，国有股东应当聘请具有上市公司并购重组财务顾问业务资格的证券公司、证券投资咨询机构或者其他符合条件的财务顾问机构担任财务顾问（以下简称财务顾问）。财务顾问应当具有良好的信誉，近三年内无重大违法违规记录，且与受让方不存在利益关联。

第二十一条 财务顾问应当勤勉尽责，遵守行业规范和职业道德，对上市公司股份的转让方式、转让价格、股份转让对国有股东和上市公司的影响等方面出具专业意见；并对拟受让方进行尽职调查，出具尽职调查报告。尽职调查应当包括但不限于以下内容：

（一）拟受让方受让股份的目的；

（二）拟受让方的经营情况、财务状况、资金实力及是否有重大违法违规记录和不良诚信记录；

（三）拟受让方是否具有及时足额支付转让价款的能力、受让资金的来源及合法性；

（四）拟受让方是否具有促进上市公司持续发展和改善上市公司法人治理结构的能力。

第二十二条 国有股东确定受让方后，应当及时与受让方签订股份转让协议。股份转让协议应当包括但不限于以下内容：

（一）转让方、上市公司、拟受让方的名称、法定代表人及住所；

（二）转让方持股数量、拟转让股份数量及价格；

（三）转让方、受让方的权利和义务；

（四）股份转让价款支付方式及期限；

（五）股份登记过户的条件；

（六）协议生效、变更和解除条件、争议解决方式、违约责任等。

第二十三条 国有股东公开征集转让上市公司股份的价格不得低于下列两者之中的较高者：

（一）提示性公告日前30个交易日的每日加权平均价格的算术平均值；

（二）最近一个会计年度上市公司经审计的每股净资产值。

第二十四条 国有股东与受让方签订协议后，属于本办法第七条规定情形的，由国家出资企业审核批准，其他情形由国有资产监督管理机构审核批准。

第二十五条 国家出资企业、国有资产监督管理机构批准国有股东所持上市公司股份公开征集转让时，应当审核以下文件：

（一）受让方的征集及选择情况；

（二）国有股东基本情况、受让方基本情况及上一年度经审计的财务会计报告；

（三）股份转让协议及股份转让价格的定价说明；

（四）受让方与国有股东、上市公司之间在最近12个月内股权转让、资产置换、投资等重大情况及债权债务情况；

（五）律师事务所出具的法律意见书；

（六）财务顾问出具的尽职调查报告（适用于上市公司控股权转移的）；

（七）国家出资企业、国有资产监督管理机构认为必要的其他文件。

第二十六条 国有股东应在股份转让协议签订后5个工作日内收取不低于转让价款30%的保证金，其余价款应在股份过户前全部结清。在全部转让价款支付完毕或交由转让双方共同认可的第三方妥善保管前，不得办理股份过户登记手续。

第二十七条 国有资产监督管理机构关于国有股东公开征集转让上市公司股份的批准文件或国有资产监督管理机构、管理信息系统出具的统一编号的备案表和全部转让价款支付凭证是证券交易所、中国证券登记结算有限责任公司办理上市公司股份过户登记手续的必备文件。

上市公司股份过户前，原则上受让方人员不能提前进入上市公司董事会和经理层，不得干预上市公司正常生产经营。

第四章 国有股东所持上市公司股份非公开协议转让

第二十八条 非公开协议转让是指不公开征集受让方，通过直接签订协议转让上市公司股份的行为。

第二十九条 符合以下情形之一的，国有股东可以非公开协议转让上市公司股份：

（一）上市公司连续两年亏损并存在退市风险或严重财务危机，受让方提出重大资产重组计划及具体时间表的；

（二）企业主业处于关系国家安全、国民经济命脉的重要行业和关键领域，主要承担重大专项任务，对受让方有特殊要求的；

（三）为实施国有资源整合或资产重组，在国有股东、潜在国有股东（经本次国有资源整合或资产重组后成为上市公司国有股东的，以下统称国有股东）之间转让的；

（四）上市公司回购股份涉及国有股东所持股份的；

（五）国有股东因接受要约收购方式转让其所持上市公司股份的；

（六）国有股东因解散、破产、减资、被依法责令关闭等原因转让其所持上市公司股份的；

（七）国有股东以所持上市公司股份出资的。

第三十条 国有股东在履行内部决策程序后，应当及时与受让方签订股份转让协议。涉及上市公司控股权转移的，在转让协议签订前，应按本办法第二十条、第二十一条规定聘请财务顾问，对拟受让方进行尽职调查，出具尽职调查报告。

第三十一条 国有股东与受让方签订协议后，属于本办法第七条规定情形的，由国家出资企业审核批准，其他情形由国有资产监督管理机构审核批准。

第三十二条 国有股东非公开协议转让上市公司股份的价格不得低于下列两者之中的较高者：

（一）提示性公告日前30个交易日的每日加权平均价格的算术平均值；

（二）最近一个会计年度上市公司经审计的每股净资产值。

第三十三条 国有股东非公开协议转让上市公司股份存在下列特殊情形的，可按以下原则确定股份转让价格：

（一）国有股东为实施资源整合或重组上市公司，并在其所持上市公司股份转让完成后全部回购上市公司主业资产的，股份转让价格由国有股东根据中介机构出具的该上市公司股票价格的合理估值结果确定；

（二）为实施国有资源整合或资产重组，在国有股东之间转让且上市公司中的国有权益并不因此减少的，股份转让价格应当根据上市公司股票的每股净资产值、净资产收益率、合理的市盈率等因素合理确定。

第三十四条 国家出资企业、国有资产监督管理机构批准国有股东非公开协议转让上市公司股份时，应当审核以下文件：

（一）国有股东转让上市公司股份的决策文件；

（二）国有股东转让上市公司股份的方案，内容包括但不限于：不公开征集受让方的原因，转让价格及确定依据，转让的数量，转让收入的使用计划等；

（三）国有股东基本情况、受让方基本情况及上一年度经审计的财务会计报告；

（四）可行性研究报告；

（五）股份转让协议；

（六）以非货币资产支付的说明；

（七）拟受让方与国有股东、上市公司之间在最近12个月内股权转让、资产置换、投资等重大情况及债权债务情况；

（八）律师事务所出具的法律意见书；

（九）财务顾问出具的尽职调查报告（适用于上市公司控股权转移的）；

（十）国家出资企业、国有资产监督管理机构认为必要的其他文件。

第三十五条 以现金支付股份转让价款的，转让价款收取按照本办法第二十六条规定办理；以非货币资产支付股份转让价款的，应当符合国家相关规定。

第三十六条 国有资产监督管理机构关于国有股东非公开协议转让上市公司股份的批准文件或国有资产监督管理机构、管理信息系统出具的统一编号的备案表和全部转让价款支付凭证（包括非货币资产的交割凭证）是证券交易所、中国证券登记结算有限责任公司办理上市公司股份过户登记手续的必备文件。

第五章 国有股东所持上市公司股份无偿划转

第三十七条 政府部门、机构、事业单位、国有独资或全资企业之间可以依法无偿划转所持上市公司股份。

第三十八条 国有股东所持上市公司股份无偿划转属于本办法第七条规定情形的，由国家出资企业审核批准，其他情形由国有资产监督管理机构审核批准。

第三十九条 国家出资企业、国有资产监督管理机构批准国有股东所持上市公司股份无偿划转时，应当审核以下文件：

（一）国有股东无偿划转上市公司股份的内部决策文件；

（二）国有股东无偿划转上市公司股份的方案和可行性研究报告；

（三）上市公司股份无偿划转协议；

（四）划转双方基本情况、上一年度经审计的财务会计报告；

（五）划出方债务处置方案及或有负债的解决方案，及主要债权人对无偿划转的无异议函；

（六）划入方未来12个月内对上市公司的重组计划或未来三年发展规划（适用于上市公司控股权转移的）；

（七）律师事务所出具的法律意见书；

（八）国家出资企业、国有资产监督管理机构认为必要的其他文件。

第四十条 国有资产监督管理机构关于国有股东无偿划转上市公司股份的批准文件或国有资产监督管理机构、管理信息系统出具的统一编号的备案表是证券交易所、中国证券登记结算有限责任公司办理股份过户登记手续的必备文件。

第六章 国有股东所持上市公司股份间接转让

第四十一条 本办法所称国有股东所持上市公司股份间接转让是指因国有产权转让或增资扩股等原因导致国有股东不再符合本办法第三条规定情形的行为。

第四十二条 国有股东拟间接转让上市公司股份的，履行内部决策程序后，应书面通知上市公司进行信息披露，涉及国有控股股东的，应当一并通知上市公司申请停牌。

第四十三条 国有股东所持上市公司股份间接转让应当按照本办法第二十三条规定确定其所持上市公司股份价值，上市公司股份价值确定的基准日应与国有股东资产评估的基准日一致，且与国有股东产权直接持有单位对该产权变动决策的日期相差不得超过一个月。

国有产权转让或增资扩股到产权交易机构挂牌时，因上市公司股价发生大幅变化等原因，导致资产评估报告的结论已不能反映交易标的真实价值的，原决策机构应对间接转让行为重新审议。

第四十四条 国有控股股东所持上市公司股份间接转让，应当按本办法第二十条、第二十一条规定聘请财务顾问，对国有产权拟受让方或投资人进行尽职调查，并出具尽职调查报告。

第四十五条 国有股东所持上市公司股份间接转让的，国有股东应在产权转让或增资扩股协议签订后，产权交易机构出具交易凭证前报国有资产监督管理机构审核批准。

第四十六条 国有资产监督管理机构批准国有股东所持上市公司股份间接转让时，应当审核以下文件：

（一）产权转让或增资扩股决策文件、资产评估结果核准、备案文件及可行性研究报告；

（二）经批准的产权转让或增资扩股方案；

（三）受让方或投资人征集、选择情况；

（四）国有产权转让协议或增资扩股协议；

（五）国有股东资产作价金额，包括国有股东所持上市公司股份的作价说明；

（六）受让方或投资人基本情况及上一年度经审计的财务会计报告；

（七）财务顾问出具的尽职调查报告（适用于国有控股股东国有产权变动的）；

（八）律师事务所出具的法律意见书；

（九）国有资产监督管理机构认为必要的其他文件。

第四十七条　国有股东产权转让或增资扩股未构成间接转让的，其资产评估涉及上市公司股份作价按照本办法第四十三条规定确定。

第七章　国有股东发行可交换公司债券

第四十八条　本办法所称国有股东发行可交换公司债券，是指上市公司国有股东依法发行、在一定期限内依据约定条件可以交换成该股东所持特定上市公司股份的公司债券的行为。

第四十九条　国有股东发行的可交换公司债券交换为上市公司每股股份的价格，应不低于债券募集说明书公告日前1个交易日、前20个交易日、前30个交易日该上市公司股票均价中的最高者。

第五十条　国有股东发行的可交换公司债券，其利率应当在参照同期银行贷款利率、银行票据利率、同行业其他企业发行的债券利率，以及标的公司股票每股交换价格、上市公司未来发展前景等因素的前提下，通过市场询价合理确定。

第五十一条　国有股东发行可交换公司债券属于本办法第七条规定情形的，由国家出资企业审核批准，其他情形由国有资产监督管理机构审核批准。

第五十二条　国家出资企业、国有资产监督管理机构批准国有股东发行可交换公司债券时，应当审核以下文件：

（一）国有股东发行可交换公司债券的内部决策文件；

（二）国有股东发行可交换公司债券的方案，内容包括但不限于：国有股东、上市公司基本情况及主要财务数据，预备用于交换的股份数量及保证方式，风险评估论证情况、偿本付息及应对债务风险的具体方案，对国有股东控股地位影响的分析等；

（三）可行性研究报告；

（四）律师事务所出具的法律意见书；

（五）国家出资企业、国有资产监督管理机构认为必要的其他文件。

第八章　国有股东受让上市公司股份

第五十三条　本办法所称国有股东受让上市公司股份行为主要包括国有股东通过证券

交易系统增持、协议受让、间接受让、要约收购上市公司股份和认购上市公司发行股票等。

第五十四条 国有股东受让上市公司股份属于本办法第七条规定情形的，由国家出资企业审核批准，其他情形由国有资产监督管理机构审核批准。

第五十五条 国家出资企业、国有资产监督管理机构批准国有股东受让上市公司股份时，应当审核以下文件：

（一）国有股东受让上市公司股份的内部决策文件；

（二）国有股东受让上市公司股份方案，内容包括但不限于：国有股东及上市公司的基本情况、主要财务数据、价格上限及确定依据、数量及受让时限等；

（三）可行性研究报告；

（四）股份转让协议（适用于协议受让的）、产权转让或增资扩股协议（适用于间接受让的）；

（五）财务顾问出具的尽职调查报告和上市公司估值报告（适用于取得控股权的）；

（六）律师事务所出具的法律意见书；

（七）国家出资企业、国有资产监督管理机构认为必要的其他文件。

第五十六条 国有股东将其持有的可转换公司债券或可交换公司债券转换、交换成上市公司股票的，通过司法机关强制执行手续取得上市公司股份的，按照相关法律、行政法规及规章制度的规定办理，并在上述行为完成后10个工作日内将相关情况通过管理信息系统按程序报告国有资产监督管理机构。

第九章　国有股东所控股上市公司吸收合并

第五十七条 本办法所称国有股东所控股上市公司吸收合并，是指国有控股上市公司之间或国有控股上市公司与非国有控股上市公司之间的吸收合并。

第五十八条 国有股东所控股上市公司应当聘请财务顾问，对吸收合并的双方进行尽职调查和内部核查，并出具专业意见。

第五十九条 国有股东应指导上市公司根据股票交易价格，并参考可比交易案例，合理确定上市公司换股价格。

第六十条 国有股东应当在上市公司董事会审议吸收合并方案前，将该方案报国有资产监督管理机构审核批准。

第六十一条 国有资产监督管理机构批准国有股东所控股上市公司吸收合并时，应当审核以下文件：

（一）国家出资企业、国有股东的内部决策文件；

（二）国有股东所控股上市公司吸收合并的方案，内容包括但不限于：国有控股股东及上市公司基本情况、换股价格的确定依据、现金选择权安排、吸收合并后的股权结构、债务处置、职工安置、市场应对预案等；

（三）可行性研究报告；

（四）律师事务所出具的法律意见书；

（五）国有资产监督管理机构认为必要的其他文件。

第十章　国有股东所控股上市公司发行证券

第六十二条　本办法所称国有股东所控股上市公司发行证券包括上市公司采用公开方式向原股东配售股份、向不特定对象公开募集股份、采用非公开方式向特定对象发行股份以及发行可转换公司债券等行为。

第六十三条　国有股东所控股上市公司发行证券，应当在股东大会召开前取得批准。属于本办法第七条规定情形的，由国家出资企业审核批准，其他情形报国有资产监督管理机构审核批准。

第六十四条　国家出资企业、国有资产监管机构批准国有股东所控股上市公司发行证券时，应当审核以下文件：

（一）上市公司董事会决议；

（二）国有股东所控股上市公司发行证券的方案，内容包括但不限于：相关国有股东、上市公司基本情况，发行方式、数量、价格，募集资金用途，对国有股东控股地位影响的分析，发行可转换公司债券的风险评估论证情况、偿本付息及应对债务风险的具体方案等；

（三）可行性研究报告；

（四）律师事务所出具的法律意见书；

（五）国家出资企业、国有资产监督管理机构认为必要的其他文件。

第十一章　国有股东与上市公司进行资产重组

第六十五条　本办法所称国有股东与上市公司进行资产重组是指国有股东向上市公司注入、购买或置换资产并涉及国有股东所持上市公司股份发生变化的情形。

第六十六条　国有股东就资产重组事项进行内部决策后，应书面通知上市公司，由上市公司依法披露，并申请股票停牌。在上市公司董事会审议资产重组方案前，应当将可行性研究报告报国家出资企业、国有资产监督管理机构预审核，并由国有资产监督管理机构通过管理信息系统出具意见。

第六十七条　国有股东与上市公司进行资产重组方案经上市公司董事会审议通过后，应当在上市公司股东大会召开前获得相应批准。属于本办法第七条规定情形的，由国家出资企业审核批准，其他情形由国有资产监督管理机构审核批准。

第六十八条　国家出资企业、国有资产监督管理机构批准国有股东与上市公司进行资产重组时，应当审核以下文件：

（一）国有股东决策文件和上市公司董事会决议；

（二）资产重组的方案，内容包括但不限于：资产重组的原因及目的，涉及标的资产范围、业务情况及近三年损益情况、未来盈利预测及其依据，相关资产作价的说明，资产重组对国有股东及上市公司权益、盈利水平和未来发展的影响等；

（三）资产重组涉及相关资产的评估备案表或核准文件；

（四）律师事务所出具的法律意见书；

（五）国家出资企业、国有资产监督管理机构认为必要的其他文件。

第六十九条 国有股东参股的非上市企业参与非国有控股上市公司的资产重组事项由国家出资企业按照内部决策程序自主决定。

第十二章 法律责任

第七十条 在上市公司国有股权变动中，相关方有下列行为之一的，国有资产监督管理机构或国家出资企业应要求终止上市公司股权变动行为，必要时应向人民法院提起诉讼：

（一）不履行相应的内部决策程序、批准程序或者超越权限，擅自变动上市公司国有股权的；

（二）向中介机构提供虚假资料，导致审计、评估结果失真，造成国有资产损失的；

（三）相关方恶意串通，签订显失公平的协议，造成国有资产损失的；

（四）相关方采取欺诈、隐瞒等手段变动上市公司国有股权，造成国有资产损失的；

（五）相关方未在约定期限内履行承诺义务的；

（六）违反上市公司信息披露规定，涉嫌内幕交易的。

第七十一条 违反有关法律、法规或本办法的规定变动上市公司国有股权并造成国有资产损失的，国有资产监督管理机构可以责令国有股东采取措施限期纠正；国有股东、上市公司负有直接责任的主管人员和其他直接责任人员，由国有资产监督管理机构或者相关企业按照权限给予纪律处分，造成国有资产损失的，应负赔偿责任；涉嫌犯罪的，依法移送司法机关处理。

第七十二条 社会中介机构在上市公司国有股权变动的审计、评估、咨询和法律等服务中违规执业的，由国有资产监督管理机构将有关情况通报其行业主管部门，建议给予相应处罚；情节严重的，国有股东三年内不得再委托其开展相关业务。

第七十三条 上市公司国有股权变动批准机构及其有关人员违反有关法律、法规或本办法的规定，擅自批准或者在批准中以权谋私，造成国有资产损失的，由有关部门按照权限给予纪律处分；涉嫌犯罪的，依法移送司法机关处理。

国有资产监督管理机构违反有关法律、法规或本办法的规定审核批准上市公司国有股权变动并造成国有资产损失的，对直接负责的主管人员和其他责任人员给予纪律处分；涉嫌犯罪的，依法移送司法机关处理。

第十三章 附 则

第七十四条 不符合本办法规定的国有股东标准，但政府部门、机构、事业单位和国有独资或全资企业通过投资关系、协议或者其他安排，能够实际支配其行为的境内外企业，证券账户标注为“CS”，所持上市公司股权变动行为参照本办法管理。

第七十五条 政府部门、机构、事业单位及其所属企业持有的上市公司国有股权变动行为，按照现行监管体制，比照本办法管理。

第七十六条 金融、文化类上市公司国有股权的监督管理，国家另有规定的，依照其规定。

第七十七条 国有或国有控股的专门从事证券业务的证券公司及基金管理公司转让、受让上市公司股份的监督管理按照相关规定办理。

第七十八条 国有出资的有限合伙企业不作国有股东认定，其所持上市公司股份的监督管理另行规定。

第七十九条 本办法自 2018 年 7 月 1 日起施行。

5.1.3

国有控股上市公司（境内）实施股权激励试行办法

（2006年9月30日　国资发分配〔2006〕175号）

第一章　总　　则

第一条　为指导国有控股上市公司（境内）规范实施股权激励制度，建立健全激励与约束相结合的中长期激励机制，进一步完善公司法人治理结构，依据《中华人民共和国公司法》、《中华人民共和国证券法》、《企业国有资产监督管理暂行条例》等有关法律、行政法规的规定，制定本办法。

第二条　本办法适用于股票在中华人民共和国境内上市的国有控股上市公司（以下简称上市公司）。

第三条　本办法主要用于指导上市公司国有控股股东依法履行相关职责，按本办法要求申报上市公司股权激励计划，并按履行国有资产出资人职责的机构或部门意见，审议表决上市公司股权激励计划。

第四条　本办法所称股权激励，主要是指上市公司以本公司股票为标的，对公司高级管理等人员实施的中长期激励。

第五条　实施股权激励的上市公司应具备以下条件：

（一）公司治理结构规范，股东会、董事会、经理层组织健全，职责明确。外部董事（含独立董事，下同）占董事会成员半数以上。

（二）薪酬委员会由外部董事构成，且薪酬委员会制度健全，议事规则完善，运行规范。

（三）内部控制制度和绩效考核体系健全，基础管理制度规范，建立了符合市场经济和现代企业制度要求的劳动用工、薪酬福利制度及绩效考核体系。

（四）发展战略明确，资产质量和财务状况良好，经营业绩稳健；近三年无财务违法违规行为和不良记录。

（五）证券监管部门规定的其他条件。

第六条　实施股权激励应遵循以下原则：

（一）坚持激励与约束相结合，风险与收益相对称，强化对上市公司管理层的激励力度；

（二）坚持股东利益、公司利益和管理层利益相一致，有利于促进国有资本保值增值，有利于维护中小股东利益，有利于上市公司的可持续发展；

（三）坚持依法规范，公开透明，遵循相关法律法规和公司章程规定；

（四）坚持从实际出发，审慎起步，循序渐进，不断完善。

第二章　股权激励计划的拟订

第七条　股权激励计划应包括股权激励方式、激励对象、激励条件、授予数量、授予价格及其确定的方式、行权时间限制或解锁期限等主要内容。

第八条　股权激励的方式包括股票期权、限制性股票以及法律、行政法规允许的其他方式。上市公司应以期权激励机制为导向，根据实施股权激励的目的，结合本行业及本公司的特点确定股权激励的方式。

第九条　实施股权激励计划所需标的股票来源，可以根据本公司实际情况，通过向激励对象发行股份、回购本公司股份及法律、行政法规允许的其他方式确定，不得由单一国有股股东支付或擅自无偿量化国有股权。

第十条　实施股权激励计划应当以绩效考核指标完成情况为条件，建立健全绩效考核体系和考核办法。绩效考核目标应由股东大会确定。

第十一条　股权激励对象原则上限于上市公司董事、高级管理人员以及对上市公司整体业绩和持续发展有直接影响的核心技术人员和管理骨干。

上市公司监事、独立董事以及由上市公司控股公司以外的人员担任的外部董事，暂不纳入股权激励计划。

证券监管部门规定的不得成为激励对象的人员，不得参与股权激励计划。

第十二条　实施股权激励的核心技术人员和管理骨干，应根据上市公司发展的需要及各类人员的岗位职责、绩效考核等相关情况综合确定，并须在股权激励计划中就确定依据、激励条件、授予范围及数量等情况作出说明。

第十三条　上市公司母公司（控股公司）的负责人在上市公司担任职务的，可参加股权激励计划，但只能参与一家上市公司的股权激励计划。

在股权授予日，任何持有上市公司5%以上有表决权的股份的人员，未经股东大会批准，不得参加股权激励计划。

第十四条　在股权激励计划有效期内授予的股权总量，应结合上市公司股本规模的大小和股权激励对象的范围、股权激励水平等因素，在0.1%—10%之间合理确定。但上市公司全部有效的股权激励计划所涉及的标的股票总数累计不得超过公司股本总额的10%。

上市公司首次实施股权激励计划授予的股权数量原则上应控制在上市公司股本总额的1%以内。

第十五条　上市公司任何一名激励对象通过全部有效的股权激励计划获授的本公司股

权，累计不得超过公司股本总额的1%，经股东大会特别决议批准的除外。

第十六条 授予高级管理人员的股权数量按下列办法确定：

（一）在股权激励计划有效期内，高级管理人员个人股权激励预期收益水平，应控制在其薪酬总水平（含预期的期权或股权收益）的30%以内。高级管理人员薪酬总水平应参照国有资产监督管理机构或部门的原则规定，依据上市公司绩效考核与薪酬管理办法确定。

（二）参照国际通行的期权定价模型或股票公平市场价，科学合理测算股票期权的预期价值或限制性股票的预期收益。

按照上述办法预测的股权激励收益和股权授予价格（行权价格），确定高级管理人员股权授予数量。

第十七条 授予董事、核心技术人员和管理骨干的股权数量比照高级管理人员的办法确定。各激励对象薪酬总水平和预期股权激励收益占薪酬总水平的比例应根据上市公司岗位分析、岗位测评和岗位职责按岗位序列确定。

第十八条 根据公平市场价原则，确定股权的授予价格（行权价格）。

（一）上市公司股权的授予价格应不低于下列价格较高者：

1. 股权激励计划草案摘要公布前一个交易日的公司标的股票收盘价；

2. 股权激励计划草案摘要公布前30个交易日内的公司标的股票平均收盘价。

（二）上市公司首次公开发行股票时拟实施的股权激励计划，其股权的授予价格在上市公司首次公开发行上市满30个交易日以后，依据上述原则规定的市场价格确定。

第十九条 股权激励计划的有效期自股东大会通过之日起计算，一般不超过10年。股权激励计划有效期满，上市公司不得依据此计划再授予任何股权。

第二十条 在股权激励计划有效期内，应采取分次实施的方式，每期股权授予方案的间隔期应在一个完整的会计年度以上。

第二十一条 在股权激励计划有效期内，每期授予的股票期权，均应设置行权限制期和行权有效期，并按设定的时间表分批行权：

（一）行权限制期为股权自授予日（授权日）至股权生效日（可行权日）止的期限。行权限制期原则上不得少于2年，在限制期内不可以行权。

（二）行权有效期为股权生效日至股权失效日止的期限，由上市公司根据实际确定，但不得低于3年。在行权有效期内原则上采取匀速分批行权办法。超过行权有效期的，其权利自动失效，并不可追溯行使。

第二十二条 在股权激励计划有效期内，每期授予的限制性股票，其禁售期不得低于2年。禁售期满，根据股权激励计划和业绩目标完成情况确定激励对象可解锁（转让、出售）的股票数量。解锁期不得低于3年，在解锁期内原则上采取匀速解锁办法。

第二十三条 高级管理人员转让、出售其通过股权激励计划所得的股票，应符合有关法律、行政法规的相关规定。

第二十四条 在董事会讨论审批或公告公司定期业绩报告等影响股票价格的敏感事项发生时不得授予股权或行权。

第三章　股权激励计划的申报

第二十五条　上市公司国有控股股东在股东大会审议批准股权激励计划之前，应将上市公司拟实施的股权激励计划报履行国有资产出资人职责的机构或部门审核（控股股东为集团公司的由集团公司申报），经审核同意后提请股东大会审议。

第二十六条　国有控股股东申报的股权激励报告应包括以下内容：

（一）上市公司简要情况，包括公司薪酬管理制度、薪酬水平等情况；

（二）股权激励计划和股权激励管理办法等应由股东大会审议的事项及其相关说明；

（三）选择的期权定价模型及股票期权的公平市场价值的测算、限制性股票的预期收益等情况的说明；

（四）上市公司绩效考核评价制度及发展战略和实施计划的说明等。绩效考核评价制度应当包括岗位职责核定、绩效考核评价指标和标准、年度及任期绩效考核目标、考核评价程序以及根据绩效考核评价办法对高管人员股权的授予和行权的相关规定。

第二十七条　国有控股股东应将上市公司按股权激励计划实施的分期股权激励方案，事前报履行国有资产出资人职责的机构或部门备案。

第二十八条　国有控股股东在下列情况下应按本办法规定重新履行申报审核程序：

（一）上市公司终止股权激励计划并实施新计划或变更股权激励计划相关事项的；

（二）上市公司因发行新股、转增股本、合并、分立、回购等原因导致总股本发生变动或其他原因需要调整股权激励对象范围、授予数量等股权激励计划主要内容的。

第二十九条　股权激励计划应就公司控制权变更、合并、分立，以及激励对象辞职、调动、被解雇、退休、死亡、丧失民事行为能力等事项发生时的股权处理依法作出行权加速、终止等相应规定。

第四章　股权激励计划的考核、管理

第三十条　国有控股股东应依法行使股东权利，要求和督促上市公司制定严格的股权激励管理办法，并建立与之相适应的绩效考核评价制度，以绩效考核指标完成情况为基础对股权激励计划实施动态管理。

第三十一条　按照上市公司股权激励管理办法和绩效考核评价办法确定对激励对象股权的授予、行权或解锁。

对已经授予的股票期权，在行权时可根据年度绩效考核情况进行动态调整。

对已经授予的限制性股票，在解锁时可根据年度绩效考核情况确定可解锁的股票数量，在设定的解锁期内未能解锁，上市公司应收回或以激励对象购买时的价格回购已授予的限制性股票。

第三十二条　参与上市公司股权激励计划的上市公司母公司（控股公司）的负责人，其股权激励计划的实施应符合《中央企业负责人经营业绩考核暂行办法》或相应国有资产监管机构或部门的有关规定。

第三十三条 授予董事、高级管理人员的股权，应根据任期考核或经济责任审计结果行权或兑现。授予的股票期权，应有不低于授予总量的20%留至任职（或任期）考核合格后行权；授予的限制性股票，应将不低于20%的部分锁定至任职（或任期）期满后兑现。

第三十四条 国有控股股东应依法行使股东权利，要求上市公司在发生以下情形之一时，中止实施股权激励计划，自发生之日起一年内不得向激励对象授予新的股权，激励对象也不得根据股权激励计划行使权利或获得收益：

（一）企业年度绩效考核达不到股权激励计划规定的绩效考核标准；

（二）国有资产监督管理机构或部门、监事会或审计部门对上市公司业绩或年度财务会计报告提出重大异议；

（三）发生重大违规行为，受到证券监管及其他有关部门处罚。

第三十五条 股权激励对象有以下情形之一的，上市公司国有控股股东应依法行使股东权利，提出终止授予新的股权并取消其行权资格：

（一）违反国家有关法律法规、上市公司章程规定的；

（二）任职期间，由于受贿索贿、贪污盗窃、泄露上市公司经营和技术秘密、实施关联交易损害上市公司利益、声誉和对上市公司形象有重大负面影响等违法违纪行为，给上市公司造成损失的。

第三十六条 实施股权激励计划的财务、会计处理及其税收等问题，按国家有关法律、行政法规、财务制度、会计准则、税务制度规定执行。

上市公司不得为激励对象按照股权激励计划获取有关权益提供贷款以及其他任何形式的财务资助，包括为其贷款提供担保。

第三十七条 国有控股股东应按照有关规定和本办法的要求，督促和要求上市公司严格履行信息披露义务，及时披露股权激励计划及董事、高级管理人员薪酬管理等相关信息。

第三十八条 国有控股股东应在上市公司年度报告披露后5个工作日内将以下情况报履行国有资产出资人职责的机构或部门备案：

（一）公司股权激励计划的授予、行权或解锁等情况；

（二）公司董事、高级管理等人员持有股权的数量、期限、本年度已经行权（或解锁）和未行权（或解锁）的情况及其所持股权数量与期初所持数量的变动情况；

（三）公司实施股权激励绩效考核情况、实施股权激励对公司费用及利润的影响等。

第五章 附 则

第三十九条 上市公司股权激励的实施程序和信息披露、监管和处罚应符合中国证监会《上市公司股权激励管理办法》（试行）的有关规定。上市公司股权激励计划应经履行国有资产出资人职责的机构或部门审核同意后，报中国证监会备案以及在相关机构办理信息披露、登记结算等事宜。

第四十条 本办法下列用语的含义：

（一）国有控股上市公司，是指政府或国有企业（单位）拥有50%以上股本，以及持有股份的比例虽然不足50%，但拥有实际控制权或依其持有的股份已足以对股东大会的决议产生重大影响的上市公司。

其中控制权，是指根据公司章程或协议，能够控制企业的财务和经营决策。

（二）股票期权，是指上市公司授予激励对象在未来一定期限内以预先确定的价格和条件购买本公司一定数量股票的权利。激励对象有权行使这种权利，也有权放弃这种权利，但不得用于转让、质押或者偿还债务。

（三）限制性股票，是指上市公司按照预先确定的条件授予激励对象一定数量的本公司股票，激励对象只有在工作年限或业绩目标符合股权激励计划规定条件的，才可出售限制性股票并从中获益。

（四）高级管理人员，是指对公司决策、经营、管理负有领导职责的人员，包括经理、副经理、财务负责人（或其他履行上述职责的人员）、董事会秘书和公司章程规定的其他人员。

（五）外部董事，是指由国有控股股东依法提名推荐、由任职公司或控股公司以外的人员（非本公司或控股公司员工的外部人员）担任的董事。对主体业务全部或大部分进入上市公司的企业，其外部董事应为任职公司或控股公司以外的人员；对非主业部分进入上市公司或只有一部分主业进入上市公司的子公司，以及二级以下的上市公司，其外部董事应为任职公司以外的人员。

外部董事不在公司担任除董事和董事会专门委员会有关职务外的其他职务，不负责执行层的事务，与其担任董事的公司不存在可能影响其公正履行外部董事职务的关系。

外部董事含独立董事。独立董事是指与所受聘的公司及其主要股东没有任何经济上的利益关系且不在上市公司担任除独立董事外的其他任何职务。

（六）股权激励预期收益，是指实行股票期权的预期收益为股票期权的预期价值，单位期权的预期价值参照国际通行的期权定价模型进行测算；实行限制性股票的预期收益为获授的限制性股票的价值，单位限制性股票的价值为其授予价格扣除激励对象的购买价格。

第四十一条 本办法自印发之日起施行。

5.1.4

国有单位受让上市公司股份管理暂行规定

（2007年6月28日　国资发产权〔2007〕109号）

第一条　为规范国有单位受让上市公司股份行为，加强对上市公司国有股东的管理，维护各类投资者合法权益和证券市场稳定，防范国有单位投资风险，根据国家有关法律、行政法规，制定本规定。

第二条　本规定所称国有单位是指各级国有资产监督管理机构监管范围内的国有及国有控股企业、有关机构、事业单位等。

第三条　国有独资或控股的专门从事证券业务的证券公司及基金管理公司受让上市公司股份按照相关规定办理。

第四条　国有单位受让上市公司股份应当符合国家有关法律、行政法规和政策规定及本单位的发展规划和年度投资计划，坚持公开、公平、公正原则，有利于国有经济布局和结构战略性调整，有利于加强主业，提升核心竞争力，并做好投资风险的评估、控制和管理工作。

第五条　国有单位受让上市公司股份应当严格按照《证券法》等有关法律、行政法规及规章制度的规定，及时履行信息披露等法定义务。

国有单位受让上市公司股份应当做好可行性研究，按照内部决策程序进行审议，并形成书面决议。

第六条　国有单位受让上市公司股份可以通过证券交易系统购买、通过协议方式受让或其他合法途径进行。

第七条　国有单位受让上市公司股份的价格应根据该上市公司的股票市场价格、合理市盈率、盈利能力及企业发展前景等因素合理确定。

第八条　国有单位受让上市公司股份按本办法有关规定需要报国有资产监督管理机构审核批准的，按以下程序办理：国有单位为中央单位的，其受让上市公司股份由中央单位逐级报国务院国有资产监督管理机构批准。

国有单位为地方单位的，其受让上市公司股份由地方单位逐级报省级国有资产监督管理机构批准。

第九条　国有单位在一个会计年度内通过证券交易所的证券交易系统累计净受让上市公司的股份（所受让的股份扣除所出让的股份的余额）未达到上市公司总股本5%的，由国有单位按内部管理程序决策，并在每年1月31日前将其上年度通过证券交易系统受让上市公司股份的情况报省级或省级以上国有资产监督管理机构备案；达到或超过上市公司总股本5%的，国有单位应将其受让上市公司股份的方案事前报省级或省级以上国有资产监督管理机构备案后方可组织实施。

国有单位通过其控制的不同的受让主体分别受让上市公司股份的，受让比例应合并计算。

第十条 国有单位通过证券交易系统受让上市公司股份需要报国有资产监督管理机构备案的，其报送的材料主要包括：

（一）国有单位受让上市公司股份的方案及内部决议；

（二）国有单位受让上市公司股份的可行性研究报告；

（三）国有单位的基本情况、最近一期财务审计报表；

（四）上市公司的基本情况、最近一期的年度报告和中期报告。

第十一条 国有单位受让上市公司股份的可行性研究报告应主要包括以下内容：

（一）受让股份的原因；

（二）受让股份是否有利于加强主业，是否符合企业发展规划；

（三）受让股份的价格上限及确定依据；

（四）受让股份的数量及受让时限；

（五）受让股份的资金筹措；

（六）受让股份后对企业经营发展的影响分析；

（七）关于上市公司未来的发展规划和重组计划（适用于受让股份后成为上市公司控股股东的）。

第十二条 国有资产监督管理机构收到国有单位通过证券交易系统受让上市公司股份的备案材料后，应在10个工作日内对该事项出具备案意见。国有单位受让上市公司股份的方案经国有资产监督管理机构备案后方可组织实施。

第十三条 国有单位通过协议方式受让上市公司股份并成为上市公司控股股东的，应当聘请在境内注册的专业机构担任财务顾问，针对本单位受让上市公司股份的方式、受让价格、对本单位及上市公司的影响等方面发表专业意见。

财务顾问应当具有良好的信誉及且近三年内无重大违法违规记录。

第十四条 国有单位通过协议方式受让上市公司股份后不具有上市公司控股权或上市公司国有控股股东通过协议方式增持上市公司股份的，由国有单位按内部管理程序决策；国有单位通过协议方式受让上市公司股份后具有上市公司控股权的，应在与转让方签订股份转让协议后逐级报省级或省级以上国有资产监督管理机构审核批准。

第十五条 国有单位协议受让上市公司股份需要报国有资产监督管理机构审核批准的，其报送的材料主要包括：

（一）国有单位受让上市公司股份的请示及内部决议文件；

（二）关于受让上市公司股份的可行性研究报告及受让股份价格的专项说明；

（三）上市公司股份转让协议；

（四）国有单位基本情况、上一年经审计的财务审计报告；

（五）上市公司基本情况、最近一期的年度报告及中期报告；

（六）财务顾问出具的财务顾问报告；

（七）律师事务所出具的法律意见书。

协议受让上市公司股份的可行性研究报告内容参照本规定第十一条的规定。

第十六条 国有单位协议受让上市公司股份经批准后，应持国有资产监督管理机构的有关批复到证券交易所及中国证券登记结算有限责任公司办理股份过户手续。

国有单位协议受让上市公司股份需要报国有资产监督管理机构审核批准的，国有资产监督管理机构的批复文件是证券交易所和中国证券登记结算有限责任公司办理上市公司股份过户手续及工商管理部门办理上市公司章程变更的必备文件。

第十七条 国有单位认购上市公司发行股票的、将其持有的上市公司发行的可转换公司债券转换成股票的、通过司法机关强制执行手续受让上市公司股份的、间接受让上市公司股份的（即受让上市公司股东的控股权）按照相关法律、行政法规及规章制度的规定办理，并在上述行为完成后10个工作日内报省级或省级以上国有资产监督管理机构备案。

第十八条 国有资产监督管理机构应依据本规定及国家有关法律、行政法规及规章制度的规定，认真履行对国有单位受让上市公司股份的审核职责，并根据《上市公司国有股东标识管理暂行规定》对国有单位受让上市公司股份开设的国有股股东证券账户做好标识管理。

5.1.5

上市公司国有股东标识管理暂行规定

（2007 年 6 月 30 日　国资发产权〔2007〕108 号）

第一条　为加强对上市公司国有股东的管理，促进国有资产保值增值，维护证券市场稳定，根据国家有关法律、行政法规，制定本规定。

第二条　本规定所称上市公司国有股东，是指持有上市公司股份的国有及国有控股企业、有关机构、部门、事业单位等。

第三条　国有资产监督管理机构应当在国有控股或参股的股份公司相关批复文件中对国有股东作出明确界定，并在国有股东名称后标注具体的国有股东标识，国有股东的标识为“SS”（State－ownedShareholder）。

中国证券登记结算有限责任公司（以下简称登记公司）根据省级或省级以上国有资产监督管理机构的批复以及国有股东或股票发行人的申请，对国有股东证券账户进行标识登记。

第四条　国有控股或参股的股份有限公司（以下简称股份公司）申请发行股票时，应向证券监督管理机构提供国有资产监督管理机构关于股份公司国有股权管理的批复文件，该文件是股份有限公司申请股票发行的必备文件。

第五条　股份公司股票发行结束后，股票发行人向登记公司申请股份初始登记时，应当在申请材料中对持有限售股份的国有股东性质予以注明，并提供国有资产监督管理机构关于股份公司国有股权管理的批复文件。

国有单位通过协议方式受让上市公司股份，根据有关规定需要报国有资产监督管理机构审核批准的，应及时履行申报程序。国有单位通过司法强制途径受让上市公司股份的，应根据有关法律规定报国有资产监督管理机构办理国有股东身份界定手续。国有单位向登记公司申请办理股份过户登记时，应当在申请材料中对其国有股东性质予以注明，并提供国有资产监督管理机构有关批复文件或国有股东身份界定文件。

国有股东因产权变动引起其经济性质或实际控制人变化的，应根据国有资产监督管理机构对其国有股东身份的界定文件，及时向登记公司申请办理国有股东证券账户标识的注销手续。

第六条　股票发行人或国有单位办理相关业务时按上述规定已注明国有股东身份，如该股东证券账户中尚未加设国有股东标识的，登记公司应当根据股票发行人或国有单位的申报以及国有资产监督管理机构关于股份公司国有股权管理的批复文件，在相应证券账户中加设国有股东标识。

证券账户已加设国有股东标识但股票发行人或国有单位未予注明的，以国有股东证券账户中已加设的标识为准。

第七条 国有股东自本规定下发之日起30日内，应将其在本规定下发前已开设的证券账户情况（包括账户名称、账户号码、持有的上市公司股票名称、数量、流通状态等）报对其负监管职责的国有资产监督管理机构备案。下一级国有资产监督管理机构应将本地所属国有股东开设证券账户的报备情况报上一级国有资产监督管理机构备案。

国有单位在本规定下发后新开设证券账户的，应在开设证券账户后7个工作日内将其开设的证券账户情况按上述程序报国有资产监督管理机构备案。

第八条 省级或省级以上国有资产监督管理机构根据国有单位开设证券账户的备案情况建立上市公司国有股东信息库，并定期（每季度末）核查上市公司国有股东标识的加设及变更情况，对未加设或未及时变更国有股东标识的国有股东证券账户统一向登记公司出函办理国有股东标识的加设及变更工作。

第九条 国有单位应严格按本规定办理国有股东标识的登记工作及向国有资产监督管理机构上报其开设证券账户的情况。

第十条 对完成股权分置改革的上市公司以及股票发行实行新老划断后至本规定实施前新上市的股份公司，由国务院国有资产监督管理委员会会同中国证券监督管理委员会，根据国有资产监督管理机构关于股权分置改革中国有股权管理的批复以及新上市股份公司国有股权管理的批复，统一组织协调国有股东标识的加设工作。

对未完成股权分置改革的上市公司，国有资产监督管理机构在对其股权分置改革中国有股权管理有关问题进行批复时，应在国有股东名称后标注国有股东标识。上市公司应当根据该批复在向登记公司申请办理实施股权分置改革涉及的变更登记事项时一并办理国有股东标识加设工作。

第十一条 国有股东在其所持有的上市公司股份发生转让或变动时，需严格遵守上市公司国有股权管理的有关法律、行政法规的规定。

5.1.6

关于中央企业履行社会责任的指导意见

(2007 年 12 月 29 日　国资发研究〔2008〕1 号)

为了全面贯彻党的十七大精神，深入落实科学发展观，推动中央企业在建设中国特色社会主义事业中，认真履行好社会责任，实现企业与社会、环境的全面协调可持续发展，提出以下指导意见。

一、充分认识中央企业履行社会责任的重要意义

（一）履行社会责任是中央企业深入贯彻落实科学发展观的实际行动。履行社会责任要求中央企业必须坚持以人为本、科学发展，在追求经济效益的同时，对利益相关者和环境负责，实现企业发展与社会、环境的协调统一。这既是促进社会主义和谐社会建设的重要举措，也是中央企业深入贯彻落实科学发展观的实际行动。

（二）履行社会责任是全社会对中央企业的广泛要求。中央企业是国有经济的骨干力量，大多集中在关系国家安全和国民经济命脉的重要行业和关键领域，其生产经营活动涉及到整个社会经济活动和人民生活的各个方面。积极履行社会责任，不仅是中央企业的使命和责任，也是全社会对中央企业的殷切期望和广泛要求。

（三）履行社会责任是实现中央企业可持续发展的必然选择。积极履行社会责任，把社会责任理念和要求全面融入企业发展战略、企业生产经营和企业文化，有利于创新发展理念、转变发展方式，有利于激发创造活力、提升品牌形象，有利于提高职工素质、增强企业凝聚力，是中央企业发展质量和水平的重大提升。

（四）履行社会责任是中央企业参与国际经济交流合作的客观需要。在经济全球化日益深入的新形势下，国际社会高度关注企业社会责任，履行社会责任已成为国际社会对企业评价的重要内容。中央企业履行社会责任，有利于树立负责任的企业形象，提升中国企业的国际影响，也对树立我国负责任的发展中大国形象具有重要作用。

二、中央企业履行社会责任的指导思想、总体要求和基本原则

（五）指导思想。以邓小平理论和“三个代表”重要思想为指导，深入贯彻落实科学发展观，坚持以人为本，坚持可持续发展，牢记责任，强化意识，统筹兼顾，积极实践，发挥中央企业履行社会责任的表率作用，促进社会主义和谐社会建设，为实现全面建设小康社会宏伟目标作出更大贡献。

（六）总体要求。中央企业要增强社会责任意识，积极履行社会责任，成为依法经营、诚实守信的表率，节约资源、保护环境的表率，以人为本、构建和谐企业的表率，努力成为国家经济的栋梁和全社会企业的榜样。

（七）基本原则。坚持履行社会责任与促进企业改革发展相结合，把履行社会责任作为建立现代企业制度和提高综合竞争力的重要内容，深化企业改革，优化布局结构，转变发展方式，实现又好又快发展。坚持履行社会责任与企业实际相适应，立足基本国情，立足企业实际，突出重点，分步推进，切实取得企业履行社会责任的成效。坚持履行社会责任与创建和谐企业相统一，把保障企业安全生产，维护职工合法权益，帮助职工解决实际问题放在重要位置，营造和谐劳动关系，促进职工全面发展，实现企业与职工、企业与社会的和谐发展。

三、中央企业履行社会责任的主要内容

（八）坚持依法经营诚实守信。模范遵守法律法规和社会公德、商业道德以及行业规则，及时足额纳税，维护投资者和债权人权益，保护知识产权，忠实履行合同，恪守商业信用，反对不正当竞争，杜绝商业活动中的腐败行为。

（九）不断提高持续盈利能力。完善公司治理，科学民主决策。优化发展战略，突出做强主业，缩短管理链条，合理配置资源。强化企业管理，提高管控能力，降低经营成本，加强风险防范，提高投入产出水平，增强市场竞争能力。

（十）切实提高产品质量和服务水平。保证产品和服务的安全性，改善产品性能，完善服务体系，努力为社会提供优质安全健康的产品和服务，最大限度地满足消费者的需求。保护消费者权益，妥善处理消费者提出的投诉和建议，努力为消费者创造更大的价值，取得广大消费者的信赖与认同。

（十一）加强资源节约和环境保护。认真落实节能减排责任，带头完成节能减排任务。发展节能产业，开发节能产品，发展循环经济，提高资源综合利用效率。增加环保投入，改进工艺流程，降低污染物排放，实施清洁生产，坚持走低投入、低消耗、低排放和高效率的发展道路。

（十二）推进自主创新和技术进步。建立和完善技术创新机制，加大研究开发投入，提高自主创新能力。加快高新技术开发和传统产业改造，着力突破产业和行业关键技术，增加技术创新储备。强化知识产权意识，实施知识产权战略，实现技术创新与知识产权的良性互动，形成一批拥有自主知识产权的核心技术和知名品牌，发挥对产业升级、结构优化的带动作用。

（十三）保障生产安全。严格落实安全生产责任制，加大安全生产投入，严防重、特大安全事故发生。建立健全应急管理体系，不断提高应急管理水平和应对突发事件能力。为职工提供安全、健康、卫生的工作条件和生活环境，保障职工职业健康，预防和减少职业病和其他疾病对职工的危害。

（十四）维护职工合法权益。依法与职工签订并履行劳动合同，坚持按劳分配、同工同酬，建立工资正常增长机制，按时足额缴纳社会保险。尊重职工人格，公平对待职工，杜绝性别、民族、宗教、年龄等各种歧视。加强职业教育培训，创造平等发展机会。加强职代会制度建设，深化厂务公开，推进民主管理。关心职工生活，切实为职工排忧解难。

（十五）参与社会公益事业。积极参与社区建设，鼓励职工志愿服务社会。热心参与慈善、捐助等社会公益事业，关心支持教育、文化、卫生等公共福利事业。在发生重大自然灾害和突发事件的情况下，积极提供财力、物力和人力等方面的支持和援助。

四、中央企业履行社会责任的主要措施

（十六）树立和深化社会责任意识。深刻理解履行社会责任的重要意义，牢固树立社会责任意识，高度重视社会责任工作，把履行社会责任提上企业重要议事日程，经常研究和部署社会责任工作，加强社会责任全员培训和普及教育，不断创新管理理念和工作方式，努力形成履行社会责任的企业价值观和企业文化。

（十七）建立和完善履行社会责任的体制机制。把履行社会责任纳入公司治理，融入企业发展战略，落实到生产经营各个环节。明确归口管理部门，建立健全工作体系，逐步建立和完善企业社会责任指标统计和考核体系，有条件的企业要建立履行社会责任的评价机制。

（十八）建立社会责任报告制度。有条件的企业要定期发布社会责任报告或可持续发展报告，公布企业履行社会责任的现状、规划和措施，完善社会责任沟通方式和对话机制，及时了解和回应利益相关者的意见建议，主动接受利益相关者和社会的监督。

（十九）加强企业间交流与国际合作。研究学习国内外企业履行社会责任的先进理念和成功经验，开展与履行社会责任先进企业的对标，总结经验，找出差距，改进工作。加强与有关国际组织的对话与交流，积极参与社会责任国际标准的制定。

（二十）加强党组织对企业社会责任工作的领导。充分发挥企业党组织的政治核心作用，广泛动员和引导广大党员带头履行社会责任，支持工会、共青团、妇女组织在履行社会责任中发挥积极作用，努力营造有利于企业履行社会责任的良好氛围。

5.1.7

关于规范国有控股上市公司实施股权激励制度有关问题的通知

（2008年10月21日　国资发分配〔2008〕171号）

各省、自治区、直辖市及计划单列市和新疆生产建设兵团国资委、财政厅（局），各中央企业：

国资委、财政部《关于印发〈国有控股上市公司（境外）实施股权激励试行办法〉的通知》（国资发分配〔2006〕8号）和《关于印发〈国有控股上市公司（境内）实施股权激励试行办法〉的通知》（国资发分配〔2006〕175号）印发后，境内、外国有控股上市公司（以下简称上市公司）积极探索试行股权激励制度。由于上市公司外部市场环境和内部运行机制尚不健全，公司治理结构有待完善，股权激励制度尚处于试点阶段，为进一步规范实施股权激励，现就有关问题通知如下：

一、严格股权激励的实施条件，加快完善公司法人治理结构

上市公司国有控股股东必须切实履行出资人职责，并按照国资发分配〔2006〕8号、国资发分配〔2006〕175号文件的要求，建立规范的法人治理结构。上市公司在达到外部董事（包括独立董事）占董事会成员一半以上、薪酬委员会全部由外部董事组成的要求之后，要进一步优化董事会的结构，健全通过股东大会选举和更换董事的制度，按专业化、职业化、市场化的原则确定董事会成员人选，逐步减少国有控股股东的负责人、高级管理人员及其他人员担任上市公司董事的数量，增加董事会中由国有资产出资人代表提名的、由公司控股股东以外人员任职的外部董事或独立董事数量，督促董事提高履职能力，恪守职业操守，使董事会真正成为各类股东利益的代表和重大决策的主体，董事会选聘、考核、激励高级管理人员的职能必须到位。

二、完善股权激励业绩考核体系，科学设置业绩指标和水平

（一）上市公司实施股权激励，应建立完善的业绩考核体系和考核办法。业绩考核指标应包含反映股东回报和公司价值创造等综合性指标，如净资产收益率（ROE）、经济增加值（EVA）、每股收益等；反映公司赢利能力及市场价值等成长性指标，如净利润增长率、主营业务收入增长率、公司总市值增长率等；反映企业收益质量的指标，如主营业务利润占利润总额比重、现金营运指数等。上述三类业绩考核指标原则上至少各选一个。相关业绩考核指标的计算应符合现行会计准则等相关要求。

（二）上市公司实施股权激励，其授予和行使（指股票期权和股票增值权的行权或限制性股票的解锁，下同）环节均应设置应达到的业绩目标，业绩目标的设定应具有前瞻性和挑战性，并切实以业绩考核指标完成情况作为股权激励实施的条件。

1. 上市公司授予激励对象股权时的业绩目标水平，应不低于公司近3年平均业绩水平及同行业（或选取的同行业境内、外对标企业，行业参照证券监管部门的行业分类标准确定，下同）平均业绩（或对标企业50分位值）水平。

2. 上市公司激励对象行使权利时的业绩目标水平，应结合上市公司所处行业特点和自身战略发展定位，在授予时业绩水平的基础上有所提高，并不得低于公司同行业平均业绩（或对标企业75分位值）水平。凡低于同行业平均业绩（或对标企业75分位值）水平以下的不得行使。

（三）完善上市公司股权激励对象业绩考核体系，切实将股权的授予、行使与激励对象业绩考核结果紧密挂钩，并根据业绩考核结果分档确定不同的股权行使比例。

（四）对科技类上市公司实施股权激励的业绩指标，可以根据企业所处行业的特点及成长规律等实际情况，确定授予和行使的业绩指标及其目标水平。

（五）对国有经济占控制地位的、关系国民经济命脉和国家安全的行业以及依法实行专营专卖的行业，相关企业的业绩指标，应通过设定经营难度系数等方式，剔除价格调整、宏观调控等政策因素对业绩的影响。

三、合理控制股权激励收益水平，实行股权激励收益与业绩指标增长挂钩浮动

按照上市公司股价与其经营业绩相关联、激励对象股权激励收益增长与公司经营业绩增长相匹配的原则，实行股权激励收益兑现与业绩考核指标完成情况挂钩的办法。即在达到实施股权激励业绩考核目标要求的基础上，以期初计划核定的股权激励预期收益为基础，按照股权行使时间限制表，综合上市公司业绩和股票价格增长情况，对股权激励收益增幅进行合理调控。具体方法如下：

（一）对股权激励收益在计划期初核定收益水平以内且达到考核标准的，可按计划予以行权。

（二）对行权有效期内股票价格偏高，致使股票期权（或股票增值权）的实际行权收益超出计划核定的预期收益水平的上市公司，根据业绩考核指标完成情况和股票价格增长情况合理控制股权激励实际收益水平。即在行权有效期内，激励对象股权激励收益占本期股票期权（或股票增值权）授予时薪酬总水平（含股权激励收益，下同）的最高比重，境内上市公司及境外H股公司原则上不得超过40%，境外红筹股公司原则上不得超过50%。股权激励实际收益超出上述比重的，尚未行权的股票期权（或股票增值权）不再行使或将行权收益上交公司。

（三）上述条款应在上市公司股权激励管理办法或股权授予协议上予以载明。随着资本市场的逐步完善以及上市公司市场化程度和竞争性的不断提高，将逐步取消股权激励收

益水平限制。

四、进一步强化股权激励计划的管理，科学规范实施股权激励

（一）完善限制性股票授予方式，以业绩考核结果确定限制性股票的授予水平。

1. 上市公司应以严格的业绩考核作为实施限制性股票激励计划的前提条件。上市公司授予限制性股票时的业绩目标应不低于下列业绩水平的高者：公司前 3 年平均业绩水平；公司上一年度实际业绩水平；公司同行业平均业绩（或对标企业 50 分位值）水平。

2. 强化对限制性股票激励对象的约束。限制性股票激励的重点应限于对公司未来发展有直接影响的高级管理人员。限制性股票的来源及价格的确定应符合证券监管部门的相关规定，且股权激励对象个人出资水平不得低于按证券监管规定确定的限制性股票价格的 50%。

3. 限制性股票收益（不含个人出资部分的收益）的增长幅度不得高于业绩指标的增长幅度（以业绩目标为基础）。

（二）严格股权激励对象范围，规范股权激励对象离职、退休等行为的处理方法。

上市公司股权激励的重点应是对公司经营业绩和未来发展有直接影响的高级管理人员和核心技术骨干，不得随意扩大范围。未在上市公司任职、不属于上市公司的人员（包括控股股东公司的员工）不得参与上市公司股权激励计划。境内、境外上市公司监事不得成为股权激励的对象。

股权激励对象正常调动、退休、死亡、丧失民事行为能力时，授予的股权当年已达到可行使时间限制和业绩考核条件的，可行使的部分可在离职之日起的半年内行使，尚未达到可行使时间限制和业绩考核条件的不再行使。股权激励对象辞职、被解雇时，尚未行使的股权不再行使。

（三）规范股权激励公允价值计算参数，合理确定股权激励预期收益。

对实行股票期权（或股票增值权）激励方式的，上市公司应根据企业会计准则等有关规定，结合国际通行做法，选取适当的期权定价模型进行合理估值。其相关参数的选择或计算应科学合理。

对实行限制性股票激励方式的，在核定股权激励预期收益时，除考虑限制性股票赠与部分价值外，还应参考期权估值办法考虑赠与部分未来增值收益。

（四）规范上市公司配股、送股、分红后股权激励授予数量的处理。

上市公司因发行新股、转增股本、合并、分立、回购等原因导致总股本发生变动或其他原因需要调整股权授予数量或行权价格的，应重新报国有资产监管机构备案后由股东大会或授权董事会决定。对于其他原因调整股票期权（或股票增值权）授予数量、行权价格或其他条款的，应由董事会审议后经股东大会批准；同时，上市公司应聘请律师就上述调整是否符合国家相关法律法规、公司章程以及股权激励计划规定出具专业意见。

（五）规范履行相应程序，建立社会监督和专家评审工作机制。

建立上市公司国有控股股东与国有资产监管机构沟通协调机制。上市公司国有控股股东在上市公司董事会审议其股权激励计划之前，应与国有资产监管机构进行沟通协调，并应在上市公司股东大会审议公司股权激励计划之前，将上市公司董事会审议通过的股权激励计划及相应的管理考核办法等材料报国有资产监管机构审核，经股东大会审议通过后实施。

建立社会监督和专家评审工作机制。上市公司董事会审议通过的股权激励计划草案除按证券监管部门的要求予以公告外，同时还应在国有资产监管机构网站上予以公告，接受社会公众的监督和评议。同时国有资产监管机构将组织有关专家对上市公司股权激励方案进行评审。社会公众的监督、评议意见与专家的评审意见，将作为国有资产监管机构审核股权激励计划的重要依据。

建立中介服务机构专业监督机制。为上市公司拟订股权激励计划的中介咨询机构，应对股权激励计划的规范性、合规性、是否有利于上市公司的持续发展，以及对股东利益的影响发表专业意见。

（六）规范国有控股股东行为，完善股权激励报告、监督制度。

国有控股股东应增强法制观念和诚信意识，带头遵守法律法规，规范执行国家政策，维护出资人利益。

国有控股股东应按照国资发分配〔2006〕8 号、国资发分配〔2006〕175 号文件及本通知的要求，完善股权激励报告制度。国有控股股东向国有资产监管机构报送上市公司股东大会审议通过的股权激励计划时，应同时抄送财政部门。国有控股股东应当及时将股权激励计划的实施进展情况以及激励对象年度行使情况等报国有资产监管机构备案；国有控股股东有监事会的，应同时报送公司控股企业监事会。

国有控股股东应监督上市公司按照《企业财务通则》和企业会计准则的规定，为股权激励的实施提供良好的财务管理和会计核算基础。

国有资产监管机构将对上市公司股权激励的实施进展情况，包括公司的改革发展、业绩指标完成情况以及激励对象薪酬水平、股权行使及其股权激励收益、绩效考核等信息实行动态管理和对外披露。

在境外和境内同时上市的公司，原则上应当执行国资发分配〔2006〕175 号文件。公司高级管理人员和管理技术骨干应在同一个资本市场（境外或境内）实施股权激励。

对本通知印发之前已经实施股权激励的国有控股上市公司，其国有控股股东应按照本通知要求，督促和要求上市公司对股权激励计划进行修订完善并报国资委备案，经股东大会（或董事会）审议通过后实施。

国务院国有资产监督管理委员会

中华人民共和国财政部

2008 年 10 月 21 日

5.1.8

关于规范国有股东与上市公司进行资产重组有关事项的通知

（2009年6月24日　国资发产权〔2009〕124号）

国务院各部委、各直属机构，各省、自治区、直辖市及计划单列市和新疆生产建设兵团国资委，各中央企业，上海证券交易所、深圳证券交易所、中国证券登记结算有限责任公司：

为规范国有股东与上市公司资产重组行为，保护各类投资者权益，维护证券市场健康发展，根据《中华人民共和国公司法》、《中华人民共和国证券法》、《中华人民共和国企业国有资产法》及《企业国有资产监督管理暂行条例》（国务院令第378号）等法律法规规定，现就国有股东与上市公司进行资产重组所涉及的有关事项通知如下：

一、本通知所称国有股东与上市公司资产重组是指国有股东或潜在国有股东（经本次资产重组后成为上市公司国有股东的，以下统称为国有股东）向上市公司注入、购买或置换资产并涉及国有股东所持上市公司股份发生变化的情形。

国有股东向上市公司注入、购买或置换资产不涉及国有股东所持上市公司股份发生变化的，按相关规定办理。

二、国有股东与上市公司进行资产重组，应遵循以下原则：

（一）有利于促进国有资产保值增值，符合国有股东发展战略；

（二）有利于提高上市公司质量和核心竞争力；

（三）标的资产权属清晰，资产交付或转移不存在法律障碍；

（四）标的资产定价应当符合市场化原则，有利于维护各类投资者合法权益。

三、国有股东与上市公司进行资产重组应当做好可行性论证，认真分析本次重组对国有股东、上市公司及资本市场的影响，并提出可行性报告。如涉及国有股东人员安置、土地使用权处置、债权债务处理等相关问题，国有股东应当制订解决方案。

四、国有股东与上市公司进行资产重组的，应当与上市公司充分协商。国有股东与上市公司就资产重组事项进行协商时，应当采取必要且充分的保密措施，制定严格的保密制度和责任追究制度。国有股东聘请中介机构的，应当与所聘请的中介机构签署保密协议。

五、国有股东与上市公司进行资产重组的相关事项在依法披露前，市场出现相关传闻，或上市公司证券及其衍生品种出现异常交易时，国有股东应当积极配合上市公司依法履行信息披露义务；必要时，应督促上市公司向证券交易所申请股票停牌。如上市公司证券及其衍生品种价格明显异动，对本次资产重组产生重大影响的，国有股东应当调整资产重组方案，必要时应当中止本次重组事项，且国有股东在3个月内不得重新启动。

六、国有股东与上市公司进行资产重组，应当按照有关法律法规，以及企业章程规定履行内部决策程序。

七、国有股东就本次资产重组事项进行内部决策后，应当按照相关规定书面通知上市公司，由上市公司依法披露，并申请股票停牌。同时，将可行性研究报告报省级或省级以上国有资产监督管理机构预审核。

国有股东为中央单位的，由中央单位通过集团母公司报国务院国有资产监督管理机构。国有股东为地方单位的，由地方单位通过集团母公司报省级国有资产监督管理机构。

国有股东为公司制企业，且本次重组事项需由股东会（股东大会）作出决议的，应当按照有关法律法规规定，在国有资产监督管理机构出具意见后，提交股东会（股东大会）审议。

八、国有资产监督管理机构收到国有股东关于本次资产重组的书面报告后，应当在10个工作日内出具意见，并及时通知国有股东，由国有股东书面通知上市公司依法披露。在中国证监会及证券交易所规定的股票停牌期内，国有股东与上市公司资产重组的方案未能获得国有资产监督管理机构同意的，上市公司股票须立即复牌，国有股东3个月内不得重新启动该事项。

九、国有股东与上市公司进行资产重组的方案经上市公司董事会审议通过后，国有股东应当在上市公司股东大会召开日前不少于20个工作日，按规定程序将相关方案报省级或省级以上国有资产监督管理机构审核。国有资产监督管理机构在上市公司股东大会召开前5个工作日出具批复文件。

十、国有股东对上市公司进行资产重组的，应当向国有资产监督管理机构报送以下材料：

（一）关于本次资产重组的请示及方案；

（二）上市公司董事会决议；

（三）本次资产重组涉及相关资产的审计报告、评估报告及作价依据；

（四）国有股东上一年度的审计报告；

（五）上市公司基本情况、最近一期的年度报告或中期报告；

（六）律师事务所出具的法律意见书；

（七）国有资产监督管理机构要求的其他材料。

十一、国有股东与上市公司进行资产重组的方案应主要包括以下内容：

（一）本次资产重组的原因及目的；

（二）本次资产重组涉及的资产范围、业务情况及近三年损益情况、未来盈利预测及其依据；

（三）本次资产重组所涉及相关资产作价的说明；

（四）本次资产重组对国有股东及上市公司权益、盈利水平及未来发展的影响。

十二、国有股东违反本规定的，国有资产监督管理机构应当责令其整改，并按照监管权限，直接或责成相关方面对相关责任人员给予相应处分；造成国有资产损失的，应追究赔偿责任，涉嫌犯罪的，依法移送司法机关处理。

社会中介机构在国有股东与上市公司资产重组中违规执业的，国有资产监督管理机构应当将有关情况通报其行业主管部门；情节严重的，国有资产监督管理机构可通报企业3年内不得聘请该中介机构从事相关业务。

国有资产监督管理机构工作人员违反本通知有关规定，造成国有资产重大损失的，应当对直接负责的主管人员和其他相关责任人员依法给予行政处分；涉嫌犯罪的，依法移送司法机关处理。

国务院国有资产监督管理委员会

2009年6月24日

5.1.9

关于规范上市公司国有股东发行可交换公司债券及国有控股上市公司发行证券有关事项的通知

（2009 年 6 月 24 日　国资发产权〔2009〕125 号）

国务院各部委、各直属机构，各省、自治区、直辖市及计划单列市和新疆生产建设兵团国资委，各中央企业，上海证券交易所、深圳证券交易所、中国证券登记结算有限责任公司：

为规范上市公司国有股东发行可交换公司债券及国有控股上市公司发行证券行为，维护证券市场健康发展，根据《中华人民共和国公司法》、《中华人民共和国证券法》、《中华人民共和国企业国有资产法》，以及《企业国有资产监督管理暂行条例》（国务院令第 378 号）等法律法规规定，现就有关问题通知如下：

一、本通知所称上市公司国有股东发行的可交换公司债券是指上市公司国有股东依法发行、在一定期限内依据约定的条件可以交换成该股东所持特定上市公司股份的公司债券。

本通知所称国有控股上市公司发行证券包括上市公司采用公开方式向原股东配售股份、向不特定对象公开募集股份，采用非公开方式向特定对象发行股份以及发行（分离交易）可转换公司债券等。

二、上市公司国有股东发行可交换公司债券应当遵守有关法律法规及规章制度的规定，符合国有资产监督管理机构对上市公司最低持股比例的要求；应当做好可行性研究，严格履行内部决策程序，合理把握市场时机，并建立健全有关债券发行的风险防范和控制机制；募集资金的投向应当符合国家相关产业政策及企业主业发展规划。

三、上市公司国有股东发行的可交换公司债券交换为上市公司每股股份的价格应不低于债券募集说明书公告日前 1 个交易日、前 20 个交易日、前 30 个交易日该上市公司股票均价中的最高者。

四、上市公司国有股东发行的可交换公司债券，其利率应当在参照同期银行贷款利率、银行票据利率、同行业其他企业发行的债券利率，以及标的公司股票每股交换价格、上市公司未来发展前景等因素的前提下，通过市场询价合理确定。

五、国有股东发行可交换公司债券，该股东单位为国有独资公司的，由公司董事会负责制订债券发行方案，并由国有资产监督管理机构依照法定程序作出决定，国有股东为其他类型公司制企业的，债券发行方案在董事会审议后，应当在公司股东会（股东大会）召开前不少于20个工作日，按照规定程序将发行方案报省级或省级以上国有资产监督管理机构审核，国有资产监督管理机构应在公司股东会（股东大会）召开前5个工作日出具批复意见。

国有股东为中央单位的，由中央单位通过集团母公司报国务院国有资产监督管理机构审核；国有股东为地方单位的，由地方单位通过集团母公司报省级国有资产监督管理机构审核。

六、上市公司国有股东发行可交换公司债券的，应当向国有资产监督管理机构报送以下材料：

（一）国有股东发行可交换公司债券的请示；

（二）国有股东发行可交换公司债券的方案及内部决议；

（三）国有股东发行可交换公司债券的风险评估论证情况、偿本付息的具体方案及债务风险的应对预案；

（四）国有控股股东发行可交换公司债券对其控股地位影响的分析；

（五）国有股东为发行可交换公司债券设定担保的股票质押备案表；

（六）国有股东基本情况、营业执照、公司章程及产权登记文件；

（七）国有股东最近一个会计年度的审计报告；

（八）上市公司基本情况、最近一期年度报告及中期报告；

（九）国有资产监督管理机构要求提供的其他材料。

七、国有控股上市公司发行证券应当遵守有关法律、行政法规及规章制度的规定，有利于提高上市公司的核心竞争力，完善法人治理结构，有利于维护上市公司全体投资者的合法权益，募集资金的投向应当符合国家相关产业政策及公司发展规划。

八、国有控股上市公司发行证券，涉及国有股东或经本次认购上市公司增发股份后成为上市公司股东的潜在国有股东，以资产认购所发行证券的，应当按照国务院国有资产监督管理机构关于规范国有股东与上市公司进行资产重组的有关规定开展相关工作。

九、国有控股股东应当协助上市公司根据国家有关产业政策规定、资本市场状况，以及上市公司发展需要，就发行证券事项进行充分的可行性研究，并严格按照国家有关法律法规要求，规范运作。

十、国有控股股东应当在上市公司董事会审议通过证券发行方案后，按照规定程序在上市公司股东大会召开前不少于20个工作日，将该方案逐级报省级或省级以上国有资产监督管理机构审核。国有资产监督管理机构在上市公司相关股东大会召开前5个工作日出具批复意见。

国有资产监督管理机构关于国有控股上市公司发行证券的审核程序按照本通知第五条第二款的规定办理。

十一、国有控股上市公司拟发行证券的，国有控股股东应当向国有资产监督管理机构报送以下材料：

（一）国有控股上市公司拟发行证券情况的请示；

（二）上市公司董事会关于本次发行证券的决议；

（三）上市公司拟发行证券的方案；

（四）国有控股股东基本情况、认购股份情况及其上一年度审计报告；

（五）国有控股股东关于上市公司发行证券对其控股地位影响的分析；

（六）上市公司基本情况、最近一期的年度报告及中期报告；

（七）上市公司前次募集资金使用情况的报告及本次募集资金使用方向是否符合国家相关政策规定；

（八）上市公司发行可转换债券的风险评估论证情况、偿本付息的具体方案及发生债务风险的应对预案；

（九）律师事务所出具的法律意见书；

（十）国有资产监督管理机构要求提供的其他材料。

十二、国有控股股东在上市公司召开股东大会时，应当按照国有资产监督管理机构出具的批复意见，对上市公司拟发行证券的方案进行表决。

上市公司股东大会召开前未获得国有资产监督管理机构批复的，国有控股股东应当按照有关法律法规规定，提议上市公司延期召开股东大会。

十三、上市公司证券发行完毕后，国有控股股东应持国有资产监督管理机构的批复，到证券登记结算机构办理相关股份变更手续。

国务院国有资产监督管理委员会

2009 年 6 月 24 日

5.1.10

境内证券市场转持部分国有股充实全国社会保障基金实施办法

（2009 年 6 月 19 日　财企〔2009〕94 号）

第一章　总　则

第一条　按照中央关于多渠道筹集社会保障基金的决定精神，根据国务院关于在境内证券市场实施国有股转持的有关政策，制定本办法。

第二条　本办法所称国有股东是指经国有资产监督管理机构确认的国有股东。

第三条　本办法所称国有资产监督管理机构，是指代表国务院和省级以上（含计划单列市）人民政府履行出资人职责、负责监督管理企业国有资产的特设机构和负责监督管理金融类企业国有资产的各级财政部门。

第四条　本办法所称国有股是指国有股东持有的上市公司股份。

第五条　本办法所称国有股转持是指股份有限公司首次公开发行股票并上市时，按实际发行股份数量的 10%，将上市公司部分国有股转由全国社会保障基金理事会（以下简称社保基金会）持有。

第二章　转持范围、比例和方式

第六条　股权分置改革新老划断后，凡在境内证券市场首次公开发行股票并上市的含国有股的股份有限公司，除国务院另有规定的，均须按首次公开发行时实际发行股份数量的 10%，将股份有限公司部分国有股转由社保基金会持有，国有股东持股数量少于应转持股份数量的，按实际持股数量转持。

第七条　股权分置改革新老划断后至本办法颁布前首次公开发行股票并上市的股份有限公司，由经国有资产监督管理机构确认的上市前国有股东承担转持义务。经确认的国有股东在履行转持义务前已发生股份转让的，须按其承担的转持义务以上缴资金等方式替代转持国有股。

第八条　本办法颁布后首次公开发行股票并上市的股份有限公司，由经国有资产监督管理机构确认的国有股东承担转持义务。

第九条 混合所有制的国有股东，由该类国有股东的国有出资人按其持股比例乘以该类国有股东应转持的权益额，履行转持义务。具体方式包括：在取得国有股东各出资人或各股东一致意见后，直接转持国有股，并由该国有股东的国有出资人对非国有出资人给予相应补偿；或者由该国有股东的国有出资人以分红或自有资金一次或分次上缴中央金库。

第十条 对符合直接转持股份条件，但根据国家相关规定需要保持国有控股地位的，经国有资产监督管理机构批准，允许国有股东在确保资金及时、足额上缴中央金库情况下，采取包括但不限于以分红或自有资金等方式履行转持义务。

第三章 转持程序

第十一条 股权分置改革新老划断后至本办法颁布前首次公开发行股票并上市的股份有限公司的转持程序：

1. 国有资产监督管理机构根据现有资料对转持公司中的国有股东身份和转持股份数量进行初步核定，并由财政部、国务院国资委、中国证券监督管理委员会（以下简称证监会）和社保基金会将上市公司名称、国有股东名称及应转持股份数量等内容向社会联合公告。应转持股份自公告之日起予以冻结。

2. 国有股东对转持公告如有疑义，应在公告发布后30个工作日内向国有资产监督管理机构反馈意见，由国有资产监督管理机构予以重新核定。

3. 对于以转持股份形式履行转持义务的，国有资产监督管理机构向中国证券登记结算有限责任公司（以下简称中国结算公司）下达国有股转持通知，并抄送社保基金会。中国结算公司在收到国有股转持通知后15个工作日内，将各国有股东应转持股份，变更登记到社保基金会转持股票账户。

对于以上缴资金方式履行转持义务的，国有股东应及时足额就地上缴中央金库，凭一般缴款书（复印件）到中国结算公司办理股份解冻手续。

4. 国有股东在国有股转持程序完成后30个工作日内，应将转持股份情况，或以其他方式履行转持义务情况以及一般缴款书（复印件）等有关文件报国有资产监督管理机构备案，并抄送财政部和社保基金会。

第十二条 本办法颁布后首次公开发行股票并上市的股份有限公司的转持程序：

1. 首次公开发行股票并上市的股份有限公司的第一大国有股东向国有资产监督管理机构申请确认国有股东身份和转持股份数量。国有资产监督管理机构确认后，出具国有股转持批复，并抄送社保基金会和中国结算公司。国有股转持批复应要求国有股东向社保基金会作出转持承诺，并载明各国有股东转持股份数量或上缴资金数量等内容。该批复应作为股份有限公司申请首次公开发行股票并上市的必备文件。

2. 对于以转持股份形式履行转持义务的，中国结算公司在收到国有股转持批复后、首次公开发行股票上市前，将各国有股东应转持股份，变更登记到社保基金会转持股票账户。对于以上缴资金方式履行转持义务的，国有股东须按国有股转持批复的要求，及时足额就地上缴到中央金库。

3. 国有股东在国有股转持工作完成后30个工作日内将转持股份情况，或以其他方式履行转持义务情况以及一般缴款书（复印件）等有关文件报国有资产监督管理机构备案，并抄送财政部和社保基金会。

第四章　转持股份的管理和处置

第十三条　转由社保基金会持有的境内上市公司国有股，社保基金会承继原国有股东的禁售期义务。对股权分置改革新老划断至本办法颁布前首次公开发行股票并上市的股份有限公司转持的股份，社保基金会在承继原国有股东的法定和自愿承诺禁售期基础上，再将禁售期延长三年。

第十四条　社保基金会转持国有股后，享有转持股份的收益权和处置权，不干预上市公司日常经营管理。

第十五条　国有股转持给社保基金会和资金上缴中央金库后，相关国有单位核减国有权益，依次冲减未分配利润、盈余公积金、资本公积金和实收资本，并做好相应国有资产产权变动登记工作。对于转持股份，社保基金以发行价入账，并纳入基金总资产统一核算。对国有股东替代转持上缴中央金库的资金，财政部应及时拨入社保基金账户。

第十六条　财政部负责对转持国有股充实全国社保基金的财务管理实施监管。财政部可委托专业中介机构定期对社保基金会转持国有股的运营情况进行审计。

第十七条　社保基金会应设立专门账户用于接收转持股份，按本办法转持国有股以及转持股份在社保基金各账户之间转账，免征过户费。

第十八条　国有股转持过程中涉及的信息披露事项，由相关方依照有关法律法规处理。

第五章　附　　则

第十九条　本办法由财政部商有关部门负责解释。

第二十条　境外上市公司减转持工作仍按现有相关规定执行。

第二十一条　本办法自颁布之日起施行。

5.1.11

关于取消豁免国有创业投资机构和国有创业投资引导基金国有股转持义务审批事项后有关管理工作的通知

（2015 年 8 月 11 日　财资〔2015〕39 号）

国务院有关部委，有关直属机构，各省、自治区、直辖市、计划单列市财政厅（局）、国资委（局），中国证券登记结算有限责任公司，有关国有创业投资机构、国有创业投资引导基金：

为提高国有资本从事创业投资的积极性，鼓励和引导国有创业投资机构（以下简称创投机构）和国有创业投资引导基金（以下简称引导基金）加大对中早期项目的投资，符合条件的创业机构和引导基金经审核批准后，可豁免国有股转持义务。根据《国务院关于取消和调整一批行政审批项目等事项的决定》（国发〔2015〕11 号）要求，对豁免创投机构和引导基金国有股转持义务事项不再进行审批。为加强后续监管，确保该政策顺利实施，并避免对国有股转持政策造成不利影响，现就有关事项通知如下：

一、资质条件

（一）豁免国有股转持义务的创投机构资质要求

1. 经营范围符合《创业投资企业管理暂行办法》（发展改革委等 10 部门令第 39 号，以下简称 39 号令）或《私募投资基金监督管理暂行办法》（证监会令第 105 号，以下简称 105 号令）规定，且工商登记名称中注有“创业投资”字样。在 2005 年 11 月 15 日前完成工商登记的，可保留原有工商登记名称，但经营范围须符合 39 号令或 105 号令规定。

2. 遵照 39 号令规定条件和程序完成备案，且最近一年必须通过备案管理部门年度检查（申请豁免转持义务当年新备案的创投机构除外），投资运作符合 39 号令有关规定；或者遵照 105 号令规定条件和程序完成备案，且通过中国证券投资基金业协会有关资格审查，投资运作符合 105 号令有关规定。

（二）豁免国有股转持义务的引导基金应当按照《关于创业投资引导基金规范设立与运作的指导意见》（国办发〔2008〕116 号）规定，规范设立并运作。

（三）本通知所称未上市中小企业应当同时符合下列条件：

1. 经企业所在地县级以上劳动和社会保障部门或社会保险基金管理单位核定，职工人数不超过 500 人；

2. 根据会计师事务所审计的年度合并会计报表，年销售（营业总收入）不超过 2 亿元，资产总额不超过2亿元。

（四）创投机构或引导基金投资于未上市中小企业，其投资时点以创投机构或引导基金投资后，被投资企业取得工商行政管理部门核发的法人营业执照或工商核准变更登记通知书的日期为准。同一创投机构或引导基金对未上市中小企业进行多轮投资的，第一次投资为初始投资，其后续投资均按初始投资的时点进行确认。被投资企业规模按照创投机构或引导基金初始投资时点之上一年度末的相关指标进行认定。

二、办理程序

（一）创投机构或引导基金在被投资企业股东大会审议通过首次公开发行股票并上市议案后，根据本通知资质条件要求，自行确定是否符合豁免国有股转持义务条件。

（二）自行确定符合豁免国有股转持义务条件的创投机构或引导基金，应登录中国投资协会股权和创业投资专业委员会官网（www. vcpe. org. cn）或中国证券投资基金业协会官网（www. amac. org. cn）“信息公示”栏目，下载并如实填报《豁免国有创业投资机构或国有创业投资引导基金国有股转持义务有关信息公示表》（以下简称《信息公示表》，见附件1）。

创投机构或引导基金应将填写完成的《信息公示表》连同创投机构营业执照、备案管理部门同意创投机构备案文件及近一年年检结果的通知或中国证券投资基金业协会出具的资格审查无异议函、创投机构或引导基金初始投资时点之上一年度末被投资企业职工人数证明、省级以上国有资产管理部门出具的被投资企业国有股权管理批复文件等资料的扫描件，一并及时在中国投资协会股权和创业投资专业委员会官网或中国证券投资基金业协会官网“信息公示”栏目向社会进行公示，公示期不少于20个工作日，接受社会监督。

中国投资协会股权和创业投资专业委员会联系电话：010－63909874，传真：010－63907882；中国证券投资基金业协会联系电话：010－66578200，传真：010－66578256。

（三）在中国投资协会股权和创业投资专业委员会官网或中国证券投资基金业协会官网公示的同时，创投机构或引导基金应同时登录财政部官网（www. mof. gov. cn）“资产管理司”频道“国有资本管理”专题栏目，下载《豁免国有创业投资机构或国有创业投资引导基金国有股转持义务公示情况表》（以下简称《公示情况表》，见附件2），填写完成后发送至财政部资产管理司“czbzcgls@ 126. com”邮箱，并可致电（010－68552423）核实查收情况。

（四）公示期间社会公众如有异议，可实名向财政部资产管理司反映（电话：010－68552423，传真：010－68552424）。财政部将及时通知该创投机构或引导基金，同时组织国资委、证监会和社保基金会等部门开展核查工作。经核查确认符合豁免国有股转持义务条件的，财政部将在《公示情况表》“公示结果”栏标注“公示有异议，经核查符合条件”字样；经核查确认不符合豁免国有股转持义务条件的，将标注“公示有异议，经核查不符合条件”字样。

公示期满社会公众无异议的，财政部将在《公示情况表》“公示结果”栏标注“公示无异议”字样。

（五）财政部在公示期满或核查确认后，将在财政部官网“资产管理司”频道“国有资本管理”专题栏目中公布公示结果。创投机构或引导基金应及时登录相关网页查看公示结果，并可下载打印标注“公示无异议”或“公示有异议，经核查符合条件”字样的页面，作为被投资企业向证券监管部门提交公开发行并上市申请的附件。证券监管部门可登录财政部官网“资产管理司”频道“国有资本管理”专题栏目查询创投机构或引导基金豁免国有股转持义务公示结果的真实性。

三、国有股回拨

2014 年 12 月 3 日至本通知下发日，创投机构或引导基金已按《境内证券市场转持部分国有股充实全国社会保障基金实施办法》（财企〔2009〕94 号）实施国有股转持，经财政部会同社保基金会审核符合豁免转持政策的，实行回拨处理。回拨的国有股权包括：(1) 由该创投机构或引导基金转持至社保基金会的国有股；(2) 社保基金会持股期内因上市公司利润分配或资本公积转增等原因，由该部分国有股派生的相关权益，包括送股、转增股本及现金分红等。

创投机构、引导基金或其国有出资人已按财企〔2009〕94 号文件规定以现金替代方式履行国有股转持义务，经财政部会同社保基金会审核符合豁免转持政策的，实行回拨处理。回拨资金额按照创投机构、引导基金或其国有出资人缴入中央金库的资金额确定。

创投机构和引导基金应于 2015 年 9 月 30 日前向财政部提出回拨申请，逾期将不予受理。

四、监督管理

（一）对“公示无异议”的创投机构和引导基金，财政部将组织有关单位开展定期和不定期抽查。

（二）财政部建立“黑名单”制度，将经核查或抽查发现不符合国有股转持义务豁免条件，且存在弄虚作假、虚假公示等恶意行为的创投机构和引导基金，列入“黑名单”，定期予以公告，并及时提交创投机构监管部门依照相关规定处理。

五、本通知自发布之日起执行。《财政部关于豁免国有创业投资机构和国有创业投资引导基金国有股转持义务有关问题的通知》（财企〔2010〕278 号）和《财政部关于豁免国有创业投资机构和国有创业投资引导基金国有股转持义务有关审核问题的通知》（财企〔2011〕14 号）同时废止。

附件 1：豁免国有创业投资机构或国有创业投资引导基金国有股转持义务有关信息公示表

附件 2：豁免国有创业投资机构或国有创业投资引导基金国有股转持义务公示情况表

财政部

2015 年 8 月 11 日

附件1

豁免国有创业投资机构或国有创业投资引导基金国有股转持义务有关信息公示表

<table>
<tr><td colspan="6">国有创业投资机构或国有创业投资引导基金基本情况</td></tr>
<tr><td>单位名称</td><td>成立年月</td><td>注册资本或募资规模（万元）</td><td colspan="3">国有股持股比例（%）</td></tr>
<tr><td></td><td></td><td></td><td colspan="3"></td></tr>
<tr><td colspan="6">国有创业投资机构或国有创业投资引导基金资质情况</td></tr>
<tr><td>创业投资机构备案管理部门名称</td><td colspan="2">同意创业投资机构备案的文件名称、文号及出具时间</td><td colspan="3">近一年度通过备案部门年检或本次通过中国证券投资基金业协会资格审查的文件名称、文号及出具时间</td></tr>
<tr><td></td><td colspan="2"></td><td colspan="3"></td></tr>
<tr><td colspan="6">所投资未上市中小企业有关情况</td></tr>
<tr><td>单位名称</td><td>完成股份制改造时间</td><td>股东大会通过股票发行议案时间</td><td></td><td>拟首次公开发行股数（万股）</td><td></td></tr>
<tr><td></td><td></td><td></td><td></td><td></td><td></td></tr>
<tr><td colspan="6">国有创业投资机构或国有创业投资引导基金对未上市中小企业的投资情况</td></tr>
<tr><td>初始投资并完成工商变更年月</td><td colspan="2">初始投资额（万元）及持股比例（%）</td><td colspan="3">累计投资额（万元）及持股比例（%）</td></tr>
<tr><td></td><td colspan="2"></td><td colspan="3"></td></tr>
<tr><td>初始投资上一年度末职工人数（人）</td><td colspan="2">初始投资上一年度末营业总收入（万元）</td><td colspan="3">初始投资上一年度末资产总额（万元）</td></tr>
<tr><td></td><td colspan="2"></td><td colspan="3"></td></tr>
<tr><td colspan="3">国有资产管理部门出具的企业国有股权管理批复文件名称、文号及时间</td><td>国有股东名称</td><td>持股数（万股）</td><td>持股比例（%）</td></tr>
<tr><td colspan="3" rowspan="3"></td><td>1.</td><td></td><td></td></tr>
<tr><td>2.</td><td></td><td></td></tr>
<tr><td>……</td><td></td><td></td></tr>
<tr><td colspan="3">国有创业投资机构或国有创业投资引导基金拟豁免国有股转持股数</td><td colspan="3">万股</td></tr>
<tr><td>需注明的其他信息</td><td colspan="5"></td></tr>
</table>

注：1.“资质情况”依据《创业投资企业管理暂行办法》（发展改革委等10部门令第39号）或《私募投资基金监督管理暂行办法》（证监会令第105号）规定备案，且工商登记名称中注有“创业投资”字样。在2005年11月15日完成工商登记的，可保留原有工商登记名称。经营范围须符合39号令或105号令规定。

2.“初始投资上一年度末职工人数”以被投资企业所在地县级以上劳动和社会保障部门或社会保险基金管理单位

出具的创投机构初始投资时点之上一年度末被投资企业核定职工人数为准。

3. “营业总收入”、“资产总额”依据会计师事务所出具的创投机构初始投资时点之上一年度末被投资企业年度审计报告填列。

4. “国有股东名称”应依据省级以上国有资产管理部门出具的被投资企业国有股权管理批复文件逐一填列。

5. 国有创业投资机构或国有创业投资引导基金对填报信息的真实性、合法性、有效性和完整性负责。

6. 社会公众对上述公示信息有异议，可在公示期（20个工作日内）直接向财政部资产管理司反映。联系电话：010－68552423。

附件2

豁免国有创业投资机构或国有创业投资引导基金国有股转持义务公示情况表

国有创业投资机构和国有创业投资引导基金名称	
联系人	
联系电话（办公电话及手机）	
被投资未上市中小企业名称	
拟发行股份数量（万股）	
拟豁免国有股转持数量（万股）	
公示时间	
公示结果	

注：“公示结果”栏由财政部资产管理司填列。

5.1.12

关于加强上市公司国有股东内幕信息管理有关问题的通知

（2011年10月28日　国资发产权〔2011〕158号）

国务院各部委、各直属机构，各省、自治区、直辖市、计划单列市和新疆生产建设兵团国有资产监督管理机构，各中央企业：

为进一步加强上市公司国有股东内幕信息管理，防控内幕交易，根据《国务院办公厅转发证监会等部门关于依法打击和防控资本市场内幕交易意见的通知》（国办发〔2010〕55号）及证券和国有资产监督管理有关法律法规的规定，现将有关问题通知如下：

一、上市公司国有股东、实际控制人应明确本单位内幕信息管理机构，负责内幕信息管理，督促、协调上市公司信息披露，配合上市公司实施内幕信息知情人登记等事项。

本通知所称上市公司国有股东，是指直接持有上市公司股份的国有及国有控股企业、有关机构、部门、事业单位等；所称上市公司实际控制人，是指虽不是公司股东，但能够实际支配公司行为的国家出资企业。

二、上市公司国有股东、实际控制人应当建立健全内幕信息管理规章制度，对涉及上市公司重大事项的决策程序、内幕信息的流转与保密、信息披露、内幕信息知情人登记等方面作出明确规定。

三、上市公司国有股东、实际控制人在涉及上市公司重大事项的策划、研究、论证、决策过程中，应当在坚持依法合规的前提下，采取必要且充分的保密措施，严格控制参与人员范围，减少信息知悉及传递环节；简化决策流程，缩短决策时间，并建立责任追究制度。有关事项的决策原则上应在相关股票停牌后或非交易时间进行。

四、上市公司国有股东、实际控制人就涉及内幕信息的相关事项决策后，应当按照相关规定及时书面通知上市公司，由上市公司依法披露。

五、在相关信息披露前，上市公司国有股东、实际控制人中的内幕信息知情人不得在公司内部网站，或以内部讲话、接受访谈、发表文章等形式将信息向外界泄露，也不得利用内幕信息为本人、亲属或他人牟利。一旦出现市场传闻或上市公司证券及其衍生品异常交易等情况，应当及时督促、配合上市公司披露或澄清相关信息。必要时，应当督促上市公司依照有关规定及时申请股票停牌。

六、上市公司国有股东、实际控制人应支持和配合上市公司按规定做好内幕信息知情人登记工作，保证内幕信息知情人登记信息的真实、准确、完整。由上市公司国有股东或实际控制人研究、发起涉及上市公司的重大事项并可能产生内幕信息时，上市公司国有股东或实际控制人应按照证券监管机构要求填写内幕信息知情人档案，及时记录重要信息，并在通知上市公司相关事项时将知情人档案一并抄送。

七、上市公司国有股东、实际控制人就涉及内幕信息的有关事项向有关政府部门、监管机构汇报、沟通时，应告知其保密义务，并将情况记录备查。

八、上市公司国有股东、实际控制人应通过多种形式，加强内幕信息管理及规范股东行为等方面的教育培训工作，强化守法合规意识。

九、国有资产监督管理机构、政府有关部门直接持有上市公司股份的，按照本通知规定执行。

十、国有资产监督管理机构、上市公司国有股东、实际控制人应依据职责分工，对泄露内幕信息或从事内幕交易的相关人员进行处分；涉嫌犯罪的，依法移送司法机关处理。

十一、本通知印发后，上市公司国有股东、实际控制人要按照国办发〔2010〕55号文件及本通知要求，对本单位内幕信息管理工作开展一次全面梳理与自查，抓紧完善制度、落实责任，并将内幕信息管理制度和负责机构及联系人报省级或省级以上人民政府国有资产监督管理机构。

国务院国有资产监督管理委员会

2011年10月28日

5.1.13

关于进一步明确金融企业国有股转持有关问题的通知

（2013年8月14日　财金〔2013〕78号）

各中央管理金融企业，各省、自治区、直辖市、计划单列市财政厅（局），新疆生产建设兵团财务局：

为准确界定金融企业国有股转持范围，切实做好转持国有股充实社保基金有关工作，经国务院批准，现将有关事项通知如下：

一、金融企业投资的企业首次公开发行股票并上市的，如果金融企业股权投资的资金为该金融企业设立的公司制私募基金（以下简称私募基金），财政部门在确认国有股转持义务时，按照实质性原则，区分私募基金（含构成其资金来源的理财产品、信托计划等金融产品）的名义投资人和实际投资人。如私募基金的国有实际投资人持有比例合计超过50%，由私募基金（该比例合计达到100%）或其国有实际投资人（该比例超过50%但低于100%）按照《境内证券市场转持部分国有股充实全国社会保障基金实施办法》（财企〔2009〕94号）等相关规定，履行国有股转持义务。

二、国有保险公司投资拟上市企业股权，经书面征询监管部门意见，能够明确区分保费资金投资和自有资金投资的，在被投资企业上市时，豁免其利用保费资金投资的转持义务。监管部门意见同时抄送社保基金会。对于国有保险公司以资本经营为目的的投资，或其控股的金融企业发行上市，仍按照相关规定履行国有股转持义务。

三、金融企业投资的企业首次公开发行股票并上市，且投资资金来源符合本通知第一条规定的，按下列程序办理国有股转持事项：

（一）金融企业向同级财政部门申请确认国有股转持义务。申请材料包括申请报告，私募基金募集说明书、资金来源结构、持有人名单及相应的法律意见书等。其中，中央管理的金融企业上报财政部，地方管理的金融企业上报省（自治区、直辖市、计划单列市）财政厅（局）。被投资企业股东中有多个金融企业的，由持股比例最高的金融企业牵头上报。

（二）财政部门根据本通知规定，对提出申请的金融企业出具国有股转持义务确认函。

（三）金融企业将国有股转持义务确认函提交拟上市企业第一大国有股东，由拟上市企业第一大国有股东按照《境内证券市场转持部分国有股充实全国社会保障基金实施办法》（财企〔2009〕94 号）规定的程序，向相应国有资产监督管理部门申请确认国有股东身份和转持股份数量。

（四）国有资产监督管理部门应按照本通知要求及相关规定，做好国有股转持范围界定工作，并批复国有股转持方案。该批复作为有关企业申请首次公开发行股票并上市的必备文件。

四、请各省、自治区、直辖市、计划单列市财政厅（局）和新疆生产建设兵团财务局将本通知转发各地方金融企业执行，并做好监督管理工作。

财政部　国资委　证监会　社保基金会

2013 年 8 月 14 日

5.1.14

关于印发《关于推动国有股东与所控股上市公司解决同业竞争规范关联交易的指导意见》的通知

（2013 年 8 月 23 日　国资委　证监会　国资发产权〔2013〕202 号）

为进一步规范国有股东与所控股上市公司关系，推动解决同业竞争、规范关联交易，促进国有经济和证券市场健康发展，根据国家有关法律、行政法规，我们制定了《关于推动国有股东与所控股上市公司解决同业竞争　规范关联交易的指导意见》，现印发给你们，请结合各自实际，认真遵照执行，并及时反映工作中的有关问题和情况。

国务院国有资产监督管理委员会
中国证券监督管理委员会
2013 年 8 月 23 日

关于推动国有股东与所控股上市公司解决同业竞争规范关联交易的指导意见

为进一步规范上市公司国有控股股东和实际控制人（以下简称国有股东）行为，促进国有控股上市公司持续发展，保护各类投资者合法权益，根据国有资产监管、证券监管等法律法规，提出以下指导意见。

一、国有股东与所控股上市公司要结合发展规划，明确战略定位。在此基础上，对各自业务进行梳理，合理划分业务范围与边界，解决同业竞争，规范关联交易。

二、国有股东与所控股上市公司要按照“一企一策、成熟一家、推进一家”的原则，结合企业实际以及所处行业特点与发展状况等，研究提出解决同业竞争的总体思路。要综合运用资产重组、股权置换、业务调整等多种方式，逐步将存在同业竞争的业务纳入同一平台，促进提高产业集中度和专业化水平。

三、国有股东与所控股上市公司应严格按照相关法律法规，建立健全内控体系，规范关联交易。对于正常经营范围内且无法避免的关联交易，双方要本着公开、公平、公正的原则确定交易价格，依法订立相关协议或合同，保证关联交易的公允性。上市公司应当严格按照规定履行关联交易审议程序和信息披露义务，审议时与该交易有关联关系的董事或股东应当回避表决，并不得代理他人行使表决权。

四、国有股东与所控股上市公司在依法合规、充分协商的基础上，可针对解决同业竞争、规范关联交易的解决措施和期限，向市场作出公开承诺。国有股东与所控股上市公司要切实履行承诺，并定期对市场公布承诺事项的进展情况。对于因政策调整、市场变化等客观原因确实不能履行或需要作出调整的，应当提前向市场公开做好解释说明，充分披露承诺需调整或未履行的原因，并提出相应处置措施。

五、国有股东在推动解决同业竞争、规范关联交易等事项中，要依法与上市公司平等协商。有条件的国有股东在与所控股上市公司充分协商的基础上，可利用自身品牌、资源、财务等优势，按照市场原则，代为培育符合上市公司业务发展需要、但暂不适合上市公司实施的业务或资产。上市公司与国有股东约定业务培育事宜，应经上市公司股东大会授权。国有股东在转让培育成熟的业务时，上市公司在同等条件下有优先购买的权利。上市公司对上述事项作出授权决定或者放弃优先购买权的，应经股东大会无关联关系的股东审议通过。

六、国有股东要依法行使股东权利，履行股东义务，配合所控股上市公司严格按照法律、法规和证券监管的规定，及时、公平地披露相关信息。相关信息公开披露前，应当按照规定做好内幕信息知情人的登记管理工作，严格防控内幕交易。

七、国有资产监管机构和证券监管机构，应以服务实体经济为根本出发点，充分尊重企业发展规律和证券市场规律，不断改进工作方式，完善监管手段，形成政策合力，推动国有经济和证券市场健康发展。

5.2 财政税收

5.2.1

关于个人转让上市公司限售股所得征收个人所得税有关问题的通知

（2009 年 12 月 31 日　财税〔2009〕167 号）

各省、自治区、直辖市、计划单列市财政厅（局）、国家税务局、地方税务局，新疆生产建设兵团财务局，上海、深圳证券交易所，中国证券登记结算公司：

为进一步完善股权分置改革后的相关制度，发挥税收对高收入者的调节作用，促进资本市场长期稳定健康发展，经国务院批准，现就个人转让上市公司限售流通股（以下简称限售股）取得的所得征收个人所得税有关问题通知如下：

一、自 2010 年 1 月 1 日起，对个人转让限售股取得的所得，按照“财产转让所得”，适用 20% 的比例税率征收个人所得税。

二、本通知所称限售股，包括：

1. 上市公司股权分置改革完成后股票复牌日之前股东所持原非流通股股份，以及股票复牌日至解禁日期间由上述股份孳生的送、转股（以下统称股改限售股）；

2. 2006 年股权分置改革新老划断后，首次公开发行股票并上市的公司形成的限售股，以及上市首日至解禁日期间由上述股份孳生的送、转股（以下统称新股限售股）；

3. 财政部、税务总局、法制办和证监会共同确定的其他限售股。

三、个人转让限售股，以每次限售股转让收入，减除股票原值和合理税费后的余额，为应纳税所得额。即：

应纳税所得额 = 限售股转让收入 －（限售股原值 + 合理税费）

应纳税额 ＝ 应纳税所得额 × 20%

本通知所称的限售股转让收入，是指转让限售股股票实际取得的收入。限售股原值，是指限售股买入时的买入价及按照规定缴纳的有关费用。合理税费，是指转让限售股过程中发生的印花税、佣金、过户费等与交易相关的税费。

如果纳税人未能提供完整、真实的限售股原值凭证的，不能准确计算限售股原值的，主管税务机关一律按限售股转让收入的 15% 核定限售股原值及合理税费。

四、限售股转让所得个人所得税，以限售股持有者为纳税义务人，以个人股东开户的证券机构为扣缴义务人。限售股个人所得税由证券机构所在地主管税务机关负责征收管理。

五、限售股转让所得个人所得税，采取证券机构预扣预缴、纳税人自行申报清算和证券机构直接扣缴相结合的方式征收。证券机构预扣预缴的税款，于次月 7 日内以纳税保证金形式向主管税务机关缴纳。主管税务机关在收取纳税保证金时，应向证券机构开具《中华人民共和国纳税保证金收据》，并纳入专户存储。

根据证券机构技术和制度准备完成情况，对不同阶段形成的限售股，采取不同的征收管理办法。

（一）证券机构技术和制度准备完成前形成的限售股，证券机构按照股改限售股股改复牌日收盘价，或新股限售股上市首日收盘价计算转让收入，按照计算出的转让收入的15%确定限售股原值和合理税费，以转让收入减去原值和合理税费后的余额，适用20%税率，计算预扣预缴个人所得税额。

纳税人按照实际转让收入与实际成本计算出的应纳税额，与证券机构预扣预缴税额有差异的，纳税人应自证券机构代扣并解缴税款的次月 1 日起 3 个月内，持加盖证券机构印章的交易记录和相关完整、真实凭证，向主管税务机关提出清算申报并办理清算事宜。主管税务机关审核确认后，按照重新计算的应纳税额，办理退（补）税手续。纳税人在规定期限内未到主管税务机关办理清算事宜的，税务机关不再办理清算事宜，已预扣预缴的税款从纳税保证金账户全额缴入国库。

（二）证券机构技术和制度准备完成后新上市公司的限售股，按照证券机构事先植入结算系统的限售股成本原值和发生的合理税费，以实际转让收入减去原值和合理税费后的余额，适用20%税率，计算直接扣缴个人所得税额。

六、纳税人同时持有限售股及该股流通股的，其股票转让所得，按照限售股优先原则，即：转让股票视同为先转让限售股，按规定计算缴纳个人所得税。

七、证券机构等应积极配合税务机关做好各项征收管理工作，并于每月 15 日前，将上月限售股减持的有关信息传递至主管税务机关。限售股减持信息包括：股东姓名、公民身份号码、开户证券公司名称及地址、限售股股票代码、本期减持股数及减持取得的收入总额。证券机构有义务向纳税人提供加盖印章的限售股交易记录。

八、对个人在上海证券交易所、深圳证券交易所转让从上市公司公开发行和转让市场取得的上市公司股票所得，继续免征个人所得税。

九、财政、税务、证监等部门要加强协调、通力合作，切实做好政策实施的各项工作。

请遵照执行。

财政部　国家税务总局　证监会

2009 年 12 月 31 日

5.2.2

关于个人转让上市公司限售股所得征收个人所得税有关问题的补充通知

（2010年11月10日　财税〔2010〕70号）

各省、自治区、直辖市、计划单列市财政厅（局）、国家税务局、地方税务局，新疆生产建设兵团财务局，上海、深圳证券交易所，中国证券登记结算公司：

为进一步规范个人转让上市公司限售股（以下简称限售股）税收政策，加强税收征管，根据财政部、国家税务总局、证监会《关于个人转让上市公司限售股征收个人所得税有关问题的通知》（财税〔2009〕167号）的有关规定，现将个人转让限售股所得征收个人所得税有关政策问题补充通知如下：

一、本通知所称限售股，包括：

（一）财税〔2009〕167号文件规定的限售股；

（二）个人从机构或其他个人受让的未解禁限售股；

（三）个人因依法继承或家庭财产依法分割取得的限售股；

（四）个人持有的从代办股份转让系统转到主板市场（或中小板、创业板市场）的限售股；

（五）上市公司吸收合并中，个人持有的原被合并方公司限售股所转换的合并方公司股份；

（六）上市公司分立中，个人持有的被分立方公司限售股所转换的分立后公司股份；

（七）其他限售股。

二、根据《个人所得税法实施条例》第八条、第十条的规定，个人转让限售股或发生具有转让限售股实质的其他交易，取得现金、实物、有价证券和其他形式的经济利益均应缴纳个人所得税。限售股在解禁前被多次转让的，转让方对每一次转让所得均应按规定缴纳个人所得税。对具有下列情形的，应按规定征收个人所得税：

（一）个人通过证券交易所集中交易系统或大宗交易系统转让限售股；

（二）个人用限售股认购或申购交易型开放式指数基金（ETF）份额；

（三）个人用限售股接受要约收购；

（四）个人行使现金选择权将限售股转让给提供现金选择权的第三方；

（五）个人协议转让限售股；

（六）个人持有的限售股被司法扣划；

（七）个人因依法继承或家庭财产分割让渡限售股所有权；

（八）个人用限售股偿还上市公司股权分置改革中由大股东代其向流通股股东支付的对价；

（九）其他具有转让实质的情形。

三、应纳税所得额的计算

（一）个人转让第一条规定的限售股，限售股所对应的公司在证券机构技术和制度准备完成前上市的，应纳税所得额的计算按照财税〔2009〕167号文件第五条第（一）项规定执行；在证券机构技术和制度准备完成后上市的，应纳税所得额的计算按照财税〔2009〕167号文件第五条第（二）项规定执行。

（二）个人发生第二条第（一）、（二）、（三）、（四）项情形、由证券机构扣缴税款的，扣缴税款的计算按照财税〔2009〕167号文件规定执行。纳税人申报清算时，实际转让收入按照下列原则计算：

第二条第（一）项的转让收入以转让当日该股份实际转让价格计算，证券公司在扣缴税款时，佣金支出统一按照证券主管部门规定的行业最高佣金费率计算；第二条第（二）项的转让收入，通过认购ETF份额方式转让限售股的，以股份过户日的前一交易日该股份收盘价计算，通过申购ETF份额方式转让限售股的，以申购日的前一交易日该股份收盘价计算；第二条第（三）项的转让收入以要约收购的价格计算；第二条第（四）项的转让收入以实际行权价格计算。

（三）个人发生第二条第（五）、（六）、（七）、（八）项情形、需向主管税务机关申报纳税的，转让收入按照下列原则计算：

第二条第（五）项的转让收入按照实际转让收入计算，转让价格明显偏低且无正当理由的，主管税务机关可以依据协议签订日的前一交易日该股收盘价或其他合理方式核定其转让收入；第二条第（六）项的转让收入以司法执行日的前一交易日该股收盘价计算；第二条第（七）、（八）项的转让收入以转让方取得该股时支付的成本计算。

（四）个人转让因协议受让、司法扣划等情形取得未解禁限售股的，成本按照主管税务机关认可的协议受让价格、司法扣划价格核定，无法提供相关资料的，按照财税〔2009〕167号文件第五条第（一）项规定执行；个人转让因依法继承或家庭财产依法分割取得的限售股的，按财税〔2009〕167号文件规定缴纳个人所得税，成本按照该限售股前一持有人取得该股时实际成本及税费计算。

（五）在证券机构技术和制度准备完成后形成的限售股，自股票上市首日至解禁日期间发生送、转、缩股的，证券登记结算公司应依据送、转、缩股比例对限售股成本原值进行调整；而对于其他权益分派的情形（如现金分红、配股等），不对限售股的成本原值进行调整。

（六）因个人持有限售股中存在部分限售股成本原值不明确，导致无法准确计算全部限售股成本原值的，证券登记结算公司一律以实际转让收入的15%作为限售股成本原值和合理税费。

四、征收管理

（一）纳税人发生第二条第（一）、（二）、（三）、（四）项情形的，对其应纳个人所得税按照财税〔2009〕167号文件规定，采取证券机构预扣预缴、纳税人自行申报清算和证券机构直接扣缴相结合的方式征收。

本通知所称的证券机构，包括证券登记结算公司、证券公司及其分支机构。其中，证券登记结算公司以证券账户为单位计算个人应纳税额，证券公司及其分支机构依据证券登记结算公司提供的数据负责对个人应缴纳的个人所得税以证券账户为单位进行预扣预缴。纳税人对证券登记结算公司计算的应纳税额有异议的，可持相关完整、真实凭证，向主管税务机关提出清算申报并办理清算事宜。主管税务机构审核确认后，按照重新计算的应纳税额，办理退（补）税手续。

（二）纳税人发生第二条第（五）、（六）、（七）、（八）项情形的，采取纳税人自行申报纳税的方式。纳税人转让限售股后，应在次月七日内到主管税务机关填报《限售股转让所得个人所得税清算申报表》，自行申报纳税。主管税务机关审核确认后应开具完税凭证，纳税人应持完税凭证、《限售股转让所得个人所得税清算申报表》复印件到证券登记结算公司办理限售股过户手续。纳税人未提供完税凭证和《限售股转让所得个人所得税清算申报表》复印件的，证券登记结算公司不予办理过户。

纳税人自行申报的，应一次办结相关涉税事宜，不再执行财税〔2009〕167号文件中有关纳税人自行申报清算的规定。对第二条第（六）项情形，如国家有权机关要求强制执行的，证券登记结算公司在履行告知义务后予以协助执行，并报告相关主管税务机关。

五、个人持有在证券机构技术和制度准备完成后形成的拟上市公司限售股，在公司上市前，个人应委托拟上市公司向证券登记结算公司提供有关限售股成本原值详细资料，以及会计师事务所或税务师事务所对该资料出具的鉴证报告。逾期未提供的，证券登记结算公司以实际转让收入的15%核定限售股原值和合理税费。

六、个人转让限售股所得需由证券机构预扣预缴税款的，应在客户资金账户留足资金供证券机构扣缴税款，依法履行纳税义务。证券机构应采取积极、有效措施依法履行扣缴税款义务，对纳税人资金账户暂无资金或资金不足的，证券机构应当及时通知个人投资者补足资金，并扣缴税款。个人投资者未补足资金的，证券机构应当及时报告相关主管税务机关，并依法提供纳税人相关资料。

财政部　国家税务总局　证监会

2010年11月10日

5.2.3

关于个人以股权参与上市公司定向增发征收个人所得税问题的批复

（2011 年 2 月 14 日　国税函〔2011〕89 号）

江苏省地方税务局：

你局关于《关于个人以股权参与上市公司定向增发有关个人所得税问题的请示》（苏地税发〔2010〕72 号）收悉。经研究，批复如下：

根据《中华人民共和国个人所得税法》及其实施条例等规定，南京浦东建设发展有限公司自然人以其所持该公司股权评估增值后，参与苏宁环球股份有限公司定向增发股票，属于股权转让行为，其取得所得，应按照“财产转让所得”项目缴纳个人所得税。

国家税务总局

2011 年 2 月 14 日

5.2.4

关于企业转让上市公司限售股有关所得税问题的公告

（2011 年 7 月 7 日　国家税务总局公告〔2011〕39 号）

根据《中华人民共和国企业所得税法》（以下简称企业所得税法）及其实施条例的有关规定，现就企业转让上市公司限售股（以下简称限售股）有关所得税问题，公告如下：

一、纳税义务人的范围界定问题

根据企业所得税法第一条及其实施条例第三条的规定，转让限售股取得收入的企业（包括事业单位、社会团体、民办非企业单位等），为企业所得税的纳税义务人。

二、企业转让代个人持有的限售股征税问题

因股权分置改革造成原由个人出资而由企业代持有的限售股，企业在转让时按以下规定处理：

（一）企业转让上述限售股取得的收入，应作为企业应税收入计算纳税。

上述限售股转让收入扣除限售股原值和合理税费后的余额为该限售股转让所得。企业未能提供完整、真实的限售股原值凭证，不能准确计算该限售股原值的，主管税务机关一律按该限售股转让收入的 15%，核定为该限售股原值和合理税费。

依照本条规定完成纳税义务后的限售股转让收入余额转付给实际所有人时不再纳税。

（二）依法院判决、裁定等原因，通过证券登记结算公司，企业将其代持的个人限售股直接变更到实际所有人名下的，不视同转让限售股。

三、企业在限售股解禁前转让限售股征税问题

企业在限售股解禁前将其持有的限售股转让给其他企业或个人（以下简称受让方），其企业所得税问题按以下规定处理：

（一）企业应按减持在证券登记结算机构登记的限售股取得的全部收入，计入企业当年度应税收入计算纳税。

（二）企业持有的限售股在解禁前已签订协议转让给受让方，但未变更股权登记、仍由企业持有的，企业实际减持该限售股取得的收入，依照本条第一项规定纳税后，其余额转付给受让方的，受让方不再纳税。

四、本公告自 2011 年 7 月 1 日起执行。本公告生效后尚未处理的纳税事项，按照本公告规定处理；已经处理的纳税事项，不再调整。

特此公告。

国家税务总局

2011 年 7 月 7 日

5.2.5

关于实施上市公司股息红利差别化个人所得税政策有关问题的通知

（2012 年 11 月 16 日　财税〔2012〕85 号）

经国务院批准，现就实施上市公司股息红利差别化个人所得税政策有关问题通知如下：

一、个人从公开发行和转让市场取得的上市公司股票，持股期限在 1 个月以内（含 1 个月）的，其股息红利所得全额计入应纳税所得额；持股期限在 1 个月以上至 1 年（含 1 年）的，暂减按 50% 计入应纳税所得额；持股期限超过 1 年的，暂减按 25% 计入应纳税所得额。上述所得统一适用 20% 的税率计征个人所得税。

前款所称上市公司是指在上海证券交易所、深圳证券交易所挂牌交易的上市公司；持股期限是指个人从公开发行和转让市场取得上市公司股票之日至转让交割该股票之日前一日的持有时间。

二、上市公司派发股息红利时，对截止股权登记日个人已持股超过 1 年的，其股息红利所得，按 25% 计入应纳税所得额。对截止股权登记日个人持股 1 年以内（含 1 年）且尚未转让的，税款分两步代扣代缴：第一步，上市公司派发股息红利时，统一暂按 25% 计入应纳税所得额，计算并代扣税款。第二步，个人转让股票时，证券登记结算公司根据其持股期限计算实际应纳税额，超过已扣缴税款的部分，由证券公司等股份托管机构从个人资金账户中扣收并划付证券登记结算公司，证券登记结算公司应于次月 5 个工作日内划付上市公司，上市公司在收到税款当月的法定申报期内向主管税务机关申报缴纳。

个人应在资金账户留足资金，依法履行纳税义务。证券公司等股份托管机构应依法划扣税款，对个人资金账户暂无资金或资金不足的，证券公司等股份托管机构应当及时通知个人补足资金，并划扣税款。

三、个人转让股票时，按照先进先出的原则计算持股期限，即证券账户中先取得的股票视为先转让。

应纳税所得额以个人投资者证券账户为单位计算，持股数量以每日日终结算后个人投资者证券账户的持有记录为准，证券账户取得或转让的股份数为每日日终结算后的净增（减）股份数。

四、对个人持有的上市公司限售股，解禁后取得的股息红利，按照本通知规定计算纳税，持股时间自解禁日起计算；解禁前取得的股息红利继续暂减按 50% 计入应纳税所得额，适用 20% 的税率计征个人所得税。

前款所称限售股，是指财税〔2009〕167 号文件和财税〔2010〕70 号文件规定的限售股。

五、证券投资基金从上市公司取得的股息红利所得，按照本通知规定计征个人所得税。

六、本通知所称个人从公开发行和转让市场取得的上市公司股票包括：

（一）通过证券交易所集中交易系统或大宗交易系统取得的股票；

（二）通过协议转让取得的股票；

（三）因司法扣划取得的股票；

（四）因依法继承或家庭财产分割取得的股票；

（五）通过收购取得的股票；

（六）权证行权取得的股票；

（七）使用可转换公司债券转换的股票；

（八）取得发行的股票、配股、股份股利及公积金转增股本；

（九）持有从代办股份转让系统转到主板市场（或中小板、创业板市场）的股票；

（十）上市公司合并，个人持有的被合并公司股票转换的合并后公司股票；

（十一）上市公司分立，个人持有的被分立公司股票转换的分立后公司股票；

（十二）其他从公开发行和转让市场取得的股票。

七、本通知所称转让股票包括下列情形：

（一）通过证券交易所集中交易系统或大宗交易系统转让股票；

（二）协议转让股票；

（三）持有的股票被司法扣划；

（四）因依法继承、捐赠或家庭财产分割让渡股票所有权；

（五）用股票接受要约收购；

（六）行使现金选择权将股票转让给提供现金选择权的第三方；

（七）用股票认购或申购交易型开放式指数基金（ETF）份额；

（八）其他具有转让实质的情形。

八、本通知所称年（月）是指自然年（月），即持股一年是指从上一年某月某日至本年同月同日的前一日连续持股，持股一个月是指从上月某日至本月同日的前一日连续持股。

九、财政、税务、证监等部门要加强协调、通力合作，切实做好政策实施的各项工作。

上市公司、证券登记结算公司以及证券公司等股份托管机构应积极配合税务机关做好股息红利个人所得税征收管理工作。

十、本通知自 2013 年 1 月 1 日起施行。上市公司派发股息红利，股权登记日在 2013 年 1 月 1 日之后的，股息红利所得按照本通知的规定执行。本通知实施之日个人投资者证券账户已持有的上市公司股票，其持股时间自取得之日起计算。

《财政部　国家税务总局关于股息红利个人所得税有关政策的通知》（财税〔2005〕102 号）和《财政部　国家税务总局关于股息红利有关个人所得税政策的补充通知》（财税〔2005〕107 号）在本通知实施之日同时废止。

财政部　国家税务总局　证监会

2012 年 11 月 16 日

5.2.6

关于上市公司股息红利差别化个人所得税政策有关问题的通知

（2015 年 9 月 7 日　财税〔2015〕101 号）

各省、自治区、直辖市、计划单列市财政厅（局）、国家税务局、地方税务局，新疆生产建设兵团财务局，上海、深圳证券交易所，全国中小企业股份转让系统有限责任公司，中国证券登记结算公司：

经国务院批准，现就上市公司股息红利差别化个人所得税政策等有关问题通知如下：

一、个人从公开发行和转让市场取得的上市公司股票，持股期限超过 1 年的，股息红利所得暂免征收个人所得税。

个人从公开发行和转让市场取得的上市公司股票，持股期限在 1 个月以内（含 1 个月）的，其股息红利所得全额计入应纳税所得额；持股期限在 1 个月以上至 1 年（含 1 年）的，暂减按 50% 计入应纳税所得额；上述所得统一适用 20% 的税率计征个人所得税。

二、上市公司派发股息红利时，对个人持股 1 年以内（含 1 年）的，上市公司暂不扣缴个人所得税；待个人转让股票时，证券登记结算公司根据其持股期限计算应纳税额，由证券公司等股份托管机构从个人资金账户中扣收并划付证券登记结算公司，证券登记结算公司应于次月 5 个工作日内划付上市公司，上市公司在收到税款当月的法定申报期内向主管税务机关申报缴纳。

三、上市公司股息红利差别化个人所得税政策其他有关操作事项，按照《财政部　国家税务总局　证监会关于实施上市公司股息红利差别化个人所得税政策有关问题的通知》（财税〔2012〕85 号）的相关规定执行。

四、全国中小企业股份转让系统挂牌公司股息红利差别化个人所得税政策，按照本通知规定执行。其他有关操作事项，按照《财政部　国家税务总局　证监会关于实施全国中小企业股份转让系统挂牌公司股息红利差别化个人所得税政策有关问题的通知》（财税〔2014〕48 号）的相关规定执行。

五、本通知自 2015 年 9 月 8 日起施行。

上市公司派发股息红利，股权登记日在 2015 年 9 月 8 日之后的，股息红利所得按照本通知的规定执行。本通知实施之日个人投资者证券账户已持有的上市公司股票，其持股时间自取得之日起计算。

财政部　国家税务总局　证监会

2015 年 9 月 7 日